中华当代学术著作辑要

普列汉诺夫哲学新论

王荫庭 著

商务印书馆
The Commercial Press

图书在版编目(CIP)数据

普列汉诺夫哲学新论/王荫庭著.—北京:商务印书馆,2021
(中华当代学术著作辑要)
ISBN 978-7-100-19495-2

Ⅰ.①普… Ⅱ.①王… Ⅲ.①普列汉诺夫(Plekhanov, Georgi Valentino 1856-1918)—哲学思想—研究 Ⅳ.①B512.54

中国版本图书馆 CIP 数据核字(2021)第 029651 号

权利保留,侵权必究。

中华当代学术著作辑要
普列汉诺夫哲学新论
王荫庭 著

商 务 印 书 馆 出 版
(北京王府井大街36号 邮政编码100710)
商 务 印 书 馆 发 行
北京市十月印刷有限公司印刷
ISBN 978-7-100-19495-2

2021年6月第1版 开本710×1000 1/16
2021年6月北京第1次印刷 印张50
定价:248.00元

中华当代学术著作辑要
出 版 说 明

学术升降,代有沉浮。中华学术,继近现代大量吸纳西学、涤荡本土体系以来,至上世纪八十年代,因重开国门,迎来了学术发展的又一个高峰期。在中西文化的相互激荡之下,中华大地集中迸发出学术创新、思想创新、文化创新的强大力量,产生了一大批卓有影响的学术成果。这些出自新一代学人的著作,充分体现了当代学术精神,不仅与中国近现代学术成就先后辉映,也成为激荡未来社会发展的文化力量。

为展现改革开放以来中国学术所取得的标志性成就,我馆组织出版"中华当代学术著作辑要",旨在系统整理当代学人的学术成果,展现当代中国学术的演进与突破,更立足于向世界展示中华学人立足本土、独立思考的思想结晶与学术智慧,使其不仅并立于世界学术之林,更成为滋养中国乃至人类文明的宝贵资源。

"中华当代学术著作辑要"主要收录改革开放以来中国大陆学者、兼及港澳台地区和海外华人学者的原创名著,涵盖文学、历史、哲学、政治、经济、法律、社会学和文艺理论等众多学科。丛书选目遵循优中选精的原则,所收须为立意高远、见解独到,在相关学科领域具有重要影响的专著或论文集;须经历时间的积淀,具有定评,且侧重于首次出版十年以上的著作;须在当时具有广泛的学术影响,并至今仍富于生命力。

自1897年始创起,本馆以"昌明教育、开启民智"为己任,近年又确立了"服务教育,引领学术,担当文化,激动潮流"的出版宗旨,继上世纪八十年代以来系统出版"汉译世界学术名著丛书"后，近期又有"中华现代学术名著丛书"等大型学术经典丛书陆续推出，"中华当代学术著作辑要"为又一重要接续，冀彼此间相互辉映，促成域外经典、中华现代与当代经典的聚首，全景式展示世界学术发展的整体脉络。尤其寄望于这套丛书的出版，不仅仅服务于当下学术，更成为引领未来学术的基础，并让经典激发思想，激荡社会，推动文明滚滚向前。

商务印书馆编辑部

2016 年 1 月

序

王荫庭同志把他的近著《普列汉诺夫哲学新论》原稿给我看,要我写一篇序言,我答应了。

王荫庭同志这部著作,是他经过多年的酝酿、研究,费了多年的心血,在艰苦困难中写成的。他学习俄语多年,翻译出版了数种普列汉诺夫著作,使他能够把苏联论普列汉诺夫的材料几乎都搜集起来,作详细的参考、比较,这使他在评述普列汉诺夫的时候,能够走进国际讨论的范围,作国际讨论上的发言。这部书不仅是国内第一本全面研究普列汉诺夫哲学思想的专著,而且就学术水平与成绩看,也是较好的。

我认为在目前向中国学术界介绍和详细评价普列汉诺夫的哲学思想,有着十分迫切的需要。首先,从马克思、恩格斯到列宁的这一段时间,过去我们常常把批评修正主义作为这时期的唯一中心课题来讲,以致忘了在这过程中,还有无数马克思主义者曾用了很多精力,在宣传马克思主义之外,还作了很多充实、补充,甚至发展的工作。这些工作,有的曾被列宁很婉转地、有时也十分严厉地批评过。但更重要的,还是有的工作,连列宁本人也不能不承认深受其影响。有这情况,我们就要尊重历史,同时也可明白从马克思、恩格斯到列宁,如果说有变化、有发展,也不是一朝一夕、一个人所完成的事业。在这个过程中,普列汉诺夫就是重要的人物之一。我们甚至可以说,我们如果不懂得普列汉诺夫,那就不能完全或彻底了解列宁,虽然普列汉诺夫的晚年是十分错误的。其次,普列汉诺夫是极重视历史唯物主义问题的马克思主义者,他有极丰富的历史知识,特别是法国的历史知识,所以他讲的历史唯物主义,既有深刻理论,也有丰富事实;既有新的历史哲学,也有广阔的世界文化史知识作证。这些方面,正是今天国内从事历史唯物主义研究的人们所最缺乏的内容。我们向学生要讲好历史唯物主义,必须配合有"历史哲学史"和"世界文化史"作辅助。然而我们自从解放后,大学内就没有谁开设过"历史哲学"、"世界文化史"的课(也许有个别学校曾开过,但为我所不知),书店内也极少有这类书籍,以致课堂上、书本上的历史唯物主义,被讲得不是干巴巴几条,就是堆集一些宣传材料,学术讲座,被大政治课代替。我想大家如果细细读过普列汉诺夫的有关著作,一定会大有收获和启发。如果,因此我们把补助历史唯物主义的学科或课程空白填实起来,那就真要感激王荫庭同志介绍或新论普列汉诺夫哲学的贡献了。

至于普列汉诺夫讲的哲学内容,我想有几点可能是至今还有价值的:

第一,普列汉诺夫分析人民与个人在历史中的作用,是十分详尽透彻的。他能纯熟地应用辩证法,既强调了国家与集体,又强调了人民与个人;既注重必然,又注重自由。从表面看,他好像是一个折中派,实际则不然。他只是在反对民粹派一类英雄史观时,强调必然性、强调国家集体的重要,因为这些人虽然喊了口号"到民间去",但由于不知客观社会规律,不知社会趋势,结果"到民间去"仍然与人民有距离,这使自己成为"救世主",也因而不能不成为个人英雄主义者。普列汉诺夫在这方面是过来人,知得深,所以,驳得透。但是,普列汉诺夫,也绝不因此走入另一极端。他尽管很赏识圣西门、黑格尔的历史主义和集体主义,但在介绍和解释这些人的思想时,也重视其注重主观能动性和自由的一面。从普列汉诺夫所解释的"时势造英雄"的意义,显然,个人在社会环境内,还有极大的自由,而且必须有极大的自由。他大声疾呼反对东方专制主义,即根据这理由。所谓"意志在理论上是必然,在实践上是自由",这就为个人自由的基础,作了稳妥的建设。个人有自由,人民才能随着在历史上有地位、有作用可言。否则,人类若都是一大堆木偶,他们的动作若都全凭外在力量摆布,这样的社会、这样的历史,个人、人民固然可以不用头脑,规规矩矩,不乱说不乱动。但是,它的存在的价值,只怕就很成问题了。人类为什么非要维持这种社会不可呢?如果有人提出这个问题,恐怕当事人是难于回答的。

第二,普列汉诺夫在法国花费了多年的精力,研究法国的空想社会主义和法国唯物主义以及法国拿破仑时代和复辟时代的经济学家(重农学派、意识形态派)、历史学家,他得到的结论是:法国空想社会主义的思想,从社会发展趋势看,远不如当时的资产阶级经济学家、历史学家重要。因为后者已经用科学方法发现了社会发展中,经济或生产力、生产关系的力量占了重要地位,复辟时代的史学家,甚至运用了阶级分析来研究历史(虽然其结论很不全面)。普列汉诺夫的研究,也许是为了驳斥当时巴枯宁派思潮,但和马克思、恩格斯对这问题的思想,是一致的。普列汉诺夫这种思想,等于大声疾呼:不要大讲空话、大话,要作科学分析,要注重实际;社会主义是科学研究的结果,不是唱高调的结果。只要是科学的研究,不论它来自何阶级,最终会汇合在一起,起推动社会发展的作用。普列汉诺夫与马克思、恩格斯,并没有因为基佐是政客而把他的贡献一笔勾销。空想社会主义者,有一些思想,和马克思主义,大致是一致的,但也不能因此而对他们的不科学的观点不进行批判。我们今天是求实的时代,什么叫"实事求是"?普列汉诺夫、马克思的态度就是"实事求是"。我们要好好学习他们的态度。

第三,普列汉诺夫1908年在《马克思主义基本问题》中提出了五项公式(本书第六章作了详细的介绍与分析),用以说明社会的结构,从而解决社会发展的动力问题,以及社会中各种力量的关系问题。这五项公式似乎是后日《联共(布)党史》第四章第二节讲历史唯物主义的根据。但前者似不如后者那么机械。从普列汉诺夫在公式之外，特别强调"相对独立性"，便可明白。普列汉诺夫在《马克思主义基本问题》中所要解答的问题，可能是和恩格斯在晚年给施米特信中所要说明的问题是一样，即有些人把经济力量决定社会其他力量看得太简单，把社会中一切现象，都直接以经济或生产力来解释，因而引起很多争论和误会。对这些争论和误会，恩格斯、普列汉诺夫不能不表态。在这情形下，既要讲经济的决定力，也要注重社会的复杂性，便成为必要了。普列汉诺夫在这里要我们重视"存在决定意识"这类问题，在现实中很不简单，这是十分重要的指示。因为存在决定意识，在现实中它会化为十分曲折、反复来前进，在前进中还会有许多"中间环节"，使经济发展与社会心理(社会精神)、思想体系之间，有无限形式，再加偶然性作扰，更使我们不得不用十分严格的科学方法来深入细致地研究了。我看，这些警告，大有益我们今天国内的学术研究。

普列汉诺夫的哲学思想，就其对今天的意义来论，可讲的、而且必须讲的还很多，我不过顺便说几点而已。

当然，普列汉诺夫的哲学的短处，也是很不少的。我觉得王荫庭同志这本新著，把普列汉诺夫的哲学思想的长处，讲得比较透彻，很多都是经过郑重思考的独到见解；同时，王荫庭同志对普列汉诺夫的短处，也指出得很中肯，态度也是严肃的。我想，我也因此不必在这里再讲普列汉诺夫的短处了。

周辅成

1985年6月2日于北京大学

目 录

前言 ··· 1
第一章 生平和著作 ························· 5
第二章 辩证法 ····························· 95
第三章 唯物主义 ·························· 137
第四章 认识论 ···························· 178
第五章 唯物史观 ·························· 236
第六章 唯物史观（续一）················· 279
第七章 唯物史观（续二）················· 368
第八章 方法论 ···························· 441
第九章 哲学史 ···························· 478
第十章 美学 ······························ 567
第十一章 宗教论 ·························· 628
第十二章 伦理学 ·························· 664
第十三章 列宁和普列汉诺夫 ·············· 688
结束语 ··································· 769
参考文献 ································· 771
后记 ····································· 781
再版后记 ································· 786

前　言

对普列汉诺夫哲学思想的评价，在许多的问题上，包括许多极为重大的问题上，一直存在着意见分歧。从总的方面看，列宁对普列汉诺夫的问题作了一系列科学的分析和明确的评价，给我们提供了研究的指导原则。但是第一，这些分析和评价，很多都还是一般性的，需要进一步具体说明。第二，它们本身也还有一个正确理解的问题。第三，列宁对普列汉诺夫的后期政论分析得非常详细、全面、具体，然而对于他的哲学观点的考察，情况则完全相反。这方面的评述，不仅篇幅很少，范围也相当狭窄，而且大都停留在纲要性的论断上，没有进一步作具体说明。尤其是对一些关键问题，往往只写下只言片语，有的时候表面上似乎还有前后不一致的情况。这恐怕也是造成意见分歧的一个原因。

普列汉诺夫在世时，对他的哲学思想就有许多争论。他逝世后，整个二十世纪二十年代都是"普列汉诺夫哲学正统"论盛行的时期（参看本书最后一章）。从 1930 年开始，情况发生了急剧的变化。米丁派迅速地取代了德波林派。争论的中心问题之一就是如何对待普列汉诺夫的哲学功过，如何对待列宁和普列汉诺夫在哲学领域的相互关系。这以后的二十多年里，对普列汉诺夫的评价越来越低。直到斯大林死后，这种局面才开始缓解。1956 年是普列汉诺夫诞生一百周年。在有一大批苏联党政主要负责人参加的隆重的纪念大会上，又是米丁站出来纠偏，发表了长篇的主旨演说。和 1931 年把普列汉诺夫划入第二国际中除了列宁主义一翼以外的整个"倒退的、背离正统马克思主义的"一翼①相反,他不失时机地改口说:"列宁任何时候都没有把普列汉诺夫跟自己的其他思想敌人相提并论"②。随后苏联学者们就在恢复列宁对普列汉诺夫评价的口号下开始了对他的哲学著作的重新研究。从1960年起,相继出版了一系列研究普列汉诺夫哲学思想的专著(二十年代还有过好几本专著,三十—四十年代一本也没有)。其中成就最大的首推波·阿·恰金,其次是米·特·约夫楚克等。恰金等人的最新研究成果概括地讲主要有以下三条。第一,明确地肯定普列汉诺夫是具有独创性的思想家,他不仅仅把马克思主义哲学原理通俗化了,像过去二三十年来通常所认为的那样,而且创造性地发展了辩证唯物主义哲学,最主要的是发展了唯物史观。其次是在哲学史、美学等领域为马克思主义的理论武库增添了新的内容。第二,着重分析了列宁关于普列汉诺夫是"特殊的孟什维克",是"孟什维克——马克思主义者"这个极为重要的,然而一直为米丁派所忘记(实际上是否定)的思想。第三,一再强调指出,列宁正是在总结普列汉诺夫全部哲学成果的基础上,才形成和发展自己的哲学思想的,明确批评某些人撇开同普列汉诺夫哲学遗产的"直接继承性联系"来研究马克思主义发展的列宁阶段的错误态度。

应该承认,恰金等人的这些成就是巨大的,跟米丁派的那种把哲学与政治混为一谈的、自以为是的、虚无主义的态度比较起来,才真正是把普列汉诺夫著作当作科学研究的对象来对待的。

但是,也必须看到,他们的这些著作仍然存在着不少缺点。主要有以下四条:第一,在一系列问题上对普列汉诺夫的哲学观点分析不够深

---

① 米丁:《唯物辩证法的首要问题》,1936年俄文版,第57页。
② 米丁:《哲学与当代》,1960年俄文版,第184页。

入,甚至很不深入。在许多问题上没有看到,或者没有足够重视普列汉诺夫的真正卓越的贡献。因此对普列汉诺夫哲学成就的评价仍然偏低。第二,由于未能摆脱对列宁的神化或半神化,他们没有看到或者不敢公开地明确地提出详细、具体、全面地把列宁著作和普列汉诺夫著作进行系统对比研究的任务。第三,尽管他们的这些成就同过去米丁派的观点显然是针锋相对的,但是他们不想或者不敢公然揭穿这种对立,因此也就无法彻底发挥自己的那些正确的思想,认真地批判米丁派和半米丁派在一系列关于普列汉诺夫哲学思想的评价问题上的错误观点。第四,他们在考察普列汉诺夫哲学著作时,几乎没有想到有必要和可能超越现行的马克思主义哲学体系的某些原理。这就大大地限制了他们的成就,在许多场合下使他们无法看清普列汉诺夫的独到思想和真正局限性。

我们带着试图克服这些缺点的愿望,在吸收和总结恰金等人的大量科学成果的基础上,通过自己的研究,对普列汉诺夫的哲学思想重新进行一番评述。我们把这本献给读者的著作叫作《普列汉诺夫哲学新论》,无非是缅怀自己多年劳动的一种表示。"新"与"科学"不能划等号,这是众所周知的。所谓"新",只是说这里有一些不见于其他著作的观点和分析,仅此而已。我们确信科学不断迅速的发展,如果这本书能有几年的生命力,能够给同时代的或后来的研究者提供一种重新批判思考的素材,那就深为满足了。

本书的结构是这样的:首先介绍普列汉诺夫的生平和著作(第一章),然后分别就他的辩证法(第二章)、唯物主义(第三章)、认识论(第四章)、唯物史观(第五—七章)、方法论(第八章)、哲学史(第九章)、美学(第十章)、宗教论(第十一章)和伦理学(第十二章)观点作一番或详或略的述评,重点自然是放在唯物史观上。在考察他的这些学说时,限于条件和时间,部分地把他的思想同列宁著作作了对比。最后

（第十三章）详细地论证列宁和普列汉诺夫之间的"青蓝关系"。全书的中心思想是：马克思主义哲学发展史上，作为有独创性和多方面理论成就的思想家普列汉诺夫是联系马克思、恩格斯和列宁的不可或缺的中间环节中最重要的一环。

现有的《普列汉诺夫哲学著作选集》中译本的译文问题不少（主要是前三卷）。遗憾的是我们不可能把全部引文都复核一遍，仅仅在对中译文的意思产生疑惑或对其文字感到别扭时才去进行查对。这是需要事先声明的。

第一章 生平和著作

（一）

在分析普列汉诺夫哲学思想以前，我们想应该叙述一下他的生活道路。一般说来，具体研究一下思想家所处时代的各种历史条件，详细考察他的经历、所受教育（广义）和种种个性特征，对于正确评价他的理论观点，无疑是必要的和有益的。不过，现在我们还不打算这样做。因为第一，他所处的那个时代，我国广大读者通过其他许多著作，特别是论述列宁思想的著作，大都有所了解。① 至于普列汉诺夫的民粹主义时期的俄国状况，人们对它也许还不大熟悉。但这个时期他并没有写过哲学论著，而且他这时的思想也不是本书所要讨论的对象，尽管苏联理论界对他的民粹主义观点的评价远不是没有意见分歧的。所以这方面的问题就从略了。第二，不久前三联书店翻译出版了约夫楚克、库尔巴托娃合写的《普列汉诺夫传》。虽说这本传记也难免存在若干缺点，例如对某一事件的分析或者对某一著作的评价等都有值得商榷的地方，然而总的说来毕竟是一本全面介绍普列汉诺夫生平的好书。观

---

① 一般说来，作者叙述传主生平时都要或详或略地说明他一生的时代背景。遗憾的是本书在叙述普列汉诺夫一生经历时不得不用现在这个笨拙的方式回避说明他一生行事的种种时代特征。这有客观原因，也有主观原因。三十年前如此，三十年后的今天情况仍然没有多大改变。

点基本正确,脉络相当清晰,材料看来也是翔实的,特别是提供了过去中文书刊中不曾见到的许多事实。因为是通俗读物,作者叙事时多未注明出处,但这并不影响其学术价值。第三,我们一直没有看到其中收有记述普列汉诺夫生平的大量回忆录的《劳动解放社文集》(六卷本),这是研究普列汉诺夫一生行状的最重要最丰富的第一手材料。此外,二十年代以及后来苏联出版的许多回忆录目前也无法弄到。从散见在各种书刊的材料中当然可以收集他的一些事迹,然而这些材料中问题不少。例如普列汉诺夫的母亲究竟是十九世纪俄国大批评家别林斯基的侄女(племянница)？还是他的侄孙女(внучатная)？① 又如关于普列汉诺夫的出生年月日至少有六种不同的说法。这六种说法是:(一)1856年旧历11月29日,持此说的有《苏联大百科全书》第2版"普列汉诺夫"条,福米娜的《普列汉诺夫的哲学观点》,波列沃依的《马克思主义在俄国的诞生》等;苏联《哲学百科全书》和《苏联大百科全书》第3版"普列汉诺夫"条,以及西多罗夫、茹可夫等人的著作还说这一天相当于公历12月11日。(二)约夫楚克、库尔巴托娃著《普列汉诺夫传》也认为生于1856年12月11日,但他们说这天相当于旧历11月28日。(三)《苏联哲学史》第3卷则断言生于1856年12月12日(公历)。(四)沃尔夫逊的专著《普列汉诺夫》和波良斯基的专著《普列汉诺夫和俄国经济思想》都说生于1856年11月26日(旧历)。以上人士均为苏联学术界的名流。至于权威性较差的说法则有:(五)1857年11月25日(旧历),见阿尔查也夫为普列汉诺夫《在祖国的一年》写的序文;(六)1857年11月26日(旧历),见1958年出版的《英国大百科全书》"普列汉诺夫"条。② 大家知道,俄国旧历比西方的格列高利历

---

① 参见恰金:《普列汉诺夫及其在马克思主义哲学发展中的作用》,1963年俄文版,第9页;约夫楚克、库尔巴托娃:《普列汉诺夫传》,宋洪训等译,三联书店1980年版,第5页,等等。

② 梁赞诺夫在他的小册子《劳动解放社》中也说是"生于1857年"。

（即公历）早 13 天。由于前面四种说法包括新历和旧历的相邻两天，我们这些不掌握第一手材料的人是无法猜测错误的可能来源的。

我们清楚地知道，这样的事例即使有一百个或一千个，也不会影响人们这样或那样地评价他的理论观点。然而对于我们正确地和顺利地了解和叙述他的生平，却是一个障碍，至少是一个麻烦。可惜这类事例并不是很个别的。特别在涉及他的早年时期，人们的记述总是彼此有些出入。比方他究竟有几个兄弟姊妹？他家究竟有多少土地？他究竟在 1866 年还是 1868 年进沃罗涅什军事中学读书的？等等。人们叙述的时候，通常都不引证原始材料，也不反驳不同的说法。这就使我们无所适从。这类的例子如果多有了几条，很容易使读者对作者整个叙事是否准确可靠产生怀疑，从而削弱他对作者的信任。

这是一类问题。另一类问题的性质就不同了。例如普列汉诺夫到底是在 1876 年开始阅读马克思的《资本论》[1]还是直到 1879 年才读这部伟大的著作，[2]对于分析他的经济学和哲学思想的演化决不是无关紧要的。

又如，《马克思哲学的进化》[3]的作者到底是不是普列汉诺夫？据普列汉诺夫夫人和柳·依·阿克雪里罗得回忆，1905 年底或 1906 年初普列汉诺夫曾在巴黎的高级俄罗斯党校就这个题目作过讲演，[4]讲演记录稿最初由柳·阿克雪里罗得于 1924 年发表在《劳动解放社文

---

[1]　福米娜：《普列汉诺夫的哲学观点》，汝信译，三联书店 1957 年版，第 19 页。

[2]　恰金：《普列汉诺夫及其在发展马克思主义哲学中的作用》，1963 年俄文版，第 13 页。据捷依奇回忆，普列汉诺夫大约在 1875—1876 年仅仅花了十天功夫就相当扎实地研究了《资本论》第 1 卷，此后，"正如他后来告诉我的那样"，只是有时重读了不同语种和不同版本的《资本论》的某几章（参见捷依奇：《普列汉诺夫传记材料》，1922 年俄文版，第 25、36 页）。

[3]　中译文参见我编译的《普列汉诺夫机会主义文选》，下册（内部发行），三联书店 1965 年版，附录。

[4]　这是约夫楚克的说法。特卡钦科的说法又有不同。

集》第 2 卷上。次年,梁赞诺夫又把它收进他自己主编的《普列汉诺夫全集》第 18 卷附录,认为这篇大概在 1906 年秋发表的讲演"是对《马克思主义基本问题》的重要而富有意义的补充"①。后来,讲稿中的一些主要思想(马克思哲学同黑格尔和费尔巴哈思想的关系、马克思哲学发展的分期以及哲学的对象和使命等)受到了苏联哲学家们的尖锐批评。② 1956 年底到 1957 年初,《普列汉诺夫哲学著作选集》编辑委员会曾经讨论了《马克思哲学的进化》这份手稿是否属于普列汉诺夫的问题。结果以意见分歧、归属难定为理由,决定五卷本《选集》中不收此文。1960 年约夫楚克在其《普列汉诺夫及其哲学史著作》一书中提出了一系列的理由,详细地论证此文内容和普列汉诺夫其他著作的观点相抵触,因此不能看作普列汉诺夫的作品。但是他指出:手稿是由两种他人的笔迹写成的,普列汉诺夫只改了标题,即从原来的"马克思主义的哲学基础"亲笔改为"马克思哲学的进化"。接着他又说:不过,没有做笔迹鉴定来证实后一说法。③ 1962 年,拉宾在他的著作《论西方对青年马克思思想的研究》中表示基本上同意约夫楚克的观点,但是他写道:"可以肯定的只是这篇文章的标题是普列汉诺夫确定的,而这篇文章本身是用三种不同的笔迹写成的"④。这是一方的观点。⑤ 另一方的呢?我们暂时还没有找到任何材料。

还有一类更麻烦的问题。例如约夫楚克和库尔巴托娃写道:1918

---

① 《普列汉诺夫全集》,俄文版第 18 卷,"编者说明"。
② 例如参见福米娜:《普列汉诺夫的哲学观点》,第 301—303 页;巴枯拉节:《论马克思哲学观点的形成问题》,俄文版,第 4—5、59—60 页,等等。
③ 参见该书俄文版,第 168—174 页。
④ 该书中译本参见人民出版社 1981 年版,第 57 页。
⑤ 还可参见特卡钦科:《论普列汉诺夫对马克思恩格斯哲学演化的评价》,载〔苏联〕《哲学问题》1959 年第 6 期。约夫楚克、拉宾和特卡钦科虽然都认为《马克思哲学的进化》同普列汉诺夫其他著作之间存在明显的矛盾,但在否定此文为普列汉诺夫的作品问题上还有某些次要的分歧。

年"6月4日,在莫斯科,在列宁出席的全俄中央执行委员会、莫斯科委员会和工会理事会联席会议上,执行主席斯维尔德洛夫向大会宣布了普列汉诺夫逝世的消息……"①。根据同年6月5日《真理报》的报道:会上宣布这一消息的是托洛茨基,而不是斯维尔德洛夫。这就难免不犯移花接木的嫌疑。又如1907年3月14日普列汉诺夫在致柯伦泰的信中有一段这样的话:"春天我将去俄国。我在那里会发现什么呢?那里是否有真正为社会民主党工作的分子呢?确切些说:这样的分子是有的;但他们多不多呢?[同布尔什维克很难工作,这一点我很懂得和知道。我想,分裂是不可避免的。整个问题是,什么时候同他们分手更有利。]"②但是1973年出版的《普列汉诺夫哲学遗著》第1卷刊载的这封信中却以[……]把上面括弧内的重要文字全部删去了!③ 遗憾的是三卷本《哲学遗著》中这样的不作任何声明的删节号很有一堆。我们既不赞成对普列汉诺夫进行无端的指责,也反对为他涂脂抹粉。任何隐匿事实的搞法都不是科学的态度。

类似的例子远不止这么几个。我们说这些,无意于散播怀疑主义情绪。应该承认,基本事实还是清楚的、可靠的。但是既然看到了以上种种,而且手头又没有可供澄清问题的第一手材料,我们觉得,叙述普列汉诺夫的一生事迹时最好还是审慎一点、简要一点。与本书主题无关或者关系不大的,就不去讲它,或者略说几句便行了。有兴趣知道详细情况的读者可以去看苏联人写的已有中译文的著作。不过某些叙事的失误,还是有必要指出来,这或许可以避免以讹传讹吧!

---

① 约夫楚克、库尔巴托娃:《普列汉诺夫传》,第408页。
② "普列汉诺夫馆档案材料",A.86.3,No.5136,转引自恰金:《普列汉诺夫及其在发展马克思主义哲学中的作用》,1963年俄文版,第156页。
③ 参见该书俄文版,第219页。

（二）

首先必须对普列汉诺夫一生的基本情况概要地做些说明。

格奥尔基·瓦连廷诺维奇·普列汉诺夫出生在唐波夫省（现为沃罗涅什省）利佩茨克县古达洛夫卡村。父亲是世袭贵族、小地主，参加过克里米亚战争，镇压过波兰起义。不久以上尉军衔退职。妻子去世后，1855年，四十五岁的老普列汉诺夫又娶了二十二岁的玛丽亚·费多罗夫娜·别林斯卡娅。格奥尔基是这对新婚夫妇的头生子。据说普列汉诺夫自己讲过，他的祖先是鞑靼人。"普列-汉-诺夫"这个姓氏中有一个"汉"（汗）字就是证据。格奥尔基身材中等，五官端正，脸型有蒙古人的特征。两道浓眉，长长的睫毛下一双暗褐色的眼睛。目光炯炯有神，仿佛洞察对方的一切。他衣着整洁，小胡子总是及时修剪。端庄的仪表、彬彬有礼的举止，使人产生他是一个很有教养的人的印象。①

玛丽亚是普列汉诺夫的启蒙教师。在母亲的指导下，他学完了中学一年级课程，养成了热爱读书的习惯。后来他在怀念母亲时常说："我身上一切好的东西都是从母亲那里继承来的"。

最初，父亲希望格奥尔基今后在文职方面发展，因为1861年废除农奴制以后俄国与其说需要军人，不如说更需要文职人员。但是在父亲书房里读了许多军事书籍的小普列汉诺夫产生了将来当伟大统帅的强烈幻想，他学着沙俄时代军官蔑视文职人员的口吻，管文官叫"Штафирка"（非军人。旧时俄国军人对非军人的蔑称）。深知儿子继承了自己的执拗性格的父亲，只好让步。

---

① 捷依奇：《普列汉诺夫的青年时代》，载《国际共运史研究资料》，第4辑，人民出版社1982年版，第251—252页。

1868年夏天①,普列汉诺夫考进沃罗涅什军事中学二年级。1873年秋转到彼得堡康士坦丁诺夫炮兵学校学习。在中学时代,普列汉诺夫发奋地钻研俄国革命民主主义者的作品。车尔尼雪夫斯基的著作对他的革命世界观的形成起了特别巨大的作用。1913年他再次郑重地声称:"我自己的思想发展是在车尔尼雪夫斯基的极大影响下完成的。"②十七八岁的普列汉诺夫还不是一个革命者,但却充满着革命民主主义的信念。对人民的同情、对上帝信仰的崩溃、对阅读和见闻中产生的问题的沉思,使他不得不严肃地自问:一个人的真正的义务是忠于沙皇还是忠于祖国?③ 在1873—1874年民粹派搞的"到民间去"的运动影响下,他认识到沙皇利益同俄国人民利益的对立。于是他毅然改变志向,"放弃了从童年时代起就向往的'当军事指挥官'的宿愿"④。作为"忏悔的贵族"的第一个行动是1874年初向当局申请退学和免除兵役,不久得到批准。1874年9月他考入彼得堡矿业学院。

为什么普列汉诺夫向往着将来当一个采矿工程师?当时他在各门自然科学方面的成绩并没有什么出色的记录。相反,他对语言、文学或社会科学却早已显示出浓烈的兴趣和卓异的才能。作这种选择的原因,无疑可以用十九世纪六十年代和七十年代初期俄国激进思潮的种种特点来解释:沉湎于功利主义、实证精神、唯物主义和自然科学。屠格涅夫的虚无主义者巴札罗夫是医生和业余科学家。车尔尼雪夫斯基

---

① 据七十年代出版的约夫楚克、库尔巴托娃著《普列汉诺夫传》和恰金、库尔巴托娃著《普列汉诺夫评传》。捷依奇、阿尔查也夫、沃尔夫逊、福米娜、西多罗夫、波良斯基、丘马钦柯和贝朗等人都说1866年入学。恰金在六十年代也这样说。我们以为1868年比较合理。因为所有上述作者都肯定普列汉诺夫于1873年毕业于这个六年制的军事中学。所有这些作者也都从未提到普列汉诺夫中学时代有过中途休学(更没说到留级)的事情。

② 《普列汉诺夫哲学著作选集》,第4卷,三联书店1974年版,第433页。

③ 《1959年夏普列汉诺夫女儿巴黎访问记》,载贝朗:《普列汉诺夫——俄国马克思主义之父》,1963年英文版,第9页。

④ 捷伊奇:《普列汉诺夫的青年时代》,载《国际共运史研究资料》,第4辑,第254页。

小说《怎么办?》中的两位主角洛普霍夫和基尔桑诺夫,虽然献身于民众的福利,但首先关心的乃是科学的进步。同一部作品中的维娜·巴芙洛芙娜开办了一家根据社会主义原则组织起来的工厂,后来还是从事医学研究了。在当时先进人物心目中,追求知识和为人民服务并不矛盾。而且,促进民众福利的最可靠的手段之一正是科学。普列汉诺夫就是在这样的社会心理条件影响下选择上矿业学院学习的。①

在矿院学习期间,他贪婪地读了更多的非法刊物,包括当时已经翻译成俄文的马克思、恩格斯著作,认识了许多杰出的民粹派领袖。在这些充满崇高理想、学识广博、待人热情、富有自我牺牲精神的工人革命家的影响下,普列汉诺夫坚定地踏上了革命的道路。1875年底他参加了民粹主义的"暴动派"小组,这个小组后来加入了"土地和意志"党。1876年12月6日,彼得堡喀山教堂前面广场举行了俄国第一次反对沙皇专制政府的政治性示威游行。年仅二十岁的普列汉诺夫在广场上公开发表了慷慨激昂的演说。这篇演说被认为是他一生革命活动的开始。从此以后,他就成了一个职业革命家,并且被迫转入地下活动。1876年初—1880年1月的四年间他主要在工人中间进行宣传、鼓动和组织工作。他两度"到民间去",两度被捕,两度流亡国外。② 最初,普列汉诺夫完全是一个信奉巴枯宁学说的"暴动派"分子。和其他骚乱主义者一样,他也是精力充沛的实干家。他随身藏着可以戴在四指关节上用来格斗的铜套,练习着如何使用匕首,睡觉时枕头下放着一支左轮手枪,在向工农做宣传鼓动的基础上时刻准备着采取恐怖行动。③

---

① 参见贝朗:《普列汉诺夫——俄国马克思主义之父》,1963年英文版,第10页。
② 关于这段时期的活动和思想,后来他本人写了两篇生动有趣的回忆文章。参见《普列汉诺夫全集》,俄文版第1卷,第153—167页;俄文版第3卷,第121—205页。
③ 贝朗:《普列汉诺夫——俄国马克思主义之父》,1963年英文版,第8页;波良斯基:《普列汉诺夫和俄国经济思想》,1965年俄文版,第25页。

作为一个非法分子,他没有一席栖身之地,不得不整夜踯躅街头,甚至不敢在旁边长凳上稍事歇息,以免引起警察的怀疑。他经常穿得差,吃不饱,虽然口袋里往往装着一大笔公款。关心他的人们劝他:金钱上过分的节俭和一丝不苟会损害他的精力,无益于事业,衣着不雅也容易落入警方之手。他回答说:虽然组织不会拒绝满足他的必要的开销,但是他给自己规定了个人花费的某种最低限额,他不愿意超过这一点。①

1879年秋沃罗涅什代表大会后,"土地和意志"社分裂为两派:多数派组成"民意党",自称"黑土重分"派的只有二十二人。前者又称"政治派"或"恐怖派",他们主张用个人恐怖手段进行政治斗争。后者又称"农村派",他们反对恐怖主义策略,认为政治斗争不适宜,个人恐怖瓦解不了政府,只会破坏民粹派本身,他们忠于传统的骚乱主义,坚持继续在人民中间搞宣传鼓动。领导"黑分党"的普列汉诺夫这时已经是杰出的民粹主义革命家和理论家了:早在1879年春天,他就发表了好些颇有影响的通讯报道和理论文章,并且成了"土地和意志"党的机关杂志《土地和意志》的编辑。

1879年底和1880年初,白色恐怖越来越严重。警方加紧搜索着革命党人。以假身份证住在彼得堡的普列汉诺夫更是首当其冲,因此不得不经常改变住所。刚刚成立的"黑土重分社"印刷所只印了一期《黑土重分报》(它的主编是普列汉诺夫)就被警察捣毁了。根据领导小组的决定,普列汉诺夫、查苏利奇、捷依奇等人必须立即出国。不过,促使普列汉诺夫等人流亡国外的原因中,除了沙皇政府的迫害以外,还有某种主观的动机。通过同民意党人的争论,普列汉诺夫已经发现自己在理论上的软弱无力,已经看到民粹主义理论不能回答革命实践中提出的许多问题。他"已经感到迫切需要从理论上弄清思想混乱,弄

---

① 参见《劳动解放社文集》,第4卷,第82—83页。转引自恰金、库尔巴托娃:《普列汉诺夫评传》,1973年俄文版,第16—17页。

清俄国革命运动的任务和倾向的种种矛盾"①。为此,必须到西方去寻找先进的科学真理。

1880—1881年的两年是普列汉诺夫由民粹主义即小资产阶级的农民民主主义和空想社会主义向无产阶级的科学共产主义、由巴枯宁式的唯心史观向唯物史观过渡的时期。决定他走上马克思主义道路的关键是这几年对马克思、恩格斯著作的认真而深入的研究。他是在俄国资本主义经济已经大大发展和无产阶级已经形成为独立的力量的历史背景下,在自己积累了丰富的革命斗争经验的条件下走上革命道路的。当然,分析和总结西欧工人运动,特别是法、德工人运动的经验,对于他之接受和理解马克思主义无疑是起了一定的有益作用。1910年10月12日他在致鲁巴金的信中写道:"我不是在1884年,而是在1882年就已经成为马克思主义者了。② 我的小册子《社会主义和政治斗争》是1883年出世的。'劳动解放'社诞生于1883年夏天。"③1909年他在《俄国社会民主主义运动初步》中指出:"凡是没有同我们一起度过那一段时间的人,都会难以想象,我们是带着怎样热切的心情如饥似渴地阅读社会民主主义文献的,在这些文献中占首位的当然是德国伟大理论家们的著作(按:即马克思和恩格斯的著作)。我们对社会民主主义文献了解得越多,我们对我们从前的观点的弱点就认识得越明确,我们自己的革命经验在我们心目中就变得越正确。关于我个人,我可以说,读《共产党宣言》开始了我一生中的新时代。……我们的思想在巴枯宁的影响下陷入重重矛盾。马克思的理论好像引路线一样,把我们从

---

① 巴·波·阿克雪里罗得:《往事回忆录》,第1卷,1923年柏林俄文版,第246页。普列汉诺夫后来在自己的回忆录中也谈到了这一点。参见〔苏联〕《历史问题》1974年第12期,第110页。

② 我们有充分的理由证明普列汉诺夫这个说法是正确的。1984年苏联科学出版社出版的关于劳动解放社的文献汇编,给我们提供了许多新的有力的证据。

③ 《普列汉诺夫哲学遗著》,第1卷,1983年俄文版,第248页。

矛盾的迷宫中领出来。"①

（三）

1883年9月25日,普列汉诺夫和"黑土重分派"的其他领导人在日内瓦建立了俄国第一个马克思主义组织——"劳动解放社"。如果说《共产党宣言》的翻译（1881年底—1882年初）完成了普列汉诺夫从民粹主义向科学社会主义的思想过渡,那么"劳动解放社"的成立就标志着组织上同民粹派的彻底决裂。在这个意义上说普列汉诺夫政治道路的马克思主义时期从1883年开始是完全正确的。

现在让我们回答一下关于"劳动解放社"具体情况的以下若干问题:全社有多少成员？领导机构是什么？有哪些领导人？普列汉诺夫在其中任何职务？开过几次会？做过哪些工作？开展过哪些活动？何时解散？等等。

前五个问题,根据我们目前所看到的资料,大概可以这样说:"劳动解放社"是由几个信奉马克思主义的革命知识分子组成的团体。成立时只有普列汉诺夫、查苏利奇、巴·波·阿克雪里罗得、捷依奇和伊格纳托夫五人。普列汉诺夫夫人和伊格纳托夫的兄弟虽然参加了成立大会,但都不是它的成员。伊格纳托夫1885年病逝。捷依奇在1884年运送非法刊物去俄国途中被德国政府逮捕,移交沙皇政府,服刑十六年,1900年逃出西伯利亚后,次年才和老同志们重新聚首。1888年接纳过C. M. 英格尔曼入社,但三年后,由于物质上的考虑他去了美国。所以实际上只有三个人。我们迄今不知道"劳动解放社"第七个成员

---

① 《普列汉诺夫全集》,俄文版第24卷,第178页。（中译文参见《马列主义研究资料》1983年第3期,第5页）

是谁,也从未听说它有什么组织章程。它既无领导机构,也没有所谓"书记"或"主席"之类的职务。通常说普列汉诺夫是"劳动解放社"的领导人,完全是由于他的思想权威而自然形成的。正因为如此,除了成立大会外很难说他们开过多少次会。

"劳动解放社"在成立的第一天就拟定了"关于出版《现代社会主义丛书》"的声明,这是它的第一个纲领性文件。这篇不过两千字的"声明"实质上概述了它以后全部活动的基本原则。声明在结束时指出,它的任务"归结为以下两条主要的内容:(一)传播科学社会主义思想,办法是把马克思、恩格斯学说最重要的著作以及适合不同知识程度的读者的原著译成俄文。(二)批判在我国革命者中间占统治地位的学说,并从科学社会主义的观点和俄国劳动居民的利益出发,剖析俄国社会生活的种种最重大的问题。"[1]

"劳动解放社"是1903年8月19日解散的。在这天举行的俄国社会民主工党第二十九次会议上捷依奇代表他的同志们宣布:"'劳动解放社'本身融合于党组织之中。"

"劳动解放社"在它生存的二十年中,总共做了这样四件事:翻译和大量出版了许多马克思主义奠基者们的重要著作,并把它们"非法"运往俄国散发;发表了政治、哲学、经济、美学、文艺评论和历史等一系列论著,捍卫、论证和发展了辩证唯物主义,特别是历史唯物主义的原理,批判了民粹主义、无政府主义、新康德主义、经济主义等俄国和国际工人运动中资产阶级的、修正主义的思潮,分析了俄国革命提出的种种政治、经济和理论问题;培养了一大批年轻的革命骨干,为联合国内外社会民主主义力量和在俄国建立社会民主党进行了大量的卓有成效的工作;建立并且加强了俄国社会民主主义组织同欧洲主要是

---

[1] 《普列汉诺夫全集》,俄文版第2卷,第22—23页。

西欧社会民主党的牢固联系,交流了彼此的革命经验,促进了无产阶级的国际团结。

以下我们简要地逐项作些说明。

"劳动解放社"成立以前,马克思、恩格斯的个别著作就有过俄译本,如《共产党宣言》(1869年巴枯宁译)①、《法兰西内战》(1871年)、《资本论》第1卷(1872年洛帕廷、丹尼尔逊译)等等。但是这些译本在俄国革命运动史上没有发生什么重大的作用。因为这些译者是怀着各自不同的目的翻译这些经典名著的,他们都不信仰马克思主义,除《资本论》外译文质量都很差,特别是巴枯宁的译文,更是充斥着粗鲁的曲解;印数也极少;加上沙皇政府的查禁,而特别重要的是十九世纪六七十年代俄国工人运动还处在萌芽时期,因此这些译本当时没有也根本不可能得到多少广泛的传播。

"劳动解放社"的情况则完全不同。尽管他们出版的马克思主义经典著作今天看来品种和数量都是很少很少的,而且也不都是最重要的,但他们的翻译活动当时却在俄国革命史上,因此也在俄国历史上开创了一个新时代:它揭开了无产阶级革命的序幕。

张念丰说:"从十九世纪八十年代起,他(指普列汉诺夫——引者)翻译出版了大量的马克思和恩格斯的重要著作。如《共产党宣言》、《英国工人阶级状况》、《法兰西内战》、《资本论》、《反杜林论》等"②。这种说法不知有何根据?就我看到的所有苏联出版的材料而言,除了《共产党宣言》以外,其余四种不仅普列汉诺夫没有"翻译出版"过,"劳动解放社"其他成员都没有"翻译出版"过。据苏联这方面最有权威的历史学家之一波列沃依的权威著作《马克思主义在俄国的诞生》一书

---

① 勃洛维尔说是1870年出版的(参见他的著作《普列汉诺夫的经济观点》,1960年俄文版,第25页),非是。

② 《德波林和普列汉诺夫》,载《学术研究丛刊》1982年第3期,第84页。

记载,①事情是这样的。"劳动解放社"在其存在的二十年间(主要在前十年)共翻译出版马克思、恩格斯著作十余种,包括全译或摘录的片断。具体篇名如下:

(1)《共产党宣言》,普列汉诺夫译,1882年出第1版。其中有"译者的话"、"作者们给俄译本写的序言"(1882年1月)、"作者们给1872年德文版写的序言"。此外还包括两个附录:②一个是摘自马克思《法兰西内战》的片断(一段论述工人阶级不能简单地掌握现成的国家机器并运用它来达到自己的目的,必须打碎这个机器的文字);另一个是《国际工人协会章程》。1900年《共产党宣言》再版③时普列汉诺夫写了一篇长序:《阶级斗争学说的最初阶段》。

(2)《雇佣劳动和资本》,捷依奇译,1883年出版。两个附录:一个是恩格斯写的《卡尔·马克思》中的大部分文字;另一个是从《资本论》第1卷中摘引出来的论述现代资本主义制度往后命运的一段文字(不到4页)④。

(3)《科学社会主义的发展》(即《社会主义从空想到科学的发展》)⑤,查苏利奇译并序,1884年版。还附录了《反杜林论》中的三章

---

① 当然,这本书也不是没有缺点和错误的。例如柯斯京和西多罗夫的书评《关于俄国第一批马克思主义组织的专著》(载〔苏联〕《共产党人》1960年第18期)和茹可夫的《劳动解放社》(参见该书1962年俄文版,第4—5页)都提出了批评。但是像这样的基本史实性错误,波列沃依的著作中是不存在的。

② 约夫楚克、库尔巴托娃的《普列汉诺夫传》则说这两个附录载于1894年出版的《恩格斯论俄国》内(参见该书中译本第121—122页)。从《恩格斯论俄国》和《共产党宣言》的内容看,这种说法远不如波列沃依的说法可靠。又据恩格斯1884年1月1日给伯恩施坦的信,也肯定是《共产党宣言》的附录。另外,中译本《普列汉诺夫传》第122页第1行有一处误译:"摘录"的不是《章程》,而只是《法兰西内战》。

③ 一说九十年代出第2版,1900年第3版,1904年第4版。参见〔苏联〕《历史问题》1968年第5期,第139页。

④ 即《资本论》第1卷第24章第7节全部文字。

⑤ 大家知道,这本小册子是恩格斯应拉法格之请从《反杜林论》中取出三章,略加补充而成。

"暴力论"①,1892年再版。1902年出第3版,普列汉诺夫还为这一版写了一篇重要的序言。

(4)《关于自由贸易的演说》,普列汉诺夫译并序,1885年版。

(5)《哲学的贫困》,查苏利奇译,1886年版。恩格斯为这个译本写了序言和加了注释。两个附录,内容未详。

(6)《费尔巴哈论》,普列汉诺夫译并序,1892年版。两个附录:一个是《费尔巴哈论纲》,另一个是《马克思论法国唯物主义》(摘自《神圣家族》)。译者还为这个译本写了十一条解释性的长注。1905年再版,译者又写了一篇长序。

(7)恩格斯《论俄国》(即恩格斯《论俄国的社会问题》),查苏利奇译,普列汉诺夫序,1894年版。附有恩格斯1894年1月写的《论俄国的社会问题》跋。

有人说,劳动解放社翻译出版过《路易·波拿巴雾月18日》,甚至还注明是1892年出版的。据库尔巴托娃《马克思主义在俄国传播的开始》(1983年)一书第260—266页上关于劳动解放社用俄文翻译出版的马克思恩格斯著作一览表看来,这个说法显然是没有事实依据的。《马克思恩格斯全集》第8卷第659页注43中写道:1894年在日内瓦第一次出版了《雾月18日》的俄译本。但这个译本同劳动解放社没有关系。

此外,"劳动解放社"成员们(主要是查苏利奇)还翻译过《哥达纲领批判》、《论历史唯物主义》、《神圣家族》等著作的全文或片断。

由此可见,张念丰的说法显然是缺乏事实根据的。不过这种说法并非一点影子也没有。除了上面讲过的以外,还可以补充两点。1895年五六月间普列汉诺夫曾函询恩格斯是否同意他们翻译《英国工人阶级状况》和《反杜林论》。普列汉诺夫档案馆里至今甚至还保存着查苏

---

① 关于《反杜林论》的俄译情况,还可参考〔苏联〕《哲学百科全书》,第1卷,第71—72页。

利奇译出的《英国工人阶级状况》部分手稿。这一切都证明他们当时确实打算"翻译出版"这两部名著,但是"未能实现"①。前面已经说过,《资本论》第1卷的俄译本是洛帕廷、丹尼尔逊完成的。1883年10—11月初查苏利奇曾以"劳动解放社"的名义写信给恩格斯,请求他答应让这个刚诞生的团体来出版第2卷,以便尽快开始翻译。恩格斯复信说:"第1卷的译者格·洛帕廷会要求取得译第2卷的权利"②。两年后彼得堡出版了丹尼尔逊翻译的《资本论》第2卷俄文版。第3卷的俄译本出版于1896年,译者不是"劳动解放社"成员。至于普列汉诺夫校订过的《资本论》,那只是它的第4卷即《剩余价值学说》中的第1分册,而且也不是《劳动解放社》出版的,而是1906年在彼得堡问世的。③ 附带说一句,1883—1884年间,莫斯科的怀有初期社会民主主义思想的学生组织"翻译出版工作者协会"倒是"翻译出版"了《法兰西内战》、《资本论》第一卷摘要、《反杜林论》(缩本)和《英国工人阶级状况》(仅译其中的"导言"和前三章)。④

"劳动解放社"的这些翻译活动是在物质条件极其艰苦的环境下进行的。他们没有经费去购买印刷机、铅字、纸张,租借厂房和雇佣工人。他们自己的生计就非常困难。特别是普列汉诺夫,经济更加拮据。流亡的最初几年,普列汉诺夫一家经常不得不靠借贷和赊欠过日子。他们翻译马克思主义经典著作没有稿酬。他们出版译本和著作,不是为了拿到市场上去挣钱,而是要冒着被捕、流放甚至牺牲的危险在觉悟工人和革命知识分子中间秘密传播的,仅仅"收适当的费用"。他们从

---

① 《马克思主义在俄国的诞生》,第189页。
② 《马克思恩格斯全集》,中文第1版(本书所引《马克思恩格斯全集》均指第1版)第36卷,第71页。
③ 《列宁全集》,中文第1版(本书所引《列宁全集》均指第1版),第21卷,第64页。《车尔尼雪夫斯基》(汝信译)一书中译本第339页将"под редакцией Г. Плеханова"一语误译为"普列汉诺夫编"。
④ 《马克思主义在俄国的诞生》,第340、341页。

同情者那里集募来的为数不多的款额,一分一文都用在宣传马克思主义这一崇高的事业上。据说,大哲学家康德曾经讲过,他感到骄傲,他不欠任何人一芬尼的债。关于债主的念头任何时候也没有败坏过他的情绪,否则他是无法写作的。普列汉诺夫可没有这样幸运。贫困也是他桌上的常客。在他收到稿费和妻子成为医生后挣得工资以前,如何为一家人弄来糊口之资的考虑在许多年内一直压迫着他的头脑。然而正是在贫穷、迫害、亲人病故的凄惨景象中,这位没有德国小市民习气的俄国年轻马克思主义者翻译和写出了一本又一本成名之作。

恩格斯起先对普列汉诺夫们的这些活动是相当审慎的。这一则是由于他们过去的民粹主义主张,一则也因为当时自称马克思主义者的人许多都名不副实。但是"劳动解放社"最初的一些言行使恩格斯很快改变了态度。他全力促进他们的出版工作,不断向他们提出指导性的建议,有时还寄去自己和马克思的原著供他们翻译,并为译本撰写序言。他多次高度评价了普列汉诺夫和查苏利奇的译作。例如他写道:"日内瓦俄文版《宣言》等等很使我高兴","翻译《宣言》是异常困难的,俄译本是目前我看到的所有译本中最好的译本"。又说:普列汉诺夫们"做得很对,他们已经把《内战》一书中的这个地方载入自己的《宣言》译本的附录。"①对于《社会主义从空想到科学的发展》,恩格斯称赞查苏利奇"译得好极了。俄语是多么美的语言啊!"②我们知道,恩格斯从来"不允许不称职或其他方面不合格(不能信任)的人"来翻译自己和马克思的著作,却决定把所有这些著作译成俄文的权利交给了查苏利奇。③据说,从保存在普列汉诺夫档案馆里的查苏利奇的手稿看

---

① 《马克思恩格斯全集》,第36卷,第46、81、97页。
② 同上书,第36卷,第123页。
③ 同上书,第39卷,第239页。

来,她的译文许多都经过普列汉诺夫认真的校订。列宁在《卡尔·马克思》(1914年)一文中非常推崇普列汉诺夫们的译文质量。他指出,《共产党宣言》"及马克思其他著作的全文和最确切的译本,大部分见'劳动解放社'在国外出版的版本"①。尽管这些译本今天看来还存在某些缺点错误,但是它们曾经奠定了现代俄语的马克思主义语汇的基础,是普列汉诺夫们的一项毋庸置疑的不朽的文化功绩。

(四)

当然,"劳动解放社"的主要历史作用并不在这里。正如前面所说的,普列汉诺夫和他的同志们通过自己的翻译,特别是通过普列汉诺夫的著作,在俄罗斯大地上撒播了无数马克思主义的种子,从而开创了俄国无产阶级革命的新时代。如果说他们的译作告诉当时俄国的先进工人和革命知识分子什么是马克思主义,什么是科学社会主义,给了他们一个正确的世界观和方法论,那么普列汉诺夫根据马克思、恩格斯的思想,结合俄国现实写成的一系列著作就具体地回答了革命实践向他们提出的种种迫切的政治、经济和理论问题。在这个意义上,他的著作所产生的实际影响大大超过了他们的译作。

1883—1903年的二十年间,普列汉诺夫写了许多优秀作品,包括专著、小册子、论文、书评、序、跋、讲演等,共约一百四五十种。此外还有大量的书信和未刊稿。这些著作涉及政治、哲学、经济、美学、文艺、宗教、伦理、历史。其中最卓越、最著名、最有影响的是:《社会主义和政治斗争》(1883年)、《我们的意见分歧》(1884年)、《没有地址的信》(1899—1900年)、《车尔尼雪夫斯基》(1890—1892年、1894年)、《黑格尔逝世六十周年》(1891年)、《论一元论历史观之发展》(1894年)、

---

① 《列宁全集》,第21卷,第60页。

《无政府主义和社会主义》(1894年)、《唯物主义史论丛》(1895年)、《论个人在历史上的作用问题》(1898年)以及反对伯恩施坦主义和司徒卢威主义的两组论文。

恩格斯对普列汉诺夫评价极高。他读过并且赞扬他的著作《社会主义和政治斗争》、《我们的意见分歧》。1885年4月23日他在致查苏利奇的信中指出,《意见分歧》一书给他留下很好的印象。"我感到自豪的是,在俄国青年中有一派真诚地、无保留地接受了马克思的伟大的经济理论和历史理论,并坚决地同他们前辈的一切无政府主义的和带有一点斯拉夫主义的传统决裂。如果马克思能够多活几年,那他本人也同样会以此自豪的。这是一个对俄国革命运动发展具有重大意义的进步。"①恩格斯看到《新时代》发表的《黑格尔逝世六十周年》(分三期连载)以后高兴地写道:"普列汉诺夫的几篇文章好极了。"②对于《论一元论历史观的发展》在俄国的出版发行,恩格斯认为"很适时"。他写道:能够"争取这本书在本国出版……无论如何是一次巨大的胜利……不失为一个打破冻冰的先例"。③ 他非常关心把普列汉诺夫的著作译成外国文字,曾专门就此事写信给保加利亚《社会民主主义者》丛刊编辑部,表示很希望普列汉诺夫著作保加利亚文本问世。他还热情地帮助过爱琳娜·马克思翻译的《无政府主义和社会主义》英文本的出版。他强调"普列汉诺夫的真正的社会主义的活动",赞成他的各种写作计划。沃登回忆说:"恩格斯很重视普列汉诺夫的天才('不亚于拉法格,甚至也不亚于拉萨尔'),并且询问他的著作计划,认为关于法国唯物主义历史的著作和俄国民粹主义美文学的论文都写得很中肯。"接着沃登又说,恩格斯很喜欢普列汉诺夫在1889年第二国际成立

---

① 《马克思恩格斯全集》,第36卷,第301页。
② 同上书,第38卷,第236页。
③ 同上书,第39卷,第379、383页。

大会上作的关于"俄国革命运动只能作为工人运动而胜利,否则它永远不会胜利!"的演说。① 据普列汉诺夫夫人的一篇回忆录报道,恩格斯曾经对查苏利奇说过:"我知道只有两个人懂得了和掌握了马克思主义,这两个人就是:梅林和普列汉诺夫。"②

和恩格斯一样,列宁也十分推崇普列汉诺夫的哲学和社会学著作。他把普列汉诺夫第一本马克思主义著作《社会主义和政治斗争》同《共产党宣言》并列起来,称后者是"世界社会主义的第一个信条",称前者是"俄国社会主义的第一个信条"③。他在《什么是"人民之友"?》等著作中驳斥了米海洛夫斯基对普列汉诺夫的攻击,保卫了"社会民主派中这位卓越分子"的第一本社会民主主义著作——《我们的意见分歧》的基本思想④。在他看来,1894年用德文出版的《车尔尼雪夫斯基》一书,"充分地估计了车尔尼雪夫斯基的意义和阐明了这种意义对马克思恩格斯理论的关系"⑤。他特别强调《论一元论历史观的发展》和

---

① 《回忆马克思恩格斯》,人民出版社1957年版,第381、382页。
② 转引自恰金:《普列汉诺夫对马克思主义一般社会学理论的分析》,1977年俄文版,第7页。
③ 《列宁全集》,第4卷,第252页。
④ 同上书,第1卷,第172—174页。
⑤ 《列宁全集》,第4卷,第237—238页上译为"普列汉诺夫在论车尔尼雪夫斯基的那本书中,充分估计了车尔尼雪夫斯基的作用,并且阐明了他对马克思和恩格斯的理论的态度。"这显然是望文生义。遗憾的是新版中译本《列宁全集》并没有改正这个错误(参见第4卷第226页)。原文是这样的:"Плеханов в своей книге о Чернышевском вполне оценил значение Чернышевского выяснцл его отношение к теории Маркса ц Энгелъса"。关键在于 его 这个代词指什么。是代 Чернышевский,还是代 значение 呢? 从语法上都可以讲得通。问题是思想内容。能不能说普列汉诺夫的《车尔尼雪夫斯基》一书"阐明了车尔尼雪夫斯基对马克思和恩格斯的理论的态度"? 不能。因为普列汉诺夫明明指出,"在车尔尼雪夫斯基的全部著作中,我们简直找不到任何迹象说明他读过、哪怕很零散地读过马克思和恩格斯的著作"(《车尔尼雪夫斯基》,中译本第257页),因此"他不了解马克思和恩格斯的学说"(第4卷,第85页)。在这种情况下根本谈不到车尔尼雪夫斯基对马克思理论的任何态度。一定要说有什么态度的话,那也只是他没有对这个理论表示过任何态度,因此也就值不得列宁去讲它了。如果把 его 看作 значение 的代词,事情就

《唯物主义史论丛》的历史作用和理论价值。他写道:"别尔托夫的《一元论观点》一书……培养了整整一代俄国马克思主义者"①,《唯物主义史论丛》"对辩证唯物主义作了极其完美的有价值的阐述,指出了辩证唯物主义是哲学和社会科学的整个最新发展的合理的必然的产物"②。他还在自己的文章和书信中多次肯定和支持普列汉诺夫反对伯恩施坦主义、经济主义和合法马克思主义的斗争。总之,对于"劳动解放社"的伟大功绩,列宁一直给予极高的评价,甚至在普列汉诺夫政治上反对布尔什维主义以后仍然如此。例如1906年他明确地警告说:"普列汉诺夫的理论著作(主要是批判民粹主义者和机会主义者)仍然是全俄国社会民主党的牢固的成果,任何'派别活动'都不能混淆视听,不能使稍微有些'理智'的人忘记或者否定这些成果的重要性。"③又如:"就拿他们中间最优秀的普列汉诺夫来说吧。普列汉诺夫个人的功绩在过去是很大的,在1883—1903年的二十年间,他写了很多卓越的著作,特别是反对机会主义者……和民粹主义者的著作"(1914年)④。这里的"机会主义者"指的正是伯恩施坦、普罗柯波维奇、库斯柯娃、司徒卢威和马尔丁诺夫等人。

在这个问题上,许多人犯了错误,包括斯大林在内。约夫楚克在

(接上页)会大不一样。普列汉诺夫整个这本书不仅充分评价了车尔尼雪夫斯基的意义,而且从马克思学说的立场阐明了这种意义的客观性质,例如在第4卷第84、85页上普列汉诺夫就直接、明确地申明了自己的这一根本立场。他说:"我们站在马克思的观点上,可以对车尔尼雪夫斯基的理论论断和实际计划中的许多东西加以指责。但是,对他的时代和他的国家来说,甚至现在我们应该认为是错误的他的那些观点,也终究是极其重要和有益的……"。正因为如此,《车尔尼雪夫斯基》一书才受到列宁的高度赞扬。附带说说,人们在评价普列汉诺夫这本书的时候,往往只提列宁在《哲学笔记》上批注的那两三句话,真是只见树木,不见森林。

① 《列宁全集》,第16卷,第267页。
② 同上书,第4卷,第65页。
③ 同上书,第11卷,第398页。
④ 同上书,第20卷,第359页。

《普列汉诺夫在马克思主义哲学史上的作用》一文中批评说:"《联共(布)党史简明教程》对普列汉诺夫活动的阐述是片面的。《简明教程》正确地指出了普列汉诺夫的劳动解放社在反对民粹主义的思想斗争中的杰出作用,指出了普列汉诺夫的著作在说明马克思主义对个人的历史作用的观点中的意义。但是《简明教程》没有注意到列宁对普列汉诺夫反对伯恩施坦主义、'合法马克思主义'、经济主义和其他机会主义流派的斗争的高度评价。"①

我们完全同意这个批评。不过我们觉得,还可以对它作若干补充。试问:斯大林在哪几点上背离了列宁对"劳动解放社"作用的评价呢?

第一,斯大林把"劳动解放社"的历史作用局限于1895年以前是完全错误的,明显地违背了列宁一系列的论断。大家知道,俄国社会民主党内的第一个机会主义思潮是经济主义,它的首领是普罗柯波维奇、库斯柯娃和马尔丁诺夫等,反对这种思潮的斗争是在1894—1903年中进行的。"起先同经济派斗争的只有普列汉诺夫和整个'劳动解放社'(《工人》杂志等),后来同他们斗争的是'火星报'(从1900年到1903年8月……)"②。列宁还说:"我和普列汉诺夫曾经为此在1899—1900年猛烈抨击过普罗柯波维奇,并把他和所有附和他的人都赶出了社会民主党"③。九十年代末,国际工人运动内部出现了全面修正马克思主义的思潮,最著名最有危害性的代表人物是伯恩施坦。而力挽狂澜,第一个站出来坚决反对伯恩施坦的就是普列汉诺夫。列宁写道:"普列汉诺夫对伯恩施坦的最时髦的'批判'作了无情的批判,他做得完全正确"④。普列汉诺夫反对"合法马克思主义"即司徒卢威主义的

---

① 《十九世纪哲学思想史和社会学思想史问题》,1960年俄文版,第154—155页。
② 《列宁全集》,第20卷,第245页。
③ 同上书,第11卷,第407页。
④ 同上书,第4卷,第187页。

斗争虽然开始得有些过晚(1901年),而且也存在着这样或那样的缺点和错误,但是他毕竟还是相对全面地对它进行了有力的批判。他和列宁一样,不止一次地说明过经济主义和司徒卢威主义两种机会主义"之间的联系"①。

第二,斯大林在《联共(布)党史简明教程》结束"劳动解放社"一节时写道:"劳动解放社'只是在理论上创立了社会民主运动和实行了迎接工人运动的第一步'——列宁曾这样指出。在俄国把马克思主义和工人运动融成一体,并把劳动解放社所犯种种错误纠正过来的任务,只得由列宁来解决。"②

列宁是在《工人运动中的思想斗争》一文中论述取消派的产生时说这番话的。他的完整的意思是这样的,"它(指取消派——引者)是在马克思主义同俄国群众性工人运动相结合的二十年中产生的。在1894—1895年以前,还没有这种结合。当时'劳动解放'社只是在理论上为社会民主主义奠定了基础,只走了迎接工人运动的第一步。只是1894—1895年的宣传鼓动和1895—1896年的罢工运动才使社会民主主义同群众性工人运动牢固地、经常地结合起来。"③

在这里,斯大林是怎样背离列宁的呢?

首先,列宁仅仅说,"劳动解放社"在1894—1895年以前只走了迎接工人运动的第一步,还没有把社会民主主义同工人运动结合起来。斯大林抹去了"当时"两字,这样就变成"劳动解放社"在其存在的二十年内都没有实行这种结合,或者说,没有"融成一体"。

其次,按照斯大林这种说法,似乎列宁是指责"劳动解放社""只是

---

① 《列宁全集》,第12卷,第315页。
② 人民出版社1954年版,第20页。
③ 《列宁全集》,第20卷,第275页。

理论上创立了……"。这完全是把非历史主义的观点硬加在列宁头上的一种误解。正如恰金和库尔巴托娃所指出的:"即使劳动解放社有几十个理论上成熟的、勇敢的和有首倡精神的人,当时,即在十九世纪八十年代到九十年代初期,也不可能把马克思主义理论同工人运动融成一体,因为这个运动本身那时还没有成熟到可以进行这种结合。"①因为"只是1894—1895年的宣传鼓动和1895—1896年的罢工运动才使社会民主主义同群众性工人运动牢固地、经常地结合起来"。

再次,俄国工人运动的历史也就是不断地同马克思主义相结合的历史。它开始于1894—1895年。如果说,1903年秋俄国社会民主党第二次代表大会的召开标志着这种结合的第一阶段的完成,那么,在这个过程中普列汉诺夫的"劳动解放社"起着什么作用呢？他们的具体活动下文还将简略地叙述,这里我们只介绍列宁的观点。列宁写道:"俄国社会民主党的建立,是劳动解放社即普列汉诺夫、阿克雪里罗得和他们的朋友们的主要功绩……'俄国社会民主工党'的建立(1898年春)②,是大踏步向这种结合迈进的标志。"③列宁多次称呼普列汉诺夫是俄国社会民主党的创立者和领袖,认为"劳动解放社"的这些"为俄国社会民主党奠定了基础并一直领导党的理论家和著作家","为党在理论上和实践上的发展做了许多事情"(1900年)④。同年9月,列宁又写道:"我们并不认为,没有像普列汉诺夫和劳动解放社这样的力

---

① 《普列汉诺夫评传》,1973年俄文版,第51页。库尔巴托娃在1983年出版的《马克思主义在俄国传播的开始》一书第243页上再次正确地申述了这一观点。她写道:"劳动解放社最积极地参加了革命运动向新阶段的过渡,参加了革命运动向九十年代下半期的进一步发展。"
② 1898年3月在明斯克召开第一次代表大会,宣布成立俄国社会民主工党。列宁和普列汉诺夫都没有参加这次大会。
③ 《列宁全集》,第4卷,第226页。
④ 同上书,第4卷,第292、293页。

量,工作可以进行,但是谁也不能由此得出结论说,我们会丧失一点独立性。我们现在可以告诉那些希望首先知道我们对劳动解放社的态度的人就是这些话。"①1901年12月列宁在祝贺普列汉诺夫革命活动二十五周年时指出:"劳动解放社""为俄国社会民主主义运动提供了深湛的理论知识、广阔的政治视野、丰富的革命经验这些不可缺少的东西",等等。如果我们不否定列宁所有这些判断的正确性,怎么能够把"劳动解放社"后十年的革命活动一笔抹煞呢?怎么能够断定它"只是理论上"如何如何呢?

不仅如此,《联共党史》对"劳动解放社"前十年活动的评价也是片面的。例如普列汉诺夫最大的两条功绩不是讲得很不充分,就是根本没有指出来。

(1)马克思主义对俄国是否适用?并且不只是在俄国革命的这个或那个问题上(例如在俄国无产阶级的先进作用问题上,像《简明教程》所说的那样)是否适用,而是对俄国革命的一切问题是否适用。这是摆在"劳动解放社"面前的第一个大问题。拉甫罗夫和米海洛夫斯基之流正是在这个问题上起劲地反对普列汉诺夫的。不解决这个问题,普列汉诺夫对马克思主义基本原理叙述得再多再好,也是没有多大实际意义的,至少这种实际意义要大打折扣。所以"劳动解放社"反对民粹主义斗争的第一项理论功绩就在于它令人信服地论证了放之四海而皆准的马克思主义的方法论意义。列宁在《什么是"人民之友"?》一书中,保卫普列汉诺夫的《我们的意见分歧》的基本思想时正是强调了这一点。他写道,普列汉诺夫"说得再明显不过了:马克思主义者从马克思理论中无疑地只是借用了阐明社会关系所必需的宝贵方法"②。

---

① 《列宁全集》,第34卷,第30页。
② 同上书,第1卷,第173页。

恩格斯在上面引证过的致查苏利奇信中强调的也是这一点。他说："在我看来，马克思的历史理论是任何坚定不移和始终一贯的革命策略的基本条件；为了找到这种策略，需要的只是把这一理论应用于本国的经济条件和政治条件。"①

（2）"劳动解放社"另一个最大的理论功绩是全面、系统地阐明了马克思的哲学思想，首先是他的历史观，批判了各种形态的民粹派的唯心史观。列宁曾经提出过这样一个问题："要是别尔托夫没有阐明哲学唯物主义的原理以及这些原理对反驳拉甫罗夫和米海洛夫斯基的意义，那俄国马克思主义能不能'形成'呢？"②这里的哲学唯物主义当然包括历史观中的唯物主义。显然，在列宁看来，阐明整个唯物史观，反对唯心史观乃是俄国马克思主义得以形成的前提条件。因此，像斯大林这样单独提出个人在历史上的作用问题，用以取代普列汉诺夫在反对民粹派时系统捍卫、论证马克思哲学的伟大功勋的做法，也是同列宁一系列的言论相背离的。我们一点也不否认个人作用问题对民粹派说来是一个十分重要的问题，在这个问题上普列汉诺夫也确实有独创性的理论建树。然而凡是认真读过普列汉诺夫批判民粹主义的那些著作的人都会清楚地看到：把"民粹派受到普列汉诺夫严重打击的基本观点"概括为《简明教程》上的那样三条是很不完整的。即使从实践的、策略的观点看问题，这种概括也不完整。难道普列汉诺夫没有揭示当前俄国革命的性质是资产阶级民主革命，没有阐明这个革命是未来社会主义革命的准备阶段，没有论证政治斗争和阶级斗争的相互关系，提出建立工人政党的必要性等等？难道这些问题对于批判民粹主义说来都不是基本的？大家知道，对于"劳动解放社"在这些问题上的观点，

---

① 《马克思恩格斯全集》，第36卷，第301页。
② 《列宁全集》，第17卷，第57页。

列宁都有评价。不知为什么《简明教程》的编者们没有把这些评价考虑进去。

某些理论工作者武断地说,普列汉诺夫的著作似乎固有教条主义、理论脱离实际的毛病。他在孟什维主义时期所写的许多著作,主要是分析俄国社会民主党的组织问题和策略问题的那些政论著作,的确固有这样的缺点。但是,正如约夫楚克自我批评时指出的那样,"如果把对于作为孟什维克的普列汉诺夫说来是正确的一切搬到作为革命马克思主义者的普列汉诺夫头上而硬说就是在1883—1903年,在自己的革命马克思主义活动时期,他也割裂了理论和实践,始终重复了旧有的真理,在哲学上是一个教条主义者等等,那就会偏离历史的真理。"①

这种武断在我国也有所反映。例如有人说,"就一般意义来说,普列汉诺夫是一位理论家,而且曾经是一位杰出的马克思主义理论家",但是就特殊意义来说,即就马克思学说是行动的指南,因而必须理论联系实践这个意义来说,普列汉诺夫"这种人如果称他们为马克思主义理论家的话,也够不上一个真正合格的马克思主义理论家。"②

必须指出,这种说法完全离开了列宁对普列汉诺夫的经典评价。对于这种错误观点,如果有时间和必要,我们将在其他地方加以分析。这里要说明的只是:和这类武断相反,在列宁看来,"劳动解放社"时期的普列汉诺夫是理论联系实际的杰出的马克思主义理论家。请看列宁的两段原话:

"劳动解放社""这个团体的那些在国外没有经过书报审查而印行的著作,开始第一次系统地和带有一切实际结论地叙述了马克思主义的思想"③;

---

① 《十九世纪哲学思想史和社会学思想史问题》,1960年俄文版,第157页。
② 《学术研究丛刊》1982年第3期,第89—90页。
③ 《列宁全集》,第20卷,第242页。译文有改动。

"劳动解放社在国外最先根据俄国的具体情况系统地阐述了社会民主主义观点"①。

我之所以详细指出对"劳动解放社"的错误评价,并非为了"抬高普列汉诺夫的地位"。正如对列宁来说,"关于劳动解放社在俄国社会民主运动中的作用问题过去不是,将来不是,而且永远不可能是私人的事情"②,而是保卫社会民主主义的原则问题一样,对于我们来说,这个问题也不是"私人的事情",而是像保卫列宁对俄国社会民主主义运动史的基本观点的原则问题。而且在这个问题上批评斯大林,以及本书以下各章将对斯大林提出的其他一些批评,都无涉于对他一生功罪的总体评价。

我并不认为,某个思想因为出自列宁,所以才要加以捍卫。完全不是这个意思。列宁的思想必须坚持,不能动摇,只是因为它符合实际,正确地反映了客观事物的本质。把普列汉诺夫在"劳动解放社"时期的著作,主要是早期政论著作,称之为理论联系实际的楷模,③这是可以根据大量事实材料充分论证的。当然,拿列宁后来的和同时的著作衡量,普列汉诺夫的这些著作在这方面显然还存在某些不足或错误。但是个别的不足或错误是一回事,基本情况则是另一回事,不能混为一谈。不过我们暂时不准备详细考察这个问题。现在要说明的是列宁的另一观点:普列汉诺夫的"劳动解放社"是俄国社会民主党直接创立者之一,而不是仅仅从理论上为它奠定了基础。

(五)

人们常说,"劳动解放社"主要是一个著作家团体,普列汉诺夫们

---

① 《列宁全集》,第 21 卷,第 310 页。
② 同上书,第 34 卷,第 34 页。
③ "《社会主义和政治斗争》这本小册子……是把马克思主义学说运用于俄国实际的第一个典范。"(萨谢理雅:《修正主义反对无产阶级专政学说》,三联书店 1962 年版,第 69 页)

的历史功绩主要在于他们的理论活动,这是正确的。但是如果认为他们的作用不过如此,那就不对了。实际上"劳动解放社"从成立的那天起就企图同俄国各地和流亡西欧的社会民主主义分子取得联系。1883年秋普列汉诺夫起草的"劳动解放社"第一个纲领草案开篇第一句话是:"劳动解放社抱定的目的是在俄国宣传社会主义思想和培养成员,以便组织俄国工人社会主义政党。"接着又说:"社会主义知识分子应当立即着手组织我国各工业中心的工人,把俄国全体劳动居民的这些先进代表组织为具有符合全体俄国生产者阶级当代需要和社会主义基本任务的确定的社会政治纲领的、彼此有联系的秘密小组"①。1887年写的第二个纲领草案进一步直接提出:"俄国社会民主主义者们认为自己头等的和最主要的职责就是组成革命的工人党"②。"劳动解放社"的成员们不仅是这样写的,而且也是这样做的。他们在传播自己的出版物的同时,总是千方百计地同俄国的秘密小组和先进知识分子建立各种直接或间接的联系。先后建立这种联系的,例如有莫斯科的"翻译出版工作者协会"(1883年秋或冬—1884年),包括敖得萨在内的俄国南方的一些革命小组(1883—1885年),彼得堡的布拉戈也夫小组(1885年),明斯克的一些小组(1887年)。建立联系的还有以"圣彼得堡手工匠协会"出名的托奇斯基小组。可惜,所有这些小组和团体不久都相继受到沙皇政府的镇压和破坏而不复存在。1887—1890年是"劳动解放社"最困难的几年,这时同俄国的联系几乎都中断了。他们的一切努力都没有取得多少明显的积极成果。普列汉诺夫后来写道:"八十年代后半期是革命运动低落时期,革命运动的能量被已

---

① 《普列汉诺夫哲学著作选集》,第1卷,三联书店1959年版,第410、413页。译文有改动。

② 同上书,第418页。译文有改动。

成过去的七十年代的紧张状态消耗完了。由于这个原因,我们的思想尽管取得了个别的成功,但是应当经过一段准备时期,这个时期一直延续到九十年代初。1891 年的饥荒成了革命运动新高潮的信号。也只有在那时才开始明白:我们的思想在这个准备时期传播得多么广泛。我可以指出当时成立的整整一批'民意'党人小组,他们在自己的著作中逐字逐句地重复了我们的观点,使'老民意党人'大为震惊。至于工人,则不得不说:他们中间有阶级觉悟的人都毫无保留地站到社会民主主义旗帜下了。我们完全可以和哈姆雷特一起高喊:'掘得好,田鼠。'"①

十九世纪九十年代初俄国社会民主主义运动的发展使得"劳动解放社"能够重新建立俄国国内各革命小组的联系。这里特别要说一说的是同彼得堡和莫斯科的联系。1892 年 4 月,"劳动解放社"印刷所主任赖钦奉命专程来到莫斯科,同布鲁斯涅夫-卡申斯基小组建立了牢固的联系。М.И. 布鲁斯涅夫是彼得堡社会民主主义团体(1889—1892)的主要负责人之一。这个组织的基本成员是工人。到 1890 年春,它统一了二十多个工人小组,每个小组有六七个工人,几乎遍布整个彼得堡。1891 年春,继库尔纳托夫斯基之后领导莫斯科大学学生中社会民主主义小组的卡申斯基同彼得堡的马克思主义者取得了联系,达成了在莫斯科工人中间进行社会民主主义宣传的协议。同年夏天,布鲁斯涅夫来到了莫斯科。布鲁斯涅夫-卡申斯基小组的成员们与土拉、基辅、哈尔科夫、库尔斯克、下诺夫戈罗德、卡卢加、敖得萨等城市的社会民主主义者早有来往。赖钦从布鲁斯涅夫小组那里得到了这些城市的革命者的通讯地址,商定了通讯方式。布鲁斯涅夫和卡申斯基本人还

---

① 《普列汉诺夫全集》,俄文版第 24 卷,第 181 页。中译文参见《马列主义研究资料》1983 年第 3 辑,第 7—8 页。

打算同一个工人代表团一起去日内瓦与普列汉诺夫会晤。然而这一广泛的计划由于赖钦和布鲁斯涅夫小组基本成员的被捕而未能实现。

如果说"劳动解放社"在自己存在的前十年中由于沙皇政府的镇压和破坏一直无法同国内的秘密小组建立比较长期的稳定的联系,那么普列汉诺夫和他的同志们的一项无可否认的功绩就是这些年在国外的许多城市里创立了以"劳动解放社"的纲领为宗旨的社会民主主义小组。瑞士、奥地利、德国的一些城市本来就有不少俄国学生,他们大都同情俄国的政治流亡者。普列汉诺夫们一直在这些青年中间做工作,他们通过各种出版物、学术讲演和个人会晤等方式展开了积极的社会民主主义宣传活动。由于国内革命组织相继被破坏,由于 1887 年 3 月 1 日谋刺沙皇的失败以及俄国专制政府对喀山、哈尔科夫等地学潮的镇压,出国流亡的人数大大增加了。首先是流亡到瑞士的青年多了。其中不少人同情马克思主义。他们很快便与"劳动解放社"建立了联系。于是产生了成立统一组织,以便把社会民主主义力量团结起来的要求。1888 年秋在普列汉诺夫的指导下建立了"俄国社会民主主义同盟","劳动解放社"作为完全独立的组织加入同盟。1890 年初,同盟内部在"劳动解放社"和怀有机会主义情绪的成员之间发生了意见分歧。不久普列汉诺夫事实上就不再参与同盟的出版活动。同盟的最主要成就之一就是帮助"劳动解放社"恢复了同俄国的遭受破坏的联系。1894 年末,根据"劳动解放社"的倡议在日内瓦成立了"俄国社会民主党人国外联合会"。"联合会"的出版物由"劳动解放社"编辑。1898 年 3 月,由彼得堡"工人阶级解放斗争协会"等六个组织参加召开的俄国社会民主工党第一次代表大会通过"宣言",宣布联合会是党的国外的代表机关。后来经济主义分子在联合会里占了优势地位。1900 年 4 月普列汉诺夫和他的朋友们同联合会彻底决裂。5 月,另组新团体"社会民主党人"。1901 年 10 月,由列宁发起,"社会民主党人"同《火星报》、《曙光》杂志国外部联合组成"俄国革命社会民主党人国外同盟"。俄国社会民主党第二次代表大会批准同盟为党在国外的唯一组织,具有党章所规定的委员会的权利。

总的说来,1895年以前,"劳动解放社"同国内革命组织的联系是不稳定的、断断续续的和偶然的。正如列宁所说,"这是社会民主派的理论和纲领产生和巩固的时期。当时俄国拥护新思潮的人还寥寥无几。当时社会民主派是在没有工人运动的条件下存在的,它作为一个政党当时还处在胚胎发育的过程中。"①

1895年2月,根据列宁的倡议而在彼得堡召开的俄国各城市社会民主主义者团体联席会议,决定在国外组织出版通俗的工人读物,以便实现从狭小小组里进行的马克思主义宣传向广泛的群众性政治鼓动的转变,进而把全俄国的革命社会民主主义小组统一为强大的工人政党。为了达到这个目的,当务之急就是设法同"劳动解放社"建立牢固的联系。于是列宁接受会议委托在同年5月到达瑞士,第一次与普列汉诺夫等人晤谈,并互相约定建立经常的联系和在国外出版《工人》文集。同列宁的会见,正如罗·玛·普列汉诺娃回忆录中所说的,"极大地鼓舞了格奥尔基·瓦连廷诺维奇……俄国在诞生马克思主义小组、无产阶级运动!巨大的劳动,充满精神痛苦和物质痛苦的生活,一切都经受过了,一切都不再想了!……格奥尔基·瓦连廷诺维奇以更大的精力开始工作。1895年春到1901年1月《火星报》第1期出版的这段时期,格奥尔基·瓦连廷诺维奇写了许多珍贵的著作。"②在列宁的帮助下,普列汉诺夫当时极端糟糕的经济状况也初步得到了改善。1897年列宁曾对克拉西柯夫说过:"普列汉诺夫现在的处境不同了。我们已

---

① 《列宁全集》,第5卷,第489页。
② 转引自茹可夫:《劳动解放社》,1962年俄文版,第127页。

尽力为了我们共同的事业争取这个才智超群的人,保护这个人,使这个巨大的写作力量成为我们共同的财富,而且以后也将这么做。"①

1895年秋,列宁回到彼得堡,立即建立了"彼得堡工人阶级解放斗争协会",第一次在俄国开始实现社会主义和工人运动相结合,这是依靠工人运动的革命政党的第一个具有重大意义的萌芽。他付出了巨大的努力来实现和"劳动解放社"的预定的合作:为通俗的工人读物组织文章和通讯、交换情报和材料,提供物质援助等等。然而随着同年12月底列宁的被捕,这一合作计划遭受了严重的挫折。这期间,列宁坐了一年牢,在西伯利亚流放了三年。但是列宁还是克服了沙皇政府严密监视下的重重困难,同"劳动解放社"成员们取得了联系,给他们寄去了自己一系列的著作,不仅积极参加了他们的斗争,而且通过书信和文章在许多重大问题上提高了这一斗争的水平。"劳动解放社"成员们一致承认,跟列宁和他的同志们的接触根本上改变了他们与俄国社会民主主义小组和组织之间的相互关系。另一方面,"劳动解放社"在列宁离开的情况下,仍然力图同彼得堡工人阶级解放斗争协会中那些继续忠于列宁原则的成员保持联系,有力地批判了协会内部日益抬头的经济主义思潮。

1900年2月,列宁流放期满。3月秘密来到彼得堡,会见了不久前也是秘密回国的查苏利奇。他们的会晤是约定好了的,目的是共同商讨一起在国外编辑出版全俄马克思主义报纸和杂志的问题。8月,列宁再次出国继续同普列汉诺夫进行洽谈。9月,通过异常艰难、有时几乎破裂的谈判,克服了普列汉诺夫的偏见、固执和性格上的其他缺点,列宁和普列汉诺夫终于达成了共同编辑出版《火星报》和《曙光》杂志的协议。12月,行将燃起全俄国燎原之火的第一张马克思主义秘密报

---

① 约夫楚克、库尔巴托娃:《普列汉诺夫传》,第173页。

纸出版了。第1期《曙光》也于1901年3月出版。它们的发行对于粉碎经济派,筹备第二次代表大会,建立列宁主义政党,都具有决定性的作用。此后三年,在旧《火星报》(1—51号)上列宁发表文章五十七篇,普列汉诺夫发表三十七篇,而在《曙光》杂志上列宁和普列汉诺夫发表的文章数目各为五和二十篇。① 这些文章都是马克思主义的卓越成果。1903年9月,列宁指出:"45号《火星报》没有一号不是马尔托夫或列宁编的(从编辑技术工作来说)。除了普列汉诺夫,谁也没有提出过一个重大的理论问题。"②尽管普列汉诺夫的观点从列宁主义看来难免有这样或那样的缺点和错误,但总的说,他这个时期还是站在革命无产阶级的立场和列宁并肩战斗的。这是他一生政治上最辉煌的年代。约夫楚克、库尔巴托娃说得完全正确:"这是普列汉诺夫本人创作活动最繁荣的时期,是俄国革命者对他的功绩赞扬最多的时期。在此以前,'劳动解放社'起初是孤军奋战,后来有为数不多的拥护者一起为在俄国传播马克思主义思想而战斗。普列汉诺夫是由于过去在俄国的革命民粹主义活动而出的名,他的声望随着他的著作一本一本地问世而越来越高。……在1901—1903年这期间,用谢马什柯的话来说,'大家都尊敬普列汉诺夫,有人简直把他奉若神明,不仅普列汉诺夫的每句话,而且随便发表的每个意见都被许多人尊为确定不移的法律。'"③

茹可夫在他的著作《劳动解放社》中一再声称,"普列汉诺夫的团体在保卫马克思主义的斗争中,在使马克思主义从理论上战胜其他政治流派的斗争中,现在(按:即在1895年以后的时期——引者)已经不起主要作用了。"④这个说法是没有根据的,茹可夫本人的著作所提供

---

① 福米娜说是十九篇(《普列汉诺夫的哲学观点》,中译本第241页),非是。
② 《列宁全集》,第7卷,第16页。
③ 约夫楚克、库尔巴托娃:《普列汉诺夫传》,第225—226页。
④ 参见该书1962年俄文版,第123页。

的材料就足以证明这一点。不能这样提问题:"1895年以后,特别是1895—1900年期间,在俄国社会民主主义运动中谁起主要作用:普列汉诺夫还是列宁?"把这个时期作为工人运动领袖之一的普列汉诺夫同列宁对立起来,是错误的,是同列宁本人的一系列言论(包括上面引述过的言论)相违背的。1900年9月列宁甚至表示过:"完全愿意承认"普列汉诺夫对俄国社会民主主义运动的"思想领导"①。其次,茹可夫显然忘记了或者没有稍微思考过这样一个基本情况:九十年代的最后整整四年,列宁都被沙皇反动政府的魔爪牢牢地控制着,其中大部分时间还远在西伯利亚。要知道,违背历史主义原则的任何论断都不可能符合革命无产阶级的利益。而且这个说法也很难解释:为什么恰恰这个时期,无论在国内或国外普列汉诺夫的威望都那么高?

(六)

现在简略地谈谈这个时期普列汉诺夫在国际共产主义运动历史上的作用。普列汉诺夫是第二国际中最有威望的领袖和理论家之一。他后半辈子的活动,包括第二国际从成立到破产的整个历史时期,而且是在第二国际的范围内进行的。所以,在叙述他对国际共产主义运动的贡献以前,首先必须解决一个问题:怎样评价第二国际的历史地位?大家知道,过去有段时期理论界一些人把斯大林在这个问题的观点奉为圭臬。斯大林在《论列宁主义基础》中写道:在马克思恩格斯两人和列宁之间隔着第二国际机会主义独占统治的整个时代,……这里所指的不是机会主义在形式上的统治,而是机会主义在事实上的统治。在形式上,当时领导第二国际的是'正统的'马克思主义者,是'正统派',是

---

① 《列宁全集》,第4卷,第301页。

考茨基等人。可是在事实上,第二国际的基本工作是按照机会主义的路线进行的。"①在斯大林看来,似乎"第二国际的整个武库"都是"陈腐"、"生锈"的东西。受这种观点支配的那些人,怎么可能公正地对待普列汉诺夫在第二国际中的活动呢?正是在这种观点的基础上产生了过去对普列汉诺夫的一系列错误的指责。所以在这里,我觉得有必要对这个问题稍微多说几句话。

李兴耕在《关于斯大林在〈论列宁主义基础〉一书中对第二国际的评价》一文中对斯大林上述观点提出了正确的批评。他指出:斯大林的这一论断偏离了列宁对第二国际所作的科学分析,也不符合第二国际的实际活动情况,同时有导致贬低和否定第二国际时期许多革命的马克思主义者的历史地位的危险。②

我完全同意这个批评。我认为必须以真正列宁主义的观点对待第二国际,对待普列汉诺夫的国际活动。

列宁是这样评论第二国际的:

"第一国际奠定了国际无产阶级争取社会主义斗争的基础。第二国际是给工人运动在许多国家的广大发展准备基础的时代。第三国际承受了第二国际的工作成就,清除了它的机会主义的、社会沙文主义的、资产阶级的脏东西,并已开始实现无产阶级专政"③。

"第二国际在二十五……年内(从……1889 年算起)已经完成了广泛传播社会主义、预先地初步地极简单地组织社会主义力量这件非常重要而有益的工作,它完成了自己的历史作用就死亡了,与其说它是被克柳克贵族们击败的,不如说是被机会主义击败的"④。

"第二国际(1889—1914 年)是无产阶级运动的国际组织,这个运

---

① 《斯大林选集》,上卷,人民出版社 1979 年版,第 186、192 页。
② 《马列主义研究资料》1982 年第 4 辑,第 115—120 页。
③ 《列宁全集》,第 29 卷,第 274—275 页。
④ 同上书,第 21 卷,第 79—80 页。

动当时是向横的方面发展,因此,革命的水平不免暂时降低,机会主义不免暂时加强,而终于使第二国际遭到可耻的破产"①。

"当人们说第二国际已经死亡,已经遭到可耻的破产时,应该善于了解这句话的意思。这是说,破产和死亡的是机会主义、改良主义和小资产阶级的社会主义。因为第二国际具有历史性的功绩,具有觉悟的工人永远不会抛弃的不朽成果,它创立了群众性的工人组织——合作社的、工会的和政治的组织,利用了资产阶级议会制以及所有一切资产阶级民主机构等等"②。

"当必须在这种资产阶级民主范围内训练工人群众的时候,第二国际曾做过历史上必要的有益的工作"③。

1912年第二国际巴塞尔代表大会通过的"巴塞尔宣言是整个第二国际时期即1889—1914年间大量的宣传材料和鼓动材料的总结。可以毫不夸大地说,这个宣言概括了各国社会党人发表的千百万篇宣言、论文、书籍、演说。认为这个宣言是错误的,就等于说,整个第二国际都是错误的,各国社会民主党几十年来的全部工作都是错误的。丢开巴塞尔宣言就等于丢开社会主义的全部历史。巴塞尔宣言……只是指出了社会党人用以领导群众跟着自己走的东西,即认定进行'和平'工作就是为无产阶级革命作准备"④,等等。

由此可见,列宁对第二国际活动的评价整个说来是肯定的。这同斯大林的整个否定的态度形成鲜明的对照。⑤

---

① 《列宁全集》,第29卷,第274页。
② 同上书,第29卷,第460—461页。
③ 同上书,第29卷,第279页。
④ 同上书,第21卷,第421页。
⑤ 遗憾的是"文化革命"后出版的某些国际共产主义运动史教材和其他有关著作,仍然没有贯彻上述评价第二国际作用的列宁主义思想,仍然坚持着(不过是在较低程度上坚持着)斯大林的错误。在某些人的眼里,似乎只有恩格斯在世时的第二国际才是革命的,如果说这是一种变相的英雄史观,大概不为过分。

列宁上述评论的特点是:(一)分析全面,对第二国际的功、过两方面都有扼要而中肯的评述。(二)贯彻了历史主义的原则,指出第二国际完成了历史要求它完成和当时条件下只能这样完成的任务。(三)批判否定第二国际作用的错误态度,警告人们不能对"各国社会民主党几十年来的全部工作"采取虚无主义的宗派立场。

列宁的思想为我们评论"劳动解放社"的国际活动奠定了基础。现在仅就它的功绩作若干说明。这方面的功绩可以大致概括为三点:(一)加强了俄国无产阶级同西欧和东南欧各国无产阶级的国际团结;(二)在这些国家传播了马克思主义思想;(三)进行了反对国际上的修正主义和各种小资产阶级思想体系(主要是无政府主义)的斗争。

"劳动解放社"不仅是俄国工人运动的产物,而且是国际工人运动的直接结果。它一诞生就把自己看作马克思、恩格斯组织的世界无产阶级运动的参加者。它的成员们流亡到哪个国家,就直接参加那里的工人阶级正在进行的理论斗争和实际斗争。恩格斯在世时对他们的活动不仅经常从思想上加以指导,而且在具体事务上也不断给予多方面的帮助,甚至曾应普列汉诺夫的请求为查苏利奇延医治病。在恩格斯的帮助下,"劳动解放社"很快建立和发展了同西欧各国社会民主党和社会党的关系和战斗联盟。这个时期普列汉诺夫同欧洲几乎所有国家的社会主义政党和组织的领导人和理论家都有往来。关系最密切或书信往返最频繁的首推盖得和考茨基,其次是威·李卜克内西、倍倍尔、蔡特金、梅林、拉法格、马克思的两个小女儿、爱·艾威林、罗·卢森堡、王德威尔得、安·拉布里奥拉、布拉戈也夫等等。普列汉诺夫通晓德、英、意、保、波等多种欧洲语言,尤精法语。这对他进行国际交往是一个很便利的条件。他在西欧诸国的社会主义出版物上先后发表的一系列论文、报告、发言、书信、专著和小册子,大多都是用法文写的。"劳动解放社"成员们定期地在德国社会主义刊物上介绍俄国工人运动发展的情况,积极地给《社会主义者》这家1885年起即成为法国工人党中央机关刊物的报纸提供通讯和述评。他们不止一次地应邀参加欧洲许多国家的社会主义政党和组织的代表大会和其他各种集会,并在会上作了充满国际主义精神的发言。例如普列汉诺夫曾一再表示坚决支持波兰的革命和独立,帮助保加利亚的社会主义者反对自己的民粹派。八十—九十年代里,普列汉诺夫的几乎全部著作都有保加利亚文译本,并在保加利亚先进青年中广泛流传。这一切对于捍卫和阐述科学社会主义理论,帮助各国马克思主义者批判错误思潮,以及向国际无产阶级正确说明俄国的现实情况,解释俄国社会民主党人对当前各种理论问题和实践问题的态度和立场,都起了重大的良好的作用。库尔巴托娃正确指出:"在九十年代,劳动解放社是联系俄国工人运动和外国工人运动的主要环节。劳动解放社的成员们在发展和建立这些联系中的作用和意义是极为重大的。他们同欧洲各社会党所有杰出的活动家的个人接触,普列汉诺夫作为马克思主义理论家的权威,有助于巩固九十年代走上国际舞台的俄国社会民主党人的国际联系。"[1]

普列汉诺夫是第二国际的著名活动家和卓越领导人之一。他参加过第二国际历届代表大会,只有两次例外:即1891年8月在布鲁塞尔召开的第二次代表大会和1912年11月在巴塞尔召开的第九次也就是最后一次代表大会。前一次因为普列汉诺夫不愿意仅仅作为流亡团体的代表出席会议,后一次则由于病情突然加剧。根据恩格斯的建议,普列汉诺夫参加了1889年在巴黎举行的第二国际成立大会,并在会上发表了著名的演说,使西欧工人运动中许多认为俄国过于落后、工人阶级的斗争不会很快成为主要社会因素的领导人大吃一惊。此后以"劳动解放社"为代表的俄国社会主义力量开始被各国社会党领袖公认是欧

---

[1] 《马克思主义在俄国传播的开始》,1983年俄文版,第238页。

洲社会民主主义组织中一支不可忽视的队伍。1893年8月在苏黎世召开了第二国际第三次代表大会,普列汉诺夫在会上起了重大的作用。他受战争问题委员会委托,就反对军国主义问题作了报告,有力地批判了纽文胡斯之流的无政府主义思想,捍卫了威·李卜克内西和倍倍尔提案中所阐明的立场:重申布鲁塞尔大会关于反对军国主义的决议,号召各国社会民主党全力反对本国统治阶级的沙文主义野心,指出只有摧毁作为军国主义和战争根源的资本主义制度,才能消灭战争,赢得世界和平。第二国际存在的最初十年间一直没有常设的领导机构。随着"国际"活动范围的扩大,工人运动组织水平需要进一步提高。1900年巴黎第五次代表大会决定成立国际社会党执行局作为最高组织机构。普列汉诺夫由于自己十多年来为马克思主义的胜利所做出的光辉业绩,立即被选入国际局。从这时起他就担任了俄国社会民主党驻第二国际领导机构常任代表。1903年以后,尽管布尔什维克和孟什维克分裂的鸿沟日益加深,分裂的两派仍然几度共同拥戴他为俄国社会民主党参加国际局的代表。列宁之所以同意这样[1],决不是没有道理的。可以说,无论在历届代表大会上还是在会后的国际活动中,普列汉诺夫基本上都采取了正确的马克思主义立场。这首先就表现在这个时期第二国际内部进行的两场主要的思想斗争上。

　　十九世纪九十年代前期,第二国际内部的主要思想敌人是无政府主义。普列汉诺夫反对无政府主义是有很长的光荣历史的。他是继马克思、恩格斯之后率先对无政府主义观点进行详尽批判的第一人。苏黎世代表大会结束后不久,普列汉诺夫即应德国党中央图书出版部的

---

[1] 普列汉诺夫出席第二国际伦敦代表大会(1896年)和巴黎代表大会(1900年)的代表委任状都是列宁提供的。列宁还支持他当选为国际局委员(《列宁全集》,第4卷,第339—340页)。

约请,写了《无政府主义和社会主义》一书。同年六七月,该书第一次以德文发表。很快出现了英、意等国文字的译文和法文单行本,并且多次再版。后来欧洲其他语种的译本(如俄、保等等)也相继问世。这本小册子的广泛传播使他获得了"反无政府主义英雄"的荣名。马克思的女婿艾威林曾经指出:普列汉诺夫"是党内最有能力的理论家和最机智的人物之一,无政府主义者害怕他,也许比害怕现代作家中任何人都更厉害"①。第二国际中马克思主义者们反对无政府主义的斗争到1896年就取得了决定性的胜利。这一年在伦敦召开的第四次代表大会把所有公开的无政府主义者和以纽文胡斯为首的隐蔽的无政府主义者统统从第二国际中清除出去了。事实证明:普列汉诺夫在这场斗争中的作用是十分突出的。

恩格斯逝世以后,本来暗藏在第二国际内部的修正主义分子纷纷走上前台,为首的就是伯恩施坦。从1896年开始,他在《新时代》杂志上发表了一系列攻击科学社会主义的文章,1899年又抛出了臭名远扬的小册子《社会主义的前提和社会民主党的任务》,从而彻底地修正了马克思的学说。于是反对伯恩施坦修正主义的斗争就成为这个时期马克思主义者们头等重要的任务。在这一斗争中,普列汉诺夫和倍倍尔、卢森堡等第二国际左派领袖一样表现了无产阶级理论家的远见卓识。大家知道,伯恩施坦从十九世纪八十年代以来一直扮演着"正统"马克思主义者的角色,1881年1月—1890年9月他接替福尔马尔担任德国社会民主党中央机关报《社会民主党人》主编,1890年起经常为《新时代》杂志撰稿,考茨基一度还想把《新时代》主编的职位让给他。由于这些活动,他获得了恩格斯的信任:被恩格斯指定为遗嘱三执行人之一。恩格斯还决定让倍倍尔和他共同继承自己的全部手稿和信件。因

---

① 《摩尔和将军》,人民出版社1982年版,第86页。

此,在当时情况下没有巨大的理论勇气是很难向他举起批判的大旗的。而且普列汉诺夫的批判更是有以下几个特点:(一)最先反击。有人断言,"德国的马克思主义者首先揭开了反对修正主义斗争的序幕",或者说,在1898年10月德国社会民主党斯图加特代表大会上倍倍尔、卢森堡等人第一次对伯恩施坦进行了批判。这个说法不能认为是确切的。首先揭开战幕的是普列汉诺夫。1898年7月他在《新时代》上发表的《伯恩施坦与唯物主义》一文才是反击伯恩施坦主义的第一枪。在这以前,即在同年春末夏初,他就在日内瓦等西欧城市多次作过反对伯恩施坦及其同伙施米特的演讲。即使就私人书信中的表态而言,据目前了解的材料,首先发现问题的也是普列汉诺夫,而不是倍倍尔[1]。(二)态度最坚决。普列汉诺夫一开始就清醒地认识到,伯恩施坦的"修正"同马克思主义是势不两立的,他的机会主义对各国社会民主党的生存是最直接最主要的危险。因此早在1898年5月他就在私人书信中向伯恩施坦这个"敌人"宣布了殊死的"战争"。同年10月他在"致考茨基的公开信"中提出了伯恩施坦和社会民主党谁埋葬谁的问题。提出这个问题的意义是什么呢?1903年10月,他在《红色国度中的红色代表大会》一文中解释说,所谓"埋葬伯恩施坦先生就是把他开除出党"[2]。其实,早在1901年12月他就要求把伯恩施坦"开除出党"了[3]。他的这些言论得到了列宁高度的赞扬,被评价为布尔什维克必须继承的光荣"传统"[4]。长期以来国内外流行一种论调,断言卢森堡在1898—1903年曾提出把伯恩施坦开除出党的要求。这一说法暂时

---

[1] 参见《普列汉诺夫哲学遗著》,俄文版第2卷,第304—305页,以及《德国社会民主党关于伯恩施坦问题的争论》,三联书店1981年版,第3页。
[2] 《普列汉诺夫全集》,俄文版第12卷,第453页。
[3] 《普列汉诺夫哲学著作选集》,第2卷,三联书店1961年版,第451页。
[4] 《列宁全集》,第31卷,第15页。

尚未有文献证实①。普列汉诺夫在上引《红色国度中的红色代表大会》一文中说得非常清楚:"德国社会民主党人中间暂时还没有任何一个人开始谈论埋葬伯恩施坦先生,即谈论把他开除出党"。这里当然包括卢森堡在内。国内还有一种观点,似乎普列汉诺夫"在开始反对伯恩施坦时曾经也有过动摇"②。从提出这种观点时所引述的理由看来,显然是重复福米娜的批评。③ 但福米娜只是认为"普列汉诺夫在决定这个行动时不是没有犹豫的"。"犹豫"和"动摇"两字之差,意态大不相同。说"犹豫",并不错。问题在于福米娜的引证。这是通过引证歪曲普列汉诺夫思想的一个标本,很值得向读者展示一下。1898年3月普列汉诺夫致巴·波·阿克雪里罗得信中有这样一段文字:"(首先答复你前次的来信。④)我当然不会像我过去鄙视沃龙错夫那样鄙视伯恩施坦:他是有功劳的 Genosse⑤,(我始终觉得,一个不尊重自己党员功劳的党是不好的。)而且我反对他的进军也远不是完全决定了的事情。(我要同他争论,这是我已经决定了的事情,但是究竟什么时候以及拿什么题目,我还不知道:等着吧。)在这个事情上,我必须极端地谨慎和讲究策略。(如果我开始扮演巴枯宁的角色,谴责西方工人党落后、不革命等等,我就会犯巨大的错误。这种角色是极不合适的。因此需要等一等,看德国人自己说些什么。⑥)"⑦引文中的括弧是我加的。括弧

---

① 参见辛夷:《卢森堡提出过把伯恩施坦开除出党吗?》,载《国际共运史研究资料》,第4辑。
② 参见商务印书馆出版的"外国历史小丛书"《普列汉诺夫》,1981年版,第18页。
③ 参看福米娜:《普列汉诺夫的哲学观点》,第111—112页。
④ 俄文原书编者注:"巴·波·阿克雪里罗得在1898年2月28日的信中警告普列汉诺夫不要迷恋于用激烈的形式同修正主义者论战,以免引起一部分俄国革命者对普列汉诺夫和劳动解放社的冷淡态度。"
⑤ 德语"同志"的意思。普列汉诺夫这里用"Genosse"一词,显然有讽刺意味。
⑥ 俄文原书编者注:"普列汉诺夫很快改变了这个打算,他在自己的著作中尖锐地批判了伯恩施坦及其拥护者,要求把他们开除出党。"
⑦ 《普列汉诺夫哲学遗著》,俄文版第1卷,第165页。

内的文字在福米娜的上述著作中统统删去了。结果就给读者一种印象：似乎普列汉诺夫对于是否应该出来反对伯恩施坦开始时有过"犹豫"。在这种印象下，我国某些普列汉诺夫研究者进一步提出"动摇"论就不足为奇了。另外，还有一种说法："只是在列宁的影响和督促下，普列汉诺夫才起来反对伯恩施坦。"说"影响"，凑合着还能讲得通，至于"督促"，则不知有何史实根据?！（三）批判最全面最彻底。有人硬说，"普列汉诺夫主要限于反对哲学中的修正主义，回避了无产阶级暴力革命……无产阶级专政这些马克思主义革命路线中的核心问题"。这不符合事实。和其他领域比较起来，普列汉诺夫的确是把自己的主要精力放在反对哲学修正主义上面。但是他丝毫没有放过伯恩施坦主义者在经济学、科学社会主义或政治等领域对马克思学说的攻击。也许在这些领域他的批判没有第二国际其他某些理论家（例如卢森堡）那么具体、那么详细、那么集中，然而他既没有"回避"剩余价值学说、无产阶级贫困化、资本主义危机之类的经济学问题，也没有"回避""暴力革命"、"无产阶级专政"之类的政治问题等等。同时，必须注意：不能把普列汉诺夫批判伯恩施坦修正主义的言论局限在《反对哲学中的修正主义》一书中的那六七篇文章，这是远远不够的。如果我们把他这方面的全部言论汇集起来做总的考察，那就不能不承认，他的批判在所有第二国际理论家中是最全面的。因为只有他才清楚地认识到马克思主义是一个完整的有机系统，它有自己的哲学即辩证唯物主义作为理论基础，而历史唯物主义不过是辩证唯物主义的组成部分。有人还说，"即便他在哲学方面反对修正主义也是不彻底的。"大家知道，列宁对此曾经写过两句粗看起来似乎自相矛盾的名言。第一句是：在国际社会民主党中，普列汉诺夫是从彻底的辩证唯物主义观点批判修正主义的唯一马克思主义者。第二句是：他批判康德主义从旧唯物主义出发多于从辩证唯物主义出发。这个问题本书以后还要详细讨论。这里只准备指出两点：(1)列宁的这两句话都是对的，而且是正确评价普列汉诺夫哲学思想的关键;(2)同第二国际所有其他理论家比较起来,普列汉诺夫对伯恩施坦哲学修正主义的批判是最彻底的,在这个范围内引证列宁的第二句话是很不合时宜的,仅仅表明引者思想的糊涂。

普列汉诺夫不仅深刻地批判了伯恩施坦主义的理论,而且同样坚决同样明确地批判了它的实践——米勒兰主义。他还批判了饶勒斯之类人物的唯心史观和改良主义,批评了考茨基的调和立场。① 此外,在反对军国主义,抨击资本主义垄断和掠夺性战争,保护工人的合法权益,加强无产阶级的组织性和国际团结方面,他也都做出了一定的贡献。

当然,普列汉诺夫即使在自己一生政治上最光辉的这二十年中也是有不少缺点和错误的。"劳动解放社"的致命弱点是它的组织活动。它的组织影响比之于它的思想影响简直微不足道。严格说来,它的成员中只有捷依奇和伊格纳托夫从事组织活动。而在他们被捕或病故之后,直接的组织活动几乎停止。至于普列汉诺夫的理论著作,其最大缺点是由于长期的侨居生活,他脱离俄国现实的问题便日益显著。只要把这个时期他和列宁关于俄国问题的论述作一番对比,是不难找出普列汉诺夫后来滚向孟什维主义的思想轨迹的。决定这种轨迹的一个基本动因就是:九十年代以后,普列汉诺夫没有进一步深入研究俄国现实的经济关系,特别是土地关系。据沃登回忆,1893 年恩格斯曾一再要他转告普列汉诺夫:应该"认真地研究俄国的土地问题"这个"俄国的根本问题"。"普列汉诺夫应该主要从事科学著述,特别是关于土地问题的著述,这是值得他去做的,但不是写论战性的文章,而是研究一些实际问题。"②可惜普列汉诺夫未能重视恩格斯这一极其重要的指示。

---

① 例如参见《米勒兰事件》,三联书店 1980 年版,第 213—226、306—322 页。
② 《智慧的明灯——回忆马克思恩格斯之四》,人民出版社 1983 年版,第 89—90、98 页。这个道理看来普列汉诺夫本人还是清楚的,例如他说过:"对社会的社会经济生活的分析越正确,对社会未来发展的预言也就越可靠"(《普列汉诺夫哲学著作选集》,第 4 卷,第 391 页)。但是从了解真理到实现真理,这个距离向来是很大的。

正是这一点在很大程度上决定了普列汉诺夫后来悲剧性的命运。反之,没有接到这一指示的列宁却光辉地把它实现了。布尔什维主义的整套战略和策略就是建立在具体详细深刻地分析俄国现实、主要是经济现实的基础上的。只要回忆一下《俄国资本主义的发展》、《社会民主党在 1905—1907 年俄国第一次革命中的土地纲领》这样一些著作的基本内容,很容易看出它们同列宁策略思想之间存在着多么密切的内在联系。因此在某种意义上可以说,恩格斯的这一指示好比一座桥,通过它马克思主义过渡到列宁主义。三十年代米丁在指责德波林的"历史哲学"时说过一句明显的错话:"真正的马克思主义发展史从马克思、恩格斯到列宁,决不经过普列汉诺夫"①。如果米丁当年指的是这座桥,那就完全正确了。而酝酿着普列汉诺夫后来机会主义策略思想的两个关键问题——对待俄国自由资产阶级和农民在俄国资产阶级民主革命中的作用和地位的错误观点,正是来源于(确切些说:部分地来源于)没有深入研究俄国现实的经济关系。当然,和某些人的观点相反,我们认为"劳动解放社"时期普列汉诺夫在这两个问题上的全部言论是以自相矛盾为特色的。② 不仅如此,在其他一些重大问题上普列汉诺夫这个时期也是有错误的。例如,他没有看到民粹派反动空想的理论体系中包含着反封建的民主主义内容,没有充分认识到国际范围内产生修正主义的社会阶级根源,没有及时投入反对司徒卢威主义的斗争,批判无政府主义者时回避了马克思国家学说的核心部分——打碎资产阶级国家机器,实行无产阶级专政,揭露伯恩施坦时容忍了他对马克思主义国家观的歪曲,借鉴西欧社会民主党的纲领和斗争经验时忘记了俄国的特点,以及诸如此类。所有这些缺点错误,如果说在"劳

---

① 《唯物辩证法的首要问题》,1936 年俄文版,第 56 页。
② 参见〔苏联〕波诺马辽夫:《苏联共产党历史》,人民出版社 1960 年版,第 24—25 页。

动解放社"时期普列汉诺夫的全部言论中还只是个别的、次要的、偶然的现象,那么1903年以后,随着形势的发展,在如火如荼的革命事变迫使各阶级的代表人物表明自己态度的情况下,它们很快就扩大、膨胀为一种观点的体系,上升到主导地位。① 于是作为无产阶级革命家的普列汉诺夫就变成了一个孟什维克、一个机会主义者。

（七）

前面说过,俄国社会民主工党第一次代表大会是1898年3月召开的。但是它并没有把党建立起来,只是宣布了党的成立。因为会后不久中央委员们就都被捕了。真正建成了党的是1903年7—8月在布鲁塞尔和伦敦召开的第二次代表大会。大会选出了三人主席团,普列汉诺夫是主席,一位副主席是列宁。整个会议期间,普列汉诺夫在所有问题上都积极地支持列宁。从讨论党章第一条开始,普列汉诺夫第一次同"劳动解放社"老同志们站在对立的阵营。争论的焦点是党员是否必须参加党的一个组织。列宁认为必须,他力求"缩小党员的概念",马尔托夫则相反,"主张扩大党"②。这个问题的实质在于:新建的社会民主党究竟应该是组织严密的无产阶级的战斗部队,还是一个组织涣散没有定形的东西。意见分歧迅速转变为敌对情绪。代表大会日益明显地分裂为两部分。普列汉诺夫知道他坚持的是正确路线,但是和老同志们分手使他深感痛苦。随后在党中央机关的选举中,列宁的拥护者获得了胜利,他们便被称为布尔什维克,即多数派,而另一方则称为

---

① 关于普列汉诺夫前期和后期在这些问题上的观点的联系和区别,萨谢里雅在《修正主义反对无产阶级专政学说》(三联书店1962年版)一书中有好些中肯的说明,可参考。
② 《列宁全集》,第7卷,第11—12页。

孟什维克,即少数派。① 会后,孟什维克不甘心失败,开始了疯狂的争夺中央机关的斗争。1903年11月,在孟什维克分裂活动的威胁下普列汉诺夫退却了。他不顾列宁的劝阻和反对,决心做出让步,希图实现和解。很快他本人也就由一个主张同机会主义孟什维克调和的人变成了一个孟什维克,甚至是一个"热烈的孟什维克"②。

　　说普列汉诺夫是一个孟什维克,并不错误。但我们以为说他是一个孟什维主义者则更为确切。因为普列汉诺夫同"正统"孟什维克首领马尔托夫、巴·波·阿克雪里罗得、波特列索夫的直接合作,为期不过一年半,于1905年5月结束。而且严格说来,和"布尔什维克"一样,"孟什维克"也是一个政党概念。③ 普列汉诺夫在组织上从来没有加入过孟什维克(当然更不是布尔什维克的成员)。不仅如此,在好些重要的组织问题上他并不同意孟什维克的观点。例如他多次谴责孟什维克"组织上的无政府主义",几度单独出版自己的派别刊物《一个社会民主党人日志》和《统一报》,拒绝参加孟什维克派的一些会议,特别是斯托雷平反动年代同布尔什维克结盟,进行了反对孟什维克取消派的功勋卓著的战斗,最后同孟什维克彻底决裂,成立了自己的独立的组织

---

　　① 如果我没有记错,在俄国社会民主工党第二次代表大会上,布尔什维克得票数只比孟什维克多一票。后来,普列汉诺夫说,这一票是他投的。又:俄国社会民主工党第二次代表大会上成立了《火星报》和《曙光》杂志编辑部。编辑部设立三人组成的编委会:普列汉诺夫、列宁和马尔托夫。编委会曾约定,讨论一般问题时,三个编委各投的一票算一票。如讨论重大问题,普列汉诺夫所投的一票算两票。列宁和马尔托夫所投一票仍算一票。这就是说,编委会讨论重大问题时,普列汉诺夫有否决权。可见,当时普列汉诺夫在党内威信之高。

　　② 《列宁全集》,第20卷,第359页。

　　③ 普列汉诺夫认为,"孟什维克不是政党。他们只是派别"(《在祖国的一年》,三联书店1980年版,第261页)。这个说法不完全正确。《联共党史》指出:1905年12月,"虽然布尔什维克和孟什维克形式上还是同在一个社会民主党内,但实际上他们是两个不同的政党,各有其独立的中央。"到1912年1月布拉格会议,布尔什维克在组织上也同孟什维克彻底决裂了,正式形成为独立的政党。(参见该书中译本,人民出版社1954年版,第105、182页)

"统一报派"。列宁称普列汉诺夫为"孟什维克"是在转义上使用的,正如我们当年称鲁迅是"党外布尔什维克"的意思一样。当然,在组织问题上普列汉诺夫和孟什维克也有许多共同的观点,而与布尔什维克存在着实质性的分歧。这些分歧归根到底在于他主张按照西欧社会民主党的原则和模式来建立俄国社会民主党,而不理解或不赞同列宁建党学说中发展了马克思、恩格斯关于无产阶级政党的理论的那些新质的东西,没有认识到在根本不存在自由、民主和人权的、十分落后的俄国封建专制统治下,革命的无产阶级面临着新的、极为艰巨的战斗任务,为了实现这些任务需要有新的组织形式的先锋队。

如果说1904年底以前布尔什维克同孟什维克还只在组织问题上发生根本分歧,那么从1905年开始策略分歧便迅速提到首要地位。所谓普列汉诺夫"是一个孟什维克",主要指他在策略上是"孟什维克的真正的思想领袖"①。因为除了组织和策略方面以外,其他方面根本谈不上他同"正统"孟什维克分子有多少瓜葛,也许个别经济理论和历史哲学问题是例外。而在组织问题上,正如刚刚说过的,只能在有限的意义上方可以说他是一个孟什维克。

第一次俄国资产阶级革命时期他的那些政论总的说来代表了最右翼孟什维克立场,但"策略上的动摇"仍然时有发生,摇摆幅度之大并不亚于组织问题。这正是小资产阶级动摇性的典型表现,"文化大革命"前编译出版的、收录了他那个时期的几乎全部修正主义言论的《普列汉诺夫机会主义文选》(上、下册,1903年11月—1908年)充分地证明了这一点。革命失败后,他再度同布尔什维克结成战斗联盟,集中精力反对那些否定秘密组织存在的取消派分子,策略问题于是退居次要地位。然而这方面的分歧丝毫没有减小。正如列宁一再指出的:"我

---

① 《列宁全集》,第10卷,第328页。

们和普列汉诺夫对'领导者'在什么时候应该采取什么行动的问题,过去和现在一直是有分歧的,但在分裂时期,在反对那些认为领导权问题是'最无谓的争论'的人的斗争中,我们是同志"①。第一次世界大战一爆发,普列汉诺夫立即站在俄国反动政府一边,顽固地支持沙皇地主和资产阶级的帝国主义政策,变成了一个疯狂的"护国派"即社会沙文主义者,从而彻底背叛了无产阶级社会主义革命事业。《论战争》(1914年8月—1916年)和《在祖国的一年》②(1917年4月—1918年1月)就是这种背叛的记录。③ 这两本书,由于作者分析了当时不断发生的新的事件,内容上自然不同于《机会主义文选》。然而就决定其全部策略主张的理论基础即战略思想说,依旧是过去十年中反复鼓吹过的那一套陈词滥调。正是在这个意义上,而且也只有在这个意义上,以往认为普列汉诺夫一生政治道路的第三时期即孟什维主义时期起自1903年11月止于1918年5月的观点,才是正确的。

那么,构成普列汉诺夫孟什维主义核心思想的"策略基础"是什么呢?它们同列宁主义的区别何在呢?或者说,列宁是怎样对它们进行批判的呢?

早在同民粹派论战的时候,普列汉诺夫就反复证明,临来的俄国革命不是社会主义革命,而是资产阶级民主革命。这当然是完全正确的。

---

① 《列宁全集》,第17卷,第64页。

② 费希尔在他著作中曾写道:"列宁晚年,一次布哈林去看望病中的列宁,发现他的手里拿的正是此书[指《在祖国的一年》],连忙惊问:您怎么看这本书?列宁回答说:这本书里有许多真理。"(《列宁:神奇的伟人》,中国社会科学出版社1989年版,第1010页)费希尔没有说明他讲的这个历史故事的出处,是出自布哈林本人的回忆录或文章还是他人的记述。即使是出自可靠性程度很高的布哈林本人的回忆录,也还有个记述是否失实的问题,读者可以通过自己的观点重新审读这本书做出自己的判断。我现在的看法是:相信这个故事的真实性。

③ 据说1916年普列汉诺夫还出版了一本书,名叫《国际主义与保卫祖国》。参见《列宁文稿》,俄文版第6卷,第505页。

但是普列汉诺夫完全不懂得俄国资产阶级革命的特点,他用非历史的态度把马克思、恩格斯关于十九世纪中叶西欧资产阶级革命的论述原封不动地搬到俄国革命中来。有自由派地主和企业家、金融家之类的资产阶级掌握领导权的资产阶级革命,也有无产阶级和农民掌握领导权的资产阶级革命。在这两种情况下,尽管从经济内容说都是资产阶级性质的,即有利于资本主义经济发展的,但是,革命的形式、范围、规模、进程和结局(即有利于无产阶级、有利于社会主义、有利于生产力发展的程度)则是完全不同的。

普列汉诺夫的根本错误之一就在于他完全相信自由资产阶级的革命性。他不能想象在资产阶级民主革命中资产阶级会是不革命的,甚至是反革命的。列宁指出,俄国资产阶级革命的特点,按其内容是资产阶级的,而按其形式则是无产阶级的。自称辩证法家的普列汉诺夫对这种说法始终感到格格不入。在他看来,当时俄国革命无论在经济内容上还是在斗争的方式方法上,都是纯粹资产阶级的。甚至当历史事变迫使他不得不承认自由派具有"反无产阶级和反革命观点"时也仍然认为必须"终止反对自由派的运动"。他在1905—1908年的全部政论的基本思想就是:"当前解放运动的历史主旨"是不要在无产阶级和资产阶级中间引起内讧,而要使它们同时进行反对旧制度的共同斗争,这就是所谓的"分开走,一起打"。他一个劲地批评布尔什维克在资产阶级反对沙皇专制的斗争中没有支持资产阶级。其实问题的关键不在这里。列宁从不认为,当资产阶级进行反对专制政体的革命斗争时无产阶级不必支持资产阶级。问题在于俄国资产阶级是否真正地、始终不渝地在进行这种斗争,或者它更多的是在不断背叛资产阶级革命事业,同沙皇政府互相勾结,进行肮脏的交易。

普列汉诺夫之所以认为资产阶级是俄国革命的动力同他低估农民在俄国革命中的作用,拒绝工农联盟的思想有极其密切的关系。在某种意义上甚至可以说前者来源于后者。前面说过,他在"劳动解放社"时期就对资产阶级和农民在俄国革命中的作用和地位发表了自相矛盾的看法。这种动摇状态在第一次俄国资产阶级革命期间并未结束。相反,这个时期他在策略上的动摇很大程度上根源于对农民两重性的理解。他认为,农民作为劳动者,和无产阶级有共同的利益,而作为私有者则服从商品生产规律,追求发财致富。前者产生他们的革命性,而后者则使他们成为保守分子。说他根本没有看到那席卷俄国农村的熊熊革命烈火,是不对的。说他拒绝给予农民的这种革命运动以有力的支持也不对。然而他主要是从各种报刊来了解俄国农民运动的,对俄国农民进行土地斗争的深刻经济背景既未作切实研究,对当前俄国农民的社会心理也没有多少真切的感性认识,而七十年代后期"到民间去"的经验使他产生的农民保守闭塞的牢固印象始终未能消除。所以,在他看来,农民的革命性在最好场合(即在农民革命运动高涨时期)也只具有十分短暂的性质:农民很容易从革命的"后备军"变成反动势力的支柱。他写道:"雇佣工人按其社会地位来说是革新分子;劳动农民由于自己的地位则是保守分子,或者甚至是反动分子",只是俄国"现在正经历着一个非常特殊的和可以说极其罕见的历史时刻",这才使"农民想'使历史的车轮倒转'的意图变成了社会进步的泉源"①。所以"在支持农民要求的同时,一刻也不应当忘记农民运动的这个反动的方面"②。列宁说,普列汉诺夫的根本错误在于"完全没有了解一般资产阶级革命和农民资产阶级革命之间的相互关系",不了解"土地问题是俄国资产阶级革命的基本问题,它决定了俄国革命的民族特点",不了解"俄国革命只有作为农民土地革命才能获得胜利"③,总之,在于他

---

① 《普列汉诺夫全集》,俄文版第15卷,第205页。
② 同上书,俄文版第15卷,第36页。
③ 《列宁全集》,第13卷,第328、399、404页。

不了解只有无产阶级和农民才是俄国革命的主力。

　　普列汉诺夫对待农民以及对待自由资产阶级的这种立场,实质上就是否认无产阶级在革命中的领导权,而承认自由派的领导地位。他口头上也讲要坚持"无产阶级领导权的思想"①。但他的领导权思想同列宁主义有根本的区别。列宁关于资产阶级民主革命时期无产阶级领导权学说的基本思想是:无产阶级要把全体农民群众吸引到自己方面来,在中立资产阶级的条件下,保证领导他们进行反对专制制度的斗争。普列汉诺夫坚决反对列宁的这个思想。他认为,"在我国农民政治上不开展的条件下,无产阶级领导权,像列宁所'具体化了'的那样,实际上会使得工人阶级在夺取资本主义社会进一步发展的政治条件的斗争中陷于孤立。"②这就是说,无产阶级不能领导"政治上不开展"的俄国农民进行胜利的反封建斗争,如果这样做,就会使自己脱离自由资产阶级而"陷于孤立"。那么,普列汉诺夫所谓的"无产阶级领导权"是什么意思呢?萨谢理雅认为,普列汉诺夫把"无产阶级是革命的领导力量"同"是革命的主要突击力量"混为一谈,他使用"领导"一词时是没有补语的。③ 这个分析很正确。但是她的以下两个断语却不能认为是完全的:"普列汉诺夫所关心的仅仅是资产阶级的支持。无产阶级的领导权就是工人阶级和自由派资产阶级在行动中互相配合而已";"满足资产阶级的政治要求,争得政治自由以便对工人进行教育,提高他们的阶级觉悟——这就是普列汉诺夫式的无产阶级'领导权'的唯一表现"④。说它们不完全(而且很不完全),因为这里遗漏了普列汉诺夫的无产阶级领导权思想的核心:极端反对派立场。这一点充分地

---

① 《普列汉诺夫全集》,俄文版第19卷,第233—236、239、288—293页等。
② 同上书,俄文版第19卷,第57页。
③ 《修正主义反对无产阶级专政学说》,三联书店1962年版,第128—130页。
④ 同上书,第130—131、132页。

表现在他提出的俄国"革命路线"即关于俄国革命进程的设想上面：无产阶级在反对沙皇专制制度的斗争中应该和资产阶级"互相亲善"，"分开走，一起打"，可以批评自由派的自私意图，但不要在政治上同它对立起来，不要和农民结成联盟，领导他们发动过早的武装起义，以免吓退资产阶级，使革命遭受失败；在革命胜利以后，社会民主党不要参加临时革命政府，只应在国家杜马一类的代表机关内继续做"极端的反对派"，以便推动它走上立宪会议的道路，然后经过相当长的时间，当资本主义经济在俄国有了充分的发展，再领导无产阶级进行社会主义革命。

　　普列汉诺夫提出"极端反对派"口号也是针对列宁的工农革命民主专政思想的。他不懂得实行这种专政既是俄国资产阶级革命彻底进行的必然结果，又是取得彻底胜利和巩固胜利的不可或缺的"一般的、基本的阶级条件"和"唯一可能的社会支柱"①。在他看来，既然俄国是经济上文化上如此落后的国家，这里的无产阶级只占人口中的绝对少数，而人数众多的劳动农民与其说是革命的不如说是保守的。在这种情况下，如果革命取得胜利，建立起临时革命政府，社会民主党是不应该参加进去的，否则列宁所说的"无产阶级专政"一定"会导致小资产阶级对无产阶级代表的专政"，其结果除了对这些小资产阶级的代表所采取的反动的和保守的政策和措施承担责任并帮助他们欺骗人民以外，没有什么积极的作用。列宁指出，普列汉诺夫的错误在于"一般地谈论'社会主义者参加小资产阶级政府'，……把米勒兰同加里腓在社会主义变革前夜时期一起参加内阁"跟俄国社会民主党同坚决保卫共和制的小资产阶级民主派在民主主义革命前夜将一起参加革命政府混为一谈，即把民主主义变革和社会主义变革、民主主义专政和社会主义专政这样两种阶级内容极不相同的变革和专政混为一谈。② 列宁同

---

① 《列宁全集》，第13卷，第330—331页。
② 同上书，第8卷，第438—439页；第11卷，第40页。

时还揭露了普列汉诺夫在这个问题上的自相矛盾：①在《论夺取政权问题》和《与友人通讯选录》中普列汉诺夫硬说社会党人以少数派资格参加资产阶级政府就是"背叛无产阶级"，"简直不能容许"，这是原则；过了一年左右，又声称："一般说来，不能认为社会党人参加内阁在任何情形下都是不能容许的。可以设想有这样一种情况，在这种情形下参加内阁并不会模糊无产阶级的阶级自觉性，而是相反，会提高这种自觉性。那时参加内阁就不会是机会主义的表现，而是急进主义的表现。"②那么社会民主党可否参加小资产阶级革命政府（或者说，可否实行工农民主专政）究竟是一个"原则"问题，还是一个"合目的性"的问题呢？普列汉诺夫这些反复无常的言论充分表明他的立场之错误和软弱。造成这种现象的主要原因之一是他对马克思的无产阶级专政和国家学说的曲解。对这个问题我们将在第七章还要作些说明。

总的来说，否定俄国自由资产阶级的反革命性，低估农民在民主革命中的伟大作用，提出"分进合击"和议会主义的"极端反对派"口号来反对无产阶级革命领导权和工农民主专政理论——这四者构成了普列汉诺夫孟什维主义战略思想的基本内容，也是他在整个孟什维主义时期和社会沙文主义时期全部具体策略主张的思想基础。

列宁批评说，普列汉诺夫整个策略的实质，就是在革命斗争时代散布"政治和平"的虚伪观念，削弱或者松弛一切阶级斗争，麻痹各阶级之间以及人民同旧政权之间的政治上和社会上的对抗，企图用议会斗争的任务来代替夺取政权的根本任务，为了自由主义的暂时胜利，忘记实际生活已经提出的更崇高的民主任务，为了迁就暂时的情绪、状况和关系的可能性，忘记无产阶级的长远的、主要的、根本的利益。所有这

---

① 参见《列宁全集》，第5卷，第361页。
② 《普列汉诺夫全集》，俄文版第13卷，第211、293页；第15卷，第130页。

些观点实质上反映了立宪民主党的策略路线。他执行的是自由资产阶级的工人政策,宣扬的是机会主义的阶级调和论。列宁多次拿普列汉诺夫同伯恩施坦比较,并且强调指出,"作为俄国资产阶级革命中俄国社会民主党的政治领袖,作为一个策略家,普列汉诺夫经不起任何批判。他在这方面表现的机会主义给俄国社会民主主义的工人带来的危害性,要比伯恩施坦的机会主义给德国工人带来的危害性大百倍。我们必须向普列汉诺夫这种立宪民主党式的政策展开最无情的斗争,因为他已经回到1899—1900年从社会民主党中清除出去的普罗柯波维奇先生之流的怀抱里去了。"①

人们经常引证列宁的上述评论,却很少分析为什么普列汉诺夫的危害会比伯恩施坦的危害"大百倍"。② 有人以为原因在于伯恩施坦公开提出要"修正"马克思主义理论(包括哲学、经济学和科学社会主义),而普列汉诺夫则以马克思主义保卫者面目出现。这种解释是非常片面的,显然不符合列宁的思想。列宁在回答"资产阶级为什么称赞普列汉诺夫?"这个问题时反驳普列汉诺夫说:"资产阶级称赞伯恩施坦不仅是因为理论,甚至完全不是因为理论。资产阶级唾弃所有的理论。资产阶级称赞德国社会民主党右翼是因为他们指出了另一种策

---

① 《列宁全集》,第11卷,第398页。
② 关于对普列汉诺夫在1905—1907年革命时期策略观点的评价问题。本书的观点是:他的策略思想是机会主义的,它对俄国工人运动的危害比伯恩斯坦的观点对德国工人运动的危害"大百倍"。现在我的看法是:它是与列宁对立的另一种革命策略。理由是:普列汉诺夫和列宁都认为当时俄国进行的是资产阶级民主革命。他们都一致同意这场革命的所有基本特性,即:他们都认为革命的主要动力是工人、农民和资产阶级。他们都认为革命的对象是沙皇专制政府和封建农奴制度。他们都认为革命在和平时期的主要任务是教育、组织革命群众,而当革命形势成熟时号召他们拿起武器夺取政权推翻反动政府。他们都认为革命胜利后建立工人农民资产阶级联合专政的立宪民主政府。他们都认为自己是作为工人阶级利益代表参加这次革命的,他们提出的所有策略主张都是为了推动这场革命取得胜利。等等。所以两人提出的所有观点至少从主观上看是革命的。至于"普列汉诺夫的策略与列宁的策略对立",我已在本书中做了详细的说明,此处不赘。

略。因为他们的策略而称赞他们。……因为他们承认合法的、议会的、改良主义的斗争是主要的或者几乎是唯一的斗争而称赞他们。……这就是他们称赞伯恩施坦的原因。资产者称赞伯恩施坦是因为他在社会主义革命前夜缓和劳资之间的矛盾。资产阶级称赞普列汉诺夫是因为他在资产阶级民主革命时期缓和革命人民和专制制度之间的矛盾。他们称赞普列汉诺夫是因为他承认'议会'斗争是斗争的主要形式,因为他指责了10—12月斗争,特别是指责了武装起义。他们称赞普列汉诺夫是因为他在当前的策略问题上已经成了社会民主党右翼的领袖。"①列宁在对比普列汉诺夫和伯恩施坦给两国"无产阶级带来了极大的危害"时从来都只是讲策略问题。②

  那么,为什么会"大百倍"呢?我认为,原因主要是两条。第一,时势不同。伯恩施坦是在"革命前夜"即在革命尚未发生时期反对革命,主张改良,试图把德国无产阶级引入歧途。普列汉诺夫则在"革命时期"即在革命与反革命短兵相接时期给俄国无产阶级指引一条可能遭致彻底失败的道路。第二,在党内的威望和地位不同。十九世纪末二十世纪初普列汉诺夫在俄国党内的权威,是伯恩施坦在自己党内所望尘莫及的。试想想,两军正在激烈争斗,一个功勋卓著、声施千里的主将提出了一套如果实行必然瓦解军心的作战方针,其后果比之于一个只有一定名望的年轻将领在营垒初成、运筹帷幄时提出的同样错误的方针,自然不可同日而语。由此可见,那些一方面亟亟于引证列宁上述评论表示自己的"革命义愤",另一方面又竭力贬抑普列汉诺夫在"劳动解放社"时期所建树的辉煌功绩的人,看来很像《克雷洛夫寓言》里热衷于效劳的狗熊。他们不明白,如果普列汉诺夫不是在前期活动中

---

① 《列宁全集》,第10卷,第319—320页。
② 例如参见《列宁全集》,第10卷,第442页,等等。

赢得了如此崇高的威信,列宁决不可能花费那么大的精力同他的孟什维主义策略思想周旋。只要翻开《列宁全集》第7—13卷就不难看出,除了少数篇目之外,几乎全部都是用来直接或间接批判普列汉诺夫的。这种现象在整个《列宁全集》中可以说绝无仅有,包括对考茨基和托洛茨基的批判在内。1908年以后直到普列汉诺夫逝世,列宁就再也没有这样注意他了。因为如果说1908—1914年他还能在工人运动中"搅起一些浪花"①,那么到1917年,甚至同他的"统一报派"结盟的孟什维克和社会革命党人也"讨厌"他的立场,认为必须"同它划清界限","因它而感到羞愧"②。这时他在俄国无产阶级中已经几乎没有什么影响了,真正变成了如罗莎·卢森堡所说的"某种化石——可敬的化石"。

(八)

在列宁看来,普列汉诺夫不仅是一个孟什维克,而且是一个"特殊的"孟什维克。他在《工人运动中的思想斗争》这篇有名的文章中写过这样一段话:"普列汉诺夫采取了一种特殊的立场,有好多次脱离了孟什维主义:(1)在1903年代表大会上,普列汉诺夫反对过孟什维克的机会主义;(2)代表大会以后普列汉诺夫主编《火星报》第46—51号,也反对过孟什维克;(3)1904年普列汉诺夫为阿克雪里罗得的那个地方自治运动方案作过辩护,他这样做,恰恰是用沉默避开了这个方案的主要错误;(4)1905年春天,普列汉诺夫脱离了孟什维克;(5)在1906年第一届杜马解散之后,普列汉诺夫采取了根本不是孟什维克的立场……;(6)据切列

---

① 《列宁全集》,第20卷,第360页。
② 同上书,第24卷,第479、488页。附带说说,有人把列宁1906年写的上述"大百倍"的评论,一直延伸到普列汉诺夫的"社会沙文主义"时期,这显然是由于不了解历史的结果。

万宁说,普列汉诺夫在1907年伦敦代表大会上反对过孟什维克的'组织上的无政府主义'。要了解孟什维克普列汉诺夫为什么这样长久、这样坚决地反对取消主义,揭露取消主义,就应当知道这些事实。"①

过去苏联发表的研究普列汉诺夫思想的许多著作和论文,往往只字不提列宁的这个极其重要的论点,要不就是寥寥几笔带过去。仅凭这一点就不能不严重影响这些论著的科学质量。因为事实证明,离开列宁对普列汉诺夫的基本评价就必然会走到邪路上去。二十年代德波林、柳·依·阿克雪里罗得的普列汉诺夫哲学"正统"论是如此,三十年代以后米丁等人的"完全独立"论②也是如此。这里的关键是如何正确认识普列汉诺夫的哲学演化与政治演化的关系。问题在于:究竟应该怎样评价1903年以后普列汉诺夫的哲学、美学、社会学和历史著作?这些著作究竟是完全马克思主义的,仅有个别缺点错误,还是充满着"孟什维主义"的错误?这些著作究竟有多少缺点错误?哪些是真正的错误?哪些是虚构的错误?能不能在这些著作中到处寻找"孟什维主义"的表现?哪些错误与他的孟什维主义真正有密切的内在联系?哪些错误则没有这种联系?确定这种联系时要不要具体分析究竟是怎样联系的?他的哲学思想发展的分期是否应当以政治态度变化为依据?确切些说,能不能把1903年看作他哲学观点演化的一个转折点?换言之,列宁关于普列汉诺夫的全部哲学著作(包括1903—1917年的哲学著作)都是马克思主义的牢固成果的论断究竟对不对?列宁的这个论断能不能看成是普列汉诺夫"特殊立场"的一种重要表现?如果列宁的观点是对的,那么应当怎样看待人们对普列汉诺夫的《马克思主义基本问题》和反马赫主义著作以及众多的美学和文艺批评著作的

---

① 《列宁全集》,第20卷,第276页。
② 参见拙文《青出于蓝而胜于蓝》,载1980年4月24日《光明日报》。

那种吹毛求疵、胡乱上纲的态度,又应当怎样看待人们对《俄国社会思想史》这样一部开一代新风的奠基性著作的全盘否定或基本否定的态度?如此等等。

所有这些问题不可能在这里一一详加分析。过去我们在单篇论文中已经或多或少地辨明过其中的某些问题。本书以下各章还将就有关具体问题分别作些探讨。现在只想概略地考察一下:列宁所讲的"特殊立场"的充分含义究竟是什么?一般说来,普列汉诺夫的"特殊立场"同他的全部哲学著作之间的关系怎样?

我们认为,列宁所谓普列汉诺夫的"特殊立场"有广义和狭义之分。前面引证的列宁那段名言就是从狭义说的:即指普列汉诺夫在策略和组织问题上不同于"正统的"孟什维克分子。这一点似乎大家并没有根本的分歧意见。只是究竟在哪些策略和组织问题上采取了"特殊立场"容或有些不同的看法。所谓广义的"特殊立场",则除策略、组织问题外还包括理论问题,主要是哲学,其次是美学、文艺、宗教、科学社会主义和经济理论等。

有人可能要怀疑:提出广义的"特殊立场"有何根据?换言之,怎样从列宁的著作找出证据,说明"特殊的立场"包括理论问题在内?其实这样的证据在《列宁全集》中是很多的。这里让我们列举若干比较重要比较明显的论断吧。

从前面引证的那段话中可以看出,列宁认为普列汉诺夫的"特殊立场"的第七个表现是反对取消派。所谓"取消派"当然主要是取消秘密党组织,但也不完全如此。例如列宁在批判孟什维克取消派的合法刊物《光线报》时写道:"《光线报》编辑部是马克思主义取消派的联盟。一部分人在取消地下组织即取消无产阶级政党⋯⋯,一部分人在取消无产阶级领导权思想⋯⋯,第三部分人在取消马克思的哲学唯物主义⋯⋯,第四部分人在取消无产阶级社会主义的国际主义⋯⋯,第五部分人在取消马克思的经济理论……,等等,诸如此类。"①尽管普列汉诺夫在反对组织上的、策略上的、哲学的、无产阶级国际主义方面的和经济理论的取消主义时有过各种大大小小的缺点和错误,例如他"因计较微小的派别利益竟用极不体面的诡辩方法维护理论上的修正主义",硬说马斯洛夫对马克思绝对地租理论的修正是"局部问题"②。但是总的说来在理论上,特别在哲学上,他毕竟捍卫了马克思主义。正因为如此,列宁多次反复地强调普列汉诺夫作为"马克思主义者—孟什维克"的贡献。他写道:马赫主义者"波格丹诺夫早就反对马克思和恩格斯的唯物主义,……由于这个原因,马克思主义者布尔什维克早在若干年以前就认为反对波格丹诺夫是责无旁贷的。由于同样的原因,以普列汉诺夫为代表的马克思主义者孟什维克,同波格丹诺夫进行了笔战。"③他还赞扬和肯定过普列汉诺夫在孟什维主义时期所进行的反对造神派和寻神派、托尔斯泰主义、无政府工团主义等反动思潮的斗争。总之,在列宁看来,"最近十年",即 1904—1914 年,是"普列汉诺夫在理论上是激进主义、在实践上是机会主义的时期"④。这里所说的"理论",不应当仅仅理解为哲学理论,当然首先和主要是哲学理论。例如,普列汉诺夫这个时期就宣扬了无产阶级的革命理论。列宁指出,普列汉诺夫是这样一类"孟什维克正统马克思主义者",他"真正同情无产阶级和无产阶级的阶级斗争、赞同无产阶级的革命理论"⑤。

可能有人要问:既然前面认定普列汉诺夫在俄国资产阶级民主革命时期"反对革命,主张改良",怎么又说他"赞同无产阶级革命理论"

---

① 《列宁全集》,第 19 卷,第 64 页。
② 同上书,第 15 卷,第 256—261 页。
③ 同上书,第 20 卷,第 80 页。
④ 同上书,第 21 卷,第 82 页。
⑤ 同上书,第 15 卷,第 423 页。

呢？这难道不是自相矛盾吗？

我们的答复是：一点不矛盾。列宁多次清楚而明确地解释过这一点。他说，布尔什维克同孟什维克普列汉诺夫之间在要不要革命党，即要不要革命这个问题上是一致的，或者确切些说是大体一致的，但在如何进行革命的问题上却始终存在着严重的根本分歧。列宁在《"保留"的英雄们》一文末尾打了一个形象生动的比喻，精确地说明了自己同孟什维主义时期的普列汉诺夫在革命问题上观点的异同。

列宁写道："在我们有火车头的时候，引起我们最大的意见分歧的就是：这个火车头的坚实程度，储煤量等，是否适合于每小时比如说25俄里或者50俄里的速度。关于这个问题的争论，……是很热烈的，而且往往争论得很凶狠。"(按：这里指1905—1907年革命期间列宁和普列汉诺夫在策略、组织问题上的那场大论战。)现在即1910年，"我们中间谁也不想把什么收回，或是因为'争论得很凶狠'而哭泣起来。但是当火车头毁坏了，躺在泥沼里的时候，……我们这些昨天的'凶狠的争论者'为了共同的事业，就接近起来。我们什么都不否认，什么也不忘记，也不打任何保票，说不会再有意见分歧，而是一起来进行共同的事业。我们把全部注意力和全部精力用来把火车头立起来，把它修好，巩固和加强它，把它放到轨道上——至于行驶的速度以及在这个道岔还是在那个道岔上转车，我们到了适当的时候再来争论。在我们最困难的时期，当前的任务是创造一种东西，用它能够反击那些直接或间接支持遍地'烂泥'的'保留'的人们和'萎靡不振的知识分子'。当前的任务是，即使在最困难的条件下，也要挖掘矿石，提炼生铁，铸造马克思主义世界观以及与这一世界观相适应的上层建筑的纯钢。"①

根据列宁的这些论述，同时也根据对普列汉诺夫著作的了解，看来

---

① 《列宁全集》，第16卷，第373页。

完全有理由得出下面的三条基本结论：

第一，理论上、主要是哲学上始终捍卫了马克思主义，乃是孟什维主义时期普列汉诺夫表现其"特殊立场"的一个极其重要的方面。正如恰金所说，"普列汉诺夫独特地结合了理论中的激进主义和实践中的机会主义"。

第二，这个时期，普列汉诺夫仍然是一个维护"火车头"、反对各种"烂泥"的革命者，不过是一个犯了最严重的策略错误的革命者，或者说，是俄国工人运动中犯了机会主义错误的小资产阶级知识分子革命家。

第三，1921 年列宁关于"普列汉诺夫所写的全部哲学著作……是整个国际马克思主义文献中的优秀著作"①的著名评语，绝不是偶发的、个别的判断，而是反映列宁一贯思想的总结，是列宁对普列汉诺夫全部哲学著作的基本评价，也是我们进一步分析研究普列汉诺夫哲学思想的指导原则。

由此可见，硬说普列汉诺夫一切优秀的哲学著作都属于，而且只属于 1883—1903 年，硬说"整个地说来，普列汉诺夫在孟什维克时期内的哲学观点的发展是走下坡路的"②，硬说"哲学上的正统的革命主义'可能'同政治上的机会主义相结合"是"第二国际最有害的教条"，是什么"孟什维克化的唯心主义"③，显然是同列宁上述一系列明确的论断直接对立的。

由此可见，把普列汉诺夫的哲学演化和政治演化混为一谈，以为他在孟什维主义时期政治策略观点的改变，会自动地导致完全背离马克思主义哲学，放弃辩证唯物主义和历史唯物主义，以为 1903 年既是他政治立场变化的转折点，也是他哲学思想发展的转折点，甚至是他美学

---

① 《列宁全集》，第 32 卷，第 84 页。
② 福米娜：《普列汉诺夫的哲学观点》，第 301 页。
③ 同上书，第 288—289 页。

思想的转折点,也是根本上违背列宁思想的。

由此可见,在1903年以后普列汉诺夫的哲学著作中到处寻找所谓"孟什维主义的表现",到处虚构各式各样的缺点错误,甚至把本来正确的或者发展了马克思学说的思想(例如关于地理环境、社会意识两种形式、唯物史观等等一系列问题的思想)也指责是孟什维克式堕落的产物,更是错误的。特别可笑的是那些热衷于虚构普列汉诺夫哲学错误的人没有一个讲清楚了他的所谓哲学"错误"同他的策略思想之间的联系。他们甚至根本没有打算进行这种分析。试问:普列汉诺夫的什么"地理环境论"、什么"象形文字论"、什么"马克思认识论和费尔巴哈认识论混同论"以及诸如此类,跟他的机会主义观点究竟是怎样联系着的? 他们的著作和论文中各式各样的武断有的是,缺乏的却是足够的论据和必要的论证,有时甚至不给读者任何论据和证明。我们这样说决不想危言耸听,凡是读过那些大作的,想来都不会责怪我是夸大其词。要把他们颠倒了的那么多是非再颠倒过来,很需要时间和耐心。

我们从不否认普列汉诺夫的政治错误有其哲学根源。这其间确实存在着深刻的内在联系。不是别人,正是列宁极其明确地反复向我们揭示了这些联系。本书最后一章将详细说明这个问题。我们不能同意的只是在本来没有联系的地方硬找联系,而对本来就有的联系,特别是早已为列宁一再指明过的那些联系置若罔闻,或者轻描淡写地敷衍几句了事。我们认为,必须像列宁那样实事求是,有根有据地考察这些联系,讲出个道理来。

令人高兴的是,约夫楚克和库尔巴托娃合著的《普列汉诺夫传》,在评价普列汉诺夫孟什维主义时期哲学演化和政治演化的关系时纠正了过去普遍流行的偏见,基本上恢复了列宁的思想。该书第三章专门叙述这个时期普列汉诺夫的事迹,用了一个别开生面、一语道破的标题:"特殊的立场"。在占全书三分之一篇幅的这一章中,作者具体、生动、扼要地叙述了普列汉诺夫如何和为什么是一个孟什维克,以及如何和为什么是一个"特殊的"孟什维克。

只要我们认真研究一下这个时期普列汉诺夫的全部理论著作,我们是不会怀疑作者的分析符合列宁主义。概括地说,普列汉诺夫这时大约撰写了以下六个方面的著作:(1)阐明马克思哲学基本原理的;(2)批判马赫主义和其他资产阶级哲学的;(3)研究宗教史、同造神说和寻神说作斗争的;(4)继续分析他的美学、艺术和社会心理学观点的;(5)批判"革命工团主义"等小资产阶级思潮的;以及最后,(6)关于俄国哲学和社会思想史的专著。其中最优秀的代表作是:《从社会学观点论十八世纪法国戏剧文学和法国绘画》(1905年)、《无产阶级运动和资产阶级艺术》(1905年)、《谈谈工人运动的心理》(1907年)、《工团主义理论和实践批判》(1907—1908年)、《马克思主义基本问题》(1908年)、《战斗的唯物主义——答波格丹诺夫先生》(1908—1910年)、《论俄国的所谓宗教探寻》(1909年)、《让·雅克·卢梭和他的人类不平等起源的学说》(1912年)、《艺术与社会生活》(1912—1913年)、《十九世纪法国的空想社会主义》(1913年)、《十九世纪的空想社会主义》(1913年)、《俄国社会思想史》第1卷(1914年6月)以及论别林斯基、赫尔岑、托尔斯泰和易卜生的几组文章。

对于这些论著,约夫楚克1977年的评价是:"普列汉诺夫在他的《马克思主义的基本问题》以及后来的哲学著作中不止一次地做出创造性地对待唯物史观的榜样。"①尽管在好些具体问题上我们同约夫楚克还有不少分歧,但是他关于普列汉诺夫后期著作是创造性的马克思主义的榜样的判断不能不承认是完全正确的,它彻底否定了米丁派的

---

① 约夫楚克、库尔巴托娃:《普列汉诺夫传》,第312页。苏联另一位著名的研究普列汉诺夫的权威恰金在七十年代的著作中,也持同样的观点。

胡说八道。迄今为止,国内外一直流行着一种论调:似乎1903年以后普列汉诺夫严重脱离了俄国的政治经济现实就等于脱离了俄国的一切实际,似乎不能创造性地把马克思主义运用于帝国主义时代的政治和经济就等于不能创造性地研究任何问题并取得出色的成果,似乎作为无产阶级革命导师的列宁同作为机会主义者的普列汉诺夫在政治上的对立就等于两人在一切领域的对立,包括哲学、宗教、文艺、伦理等文化领域内也是对立的。

(九)

1914年7—8月塞尔维亚的枪炮声把普列汉诺夫轰出了工人阶级队伍。他不懂得这场世界大战是因帝国主义不可调和的矛盾所引起的,对交战双方都是非正义的掠夺性的战争,从而走上了替俄、法、英等国统治阶级公开辩护的"社会沙文主义即口头上的社会主义实际上的帝国主义"①的道路。1917年俄国的二月革命推翻了沙皇专制制度。3月31日夜间,普列汉诺夫回到了彼得格勒,结束了长达三十七年之久的流亡生活。他在祖国度过了一生最后的一年。这一年也是创建了俄国社会民主工党的这位俄国马克思主义先驱政治悲剧的最后一幕。这幕悲剧是极具讽刺意味的:终生献身于社会主义理想的人,声嘶力竭地反对社会主义革命,说列宁的《四月提纲》是讲"梦话",②十

---

① 《列宁全集》,第23卷,第382页。
② 关于"认错"问题。普列汉诺夫对列宁号召进行十月革命曾提出好些批评。其中最突出的两条是:(1)引证马克思的一条历史发展规律:如果生产力在现存生产关系条件下仍有发展空间,则现存的旧的生产关系不会退出历史舞台,而新的生产关系也绝不可能出现。普列汉诺夫认为当时的俄国生产力很落后,在俄国资本主义社会条件下仍有广阔的发展空间,所以在俄国当时条件下号召进行社会主义革命是绝不可能实现的。(2)他引证恩格斯的话说:无产阶级在没有准备好以前就号召进行社会主义革命,夺取政权,必然立即

月革命是"俄国工人阶级……最大的历史灾难";发誓要为资本主义掘开坟墓的人,千方百计地为挽救俄国资产阶级的统治而呼号;激烈批判过各种改良主义的人,高唱"劳资合作"的滥调;自命为无产阶级国际主义者的人,陷进了狂热的资产阶级民族主义的泥坑……等等。

在这最后一幕讽刺性悲剧中,有这么几个插曲:

——1876年12月6日,他在彼得堡喀山教堂前向示威游行群众发表了第一篇政治性演说。这是一篇充满激情的反对沙皇政府的演说。四十年后,1917年8月19日,在同一个地方,他向具有强烈的社会沙文主义情绪的示威群众发表了自己最后一篇同样简短的演说。"但是,此时此地,情况完全不同了。示威游行者不再受到任何威胁,演说者发表的思想也不是革命的,而是反革命的。他周围的听众,几乎没有

(接上页)遭到惨重的失败。普列汉诺夫认为当时无产阶级夺取政权由于远远没有做好各种准备,这样夺取政权一定必然立即垮台,遭到反动统治阶级的残酷镇压。说普列汉诺夫晚年认错,指的是后一种观点。因为刚夺取政权的布尔什维克不仅没有垮台反而日趋巩固。本书说的"认错"指的是夺权而不是建立社会主义制度。关于当时俄国由于生产力落后根本不可能进行社会主义革命,普列汉诺夫是至死都一直坚持的。不过普列汉诺夫反对列宁进行社会主义革命最重要的理由是由于他违反了马克思的上述规律。但他不知道另一条社会发展规律,即生产力发展不平衡规律。所谓生产力发展不平衡规律,简言之就是:在任何历史时期任何国度内必然存在着不止一个生产部门,而是存在着两个或更多的生产部门,社会越发展生产部门就越多。在这些生产部门中每一个部门中的生产力都是不一样的,有的发展的快些有的发展的慢些,有的发展到较高阶段有的发展则处在落后阶段,有的发展的规模大些有的小些,等等。总之它们的发展是不平衡的。上述规律是适用任何时代、任何国家的普遍客观规律。当一国某个或某几个生产部门的生产力发展的很充分,受到现存生产关系的严重阻碍从而引起用新生产关系取代旧生产关系时,则该国其他生产领域的生产力一般说来仍然处于较低或更低发展水平并不会与现存生产关系发生冲突,从而引发用新生产关系取代旧生产关系的革命。这也是一条普遍的历史发展规律。从封建制度过渡到资本主义制度如此从资本主义制度过渡到社会主义制度也是如此。诸近代欧洲各国资产阶级革命过程以及现代中、俄、越、古等社会主义革命过程,情况也莫不如此。如果普列汉诺夫懂得这条历史规律与上述马克思规律合在一起,那他反对列宁进行十月革命的理由就更充分更有说服力了。

任何工人。"①

——十月革命后,暗藏的反革命分子窝藏着许多枪支弹药,准备发动叛乱。为了事先粉碎他们的阴谋,赤卫队员们根据革命军事委员会的命令在许多区里进行了搜查,当时普列汉诺夫所住的皇村就有不少敌视苏维埃政府的反革命分子。10月31日,他们两次走进普列汉诺夫的家,同卧病在床的主人进行了这样一番对话:

"是哪个阶层的?"

"为俄国的自由斗争了四十年的那个阶层。"

"您什么身份?"

"作家。"

"写什么?"

"写革命,写社会主义。"

"咳,革命!克伦斯基也是革命者哩!"

……

"把武器交出来!"

"唯一的武器就是笔。"

"交出武器吧,否则如果我们自己找到了,立即就地把你处死!"

"处死一个人不难,不过武器您怎么也找不到。"②

——1917年11月,克伦斯基带领着以克拉斯诺夫为首的一部分哥萨克军队占领了皇村。前社会革命党人、反动的冒险家萨文柯夫专程拜访了普列汉诺夫,建议他在克拉斯诺夫的军队战胜布尔什维克以后领导新政府。普列汉诺夫愤怒地回答说:"我把四十年岁月献给了

---

① 约夫楚克、库尔巴托娃:《普列汉诺夫传》,第393—394页。
② 参见《在祖国的一年》,载《普列汉诺夫全集》,俄文版第1卷,第43—44页;沃尔夫逊:《普列汉诺夫》,俄文版,第330页。

无产阶级,即使它走在错误的道路上,我也不会对它开枪的。我劝你们也不要这样做。"①

尽管这个时期普列汉诺夫政治上彻底背叛了工人阶级的革命事业,但是在哲学上仍然发表了《俄国社会思想史》第2、3卷(1915年、1916年)、《德波林〈辩证唯物主义哲学入门〉一书序言》(1916年)、《从唯心主义到唯物主义》(1917年)和写出了大量关于俄国社会思想史的生前未刊稿。只要不是心怀成见,是不能否认这些著作的科学价值的。

普列汉诺夫不理解十月社会主义革命,对它采取了否定的态度。但是他始终拒绝参加反对苏维埃政权的斗争。他为实现社会主义理想辛勤耕耘了四十年,当收获季节到来的时候,他却陷入思想上的孤独状态而不能自拔。不久,1918年5月30日,一代卓越的思想家就这样在凄凉、忧郁、愤懑中与世长辞了。②

这就是普列汉诺夫一生中四十多年复杂多变的政治道路。概略地说,他的政治立场变化过程可以分为四个时期:民粹主义时期(1876—1883年),马克思主义时期(1883—1903年),孟什维主义时期(1903—1914年),社会沙文主义时期(1914—1918年)。大家知道,长期以来,人们一直把政治家普列汉诺夫的一生分为三个时期,即民粹主义时期、马克思主义时期和孟什维主义时期(1903—1918年),简称为早期、前期、后期。如果按政治思想体系来说,这样划分是完全正确的。但是,思想史的大量事实告诉我们,同一种思想体系往往在不同的历史时期

---

① 贝朗:《普列汉诺夫——俄国马克思主义之父》,1963年英文版,第359页。
② 十月革命后,普列汉诺夫贫病交加,全家陷入饥寒交迫的困境。在克里姆林宫的列宁闻讯,立即派人送去粮食和木柴。
卫国战争时期,斯大林在一次群众大会上公开谴责希特勒妄图消灭诞生了列宁和普列汉诺夫的伟大的俄罗斯民族。

具有不同的阶级属性,起着不同的历史作用。普列汉诺夫的孟什维主义也是如此。我们之所以把普列汉诺夫在1914—1918年的言行划出来,作为单独一个时期和前三期并列,因为1903—1914年普列汉诺夫的孟什维主义是小资产阶级的思想体系,还属于工人运动内部的问题,它最主要的一个特点就是动摇性,其表现之一是对待取消派的不彻底的反对态度。它具有两面性,既有革命的一面,又有不革命的甚至反革命的一面。一战时期普列汉诺夫的孟什维主义——社会沙文主义根本没有这个特点。他的社会沙文主义是资产阶级的思想体系,是彻头彻尾反革命的。1964年三联书店编译出版的《普列汉诺夫机会主义文选》"出版者说明"第一次把普列汉诺夫的政治道路作了这样的区分。我们认为,它完全符合列宁的思想。我们高兴地看到,1977年出版的约夫楚克和库尔巴托娃合著的《普列汉诺夫传》实质上也作了同样的划分。

近年来国内有人试图做出第三种分期法,[①]即把普列汉诺夫反对取消派的斗争从第三时期中再划分出来,从而使四个时期变为五个时期。这些人的主要理由是:普列汉诺夫的这一斗争,和1903—1908年的政论不同,具有进步作用。但是如果以是否具有进步作用为标准进行分期的话,那么他的民粹主义时期和马克思主义时期就应该合而为一。而且这种分期势必在一定程度上损害人们对普列汉诺夫孟什维主义时期小资产阶级动摇性这一特点的理解。所以我们认为,四时期说是最适当的分期法。

1982年,陈启能在《国际共运史研究资料》第4辑上提出了一个很有意义的问题:"普列汉诺夫临终前有没有认错?"

事情是这样的。1973年苏联《共产党人》杂志第11期上发表了

---

① 参见高放、高敬增:《纵观一生功大于过》,载《湖南师院学报》1983年第1期。

С.特拉帕兹尼柯夫的一篇专论:《苏联的历史科学及其发展的前景》。文章第四节中这样写道,"从普列汉诺夫妻子的回忆录中也知道,他在临终前说过自己最后的一句话:'是呀,在我们所有的共同斗争中,列宁原来是对的,而我普列汉诺夫是错的。'"

陈启能问道:说普列汉诺夫临终前承认了自己的政治错误,事实是不是如此呢? 他回答说:"普列汉诺夫临终时,只有他妻子一人在身边。因此普列汉诺夫当时说些什么,他妻子的回忆是唯一的来源。然而,回忆录在所有史料中是主观性最强的,因此它的可靠性比起第一手文字史料或实物来要逊色得多,需要旁的材料的验证。"接着他从两个方面来论证普列汉诺娃的回忆不可信:一是"没有思想基础",二是跟临终前的其他表现不一致。

我们觉得这个分析有片面性。

说普列汉诺夫在俄国资产阶级民主"革命的动力、领导权、同盟军、特点、道路、向社会主义革命转变的前途等""一系列根本的战略策略问题"上顽固地坚持机会主义立场,反对列宁和布尔什维克,这是完全正确的。说"不论是世界大战的爆发、沙皇政府的被推翻,还是十月社会主义革命的胜利"都没有使他改变反对列宁的立场,也是对的。那么"何以在生命垂危的最后几个月里……会突然承认错误呢?"问题就在这里。

我们且从这样一段记述谈起:"捷依奇……曾预言苏维埃政权会迅速垮台。在同捷依奇谈话时,据在场的罗札丽亚·马尔柯夫娜证明,普列汉诺夫得出了另外一个结论:他说,布尔什维克会保持得比他们的敌人所想象的长久得多,他们比我们想象的有力得多。"[1]

丘马钦柯的《普列汉诺夫生平剪影》却有稍微不同的另一种说法。

---

[1] 约夫楚克、库尔巴托娃:《普列汉诺夫传》,第403页。

他写道:"当他周围那些属于《统一报》派的人们预言苏维埃会迅速垮台时,普列汉诺夫回答说,'布尔什维克们会长久地掌握政权,也许会永远掌握政权。'"①这段话,据作者所示,系引自1923年巴库出版的A. 3. 著《普列汉诺夫传略》。如果说普列汉诺娃后来的回忆录由于某种明显的原因可能失真,那么这个材料的可靠性似乎是没有理由加以怀疑的。

"布尔什维克会永远掌握政权"——这是什么意思呢？这实际上等于承认自己过去的如果不是全部也是大部分反对列宁的政论根本上错了！

普列汉诺夫从来没有否认十月革命炮火中诞生的政权是无产阶级政权,而且是无产阶级专政的政权。这一点,前面引证过的他不会向获胜的俄国无产阶级开枪的话可以证明,许多其他回忆录也可以证明。资产阶级临时政府推翻以后第三天他发表的《致彼得格勒工人的公开信》更可作为清楚而确定的证据。

他为什么反对俄国无产阶级当时夺取政权呢？因为"工人阶级最大的历史灾难莫过于还没有准备好以前就夺取政权",而俄国工人阶级并没有"准备好现在就建立自己的专政"。第一,无产阶级专政要以资本主义经济充分发展为前提,而俄国本来经济就不发达,加上大战使国民经济遭到空前的破坏。第二,只有无产阶级占居民多数时才能成功地实行专政,俄国无产阶级不占多数。第三,俄国无产阶级不能指望占居民绝大部分的农民的支持,因为农民需要的是土地,而不是社会主义,他们得到地主的土地以后,将朝资本主义方向前进。第四,只有在国际无产阶级继续某国无产阶级开始的事业的条件下,这个国家的无产阶级夺取政权才是适宜的,而当时无论德国人、法国人、英国人或美

---

① 载〔苏联〕《历史问题》1968年第7期,第134页。

国人都不可能完成俄国人开始的事业。结论是:取得政权的俄国无产阶级"很可能遭受到最大的灾难"和彻底的失败,从而把工人阶级真正的"胜利推迟到遥远的未来"。在随后发表的另外两篇文章中,普列汉诺夫重复了同样的观点。

这是他公开的表态。但是,与此同时或稍后不久,他私下发表了另一种观点:布尔什维克将长久地或永远地掌权。这等于说俄国无产阶级胜利地进行的革命不会遭到失败,因此也就不是一场历史灾难。这实际上就是承认,在为无产阶级事业的共同斗争中,"列宁原来是对的,而我普列汉诺夫是错的"。至于具体说来怎么错法,换言之,他对错误认识到什么程度,现在已经成为永久的历史之谜了。

尽管普列汉诺夫任何时候也没有明确表述过"实践是检验真理的标准"这样的命题,①但作为马克思主义哲学家,他深知事实胜于雄辩这一真理。1917年4月他回国后第一篇公开言论《四月二日在工兵代表苏维埃会议上的演说》的中心思想就是:事实证明他过去的观点(两个"空想")是正确的。临时政府是孟什维克控制的。所以作为孟什维主义者的普列汉诺夫把二月革命的成功看成是他的政论的证实,那是毫不奇怪的。这时当然根本谈不上他认错的问题。十月革命的情况就完全不同了。只要普列汉诺夫还自认为是无产阶级事业的捍卫者,只要他还不改变对新生政权的无产阶级属性的承认,那么摆在他面前的就只能有两条逻辑上的出路:或者仍然坚持自己过去那套理论,那么结论也就和过去一样——苏维埃政府必然会很快垮台;或者承认新政府很可能永远存在,这就不得不导致重新审查、修改乃至放弃过去的观点。

这种情况也表现在他临终前最后一篇题为《БА——6а》②的文章

---

① 参见本书第四章。
② 参见《在祖国的一年》,第473—485页。

中。既然"最后的法律——这就是革命的成功"应该成为革命家策略思想的"绝对原则",既然合目的性是评价"政治和策略问题的唯一标准",那么,列宁提出和实行的所有那些策略如果导致革命成功,也就不应受到一切愿意为无产阶级事业服务的人的指责。既然"凡是现实生活断然提出了迫切要求的地方,形式上的考虑就应当收起来",那么,普列汉诺夫自己那一套"形式上的考虑"也应当在革命"现实生活"要求实行布尔什维克策略的俄国"收起来"。既然解散立宪会议等措施"是局势不稳的标志",而局势不稳又是政权不代表整个无产阶级,或者说没有得到全俄国无产阶级支持的表现,那么,只要承认这个政权不会迅速垮台,甚至永远不会垮台,也就不能不得出这些措施既符合"社会主义",又符合"马克思主义"的结论。因此,一旦普列汉诺夫承认布尔什维克政权牢不可破这个小前提,那么,只要把它同他谴责列宁策略时所提出的任何一个大前提结合起来,就不可避免地会得出"列宁正确普列汉诺夫错误"的结论。

由是观之,普列汉诺娃关于普列汉诺夫临终前认错的回忆很可能是真实的。

陈启能认为回忆不可信的另一理由是:1918年3月18日起普列汉诺夫进入缓慢的濒死状态。5月20日开始产生幻觉,神志基本上已不清醒。"在神志不清醒的情况下,他能不能说出代表自己政治立场根本转变的话,实在是令人怀疑的。他有没有这样的说话能力都值得考虑。"我们看到的各种书刊中没有一种材料能证实陈启能关于5月20日到逝世的这十天普列汉诺夫"神志基本上已不清醒"的说法。相反的材料倒是有的。例如贝朗写道:1918年1月,普列汉诺娃"把她的丈夫再一次转移了。这一次是转移到芬兰的捷里奥基。在这里他度过了自己一生的最后几个月。虽说他的健康已经垮了,几乎直到最后他都保持着机灵清醒的思想。虽说对发生着的种种重大事件感到痛苦失望,他仍然表现出有精神和勇气。去世前六天,他突然从深深的睡梦中被唤醒。他做了一个有力的手势,眼睛放出由于发烧而炽热的光芒,大声耳语道:'喏,他们不会承认我的贡献的,我要让他们瞧瞧!'三天以后,他的脸部由于痛苦而变形,以致罗札丽亚·马尔柯夫娜看着他时不能忍住哭泣。当他注意到她的眼泪,便大声责备说,'你怎么回事,罗莎?你不害臊!你和我都是老革命了,我们必须坚定。''这就是怎样',他举起手臂,紧握拳头说。他不害怕死神,用这样的话安慰他的妻子:'还有,什么是死呢?物质的形态转换。'然后他把目光转向窗口,说,'你看见亲切地倚靠着这棵松树的那株白桦吗?或许有一天我也会变成一株类似的白桦。这有什么不好呢?'"[1]

贝朗这段来自普列汉诺娃回忆录《普列汉诺夫最后的日子》[2]的材料告诉我们:普列汉诺夫"几乎直到最后"都是神志非常清醒的,完全有能力做出独立的政治判断。从生理上说,普列汉诺娃的这一回忆也是可信的。普列汉诺夫从小英武强壮,虽然几十年劳碌奔波,一度生活十分穷困,1887年起还一直患着肺结核病,但晚年身体素质并不很坏。他去世时不过六十二岁,又是死于因肺结核病恶化而引起的心肌梗塞症。所以临终前三天还能幽默自在地对妻子说出那样深沉的慰语。

同时这段回忆中还有一点值得特别注意。如果普列汉诺夫不相信布尔什维克政权能够长久存在,他决不会说出"他们不会承认我的贡献,我要让他们瞧瞧"这样的话。希望得到连自身都保卫不了的政权的承认,这不是很滑稽的吗?由此也可以证明上述几段回忆之间逻辑

---

[1] 贝朗:《普列汉诺夫——俄国马克思主义之父》,1963年英文版,第353—354页。
[2] 载〔苏联〕《曙光》1924年第4—5期。

上是完全一致的。

陈启能还有一些否定前述回忆可信的较为次要的理由,我们将在别的地方再作讨论,这里就不多说了。当然,目前我们也没有读到回忆录全文,也还不了解作者写这些回忆录时的处境和心情,因而无法断言这个回忆录就一定反映了历史的真实。现在只能说,陈启能提出的证明它不可信的那些理由看来是难以成立的。

陈启能明确指出,"说普列汉诺夫临终前没有承认错误,这并不影响对他一生的评价"。同样,肯定他临终前承认了错误,也不影响对他一生的评价。因为"对他的评价根据的是他一生的活动"。然则为什么还要费些力气进行考辨呢?问题在于这里又一次集中地表现了他的性格上的缺点,他的派性。而后者又是导致他的悲剧下场的一个不可忽视的重要因素。现在就来谈谈这个问题。

(十)

在普列汉诺夫政治堕落的原因问题上,评论者们尽管意见不一,分歧实质上并不很大。总起来说,除了客观原因即社会历史的和阶级的根源以外,主观方面的原因不外乎以下几条:(1)不理解帝国主义时代的实质和特点;(2)多年严重脱离俄国革命现实;(3)对马克思学说的教条主义态度,不能用批判的眼光看待西欧工人运动的经验;(4)个性上的种种缺点,如骄傲自大,不能容人,"贵族作风"等;(5)从认识论上说则是,没有认真深入地研究马克思和黑格尔的辩证法宝库和过分相信自己推论的逻辑的可靠性;(6)长期患病和侨居国外,妨碍他参加革命实践活动,等等。提出的所有这些原因,都是正确的。问题在于这些主观原因之间的相互关系如何,其中决定性的根本原因又是什么?

有人认为"本本主义"即教条主义是最根本的原因。① 我们不能同意这个看法。我们认为最根本的原因是脱离了俄国的实际。断言应该从普列汉诺夫对待理论的教条主义态度上去寻找他不能了解俄国现实的原因,总的说来无异于倒果为因。我们知道,普列汉诺夫在自己的哲学著作中一直反复强调马克思主义的创造性,强调真理的具体性,强调普遍原理与具体实践的结合。他后期的哲学、社会学、思想史著作大都没有教条主义气味。在这些领域他从不是"句句是真理"一类荒谬话的崇拜者。批判《俄国社会思想史》的人多的是,但没有任何一个人指责过这套书体现了"本本主义"。1903年以后,他对待西欧工人运动和国际重大事件的态度也远不像对待俄国革命策略问题那样错误、那样教条。就拿对待工团主义的态度来说吧。列宁也只是批评他的这些文章有"学究"气②,从不认为它们有"教条"气。而且,我们说普列汉诺夫脱离了俄国的革命实践,也不是说他脱离了俄国的一切实践。他严重脱离的俄国实际主要是政治实际、经济实际。对于当时俄国哲坛、文坛的那个"实际",他基本上没有脱离。正因为如此,他后期撰写的那些批判马赫主义,批判造神、寻神主义,批判颓废派,批判托尔斯泰主义等等的论著才得到列宁高度的评价,认为它们是非常适时的。就是说他脱离俄国的政治实践也不能绝对化:谁能否认他的那么多反取消派的著作不是同当时党内生死攸关的实际政治问题密切结合着的呢?

所以,对待马克思理论的教条主义态度在成为他政治堕落的原因之前,本身乃是一种结果。造成"本本主义"的根本原因在于脱离实际。

---

① 例如陈启能就是这样看的。参见陈启能:《一个本本主义者的悲剧》,载《世界历史》1980年第2期。
② 《列宁全集》,第34卷,第376页。

这样也就合理地解释了"为什么普列汉诺夫在政治上失足之后还能继续写出有价值的理论著作?"这样一个表面上似乎矛盾的现象:他的后期政论之所以"庸俗卑劣"①,因为他长年严重脱离了俄国政坛的实践;他的哲学、美学、文艺批评、社会思想史著作之所以是有价值的优秀文献,因为他并没有脱离哲坛和文坛的实践。在这里,马克思主义关于理论和实践相互关系的基本原理再一次清楚地被证实了,而不是被冲淡了。当然,政治错误必然会反映到理论(哲学)上,理论(哲学)错误又必然对政治产生影响。这是研究普列汉诺夫的一个很重要的问题,本书以下各章将有所考察。但这毕竟是另外一个问题。

那么,脱离实际同导致他政治堕落的其他原因之间的关系又如何呢?我们认为,性格上的缺点、长年的疾病和侨居生活只是促成和加重他脱离实际的一些或大或小的因素。如果当时他能把理论同实践结合起来,认识论上的一些缺陷至少不会产生如此巨大的悲惨后果。

总之,在造成普列汉诺夫政治悲剧的诸动因中,脱离实际占据核心地位。列宁认为普列汉诺夫之所以犯那些政治错误,关键是从"远处"看俄国问题。② 许多同时代人的回忆和许多研究者的分析,都充分表明我们上述论断的正确性。关于这个问题克鲁普斯卡娅有一段生动具体深刻的描述:"普列汉诺夫的命运是悲惨的。在理论方面他对工人运动的功勋是非常伟大的。但是国外侨居的年代对他产生了坏影响——这些年代使他脱离了俄国现实。当他在国外的时候,俄国发生了广泛的群众性的工人运动。他看见过各种党派的代表、作家、大学生,甚至也看见过个别的工人,但却没有见过俄国的工人群众,没有在他们中间进行过工作,感觉不到他们。有时候,从俄国来的一篇通讯中

---

① 《列宁全集》,第34卷,第387页。
② 同上书,第10卷,第448页。

显示出一些新的运动形式,令人感觉到运动发展的远景。弗拉基米尔·伊里奇、马尔托夫,甚至查苏利奇都一遍又一遍地读着它;然后弗拉基米尔·伊里奇长时间地在屋里踱来踱去,晚上不能入睡。我们迁到日内瓦之后,我试着把通讯和信件拿给普列汉诺夫看,他对这些通讯和信件的反应使我惊奇:他好像失去了立足之地似的,在他的脸上表现出一种不相信的神色,后来他从没有谈到过有关这些通讯和信件的事情。第二次代表大会以后,他对从俄国寄来的信件尤其不信任了。起初这甚至使我觉得有些不快,后来才明白这是由于他离开俄国太久,他没有一个凭经验构成的尺度来衡量每篇通讯,以便能在字里行间读到许多东西。……到九十年代初,普列汉诺夫已经丧失了对俄国的感觉。"①潘·尼·勒柏辛斯基也说:"当生活变得极其复杂,对本国无产阶级领袖正确地发挥作用的辩证思想来说,来自这一复杂生活的直接印象是同食物对于身体一样必不可少的,而普列汉诺夫恰恰在这一方面很薄弱。这……是他的不幸,是他一生的大悲剧。"②

普列汉诺夫很少同俄国的工人群众见面,也没有看见过八十年代以后的俄国农民。不仅如此,他那"恶劣的性格"③在极大程度上像一堵墙那样把他同流亡国外的广大革命工人、知识分子和党的干部隔绝起来。

关于普列汉诺夫的不良个性和品质怎样使他脱离群众,脱离实际,陈启能和约夫楚克、恰金等人都有很好的说明。这里且引证同时代人回忆录中几段特别典型的材料。

埃森在《同列宁的会见》中写道,"普列汉诺夫在党内向来唯我独

---

① 《列宁回忆录》,人民出版社1971年版,第45—46页。
② 转引自约夫楚克、库尔巴托娃:《普列汉诺夫传》,第272页。
③ 《列宁全集》,第4卷,第306页。

尊,他根本不许别人与他平起平坐或者持有不同意见。……他容不得旁人一起共事,生怕人家同他'竞争'。想要和他平等地谈话,那是办不到的。普列汉诺夫曾经抱怨说,他对找上门来的故作聪明之辈感到厌烦。他认为这些人只会单调乏味,喋喋不休地大发空论,言谈陈腐不堪,一股契诃夫笔下人物的乡土气。这话固然刻薄,却也是事实,而这也是普列汉诺夫本人之过。本来,同志们是慕名来找普列汉诺夫的,但是一看到他那种爱理不理和盛气凌人的态度,即使是相当聪明的人,也会心慌意乱,无所适从,为了显示自己对各种理论并非无知,于是便胡诌瞎扯起来。有个同志讲了他去日内瓦见普列汉诺夫的经过。普列汉诺夫既客气又傲慢地接见了他,并问他国内对他普列汉诺夫有什么看法。来客脱口而出地说:'同志们认为您是个机会主义者。'普列汉诺夫一听,勃然大怒。他说:'回去转告您的同志们,就说当他们的爸爸还在追求他们的妈妈的时候,我普列汉诺夫就已经是个正统的马克思主义者了。'这并不是一桩笑话。普列汉诺夫想装腔作势吓唬人吗?当然不是。但他这样待人接物就在自己和其他党员之间设下了一道鸿沟。"①

高尔基认为普列汉诺夫"身上的'贵族气'太多了"②。克鲁普斯卡娅也说:"普列汉诺夫被惯得太厉害了,听不进一点点反面意见,使人很难同他共事。阿克雪里罗得和查苏利奇看见他就感到惶惑不安。在这种情况下工作是不容易的。"③有时"查苏利奇想反驳普列汉诺夫,但普列汉诺夫摆出一副不可侵犯的样子,交叉着两手注视着她,把查苏利奇弄得不知所措。"④

应该承认,普列汉诺夫对自己的这些缺点并非完全没有自知之明。

---

① 《回忆列宁》,第2卷,人民出版社1982年版,第130—131页。
② 同上书,第307页。
③ 《论列宁》,三联书店1963年版,第105页。
④ 《列宁回忆录》,第54页。

列宁在《"火星"怎么会差一点熄灭了?》这篇记事中讲到创办《火星报》的谈判由于普列汉诺夫的恶劣性格而濒于破裂时,转述了普列汉诺夫说过的一句话:"对他说来,和我们(按:指列宁和他的同志们)分裂无异于完全放弃政治活动,他要放弃政治活动而投身于学术工作、纯粹的学术工作,因为他既然不能同我们一起工作,那就是说同任何人都不能……"①这些话一方面固然如列宁所说表现了他的"令人厌恶"的作风,另一方面,从他后来的经历看来,也真实地反映了他的一种想法。可惜的是他并没有用戒除极重的烟瘾的那种坚强意志力把这个更为致命的不良作风改掉。可以说他的这种作风和对待群众、干部、同事的态度在很大程度上使他不得不越来越脱离实际的政治活动,脱离俄国的现实,把自己关进书房,最后导致他个人晚年的悲剧下场。

这种作风、这种性格的一种极为严重的表现就是派性。普列汉诺夫的派性是很突出的。这一点列宁不止一次地指出过。例如列宁在《唯物主义和经验批判主义》中写道:"在普列汉诺夫反对马赫主义的意见中,与其说他关心于驳斥马赫,不如说他关心于给布尔什维主义带来派别危害。……他拙劣地可怜地利用根本的理论分歧……"②。

事情是这样的。1905—1908年间,布尔什维克的主要理论家和著作家,除列宁以外,好些人(像波格丹诺夫、卢那察尔斯基等)都在拼命地大肆鼓吹马赫主义。早在旧《火星报》时期,列宁曾多次同普列汉诺夫讨论过这个反马克思主义哲学思潮。列宁对它的坚定的否定态度,普列汉诺夫是一清二楚的。普列汉诺夫变成孟什维克以后,为了证明布尔什维克的策略不是马克思主义的,使尽了浑身解数,终于把本来毫

---

① 《列宁全集》,第4卷,第308页。
② 同上书,第14卷,第376页。

无关系的马赫主义问题也扯了进来。他硬说,马赫主义是布尔什维主义的哲学基础。① 1905年8月他这样写道:"我清楚地了解,《前进报》著作集团并非仅仅是由一些马克思的'批评者'组成的。我很好地知道,这个集团的中心人物是列宁。对于他说来,马赫和阿万那留斯的确是无关的'题目'。但是要知道,对他来说一切其他的哲学题目也是无关的,因为他对哲学问题始终是根本不关心的。因此在这方面就用不着去管他。这是第一点。第二——谁知道呢?——也许马克思主义者列宁本人已经逐渐开始接受了他周围的马赫主义者的影响了。"②最后一句话显然是言不由衷的。因为任何科学的怀疑至少必须有一点点事实根据。这是常识。而普列汉诺夫的"谁知道呢",则完全是捕风捉影。他的意图是明摆着的:迫使列宁就哲学问题表态,从而引起布尔什维克内部分裂。

普列汉诺夫的骄傲自大、表里不一的作风由来已久。据克鲁普斯卡娅回忆,早在1903年以前,"在讨论纲领草案的时候,普列汉诺夫感到列宁是对的,他自己在草案中没有把许多应当谈到的东西提出来,可是他猛然地反唇相讥,几乎弄到决裂的地步。"③由此可见,普列汉诺夫晚年公开不赞成列宁策略而私下又承认错误的现象,决不是不可理解的事情,相反,毋宁是普列汉诺夫式性格的又一次表露。国内有人认为普列汉诺夫在理论上勇于公开承认错误,这是不确切的,我们很难证实它。

---

① 毫无疑问,波格丹诺夫、卢那察尔斯基等人当时的策略思想是布尔什维主义的,他们的哲学是马赫主义的。这也是一种独特的结合。只有蓄意歪曲事实的人才断言马赫主义是布尔什维主义的哲学基础。既然如此,试问过去的米丁派,你们有什么根据否定孟什维主义策略和马克思主义哲学也可以有一种特殊的结合? 你们有什么根据硬说作为孟什维克的普列汉诺夫,其哲学思想一定从马克思主义"蜕化"了?
② 《普列汉诺夫全集》,俄文版第13卷,第274—275页。
③ 《论列宁》,第118页。

（十一）

　　最后，我们还想补充介绍一下他的著作情况，特别是他的遗著。

　　普列汉诺夫一生著作究竟有多少？除去死后发表和至今尚未公诸于世的大量手稿外，仅以生前刊出的著作来说，如果全部译成中文，总数至少在八百万字以上。这个数字是这样得出来的：梁赞诺夫编辑的24卷《普列汉诺夫全集》[①]，合计9509页。按中文计算每页平均有800字左右。这样，《全集》总数就是760万字。外加《论战争》10万字和《在祖国的一年》36万字。说"至少"，是因为（1）由于二十年代的条件，普列汉诺夫生前在西欧、东南欧和美国刊物上发表的著作和书信未能全部收进《全集》；（2）他译校的几种马克思恩格斯著作，除《费尔巴哈论》以外，《全集》中也没有收录。

　　从内容看，这些著作涉及的领域非常广泛，包括哲学、哲学史、美学、文艺批评、政论、经济学、伦理学、历史学、宗教学和社会政治思想等。在所有这些领域，他都做出了许多贡献，提出了许多创见，对于马克思主义理论的发展起过重大的历史作用，至今不仅仍然保持着战斗的意义，而且仍然是人们开启智慧的源泉之一。然而总的来说，他的主要成就是在哲学方面。他的历史地位也主要是作为一个杰出的马克思主义哲学家而确立下来的。这不仅是因为他的哲学著作在全集中的比重最大，大约占三分之一以上，而且因为他的哲学研究功力最扎实，方面最广泛，水平最高。

　　作为散文家，他的文章流畅优美，兼具法国式的奔放、风趣，德国式的深邃、思辨和俄国式的渊博、简洁的特点。马克思幼女爱琳娜在翻译

[①] 《全集》中只有极个别的几篇是死后发表的。

了《无政府主义和社会主义》以后致普列汉诺夫的一封信中说,她认为作者的文风很像她的父亲。爱琳娜没有告诉我们,她的这一评断是从什么意义上说的。在我们看来,与其说普列汉诺夫的文风像马克思,不如说像恩格斯。因为马克思喜欢从各种不同的角度对同一问题反复进行深入详尽的剖析,而恩格斯的文章则明晰如清泉。

《全集》中的著作绝大部分是论文,大多从各种报纸杂志选来,少数录自书籍的序言、后记,或者其中的一篇。和论文相比,普列汉诺夫的小册子很少。如果按今天的标准,三十万字以上的专著就更加微乎其微:除了1909年出版的《车尔尼雪夫斯基》外,就只有唯一的一部由于过早去世而仅完成前三卷的多卷本巨著《俄国社会思想史》。

他生前自编的论文集共有六种,就是:(1)《普列汉诺夫全集》第1卷(1905年,日内瓦);(2)《在两条战线上》(1905年);(3)《二十年来文集》(1905年,1906年,1908年);(4)《对我们的批判者的批判》(1906年);(5)《从防御到进攻》(1910年,彼得堡);(6)《论战争》(1917年,彼得格勒)。

普列汉诺夫逝世后不久,1920年,孟什维克分子将普列汉诺夫1917年4月回到俄国以后至1918年逝世为止的全部文章、演讲、文告和宣言等汇集起来,编为两卷,以《在祖国的一年》为题,出版于巴黎。列宁为了保存和发扬以他和车尔尼雪夫斯基为代表的先进的"大俄罗斯文化"①,为了用他的著作武装苏联人民,倡议立即组织出版他的全集。于是由梁赞诺夫主编,1923—1927年在莫斯科和彼得格勒出版了《普列汉诺夫全集》24卷②。这套全集在二十年代共出了三版。据沃

---

① 《列宁全集》,第20卷,第15页。
② 该书原计划出26卷。第25卷为书信,第26卷为补遗、生平和图书索引,未果。

尔夫逊说,仅1923年一年苏联出版的普列汉诺夫著作就有三百万个印刷页。① 与此同时,根据当时汇集的普列汉诺夫、查苏利奇和捷依奇的档案材料,出版了《劳动解放社文集》6卷(1924—1928年),其中收有普列汉诺夫亲友写的大量回忆录。1925年还出版了两卷本《普列汉诺夫与巴·波·阿克雪里罗得通信集》。从三十年代起,苏联的一些杂志(例如:《战斗的唯物主义者》、《在马克思主义旗帜下》、《马克思主义年鉴》、《历史问题》、《历史档案》等等)还陆续刊登了普列汉诺夫的许多遗作和往来书信。

1917年3月普列汉诺夫回国的时候,正值一战正酣之际,因此只能轻装行动。去世后,他的档案和藏书都还在国外——瑞士的日内瓦和意大利的圣勒谟。1922年,联共(布)中央党史部主任奥里明斯基,按照列宁的指示特派捷依奇出国,同早已来到巴黎的普列汉诺娃洽商运回普列汉诺夫文稿和书籍的事宜。列宁对普列汉诺夫遗著的关怀使普列汉诺夫的妻子和女儿们很感动。她们决定把这些遗产无偿地全部赠给苏维埃国家。但是提出了几个条件,即:必须把遗产保存在列宁格勒国立图书馆;档案和藏书要放在一起;普列汉诺夫馆的馆长应由普列汉诺娃担任。这些条件都被接受了。经过许多周折,遗产终于在1928年运到了列宁格勒。1929年普列汉诺夫档案馆作为列宁格勒国立图书馆一个分馆对外开放。

据悉:普列汉诺夫档案馆中大约有一万三千个收藏单位,其中七千五百个单位保存普列汉诺夫的档案。其余的则放存查苏利奇、捷依奇以及"劳动解放社"其他最亲近的同事的档案。为数不多的另外一些普列汉诺夫的材料则存放在苏共中央附属马克思列宁主义研究院中央党务档案馆和普希金馆。这些档案馆内收藏着普列汉诺夫的大量遗

---

① 《普列汉诺夫》,1925年俄文版,第1—2页。

著、译文、纲要、笔记、札记、往来书信、讲演、报告和发言的记录,以及总数大约有一万六千册的个人藏书。① 多数书刊上有他阅读时留下的痕迹:批注、评语、划线和其他各种记号。

根据这些材料,1934—1940年,由卢那察尔斯基、Ф. Д. 克列托夫、И. Д. 乌达里措夫、普列汉诺娃、尤金、约夫楚克主编,先后出版《普列汉诺夫遗著》八卷(第8卷只出版了第1分册)。1941年爆发的卫国战争中断了

---

① 据1965年苏联《哲学科学》杂志第6期报道,1965年列宁格勒油印了一份《普列汉诺夫藏书目录》(仅印100本)。目录把全部藏书按系统分为四集。为了让读者进一步了解他的兴趣多么广泛以及主要的兴趣在什么领域,特将各集分类标题转录如下:
第一集:(1)马克思恩格斯列宁著作;(2)普列汉诺夫著作;(3)历史;(4)人种志学。
第二集:(1)经济、经济科学;(2)国家与法;(3)文化、教育、教育学;(4)文艺学、艺术文学;(5)艺术、艺术学;(6)宗教和无神论。
第三集:(1)哲学科学、社会思想史:
(a)俄国哲学、社会学和社会思想史;
(b)革命民主主义者世界观;
(c)外国哲学史、社会学史和社会思想史(包括古代哲学和社会学、英国哲学和社会学、德国哲学和社会学、法国哲学和社会学、十八世纪法国启蒙派和法国唯物主义、其他各国哲学和社会学);
(d)社会主义思想史;
(e)空想的社会主义和共产主义;
(f)科学社会主义;
(g)小资产阶级社会主义理论;
(h)无政府主义;
(i)无政府工团主义;
(j)修正主义和资产阶级对马克思主义的批判;
(k)伦理学;
(l)美学;
(m)逻辑学;
(n)心理学;
(2)自然科学;
(3)参考手册;
(4)定期和长期刊物。
第四集:由《目录》编者编制的各种辅助性索引。
作者 Л. Н. 马努依洛娃还告诉我们:"《目录》指出了每本藏书的一切特点——普列汉诺夫对原文所作的批注、划线和其他记号。"

《遗著》的出版。1964—1966年,苏联科学院通过了出版三卷本《普列汉诺夫哲学遗著》的决定。七年以后(1973—1974年),由约夫楚克、库尔巴托娃和恰金共同主编的这套注释详细的《哲学遗著》终于和读者见面了。"但是它不包括普列汉诺夫档案馆的全部丰富的材料。"①

1956年,为了纪念普列汉诺夫诞生一百周年,苏联科学院哲学研究所主持编辑出版了五卷本《普列汉诺夫哲学著作选集》(1956—1958年)。这套取材于《全集》和《遗著》的著作是迄今为止他的哲学著作的最好的选本。原文都根据档案馆所藏手稿和已经发表的各种俄文和外文版本进行过认真仔细的校订。每卷前面载有编者撰写的绪论。它们的作者大都是知名的普列汉诺夫专家,依次为约夫楚克、阿·马斯林、普·费多谢也夫、福米娜和恰金。卷末附有大量注释和人名索引。第5卷的最后还附有全书详细的名目索引。② 这套书的原著约三百一十余万字,光注释就在五十万字以上,占全书总字数的七分之一,对于各篇的基本思想、写作的目的、发表的经过、版本的源流、各方的反应、重要异文的存录、文献的确注、事实的说明、名词的注释等等,都有相当明白的交代。它的出版很好地实现了列宁1921年发出的著名指示:"把现在已经出版的普列汉诺夫全集中的所有哲学论文汇编成一卷或几卷专集,并且附上详细的索引等等。这种专集应当列为必读的共产主义教科书。"③

1959年12月,苏联《哲学问题》杂志上发表了六卷本《普列汉诺夫历史学-社会学著作选集》征订广告。选集预定在1960—1962年间以每年两卷的速度出齐。它将收集1876—1916年作者所写的、三十年代

---

① 参见库尔巴托娃:《普列汉诺夫的档案材料》,载〔苏联〕《哲学问题》1964年第2期。该书原计划在1966—1967年出齐。
② 可惜中译本把这个索引删去了。为了便于读者进行研究,希望该书再版时能够补上。
③ 《列宁全集》,第32卷,第84页。

起就没有再版过的历史学和社会学论著,但不包括五卷本《哲学选集》所收的作品。其中某些著作是第一次发表。遗憾的是这套被称为《哲学选集》"续篇"的"普列汉诺夫最好的著作"不知是什么原因似乎至今都未能和读者见面。

耐人寻味的是,与《普列汉诺夫历史学-社会学著作选集》突然中途夭折的情况相反,他的美学和文艺批评著作则顺利地一再用不同的形式编辑出版,大量发行。1948年有罗森塔尔主编的《论艺术和文学》(一卷本);1958年有布尔索夫主编的《论文学和美学》(两卷本);1978年又有米赫·利夫席茨撰写了长篇序文的《论美学和艺术社会学》(两卷本)。仅布尔索夫主编的文集一次就印了七万五千册。

此外,苏联编辑出版的普列汉诺夫文选还有:《反对哲学中的修正主义》(1935年)、《论宗教和教会》(1957年)、《论社会史和文化史中的无神论和宗教》(1978年)。

如果把所有这些发表过的著作统统加起来,减去重复的篇目、编者的注释和他人的作品,其总数约合中文一千万字以上。不过,即使是这样巨大的数字,离档案馆内收藏的"全部丰富的材料",应该说还是差得很远很远。

普列汉诺夫一生好学,少年时代就被同伴们誉为"能走路的百科全书"。流亡生活的头一年,他像学生似的在日内瓦大学听教授们讲历史学、人类学、经济学、地质学、有机化学、解剖学、动物学的课,做了几十个笔记本的读书摘记和听课记录。1881年他在巴黎继续紧张地学习着,一清早就上图书馆,或者到索尔朋去听人文科学著名教授的讲演。他还在那里听过物理、化学和地质学的课。根据保存下来的札记判断,这两年他读了马克思的《雾月十八日》、《科伦共产党人案件》、《法兰西内战》和恩格斯的《反杜林论》、《论住宅问题》、《行动中的巴枯宁主义者》以及拉萨尔、茹·米希勒等人的著作。1881—1882年在伯尔尼第一次读《神圣家族》和《政治经济学批判》时他作了极为详细的笔记。

和列宁不同,普列汉诺夫一直没有做过多少党的实际工作。1905年以后更是越来越"投身于纯粹的学术活动"。1908—1909年,他几乎整天把自己关在书房中。九十年代后期直到1917年回国,普列汉诺夫的生活相对稳定。因此他的文稿、笔记之类大都完整地保存下来了。尽管从1887年起他一直患病,而且几度濒于危险,但他生病期间读书始终没有间断。他经常重复他父亲的一句格言:"要永远工作,死了才能休息"。他曾说:"工作的繁重程度应当同疾病的沉重程度成反比例。如果体温很高,就研究外国的和俄国的诗人,阅读古典小说家的作品。如果体温中等,就阅读艺术、艺术史、人种学方面的书籍,如果体温不高,就可以大干。"对他说来,体温38℃算"中等"①。

普列汉诺夫还有一个习惯,就是喜欢在书籍的边页、封面、扉页上写评注或做各种记号。这是因为他不能总是伏案,而必须躺在床上看书。病情好转,就到户外去呼吸新鲜空气,随身带着书籍和铅笔,在寓所对面公园的长靠椅上继续工作。

根据所有这些情况,似乎可以断言,普列汉诺夫档案馆内还有许多珍贵、重要的材料没有成为"读者公众的财产"。例如,我们几乎没有看到普列汉诺夫读马克思、恩格斯、列宁著作时所写的札记、批语,我们也没有看到他对拉法格、考茨基、梅林等人的著作有过什么评论。很难设想他写了那么多分析空想社会主义和法国启蒙思想的著作,却没有留下任何读书笔记。据说他的美学札记本数以十计,然而今天看到的并不齐全。从他的著作判断,他肯定有一套十八卷本的《黑格尔全集》,也可能有《费尔巴哈全集》和康德、费希特、谢林等人的作品。

---

① 另一种说法:"在体温40度时,应该找轻松的、不使脑筋疲倦的工作做,在文学艺术、人种学、绘画史、音乐方面可以阅读索福克勒斯、欧里庇得斯、埃斯库罗斯的作品。在体温39度、38度半时,可以研究更复杂的问题:历史问题、文学批评;而在体温38度时,就能够'尽全力'工作。"

1964年库尔巴托娃曾向我们预告："有许多札记是分析谢林、黑格尔、费尔巴哈的观点的"①。然而 1973—1974 年出版的《哲学遗著》中分析黑格尔、费尔巴哈的材料少得可怜，大都是附带论到的，没有任何一种专门的材料。至于谢林，只收了普列汉诺夫 1888 年给查苏利奇的一封信，其中仅有一句话提了一下谢林的名字。此外，普列汉诺夫对待《唯物主义和经验批判主义》的态度如何，对近代西欧和古希腊罗马一些大哲学家的著作有些什么看法等等，想来也都是读者，特别是哲学工作者所关心的。我们认为，普列汉诺夫的遗著不仅是苏联人民的精神财富，也是世界进步人类共同的精神财富。希望苏联有关专家能够尽快地把这些遗著分类整理出来，使之更多地成为"读者的财产"。

当然，苏联专家们在收集、整理、注释、出版普列汉诺夫的遗著方面毕竟是做了很多工作。不仅如此，在研究普列汉诺夫思想特别是哲学思想方面他们也取得了巨大的成就。据手头有限的材料算来，从二十年代到现在共发表专门的著作和小册子五十多种，专题论文四百篇以上。各种著作和文章中附带论及普列汉诺夫的那就多得无法统计了。在苏联，对普列汉诺夫研究有素的学者代不乏人，其中最著名的有：柳·依·阿克雪里罗得、德波林、沃尔夫逊、戈列夫、瓦加年、约夫楚克、福米娜、恰金、西多罗夫、波良斯基等等。就资料的丰富和齐全而言，他们研究普列汉诺夫是得天独厚的。在这方面我们中国人难以竞争。但这并不等于在普列汉诺夫问题上我们就没有任何发言权。事情完全不是这样。应该说，普列汉诺夫的基本著作国内大一点的图书馆都有收藏，苏联学者最重要的论著，我们也能看到，只要真正彻底地以列宁思想为指针，吸取他们的研究成果，避免和纠正他们的种种偏见和失误，就未必不能有所前进。本书以下各章正是试图朝这个方向作若干努力。

---

① 〔苏联〕《哲学问题》1964 年第 2 期，第 143 页。

第二章　辩证法

　　马克思、恩格斯有没有自己的哲学？是否应当从其他某个哲学家那里给马克思主义借用什么哲学理论？如果马克思主义有自己的哲学，它又是什么？这些问题在马克思、恩格斯创立了新的科学的哲学，从而在哲学思想发展史上实现了伟大革命以后的几十年间，一直没有得到彻底的解决。资产阶级思想家的种种歪曲、攻击和诽谤不用说了，就是那些自称为马克思思想的追随者对它们也没有清晰的正确认识。拿第二国际最大的理论家拉法格、梅林、拉布里奥拉和考茨基来说吧，拉法格曾被列宁誉为"马克思主义思想的最有天才、最渊博的传播者之一"①，但是他的著作表明：他的一般哲学观点并"没有摆脱机械的和形而上学的唯物主义的'残余'"②。被普列汉诺夫称为"德国社会民主党中最好的而且几乎是唯一的哲学通"③的梅林则认为，"马克思和恩格斯总是赞同费尔巴哈的哲学观点，所以他们没有扩充和加深他的观点，而是把唯物主义带进了历史的领域；简短地说，他们在自然科学的领域内仍是机械唯物主义者，正如他们在社会科学的领域内是历史唯物主义者一样。"④意大利第一个马克思主义者安·拉布里奥拉是历

---

　①　《列宁全集》，第17卷，第286页。
　②　蒙让：《保尔·拉法格和马克思主义哲学》，1978年俄文版，第84页。
　③　《普列汉诺夫哲学著作选集》，第3卷，第139页。
　④　转引自福米娜：《普列汉诺夫的哲学观点》，第163页。另见梅林：《保卫马克思主义》，人民出版社1982年版，第99页，以及罗森塔尔主编：《马克思主义辩证法史》，人民出版社1982年版，第448页。

史唯物主义理论光辉的宣传家,但是对于辩证唯物主义的各种问题他却没有多少认真的分析,他甚至怀疑使用"辩证法"和"辩证方法"这些术语是否合理,还向恩格斯写信,建议用"发生法"和"发生方法"来代替。① 至于考茨基这个第二国际当时最著名最有威望的理论家,他在一封信中曾断然宣称:"我们理解的马克思主义不是哲学,而是经验科学,是特殊的社会观。"②正因为如此,当伯恩施坦于1898年夏天在《新时代》上发表一系列题为《社会主义问题》的论文,公开举起修正主义旗帜,用新康德主义来顶替马克思主义时,绝大多数第二国际理论家都没有,也不可能认识到这股反动资产阶级哲学思潮的意义和危害性。对于伯恩施坦的堕落,拉法格用"智力过度疲劳"来解释,③而居于《新时代》主编这个要冲地位的考茨基,则在1898年5月22日答普列汉诺夫信中说出了这样的话:"我应当公开声明,新康德主义使我感到为难的地方比什么都少。在哲学上我任何时候都不是强有力的,虽然我完全站在辩证唯物主义观点上,我仍然认为马克思和恩格斯的经济观点和历史观点至少是同新康德主义相容的;……如果伯恩施坦只是在这方面脱毛了,我对此丝毫不会感到不安。"④

总之,这个时期的第二国际文献表明,它们的作者们绝大多数都不懂得马克思主义哲学就是辩证唯物主义,不懂得只有它才是唯一科学的无产阶级世界观和当代最先进的方法论。在他们心目中,马

---

① 尽管如此,拉法格、梅林和拉布里奥拉的哲学思想,按其实质我们仍然得承认基本上是辩证唯物主义的。

② 转引自恰金:《普列汉诺夫及其在发展马克思主义哲学中的作用》,1963年俄文版,第164页。

③ 《普列汉诺夫遗著》,第5卷,1938年俄文版,第278页。

④ 同上书,第5卷,第264页。"脱毛"一语出自十九世纪德国学者尤·李比希以下一段话:"化学正在取得异常迅速的成就,而希望赶上它的化学家则处于不断脱毛的状态。不适于飞翔的旧羽毛从翅膀上脱落下来,而代之以新生的羽毛,这样飞起来就更有力更轻快。"(参见《马克思恩格斯全集》,第20卷,第718—719页)

克思主义仅限于唯物史观和经济学说。针对这种情况(当然只是部分地),普列汉诺夫在自己的著作中多次强调指出:"马克思主义不单纯是经济学说(关于资本主义发展进程的学说),也不单纯是历史理论('历史唯物主义')。它也不是经济学说加历史理论。"他感慨地写道:"马克思主义的哲学方面,几乎被许多甚至希望成为马克思主义忠实信徒的人所完全忽视。正因为如此,才出现一些可笑的尝试:时而把马克思主义同康德哲学相结合,时而同马赫哲学相结合,时而同其他一些和《资本论》作者的世界观毫无共同之点的哲学体系相结合。"①

在马克思主义文献史上,普列汉诺夫第一个系统使用"辩证唯物主义"一词来表示"马克思和恩格斯的唯物主义……世界观的一般哲学基础。"②他写道:"我们用'辩证唯物主义'这一术语,它是唯一能够正确说明马克思哲学的术语。"③马克思主义是一个完整的世界观。所谓世界观就是人们对整个世界体系的看法。这个世界观有许多方面:自然方面、历史方面(或者说:社会方面)和精神方面。"一种唯物主义的哲学,和每个近代哲学体系一样,必须对两类现象有所说明:一方面是自然界的现象,另一方面是人类历史发展的现象。"④当然,它同时也是"关于思维及其规律的科学"。马克思主义世界观有一个总的基础,这就是辩证唯物主义。"存在的只是一个'体系'——辩证唯物主义。"⑤在这个体系的基础上,适用于不同的研究对象,便有对不同现象

---

① 《普列汉诺夫哲学著作选集》,第3卷,第215、216页。
② 同上书,第2卷,第420页。狄慈根只在1886年使用过一次"辩证唯物主义"和"辩证的或社会民主主义的唯物主义者"。
③ 同上书,第1卷,第768页。
④ 同上书,第2卷,第31页。
⑤ 同上书,第3卷,第106页。可见把历史唯物主义单独提出来,使之同辩证唯物主义并列,一起作为马克思主义的哲学基础,是不符合普列汉诺夫的观点的。

发展过程的科学理论：对于社会，有"唯物主义历史观"①和"历史辩证法"；对于自然，有"唯物主义自然观"和"辩证的自然观"；对于精神，有"唯物主义的思维观"和"主观辩证法"（包括"心理辩证法"和"辩证逻辑"）。这个观点很接近今天我国学术界关于马克思主义哲学体系结构的所谓"一总三分"的理论，不过普列汉诺夫本人并没有说得像上面所叙述的这样明确和集中罢了。当然，从他的著作看，他真正自觉地运用辩证唯物主义哲学的一般原理进行过详细研究和分析的也只有历史领域。自然哲学是普列汉诺夫理论中特别薄弱的环节。他对认识论的不够重视在他的著作中也留下了深刻的痕迹，严重限制了他在哲学上的成就，对他的后期政论产生了极其有害的影响。此外，普列汉诺夫对这个问题也说过一些今天看来不完全正确的论断。例如："辩证唯物主义体系……中既有政治经济学，也有对历史过程的科学解释，还有许多别的东西。"②也许他会解释说，他这里所指的只是《资本论》中"完全贯穿着"的"唯物主义历史观"，因为"这部杰出的著作无非就是对资产阶级社会经济关系的唯物主义解释。"③但这种解释是没有说服力的。因为杰出的法学著作也是对社会法律关系的唯物主义解释，杰出的数学著作也是对客观事物数量关系的唯物主义解释。我们是否因此就能够把这些科学都算作辩证唯物主义的一个"方面"或"组成部分"呢？

普列汉诺夫关于辩证唯物主义的对象和任务，曾经提出过一些重要的见解。大家知道，在古代，哲学是无所不包的。它统辖了一切科学

---

① "唯物主义历史观"（或"历史唯物主义"）一词在普列汉诺夫著作中有两个含义，一指对历史的唯物主义解释和辩证观点，另一则仅指唯物主义解释。当然这种区别只是相对的。

② 《普列汉诺夫哲学著作选集》，第3卷，第106页。比较《列宁全集》，第20卷，第185—186页。

③ 《普列汉诺夫哲学著作选集》，第3卷，第106页。

领域。"自称为科学的科学的哲学,总是包括了许多'世俗的内容',即总是从事于研究许多实质上是科学的问题。但在不同时期它的世俗内容是不同的。例如……在十七世纪哲学主要从事于研究数学和自然科学问题。十八世纪的哲学为着自己的目的曾经利用了前一世纪自然科学的发现和理论。但它本身从事于自然科学研究的也许只有康德;在法国放在第一位的当时是社会问题。十九世纪哲学家主要地继续从事这同一问题的研究,虽然是从另一方面去着手。"①随着自然研究的日益深入,自然科学越来越广泛、越来越彻底地脱离哲学而独立。但是,马克思以前的人类先进思想家没有也不可能给社会科学奠定科学的基础,人们依旧把这些科学跟数学、物理学等精密科学对立起来。"因此辩证唯物主义要解决的任务早就明确了。在过去若干世纪中曾经给自然科学作了这样多贡献的哲学,必须把社会科学从矛盾的迷宫中解放出来。如果这个任务完成了,哲学就可以说,'我尽了我的责任了,我可以走了',因为在将来,精确的科学必然使哲学的假设归于无用。"②

福米娜批评普列汉诺夫,似乎他否定了"哲学独立存在的权利"③。这个批评是站不住脚的。因为在普列汉诺夫看来,从哲学的母体中孕育出具体的独立科学只是哲学的任务之一。

哲学的另一项更为重要,而且越来越重要的任务是从根本原理上

---

① 《普列汉诺夫哲学著作选集》,第 1 卷,第 654 页。译文有改动。
② 同上书,第 2 卷,第 161 页。
③ 福米娜:《普列汉诺夫的哲学观点》,第 302 页。福米娜的这个批评是针对《普列汉诺夫全集》俄文版第 18 卷附录中《马克思哲学的进化》(记录稿)而发的。这篇记录稿究竟是谁的作品,至今未有定论。苏联一些学者曾经提出各种论据,证明其中的一些思想不可能出自普列汉诺夫之口。例如参见约夫楚克:《普列汉诺夫及其哲学史著作》,1960 年俄文版,第 162、168—175 页;特卡钦科:《关于普列汉诺夫对马克思和恩格斯哲学进化的评价》,载〔苏联〕《哲学问题》1959 年第 6 期。不过在哲学的对象和任务问题上,我以为,和约夫楚克所断言的相反,记录稿与普列汉诺夫正式发表的著作是观点一致的,至少是基本一致。这个问题我们将在别的地方详细讨论。

总结和概括具体科学的成果。"就哲学不同于神学来说,哲学所研究的就是本来所谓的科学研究要解决的那些课题。在这里,哲学或者力求赶在科学前面提出自己揣想的答案,或者仅仅给科学已经发现的答案作一总结,使它逻辑上进一步完善。"①在《德波林〈辩证唯物主义哲学入门〉一书序言》中普列汉诺夫表示同意泽勒关于哲学的任务是"研究认识和存在的根本原理并根据这些原理来了解一切实在的东西"②的观点。

在这里普列汉诺夫实际上提出了这样的观点:一方面,由于各门具体的知识领域相继地独立出去,过去那些包罗万象的哲学王国的疆域逐步在缩小;另一方面,随着自然科学和社会科学的迅猛发展,可供哲学从根本原理上进行理论概括的材料日益增多,于是哲学研究的对象又在急剧的扩大。这是哲学发展同一必然过程中并存的、不可分割的,而且至今没有结束的两个方面。恩格斯所谓"在以往的全部哲学中还仍旧独立存在的,就只有关于思维及其规律的学说——形式逻辑和辩证法。其他一切都归到关于自然和历史的实证科学中去了"③,指的是这一过程的前一方面。费尔巴哈"认为哲学应该让位于自然科学",他的名言"没有任何哲学便是我的哲学"④,也有这个意思⑤。

但是,"要使哲学能够对事情有利地让位给自然科学,就必须使自然科学家本人掌握那些导致哲学自我否定的哲学结论。换句话说,必须使自然科学家不再是狭隘的专家。但是,离开这一点还很远。绝大

---

① 《普列汉诺夫哲学著作选集》,第2卷,第290—291页。译文有改动。
② 同上书,第3卷,第698页。
③ 参见《普列汉诺夫全集》,俄文版第18卷,第324页。
④ 《普列汉诺夫哲学著作选集》,第4卷,第238页。
⑤ 这句话另外还有一个意思,就是"费尔巴哈不愿意成为德国人向来所理解的那种哲学家"(《普列汉诺夫哲学著作选集》,第3卷,第776页)。

多数自然科学家在自己的思维方面都没有超越自己的专门科学的范围,仍继续保持着过时的哲学概念和社会概念。在他们的这个缺陷没有消除以前,哲学是不能与自然科学融合起来的。"①

这就是说,哲学只有在帮助每一门科学"弄清它在事物以及关于事物的知识的总联系中的地位"以后,也就是说,只有在对某一门学科不断积累起来的达到一定数量的丰富材料从根本原理上进行了正确的理论概括以后,才能把研究对象"有利地让位给自然科学"。因此,从逻辑上说前一过程是后一过程的前提。另一方面,普列汉诺夫也一再强调辩证唯物主义哲学作为方法论对于自然科学的继续发展,特别是对于"理论自然科学"的继续发展的重大意义。"自然科学家先生们直到现在都没有表现出很大的兴趣去掌握辩证的自然观,虽然近年来的化学发现再一次证明,如恩格斯所说的,自然界的一切都是辩证的。在这方面应当归罪于现在的唯心主义,它也使自然科学家受到影响,它与黑格尔的唯心主义相反,完全不会运用辩证法的武器。……当一个学者忽视某个重要理论问题时,他就会不由自主地、不知不觉地用陈旧的、站不住脚的方法来解决这个问题。"②这里关于自然科学所说的话,在一定意义上也完全适用于社会科学。

普列汉诺夫在自己的著作中还指出了辩证唯物主义哲学的两个主要的特征:即阶级性和实践性。他很欣赏马克思的名言:"哲学把无产阶级当作自己的物质武器,同样地,无产阶级也把哲学当作自己的精神武器"。他说:"现代的辩证唯物主义力图消灭阶级,并且它出现于消灭阶级已经成为历史必然性的时候。因此它应该向成为最近历史时期的英雄的生产者说话。因此,从我们的宇宙存在以来和地球绕日而行

---

① 《普列汉诺夫哲学著作选集》,第4卷,第238页。
② 同上书,第4卷,第788页。

以来,第一次发生了科学与劳动者的接近:科学跑去帮助劳动群众;劳动群众在自己的自觉运动中依据科学的结论。"①

普列汉诺夫也谈到马克思主义哲学的实践性。具有特征意义的是他更为强调理性的改造作用。他写道:"辩证唯物主义说:人的理性不能是历史的创造者,因为它本身是历史的产物。可是既然出现了这个产物,它不应该,按其本性说也不可能服从以前的历史遗留下来的现实;它必然要依照自己的式样和类型来改造现实,使之合理。……行动(人们在社会生产过程中合规律的活动)向辩证唯物主义者说明社会人的理性的历史发展。他的全部实践哲学都归结为行动。"②接着是他的警句:"辩证唯物主义是行动的哲学。"这是他在自己政治上最革命的时期写的。1905 年他在第 1 期《日志》中谈到马克思主义的实践性时就偏离了正确的立场。他写道:"什么是理论呢？什么是实践呢？怎样在他们中间划分界线呢？在我们的事业中,在把自己一切实际希望归根到底都建立在提高无产阶级觉悟的基础上的人们的事业中,要找出这个分界线,是比任何别的事业更加困难的。费尔巴哈说:'理论,这是仍然在我一个人头脑中的东西;实践则是深入到许多人头脑中去的东西,它把许多头脑团结起来,创造出群众,传遍世界,并且为自己在世界中夺得一席地位。'这是毋庸置辩的真理。"③把革命者"实践"的重点由"行动的哲学"转移到理论的宣传活动,这种实践观的蜕变,乃是普列汉诺夫逐步脱离俄国革命实践而进入书斋的生活方式的一种理论表现。

上面我们简要地介绍了普列汉诺夫关于马克思主义哲学是辩证唯

---

① 《普列汉诺夫哲学著作选集》,第 1 卷,第 771 页。
② 同上书,第 1 卷,第 768—769 页。
③ 《普列汉诺夫全集》,俄文版第 15 卷,第 256 页。

物主义体系以及这个体系的一般特点的看法。下面将分章评述他的哲学思想。大家知道,普列汉诺夫一生好辩,他的著作几乎都是论战性的。苏联学者论述他的哲学观点时一般都根据他对不同思潮的批判划分为若干阶段。这种论述方式使人不易看出他的思想全貌。然而要正确评价他的理论功过,把握这一全貌乃是必要的前提条件。所以我们给自己提出的任务是:力求尽可能完整地介绍他的学说内容。现在首先考察他的辩证法思想。

（一）

普列汉诺夫批判伯恩施坦时指出:应该从讨论辩证法开始来考察马克思主义世界观,因为"方法无疑是任何一个哲学体系的灵魂","在每一个严肃的体系中,方法都具有决定性的意义"①。所以我们也就从辩证法开始来论述他的哲学观点。

什么叫辩证法呢？普列汉诺夫认为辩证法就是"矛盾逻辑",即"永恒的运动过程在人脑中的反映"。"辩证法"一词来自希腊文 διαλεχτιχη,本来的意思是进行谈话的艺术。"我们对人和物的看法,随着年龄和生活经验的增长而不断的变化着,就像谈话双方的意见在内容充实思想丰富的谈话过程中不断改变一样。就这一方面来说,可以把人类生活比做对话。经验就是我们对生活和世界的看法的这种一定的和必然的改变。……因此,黑格尔在把意识发展的进程比作哲学谈话的进程时,就把意识发展的进程叫作辩证法或辩证的运动。"②在哲学史上不同的哲学家赋予"辩证法"不同的含义。苏格拉底把辩证

---

① 《普列汉诺夫哲学著作选集》,第 2 卷,第 420 页。
② 同上书,第 3 卷,第 91 页。

法看成是通过对立意见的冲突来揭示真理的技术,看成是进行学术谈话的方式,它导致对概念的正确规定。柏拉图所谓的辩证法是指通过对概念的分析综合,用来达到对真正存在的东西即观念的认识,使思想从低级观念向高级观念运动的一种逻辑方法。在亚里士多德的哲学中,辩证法被规定为关于或然性知识的学说。他把推理分为三类,辩证的推理只是其中之一。它适用于争论。通过这种推理人们只能偶然地揭示真理。康德则称假象逻辑(Logik des Scheines)为辩证法,它不会达到真理。当一般逻辑从判断的准绳变成用来建立希望得到客观性的论断的求知工具时,它就变成辩证法。① 这就是所谓康德的"消极辩证法"。总之,辩证法"这一用语,柏拉图、亚里士多德和康德已经在重要的而且是各不相同的意义上运用过了;但是无论在哪一个学说里,这一用语都没有获得像在黑格尔学说中那样广泛",那样深刻的意义。② 在黑格尔看来,"辩证法是一切科学认识的灵魂……是任何运动、任何生命和一切实际发生的事物的原则……是任何事物都不能抗拒的一种普遍的、不可战胜的力量。同时辩证法在生活的每个方面的每个现象中都使人感觉出来。就拿运动来说……一切运动都是活生生的矛盾,一切运动都是辩证的过程。但整个自然界的生活就是运动。因此,研究自然界,就完全必须运用辩证的观点。"③普列汉诺夫认为,这就是黑格尔对辩证法的总的观点,如果去掉其中的唯心主义因素,也可以看成是马克思主义对辩证法的总的观点。"黑格尔是唯心主义者,因此,他的辩证的发展学说往往歪曲了现象的因果联系,从而把这些现象的研究者引上错误的道路。这就是现代自然科学往往同黑格尔发生矛盾的原

---

① 参见康德:《纯粹理性批判》,三联书店1957年版,第75—76页。
② 《普列汉诺夫哲学著作选集》,第3卷,第91、729页。
③ 同上书,第3卷,第729页。

因。不过现代自然科学所推翻的正是唯心主义,而不是辩证法。因为辩证法本身正在变成唯物主义的,像我们在马克思和恩格斯那里所看到的那样,它完全是关于自然和关于社会的现代科学——即自然科学和社会科学所使用的那同一个方法。"①也许正是在这个意义上,约夫楚克提出了普列汉诺夫"把辩证法看作是客观世界的相似物",即看成是"自然界和社会的客观规律在人的概念中的反映"(当然,同时也"是观察一切现象的方法,是革命改造的必然性和规律性的理论根据")的论点②。这是一个正确的论点,也是一个重要的论点。在这里我们觉得有必要对它进一步作些说明。

普列汉诺夫在《唯物主义史论丛》"马克思"篇中叙述了黑格尔辩证法的主要特征以后,曾经发表这样一段总结性的精彩议论:"总之,辩证唯心主义把宇宙看成一个有机的总体,这个总体是'从它自己的概念中发展出来的'。认识这个总体,揭露它的发展过程,乃是哲学家所担当的任务。这是一个多么高贵、多么宏大、多么可羡的任务啊!一个担当着这种任务的哲学,决不能看起来是'灰色的'或'死气沉沉的'。"③宇宙这个有机总体是"从它自己的概念中发展出来的"。辩证法就是对这个总体及其发展过程的认识。这多么像是对列宁《哲学笔记》中论述辩证法十六要素之前从黑格尔的规定中分析出来的三要点中的第一条所作的注释啊!

不仅如此,我们可以再作一些比较。普列汉诺夫在谈到形式和内容的辩证法时写道:"凡是愿意深入辩证过程的本质的人,如果他正是

---

① 《普列汉诺夫遗著》,俄文版第4卷,第206—207页。
② 敦尼克、约夫楚克等主编:《哲学史》,第4卷,三联书店1964年版,第182页。恰金在七十年代的著作中也有类似的提法,参见罗森塔尔主编:《马克思主义辩证法史》,人民出版社1982年版,第447页。
③ 《普列汉诺夫哲学著作选集》,第2卷,第147页。

从检验关于每个特定的发展过程中并立的那些现象的对立性(引者按:指任何两个对立的现象的对立)的学说开始,那他将是从不适当的一头去对待事情。在选择进行这种检验的观点时,总会有许多任意的东西(因为这样的对立很容易顺手找出来,所以说是任意的——引者)。应该从这个问题(指辩证过程——引者)的客观方面去观察这个问题,换句话说,应该弄清楚,为特定的内容的发展所制约的形式的必然更替是什么?"这样就"没有任意的余地"了,"因为研究者的观点是为形式和内容的本来性质所决定的了。"①这难道不几乎就是"观察的客观性"的另一种说法么?还有,普列汉诺夫多次引用车尔尼雪夫斯基关于辩证方法的实质的长段卓越论述,其中最重要的是"一切取决于时间和地点的条件。……这就是'抽象的真理是没有的;真理是具体的'这个公式的意义——当对象以全部质和特点以及它所存在于其中的环境而被表现出来,而不是从这个环境以及对象本身的生动特点脱离开来的时候,关于对象的概念就是具体的。"②这和十六要素中的第二条差不多是一样的意思。至于第三要素的内容,即事物的发展和它自身的运动,上文引证过的普列汉诺夫的话已经清楚地说明了。

十六要素的头三个要素是列宁从黑格尔关于辩证法的规定中分析出的三个要点中的第一个要点的扩展和深化。③ 它们的意思无非是说:辩证法要求从客观事物本身不断变化、发展着的全部多种多样的关系来研究这些事物。这是马克思主义哲学的一个极其重要的、最根本性的要求。这也是列宁用唯物主义精神改造黑格尔辩证法的一个典

---

① 《普列汉诺夫哲学著作选集》,第1卷,第641页。译文有改动。
② 同上书,第1卷,第636—638页;第4卷,第263—264页,等等。
③ 参见凯德洛夫主编:《列宁论辩证法要素》,1965年俄文版,第6—10、16页,以及同一作者的《列宁思想的实验室》,1972年俄文版,第267—288页(译文载《马列主义研究资料》1982年第2期)。

范。在这个问题上,普列汉诺夫的观点是十分接近列宁思想的。为了确信这一点,我们再看一段普列汉诺夫的话:"黑格尔以自己的辩证法的哲学与这一形而上学对立,辩证法对一切现象是从它们的发展和从它们的相互联系方面来加以考察的,而不是把它们看成现成的和彼此之间为深渊隔着的。他说,'真实的只是整体的,而整体只是在通过自己的发展在自己的完成的全部中显露出自己'。"①普列汉诺夫的所有这些话都是他十九世纪九十年代中期写的,因此确切些说应该是:列宁在改造黑格尔唯心主义辩证法的事业中充分地吸收、利用了普列汉诺夫的理论成就。恰金正确地指出:在分析列宁的哲学著作,特别是有关辩证法问题的著作时,不能忽视普列汉诺夫、狄慈根等人的成就。他们"对列宁的影响是极其重大的。遗憾的是,他与他们之间的直接继承性联系问题迄今没有引起人们足够的重视。对列宁阶段的研究,常常撇开了同马克思、恩格斯的学生和战友们的哲学遗产的历史性联系。"②这是切中要害的针砭。然而恰恰是在对辩证法基础即对辩证法的总的最一般的特征的理解上,普列汉诺夫的论述是列宁关于辩证法要素的学说最直接最完备的理论先驱。这一点,无论是恰金,还是苏联其他普列汉诺夫专家都不曾指出。为了证实这一点,让我们再回忆一遍列宁以下一段经常被人们引证的名言:"辩证逻辑则要求我们更进一步。要真正地认识事物,就必须把握、研究它的一切方面、一切联系和'中介'。我们决不可能完全地做到这一点,但是,全面性的要求可以使我们防止错误和防止僵化。这是第一。第二,辩证逻辑要求从事物的发展、'自身运动'(像黑格尔有时所说的)、变化中来观察事

---

① 《普列汉诺夫哲学著作选集》,第1卷,第840页。引自黑格尔的话,参见他的《精神现象学》,中译本上册,第12页。

② 罗森塔尔主编:《马克思主义辩证法史》,第469页。

物。……第三,必须把人的全部实践——作为真理的标准,也作为事物同人所需要它的那一点的联系的实际确定者——包括到事物的完满的'定义'中去。第四,辩证逻辑教导说,'没有抽象的真理,真理总是具体的'——已故的普列汉诺夫常常喜欢按照黑格尔的说法这样说。"接着列宁要求年轻党员研究普列汉诺夫的"全部哲学著作",而不只是什么1903年以前的哲学著作!"因为这是整个国际马克思主义文献中的优秀著作"①。这里的第一、二、四点正是辩证法十六要素中前三个要素的重述和发展(包括第四、八要素的内容)。这是列宁在普列汉诺夫去世三年后又一次(也是最充分的一次)肯定普列汉诺夫哲学著作同列宁的辩证法思想之间的继承联系。

还要指出一点。普列汉诺夫从来没有说过辩证法只有几条规律或几个特征。辩证法是客观世界的类似物。客观世界有多少根本规律,辩证法就有多少规律或特征。在特定时代,人类对这些规律或特征的认识,无论在数量上或深度上都是有限的。但随着文明的向前发展,人们对它们的认识也就越来越多、越来越深刻。他答复米海洛夫斯基时写道:人类思想不会停留在马克思的发现上,人类"将完成新的发现,以补充和证实马克思的这个理论,正如天文学上的新发现补充了和证实了哥白尼的发现一样"②。这个论点也完全适用于马克思的辩证法思想。

(二)

现在流行一种观点,认为普列汉诺夫"把辩证法的实质主要归结为承认飞跃和质变"③,或者说他把量变向质变过渡的规律"提到了首

---

① 《列宁全集》,第32卷,第83—84页。
② 《普列汉诺夫哲学著作选集》,第1卷,第743页。
③ 敦尼克、约夫楚克、米丁等人主编:《哲学史》,第5卷,三联书店1976年版,第331页。

位"①。这个观点是没有根据的。的确,普列汉诺夫在自己的哲学著作中讨论这个规律的次数和篇幅,如果就纯粹形态的哲学分析说,较之其他规律,那是明显地多一些。究其原因,正如恰金所指出的:"这可能是因为他不得不同民粹派和其他马克思主义敌人作斗争,这些人把主要注意力放在否定社会生活中的革命上面。"②但是,由于现实的需要而给予某一规律以更多的注意,跟这个规律在学说体系中的逻辑地位是完全不同的两回事。

普列汉诺夫是怎样看待质变量变规律在黑格尔和马克思的辩证法学说中的地位的呢?他怎样理解这个规律同其他辩证规律的关系的呢?

普列汉诺夫认为,和十八世纪忽视历史,即忽视从发展上研究现象的情况相反,"发展的观点逐渐变成了十九世纪哲学和社会科学中占统治地位的观点……发展的观点特别在德国哲学中得到了丰硕的果实。"③"黑格尔的功绩就在于他第一个从现象的发展的观点上,从现象的产生和消灭的观点上观察了一切现象。"④也就是说,"整个黑格尔哲学的……基本思想是合乎规律的发展的思想"⑤,辩证法就是关于发展的学说。不过黑格尔的发展学说是一种特殊的发展学说,它"采取了辩证的性质"⑥。它的主要特点至少是必须承认这样一些规律:——从形式方面看:(1)在事物的发展过程中必然有新的东西产生,旧的东西死亡;(2)在这个过程中,量的变化最后要转化为质的差别;这一转化

---

① 恰金:《普列汉诺夫及其在发展马克思主义哲学中的作用》,1963年俄文版,第80页。
② 同上。
③ 《普列汉诺夫哲学著作选集》,第4卷,第452页。
④ 同上书,第1卷,第641页。
⑤ 同上书,第4卷,第530页。
⑥ 同上书,第4卷,第549页。

的环节就是飞跃,就是渐进过程的中断①;(3)由于旧事物为新事物所否定,发展过程就呈现阶段性。现象发展中的第三阶段总是同它的第一阶段有形式上的相似性。这就是否定之否定;——从内容方面看:任何现象发展的根本动力,在于现象内部固有的矛盾,正是"矛盾引导着前进"。普列汉诺夫多次指出,所有这些都是辩证法的"基本的主要的特点"。很难想象,他会从形式的特点中单独挑出一条,把它"提到辩证法的首位",当作"辩证法的实质"。

事实上,从他的著作中绝对看不出他什么时候有把哪一条辩证法规律"提到首位"或者看作"辩证法实质"的意思。他在驳斥米海洛夫斯基时写道:"显然,'在最小的危险下',辩证家不掩藏于三段式之后,而掩藏于任何现象转化为自己的对立物这一命题之下,情形实质上丝毫也没有改变。但是他们也从来没有这样做过,他们之所以从没有这样做过,是因为上述命题并没有说尽他们对于现象发展的观点。例如,除此以外,他们还说,在发展的过程中,量转化为质,而质转化为量。"②反过来也是如此,质量互变也没有说尽他们的发展观,它只是规律之一。如果一定要我们回答普列汉诺夫把什么提到了首位的问题,那么似乎有较多的理由说:他更倾向于认为,应当把对立面的斗争和互相转化提到首位。为了不使读者觉得这个论断是想当然的,且列举若干证据。

---

① 把质变混同于渐进过程的中断,把无限多样的质变形式归结为其中的一种形式,是黑格尔以来传统的辩证法学说的重大缺陷(参见金观涛、华国凡:《质变方式新探讨》,载《中国社会科学》1982 年第 1 期)。在这个问题上,普列汉诺夫同样未能超越时代的限制。这一点不仅明显地表现在他的著作关于质量互变规律的全部阐述上,也表现在他对一些学说的分析批判上。例如他认为德·弗里斯的下述观点是"很中肯"的:"达尔文的物种起源论的弱点就在于这种起源可以用渐变来解释的思想。"(《普列汉诺夫哲学著作选集》,第 3 卷,第 161—162 页)

② 《普列汉诺夫哲学著作选集》,第 1 卷,第 635 页。

第一,大家知道,普列汉诺夫的哲学著作很少不谈辩证法。但是,集中地系统地叙述他对黑格尔辩证法主要特征的认识,大概只有三处,即(1)《论一元论历史观的发展》第四章;(2)《唯物主义史论丛》第三篇开头部分;(3)《从唯心主义到唯物主义》第一、二节。其中以第(1)处叙述最全面。在所有这些地方,普列汉诺夫都是首先讲发展通过矛盾、通过对立面互相转化而实现,然后才说明飞跃之不可避免。这一点在《唯物主义史论丛》中表现得最为明显。他写道:"因此,(1)一切有限物是要扬弃自身的,是要过渡到它的反面的。这个过渡的过程,是靠每一个现象特有的本性而完成的。每一个现象都包含着将要产生它的反面的力量。(2)一个一定的内容的渐进的量的变化,最后要突然激起质的变化。这个突变的环节,就是飞跃的环节,渐进性中断的环节。……这些便是辩证法世界观的特点"①。既然如此,怎么能断言普列汉诺夫把质量互变规律提到了首位,当作"实质"呢? 说他更重视对立面的变化,更重视矛盾及其被克服,不是较为切合实际么?

第二,尽管普列汉诺夫一再强调马克思和黑格尔辩证法的极端重要性,认为必须用"足够的时间来系统地研究黑格尔哲学……理解它的真正的、也就是辩证的性质"②,但是他的主要注意力,与其说是放在辩证法原理本身的研究上,不如说是放在辩证法主要规律的具体运用上。这既是他的缺点,也是他的优点。从纯原理的角度看,正如前面所说的,普列汉诺夫较多地讨论了质量互变规律,③然而从具体运用的角度看,他关于对立面互相转化规律④的论述却充分、详细、丰富、具体得

---

① 《普列汉诺夫哲学著作选集》,第 2 卷,第 142—143 页。
② 同上书,第 4 卷,第 552 页。
③ 而且这些讨论也只限于翻来覆去地重述黑格尔的几个基本思想。
④ 凯德洛夫说,对立面互相转化的规律,"现在,在列宁之后,我们称这个规律为对立面的统一和斗争的规律"(《论恩格斯的〈自然辩证法〉》,三联书店 1980 年版,第 59 页)。

无法比拟。他运用质量互变规律时主要是集中于考察进化与革命、改良与革命相互关系的问题。他运用矛盾规律所考察的问题就多得不可胜数。"矛盾是决定历史或逻辑发展进程的力量；各种社会因素的斗争是社会进步的源泉。"①在历史领域，普列汉诺夫写了一系列关于"作为历史发展最重要动力的阶级斗争"的专著。在思维领域，包括《论一元论历史观之发展》、《唯物主义史论丛》、《俄国社会思想史》等名著在内的许多著作都是从头到尾贯彻着"矛盾推动着前进"这一原则的。在这些著作中，他用对立统一的观点或详或略地作过考察的成对的辩证范畴就有：自由和必然、必然和偶然、内容和形式、原因和结果、本质和现象、现实性和可能性、个别（或特殊）和一般，等等，其中自然包括质和量这对范畴本身。如果加上唯物论、认识论等等，特别是历史观中成对的范畴，那数量就更多了。光是关于自由和必然的对立统一关系的论述，其数量就超过关于质和量的相互关系的论述。面对着这么庞杂的论矛盾的著作，怎么能说普列汉诺夫曾把质量互变规律提到辩证法的"首位"，归结为它的"实质"呢？实在难以想象。② 可以毫不夸大地说，矛盾问题或对立面互相转化问题，是普列汉诺夫全部哲学著作的核心。正是在这个问题上，他的哲学著作为列宁的下述思想作了必要的准备："统一物之分为两个部分以及对它的矛盾着的部分的认识……是辩证法的实质"和"核心"。如果说在辩证法基础方面列宁继承于普列汉诺夫的是一些概括性高、完整性大的思想，那么在辩证法核心问题上普列汉诺夫的哲学著作则从正面（同时也从反面）给列宁的

---

① 《普列汉诺夫遗著》，俄文版第 1 卷，第 126 页。转引自罗森塔尔主编：《马克思主义辩证法史》，第 459 页。
② 更奇怪的是福米娜居然断言："普列汉诺夫却把这个规律（即对立物统一和斗争的规律——引者）归结为个别的情况和现象"（《俄国哲学史论文集》，三联书店 1957 年版，第 842 页）。

创造性发展提供了背景鲜明、广阔深厚的基础。

这种说法是否会同列宁在辩证法核心问题上对普列汉诺夫的著名批评发生矛盾呢？一点不矛盾。因为列宁讲的是他自己的辩证法思想不同于普列汉诺夫的地方，而这里考虑的则是两人的共同性，是列宁继承于普列汉诺夫的地方。因异而忘同，跟在一致面前看不见差别一样，都是片面的、不正确的观点。

（三）

约夫楚克写道：普列汉诺夫"坚持和普及了辩证法的规律和范畴，例如形式和内容、自由和必然、偶然性和必然性等等，并且在许多场合（特别是针对社会生活史、思想史）把它们加以具体化了，并且谈到范畴的辩证统一，等等。"①这是正确的。不仅如此，在用唯物主义观点改造黑格尔的辩证法方面，在把辩证法思想同本国优秀哲学传统相结合，用后者来丰富前者方面，普列汉诺夫也表现出自己是列宁哲学的先辈。② 和1956年以前比较，二十世纪六七十年代苏联哲学界在评价普列汉诺夫对辩证法原理的贡献上的主要进步，就在于肯定普列汉诺夫"并不局限于普及马克思主义辩证法的原理，而是力图发挥辩证法学说的某些方面"③。但是在哪些方面普列汉诺夫提出了自己的新见解呢？除了上面讲过的以外，我们还想就若干辩证法范畴作些补充说明。

首先，普列汉诺夫指出，车尔尼雪夫斯基在以下一段关于内容和形式的对立统一关系的论述中表明了"辩证法的基本的主要的特点"：

---

① 敦尼克、约夫楚克等主编：《哲学史》，第4卷，第191页。
② 前面关于具体真理的论述，就是这种结合的突出例子。下面我们将要谈到的内容和形式的辩证关系也是如此。
③ 罗森塔尔主编：《马克思主义辩证法史》，第443—444页。

"形式的永恒更替,由于一定意图的加强,由于一定内容的更高发展而为同一内容或意图所产生的形式的永恒否弃……谁懂得这个伟大的、永恒的、普遍的规律,谁学会运用它于任何现象,他该会何等安闲地召来使得其他人心烦意乱的种种机会啊!"①

普列汉诺夫怎样理解这一伟大规律呢?他是怎样将内容和形式相互作用的辩证法运用于社会历史的呢?还是让他自己来解释吧:"一定的社会需要产生一定的共同生活形式,这是社会后来的前进运动所必需的。但是,由于这些共同生活形式而成为可能的后来的前进运动,产生了新的社会需要,它们乃是从前的需要所创造的旧的共同生活形式所不能适应的。这样就发生了矛盾,它在后来的社会运动的影响下越来越增长,到最后使得某个时候为社会的迫切需要所创造的旧的共同生活形式失去任何有益于公众的内容。那时候,它们在或长或短的时间的斗争之后被废除,并为新的所代替。……内容就是要求满足的社会需要;形式就是社会制度。"或者换个说法,"社会的人在生产上对于自然界所起的作用以及在这一作用过程中所发生的生产力的增长,这是内容;社会经济结构,它的财产关系,这是形式"。"内容产生形式,从而确保自己向前发展。但是向前发展使得它的形式不能令人满意;矛盾发生了;矛盾引起了斗争;斗争引起了旧形式的消灭并以新形式来代替它,新形式又确保内容之向前发展,这一发展又使得新形式令人不满,如此类推,一直到发展停止的时候。""形式与内容之间的矛盾一旦发生,它就不会'缓和',而会增长,由于内容的不停的增长,把旧形式适应新需要而改变自己的那种能力远远抛在后面。这样,或迟或早就会有这样一个瞬间来到,那时旧形式的废除和新形式的代替就成为必然的。这就是马克思的社会发展理论的意义……马克思的辩证法

---

① 《普列汉诺夫哲学著作选集》,第1卷,第640页。译文有改动。

在应用于社会问题上的革命意义。""这一由一定的内容所产生的形式,由于同一内容之进一步增长而被抛弃的这一伟大规律,事实上是一普遍的规律,因为不论是社会生活的以及有机体生命的发展都服从于它。"例如某些昆虫的"幼虫化为蛹时,为一种特别的外皮所包,保护着蛹免于外界对它的不利影响。当在蛹的机体中所进行的一系列变化完结时,这一保护的外皮就变成多余的;它妨碍着有机体的机能进一步活动,与之发生矛盾,因此在矛盾达到适当强度时就破裂。所以,这里发生的是革命的爆发,渐进性的中断。自然界一般地说是大革命家,是不大关心'矛盾的缓和'的。"由此可见,"这一伟大、普遍和永恒的规律同时也是一个'矛盾的公式'"①。对于这一大段明晰而且出色的论述,需要补充指出的是:(1)普列汉诺夫在这里清楚地说明了对立面斗争和统一的规律、质量互变规律,同内容和形式范畴的相互关系的统一性;(2)列宁关于辩证法十六要素中的第十五项说:"内容和形式以及形式和内容的斗争。抛弃形式、改造内容。"列宁的这个思想不能不说是对普列汉诺夫上述思想的直接继承。

其次,谈谈偶然性和必然性问题。普列汉诺夫在自己的哲学著作中,主要结合对个人在历史上的作用的分析着重批判了必然性和偶然性相互关系上的形而上学观点,阐明了恩格斯关于偶然性是必然性的表现形式和补充的原理。对于这些论述我们不想作详细的介绍。这里我们要讨论的是他提出的两个值得引起重视的新思想。

一个思想是"偶然性只能在两个或几个必然过程的交叉点上发生"。据他说,这个观点出自黑格尔。② 黑格尔曾经写过一句话:"在一

---

① 《普列汉诺夫哲学著作选集》,第 2 卷,第 613—615 页。
② 同上书,第 4 卷,第 492、559 页。悉尼·胡克写道:"正如库尔诺(Cournot)老早指点出来的:这乃是两个系列或甚至多于两个系列的事件错综变化的交叉点,而这些事件则又各自决定于本身的原因。"(《历史中的英雄》,载《资产阶级哲学资料选辑》,第 14 辑,上海人民出版社 1964 年版,第 65 页)

切有限者中都有偶然者的因素。"这句话出自何处,普列汉诺夫没有注明,五卷本《普列汉诺夫哲学著作选集》的编辑者也没有查到。普列汉诺夫本人对这个思想是这样解释的:"我们在科学中所考察的只是'有限者';因此可以说科学所研究的一切过程都包含有偶然性的因素。这是否会使对于各种现象的科学认识成为不可能呢?绝对不会。偶然性是一种相对的东西。它只会在各个必然过程的交叉点上出现。欧洲人在美洲出现,对于墨西哥和秘鲁土人说来是种偶然的现象,因为这种现象并不是从这几个美洲国家的社会发展过程中发生的。但西欧人在中世纪末期倾心于航海事业却不是偶然现象;欧洲人的力量很快就打破了土人的反抗,也不是偶然现象。同样,欧洲人征服墨西哥和秘鲁而引起的后果,也不是偶然的;这种后果归根结底是由两种势力的合成力所决定:一方面是各被征服国家的经济状况;另一方面便是各征服国家的经济状况。而这两种势力及其合成力,是完全可以作为严格科学研究的对象的。……可见偶然性丝毫没有妨碍对于各个现象的科学研究。"①不仅如此,"为了理解某种偶然性,应当善于找出至少是两个必然过程的令人满意的说明。"②

恩格斯的上述原理③要求从大量偶然现象的"外壳"下去找出隐藏着的必然性。而必然性是事物或现象间更加深刻得多的因果关系。但这并没有囊括全部科学研究任务。科学也需要说明特定的、个别的偶然现象。④ 偶然和必然是相对的东西。一种现象从甲系统来看是偶然的,从乙系统或乙丙等非甲系统来看则可能是必然的。甲系统有自己

---

① 《普列汉诺夫哲学著作选集》,第 2 卷,第 361 页。
② 同上书,第 4 卷,第 492 页。
③ 这个原理也是唯物地改造黑格尔同一思想的结果。
④ 参见 H. B. 皮利彭柯:《黑格尔哲学中的必然性和偶然性范畴》,载〔苏联〕《哲学科学》1974 年第 5 期。

的必然过程。甲系统的研究者当然应当以研究这种必然过程为主,但是他同样不能忽视对这一过程有较大影响的某些偶然现象的研究。为了对这些现象有比较深刻、比较令人满意的认识,从非甲系统的观点把它们当作必然过程的产物或表现进行研究是必不可少的,也是完全合理的。由此可见,普列汉诺夫关于偶然性出现在各个必然过程的交叉点上的思想不仅不是"机械论",而且是对恩格斯上述原理的补充。

另一个思想是个别的偶然因素不能改变事物变化的必然趋势,只能影响这种趋势的局部外貌,它本身在事物系统中的性质以及在事物变化过程中的地位和作用,都是由这种必然趋势所决定的。普列汉诺夫在研究个人在历史上的作用问题时,结合个别、特殊和一般的辩证关系,对这个问题进行了详细的分析,他得出的结论是:"杰出人物……只能改变当时事变的个别外貌,却不能改变当时事变的一般趋势;他们自己只是由于这种趋势才出现的;没有这种趋势,他们永远也跨不过可能进到现实的门槛"。"个人因其性格的某种特点而能影响到社会的命运。这种影响有时甚至是很大的,但这种影响发生的可能及其范围,却要依当时的社会组织以及当时的社会力量对比关系来决定。个人的性格只有在社会关系所容许的那个地方、时候和程度内,才能成为社会发展的'因素'。"[1]

普列汉诺夫在分析偶然因素在事变过程中的作用时还提出了偶然性分类的思想。一种偶然性同必然过程关系比较密切,是必然过程的一种表现或环节。另一种则相反,它同必然过程毫不相干,一般说来对这一过程是不具影响的,是可有可无的。然而在特定的情况下,这种"次等偶然现象"也可能对事变起重大作用。1756—1763 年普鲁士、英、法、奥、俄等国七年战争时期,"布图林被任为俄军总司令一事,甚

---

[1] 《普列汉诺夫哲学著作选集》,第 2 卷,第 359—360、368 页。

至对于俄国的一般发展进程也可说是我们所认定的那种偶然性的现象,而对于普鲁士的一般发展进程说来,当然更是毫不相干的。但实际上我们却很可断言,只是由于布图林优柔寡断,才使腓特烈逃出了绝望的境地。如果当时被任为俄军总司令的不是布图林而是苏沃洛夫,那么普鲁士的历史进程也许会成为另外一种样子。可见,国家的命运有时候还会由一些可说是次等偶然现象的偶然现象来决定哩。"[1]

普列汉诺夫还考察了自由和必然、原因和结果、本质和现象、现实性和可能性、目的和手段等成对范畴之间的辩证关系。关于自由和必然、原因和结果这两对范畴,我们将在第四、六两章中讨论,其他的就从略了。

(四)

如果说普及、捍卫和在某些方面发展马克思主义的辩证法思想是普列汉诺夫在辩证法问题上的第一项主要历史功绩,那么,他的另一项功绩就是论证了马克思辩证法同黑格尔辩证法之间的相互关系,驳斥了把两者混为一谈的错误。他指出,辩证法虽然早在古代希腊天才的赫拉克利特那里就有光辉的萌芽,但它只是到了黑格尔哲学那里才取得最高的成就。正如马克思所说,"辩证法在黑格尔手中神秘化了,但这决不妨碍他第一个全面地有意识地叙述了辩证法的一般运动形式。在他那里,辩证法是倒立着的。必须把它倒过来,以便发现神秘外壳中的合理内核。"[2]黑格尔发现了辩证法的基本规律,在辩证法历史上第一次建立了完整的矛盾发展理论。他的辩证学说具有极其广泛而深刻

---

[1] 《普列汉诺夫哲学著作选集》,第 2 卷,第 360—361 页。
[2] 《马克思恩格斯全集》,第 23 卷,第 24 页。

的内容,好像是"集中以往哲学思想工作一切成果的焦点,并且从它那里发出了照耀着文明世界的智力和道德发展道路的光线。"①十九世纪欧洲许多卓越的思想家(其中有些甚至是天才的人物),如施特劳斯、布鲁诺、鲍威尔、费尔巴哈、恩格斯和马克思等等,都是从黑格尔学派中产生的,"他们给宗教、美学、法权、政治经济学、历史、哲学等等的研究以完全新的面貌。在一切这些'科目'中在某些——最活跃的——时期中,没有一个杰出的工作者,在自己的发展上及对自己科学的新观点上不是获益于黑格尔的。"②马克思和恩格斯正是由于从黑格尔哲学中继承了最重要的思想遗产——辩证法,才使得他们的唯物主义世界观根本不同于十八世纪唯物主义哲学。

不过,为了揭露民粹派分子、新康德主义者、马赫主义者和当时资产阶级哲学家把马克思主义辩证法等同于黑格尔唯心主义辩证法的错误,普列汉诺夫不得不把注意力集中于阐明两者的区别。这些区别概括起来有以下五点。

第一,马克思的辩证法是唯物主义的,而黑格尔的辩证法是唯心主义的。马克思说过,"我的辩证方法,从根本上来说,不仅和黑格尔的辩证方法不同,而且和它截然相反。在黑格尔看来,思维过程,即他称为观念甚至把它变成独立主体的思维过程,是现实事物的创造主,而现实事物只是思维过程的外部表现。我的看法则相反,观念的东西不外是移入人的头脑并在人的头脑中改造过的物质的东西而已。"③普列汉诺夫认为这是最根本的区别。他在引证了马克思恩格斯在《神圣家族》中解释"思辨结构的秘密"时所作的一大段"既尖锐又公平"的分析

---

① 《普列汉诺夫哲学著作选集》,第 4 卷,第 523 页。
② 同上书,第 1 卷,第 643 页。
③ 《马克思恩格斯全集》,第 23 卷,第 24 页。

以后指出:被黑格尔当作世界发展过程的最后动力的所谓"绝对观念",这个在运动中如此不可抗拒,如此生气勃勃,具有孳生一切的力量,成为一切过去、现在、未来存在者之母的所谓"宇宙精神",无非是一个纯粹的抽象,无非是我们思维过程的人格化。他打了一个生动的比喻:"有一个人以很可佩的聪明给我们说明动物各种运动的机械结构。然后他又以同样可佩的严肃态度补充说,这一切运动最重要的秘密,是存在于运动着的物体所投下的影子里。这个人就是一个'绝对'唯心主义者。"①1905年12月,普列汉诺夫在致柳·依·阿克雪里罗得的信中提醒她不要夸大黑格尔的作用时写道:"对于黑格尔来说,科学是神正论——这是容易理解的。科学归根到底研究了绝对精神,而绝对精神就是上帝。然而正因为如此,费尔巴哈向黑格尔提出了,而且是完全有根据地提出了责备,说在他那里哲学变成了思辨的神学。我们唯物主义者应当……避免任何(哪怕是纯粹口头上的)把自然界和上帝等同起来的做法。"②

第二,黑格尔的辩证学说陷入了一种不可克服的、同他的唯心主义体系的内在矛盾。黑格尔哲学不仅是辩证的体系,而且是利用辩证法建立起来的绝对真理体系。按照黑格尔的观点,在他以前,哲学思想是不断前进的,世界精神处于不断的自我认识过程中,随着他的体系的出现,世界精神达到了自我认识的目的,这种思想的任何前进运动都失去了意义。于是,要掌握绝对真理的野心使得黑格尔同他自己的认为"一切有限物都要扬弃自身"的普遍辩证法规律发生了不可调和的矛盾,并且使他的理论处于同自然科学和哲学中不断出现的新成果相敌对的地位。同时,如果任何哲学都是特定时期社会存在的精神表现,那

---

① 《普列汉诺夫哲学著作选集》,第2卷,第151—152页。
② 《普列汉诺夫遗著》,俄文版第5卷,第305页。

么,作为绝对真理体系的哲学,就是同绝对的社会制度即同作为绝对真理的客观体现的制度相适应的那个历史时期的精神表现。既然绝对真理是永恒真理,所以,客观地体现绝对真理的社会制度便是有永存不移的意义。其中可能有某些局部的改变,但不会发生本质的变化。这样,在社会关系方面,过去是有运动的,现在运动也应该停止。可见,在社会关系的学说中,黑格尔的绝对唯心主义体系同样与他的辩证法发生了矛盾。① 此外,黑格尔的体系同他的辩证法之间的矛盾还表现在经常歪曲历史事实上。辩证法要求人们"坚守历史主义的、经验的基地","按照历史的真相去对待历史"。然而黑格尔体系中的"普遍精神"并不是从研究全世界历史中得出来的,而是被当作一个现成的、各方面都完善的概念用于历史研究。结果就出现这样的情况:"当历史同普遍精神的概念不相矛盾并且同普遍精神的发展'规律'不相矛盾时,就'按照历史的真相'去对待历史",否则历史就是黑格尔的逻辑所不考察的一种东西。黑格尔为了要顾全他那种完全任意建造的逻辑体系,便不得不到处歪曲事实,在《历史哲学》中如此,在《哲学史》、《自然哲学》、《逻辑学》等等中也是这样。② 与此相反,马克思通过对黑格尔学说的唯物主义改造,摈弃了他的唯心主义呓语和虚构,彻底解决了这些矛盾。

第三,黑格尔的辩证法只是面向过去;而马克思主义辩证法则同时面向现在和未来,它认为哲学的任务不仅要解释世界,而且要改变世界。黑格尔在《法哲学原理》序言中写道:"哲学作为有关世界的思想,要直到现实结束其形成过程并完成其自身之后,才会出现。……当哲学把现实的灰色绘成灰色的时候,这一生活形态就变老了。把灰色绘

---

① 《普列汉诺夫哲学著作选集》,第 3 卷,第 746—747 页;第 4 卷,第 455—456 页。
② 同上书,第 1 卷,第 478—480 页。

成灰色,不能使生活形态变得年轻,而只能作为认识的对象。密涅瓦的猫头鹰要等黄昏到来,才会起飞。"①普列汉诺夫认为,黑格尔关于哲学总是事后才出现的这个观点是错误的。因为"'哲学'是在现象的生成过程中考察现象的。而生成过程有两个方面:产生和消灭。这两方面可以作为时间上互相分开的两方面去考察。可是不论在自然界或者特别是在历史中,在每一个一定的时间里,生成的过程都是一个双重的过程:旧的东西消灭着,同时新东西从旧的废墟上产生出来。难道这种新东西产生的过程对'哲学'永远是不可知的吗?'哲学'要认识存在的东西,而不是要认识按某人的意见应该存在的东西。不过,在任何一定的时间里,存在着什么呢?存在的正是旧东西的消灭和新东西的产生。如果哲学只能认识旧东西的消灭,这种认识就是片面的,哲学就不能实现自己认识实际的任务。但是这是同黑格尔认为认识能力(理智)是无限的这种信念相矛盾的。最新的唯物主义没有这种局限性。最新的唯物主义根据什么东西现在存在着以及什么东西已经过时,就能够判定什么东西将要产生。可是不应该忘记,我们所谓什么东西将要产生这个概念,是同将来应该发生这个概念本质上有所不同的。前面所引黑格尔所说的密涅瓦的猫头鹰这话就是反对后面这个概念的。在我们看来,将要产生的东西乃是那已经过时的东西的必然产物。"②

第四,"黑格尔有他自己的形而上学。……他的形而上学是和辩证法溶合在一起的"。前面说过,黑格尔哲学否认发展是无限的,否认矛盾是普遍的。"绝对观念"发展到他的哲学体系所体现的"绝对精神"就止步了;社会历史发展到绝对真理得以体现的那个社会制度也

---

① 黑格尔:《法哲学原理》,张企泰等译,商务印书馆1979年版,第13—14页。
② 《普列汉诺夫哲学著作选集》,第1卷,第491—492页。

再没有本质变化了。而没有发展，也就没有矛盾。这些都是黑格尔的形而上学。其次，认为哲学只能认识消逝着的东西，不能认识产生着的东西，这也是形而上学。黑格尔的形而上学还表现在他关于超个人意识的教条主义学说中。① 马克思、恩格斯在《神圣家族》中指出，黑格尔哲学中有三个因素，即斯宾诺莎的实体、费希特的自我意识和黑格尔本人所具有的、以这两个因素的矛盾为基础的、绝对精神的统一。第一个因素是形而上学地改了装的脱离人的自然。第二个因素是形而上学地改了装的、脱离自然的精神。第三个因素是形而上学地改了装的、以上两个因素的统一，即现实的人和现实的人类。② 普列汉诺夫同意马克思的这一批评。③ 他解释说，"使得马克思把德国唯心主义当作形而上学加以鄙视的理由是这样一种情况：这样中肯地揭发旧形而上学性质的黑格尔本人，感觉到没有形而上学还是不行的，于是就力求创立一种新的形而上学。据他的意见，这种形而上学能摆脱旧形而上学的缺点。他直接地说，哲学的辩证因素必须用形而上学因素来补充。黑格尔的唯心主义是由这两个因素组成的。当马克思把它叫作形而上学时，他所指的不是它的辩证因素，而是它的形而上学因素。"④

第五，与马克思的"合理形态上"的革命辩证法相反，黑格尔的辩证法是同普鲁士的保守主义精神调和的，黑格尔没有也不可能运用辩证法这个"革命的代数学"来解决社会生活的迫切问题。马克思写道："辩证法，在其神秘形式上，成了德国的时髦东西，因为它似乎使现存事物显得光彩。辩证法，在其合理形态上，引起资产阶级及其夸夸其谈的代言人的恼怒和恐惧，因为辩证法在对现存事物的肯定的理解中同

---

① 《普列汉诺夫哲学著作选集》，第 3 卷，第 717 页。
② 《马克思恩格斯全集》，第 2 卷，第 177 页。
③ 参见《普列汉诺夫全集》，俄文版第 18 卷，第 330 页。
④ 《普列汉诺夫哲学著作选集》，第 2 卷，第 796 页。

时包含对现存事物的否定的理解,即对现存事物的必然灭亡的理解;辩证法对每一种既成的形式都是从不断的运动中,因而也是从它的暂时性方面去理解;辩证法不崇拜任何东西,按其本质来说,它是批判的和革命的。"①普列汉诺夫多次引证了这段话,并且解释说,尽管黑格尔的辩证法,从本质上说是一切解放斗争的理论根据,是"真正的革命代数学",但它也有其保守的一面,这"在他的《法哲学》中表现得最尖锐。凡是细心阅读这一著作的人将为其中许多思想的天才深度而惊异。同时,人人都能看出,黑格尔在这里比在任何其他地方都在努力使自己的哲学和普鲁士的保守主义调和起来。"②

举两个例子。一个是关于"一切现实的都是合理的"那个著名论断。在《逻辑学》中"现实性是作为必然性而展开的"。所谓"一切现实的都是合理的",意思是说:凡是在现象发展过程中从自身中创造出否定或消灭它的那种力量,都是现实的:"如果我对某一社会制度抱否定的态度,那么,我的这种否定只有当它符合于这种制度内部所产生的那种客观的否定过程的时候,也就是说,当这种制度失去其历史意义而和产生它的那些社会需要发生矛盾的时候,才是'合理的'。"③但是,在《法哲学》序言中,这一论断的意思就完全不同了。这里强调的是"与现实调和"。"谁了解了现实性,谁发现了隐藏在它里面的理性,他就不会反对它,而是同它调和起来,并为它高兴。他不放弃自己的主观自由;但是,自由并不表现在同现存事物的争执中,而表现在同它的协调中。一般说来,同现存事物的争执,在认识的理性和体现为现实的理性之间的分歧,只是由于对这一现实不完全理解,由于抽象思想的失算引起的。"④另一个例子是黑格尔对待不体现新的世界历史的原则的民族

---

① 《马克思恩格斯全集》,第23卷,第24页。
② 《普列汉诺夫哲学著作选集》,第4卷,第457页。
③ 同上书,第1卷,第507页。
④ 同上书,第4卷,第457—458页。

的态度。在黑格尔看来,"代表宇宙精神的最高发展阶段的民族,有权把其他民族看成是达到其历史目的的简单工具。"①"它具有绝对权利成为世界历史目前发展阶段的担当者,对它的这种权利来说,其他各民族的精神都是无权的,这些民族连同过去它们的时代的那些民族,在世界历史中都已不再算数了。"②普列汉诺夫认为,第一次世界大战时期德国帝国主义者对待战败者的残暴行为中"就包含着黑格尔思想的一些精髓"③。

由此可见,普列汉诺夫还是相当充分地说明了马克思辩证法和黑格尔辩证法的主要区别。所以,福米娜关于普列汉诺夫对黑格尔辩证法的评价中"有客观主义因素"以及"对黑格尔哲学的批判很不够"④的批评显然是不公允的。

(五)

普列汉诺夫对马克思主义的辩证法思想还有两个重要的贡献。一个是以辩证法为武器卓有成效地批评了各种形而上学观点,正确地解决了十九世纪末俄国社会政治经济问题。另一个是辩证地研究了若干领域的思想史。由于作者给本书提出的任务限制在正面评介普列汉诺夫自己的哲学思想本身,而不打算分析他是如何驳斥各种反动的和错误的哲学思潮对马克思主义的攻击的,也不准备讨论政治和经济等非哲学问题,除非这些问题的解决在评价普列汉诺夫哲学思想上成了争议的对象,所以对于前一个贡献,这里就从略了,今后也

---

① 《普列汉诺夫哲学著作选集》,第3卷,第735页。
② 黑格尔:《法哲学原理》,第354页。
③ 《普列汉诺夫哲学著作选集》,第3卷,第735页。
④ 《哲学译丛》1957年第6期,第84页。

许在别的地方再作论述。至于对思想史的辩证研究,本书以下各章将要分别进行考察。

但是有一个问题应该在这里作些说明:普列汉诺夫对辩证法和形而上学的关系的看法。

普列汉诺夫在驳斥民粹主义、伯恩施坦主义、"合法马克思主义"、马赫主义、无政府主义等等时,反复地详细批判了他们的形而上学思想,论述了马克思主义辩证法同形而上学的对立性。但是他从来不认为这种对立具有绝对的意义,而是继承黑格尔和恩格斯的传统,一再强调形而上学思维(更确切些说是悟性思维或知性思维)的相对合理性。悟性思维不仅在特定历史阶段上有其合理的一面,就是在现在的人类认识中也具有一定的不可忽视的地位。① 什么是形而上学呢? 普列汉诺夫指出:马克思和恩格斯是在黑格尔所指的意义上使用"形而上学"一词的。"黑格尔把按照他的术语来说由悟性所创立的那一切科学,即不变的、彼此由鸿沟隔离着的科学,叫作形而上学的。"②那么什么是悟性呢?"据黑格尔的意见,认识是从现存事物被单独地和有区别地来加以考察开始的。例如,在研究自然界时,个别的实物、力、种以及其他'固定'在自己的孤立性中的东西就被区分开来。当事情是以这样方式进行的时候,在科学思维中占优势的就是悟性及其形而上学的方法。"③恩格斯也正是这样说明形而上学者的世界观的,他写道:"在形而上学者看来,事物及其在思想上的反映,即概念,是孤立的、应当逐个地和分别地加以考察的、固定的、僵硬的、一成不变的研究对象。"④

---

① М. Б. 泽依纳洛夫写道:"普列汉诺夫完全正确地指出,马克思和恩格斯把辩证思维放在形而上学思维之上,而且他们不否定后者的相对合理性。……马克思和恩格斯不仅不否定形而上学思维在历史上的意义,而且不否定它在逻辑上的意义。"(苏共中央附属社会科学院哲学史教研室主编:《哲学史论文集》,1958 年莫斯科俄文版,第 62、63 页)
② 《普列汉诺夫哲学著作选集》,第 2 卷,第 795 页。
③ 同上书,第 2 卷,第 794 页。
④ 同上书,第 2 卷,第 792 页。

和辩证思维比较起来,形而上学思维显然是片面的、狭隘的,因而也是错误的观点。但是这种思维方式在人类理论思维的历史上是有其必然性和不可磨灭的贡献的。正如恩格斯所说的,把自然界分解为各个部分,把自然界的各种过程和事物分成一定的门类,对有机体的内部按其多种多样的解剖形态进行研究,这是十五世纪下半叶以后四百年来人类在认识自然界方面获得巨大进展的基本条件。而形而上学思维方式就是这种研究习惯的理论概括。"思想史指明:在长时期中,形而上学较之原始的朴素的辩证法日益加强,而且必然地应该要加强。"①普列汉诺夫在批评哈·约·日特洛夫斯基关于形而上学思维和辩证思维这样两种类型的思维是"认识论上的二元论"的观点时写道:"这里不是二元论,而是认识世界的两个阶段"②。

知性观点不仅在人类理论思维史上是一个必经的阶段,在这个阶段上它是最进步的思想方式,就是现在和将来,无论对于个别的正在成长中的知识部门,或者对于个人的认识发展,知性观点同样是不可避免的、有一定积极意义的思维方式。恩格斯说:"形而上学的思维方式……在相当广泛的、各依对象的性质而大小不同的领域中是正当的,甚至是必要的,可是它每一次都迟早要达到一个界限,一超过这个界限,它就变成片面的、狭隘的、抽象的……"③黑格尔也说:"必须首先承认理智思维的权利和优点……无论在理论的或实践的范围内,没有理智,便不会有坚定性和规定性","思维无疑地首先是知性的思维。但思想并不仅是老停滞在知性的阶段。"④普列汉诺夫用完全赞同的态度引证了黑格尔和恩格斯的这些论断,并且多次谈到"辩证思维对形

---

① 《普列汉诺夫哲学著作选集》,第 1 卷,第 652 页。
② 参见《普列汉诺夫哲学遗著》,俄文版第 3 卷,第 95 页。
③ 《马克思恩格斯全集》,第 20 卷,第 24 页。
④ 黑格尔:《小逻辑》,第 172、173 页。

而上学思维的关系",他写道:"恩格斯把辩证的思维放在形而上学的思维上面,但是他也并没有想到要否定后者的相对合理性。在一定限度内,形而上学(或者:悟性的)思维是完全必要的。但是形而上学的思维对于正确理解自然界和社会生活的过程来说是远远不够的。它必须由辩证的思维加以补充。"①他在《对我们的批判者的批判》中既批判了伯恩施坦,也批判了司徒卢威,因为前者硬说辩证法不重视"悟性的权利",而后者则以为重视"悟性的权利"就是不忠于辩证法。他指出:"谁要是忘记'理性'的权利,他就成了一个形而上学者;谁要是忽视了'悟性'的权利,他就陷入了怀疑论。"②

在《唯物主义史论丛》中普列汉诺夫曾把形而上学方法和辩证方法之间的关系比作低等数学和高等数学之间的关系。③ 这个比拟显然是来自恩格斯。恩格斯在《反杜林论》中就把辩证逻辑和形式逻辑的关系比作低等数学和高等数学的关系。④ 当然,形式逻辑和形而上学方法不是一回事,辩证方法也不能等同于辩证逻辑。⑤ 但是这两种比拟却无疑是完全正确的。不仅如此,普列汉诺夫论证这个比拟的正确

---

① 《普列汉诺夫哲学著作选集》,第 2 卷,第 761 页。
② 同上书,第 2 卷,第 696 页。
③ 同上书,第 2 卷,第 140 页。
④ 《马克思恩格斯全集》,第 20 卷,第 147 页。
⑤ 关于辩证逻辑和形式逻辑的关系,普列汉诺夫曾经提出这样的论断:"像静止是运动的个别情况一样,以形式逻辑的规则(思维的'基本规律')为依据的思维也是辩证思维的个别情况。"(《普列汉诺夫哲学著作选集》,第 3 卷,第 84 页)这句话在历史上引起了一些混乱。(参见《马克思主义辩证法史·列宁阶段》,1973 年俄文版,第 414—415 页)1963 年,恰金批评说,普列汉诺夫这个说法"不确切",因为它可能使人误解"形式逻辑是辩证逻辑的组成部分"。(恰金:《普列汉诺夫及其在发展马克思主义哲学中的作用》,1963 年俄文版,第 162 页)约夫楚克则断然宣称:这是一个错误。(敦尼克、约夫楚克等主编:《哲学史》,第 5 卷,第 327 页)不过,恰金在 1971 年改变了态度,他不再直接批评它了,而称它是"引起哲学家不少争论的著名论断"。(罗森塔尔主编:《马克思主义辩证法史》,第 451—452 页)实际上,从这句话的上下文意思来看,把它理解为"形式逻辑是辩证逻辑的组成部分"是没有充分根据的。

性时所采取的方式以及所提出的论据,也是仿效恩格斯的。在他看来,形而上学方法是以固定的范畴为基础的,而辩证法则建立在变动的范畴的基础上。换言之,形而上学是静止的逻辑,辩证法是运动的逻辑,或如他所喜欢说的那样,是"矛盾逻辑"。

我们之所以要在这里用较多的篇幅介绍普列汉诺夫关于辩证法和形而上学方法相互关系的见解,因为今天仍然有不少人不承认或者不重视形而上学的相对合理性,更多的人则不承认悟性(或知性)是人类认识发展的一个应该同感性和理性并列的必不可少的阶段。

(六)

上面我们或详或略地说明了普列汉诺夫对马克思主义辩证法的发展做出的主要贡献。这样做的目的,除了正面叙述我们的观点以外,还在于批驳苏联某些学者若干年来一直采取的贬抑这些贡献的态度。例如,A. X. 卡瑟姆让诺夫和 B. A. 列克托尔斯基写道:"对马克思主义哲学一系列问题的发展做出了不小贡献的普列汉诺夫,在宣传、论证和叙述马克思主义理论的一切方面(包括它的哲学)中起了巨大的作用。但是在辩证法的理论上,他做的工作是极少的。"[①]这句话的意思如果是说,同黑格尔和马克思的辩证法相比,普列汉诺夫没有提出什么新的根本原理,那是正确的。如果这是说,同普列汉诺夫本人在唯物史观、哲学史和美学领域中出色的理论成就比较起来,他在辩证法理论方面的贡献相对而言是极少的,那也不错误。然而,我们不能继续认为,在宣传、论证和叙述马克思辩证法理论上普列汉诺夫没有卓越的贡献,不曾提出不少新的创造性的论据和独到的见解,不能继续认为他在用唯

[①] 《马克思主义辩证法史·列宁阶段》,1973 年俄文版,第 68 页。

物主义观点改造黑格尔辩证法的事业中没有做过多少工作,虽然这些工作远远不能同列宁相提并论,也不能继续认为列宁对马克思主义辩证法的发展同普列汉诺夫的这些理论成果没有直接的深刻的联系。产生这种过低评价的原因是多方面的,其中一个重要原因是没有正确的全面理解列宁对普列汉诺夫在辩证法理论方面的缺点和错误的批评。

首先让我们看一看列宁在什么情况下对普列汉诺夫的辩证法观提出了哪些主要的批评意见。

和许多问题一样,列宁对普列汉诺夫关于辩证法的思想也有一个认识过程。简要的说,过程是这样的:1904年列宁发现普列汉诺夫在组织问题上不善于运用辩证法,1905—1907年列宁发现普列汉诺夫在策略问题上不善于运用辩证法。1908年列宁又发现他在哲学问题上,或者确切些说在认识论问题上不善于运用辩证法。尽管如此,到1914年夏天为止,列宁仍然没有认为普列汉诺夫对辩证法及其规律本身的了解有什么问题。1914—1916年列宁继续研究哲学,写出了关于黑格尔《大逻辑》和《哲学史》的读书笔记。这时他才发现普列汉诺夫的辩证法观同马克思、恩格斯或黑格尔的辩证法观并不完全是一回事。

大家知道,黑格尔的《逻辑学》和马克思的《资本论》,是最富于辩证法内容的两部主要经典著作。普列汉诺夫对待这两部著作的态度怎样呢?除了偶尔几次顺便提到"大逻辑"的名字以外,几乎没有对它的内容作过一次稍微认真的分析。他多次引证过"小逻辑",论述的篇幅也不少,并且从唯物主义的立场对它的许多卓越的思想进行了改造和阐发,但是从来没有给自己提出全面地深入地研究黑格尔逻辑学完整体系的任务。他几十次地引证了《资本论》,一再强调它的方法论意义,然而讲的全是唯物史观。① 这个十分重要的情况自然逃脱不了列

---

① 福米娜断言:"普列汉诺夫认为,在《资本论》和《政治经济学批判》中,马克思只有关于辩证法的一些个别的意见。"(参见《普列汉诺夫的哲学观点》,第188页)根据我们看到的材料,普列汉诺夫从来没有这样"认为"过。

宁的注意。列宁下面一段著名的"警言"就是针对这种情况而发的："不钻研和不理解黑格尔的全部逻辑学,就不能完全理解马克思的《资本论》,特别是它的第1章。因此,半个世纪以来,没有一个马克思主义者是理解马克思的!!"这里无疑是包括普列汉诺夫在内的。在列宁看来,马克思和黑格尔的辩证法不同于普列汉诺夫辩证法的根本之点在于普列汉诺夫没有把辩证法当作一门严谨而且完整的哲学科学。列宁说:"普列汉诺夫关于哲学(辩证法)大约写了近一千页的东西……。其中关于大逻辑,关于它的思想(即作为哲学科学的辩证法本身)却一字不提!!"①这是什么意思呢?黑格尔说:"哲学若没有体系,就不能成为科学。"②普列汉诺夫从来没有对黑格尔《逻辑学》中作为诸规律和众多范畴的总和的那个辩证法体系作过任何分析,也没有根据新的科学材料和人类新的实践经验,在统一的辩证法体系的结构中全面地考察过这些规律和范畴的内容及其相互关系,并对黑格尔的唯心主义虚构和牵强附会的地方进行系统的批判和改造。有人或者要说:马克思也没有这样做过。整个说来,确实如此。但是马克思对这个问题有深刻而清楚的认识。因为"虽说马克思没有遗留下'逻辑'(大写字母的),但他遗留下《资本论》的逻辑"③。马克思没有这样做,不是因为他不懂得,而是因为他没有时间。④ 相反,普列汉诺夫没有这样做则由于他不理解。这是一个十分重要的区别。

---

① 《列宁全集》,第38卷,第307页。
② 黑格尔:《小逻辑》,第56页。
③ 《列宁全集》,第38卷,第357页。
④ 马克思曾经写道:"我又把黑格尔的《逻辑学》浏览了一遍,这在材料加工的方法上帮了我很大的忙。如果以后再有功夫做这类工作的话,我很愿意用两三个印张把黑格尔所发现,但同时又加以神秘化的方法中所存在的合理的东西阐述一番,使一般人都能够理解。"(《马克思恩格斯全集》,第29卷,第250页)后来他又告诉约·狄慈根说:"我就要写《辩证法》。"(《马克思恩格斯全集》,第32卷,第535页)

有什么根据说他不理解呢？下面是几个主要的理由,或者说,下面是说明普列汉诺夫不理解马克思和黑格尔的"作为哲学科学的辩证法"的几个主要表现。

第一,对于辩证法的实质和核心是对立面的统一和斗争规律这一点,没有予以足够的注意。要发现辩证法的这个核心,其前提是详细分析辩证法诸主要规律相互间的内在联系,以及这些规律和辩证法各范畴之间的种种必然联系。对于这些,普列汉诺夫并不是完全没有研究。但是,如果不系统地分析辩证规律和辩证范畴的全部丰富的相互关系,就不可能从总体上对辩证法的规定有所突破,抓住它的核心问题。普列汉诺夫的情况就是如此。

第二,和第一点有密切联系的是,他没有充分认识到:不应该把对立统一和斗争的规律以及其他辩证规律当作实例的总和,而应当看成是认识客观世界的普遍规律。他没有充分认识到:对于辩证规律的真理性,不能过多地把注意力放在经验的证明上面,尽管这也是必要的,特别是为了通俗化,而应该根据全部科学史材料(特别是最新的现代自然科学材料)从理论上进行概括、论证和检验。

第三,如上所说,普列汉诺夫反复强调"没有抽象的真理,真理是具体的","一切都决定于环境,决定于地点和时间的条件"。他把具体原则列为辩证法的主要特征。但是,他在解释真理的具体性时,除了少数几个屈指可数的地方以外,几乎在所有著作中都仅仅把它同"非此即彼"的形而上学观点对立起来。① 有时他也说过这样的话:"只有在考察了某一特定的事实所从而产生的一切情况之后,才能对这一事实做出肯定的判断。"②但他所谓的"一切情况"主要是外在的。他没有

---

① 例如参见《普列汉诺夫哲学著作选集》,第 2 卷,第 425、784 页,等等。
② 《普列汉诺夫哲学著作选集》,第 4 卷,第 105 页。

注意到更重要的是事物的一切"内在倾向"、"一切规定、质、方面和特征"。他没有把自在之物本身的全部丰富内容和方面、过程的无限性规定为辩证法的最主要特征。①

第四,尽管普列汉诺夫相当明确地提出了辩证法和唯物主义认识论两者统一的思想,②但是他对这种统一的认识是不充分不深刻的。他对于认识论本身的研究,对于辩证规律在思维领域中的表现即思维辩证法的研究,都是相当忽视的。他所阐述的辩证法多半是历史辩证法。他的著作中根本没有提到或者很少提到历史和逻辑的统一、具体和抽象的统一、个别和一般的统一、相对和绝对的统一等等。

第五,正因为普列汉诺夫辩证法观存在着以上这些重大的缺点,所以他之"批判康德主义(以及一般不可知论),从庸俗唯物主义的观点出发,多于从辩证唯物主义的观点出发"。③ 因为"他没有像黑格尔纠正康德那样"纠正它们的议论,没有加深、概括、扩大它们,没有指出一切的和任何的概念的联系和转化"。这些缺点也是他后期政论所以陷入谬误的一个极其重要的理论根源。④ 反过来说,普列汉诺夫后期政论的错误以及未能从彻底辩证唯物主义立场批判修正主义哲学思潮,也是他没有认真分析过"作为哲学科学的辩证法"的一个重要表现。

对普列汉诺夫的这些批评,其中主要是列宁的批评,无疑是完全正确的。遗憾的是人们对列宁的批评并不总是正确地全面地理解。例如有人写道:"普列汉诺夫在理论上的缺陷,就在于他不懂辩证法。他把

---

① 米赫·利夫席茨在一篇题为《普列汉诺夫的社会活动概要和美学思想》的序文中指出:"普列汉诺夫辩证法观的主要缺点是作为对立面统一的具体东西的观念发挥得不够。具体的东西在这里被归结为历史上相对的东西,而这远不是对它的充分描述。"(普列汉诺夫:《美学和艺术社会学》,1978年俄文版,第1卷,第43—44页)
② 关于这个问题,将在本书"认识论"一章中讨论。
③ 《列宁全集》,第38卷,第190—191页(译文有改动)。
④ 这个问题将在本书最后一章中加以考察。

辩证法的核心——对立统一规律当作实例的总和来看待,而不是当作认识的规律和客观的规律。……"①普列汉诺夫的辩证法观的确有重大的缺陷,但说"他不懂辩证法",似乎太绝对了。列宁多次称赞普列汉诺夫,认为他是国际社会民主党人中唯一从"彻底的辩证唯物主义观点"批判修正主义的马克思主义哲学家,他的一些著作"对辩证唯物主义作了极其完美的有价值的阐述"②。"不懂辩证法"的人怎么能做到这一点呢?至于"实例的总和"问题,这里存在着一个误解。普列汉诺夫在自己的哲学著作中绝对不曾把对立面统一和斗争的规律当作实例的总和,断言他"不认识对立统一规律是客观世界和认识的普遍规律"也是没有什么根据的。像列宁这样熟悉普列汉诺夫哲学著作的人绝对不会得出这样明显违反客观事实的结论。大家知道,他在《哲学笔记》中写道:"统一物之分为两个部分以及对它的矛盾着的部分的认识……是辩证法的实质,……辩证法内容的这一方面的正确性必须由科学史来检验。对于辩证法这一方面,通常(例如普列汉诺夫)没有予以足够的注意:对立面的同一被当作实例的总和……而不是被当作认识的规律(以及客观世界的规律)"③。这段话的意思,据我看来,其实是说:普列汉诺夫对于对立面统一和斗争规律是辩证法的实质以及这个论断的正确性必须由科学史来检验,并没有予以足够的注意,这特别表现在他的后期政论中,在那里,对立面的同一被当作实例的总和,而不是认识和客观世界的规律。因为1903年以后,普列汉诺夫日益严重地脱离俄国革命的现实,他不是"毫无例外地掌握与所研究的问题有

---

① 《"黑格尔〈逻辑学〉一书摘要"解析》,中国人民大学出版社1982年版,第206页。
② 参见《列宁全集》,第15卷,第15—16页;第4卷,第65页。
③ 同上书,第38卷,第407页。

关的事实的全部总和",而是主观地片面地"抽取个别的事实",用这些实例来"代替全部历史现象的客观联系和相互依存关系"①,而且当他这样做的时候,往往还要标榜他的策略观点正是运用辩证法的典范。②

片面理解列宁批评的另一个例子是硬说普列汉诺夫"把认识论和逻辑同辩证法分离开来"③。这个观点在我国学术界也有反映,比如有人认为:"普列汉诺夫把马克思主义辩证法和认识论分割开来,没有将辩证法应用于反映论,应用于认识的过程和发展",他"不懂得对立统一规律是认识的规律,不懂得矛盾分析方法就是马克思主义的认识方法"。实际上普列汉诺夫并不是根本没有认识到辩证法也就是马克思主义的认识论。他说过:"如果没有辩证法,唯物主义的认识论是不充实的、片面的,甚至是不可能存在的。"④这类的话在他的著作中绝不是偶尔一见的思想,只是他没有像列宁在《唯物主义和经验批判主义》与《哲学笔记》中所作的那样,全面、详细、深刻地加以发挥罢了。恰金在1971年写道:普列汉诺夫"正确地指出,辩证法就是逻辑,辩证法的基础是分析和解决了认识中的矛盾,认识就是反映客观世界中运动的矛盾性质。他反复强调作为逻辑的辩证法对于自然界和社会中的发展的判断的意义。他在自己的著作中实际上用辩证逻辑分析了各种各样的问题。可是作为逻辑的辩证法的理论在他那里没有成为专门研究的对象。"⑤作为认识论和逻辑的辩证法的理论在普列汉诺夫那里"没有成为专门研究的对象",这个评断——我以为——最符合普列汉诺夫哲

---

① 参见《列宁全集》,第23卷,第279—280页。
② 关于这个问题,详见拙文《普列汉诺夫和"实例的总和"》,载《马列主义研究资料》1983年第1期,以及《再论普列汉诺夫与"实例的总和"——答王贵秀同志》。
③ 参见福米娜:《普列汉诺夫的哲学观点》,第180页。
④ 《普列汉诺夫哲学著作选集》,第3卷,第87页。
⑤ 罗森塔尔主编:《马克思主义辩证法史》,第451页。

学著作的实际,也最准确地反映了列宁批评的原意。

  总之,对普列汉诺夫在马克思主义辩证法理论问题上的功过,应作全面的考察,对列宁在这个问题上的种种批评,也应结合他在同一问题上的另一些赞扬性的论断,联系起来进行分析,特别是要从列宁哲学思想本身的发展的角度进行分析。只有这样,才可能得出比较正确的结论。我们将在本书第八章和最后一章中进一步讨论这些问题,提出自己的看法。

第三章　唯物主义

（一）

　　普列汉诺夫之成为卓越的唯物主义哲学家,是有一个过程的。早年,他还处在民粹主义思想影响下的时候,就通过巴枯宁著作的棱镜接受了唯物史观的基本思想。十九世纪八十年初,他克服了民粹主义和巴枯宁的错误,逐步转到了马克思主义立场。接着继续深入钻研各种哲学文献,终于在自然观上也达到了"最新的唯物主义辩证论者"的高度。在1890年发表的一篇专论车尔尼雪夫斯基的长文中,普列汉诺夫第一次公开地运用"严整、明确和彻底的""现代唯物主义"观点分析了车尔尼雪夫斯基的世界观。此后他为了捍卫马克思的唯物主义哲学耗尽了毕生的精力。从十九世纪九十年代初开始到1917年发表《从唯心主义到唯物主义》为止的二十多年,他写下了阐述唯物主义的理论和历史的大量著作,更不要说运用唯物主义理论说明社会历史问题的著作了。其中直接以"唯物主义"为题的专著和论文就有九种,包括像《论一元论历史观的发展》①、《唯物主义史论丛》等这样一些篇幅较

---

① "一元论"一词是普列汉诺夫为了能够使自己的著作顺利通过沙皇政府的书报检查,争取在俄国公开发行而故意采用的。该书所论述的对象其实就是唯物主义历史观的发展。普列汉诺夫本人就明确地指出了这一点。参见《普列汉诺夫全集》,俄文版第24卷,第180页。

大、内容渊博的作品。他晚年撰写的上百万字的《俄国社会思想史》三卷本巨著，正如作者序言中所指出的，就是"以不是意识决定存在而是存在决定意识这样一条历史唯物主义基本原理为出发点的"①。他在保卫和传播马克思的唯物主义理论、批判各种唯心主义学说方面，以及对这种理论本身的研究方面，都做出了重大的贡献。

"唯物主义"一词，在普列汉诺夫著作中有两种含义。狭义的"唯物主义"指一般哲学意义上的唯物主义理论，或者可以说，它指的是唯物主义自然观。广义的"唯物主义"则进一步包括这种理论在历史观方面的应用。这里所谓普列汉诺夫对唯物主义理论的重大贡献是就广义说的。对于这些贡献，列宁曾经多次给予高度的评价。例如，1911年他在《我们的取消派》一文中盛赞普列汉诺夫是"精通马克思主义"的"唯物主义者"②，并且反问取消派分子说："要是别尔托夫③没有阐明哲学唯物主义的原理以及这些原理对反驳拉甫罗夫和米海洛夫斯基的意义，那俄国马克思主义能不能'形成'呢？"④1922年他在《论战斗唯物主义的意义》这篇著名的"哲学遗嘱"中，谈到"俄国先进社会思想中的主要思潮具有坚实的唯物主义传统"时指出，这种传统的主要代表就是普列汉诺夫和车尔尼雪夫斯基。⑤ 列宁这些话中所说的"唯物主义"无疑包括普列汉诺夫的自然观在内。

这个一般哲学意义上的唯物主义理论在普列汉诺夫哲学体系中占据何等重要的地位，可以从下面他自己的言论中清楚地看出来。他说：

---

① 《普列汉诺夫全集》，俄文版第20卷，第3页。
② 参见《列宁全集》，第17卷，第58页。中译本这里有一处误译。列宁并没有说普列汉诺夫"精通唯物主义"。我曾经几次引证了这个评价，应予更正。
③ 别尔托夫是普列汉诺夫发表《论一元论历史观的发展》时所用的笔名。
④ 《列宁全集》，第17卷，第57页。
⑤ 同上书，第33卷，第198页。

"唯物主义自然观是我们辩证法的基础。……如果唯物主义被驳倒了,那么我们的辩证法也是站不住脚的。"①费尔巴哈关于存在决定思维而不是思维决定存在的思想"被马克思和恩格斯当作唯物主义历史观的基础"②。至于本身就建立在唯物史观基础上的伦理学、美学、宗教论,以及哲学史观等哲学各分支学科,就更是如此。总之,在他看来,唯物主义是现代社会主义创始人的整个学说的基础③,是马克思主义哲学其他一切组成部分赖以建立起来的唯一可靠的基础。尽管一般说来,正如前章所指出的,自然哲学是普列汉诺夫哲学体系中最薄弱的环节,但是,他在自然观和认识论方面毕竟有力地捍卫了辩证唯物主义的理论阵地,对于马克思主义哲学发展到列宁阶段做出了明显的贡献。

1934年,克鲁普斯卡娅在一篇题为《纪念列宁的〈唯物主义和经验批判主义〉一书出版二十五周年》的文章中,用了几乎一半的篇幅,专门分析了在唯物主义哲学问题上"列宁对普列汉诺夫的态度"。文章提出了这样两个基本思想:第一,列宁始终认为,"在作为唯物主义者的普列汉诺夫那里有许多可以学习的东西,不知道普列汉诺夫的哲学言论,就不可能把辩证唯物主义推向前进"④;第二,马克思、恩格斯经常斥责不好的(主要是反辩证法的)唯物主义,但他们所根据的是更高级的、更发展的辩证唯物主义。恩格斯责备毕希纳一伙,不是因为他们的唯物主义,而仅仅是因为他们没有推进唯物主义,甚至想也没有想到要使唯物主义理论向前发展。"列宁在《唯物主义和经验批判主义》中就是这样做的。他维护唯物主义者普列汉诺夫,使他不受马赫主义者

---

① 《普列汉诺夫哲学著作选集》,第3卷,第87页。
② 同上书,第3卷,第141、155页。1909年的一次关于唯物主义的学术报告中更直接地写道:"唯物主义历史观的基础是唯物主义。"参见《普列汉诺夫遗著》,俄文版第5卷,第163页。
③ 《普列汉诺夫哲学著作选集》,第3卷,第377页。
④ 克鲁普斯卡娅:《论列宁》,三联书店1963年版,第366页。

的攻击,而当他认定普列汉诺夫有错误和背离辩证唯物主义时,他又批判普列汉诺夫"。①

克鲁普斯卡娅的这两个见解,对于正确评价普列汉诺夫唯物主义哲学的功过是十分重要的。不过必须指出:普列汉诺夫同毕希纳、杜林等人之间有一个极为明显的区别,即前者是辩证唯物主义者,而后者则是不折不扣的形而上学家。列宁批评于普列汉诺夫的,不是他的唯物主义学说的基础,也不是他违背了马克思、恩格斯当年已经发表了的著作中清楚地阐明了的大部分辩证唯物主义基本原理。在所有这些问题上,列宁和普列汉诺夫之间没有,也不可能有任何差别。列宁不满于普列汉诺夫的,是他不善于在本体论和认识论中彻底贯彻辩证唯物主义原理,是他批判新康德主义和马赫主义等修正主义或资产阶级哲学思潮时过多的把注意力放在唯物主义和唯心主义的对立上,是他不善于根据自然科学的最新发展来丰富辩证唯物主义的内容、改变它的某些形式。总之,列宁不满于普列汉诺夫的,是他的辩证唯物主义还不够辩证,不仅没有比马克思、恩格斯更辩证,而且在好些重要问题上没有马克思、恩格斯著作已经指明的那样辩证。

为了说明以上看法,下面我们就唯物主义哲学的一些主要问题具体地叙述一下普列汉诺夫的观点,并把它们同列宁的思想进行若干比较,以便更清楚地看出普列汉诺夫在保卫马克思的唯物主义理论方面的贡献和局限,这对于我们进一步确定他的思想在马克思主义哲学史中的作用和地位,也是必要的。

(二)

恩格斯在《费尔巴哈和德国古典哲学的终结》中指出,全部哲学,

---

① 克鲁普斯卡娅:《论列宁》,第361—362页。

特别是近代哲学的基本问题,是思维和存在的关系问题。哲学家依照他们如何回答这个问题而分成两大阵营。凡是断定精神对自然界来说是第一性的、本原的,组成唯心主义阵营。相反,凡是认为自然界是第一性的和本原的,则属于唯物主义的各种学派。"唯心主义"和"唯物主义"两个概念只能在这个意义上使用。

普列汉诺夫完全同意恩格斯对哲学基本问题的这种分析。他认为恩格斯给唯物主义所下的定义,是最一般的、最使人满意的和唯一可能的。① 因为"唯物主义其实就是想依靠自然界自己的力量来解释自然界的学说,而且对'精神'说来,这一学说是把自然界看作第一性的东西的"②。历史上的唯物主义者都是这样看的。例如霍尔巴赫说:"当我们想说明自然现象时,我们不要超出自然界的范围,不要寻求那些不作用我们外部感官的原因,我们必须坚信,如果超出自然界的范围,我们就永远不能解决自然界给我们提出的任务"③,"假如我们在探求自然的诸原因所形成的链条时遇到不肯在我们的努力之前屈服的障碍,那么我们总应当努力去克服它们;而假使我们还办不到,那么这还不能使我们有权由此得出结论说,自然的诸原因的链条是折断了,而把使我们感兴趣的结果归之于超自然的原因。在这样的时候,我们应当满足于承认,自然界中存在着我们所不知道的力量;但是我们永不应当以幻影、虚构来代替我们的研究还没有找出来的原因。"④费尔巴哈也发表过类似的观点。他写道:"自然这部书,根本不是一个一个字母杂乱无

---

① 《普列汉诺夫哲学著作选集》,第 2 卷,第 472 页;第 1 卷,第 570 页。
② 同上书,第 2 卷,第 472 页。
③ 中译文转引自《普列汉诺夫哲学著作选集》,第 3 卷,第 76 页。另见霍尔巴赫:《健全的思想》,王荫庭译,商务印书馆 1966 年版,第 101—102 页。
④ 中译文转引自《普列汉诺夫哲学著作选集》,第 2 卷,第 470 页。另见霍尔巴赫:《自然的体系》,上卷,商务印书馆 1964 年版,第 45 页。

章地胡凑在一起,而知性第一次把相互联系和秩序带进这个混乱里,主观地和随意地把字母联成有意思的句子。不是的,知性是根据外部感觉给它提供的标志来区别和联系事物;我们把自然中有区别的东西加以区别,把自然中有联系的东西加以联系;我们使一个事物从属于另一个事物,把它们作为根据和结果、原因和作用,因为它们的实际的、感性的、真实的实在的相互关系就是这样的。"①

　　普列汉诺夫在进一步解释马克思和恩格斯在哲学基本问题上的唯物主义观点时,经常引证费尔巴哈的言论,因为他们一直到生命结束,始终保持着费尔巴哈对主体和客体或思维和存在的关系的一般哲学观点,他们在所谓哲学本身的问题上始终是费尔巴哈的志同道合者。②

　　在费尔巴哈看来,主体和客体、思维和存在的统一,只有在以人为这种统一的基础的时候才有意义。唯心主义起初把思维变成"自为的主体",变成一种独立的、不依赖于思维者的肉体而存在的本质,然后宣布存在和思维的矛盾在这个本质中解决了,因为个别的独立的存在是为这种不依赖于物质而存在的本质所固有的。这完全是一种纯粹形式上的解决。它只是排除了对立面中间的一个要素,即排除独立于思维的存在。存在似乎成了思维的一种属性。当我们说某一对象存在时,只是说它存在于思维中。费尔巴哈认为从这种观点出发的学说是完全错误的。没有也不可能有不依赖于人、不依赖于物质存在的思维。客体只有发展到一定阶段才有主体存在。主体本身是客观世界的组成部分之一。"我完全不是作为和客体对立的主体,而是作为主体—客体、作为真正的物质实在在感觉和思想。而客体对于我不仅是可感觉

---

　　① 中译文转引自《普列汉诺夫哲学著作选集》,第4卷,第773页。另见《费尔巴哈哲学著作选集》,上卷,第253页。
　　② 《普列汉诺夫哲学著作选集》,第3卷,第778、780页。

的物体,而且也是我的感觉的基础、我的感觉的必需条件。客观世界不仅在我之外,而且也在我之内,在我自己的皮肤之内,人不过是自然的一部分;所以在他的思维和存在之间是没有矛盾的可能的。"存在,并不是说存在于思想中。"证明某一种东西存在,就是说证明它不仅存在思想中。"这就是说,思维和存在的统一决不是也不能够是思维和存在的同一。这是区别唯物主义和唯心主义的最重大的特征之一。

费尔巴哈还说:"我对我自身是心理学的对象,而对他人则是生理学的对象"。思维只是大脑的活动。而大脑只有同人的头颅和身体连在一起时才能成为思维的器官。思维过程不是在某种抽象存在物中进行,而正是在我你他的身体中进行的。思维意识只是现实存在物的宾词,只是存在的属性。所谓人是存在和思维的统一,意思就是人本身无非是具有思维能力的物质存在物。存在先于思维。不是思维决定存在,而是存在决定思维。总之,正如费尔巴哈所说的,"对我说来,即主观上说来,是纯粹精神的、非感性的活动,就其本身说来,即客观上说来,是物质的、感性的活动。"这是最新唯物主义关于主体和客体统一的概念的灵魂。这是唯一真正的,也是唯一可能的一元论哲学。①

普列汉诺夫说:"当恩格斯说,'凡是认为自然界是本源的,则属于唯物主义的各种学派'时,他只是重复了费尔巴哈的话:'思维对存在的真实关系只是在于:存在是主体,思维是宾词;思维起源于存在,而不是存在起源于思维'。"②谁要是不懂得正是费尔巴哈的这些思想构成科学社会主义创始人的哲学基础,他就不可能完全理解马克思主义的世界观,也不可能明白为什么他如此激烈地反对把马克思的唯物主义历史观同任何其他哲学家的学说结合起来,反对用康德主义或马赫主

---

① 《普列汉诺夫哲学著作选集》,第 3 卷,第 153—154、269—270、568、764 页。
② 同上书,第 3 卷,第 403 页。

义等等哲学来"补充"马克思主义。而当时,甚至在第二国际著名的理论家中间也有不少人认为这个结合是自然的和必要的,或者看不出这种"补充"的危害性。

在新康德主义思潮的影响下,伯恩施坦在1898年的《新时代》杂志上发表了"回到康德去"的公开号召。为了反击在工人运动中开始泛滥的这股资产阶级哲学思潮,自然有必要对康德本人的哲学思想进行批判的分析。普列汉诺夫指出,在哲学基本问题上康德是一个二元论者。二元论承认精神和物质都是个别的、独立的本体,它永远不能满意地答复这两个个别的、彼此没有任何共同之处的本体何以能够彼此影响的问题。它不是认为这个问题无法解决,就是乞求于奇迹,即乞求于凌驾在主体和客体二者之上的全能存在物的干预。而最高存在物是统一的。因此,乞求于这个存在物,本身就是企图从一元论的角度来解决哲学基本问题。可见,二元论总是折衷主义的和不彻底的。哲学只要它不停滞不前,就不能满足于二元论,就不能超越于唯心主义和唯物主义这两个"片面的""极端"之上。它必然倾向于一元论。最彻底最深刻的思想家永远是倾向于一元论的。因为只有用一个原则来解释世界的一元论,才有权指望比较正确地解决主体对客体的关系问题。康德关于现象世界的二元论学说充满着不可调和的内在矛盾,它同现代科学中的发展理论完全不相容。同时,康德的二元论乃是很久以前的双重真理学说的最新翻版。这种学说使统治阶级的思想家能够在科学上做唯物主义者,而在那些被宣布为处在科学认识范围以外的概念领域则坚持唯心主义。康德的哲学也是如此。它公开宣称:可以用划分信仰领域和知识领域的办法把宗教观点和唯物主义的科学结论调和起来,信仰属于本体,科学适用于现象。

总之,在普列汉诺夫看来,"康德主义不是斗争的哲学,也不是行动的哲学。它是不彻底的人的哲学,是妥协的哲学。"①

在捍卫唯物主义的斗争中,普列汉诺夫不仅批判了二元论哲学,也批判了各种唯心主义体系。和反对新康德主义一样,第二国际中第一个坚决举起反对马赫主义者的主观唯心主义的义旗的也是普列汉诺夫。在他看来,"马赫主义只是稍加改作的和用二十世纪自然科学的颜色重新粉饰了的贝克莱主义。"②从贝克莱经过费希特到马赫,一脉相承,他们是近代主观唯心主义三大代表。无论贝克莱的"存在就是被感知",费希特的"自我设定非我",或者马赫的物体是"感觉的复合",其哲学意义本质上都是一样,都主张意识先于存在,意识决定存在。所谓存在仅仅是感觉、表象、知觉或经验中的存在,仅仅是人的意识决定存在。普列汉诺夫在驳斥马赫坚决地反对人们把他的哲学同贝克莱的主观唯心主义等同起来时指出,"这只是表现了他的不彻底性。如果物体或物只是我们感觉的思想符号(确切地说,感觉群、感觉的复合),如果它们不存在于我们的意识之外……那么只有极端地不彻底,才能摆脱主观唯心主义和唯我论。"③如果存在真的等于知觉、经验等

---

① 《普列汉诺夫哲学著作选集》,第3卷,第212页。在普列汉诺夫哲学著作中,康德哲学几乎全部成了批判的对象。对于这种哲学的积极方面(例如辩证法因素),一句话也没有提到。不仅如此,普列汉诺夫还认为,"引导我们进入哲学真理殿堂的不是马赫、阿芬那留斯、文德尔班、冯特,甚至也不是康德,而是恩格斯、马克思、费尔巴哈和黑格尔。只有从这些老师那里我们才能学到我们所需要的东西。"(《普列汉诺夫哲学著作选集》,第3卷,第550页)之所以产生这种现象,在很大程度上是由于普列汉诺夫当时正在同新康德主义者进行激烈的论战。(参见约夫楚克:《普列汉诺夫及其哲学史著作》,1960年俄文版,第136页)当然也由于他对康德哲学的认识还不全面。但是如果认为普列汉诺夫完全否定了康德,那就错了。他指出,"我们也衷心愿意给康德以应有的评价而不否认他的贡献"(《普列汉诺夫哲学著作选集》,第1卷,第499页),又说,"可以不同意康德,但是完全不能把他看作一个浅薄的思想家"(《普列汉诺夫哲学著作选集》,第2卷,第464页)。值得注意的是:普列汉诺夫对待康德哲学积极方面的这种估价不足的态度,后来在相当长的时期内影响了苏联哲学界。
② 《普列汉诺夫哲学著作选集》,第3卷,第287页。
③ 同上书,第3卷,第72—73页。

等中的存在,那么不仅物质,不仅自然界没有不依赖于我的知觉的存在,就是其他的人,甚至上帝也逃脱不掉同样的命运:他们的存在也等于我的知觉中的存在。"除了我和我的意识的各种状态以外,没有任何东西和任何人存在——这就是从宣布存在等于知觉中的存在的唯心主义基本原理中得出的唯一正确的结论。……这就是说,并非你是你的父母生的,而他们倒是你生的,因为他们的存在也只是在你的知觉中的存在。"①普列汉诺夫嘲笑说,主观唯心主义者"根本没有根据称自己是'女人生的'"②。然而绝大多数的唯心主义者都违背逻辑的最无可争辩的要求,不敢走到唯我论。他们中间很多人都停留在目前称之为唯人类论的观点上。在他们看来,存在仍然是意识中的存在,不过不是个人的意识,而是人类的意识。例如马赫提出同狭义的"我"相区别的广义的"我"来摆脱困境。类似的区别在费希特著作中早就有了。又如波格丹诺夫写道:"一般说来,物理世界……是社会地组织起来的经验"。但是,只要他们否定自在之物的存在,就不可能在"我"的范围以外找到任何出路。他们的结论仍然只能是:人的存在先于地球的存在。如果是这样,那么有一个时期人仿佛是悬在空中,而且那时连空气也是没有的,因此人必须在真空中呼吸。③ 可见,主观唯心主义哲学和二元论哲学一样,也是同科学的进化论背道而驰的,它本身充满着无法解决的矛盾。

如果说康德的二元论和贝克莱、费希特、马赫等人的主观唯心主义,由于新康德主义和马赫主义的著作当时对工人运动的严重腐蚀而引起了普列汉诺夫的重视,因而写出了一系列的文章进行驳斥,那么,

---

① 《普列汉诺夫哲学著作选集》,第 3 卷,第 716 页。
② 同上书,第 1 卷,第 543 页。
③ 同上书,第 3 卷,第 282、301 页。

针对客观唯心主义的批判在他的著作中就明显的少得多。他对客观唯心主义的批判完全限于黑格尔的绝对哲学和谢林的同一哲学,而且是在一般论及黑格尔和费尔巴哈的哲学思想时,或者是在分析德国古典哲学从唯心主义到唯物主义的发展时加以考察的。他在这方面的全部言论归结起来,不外乎重申费尔巴哈的黑格尔哲学批判的若干基本论点,加上引证马克思、恩格斯在《神圣家族》中对"思辨哲学结构"的长篇分析,他本人完全没有增添任何新的论据。

通过对唯心主义、二元论的批判,普列汉诺夫得出结论说:"唯物主义的本质。从宇宙论方面:否定上帝;从精神论方面:否定灵魂。"①在他看来,"唯物主义的最重要的特征在于:它排除了精神和物质、精神和自然界的二元论;它认为自然界就是原始狩猎部落所说的客观灵魂、精灵的活动等现象的基础。"②

(三)

现在我们想谈一谈所谓"斯宾诺莎主义"问题。这样做不仅是要澄清长期以来强加在普列汉诺夫身上的错误指责,而且是为了进一步弄清他的哲学唯物主义观点,同时也可以从一个侧面对列宁和普列汉诺夫的观点的异同作些比较。

1898年,普列汉诺夫在《论所谓马克思主义的危机》一文中第一次提出现代唯物主义是斯宾诺莎主义的命题。首先让我们完整地把这一段话抄录如下:

"在十八世纪得到详细分析而为科学社会主义奠基人所接受的那

---

① 《普列汉诺夫遗著》,俄文版第5卷,第164页。
② 《普列汉诺夫哲学著作选集》,第3卷,第75页。

种形态的唯物主义，是这样一种理论：它教导我们，'除非有广延性的实体，我们不能知道思维实体，思想和运动一样，在同一意义下都是物质的功能'。但是这是对哲学二元论的否定，这使我们径直回到斯宾诺莎老人同他的只具有广延和思想两种属性的单一实体。而且实在说来，现代唯物主义只是或多或少地意识到自己的斯宾诺莎主义。……斯宾诺莎说：'一切个体都在不同程度上有灵'。狄德罗也说过这个话。费尔巴哈和恩格斯也是斯宾诺莎主义者。但是依这样解释的唯物主义和康德主义之间的分别何在呢？……"①

可见，普列汉诺夫所说的"斯宾诺莎主义"实质上乃是"唯物主义"的同义词。② 然而文章发表以后立即招来种种责难。于是这个问题就成了他同新康德主义者和马赫主义者之间的重要争论对象之一。有意思的是：始终密切注视普列汉诺夫反对修正主义哲学斗争的列宁，从来没有直接提到过这件事。列宁在他的《唯物主义和经验批判主义》一书中对普列汉诺夫违背或偏离辩证唯物主义或一般唯物主义立场的言论提出了毫不含糊的严正批评，甚至连漏译了一个形容词也没有放过，却偏偏没有看出二十多年后被米丁们所"发现"的这个"非常错误的原理"。所以在这里，稍微用一点篇幅专门讨论这个问题看来不会是多余的。

1932 年，米丁在苏联当时最主要的哲学政治杂志《在马克思主义旗帜下》第十一、十二期合刊上写了一篇题为《斯宾诺莎和辩证唯物主义》的文章。据我了解，这是十月革命后在这个问题上对普列汉诺夫提出非议的第一篇，也是迄今为止论述最为详细的一篇批评文章。此

---

① 《普列汉诺夫哲学著作选集》，第 2 卷，第 381—382 页。
② 在《从唯心主义到唯物主义》一文中，普列汉诺夫径直写道："斯宾诺莎主义其实就是唯物主义。"(《普列汉诺夫哲学著作选集》，第 3 卷，第 775 页）

后三四十年间,苏联一些哲学家,如福米娜等等,一再提到"斯宾诺莎主义"问题,不过他们的论点和论据并没有超出米丁这篇文章的范围。因此我们这里仅对米丁的主要观点作若干考察。

米丁的批评,归纳起来不外乎两条。第一,普列汉诺夫"把斯宾诺莎唯物主义的全部缺点仅仅归结为它的神学装饰品",他实质上把马克思的唯物主义同费尔巴哈的唯物主义和十八世纪法国人的唯物主义混为一谈了。第二,"在承认物质普遍有灵性上普列汉诺夫接近于斯宾诺莎。"①

我们来分析一下这些批评。

先谈第一个问题。普列汉诺夫是否认为斯宾诺莎唯物主义的缺点仅仅在于它的神学外衣?他是否把斯宾诺莎的唯物主义同费尔巴哈或霍尔巴赫等人的唯物主义,甚至同马克思的唯物主义混淆起来了呢?事实是:都没有。

普列汉诺夫关于一般哲学意义上的唯物主义的观点,我们已经在上面大体叙述过了。但是,"时间在它的基本论点上建立了最为不同的上层建筑,它们使一个时代的唯物主义较之另一时代的唯物主义具有完全不同的面貌。"②他相当明确地指出,唯物主义哲学在其历史发展中经历了三个基本阶段,表现为三种基本形态:(1)古代的朴素唯物主义,或者叫作"物活主义"③;(2)近代形而上学的唯物主义,它的典型代表就是斯宾诺莎和法国唯物主义者④;(3)辩证唯物主义,有时称

---

① 米丁:《唯物辩证法的首要问题》,联共(布)中央党校出版社1936年俄文版,第120—122页。
② 《普列汉诺夫哲学著作选集》,第1卷,第570页。
③ 同上书,第3卷,第134页。
④ 例如参见《普列汉诺夫哲学著作选集》,第1卷,第652—653页;第2卷,第102、816页,等等。

为"现代唯物主义"。对于前两种形态的不同他讲得极少。至于马克思唯物主义同形而上学唯物主义之间的区别,应当承认,总的来说他的论述是相当充分的。

波格丹诺夫在一篇序言中指责普列汉诺夫为唯物主义辩护时保卫了与二十世纪的自然哲学不同的十八世纪自然哲学。也就是说,在波格丹诺夫看来,普列汉诺夫没有批判十八世纪法国唯物主义的学说。普列汉诺夫在答复这个指责时写道:"和恩格斯一样,我的了解是,自从这一学说繁荣以来,自然科学已前进得很远,因之,我们现在不能同意这同一个霍尔巴赫的物理学的、化学的或生物学的见解了。我不仅同意恩格斯在《费尔巴哈论》中所发表的对法国唯物主义的批判的意见,……也引用了原始材料来补充和确定了这些批判的意见。"[①]

恩格斯在《费尔巴哈论》中列举的旧唯物主义的三个基本的局限性是:(1)"仅仅运用力学的尺度来衡量化学过程和有机过程"的机械论思想;(2)反辩证法的形而上学观点;(3)"上半截"即社会领域内的唯心主义。对于第一点,普列汉诺夫的确没有作过很多解释,除开在他本人翻译的《费尔巴哈论》讲到这个问题的地方加了一个短注外,只有在他的著作的其他几处简单地提到一下法国唯物主义者关于物质、运动和运动形式的机械论观念。从这里我们再次看到自然哲学是他的哲学思想中的薄弱环节。与此相反,对于第二、三点,他却作了大量的补充说明,如果把这些说明汇集起来,简直可以编成一本很厚很厚的书,当然其中一再重复的东西也是够多的。尽管普列汉诺夫对形而上学唯物主义的批判,主要是直接针对法国唯物主义,但不可否认,这些批判同时也是针对(即使是间接针对)斯宾诺莎。因此,米丁硬说普列汉诺夫"把斯宾诺莎唯物主义的全部缺点仅仅归结为它的神学装饰品",是

[①] 《普列汉诺夫哲学著作选集》,第3卷,第243页。

绝对不正确的。

米丁还认为,普列汉诺夫没有批判斯宾诺莎唯物主义的直观性和抽象性。和上述所说的情况一样,直接的批判确实没有,然而有间接的批判。例如他把马克思的《费尔巴哈论纲》译成俄文,作为恩格斯《费尔巴哈论》一书的附录,广泛发行,并且在自己的著作中多次引证了《论纲》的第一条:"从来的唯物主义(包括费尔巴哈的唯物主义在内)的主要缺点在于:它只在客体的形式中,或直观的形式中,而不是在具体的人的活动形式中,不是在实践的形式中,不是主观地去考察现实,去考察为外部感官所感受的对象世界。因此,与唯物主义相反,能动的方面至今是为唯心主义发展了,不过是抽象地发展了,因为唯心主义自然不承认具体的活动之为具体的活动。"①他强调指出:这些话中"包含了现代唯物主义的纲领"②。"霍尔巴赫、爱尔维修及他们的信徒……没有企图以自己的观点来解释人的历史,……可是人只在历史上才成为'主体',因为他的自我意识只在历史中才发展起来。局限于把人看成是动物王国的一员,等于把他看成是'客体',忽视他的历史发展、他的社会'实践'、具体的人的活动。然而忽视这一切,就等于把唯物主义弄成'枯燥的、灰暗的、悲惨的'(歌德)。不仅如此,这就是说,把它弄成宿命论的,使人完全服从盲目的物质。马克思看到了法国唯物主义的甚至费尔巴哈唯物主义的这个缺点而提出了纠正它的任务。"③

米丁可能会反驳说:斯宾诺莎唯物主义的抽象性和直观性毕竟不同于费尔巴哈唯物主义的抽象性和直观性。④ 这是对的。但是既然普

---

① 《普列汉诺夫哲学著作选集》,第1卷,第746—747页。
② 同上书,第2卷,第186页。
③ 同上书,第1卷,第747页。其中第5卷第679—680页上还有一段话出色地解释了《费尔巴哈论纲》第三条。
④ 米丁:《唯物辩证法的首要问题》,俄文版,第119页。

列汉诺夫的(也就是马克思的)上述批评是针对两者的共同特点,就不能说他没有批判斯宾诺莎唯物主义的抽象性和直观性。何况普列汉诺夫并非完全没有批评斯宾诺莎唯物主义特有的缺点,至少他表示了自己同意马克思关于斯宾诺莎的实体是"形而上学地改了装的脱离人的自然"的论断。

总之,米丁关于普列汉诺夫"没有强调指出马克思的唯物主义是在批判地改造旧唯物主义基础上全部哲学发展的最高总结和新阶段"①的说法,是缺乏事实根据的。

(四)

现在谈第二个问题:"物质普遍有灵"的问题。在这个问题上,米丁等人认为,普列汉诺夫的错误在于,他不理解思维只有在高度组织起来的物质中才会产生,没有反对所谓低级形态的物质也有思维能力的这种在过去的唯物主义者中间广为流行的看法,而是有意地支持和保卫了物活论思想,即认为物质普遍具有灵性的思想,他的错误在于没有看出马克思主义在这个问题上的观点同斯宾诺莎主义之间的本质区别。②

我们觉得所有这些批评都是不正确的。为什么?下面我们来作些分析。

能否说普列汉诺夫不懂得思维是高级形态的物质的产物这个科学真理呢?绝对不能。因为他完全同意赫胥黎的下述观点:"现在,凡是

---

① 米丁:《唯物辩证法的首要问题》,俄文版,第121页。
② 参见米丁:《唯物辩证法的首要问题》,俄文版,第121—122页;福米娜:《普列汉诺夫的哲学观点》,第171—173页,等等。

攀登现代科学顶峰和熟知事实的人,都不怀疑心理学的基础应该到神经系统生理学中去寻找。那被称为精神活动的东西,是脑的机能的总和,而我们的意识的材料,是脑的活动的产物。"①他在批评赫尔岑和黑格尔的唯心主义观点时指出:"思维完全不是超有机的现象,因为它是处在一定发展高度的机体的机能。"②在普列汉诺夫看来,这个道理,不仅马克思主义者懂得,就是费尔巴哈和拉美特利等形而上学唯物主义者也是了解的。费尔巴哈说过:"抽象的思想家认为……思想是头脑外的活动,但是医生却认为这是脑的活动。"拉美特利在他的《人是机器》中所要证明的正是这一点。③ 他们都认为"思想只是身体结构的产物"④,因此"他们不大重视那种不'在人的头颅之内'的物质有灵的理论"⑤。

比较复杂的是一切"物质具有灵性"的问题。这正是人们指责于普列汉诺夫的那个"斯宾诺莎主义"问题的关键。所以我们要多讲几句话。

首先,普列汉诺夫认为,不能把古代的"万物有灵论"(анимизм)⑥同斯宾诺莎的"物质有灵性的学说"混为一谈。"万物有灵论"是一种二元论思想,它认为人、动植物和自然界的对象,除了感觉上可以把捉的方面以外,还具有一种特殊的、活动的、不依赖于有形自然界的本源——灵魂。他指出,斯宾诺莎的历史功绩在于"消除了关于两种实体的学说,把笛卡尔曾对之作了很多让步、一切唯心主义曾对之作了同样多的让步的……那个万物有灵论逐出了哲学领域。"⑦

---

① 《普列汉诺夫哲学著作选集》,第2卷,第772页。
② 同上书,第4卷,第774页。
③ 同上书,第4卷,第399页。
④ 同上书,第4卷,第380页。
⑤ 同上书,第4卷,第400页。
⑥ 关于"анимизм"一词的译法,参见本书"宗教论"。
⑦ 《普列汉诺夫哲学著作选集》,第3卷,第533页。

斯宾诺莎关于物质有灵性的学说的基本命题是："一切个体都在不同程度上有灵"①。这个命题实质上是思维乃唯一的实体即自然界的属性这个唯物主义学说的一种形态。除了卡巴尼斯、福格特之类的极少数人物之外，一切唯物主义者都认为物质具有意识。但"不同的唯物主义者对物质具有意识的这种能力的看法是不一样的。一些唯物主义者认为，例如普利斯特莱，大概还有霍尔巴赫（不过他没有十分坚决地发表过意见）认为，意识之产生于运动着的物质中，只是在这物质以一定方式组织起来的那些场合。另一些唯物主义者如斯宾诺莎、拉美特利、狄德罗则认为，物质永远具有意识，不过只是在一定的物质组织中意识才达到多少显著的态度。"②

普列汉诺夫没有进一步谈过斯宾诺莎的上述命题。他叙述得比较详细的是拉美特利的观点。他说：拉美特利"认为思维是物质的属性之一。……在《人是植物》中……他说：'在一切生物中，人是最具灵性的……而植物却是其中灵性最少的'。这就是'物质有灵'论的全部意义。但是拉美特利抛弃了这一理论，因为植物和矿物的'灵'完全是一种萌芽的东西。……拉美特利认为有灵的程度是有决定性的意义的。他认为，无灵的东西就是感觉能力不超过一定的最低限度的东西，而假使他说，'思想'是组织的成果，那么他是想说，只有在有机体的个体中才有比较高级形式的'灵'。"③至于感觉能力在动物细胞中究竟是怎样出现的，简单的心理怎样沿着生物的阶梯一级一级向上攀登，从而变得越来越复杂，拉美特利并没有给以确定的回答，他只是提出了问题。他说："我们还不知道，物质是具有直接的感觉能力，还是只具有在有机体内部变化的影响下获取感觉的能力。"④接着普列汉诺夫得出结

---

① 参见斯宾诺莎：《伦理学》，商务印书馆1981年版，第52页。
② 《普列汉诺夫哲学著作选集》，第3卷，第78—79页。
③ 同上书，第2卷，第396—397页。
④ 同上书，第2卷，第396页。

论:"所以我绝对不认为在斯宾诺莎主义和拉美特利的唯物主义之间有任何重大的差异"①。

狄德罗也是"从物质能够感觉这一基本原则出发的",他用这样的例子来证实自己的思想:"鸡蛋是一个无生命体,只是由于逐渐增高的温度的影响,才渐渐变成有感觉的生命。"又比如,"各种动物最初不过是一个点,只是由于消化吸收了植物和其他各种食物,它才长大,成为有感觉的生物体"②。

狄德罗在《达朗贝和狄德罗的谈话》中提出了物质能够具有一种被称为思维的特殊变异作用的著名假设。③ 霍尔巴赫用下面一段话简明地表述了这个假设:"有一些哲学家,相信感觉能力是物质的一个普遍性质;在这个场合,追求我们就其所产生的作用而认识的这种性质的来源,是没有用处的。我们如果采取了这个假设,便会用类似于将自然中的运动分为两类,一类名为活力,一类名为死力的那种方式,将感觉能力分为两类,一类是活动的或活的,一类是不活动的或死的,这样,一种实体的动物化,便只是抛弃掉阻碍它变得活动和有感觉的那个障碍而已。"④

霍尔巴赫除此之外还提出了另一个假设:物质的感觉能力"是一种为动物所特有的组织、结合的结果,因而一个死的、没有感觉的物质,一旦'动物化'了,也就是说,如果它与一个动物结合了、同化了,便不再是死的,而是变得有感觉能力了。"霍尔巴赫(还有拉美特利)认为这两个假设具有同样大的或然性。⑤

---

① 《普列汉诺夫哲学著作选集》,第 2 卷,第 397 页。
② 同上书,第 2 卷,第 398 页。
③ 参见《狄德罗哲学选集》,商务印书馆 1979 年版,第 119—121 页。
④ 《普列汉诺夫哲学著作选集》,第 2 卷,第 35—36 页。另见霍尔巴赫:《自然的体系》,上卷,商务印书馆 1964 年版,第 96—97 页。
⑤ 《普列汉诺夫哲学著作选集》,第 2 卷,第 35—36 页。

和霍尔巴赫的犹豫态度不同,英国的唯物主义者和化学家普利斯特莱关于物质具有感觉的意见则确定得多。他打了一个比方:"剃刀的剃的能力,是依靠构成剃刀的各个部分的某种结合和安排。如果我们假定把这把剃刀放在酸里整个分解了,它的剃的能力就一定消失了或消灭了,虽然构成剃刀的任何一点金属都没有由这个过程而消灭;只有把金属沉淀出来以后,才能使它恢复原来的形状和剃的能力。如果身体因腐烂而分解了,它的思想的能力也就以同样的方式整个消灭"①。普利斯特莱认为:"医学和自然史领域中的一切现象都明白地证明,感觉能力在动物那里只是动物身体结构的结果,因为这种能力与动物器官的形成同时产生,动物生活一天,这能力便保存一天,最后与这同一些器官的解体同时消失。"②

普列汉诺夫是怎样看待以上这些观点或假设的呢?

第一,正如前面已经指出的,他认为所有这些十七、十八世纪唯物主义者的观点或假设,都是物质具有意识这个唯物主义理论的不同形态。换言之,"斯宾诺莎主义"不过是唯物主义的一种形态,它不同于狄德罗主义的地方在于它的神学外衣。只能在这个意义下使用和了解"斯宾诺莎主义"③。

第二,霍尔巴赫的两个假说,"就充分的明确性来说,都是不够的。我们完全知道这一点,霍尔巴赫知道这一点也不亚于我们。我们称之为感觉能力的这一种物质性质,是一个非常难解的谜。"④唯物主义者任何时候也没有断言过他们的学说能够回答"一切东西,包括物质的东西和人的头脑,是从哪里来的?"问题,能够回答感觉、思维、意识是从哪里来

---

① 《普列汉诺夫哲学著作选集》,第2卷,第90页。
② 同上。
③ 另外,参见《普列汉诺夫哲学著作选集》,第4卷,第242—245页。
④ 《普列汉诺夫哲学著作选集》,第2卷,第36页。

的问题。① 但是,即使唯物主义者总是拒绝回答这些问题,这也并不妨碍他们认为,他们的学说对于我们所能理解的一些问题,要比其他一切哲学体系回答得好得多。在物质和意识的关系问题上,除了唯物主义学说,我们既不可能在贝克莱的主观唯心主义那里找到真理,也不可能在黑格尔的绝对唯心主义或康德的二元论那里找到真理。"谁要是不同意,谁就应当来反驳唯物主义者,而不要给他们提出一大堆问题,因为这样提问题本身就证明,提问题的人在真理方面没有任何批判的发展。"②

第三,普列汉诺夫答复波格丹诺夫时指出,在物质具有意识这个"认识论"问题上,"我们捍卫的理论和普利斯特莱的学说相似的地方要比和霍尔巴赫的学说相似的地方多得多"③,当然更比拉美特利的学说为多。

第四,"研究一下马克思、恩格斯的哲学思想和斯宾诺莎的哲学思想之间有没有什么共同之点这个问题,是重要而且有意思的",因为这个共同点也就是"唯物主义的真正实质"④。而新康德主义者,以及后来的马赫主义者恰恰不理解这个实质。

这就是普列汉诺夫关于马克思主义是现代"斯宾诺莎主义"⑤的全

---

① 因为这种问题应该由自然科学来回答。"不过,必须指出,那些还没有单独神经系统的有机体,看起来是具有感受性的"。(《普列汉诺夫哲学著作选集》,第5卷,第164页)
② 《普列汉诺夫哲学著作选集》,第2卷,第36,772—773页。
③ 同上书,第3卷,第232页。根据这一页上普列汉诺夫本人的注释,我们可以断定,这里讲的正是物质具有意识这个问题,至少包括这个问题。
④ 同上书,第2卷,第393页。
⑤ 这句话实际上等于说:马克思主义是现代唯物主义。约夫楚克在他的专著《普列汉诺夫及其哲学史著作》中正确地指出:当普列汉诺夫"说'斯宾诺莎主义'时,应当把它理解为唯物主义的同义词。他用'斯宾诺莎主义'一词表示一切唯物主义世界观的特点"。这些特点是:(1)物质的一元论;(2)从永恒的、不生不灭的世界本身来说明世界;(3)和宗教相反,以自然科学为依据(参见该书俄文版第121—122页)。恰金在1971年出版的《苏联哲学史》第4卷中对普列汉诺夫关于马克思主义是现代斯宾诺莎主义的论点也作了肯定的评价和正确的解释(参见该书俄文版,第222页)。

部内容。

试问：这种说法有什么实质性的错误？没有，根本没有。米丁在他的《斯宾诺莎和辩证唯物主义》一文中所提出的批评，没有一条是站得住脚的。这些批评不是没有事实根据（例如把斯宾诺莎唯物主义的全部缺点仅仅归结为他的神学装饰品），就是扯上一些不相干的问题（如说普列汉诺夫没有指出斯宾诺莎在认识论上是唯理论者）。当然，我们肯定普列汉诺夫上述命题的正确性，并不意味着要求我们自己现在仍然必须保留他的这种表达方式。因为任何一种表达方式不仅有它的时代性，而且也取决于表达者个人的一些特点。

使得米丁等人觉得普列汉诺夫的说法难以接受的主要障碍，就在于"一切个体都在不同程度上有灵"这句话。似乎这句话肯定了木头、石块之类的无生物具有感觉等等的能力，至少是程度最低的感觉能力。关于十七、十八世纪一些唯物主义者对这个问题的理解，我们上文已经作了说明，不再重述。这里要特别提出的问题是：无生物是否绝对不能具有感觉、知觉、记忆，甚至某些理智能力？显然不能这样说。大家知道，电子计算机以及装有电脑的机器人并非生物，它们根本没有新陈代谢，然而谁能否认它们具有感觉、记忆、理智等等被称为"人工智能"的东西呢？[①] 由此可见，生物与无生物的区别并非能否具备感觉和意识能力的不可逾越的天然界限。

米丁在上述文章中猛烈攻击普列汉诺夫的时候，正是他竭力宣扬列宁哲学思想是马克思主义发展新阶段的年月。然而，在"斯宾诺莎主义"问题上他却忘记向他的读者交代：为什么列宁竟然一直没有发现普列汉诺夫这个"严重错误"？他也不认为有必要考察一下：在列宁

---

① 随着现代科学的发展，这类东西越来越多，例如无人驾驶的各类飞机、自动跟踪的导弹，等等。

的《唯物主义和经验批判主义》一书中有哪些论断同普列汉诺夫的上述观点完全一致或者十分类似？我们觉得,现在来补做(即使是粗略地补做)一次这项工作,仍然是必要的:不仅对于说明和评价普列汉诺夫的唯物主义思想必要,就是对于弄清他的哲学著作在列宁哲学思想发展过程中的作用也是必要的。

列宁在该书"代绪论"的末尾引证了《达朗贝和狄德罗的谈话》中关于物质和意识的本体论关系的长篇文字。这段话的核心思想是"一个能说明一切的简单假定,就是:感觉能力是物质的普遍特性或者是物质机体组织的产物"①。这个"假定"也就是上面普列汉诺夫著作中转述的那个假设。

对于这个假设或假定,列宁怎样评价呢？他写道:"我们从狄德罗的例子中就已经看到唯物主义者的真正观点了。这种观点不是从物质的运动中引出感觉或者把感觉归结为物质的运动,而是承认感觉是运动着的物质的特性之一。恩格斯在这个问题上坚持狄德罗的观点。"接着列宁谴责马赫主义者"无视一切伟大的唯物主义者——狄德罗、费尔巴哈、马克思和恩格斯"②。

这就是说,第一,和普列汉诺夫一样,列宁肯定了狄德罗的上述观点是"唯物主义者的真正的观点"。第二,和普列汉诺夫一样,列宁肯定恩格斯在这个问题上是坚持"狄德罗主义"的,而狄德罗主义不过是新的历史条件下的斯宾诺莎主义而已。第三,和普列汉诺夫一样,列宁公然把狄德罗、费尔巴哈同马克思、恩格斯并列起来,丝毫不担心后世的他的什么"学生"会指责他把辩证唯物主义者马克思、恩格斯同形而上学唯物主义者狄德罗、费尔巴哈混为一谈。因为他也清楚地懂得,这

---

① 《列宁全集》,第14卷,第25页。
② 同上书,第14卷,第36页。

里讲的是近现代一切唯物主义者所共有的那些观点。第四,和列宁一样,普列汉诺夫认为,"在唯物主义者看来,感觉和思想、意识都是运动着的物质的内部状态。在哲学思想史上有声望的唯物主义者中,没有一个人把意识'归结'为'运动',也没有一个人把意识解释为运动,或把运动解释为意识"①。"谁想用客观世界来说明主观世界,从前者之中引申出后者,他就表明,他完全不懂得费尔巴哈的唯物主义。这种学说,也如斯宾诺莎的学说一样,并不从另一方面中引申出上述的一个方面,而只是确定它们都属于统一的整体。其实,在这方面至少近代唯物主义的其他一些最主要的变种同费尔巴哈的唯物主义完全没有分歧。"②"非物质的精神过程"并不是"物质的大脑的过程""引起的,而只是伴随着它们"③。第五,和列宁一样,普列汉诺夫也明确指出,唯物主义者在这个问题上也是以自然科学为依据,同它完全一致,并且随着它的发展而使自己的观点更加精确。如此等等。总之,在上述这些方面两人之间是没有什么观点分歧的。这就是列宁从未对普列汉诺夫关于"斯宾诺莎主义"的学说提出任何异议的真正原因。这种一致究竟说明什么? 是列宁受普列汉诺夫影响,还是普列汉诺夫受列宁影响?答案显然不可能是后者。

如果一定要在这里找出列宁和普列汉诺夫之间的区别,以下两点大概是可以成立的。

第一,如上所述,普列汉诺夫比较倾向于普利斯特莱的假设,而列宁则明确地肯定了狄德罗的假定。因为在列宁看来,"假定一切物质都具有在本质上跟感觉相近的特性、反映的特性,这是合乎逻辑的"④,

---

① 《普列汉诺夫哲学著作选集》,第 3 卷,第 78 页。
② 同上书,第 3 卷,第 767 页。译文有改动。
③ 同上书,第 3 卷,第 533 页。
④ 《列宁全集》,第 14 卷,第 86 页。

因为"明显的感觉只和物质的高级形式(有机物质)有联系,而'在物质大厦本身的基础中'只能假定有一种和感觉相似的能力"①。如果这是对的(这当然是对的),那么事情就成了这样:普列汉诺夫采取了米丁的观点,而列宁则是一个真正的"斯宾诺莎主义者"!然而从现代自然科学状况看,列宁的假定更具有预见性,对科学发展的作用更大。而且倘若列宁活到现在,他也许不再限于说"和感觉相似的能力",他可能——说得极端一些——比斯宾诺莎更"斯宾诺莎主义"。

第二,在感觉能力从何而来的问题上,列宁的立场是:"对于那种看来完全没有感觉的物质如何跟那种由同样原子(或电子)构成但却具有明显的感觉能力的物质发生联系的问题,我们还需要研究再研究。唯物主义明确地把这个尚未解决的问题提出来,从而促进了这一问题的解决,推动人们去作进一步的实验研究。"②与此不同的是普列汉诺夫的态度。他完全同意法国唯物主义者的看法:感觉能力是一个非常难解的谜,"我们从来没有弄清我们的意识是怎样产生的"③,对于灵魂与肉体的关系,"必须进行观察,而当观察需要停止的时候就停止下来,并有勇气不去探求那还不可能知道的东西"④。"在现代的自然科学中,所谓物质有灵的学说,即一般物质特别是任何有机物质具有某种程度的感性的学说,主要在新拉马克主义者当中,流行得相当快。……如果正确地加以理解的话,它不过是把费尔巴哈关于存在和思维、主体和客体统一的唯物主义学说译成最新的自然科学的语言罢了。可以有把握地说,马克思和恩格斯采纳了这个学说,他们对于上面所说的自然科学中的这个暂时固然还没有详尽研究过的方面是会感到浓厚的兴趣

---

① 《列宁全集》,第14卷,第34页。
② 同上书,第14卷,第35页。
③ 《普列汉诺夫哲学著作选集》,第2卷,第430页。译文有改动。
④ 同上书,第2卷,第379页。

的"①。这里也和其他某些场合一样,用得着普列汉诺夫本人经常引用的费希特所谓"是怎样的人就有怎样的哲学"这句名言:列宁的立场显示出一个善于明确地提出斗争任务的积极的唯物主义者的形象,而普列汉诺夫的言论则表明他(有时)是一个消极的静观的学者,尽管也是唯物主义的学者。

(五)

和"斯宾诺莎主义"一样,普列汉诺夫关于只有唯心主义者才主张思维和存在的同一性的观点也是受到非难的问题之一。不同的地方在于:前一个问题半个多世纪以来成了人们不断指责的对象,而对后一个问题提出异议的却只有我国的王若水等人。据我所知,苏联所有研究普列汉诺夫的专家以及在自己的著作中批评过普列汉诺夫种种错误的苏联著名哲学家中间没有一个人曾经提到王若水指出的这个"错误"。甚至米丁等人在二十世纪三十年代批判普列汉诺夫的热潮中也没有发现"同普列汉诺夫最终滚到孟什维克泥坑有联系的"这个理论错误。特别要指出的是,列宁从不觉得普列汉诺夫这个观点有什么问题。相反,他的《唯物主义和经验批判主义》倒是发表了一系列和普列汉诺夫的主张完全一致的言论。能不能说列宁也弄错了呢?假定列宁和普列汉诺夫的观点是对的,试问,这种观点同恩格斯关于包括唯物主义者在

---

① 《普列汉诺夫哲学著作选集》,第3卷,第162页。梅林在《历史唯物主义》(1910年)一文中批评普列汉诺夫把以佛朗赛等人为首的敌视唯物主义和达尔文主义的新拉马克主义看成同唯物主义观点一致的学说。恰金肯定了梅林的批评。(参见他的《普列汉诺夫及其在发展马克思主义哲学中的作用》,俄文版,第166—167页)作者对新拉马克主义毫无研究,不过,读了梅林的《新拉马克主义和机械唯物主义》一文(载于他的论文集《保卫马克思主义》)以后,我们对于被普列汉诺夫称为德国社会民主党内当时唯一的"哲学通"在这个问题上的判断能力是存疑的。

内的绝大多数哲学家都肯定地回答了思维和存在的同一性的著名论断是否相矛盾呢？我们现在就来分析这些问题。

王若水在《辩证法的命运》一文中断言，普列汉诺夫在思维和存在的同一性上"就没有搞清楚"问题。① 让我们先看一看普列汉诺夫本人是怎样说的。

他在反驳伯恩施坦时问道："有承认存在与思维之同一性的唯物主义者存在吗？看来应当是这样的。但是这完全是胡说，假如伯恩施坦先生懂得了存在与思维之同一性这些词的原来意义，那么他自然就决不会在任何一个唯物主义者那里发现这种同一性。他那时就会看出，承认思维和存在的同一性只有在唯心主义中才是可能的。"②

那么存在和思维的同一性的"原来意义"是什么呢？

"感觉到本身发生感觉的生物，是物质的生物，是能感受到外部物体的作用的有机体。这种作用表现在有机体的某些部分这样或那样地进行活动。有机体的某些部分的这种活动引起一定的感觉，但这种活动并不等于感觉：它只是这样一个现象的客观方面，这个现象从主观方面来说，即对实现这个活动过程的那个生物来说，才是感觉。……现象的这两方面——主观方面和客观方面——最密切地互相联系在一起，但却不能把它们互相同一化（отождествляются）。"③ "物质，'像它出现在我们经验中的那个样子'，不是自在之物，不是本体（ноумен）；它是外部表现、现象（феномен）。这是无可争论的；这是简单的同语反复。但是同样不可争论的是：意识，像它出现在我们内在经验中的那个样子，也是现象，而不是自在之物。我们根本没有任何理由把这些现象

---

① 《社会科学战线》1981年第3期，第14页。
② 《普列汉诺夫哲学著作选集》，第2卷，第434页。译文有改动。
③ 同上书，第4卷，第228页。

中间的一个和另一个同一化（отождествлять），或者一般而言这样或那样地把它们中间的一个归结为另一个，例如宣布物质是'精神的异在'，像黑格尔的做法那样，或者宣布精神是物质的异在，像唯物主义者——按照不懂得唯物主义历史的尤尔凯维奇、沃伦斯基和别的哲学家先生（любомудры）（他们是数不胜数的）的意见——所做的那样。然而我们有一切必要的和充分的理由承认上述现象之间存在着一定的联系。"①

我们逐点解释一下：

第一，所谓"思维和存在同一性"原来的意思是"一般而言这样或那样地把它们两者中间的一个归结为另一个"。"一般而言"，唯心主义者把物质归结为精神。例如客观唯心主义者黑格尔"这样"归结：他宣布物质是精神的异在。而主观唯心主义者（贝克莱、费希特、马赫等人）则"那样"归结：在他们看来，物质不过是感觉、观念、自我或经验中的存在。而"唯物主义者"则把精神归结为物质，宣布精神是物质的异在。由此可见，"思维和存在的同一性"的原义是本体论的，或者说，指的是恩格斯《费尔巴哈论》中思维和存在的关系的第一个方面，而不是这种关系的另一个方面即认识论方面。

第二，正如前文已经指出的，主观唯心主义者和客观唯心主义者的共同错误，在于（1）把思维、观念、主体变成一种独立的、不依赖于物质而存在的本质，以及（2）通过划掉思维和存在这个对立面中的一个要素——即存在——而宣布存在和思维的矛盾已经解决。这种解决仅仅是形式上的，因为对立面已被取消。② 由此可见，唯心主义的"思维和

---

① 《普列汉诺夫哲学著作选集》，第5卷，三联书店1984年版，第163页。
② 还可参见《普列汉诺夫哲学著作选集》，第3卷，第142页。

存在的同一性"本质上是形而上学的命题,绝不可能是辩证的命题,不论在主观唯心主义者那里,或者在客观唯心主义者(例如黑格尔)①那里,都是如此,一无例外。"唯心主义不曾建立存在和思维的统一,而且也不能建立这种统一;它只是破坏这种统一。"②

第三,"唯物主义者说的不是主体和客体的同一,而是它们的统一。"③"关于主体和客体统一的学说、思维和存在统一的学说,是同样为费尔巴哈和马克思及恩格斯所固有的,这也是十七世纪和十八世纪最杰出的唯物主义者的学说。"④这个学说的基本内容,上面已经简要地叙述过了,这里不再重复。

第四,既然唯心主义者经常把物质归结为精神,那么,"一般而言",即抽象地说,把精神归结为物质的人是可能存在的。事实上也的确存在着这样的唯物主义者,虽然在哲学发展的历史上他们只是极少数,只是"例外"。

普列汉诺夫决不否认存在着把精神看作物质的异在的唯物主义者。他们是"卡尔·伏格特及其同道,或者(勉强地)还有几个古代唯物主义的代表人物"⑤。他多次指出,卡巴尼斯和伏格特说过:脑之分泌思想就像肝脏分泌胆汁、肾脏分泌尿液一样;思想是物质的运动。⑥但是他认为:(1)卡巴尼斯在唯物主义哲学问题上根本没有声望;(2)十七、十八和十九世纪的任何一个古典唯物主义者都不可能说出这一类话;(3)"甚至这句不恰当的话所指出的,也根本不是思想和运

---

① 《普列汉诺夫哲学著作选集》,第2卷,第153页。
② 同上书,第3卷,第142页。
③ 同上书,第3卷,第721页。
④ 同上书,第3卷,第147页。
⑤ 同上书,第2卷,第499页。
⑥ 同上书,第2卷,第154页;第3卷,第530—531页。

动相同,而是运动是思想的一个必要的和充分的条件";(4)并非所有的庸俗唯物主义者都认定感觉和思想与人脑中的运动是同一的。例如摩莱肖特就竭力采取狄德罗的"新斯宾诺莎主义"观点——即"从物质能够感觉这个基本原则出发"①。

第五,为什么普列汉诺夫没有断然地把"几个古代唯物主义的代表人物"(例如德谟克利特)算作"思维和存在的同一"论者,而只说"或者(勉强地)还有……"这样不肯定的话呢?因为这些唯物主义者的著作留下来的只是一些残篇,要从这些零碎而且模糊的论断中得出确然的结论至少是根据不足的。② 其次,如果全面考察一下德谟克利特的影像说,就很难仅仅依据"德谟克利特说感觉和思想都是身体的变形"③而断定他具有和卡巴尼斯类似的思想。

第六,为什么"承认思维和存在的同一性只有在唯心主义中才是可能的",在唯物主义中则不可能呢?原因很简单:唯物主义者认为,世界上只有物质'存在',而物质的存在就足以解释一切现象(包括意识现象),而思维不过是物质的一种属性。在绝大多数唯物主义者看来,物质既不是精神的异在,精神也不是物质的异在。

以上是普列汉诺夫关于思维和存在的同一性是唯心主义命题,而思维和存在的统一性是唯物主义命题的学说的基本内容。

普列汉诺夫这些思想同恩格斯《费尔巴哈论》中关于"思维和存在

---

① 参见《普列汉诺夫哲学著作选集》,第2卷,第154页;第3卷,第530、531、719—720页,以及第5卷,第275—276页,等等。附带指出,十九世纪庸俗唯物主义者中间最有名望、最有影响的代表毕希纳就公开反驳了伏格特的观点,他声称:"心理活动是大脑实体的功能或机能。"(参见巴克拉捷:《近代德国资产阶级哲学史纲要》,中国社会科学出版社1980年版,第3—5页)和流行的所谓"庸俗唯物主义者伏格特、毕希纳、摩莱肖特断言大脑分泌思想正如肝脏分泌胆汁"的观点相反,普列汉诺夫没有犯这种哲学史知识性的错误。

② 参见《普列汉诺夫哲学著作选集》,第4卷,第241页。普列汉诺夫的这个观点引起过列宁的重视(《列宁全集》,第38卷,第583页)。

③ 《西方哲学原著选读》(上),商务印书馆1981年版,第50页。

的同一性"的著名论点有没有矛盾呢？这个问题实质上就是争论了二十多年的老问题。通过讨论,大家一致承认:"思维和存在的同一性"是黑格尔的语言。但是王若水认为,这个命题经恩格斯借用后改变了原来黑格尔赋予它的那个意义。这是对的,因为黑格尔认识论中的同一性学说是从他的本体论中的那个同一性直接推论出来,这种"同一性"是预定的、先验的。现在的问题是:恩格斯这里所说的"思维和存在同一性"是否像王若水所认为的那样,是一种"具体的同一性"、"矛盾的同一性"、"辩证的同一性",包括对立面的互相依存、互相转化,"精神变物质"、"物质变精神"……等等？我们认为,不能这样理解。因为恩格斯这里讲的是世界可不可知的问题,如果承认可知,就是赞同思维和存在有同一性,否则就没有同一性。这里的"同一"仅仅指思维是否同存在一致、相符,不管是唯心或唯物的一致还是形而上学或辩证的一致,此外没有更多的意思。如果按照王若水的说法,"同一"是"辩证的同一",那么恩格斯接着写的那句话:"绝大多数哲学家对这个问题都作了肯定的回答",就是错误的了。因为所有形而上学的唯物主义者和唯心主义者至少是都不承认或者不懂得思维和存在这两个对立面的相互转化,换言之,他们对这个"思维和存在的(辩证的)同一性"问题作了否定的回答。这就是说,恩格斯把本体论中原来属于唯心主义的一个命题改变为认识论中一个既适用于唯物主义也适用于唯心主义的命题,它根本没有涉及唯物和唯心的对立。所以,普列汉诺夫的上述思想同恩格斯的著名论点没有任何矛盾。

那么普列汉诺夫本人又是怎样看待认识论中"思维和存在的同一性"的呢？关于他的认识论思想,将在下一章详细讨论。这里仅就"同一性"问题抄一段直接有关的话,作为这个问题的答复。

"马克思说:'观念的东西不是别的,正是在人头脑中被反映和翻译的物质的东西。'施米特先生根据这句话,把马克思认作是主张人的精神本质只能由物质属性，只能由'物质和力量'来解释的人。单是这一点已经表明，这一可敬的博士如何不了解马克思。例如，如果我从俄文翻译某种东西成法文，难道我的这一行为是意味着伏尔泰的语言不能只由普希金的语言的属性来解释，意味着一般说来，普希金的语言'更真实些'吗？完全不是这样！这是说，有两种语言存在，其中的每一种都有自己的特殊构造，而如果我忽视法文的文法，那么我的结果就不是翻译，而只是既不懂又不能读的胡说。如果，根据马克思的话，'观念的东西就是物质的东西在人头脑中的翻译和改作'，那么，很明白的，按照这一意见，'物质的东西'和'观念的东西'不是同一的，因为，如果是同一的，那就没有任何改作和翻译的必要了。所以施米特想强加于马克思的那一荒谬的同一性完全是无稽之谈。但是如果某一句法国话不像它所要翻译的一句俄国话那样，那么由此还不能说，前一句话的意思和后一句话的意思一定有分歧。相反地，如果翻译得好，那么两句话尽管不相像，意思还是同样的（один и тотже）。同样，虽然存在于我的头脑中的'观念的东西'，不像它所'翻译'的那一'物质的东西'，但是只要翻译得正确，它就会有同样的意义。……在这个意义上（而且也只有在这个意义上），我们可以而且应当说，观念的东西与物质的东西之同一性（Identität）"①。

在"思维和存在的同一性"问题上，列宁完全同意普列汉诺夫的意见。他不仅和普列汉诺夫一样，以赞同的态度引证了费尔巴哈批判"思维和存在的同一性"的言论，②而且旗帜鲜明地直接规定了这种"同一性"理论的性质和意义。他说："社会存在和社会意识不是同一的，这正如一般存在和一般意识不是同一的一样。人们是作为有意识

---

① 《普列汉诺夫哲学著作选集》，第 2 卷，第 499—500 页。
② 《列宁全集》，第 14 卷，第 116—117、155—156 页。

的生物互相交往的,但由此决不能得出结论说,社会意识和社会存在是同一的。……社会意识反映社会存在,这就是马克思的学说。反映可能是对被反映者的近似正确的复写,可是如果说它们是同一的,那就荒谬了。……这种社会存在和社会意识同一的理论,是十足的胡言乱语,是绝对反动的理论……替反动分子服务的工具"①。他还指出,这种理论"与马克思主义毫无共同之处,这一点已由奥尔托多克斯指出了(《哲学概论》,1906年圣彼得堡版,第183页及以下几页)。"②奥尔托多克斯是柳·依·阿克雪里罗得的笔名,它的意思是"正统分子",表示她崇奉普列汉诺夫哲学思想为马克思主义"正统"。她在这里基本上发挥了普列汉诺夫的观点。正因为如此,列宁从未认为、也决不可能认为普列汉诺夫"没有搞清楚""思维和存在的同一性"问题,当然就更谈不上跟"同普列汉诺夫最终滚到孟什维克泥坑有联系的"这个"理论错误"划清界线了。也正因为如此,没有一个苏联哲学家论述"思维和存在的同一性"时批评过普列汉诺夫。

(六)

在哲学唯物主义方面,列宁与普列汉诺夫的关系不仅有继承的一面,还有批判的一面、发展的一面。简言之,他们的关系是青出于蓝而胜于蓝的关系。这一点,只要比较一下他们对物质定义问题的观点,就可以明显地看出来。

对于唯物主义者说来,科学的物质定义无疑具有最根本的意义。"没有物质,也就不会有唯物主义"③。在哲学史中,特别是近代以来的

---

① 《列宁全集》,第14卷,第341—344页。
② 同上书,第14卷,第340页。
③ 《普列汉诺夫哲学著作选集》,第3卷,第710页。

西欧哲学史中,物质定义的问题一直是唯心主义者攻击和歪曲的对象。因此,普列汉诺夫在十九世纪末二十世纪初保卫唯物主义的斗争中着重分析马克思主义对物质的观点,也是十分自然的了。

有人说,列宁的《唯物主义和经验批判主义》的重要贡献之一是:给物质下了一个科学的定义。这个说法不完全正确。马克思以前的近代许多唯物主义者都给物质下过定义。尽管他们的物质观建立在当时自然科学知识水平的基础上,具有机械论等等缺点,但是他们的一些物质定义不能不说是基本正确的。在马克思主义文献史上,谁第一个给物质以科学的定义呢?恩格斯在《自然辩证法》中写道:"实物、物质无非是各种实物的总和,而这个概念就是从这一总和中抽象出来的"①。然而第一,严格说来,这不能算定义,因为它没有说明物质和意识的关系,而撇开这种关系就不可能给物质下定义;②第二,《自然辩证法》直到1925年才公开发表,即使算定义,它为世人所知也比普列汉诺夫和列宁的定义晚若干年。

第一个提出科学的物质定义的马克思主义者是普列汉诺夫。他是怎样下的定义呢?人们通常引证他的那个定义是这样说的:"我们所说的与'精神'相对立的'物质',是指的在对我们的感官起作用时,引起我们的这些或那些感觉的东西。到底是什么对我们的感官起作用呢?对于这一问题,我的回答同康德一样:自在之物。由此说来,物质不是别的,而是一些自在之物的总和,因为这些物是我们的感觉的源泉"。③

---

① 《马克思恩格斯全集》,第20卷,第579页。
② 普列汉诺夫指出:"如果谁要求我们舍弃掉从对象(предмет)所得到的印象而给对象下定义,就是提出极端荒谬的要求。这一要求就其逻辑的意义来说,或正确些说,就其逻辑的废话来说,是等于当客体对主体没有关系的时候问客体对主体是怎样的关系的问题。"(《普列汉诺夫哲学著作选集》,第3卷,第257—258页)与此同时,或者稍后,列宁也说过类似的话。(参见《列宁全集》,第14卷,第146—147页)
③ 《普列汉诺夫哲学著作选集》,第2卷,第50页;第3卷,第247页。

第三章 唯物主义 171

对于这个定义,福米娜批评说:"虽然上述的物质定义基本上是正确的,但对物质的客观性这个因素是强调得不够的。此外,引用康德的'自在之物'也给人以某种批评的借口,波格丹诺夫和其他马赫主义者就立刻抓住了这个借口。列宁纠正了普列汉诺夫的定义的这个缺点。他在《唯物主义和经验批判主义》一书中对物质下了一个经典的定义:'物质是标志客观实在的哲学范畴,这种客观实在是人通过感觉感知的,它不依赖于我们的感觉而存在,为我们的感觉所复写、摄影、反映'"①。

福米娜在这里对普列汉诺夫提出了三点批评。可惜这些批评都经不起推敲。

第一,普列汉诺夫的定义是否对物质的客观性强调得不够呢? 不是。他在下过定义之后紧接着立即指出:"自在之物"是"在我之外并且不依赖于我的意识而存在的"②。为什么他没有把物质的这一最重要的特性③包括进物质的定义中去呢? 对于这个问题他曾经作过明确的解释。他说:"我们理解的物的物质性……就是它们这样或那样地、直接或间接地作用于我们的感官,从而唤起我们的某种感觉的能力。在我和康德主义者争论时,我认为自己有权限于简单地指出物的这种能力,因为物的存在不仅不为康德所反对,而且康德在其《纯粹理性批判》的第1页中就无条件地承认它的存在。"④后来在同马赫主义者波格丹诺夫争论时,普列汉诺夫就改变了这种态度。因为波格丹诺夫是主观唯心主义者,他"否认唯物主义所承认的物的物质性"。于是普列汉诺夫另给物质下了一个全面的定义:"我们所说的物质的对象(物

---

① 福米娜:《普列汉诺夫的哲学观点》,第169页。
② 《普列汉诺夫哲学著作选集》,第2卷,第502页。
③ 列宁甚至把它称为"物质的唯一'特性'"(《列宁全集》,第14卷,第275页)。
④ 《普列汉诺夫哲学著作选集》,第3卷,第248页。这段引文中的"物的存在",中译本误译为"物的这种能力的存在"。

体，тела），就是那些不依赖于我们的意识而存在的对象，这些对象在作用于我们的感官时唤起我们一定的感觉，而这些感觉反过来又成为我们关于外部世界，即关于这些物质对象及它们的相互关系的观念的基础"①。可见，福米娜的第一个批评是没有事实根据的。

第二，马克思主义者可不可以使用"自在之物"？完全可以。列宁在《唯物主义和经验批判主义》和《哲学笔记》中不是大量使用过吗？带引号的，不带引号的，都使用了。一个概念或范畴能不能使用，不决定于哪个资产阶级哲学家或修正主义者是否使用过，或者是否对它进行过攻击和曲解，而是决定于这个概念或范畴是否正确地反映了客观事物或现象的某种本质。"自在之物"在康德那里至少有这样两层意思：(1) 不依赖于人的意识而独立存在着；(2) 它的本质是人不能认识的。第一层意思是对的，第二层意思则错了。因为恰好相反，一旦"自在之物"这样或那样作用于我们的感觉器官时，我们就会认识它们，所以它们原则上是可以认识的。唯物主义者所谓的"自在之物"在第一层意思上和康德没有任何区别，在第二层意思上却正好相反。这些道理，普列汉诺夫在反对康德主义和马赫主义的文章里反复解释清楚了。② 福米娜既然不能否定普列汉诺夫赋予"自在之物"上述两层意思的正确性，也就没有理由指责他给物质下定义时使用了"自在之物"一词。

第三，列宁的定义确实胜过普列汉诺夫的定义。列宁也确实"纠正了"普列汉诺夫定义的"缺点"。但是，真正的缺点是什么？列宁是怎样纠正的？我们的看法跟福米娜完全不同。我们认为，普列汉诺夫定义的缺点不在于客观性强调得不够，更不在于使用了"自在之物"一

---

① 《普列汉诺夫哲学著作选集》，第 3 卷，第 250 页。
② 例如他写道："恩格斯所否认的只是康德式的自在之物的存在，即只是那种仿佛不服从因果律和不能被我们认识的自在之物。"(《普列汉诺夫哲学著作选集》，第 3 卷，第 275 页）

词,而在于没有把一般物质概念同特定的物质形态或者特定层次的物质区分开来,即没有把物质的某种构造理论同认识论的物质范畴,或者说同关于我们知识的源泉和客观真理的存在等问题区分开来。他的定义的缺点在于当自然科学已经大踏步前进的时候,不能用唯物辩证法的观点来修正十八世纪唯物主义者依据当时知识水平对物质概念所作的哲学概括,使之适应科学新成就,而仍然基本上停留在十八世纪的水平上。①

举一个例子。普列汉诺夫在同康德主义者和马赫主义者论战时多次引证了十七、十八世纪唯物主义者的物质定义。其中最有代表性的当然是霍尔巴赫的定义:"物质就是以某种方式激起我们的外部感觉的东西,我们说各种物质有某些属性都是根据它们在我们身上所引起的各种不同的印象或变化。"②对于这些定义,普列汉诺夫没有提出任何异议。相反,他在回答波格丹诺夫对他本人的物质定义的攻击时写道:"关于物质的定义不是我的私有财产,而是唯物主义阵营的或者甚至是唯心主义阵营的许多思想家的公有财产。"③如果我们把普列汉诺夫的物质定义同霍尔巴赫的物质定义比较一下,也的确看不出多少区别,他甚至在定义中使用了表征与十八世纪自然科学水平相适应的唯物主义者们的物质观的术语——"物体"。

再举一个例子。伯恩施坦指责"纯粹的或绝对的唯物主义"(包括

---

① 纳尔斯基认为:霍尔巴赫的物质定义在正确理解物质实体的本质的过程中,比他的先辈前进了一大步。这个定义指出了物质(客观东西)同"我们"(主观东西)的对立。但它也有由于十八世纪科学知识水平所造成的形而上学的局限性,就是把物质同物体,同感官可以把握的东西混为一谈。这使得霍尔巴赫不能理解他提出的定义的哲学特性。参见《十八世纪西欧哲学》,1973年俄文版,第246—247页。
② 《普列汉诺夫哲学著作选集》,第2卷,第390页。另见霍尔巴赫:《自然的体系》,上卷,商务印书馆1964年版,第35页。
③ 《普列汉诺夫哲学著作选集》,第3卷,第251页。

马克思主义)"只相信原子",说它奢望看到、摸到、嗅到原子。这当然是曲解。问题是如何反驳,根据什么观点进行反驳。普列汉诺夫反驳时仅仅引证霍尔巴赫的上述物质定义,接着讽刺道:"我认为,这比'我们只相信原子'的说法要多少清楚一些。"更糟糕的是随后加上这么一句话:"或者,伯恩施坦先生以为恩格斯不知道我们只相信原子吧?应当假定,恩格斯是知道得很清楚的"①,而没有作任何说明,来介绍恩格斯关于物质结构的观点,或者从唯物辩证法的基本原理分析一下马赫主义者在"自然科学的最新哲学"的幌子下利用"物理学的危机",大肆宣扬"物质消失了"、"原子非物质化"以及"唯物主义已被驳倒"等谬论的实质,甚至在伯恩施坦直接触及这个问题的场合也竟然予以撇开,不作答复。

　　应该承认,1910年以前普列汉诺夫在物质结构理论上的立场是不明朗的,②他从未提到过自然科学领域内关于物质结构的唯心主义新思潮。但是说他"不知道"这个新思潮,却是不符合史实的。列宁这样说可以,后人这样说则不正确。因为列宁没有可能看到他逝世以后发表的各种材料。

　　这里只举一个明显的证据。早在1908年普列汉诺夫就读过德波林《辩证唯物主义哲学入门》一书手稿,对它表示过赞许,还认为最好把关于辩证唯物主义的那一章(即第七章)先在刊物上登出来。③ 德波林接受了这个建议。1909年,文章经过若干修改后(但与物质结构问题有关的段落改动很少)在《时代的交接处》文集中发表。这就是列宁在《哲学笔记》中作了批注的那篇文章。德波林在文章中虽然对自然

---

　　① 《普列汉诺夫哲学著作选集》,第2卷,第392页。
　　② 另见《普列汉诺夫哲学著作选集》,第1卷,第759页;第2卷,第34页;第3卷,第243页。
　　③ 参见《普列汉诺夫哲学遗著》,第1卷,1973年俄文版,第221、224页。

科学新思潮的实质讲得不清楚、不确切,但基本上毕竟是站在辩证唯物主义立场试图对这个问题进行分析。

大家知道,列宁对于普列汉诺夫从未公开评论这个对于当代马克思主义哲学家说来绝对不应回避的问题是十分愤慨的。"新物理学,确切些说,新物理学中的一定学派跟马赫主义和现代唯心主义哲学的其他变种有联系,这却是丝毫不容怀疑的。像普列汉诺夫那样,忽视这种联系来研究马赫主义,就是嘲弄辩证唯物主义的精神,也就是为了恩格斯的某个词句而放弃恩格斯的方法。恩格斯直率地说:'甚至随着自然科学〔姑且不谈人类历史〕领域内出现每一个划时代的发现,唯物主义不可避免地一定要改变自己的形式'。"①

普列汉诺夫的这个严重错误表现在一系列的问题上,我们以后还要逐点分析批判,但是它首先表现在物质结构理论上,表现在物质的定义上。他没有用辩证唯物主义观点总结人类对物质结构认识的深化所取得的成果,并把这些成果概括到物质定义中去,像列宁下的定义那样,将物质概念的客观辩证法方面同认识论方面结合起来,达到两方面的高度统一。

由此可见,福米娜对普列汉诺夫物质定义的批评,跟米丁对"斯宾诺莎主义"的批评以及王若水对"同一性"的批评一样,也是没有根据的。

值得指出的一个有趣的事实是:普列汉诺夫终于接受了(虽然是很不自在很不彻底的)列宁对他的这个批评。这是他在哲学问题上极少几次接受列宁的批评中的一次②。而哲学从来就被他看成是"世袭

---

① 《列宁全集》,第14卷,第265页。请注意,列宁这里讲的是"忽视",这是确切的表述。
② 在对待费尔巴哈实践观的评价上改变态度,算是另一次接受了列宁的意见。参见德波林:《哲学与政治》,下册,第422—423页。

的领地"。他在《胆怯的唯心主义》(1910年)一文中写道:"可能会有人对我说,由于近年来物理学上的惊人发现,物质这个概念本身应当有较大的改变。这是对的。但是,这些发现中的任何一个也不能动摇物质的定义,这就是:物质应当被认为是直接或间接作用于或者在一定条件下能够作用于我们的外部感觉的'自在地存在的'东西。在我看来,有这一点就够了。"① 这里说的是"'自在地存在的'东西",已经不是"物体"了,这就和列宁说的"客观实在"意思一样了。不过普列汉诺夫把他在读了《唯物主义和经验批判主义》以后觉得唯一需要对自己的观点公开做出"修改"的地方放在注释中!

1915年年底,他给德波林《辩证唯物主义哲学入门》一书写了一篇序言(1916年发表)。他在赞扬了德波林揭露那些利用最新化学发现来反对唯物主义的某些德国唯心主义者的虚构论据是站不住脚的以后,写道:"最新的化学发现使人想到有一种'比原子本身更为细小的' materia prima(原初物质)存在。但是应该指出,'在原子内部'发生的现象最好不过地证实辩证法的自然观。黑格尔曾经指责'有限物理学'(die endliche Phisik)过分坚持抽象的悟性定义。他说,由此产生的错误之一,就是'有限物理学'否认元素能够转化。后来,十九世纪五十年代末,当时在研究比较解剖学和生理学的恩格斯发现,如果'这位老人'(der Alte)'现在(1858年)写他的《自然哲学》,那么从四面八方会向他涌来许多事实,证实他对于自然界过程的辩证观点的正确性。而现在,在不久以前还被认为完全不变的'原子的内部',发现了物质的惊人的转化,如果在今天,恩格斯会说些什么呢?"②

---

① 《普列汉诺夫哲学著作选集》,第3卷,第532页。
② 同上书,第3卷,第726页。

这是普列汉诺夫公开发表的著作中谈到最新物质结构理论的唯一的三段文字中的两段。① 这说明他还是承认了列宁批评的正确性和重要性,说明他在哲学上是能够服从真理、愿意跟随时代前进的辩证唯物主义者,同时也说明在哲学上列宁和普列汉诺夫是互相影响的。

最近黄楠森指出,列宁的物质定义没有引进"实体"概念,是一个缺点。我们同意这个批评。在这一点上普列汉诺夫比列宁正确。

普列汉诺夫在哲学唯物主义方面的观点和历史功绩当然不限于本章的叙述。列宁和他在这方面的青蓝关系也不限于以上所说。他对唯物主义和认识论的一系列其他的问题,例如对时间、空间、因果性、必然性、规律性、感觉、经验、真理、实践等等问题,都有一定的理论成就。列宁主义哲学的诞生是以广泛吸收这些成就为前提的。关于所有这些认识论问题(也是哲学唯物主义的理论问题),将是下一章考察的对象。

---

① 另一段参见《普列汉诺夫哲学著作选集》,第4卷,第788页。

第四章　认识论

　　普列汉诺夫第一次表述自己的认识论见解，是在1882年他翻译的恩格斯《费尔巴哈论》俄文本所加的注释中。此后关于这方面的论述陆续散见于他的各种哲学著作中，特别是在他的《唯物主义史论丛》以及批判新康德主义和马赫主义的一系列论文、书信和遗稿中有比较集中的论述。根据所有这些材料可以看出，他对马克思主义认识论的各种基本问题所进行的分析是正确的、系统的和深刻的。他在这一领域的主要理论功绩可以概述如下：（1）尖锐地批判了当时资产阶级和修正主义的各种错误而且有害的认识理论，热情地捍卫和广泛地解释了马克思主义认识论原理，与此同时，提出了一系列令人信服的新论据和独到的新见解；（2）相当明确地提出了辩证法、唯物主义认识论和唯物史观的一致性的马克思主义原理；（3）根据马克思和恩格斯的思想对十七、十八世纪以来西欧哲学史上一些主要思想家的认识论学说进行了认真深入的分析研究，得出了一系列的新结论。所有这些理论成果后来都被列宁创造性地吸收到自己的认识论学说之中，换句话说，和其他一些领域一样，普列汉诺夫的哲学著作也是列宁主义认识论思想的直接前驱。这一点，凡是切实地详细地比较过这两位伟大思想家关于认识论的全部论著而又不被某些成见所蒙蔽的人，都可以清楚地看出来。

　　然而长期以来，在普列汉诺夫认识论思想的研究和评价中一直存在着对他的理论成就没有给予足够重视的偏向。例如在苏联，从二十世纪三十年代初期到现在，除了两三个不知名的作者以外，没有任何一个普列汉诺夫专家写过一篇关于他的认识论的专题论文。在为数不多的研究普列汉诺夫哲学和哲学史思想的专著中,认识论问题也没有得到充分的独立的阐明,而是附在论述他的唯物主义或辩证法观点的那一部分之内。似乎还没有人提到普列汉诺夫对马克思主义认识论曾经贡献过什么新东西。也许恰金是唯一的例外,因为他曾明确指出,普列汉诺夫捍卫马克思主义认识论时提出了新的论据。即使如此,他并没有进一步告诉我们,这位俄国杰出的马克思主义者究竟提出了哪些新论据,其意义究竟如何,也没有说明哪些论据被吸收进了《唯物主义和经验批判主义》成了列宁主义的理论财富。

在某些人看来,既然普列汉诺夫不重视认识论,把它看成是"完全次要的问题",不愿意对它进行"详细讨论",那么他在这方面除了一连串的失误以外,谈不上有什么贡献就是很自然的了。这种看法是片面的,它只有部分的真理。为了说明它的片面性,让我们先读一读普列汉诺夫的原话。他在《唯物主义史论丛》前言的末尾写道:"也许读者会发现我对于这里所分析的思想家们的认识论讨论得不够详细。对此我可以反驳说:为了确切地叙述他们对这个问题的看法,我尽了一切力量。不过,既然我不把自己算作现在如此时髦的认识论烦琐哲学的(erkenntnistheoretishe Scholastik)拥护者,我也就无意于详细讨论这个完全次要的问题。"[①]必须指出:第一,从整个这篇"前言"的内容看来,普列汉诺夫所谓认识论是"完全次要的问题",是相对于历史观说的。在十九世纪九十年代中期,马克思主义理论的各个方面中历史观问题被普遍地提到了首位。第二国际所有理论家的著作都证明了这一点。这个时期列宁的著作也证明了这一点(请回忆一下《什么是"人民之友"?》的内容吧)。应该说当时这是完全合乎规律的现象。第二,普列

---

① 《普列汉诺夫哲学著作选集》,第2卷,第32页。译文有改动。

汉诺夫并没有忽视认识论的重要意义。在《唯物主义史论丛》中作者对霍尔巴赫和爱尔维修历史观的考察是从分析他们认识论思想开始的，因为作者清楚地懂得后者是前者的基础。后来普列汉诺夫在批判伯恩施坦和施米特、马赫和波格丹诺夫时，中心问题恰恰就是认识论问题。1907年，他在《狄慈根》一文中进一步指出：不依靠唯物主义认识论，把黑格尔辩证法顺立过来是做不到的。第三，所谓认识论是"完全次要的问题"，在很大程度上是针对新康德主义者（例如什塔姆列尔）的著作说的，表示对他们烦琐议论的厌恶和鄙视。列宁正确地理解了普列汉诺夫思想的主旨，他在1899年6月27日致波特列索夫的信中写道："我坚决地站在一元论者这边。什塔姆列尔特别使我愤怒，在他那里我根本看不到丝毫新颖的有内容的东西……十足的 erkenntnistheoretische Scholastik！"①这里的两个德文词和普列汉诺夫前面的用语完全一样。

和这种偏向有密切内在联系的另一种偏向是对普列汉诺夫的某些认识论观点进行了完全错误的或者夸大的指责。普列汉诺夫的认识论远不是没有错误和严重缺陷的。大家知道，1908年以后，列宁对他的哲学著作提出了越来越多、越来越尖锐的批评意见。这些批评绝大多数都是针对他的认识论，至少也同认识论问题有关。列宁的这些意见显然是正确的、深刻的，应当成为我们评价普列汉诺夫认识论学说的指针。但是，只有正确地理解了列宁的意见，才能使我们的研究得出符合实际的结论。在这方面看来同样存在着不少问题。例如：有人认为普列汉诺夫的"象形文字"比喻不是术语问题，而是他的观点的本质；有人断言，列宁对德波林关于法国唯物主义的评价的批评也是针对普列汉诺夫的；也有人硬说列宁所谓普列汉诺夫批判康德主义和休谟主义时表现了庸俗唯物主义，指的是他不懂得精神变物质；还有人写道，

---

① 《列宁全集》，第34卷，第25页。"一元论者"指普列汉诺夫。

"他把认识论和逻辑从辩证法中分离出来,没有注意到它们的统一和有机的相互联系",等等。所有这些都是对列宁批评的错误理解。另外有些指责则和列宁没有关系。比如前一章对于"斯宾诺莎主义"、"思维和存在同一性"、"物质定义"这样一些既是本体论又是广义认识论的问题所提出的批评。又如不少人批评他抹煞了马克思的认识论同费尔巴哈等人的认识论之间的质的差别,或者批评他在实践问题上犯了种种错误等等。当然,问题不在于谁提出批评,而在于批评是否符合实际。下面,我们在正面叙述普列汉诺夫认识论思想的同时,将对所有这些错误的指责作若干简略然而必要的考察,最后准备探讨一下他的认识论的局限性以及列宁和他在认识论问题上的青蓝关系。

(一)

从1892年开始到1917年的二十五年间,普列汉诺夫同贝克莱主义、休谟主义、康德主义、谢林主义、黑格尔主义、马赫主义等各种唯心主义关于认识论的学说进行了长期不懈的斗争,进一步说明和深刻地分析了马克思主义的物质论、时空论、因果论、规律论、实践论、感觉论和世界可知论。

关于普列汉诺夫的物质理论,我们在前一章中已经作了某些分析。现在来考察他的认识学说的其他方面。

先谈空间和时间。在这个问题上,普列汉诺夫所强调的始终是空间和时间的客观性,即强调唯物主义的观点同康德、马赫等人的主观唯心主义时空观的对立。康德哲学的基本矛盾在于承认物自体独立存在的同时又否认它可以为人所认识。这个矛盾表现在时空学说上就是:一方面承认物自体之作用于我们只能在时间和空间中进行;另一方面,又认为空间和时间观念仅适用于现象世界,不适用于物自体,它只是我们的直观的主观形式。康德就是这样议论的。我们看到物体在空间和时间中。试问,空间和时间本身是否存在呢?经验不能直接回答这个问题。至于说到悟性,那么如果它假定空间是在我们之外并且不依赖于我们而存在的,它就会得出矛盾的结论。因此只有假定空间和时间只是我们的直观形式,因而它和自在之物(本体)完全没有关系。普列汉诺夫指出,康德学说中有两个因素:唯物主义因素和主观唯心主义因素。这是一个明显的矛盾,摆脱这个矛盾的出路只有两条:或者是我们继续断言时空范畴以及其他范畴(例如规律性范畴、必然性范畴、因果性范畴等)不适用于物自体,因而抛弃关于现象、时空观念、因果观念等等由物自体对我们的作用所引起的思想,这就直接导致主观唯心主义;或者继续认为这一思想是正确的,因而承认时空范畴、因果观念等等适用于物自体,这就会走向唯物主义。① 康德哲学的二元论是他的唯心主义的致命弱点。即使从康德哲学的前提来看这种唯心主义也是毫无根据的,不仅逻辑上站不住脚,也不符合科学事实。其实,康德说"空间和时间是意识的形式,说因此它们的第一个特性是主观性,这在托马斯·霍布斯就已经知道,而且现在没有一个唯物主义者肯否认这点。全部问题在于,物的某些形式或关系是否与意识的这些形式相符合。唯物主义者,不消说,对于这一问题的回答不能不是肯定。"②

《普列汉诺夫哲学著作选集》的编者对于普列汉诺夫所谓空间和时间的第一个特性是主观性的说法表示了不满,认为"这是对不可知论作了一个让步",因为"实际上空间与时间是客观的。人的意识所反映的物质是现实的形式。"③这个批评完全是出于误解。从上下文看,

---

① 《普列汉诺夫哲学著作选集》,第1卷,第533页。这个思想后来为列宁所继承,成了他批判马赫主义的重要论点和论据之一,在《唯物主义和经验批判主义》一书中得到了充分的发挥。
② 同上书,第2卷,第503页。
③ 同上书,第2卷,第894页。

显然可以断定这里所说的"空间和时间",是指空间和时间的观念或范畴,绝非现实的时间和空间。对于现实的时间和空间,普列汉诺夫始终有清楚的理解。例如他在批评波格丹诺夫时引证恩格斯的话说,不管人们的时间概念如何改变,现实的客观的时间是不能随便摆脱掉的。因为一切存在的基本形式是空间和时间,时间以外的存在和空间以外的存在,同样是非常荒诞的事情。①

所谓空间和时间的第一个特性是主观性,是指时空观念的主观性是人们首先认识到的,而非就本体论的意义上说的。至于时空观念的内容的客观性,普列汉诺夫不仅没有丝毫忽视,而且提出了新的论据,作了有力的证明。他写道:"我不知道蜗牛是怎样看东西的,但我相信它不像人那样去看东西。可是,不能由此得出结论说,外部世界的特性仅仅有主观的意义。……如果人和蜗牛都从 A 点向 B 点移动,那么不论对人或蜗牛来说,直线都同样是这两点之间的最短距离。如果这两种有机体沿着曲线行走,那么他们在移动中都要花更多的劳力。这就是说,空间的特性,尽管在处于不同发展阶段上的有机体看来有所不同,但也有客观的意义。"②同样,如果时间只是主观的直观形式,那么只要讲到在我之前的东西,即讲到没有我,因而也没有我的直观形式即空间和时间时所存在的东西,就会陷入自相矛盾。那时,其他的人就仅仅在我的表象中存在着,无论在我之前或之后都不存在;那时,我就没有权利说古希腊著名政治家伯利克里生活在我以前很久很久的年代。③"诚然,康德的学生企图用下面的论调来摆脱这个困难,他们说:康德指的不是个别人的直观和思维的形式,而是全人类直观和思维的形式。"④但这种唯人类论是无济于事的。因为进化论告诉我们,人类

---

① 《普列汉诺夫哲学著作选集》,第 3 卷,第 305 页。
② 同上书,第 1 卷,第 536—537 页。
③ 同上书,第 1 卷,第 540 页;第 3 卷,第 559 页。
④ 同上书,第 1 卷,第 539 页。

是动物进化的产物。在人类出现以前的那个极遥远的年代,"例如第二纪,试问:那时候的空间、时间和因果性是怎样的呢?那时候它们是谁的主观形式呢?是鱼龙的主观形式吗?那时候是谁的悟性把自己的规律加给自然界呢?是始祖鸟的悟性吗?康德哲学不能回答这些问题。它和现代科学完全不能相容",地球的历史表明:客体在主体出现以前早就存在了。有机界的历史表明:"悟性"只有在高级发展阶段上才出现。显然,康德的认识论同现代科学中占统治地位的发展学说不发生任何联系。① 总之在时空问题上,普列汉诺夫毫不动摇地坚持了唯物主义路线,把它同唯心主义路线对立起来。他批判波格丹诺夫所谓"生理空间"和"抽象空间"、"生理时间"和"抽象时间"的"学说"时指出,认为时间和空间的存在,只是因为生物思维它们,拒绝承认时间和空间独立于任何思维而存在,完全是杜林式的唯心主义谬论。②

(二)

和时空观一样,普列汉诺夫在自然界和人类历史的因果性、规律性和必然性的问题上也坚持了唯物主义路线。他同样强调指出:自然界和社会发展的规律性、因果性、必然性是完全不依赖于人们的意识和意志而客观存在着的。"人所认识的自然规律,对人说来是真理。但是,自然规律在人出现以前,即还没有谁去研究它的时候,就已经在地球上发生作用了。"③社会发展的规律、因果关系和必然性也是这样,不管人类是否知道它们,"人类总得在自己的发展中遵循这些规律,正像人不能骑在自己身上一样。"④在捍卫唯物主义路线的同时,普列汉诺夫也

---

① 《普列汉诺夫哲学著作选集》,第1卷,第537、540—542页。
② 同上书,第3卷,第309—310页。
③ 同上书,第3卷,第572页。
④ 同上书,第2卷,第254页。

批判了唯心主义的错误和二元论的不彻底。他一再指出,康德在这些问题的矛盾立场逻辑上同样是不能坚持到底的,它或者走向主观唯心主义、走向唯我论,或者转到唯物主义路线上来。康德主义者和马赫主义者断言:包括时空范畴、因果范畴、规律性范畴和必然性范畴等在内的所有这些思维基本形式同自在之物的客观关系不相符合。普列汉诺夫认为这是绝对错误的观点。因为,这样一来,人类的生存本身都会随时发生极大的问题。

如果说普列汉诺夫几乎没有注意恩格斯关于时间和空间的辩证观点,那么,在因果性、规律性和必然性问题上情况显然有所不同。这一点,许多苏联普列汉诺夫专家如恰金、约夫楚克、福米娜、西多罗夫等,在论述普列汉诺夫认识论思想时都不适当地忽略了。所以,我们觉得,现在补充说明一下这个问题,无论对于充分估价他在捍卫马克思主义认识论上的功绩,还是较为全面地对比列宁和普列汉诺夫的认识论观点,考察两者之间的青蓝关系,或者确切理解列宁对他的批评,都是完全必要的。

继恩格斯之后,普列汉诺夫也特别强调"辩证法的因果学说"。他说:"自然和社会的过程中都有一种内在的辩证法,由于这种辩证法的作用,每一个原因,都只是在作为结果之后才成为原因,而每一个结果本身又变成原因。"形而上学孤立地静止地看事物,结果只能是结果,原因也只能是原因。如果把事物或现象放到总的联系中,从过程、从普遍的相互作用来考察,那么"原因和结果的确经常交替位置,在此时或此地是结果的东西,在彼时或彼地会成为原因,反之亦然。"在这个意义上,相互作用关系乃是辩证法表现的一种特殊形式。①

普列汉诺夫经常运用这一辩证的认识论原则分析历史观、科学社

---

① 《普列汉诺夫哲学著作选集》,第 2 卷,第 166 页;第 4 卷,第 39 页。

会主义、宗教学等领域中各种问题,并且取得了一系列重要的理论成果。例如他写道:"生产关系是结果,生产力是原因。但是结果本身又变成原因;生产关系又变成生产力发展的一个新来源。这就引导出双重的结论:(1)生产关系和生产力的相互影响,造成了一个社会运动,这个社会运动有它自己的逻辑和它自己独立于自然环境的规律。……(2)因为社会演进有它特有的、不受自然环境任何直接影响的逻辑,所以可以有这样的事情发生:同一个民族,虽然住在同一个地方,而它的生理特质又几乎是同一的,在它的不同的历史时期里却具有着彼此很不相似、甚至完全不同的社会政治制度。"①又如在基础和上层建筑、政治和经济、社会心理和政治经济制度、思想体系和阶级斗争等等之间的关系问题上也是如此。他从上述辩证原则出发对这些关系作了详细深入的分析,并且根据分析所得出的结论有力地批判了各该问题上民粹主义者、司徒卢威、伯恩施坦、波格丹诺夫、空想社会主义者以及无政府主义者等等的观点。面对着如此丰富的材料,如果还看不出他的唯物史观同认识论之间深刻的内在联系,或者说两者之间的一致性,那未免过于近视了。②

通过对历史观的历史发展的考察,普列汉诺夫清楚地看出,人类先进代表对社会现象因果关系的认识是逐步前进、逐步深化的。十七世纪以前,占统治地位的思想是:社会的变化决定于上帝的意旨。一个世纪以后,人们普遍认为,理性的进步是社会事件的根本原因。后来,"黑格尔对社会现象所持的观点,比起那些只懂得没有原因就没有结果的人的观点来,要深刻得多。"③至于马克思对社会现象因果关系的

---

① 《普列汉诺夫哲学著作选集》,第 2 卷,第 169 页。
② 早在自己的第一部马克思主义著作中他就明白告诉我们,把恩格斯"关于原因和结果的概念应用到社会关系上时具有怎样的意义"(《普列汉诺夫哲学著作选集》,第 1 卷,第 75 页)。
③ 《普列汉诺夫哲学著作选集》,第 1 卷,第 506—507 页。

观点,由于唯物史观的创立,那就更正确更深刻了。普列汉诺夫在考察个人的历史作用时曾把决定社会事件的原因分为一般原因、特殊原因和个别原因,并且结合历史材料具体地分析了三者之间的辩证关系。①但是"因果概念的相对性"②,人类对因果关系的认识是否正确、是否全面、是否深刻是一回事,存在于事物或现象中间的现实的客观的因果关系又是一回事。

  普列汉诺夫在规律性问题上的辩证观点首先表现在解决规律性和理想的矛盾对立上。他认为真正的理想和规律性按其本质应该是同一的、一致的。规律性是理想的可靠基础和唯一保证。只有从规律性的东西中产生出来的理想才是合理的和可能实现的。"谁愿意和现实作斗争,他就不应该像浪漫主义者那样离开现实而转入理想的领域,而要仔细研究现实,根据现实来同现实斗争。当人类为了生存而同自然斗争时,他并不是背弃现实,而是利用自己对自然规律的知识来使自然服从自己。人类这种知识的范围愈广博,他控制自然的力量也就越大。"③他引证马克思《资本论》第1卷第1版序言中的话说,"一个社会即使探索到了本身运动的自然规律,它还是既不能跳过也不能用法令取消自然的发展阶段。但是它能缩短和减轻分娩的痛苦。"④他批评把理想和规律性绝对对立起来的民粹派、启蒙思想家、空想主义者、伯恩施坦等人"对社会发展的辩证法没有丝毫的理解"⑤,他们或者把规律性变成宿命的东西,或者夸大思想和理性的作用,或者把自己的理想寄托在偶然性上面,东碰西撞地行动,今天拜谒开明君主,明天去找富有

---

① 参见《普列汉诺夫哲学著作选集》,第2卷,第372页。
② 同上书,第1卷,第76页。
③ 同上书,第4卷,第650页。
④ 同上书,第1卷,第142页。
⑤ 同上书,第1卷,第143页。

进取精神的资本家,后天又谋求人类之友的无私帮助。这种形而上学的认识论思想始终无法找到联结理想和规律的桥梁,它不懂得"社会发展规律,如果没有人的中介作用,很少能够实现,正如自然规律没有物质的中介作用也是很少能够实现的一样。"①所有的人都是有理想、意志、感性和欲望的。而每一个事物也都有自己特殊的属性,因此特定事物的结合就会产生特殊的作用,呈现出特殊的规律性。个性的自由就在于通晓自然界(历史也在内)的规律,在于善于服从这些规律,并且善于最有利地配合它们。② 理想和规律的这种统一性还表现在:任何经济现实中都有对立的因素。其中一种因素在当时占据统治地位。另一种则是敌视这种因素的因素,它虽然暂时还很弱小,但是代表着即将成熟的未来。某种社会理想之所以能够实现,原因在于它依靠后一种因素,以之作为自己的标准。③

　　普列汉诺夫还从另一方面探讨了辩证的规律观。他指出,价值规律是通过起伏波动的交换价值而表现自己的。"交换价值是价值规律起作用的形式。它不过是历史性的范畴。但如果价值规律起作用的方式随着起了变化的社会关系而改变,那么价值规律的作用还是不会被消灭,正如自然界种种永恒规律的作用之不会被消灭一样。"④"弹道学会解释炮弹的运动。它会预见炮弹的运动。可是它任何时候也不会告诉您,某一炮弹究竟破裂为多少片和每一碎片究竟向哪里飞去。可是这丝毫也不减弱弹道学所得出的结论的可靠性。"⑤总之,相对不变的规律和变化不定的规律表现形式是辩证统一的。

---

①　《普列汉诺夫哲学著作选集》,第 1 卷,第 547 页。
②　同上书,第 1 卷,第 142 页。
③　同上书,第 1 卷,第 783 页。
④　同上书,第 2 卷,第 813 页。
⑤　同上书,第 1 卷,第 742 页。

对必然性范畴的辩证分析,是普列汉诺夫哲学著作中的光辉篇章之一。关于必然和偶然的辩证关系,已经在第二章部分地叙述过了。这里准备比较集中地谈谈必然与自由的问题。

在必然性问题上,普列汉诺夫也是从恩格斯和黑格尔的原理出发的:自由是对必然性的认识;必然性只有在它未被理解的时候才是盲目的;意志自由无非是靠通晓事物来做出决定的一种能力,自由就是根据对自然界的必然性的认识来支配我们自己和外部世界。

普列汉诺夫认为自由和必然的问题,至少在近代对每一个哲学体系都是生死攸关的问题,它像斯芬克斯一样向每个哲学家说:解开我这个谜,否则我便吃掉你的体系。在形而上学和二元论者看来,物质和精神之间有一道不可逾越的鸿沟,自由活动绝对排斥必然性概念,他们看不到物质运动和理性发展彼此过渡的桥梁。因此他们或者过分强调事物的必然联系,从而陷入宿命论或神秘主义,或者使自己的自由表象遮蔽了必然概念,结果,作为一切科学地解释现象的基础的必然性、规律性虽然被从大门赶了出去,却又由窗口飞了回来,自由仅仅成了盲目的必然性手中的绝望的奴仆、无力的玩具。其实人的活动的自由不仅不排斥必然性,相反,自由以必然为自己的前提条件。必然与自由是同一的。必然的认识是完全能够同最坚毅的实际行动相融洽的。因此所谓不自由就只在于不能违反自由与必然的这种同一性,只在于不能使两者互相对立,只在于不能觉得自己是受必然性的拘束。然而这样的缺乏自由正是自由的最充分的表现。人的自由实际上较之那些企图把自由活动局限于必然领域之外的二元论者所设想的要无可比拟地更加广大。

通常人们所夸耀的自由,其实质就是:人们意识到自己的意图,却不知道引起这些意图的外部原因。这正像莱布尼茨在一个著名的例子里所说明的那样,磁针由于物质世界的必然规律总是指向北边。如果这磁针有意识的话,它会以为,它之指向北方完全不依赖于任何外来的原因,而仅仅因为它自己乐意这样做。但是把自由定义为不受外部拘束,是极其片面的。一个想从你的衣袋中把钱扒走的小偷,遇到你的抵抗又无法克服的时候,就达不到自己的目的。说自由在于不受拘束,这种观点是粗浅的。说自由是对必然性的认识和利用则是无比深刻的自由观。① 这样的自由当然也是某种拘束的免除。可见深刻的定义并不推翻粗浅的定义,而是对它加以补充,在新的更高的基础上把它概括进来了。②

必然性也有两种。一种是"有条件的必然性"。例如要身体健康必然要服药。这种有条件的必然中当然也包含服从的因素。人永远要服从自然,才能迫使自然为自己服务。但人对自然的服从是人获得解放的条件。另外有一种必然则不同。例如在某个时期把地主的土地分给农民是历史的必然。农民服从这种必然是自身解放的前提,也是他的自由意志的表现。对于认识到这种必然性的地主,则只是"合理服从的必然性"。黑格尔有句名言:"自由就是除了自己而外并不希望别的"。这句话因为接触到社会心理,给整个自由问题投射了灿烂的光明。

从理论上说,盲目的必然性是可以全部转化为自由,即转化为被认

---

① 普列汉诺夫在论述一定历史时期社会对奴隶或农奴、奴隶或农奴本人对自己的看法时曾经从另一个角度,在宏观的意义上深刻地说明了自由概念的"新意义":"任何一种自由只有在它成为经济必然性时才会出现。"(参见《普列汉诺夫哲学著作选集》,第1卷,第684—685页,以及《普列汉诺夫遗著》,俄文版第4卷,第209—210页)

② 据说普列汉诺夫在阅读阿·傅立叶《哲学史》一书时注意到了作者这样一句话——"真正的自由不在于同命运妥协,相反,而是要不同它妥协,要改变它"——,并在页边写道:"说得好。"(参见恰金:《普列汉诺夫对马克思主义一般社会学理论的分析》,1977年俄文版,第84页)另外,普列汉诺夫在自己的一本藏书里的封面上抄录了黑格尔的一句话:"自由是强制的对立面,但不是必然性的对立面。"(《普列汉诺夫遗著》,俄文版第5卷,第152页)

识了的必然性的。但在实践上这种转化的实现程度却是历史地被决定的。正如黑格尔所说,"世界史乃是在自由意识中的进步——一种我们应该从它的必然性来认识的进步。"

在自然哲学范围内,或者说"从纯粹的人类学观点看来",必然性转化为自由的问题,对于近代许多唯物的或唯心的一元论者说来,可以认为已经初步解决了。他们都懂得,实现这种转化的桥梁就是观察和实验。然而对于必然性在历史中的作用,他们并没有走得更远。对十八世纪的唯物主义者来说,历史的运动不得不听命于偶然性这个必然性的辅币,自由依然与必然性相对立。他们不懂得怎样去理解人的主动性。德国的唯心主义者们企图克服这个缺点,但他们只能借助于绝对精神亦即借助于一种虚构来促成这种转化。后来的摩莱肖特式的唯物主义者又退回到十八世纪的矛盾中去了。只有马克思知道如何片刻不放弃"人的物质性"学说而使"'理性'和'必然性'和解",因为他把自己的"人的实践"范畴引进了认识论和历史观。

在社会哲学范围内,必然性转化为自由的问题之所以迟迟不能解决,因为社会中遇到的是一大群有自由意志的、活动着的人。他们的自由活动经常是变化无常、互相抵触的。而且人们在自觉地追求他们特殊的个人目的的同时,往往从他们各个人的行动的总和中产生出某种社会后果,这种后果往往出乎他们的希望和预见之外。如果不能预见他们的自由活动及其社会后果将是怎样的,所谓社会中的真正自由就是一句空话。于是问题就归结为人们在社会中的自由活动有无规律性。换言之,要解决社会领域中必然转化为自由的问题,首先必须解决自由转化为必然性的问题。直到圣西门出来,人类才第一次明确地把规律性范畴或必然性范畴引入历史研究。① 理论哲学一旦发现了社会

---

① 不是在年代的意义上,而是在思想发展的逻辑意义上。如果从年代上说,似乎最早的思想家应该算谢林,或者更早一些的意大利思想家维科。

历史运动的规律,就会给实践哲学以崭新的不可动摇的基础。马克思批判地继承了黑格尔在自由和必然关系问题上的伟大发现,并把这些发现巧妙地运用于历史,从而揭示了历史发展的真正动力,破天荒地开辟了通向自由和自觉活动王国的道路。①

这就是普列汉诺夫辩证必然观的主要内容。这些论述不仅指出了恩格斯和黑格尔上述原理的种种认识论前提,并且由于对上述原理的细致深入的分析,从而系统化了和丰富了恩格斯和黑格尔的基本思想。普列汉诺夫特别强调,必然和自由问题上的这些辩证思想的提出,对于唯物史观的建立具有何等重要的意义。尽管这些思想大多是在批判民粹主义时形成的,而不见之于他批判康德主义和一般不可知论的著作,同时跟列宁的《唯物主义和经验批判主义》不一样,与其说他是从认识论角度出发来分析问题,不如说更主要是从唯物史观或方法论的角度分析问题。然而尽管如此,在总论他的认识论学说时撇开这些思想不顾,毕竟不能认为是有正当理由的。

(三)

物质,它的存在形式(空间和时间)、它运动变化的各种属性(因果性、规律性、必然性等)能否为人所认识?普列汉诺夫在世界是否可知这个认识论根本问题上的观点究竟是对的还是错的?怎样评价他的"象形文字"比喻?是单纯的术语问题,还是本质问题?为什么说普列汉诺夫认识论的本质不是象形文字论,而是"形态"论?这种"形态"论和反映论有何异同?"形态"论的理论意义何在?在法国唯物主义者

---

① 参见《普列汉诺夫哲学著作选集》,第 1 卷,第 492—496、656—662、706 页;第 2 卷,第 144、208、340—343 页;第 3 卷,第 41—42、205—207 页;第 5 卷,第 163—165 页,等等。

的认识论的评价问题上,列宁对德波林的批评适用于普列汉诺夫吗?等等。所有这些问题都值得仔细研究。我们从普列汉诺夫对不可知论的批判谈起。因为这个问题是他同新康德主义者争论的中心问题,他自己的认识论思想也正是在争论中展开的。

前面已经说过:康德哲学的基本矛盾是:一方面承认自在之物的客观存在,承认感觉是自在之物作用于我们感官的结果,另一方面又认为自在之物不可认识。普列汉诺夫多次指出,康德的根本错误在于他的不可知论。因为他的"物自体"概念,正如黑格尔早已分析过的一样,完全是没有任何固定特性的空洞抽象。先验唯心主义把事物的一切内容或形式方面的特性统统移入意识中,换言之,即把事物中一切感觉成分、一切可以达到意识的东西都从该事物那里抽象出来。于是剩下来的"物自体"就成了一个纯粹的抽象、一种空洞的存在,成了任何感觉和任何确定的思想的否定。这样的"物自体"当然是不可知的。[①] 康德的"不可认识的物体"是非科学的抽象,没有任何属性的物不可能是现实存在的东西。谁见过没有任何颜色、任何硬度的桌子呢?所以这种物自体不过是经院哲学的上帝的别名,它为神秘主义大开门户。相反,"物质"概念则完全是革命的概念。

康德承认,现象是物自体对我们的作用所引起的我们的意识状况。所以"预见某一现象就是预见自在之物对我们的意识所起的作用。现在试问:我们能否预见某些现象呢? 回答是:我们当然能够。我们的科学和我们的工艺在这点上是对我们作了保证的。这就是说,我们至少能够预见自在之物将在我们身上产生的作用。既然我们能预见到自在之物对我们的某些作用,那么这就是说,我们至少知道它们的某些属

----

① 《普列汉诺夫哲学著作选集》,第 1 卷,第 534—535、559、845 页;第 2 卷,第 383 页等。

性。既然我们知道自在之物的某些属性,那么我们就没有权利说这些物是不可认识的。"①

不可知论者反驳说:有什么根据说这些属性一定是事物的真实属性呢?普列汉诺夫回答道:"当我们按照我们所认识的事物的那些属性来使用这些事物时,就在这个时刻,我们使我们的感性知觉受到一次没有错误的检验。如果这些知觉不正确,那么我们关于这个事物(对某种用途)的适用性的判断就会是错误的,而我们之利用这个事物的企图就会以失败告终。如果我们达到了自己的目的,如果我们发现事物符合我们关于它的表象,从而起了我们预定要它起的那种作用,那么,这就肯定地证明,在这些范围内,我们关于事物和关于它的种种属性的表象是符合在我们之外的那个实在事物的,否则就会得到相反的结果。据迄今所知,无论在任何场合,我们都不认为自己有权得出这样的结论:我们的经过科学检验过的知觉在我们大脑中产生关于外部世界的这样的表象,它们按其本性说来偏离了实在事物;或者在外部世界和我们的感性知觉之间有一种天生的不一致。"②

法国唯物主义者说过,我们认识物自体,因为它们对我们起作用,而它们独立于我们之外看起来是怎样的,我们是不知道的,换言之,我们只知道事物的某些属性或"外壳",而不能知道物自体的本性。对于这种实质上替不可知论辩解的论据,普列汉诺夫作了如下反驳。第一,没有看见的时候当然不知道事物看起来是怎样的。换句话说,在事物没有作用于我们感官时当然不会知道它们是怎样作用于我们感官的。而一切认识都来源于这种作用:直接的或间接的作用。没有这种作用

---

① 《普列汉诺夫哲学著作选集》,第2卷,第456页。
② 《1907—1908年的争论》,载《普列汉诺夫哲学遗著》,1974年俄文版,第3卷,第80—81页。

当然不会有认识。所以,上述的问题的提法本身就是荒谬的。英国唯物主义者普利斯特莱第一个注意到了这种说法的荒谬性。他写道:"关于物不可能知道得比根据它所参加在其中那些现象所推论到的为多。"第二,如果知道事物的某些特性,那么同法国唯物主义者的论断相反,也就在某种程度上知道物的本性,因为物的本性正是表现在物的特性中。把本性和特性抽象地对立起来是没有根据的,具有辩证观点的天才思想家歌德正确地指出:"无所谓内,无所谓外,因为内就是外,外就是内。"这是对上述问题的真正唯物主义的看法,或者说,这几句话包含着唯物主义的整个认识论。① 黑格尔也明确地论述过这种属性本性统一或内外统一的观点。

有的怀疑论者承认一定的感觉与物的一定特性或状况相适应,例如一定的声音符合空气的一定振动。但两者绝不相同。因为感觉还依主体的不同特性而不同。健康的人觉得糖甜,而病人则以为苦。怀疑论者从这个十分自然的情况做出了物不可知的结论。在普列汉诺夫看来,怀疑论者在这个认识论问题上犯了康德主义者犯过的同样巨大的错误。他们都不懂得前面引证过的费尔巴哈的名言:"对我来说,即主观上来说,是纯粹精神的、非感性的活动,就其本身说来,即客观上说来,是物质的、感性的活动。"这种主客体统一的学说乃是最新唯物主义的灵魂。要知道,感觉和认识的主体本身不仅可能,而且在某种情况下应当被看成客体。例如病人之觉得糖苦,是因为生理的特殊变异使他的感官获得不同于健康人的反应一定刺激的能力。然而这种能力本身却是可供研究和认识的客观特性。普列汉

---

① 《普列汉诺夫哲学著作选集》,第 1 卷,第 534 页;第 2 卷,第 458 页,以及《普列汉诺夫遗著》,俄文版第 5 卷,第 294—295 页。在《胆怯的唯心主义》一文第六节中普列汉诺夫同样批判唯心主义者彼得楚尔特类似的议论。

夫还指出,怀疑论者关于物不可知的结论是通过夸大主体感觉的这种相对性的中介推导出来的。① 这种分析很可能是受了列宁《唯物主义和经验批判主义》一书的影响,因为他在以前的著作中未曾这样分析过。

总之,从以上所述,可以清楚地看出,普列汉诺夫对康德主义以及一般不可知论的批判是有特色的,也是有说服力的。他不仅多次引证马克思和恩格斯关于实践是对不可知论最有力的驳斥的著名言论,而且作了进一步的发挥。他从唯物主义立场继承和阐释了黑格尔批判不可知论时发表的一些辩证思想。因此,断言"普列汉诺夫没有根据马克思的观点,甚至也没有根据黑格尔的观点,而是根据费尔巴哈的观点和庸俗唯物主义观点去批判康德主义和一般不可知论"②,显然是不符合事实的,也是对列宁的批评的误解。因为列宁从不认为普列汉诺夫没有根据马克思和黑格尔的观点去批判不可知论,而只是说他批判不可知论时,根据费尔巴哈等人的观点多于根据马克思和黑格尔的观点。关于这个问题,下文还要讨论。

(四)

普列汉诺夫批判康德主义和不可知论对马克思主义认识论的理论贡献,不仅在于提出了一系列新的论据,主要还在于提出了新的思想和原理。这首先就是关于认识、感觉是主客体统一的思想。

普列汉诺夫认为,认识论最重要的问题是究竟应该如何理解"认

---

① 《普列汉诺夫哲学著作选集》,第3卷,第564—567页。
② 张懋泽:《黑格尔〈逻辑学〉一书摘要解析》,中国人民大学出版社1982年版,第205—206页。

识"这个词。他写道:"认识需要有两个客体:第一,被认识的客体;第二,认识的客体。认识的客体也叫作主体。为了使客体在某种程度上被主体认识,客体就得对主体发生一定的作用。……对于人体说来,外在物体对它的作用的结果,从客观方面来看将是纯物质的(人体某些组织的新状态),而从主观方面来看则是心理的(一定的知觉)。① 但是从这两方面来看,作用的结果都将是认识的客体的状态,也就是主体的状态。在这种意义上,任何知识都是主观的。……人的大脑是世界自我意识的器官。……为了生存,人们至少应当能够预见某些现象。而要预见这些现象,至少要认识整体——认识的主体是这个整体的一小部分——某些属性。"②可以把认识比喻为"形态"。"形态"只不过是自在之物对我们作用的结果;除了这种作用,自在之物就没有任何"形态"。它们的"形态"只存在于受它作用的那些主体的意识中。有各式各样的主体。除了人以外,所有那些由于自身结构的某些特殊性而有可能这样或那样地看见外部世界的有机体都是主体。但这些有机体的结构是不一样的,所以外部世界对他们来说,也就有不同的形态。蜗牛看东西就和人不一样。同样是人,色盲者和健康人的视觉形象也不一样。但不能由此得出结论说,外部世界的特性仅仅有主观的意义。颜色或声音的感觉同引起这种感觉的运动,虽然不是一个东西,但两者有同一性。同我们感觉到的声音的任何振动和传播在强度、高低、持续性上相符合的,乃是现实界声响运动的十分确定的变化。③ 普列汉诺夫还借用斯宾塞举的一个例子来说明认识和它的对象的相互关系。"设想有一圆柱体和一立方体。圆柱体是主体;立方体是客体。由立

---

① 赵国复说:普列汉诺夫"认为主体是意识",他"把'主体'和'客体'及其关系等同于哲学基本问题"(《哲学研究》1983年第7期,第72、73页)。这种说法显然是不全面的。
② 《普列汉诺夫哲学著作选集》,第3卷,第722—723页。
③ 同上书,第1卷,第536—537页。

方体落在圆柱体上的影子就是表象。这一影子完全不像立方体：立方体的直线在圆柱体上成了折断的，它的平面成了弯曲的。尽管如此，立方体的影子的变化将与立方体本身的每一变化相符合。……由于客体对主体的作用而引起的主体的感觉完全不像客体，正如它们之不像主体一样。尽管如此，客体对主体的作用的变化还是和客体中的每一变化相符合的。"①

根据普列汉诺夫关于认识同主客体之间关系的这些论述，不妨把他的认识论简要地规定为"形态"论。它的基本思想可以归结为以下几点：(1)认识是主体和客体相互作用的产物，没有认识的主体的认识和没有认识的客体的认识一样，都是不可能的。(2)任何认识，从内容上说决定于认识的客体，而从形式上说决定于认识的主体。换句话说，认识按其内容是客观的，按其形式则是主观的。所谓主观并不等于任意。(3)所以，施米特是错误的，因为他的"同一性"哲学是粗疏庸俗的，他没有看到任何认识不管多么正确，都只能是具有特殊结构、处于特定状态的主体的产物。(4)所以，怀疑论者也是错误的，因为他们忽略了主体的这种特殊结构和特定状态本身也可以成为研究的客体。(5)所以，静观的形而上学者是错误的，因为"问题不在于感觉先于思考这个不可争辩的事实，而在于推动人去思考的主要是人在作用于外界过程中所体验到的那些感觉。"②

普列汉诺夫的"形态"论在马克思主义认识论发展史上最重要的理论功绩，就在于它特别强调研究主体、强调研究主客体相互关系的巨大意义，尽管他本人在这方面没有进一步做出多少具体的分析。

现在试问：普列汉诺夫的形态论同列宁的反映论是什么关系呢？

---

① 《普列汉诺夫哲学著作选集》，第2卷，第492页。
② 同上书，第3卷，第146页。

它们是不是对立的呢？福米娜批评普列汉诺夫,说他"离开了马克思主义的反映论,否认有完全符合事物的认识"①。恰金在1963年也认为"普列汉诺夫在自己著作的任何地方都没有把认识论认定为反映论"②。其实普列汉诺夫完全懂得,马克思、恩格斯是反映论的坚决拥护者。他清楚地了解,当问题涉及认识的内容和来源,涉及认识通过什么形式同客观对象发生联系时,只有把认识理解为客观实在事物及其特性和规律性的反映,才能坚持唯物主义立场。正因为如此,他在驳斥不可知论的和唯心主义的认识学说时多次引证马克思的话作为根据:"观念的东西不是别的,正是在人脑中被反映和翻译的物质的东西。"③他写道:"我重复地说,如果在客观的关系和它们在我们头脑中的主观反映(翻译)之间没有正确的符合,那么我们的存在本身就变成不可能的。"④他还说:"认为事物及其发展是'现实事物和过程的反映'……正是……'认识论的唯物主义'"⑤等等。这一类的话很多,至少可以引证一打以上。可见,他的认识论同反映论决不是对立的,也不是矛盾的。那么,为什么他任何时候都不曾把自己的认识论明确地规定为反映论呢？恰金的解释是:"每当他必须讨论马克思和恩格斯的反映论时,他都感到一定的困难。"⑥可惜恰金没有指出究竟是什么困难。我们认为困难在于他不善于彻底地运用辩证法原理来说明认识(=反映)

---

① 《普列汉诺夫的哲学观点》,第176页。
② 《普列汉诺夫及其在发展马克思主义哲学中的作用》,1963年俄文版,第70页。不过在《苏联哲学史》第4卷(1971年出版)中,恰金在一定程度上明显地改变了看法,撤销了这一批评,参见该书俄文版第224—226页。顺便指出,恰金在《苏联哲学史》第4卷第8章中悄悄地改正了自己过去对普列汉诺夫的好些不正确的批评。
③ 《普列汉诺夫哲学著作选集》,第2卷,第499页。
④ 同上书,第2卷,第503页。
⑤ 同上书,第3卷,第339页。
⑥ 《苏联哲学史》,俄文版第4卷,第225页。

和被认识事物的既一致又不一致的关系①。换言之,他在说明客观真理、相对真理和绝对真理三者的辩证关系上遇到了障碍②。不过这种解释只有部分的道理。从普列汉诺夫关于认识论的全部言论看来,他特别强调的是认识的相对性。因此他把自己的论述放在说明这种相对性产生的认识论根源上面就是十分自然的了。在他看来,根源在于主体的特殊结构或状态以及主客体相互作用的有限性。因此他认为"形态"一词可能比"反映"一词更能表示认识在内容上与被认识对象同一、在形式上由于受主体特殊结构的制约而与被认识对象不一致的辩证本性。当列宁说任何概念任何感觉都只是对现实事物或现象的近似反映,"如果不把不间断的东西割断,不使活生生的东西简单化、粗糙化,不加以割碎,不使之僵化,那么我们就不能想象、表达、测量、描述运动"③的时候,他实质上只是重述和发挥了普列汉诺夫"形态"学说的基本思想而已。在这个问题上我们同样看到了列宁和普列汉诺夫之间的青蓝关系。列宁首先指出,认识是反映,正确的反映是主观的表象符合客观存在着事物的特性,不过这种符合只是近似的。普列汉诺夫指出认识是"形态",形态按其形式与它所反映的客观对象"完全不类似",但是如果形态是事物的正确反映,那它就不能不与事物的形式(="规律"、"结构")或关系符合一致。可见,这两种说法只是表述形式的差异,只是侧重点的不同,实质上并无任何轩轾。正因为如此,列宁从来没有批评过普列汉诺夫"形态"论,而后者对《唯物主义和经验批判主义》一书,除了在"象形文字"问题上写了一句反唇相讥的话以外,也没有提出过任何异议。

---

① 例如在《论马萨利克的书》一文的一个注释中,他明确地指出,关键在于"如何理解'反映'这个术语"(《普列汉诺夫哲学著作选集》,第 2 卷,第 764 页,另见第 499—500 页)。

② 关于普列汉诺夫的真理观下文还要进行讨论。

③ 《列宁全集》,第 38 卷,第 285 页。

（五）

　　弄清了普列汉诺夫的"形态"论的实质，对于他那长期以来引起各式各样批评和评论的所谓"象形文字"比喻，就比较容易说明了。

　　事情的起因和经过是这样的。1892年，普列汉诺夫在翻译恩格斯的《费尔巴哈和德国古典哲学的终结》一书俄文本第1版所加的第7条注释中引述了谢切诺夫的一段话："不管离开我们意识的外部对象本身是什么样的，就算我们从外部对象得来的印象只是一种记号，但无论怎样，同我们感觉到的记号的异同相适合的是现实的异同。换句话说，人在他所感觉到的对象之间发现的异同就是现实的异同。"接着他写道："在黑格尔指明了自在之物的逻辑起源之后，即使有人还想谈论自在之物，也不能推翻谢切诺夫的这些话，因而也不能谈论什么自在之物的不可知性。我们的感觉是把现实界发生的事情告诉我们的特种象形文字。象形文字不同于它们所传达的那些事件。但是，它们能够完全正确地传达事件本身以及它们之间的关系（而且后者是主要的）。"随后他还解释了恩格斯关于实验和工业是对康德理论最有力的驳斥以及"存在和思维的基本形式的同一性"的思想。[①]"象形文字"的比喻一发表，立即引起阵阵喧闹，新康德主义者和马赫主义者纷纷利用普列汉诺夫的错误来嘲笑唯物主义学说。1905年，普列汉诺夫在再版《费尔巴哈和德国古典哲学的终结》俄译本时改写了这条注释，公开承认象形文字的比喻是"不完全确切的表达"，它"造成了种种不便"，"不应当在术语上向我们的哲学敌人作让步"[②]。

[①]　《普列汉诺夫哲学著作选集》，第1卷，第560—561页。
[②]　同上书，第1卷，第536页。

尽管如此,列宁在1908年仍然对普列汉诺夫的错误提出了批评。列宁写道:"马赫主义者兴高采烈地攻击普列汉诺夫的'象形文字',即一种认为人的感觉和表象不是现实的物和自然过程的复写,不是它们的模写,而是有条件的记号、符号、象形文字等等的理论。巴札罗夫嘲笑这种象形文字的唯物主义。但是必须指出,如果他为了保护非象形文字的唯物主义而反对象形文字的唯物主义,那他是对的。……恩格斯既没有说符号,也没有说象形文字,而说的是物的复写、摄影、模写、镜像。巴札罗夫不是指出普列汉诺夫由于违背恩格斯的唯物主义说法而犯的错误,而是用普列汉诺夫的错误来蒙蔽读者,使读者看不到恩格斯的本来说法。……不容争辩,模写决不会和原型完全相同,但模写是一回事,符号、记号是另一回事。模写定要而且必然是以'被模写'的东西的客观实在性为前提的。'记号'、符号、象形文字是一些带有完全不必要的不可知论的成分的概念。"符号或象形文字比喻的错误在于"它对感性有些不信任,即对我们感官的提示不信任。"①

二十世纪三十年代初期以来,苏联学者对普列汉诺夫的"象形文字"比喻基本上都持批判和否定的态度。他们或者谴责"他支持了和马克思主义的认识论相对立的唯心主义的象形文字论",犯了"用象形文字论来顶替马克思主义反映论的错误"②;或者说"这不仅仅是术语上的让步,而且也是事实上对不可知论的让步",是"一个最严重的错误"③;或者认为尽管"后来普列汉诺夫放弃了'象形文字'术语本身,但是自己的错误观点并未克服,反而更加深了……成了'象形文字论'的俘虏"④,等等。

---

① 《列宁全集》,第14卷,第244、247页(译文有改动)。
② 罗森塔尔、尤金合编:《简明哲学辞典》,三联书店1975年版,第535、558页。
③ 福米娜:《普列汉诺夫的哲学观点》,第178页,也见她给《普列汉诺夫哲学著作选集》第1卷写的序言。
④ 《苏联哲学百科全书》,第2卷,"象形文字论"条(1962年俄文版,第239—240页)。

到了六七十年代,情况开始有所变化。例如约夫楚克在《苏联哲学百科全书》(1967年)第4卷"普列汉诺夫"条中写道:"普列汉诺夫批判康德和新康德主义者的唯心主义和不可知论时强调了世界的可知性,不过关于这个问题在他那里也有个别不确切的表述(例如对待"象形文字论"的非批判态度)"。在1975年出版的《苏联大百科全书》第3版第20卷"普列汉诺夫"条中出现了内容完全一样的论断。这是该条撰写人约夫楚克和 К. И. 苏沃罗夫对第2版同一条目所作的重要修改之一。除了约夫楚克,恰金也明显地改变了自己过去的评价。例如在《苏联哲学史》第4卷(1971年)第226页上可以读到这样的句子:"普列汉诺夫对唯物主义的背离,他叙述唯物主义时所犯的明显错误,是同使用象形文字这概念相联系的"。而在1963年他的名著《普列汉诺夫及其在发展马克思主义哲学中的作用》一书中曾断然宣称:"关于感觉和表象的本性的理解问题,不可能仅仅归结为术语的争论。"[①]

我国学术界在这个问题上过去一直沿袭了三十年代以来苏联的那种基本否定的态度。1981年,我们的一些哲学工作者通过独立的研究也开始对普列汉诺夫在象形文字比喻上的错误重新做出估价。[②] 他们都认为普列汉诺夫的"象形文字说"不是根本观点的错误,而是个别的表述不够确切。

应当肯定,最新研究的这种成果澄清了一些理论是非,和过去那种断章取义、攻其一点、乱扣帽子的不良风气相比,显然是一大进步。然而这个问题仍然有继续探讨的必要。

[①] 参见该书第69页。
[②] 余源培:《为普列汉诺夫的"象形文字说"一辩》,载《复旦学报》1981年第1期;张庆:《"象形文字"论再认识》,载《华南师院学报》1981年第2期,等等。

首先要弄清楚的是：为什么把人的感觉、表象比喻为"象形文字"或"特种象形文字"是错误的？余源培等认为"象形"一词本来就有"相似"的意思，象形文字是一种描摹实物形状的造字法。象形文字和模写、复写、映象、摄影等等一样都是一种比喻，都是以"被模写"的东西的客观实在性为前提，两者没有本质的不同。这种看法有一定的道理，就是它看到了"象形文字"跟"记号"、"符号"的重要差异："记号"和"符号"是完全任意的，而"象形文字"则多少要以原物之形为依据。但是不能忽略，"象形文字"跟"模写、映象、摄影"等等之间有一点最本质的区别，即尽管模写、映象、摄影决不会和原型完全相同，但它们绝对必须以客观事物为原型，原则上反对任何主观随意性；相反，象形文字虽然也要以原"形"为图"像"的基础，但它至少允许象形者有某种程度的主观随意性。埃及的象形文字不同于中国的象形文字，谁也不能否认它们都是同一原形的图像。正是在这个意义上，即同样"对感性有些不信任"的意义上，列宁批评普列汉诺夫的象形文字错误时，举出赫尔姆霍茨的"符号论"作为代表进行分析，因为"用象形文字这个词代替符号这个词，也是一样的"，因为"'记号'、符号、象形文字是一些带有完全不必要的不可知论成分的概念"。所以，当余源培套用列宁关于"在'经验'这个字眼下，无疑地可以隐藏哲学上的唯物主义路线和唯心主义路线"这句名言而断定"在'记号'、'符号'等概念下面，可以隐藏着唯心论和唯物论、可知论与不可知论的斗争"时，他显然忘记了一个极其重要的本质差别："经验"本身是一个正确的概念，而"记号"、"符号"、"象形文字"则是本质上唯心的概念。唯物主义者使用这个概念只是表示自己不彻底，或如普列汉诺夫所说，表示自己"前后不一贯"而已。这就是我们认定"象形文字"比喻不当的唯一根据。这也是我们讨论如何评价普列汉诺夫"象形文字"比喻的错误的唯一前提。

现在来考察普列汉诺夫的这个错误究竟是实质性的观点错误，抑或仅仅是术语问题？解决这个问题的最简便的办法是：在普列汉诺夫哲学著作中把"象形文字"这四个字统统划掉，或者换成另外的术语（如"形态"）以后，如果不影响整个议论的完整性和正确性，那么就可以证明它的确是一个简单的用词不当的问题。如果情况相反，那就关乎观点的实质了。

余源培等的翻案文章的另一个重要缺点就在于没有考察"象形文字"的比喻和"形态"论的关系，没有指出这个比喻是生长在"形态"论这个健康肢体上的骈枝。撇开"形态"论就无法解释普列汉诺夫为什么用"象形文字"来比喻人的感觉和表象，也无法解释后来他撤销这个比喻时所提出的那个理由，恰恰是说这个比喻犯了"形态"论原来所要反对的那个错误。① 福米娜在1955年和恰金在1963年之所以说"象形文字"论的错误不是术语问题，最主要的一个论据也在于认定"象形文字"的比喻同"形态"论之间具有不可分割的内在联系，而"形态"论由于抹煞了"对象的形态与其说是依赖于主体的机构，毋宁说是依赖于客体的本性"这一事实，因而犯了主观主义的错误。② 由此可见，要正确地评价普列汉诺夫的"象形文字"错误，首先必须正确评价他的"形态"论，其次就要弄清"象形文字"比喻同"形态"论的关系。

最使研究者困惑的是他一方面竭力强调感觉、"形态"的客观本性，把"客体对主体的作用的变化还是和客体中的每一变化相符合"的思想当作自己的认识论的出发原理，另一方面又说感觉"完全不像"引起感觉的客观过程、"形态""完全不像"产生"形态"的物的"形式"。把"完全不像"四字改为"完全不是"或"不完全像"，那就符合辩证唯物主义精神了。所以恰金认为"普列汉诺夫那个著名的象形文字错误

---

① 《普列汉诺夫哲学著作选集》，第1卷，第536页；第3卷，第264页。
② 福米娜：《普列汉诺夫的哲学观点》，第178—179页。

就表现在这里"乃是完全正确的。正是根据这一点,有人反驳说:就算"象形文字"这个错误的比喻是个别的用语不当,又怎样说明普列汉诺夫的另一些不正确的说法呢?例如他说道:声音(感觉)"完全不像"引起声音的客观过程(空气的波动)。辩证唯物主义者可以使用"完全不是"或"不完全像",但决不能说"完全不像"。可见,普列汉诺夫的错误不仅仅是一个"象形文字"的术语问题。的确,如果孤立地看这句话,显然有严重错误。但是联系上下文进行考察,情况就根本不同了。正如前面所引证的,普列汉诺夫所谓由立方体落在圆柱体上的影子"完全不像"立方体,仅仅指立方体上端的直线在圆柱体上成了折断的,它的平面成了弯曲的。普列汉诺夫决不会认为整个立方体与圆柱体都不相像,因为他毫无疑问地懂得,垂直的两根直线在立方体和圆柱体那里是"完全相似"的,至少是部分相似的。何况在这种场合他总是立即补充了两点:(1)主体的感觉完全不像客体,正如它们不像主体一样;(2)感觉的任何变化毕竟是和客体中的每一变化相符合的。① 由此可见,这里也和"象形文字"的比喻一样,顶多只能说是措词不确切。

有人认为,普列汉诺夫本人有时也"容许了关于物质的本质不可认识的错误说法"。例如他在讲演提纲《论所谓马克思主义的危机》中写道:"康德的原理是站不住脚的。它里面所包含的一切正确的东西,都为法国唯物主义者在康德以前说过了:物质的本质是我们所不能认识的〔incompréhensible〕,我们之认识物质,只凭它对我们所发生的那种影响。"②

---

① 余源培为普列汉诺夫辩护时强调这一点,是做得完全正确的。他就某些苏联学者用截然相反的两种尺度,对待在这个问题上情况完全相同的普列汉诺夫和谢切诺夫的那种荒唐可笑的手法所提出的批评,也是很有说服力的。(参见《复旦学报》1981年第1期,第63—64页)

② 《普列汉诺夫哲学著作选集》,第2卷,第383页。

这里首先有一个译文问题。提纲是用法文写的。"不能认识的"一词的法文原文是"incompréhensible"。这个法文词本有两个含义,一为"不可认识的"、"不可思议的",一为"不了解的"、"难懂的"。俄译者用"непонятная"(不了解的)而不用"непознаваемая"(不可认识的)来翻译 incompréhensible,而在这段话以后接着讲"康德的不可认识之物"时则用了"непознаваемое"一词,这是完全正确的,符合普列汉诺夫对法国唯物主义者的认识论的看法。因为普列汉诺夫不止一次地明确指出,法国唯物主义者主张世界的可知性,而康德则是不可知论者。"如果法国唯物主义者们不认为'感性外观的世界是现实事物的世界',这并不是说,他们宣布了这些事物是不可知的"①。诚然,他们(例如霍尔巴赫)有时也重复了唯心主义者关于自在之物不可认识的话,"但是,这在唯物主义者那里不过是前后不一致罢了,而在唯心主义者那里却是全部认识论的基础。这是本质上的差别。"②法国唯物主义者"是坚持存在和思维的统一的思想的"③。

有人抓住普列汉诺夫《论一元论历史观之发展》一书中的一句话,批评他把法国唯物主义同康德的不可知论混为一谈。这句话是:"康德和法国唯物主义者本质上是站在同一的观点上,不过运用它的方法,因而得出了不同的结论,他们是在不同的社会关系的影响下生活和思考的"④。这个批评也是没有根据的。普列汉诺夫这里说的"同一的观点"完全不是指不可知论的观点,因为这里的上下文根本没有讲到不可知论。从上下文看,所谓"同一的观点"只能是这样两层意思:(1)同是彻底发挥了洛克学说的感觉论者,(2)同样精通自己时代的自然科

---

① 《普列汉诺夫哲学著作选集》,第 5 卷,第 254 页。
② 同上书,第 3 卷,第 528 页。
③ 同上书,第 4 卷,第 767 页。
④ 同上书,第 1 卷,第 571 页。

学,并对这时的科学进行过彻底的思考。为了证明这种理解的正确性,我们再引一段话。普列汉诺夫在1899年4月14日致柳·依·阿克雪里罗得的信的注释中写道:"如果我对伯恩施坦说,[法国]唯物主义者有时也"Völlig im Sinne Kants"(完全用康德的精神)说话,那么这是讲的讽刺话;[法国]唯物主义者没有否定认识外部世界的可能性,而康德主义者却要否定它。[法国]唯物主义者说过:我们知道物自体,因为它们对我们起作用,而它们独立于我们之外看起来是怎样的,我们不知道。我对这一点补充说(在反对施米特的第一篇文章中),问题的这个提法本身是荒谬的:当没有看见时知道事物看起来是怎样的……。当法国唯物主义者说不依赖物自体对我们的作用,我们就不知道物自体的时候,他们只是发挥了洛克的思想,洛克的学说可以得到(也得到过)双重的发展:向唯心主义方面发展(贝克莱)和向唯物主义方面发展(狄德罗、霍尔巴赫)。康德的学说是对唯物主义的胆怯的承认,同时也是对唯心主义的胆怯的承认。由此产生它的基本矛盾。"①

还有一个问题。有人硬说列宁在《哲学笔记》中对德波林关于法国唯物主义者的认识论的批评间接地也是针对普列汉诺夫的。只要比较一下德波林和普列汉诺夫两人在同一问题上的基本论断,就可以看出这个批评同样是不符合事实的。德波林说,法国唯物主义者把事物的本性同事物的特性对立起来,这在某种程度上就是康德关于自在之物和现象的二元论,相反,普列汉诺夫一直强调法国唯物主义者在这个问题上是唯物的一元论者,他们之所以把本性和特性抽象地对立起来是他们的形而上学思维方式的表现,即他们不懂得前面所说的内外统一性的辩证关系。德波林断言,法国唯物主义者承认事物本质的相对可知性,或者说,他们认为事物的"本质"或"本性"不能完全认识。普

---

① 《普列汉诺夫遗著》,俄文版第5卷,第294—295页。

列汉诺夫从来没有说过法国唯物主义者承认事物本质的相对可知性，要说他们承认"相对可知"也只是指事物的特性，而不是事物的本性或本质，他批评法国唯物主义者的是他们关于当事物没有作用于我们时事物的本质不可知这个问题提法本身的荒谬性。在普列汉诺夫看来，"霍尔巴赫与朗格之间存在着巨大的差别。对于朗格，和对于所有的康德主义者一样，'自在之物'是完全不可认识的。对于霍尔巴赫，和对于所有的唯物主义者一样，我们的理性，亦即我们的科学，是很能够发现'自在之物'的特性，至少是某些特性的。在这一点上，《自然体系》的作者并没有弄错。"①可见，把列宁对德波林的批评适用于普列汉诺夫是不正确的。

值得探讨的是：法国唯物主义者的认识论虽然整个说来是彻底的可知论者，但是他们的个别言论中有没有不可知论的因素？普列汉诺夫明确告诉我们：有。他大量引用了他们的言论来证明这一点。② 在《胆怯的唯心主义》一文中，普列汉诺夫写道："为了公正起见，我要指出，甚至唯物主义者有时也重复唯心主义的关于自在之物不可认识的话。例如，霍尔巴赫有时就是这样。但是，这在唯物主义者那里只不过是前后不一贯而已，而在唯心主义者那里却是全部认识论的基础。这是本质上的差别。"③为什么霍尔巴赫等人会陷入这种自相矛盾呢？普列汉诺夫认为，这主要是由于他们的形而上学思想方式和不了解实践的伟大作用所造成的。的确，当科学和工业的发展水平还局限在单纯观察阶段，处于只能分离或组合现成的资料，既不能"创造"多少新的物质，也不能"消灭"一个现实的原子的时候，人类先进哲学思维的立

---

① 《普列汉诺夫哲学著作选集》，第 2 卷，第 38 页。
② 纳尔斯基也认为霍尔巴赫和爱尔维修关于宿命论的学说中确实存在不可知论的因素。参见他的专著《十八世纪西欧哲学》，1973 年俄文版，第 214 页。
③ 《普列汉诺夫哲学著作选集》，第 3 卷，第 528 页。

足点就只能是感觉或知觉。在这个基础上产生所谓不可知的"实体"（洛克）、"物的本性"（霍尔巴赫）和"物自体"（康德），从认识论根源说就成了历史的必然。① 而法国唯物主义者的光荣就在于他们没有让不可知论的说教冲垮自己关于世界可知性学说的基础。

（六）

现在让我们回到"象形文字"问题上来。

福米娜提出的关于"象形文字"比喻不仅是术语让步而是实质让步的另一个理由是：为什么普列汉诺夫本人承认这个术语不正确之后，列宁还认为有必要指出他的说法违背了恩格斯的唯物主义公式？

对于这个问题，我们认为可以作如下的解答。

第一，列宁当时的批判锋芒主要针对着俄国马赫主义者，这些人利用普列汉诺夫"象形文字"比喻的错误而攻击马克思、恩格斯的唯物主义。为了揭露这种手法的荒谬性，列宁就必须明确划清马克思主义创始人、普列汉诺夫和俄国马赫主义者三方观点的界限。所以列宁对普列汉诺夫的这一批评只是附带提出的。这跟普列汉诺夫自己承认错误之后还要抓住不放、专门进行指责，显然是性质完全不同的两回事。

第二，普列汉诺夫在"象形文字"问题上公开书面承认错误只有三次。一次是1905年，他在发行恩格斯《费尔巴哈论》俄译本第2版时修改了注释。另一次是1908年10月出版的《战斗的唯物主义——答波格丹洛夫先生》第二封信。最后一次是1910年出版论文集《由防御到进攻》时在这个"第二封信"的相应地方加了一个注释。列宁的《唯物主义和经验批判主义》一书全部手稿已于1908年10月27日以前全部

---

① 参见李泽厚：《批判哲学的批判》，人民出版社1984年版，第248—249页。

完成。所以这时列宁几乎不可能看到普列汉诺夫第二次承认错误的论文。而在第一次承认错误之后的第二年,即1906年,普列汉诺夫又在《再论唯物主义》一文中重复了"象形文字"的错误比喻。这篇文章写于1899年二三月间,当时未能在德国刊物上发表,1906年第一次译成俄文发表于《对我们的批判者的批判》论文集中。① 既然普列汉诺夫或许由于疏忽不认为必须对这个比喻作任何修改,列宁当然有理由对这个错误进行严肃的批评。

第三,更为重要的是,普列汉诺夫承认错误时所提出的理由总不如列宁的理由那样令人信服。在普列汉诺夫看来,如果把感觉、表象等等称为符号、象形文字或者特种象形文字,就可能使人觉得,按照这种看法,某种未能成为我们感觉的对象的事物似乎有一种自在的感觉,而且这种感觉似乎符合于存在于我们感觉中的自在之物的颜色、气味等等。② 不难发现,普列汉诺夫的这一理由存在着两个根本性的缺点:这一理由本身的逻辑性很不清楚;没有像列宁那样确切地揭示出错误的实质。

分析普列汉诺夫"象形文字"比喻问题时另一个必须解决的关键问题,是如何正确理解列宁对整个问题的观点。余源培在自己的论文中曾经正确地指出,列宁批评"象形文字论"时,从来没有给普列汉诺夫的比喻加上什么唯心主义的或不可知论的帽子。列宁把普列汉诺夫的理论称为"象形文字的唯物主义",并且拿它同马克思、恩格斯的"非象形文字的唯物主义"即反映论的唯物主义对立起来。人们通常都说列宁批评了"普列汉诺夫的象形文字论"。应该指出,这种说法是不符

---

① 《普列汉诺夫遗著》,俄文版第5卷,第287页。《费尔巴哈论》第1、2版俄译本注释均未收入《对我们的批判者的批判》这本论文集。
② 《普列汉诺夫哲学著作选集》,第3卷,第263—264页。

合事实的。因为第一,列宁并不认为普列汉诺夫有一种系统的象形文字"理论";第二,事实上也不存在这样的理论。正如前文所引证的,《唯物主义和经验批判主义》一书中文本在这里有四处翻译欠妥的地方,就是在四个"象形文字"后面都多加了一个"论"字。① 我们已经在上面提到:"象形文字"的比喻只是生长在"形态"论这个健康肢体上的骈枝。如果把普列汉诺夫哲学著作中这几处"象形文字"或"特种象形文字"换成"形态"或"反映"、"映像"等词,丝毫不会造成上下文自相矛盾而影响观点完整的后果。

那么,列宁怎样看待普列汉诺夫的"形态"论呢?要在列宁著作中找到这个问题的直接而明确的答案,是不可能的。与这个问题有关的几乎唯一的材料见于《列宁全集》第14卷第74—77页。在这几页文字中,列宁肯定了普列汉诺夫认识论的基本前提:"唯物主义认为客体不依赖于主体而存在着,并且或多或少正确地反映在主体的意识中",提出巴札罗夫硬说普列汉诺夫关于"除了自在之物对感官的作用之外,自在之物就没有任何形态"的思想"和唯我论比起来没有前进一步"的议论是"第一流的典型糊涂思想"。尽管列宁同时一般地认为马克思主义者应该"不为普列汉诺夫所说的一字一句所左右",但并没有断定"形态"的说法属于"一字一句"之列。根据当时列宁在政治上对普列汉诺夫的严厉的批判态度,根据《唯物主义和经验批判主义》一书对待普列汉诺夫的总的立场,以及根据列宁在该书中对普列汉诺夫的批评连漏译了一个形容词也没有放过这样一些情况,可以断言,如果列宁认为"形态"论是错误的或违背马克思主义反映论的,他决不可

---

① 这里相应的原文是"Пехановские《иероглифы》"、"иероглифический материализм"、"материализм иероглифический"和"материалцзм неиерогли фический",都没有"论"的意思在内。下文的"иероглифизм"乃指一般的"象形文字论",并非特指普列汉诺夫的理论。

能置而不论。

余源培批评说,"列宁把普列汉诺夫的'象形文字说'归结为:一种认为人的感觉和表象不是现实的物和自然过程的复写,不是它们的模写,而是记号、符号、象形文字等等的理论'……这种说法过分了,太重了,与事实有较大的出入。"[1]我们认为,从"我们那些想当马克思主义者的马赫主义者"开始直到"巴札罗夫嘲笑这种象形文字的唯物主义",包括余源培这里引证的话在内,都是列宁转述巴札罗夫的观点。[2]因为普列汉诺夫从来没有说过人的感觉和表象不是现实的物和自然过程的近似的反映,相反而是一再肯定了是这样的反映,认真阅读普列汉诺夫哲学著作的列宁绝对不会对此产生任何误解。

(七)

前面我们说明了普列汉诺夫的"象形文字"比喻只是一个术语错误,无关乎他的唯物主义认识论的实质,所以,批评他事实上向唯心主义和不可知论作了严重让步的说法是没有根据的。但是,从另一方面看却又不单纯是术语问题。正如上文指出的,普列汉诺夫在认识论上的根本缺点之一,就在于不善于把辩证法彻底运用于真理论,在于他不善于具体说明客观真理、相对真理和绝对真理三者的辩证关系。

现在我们考察一下他在真理观上的正确思想和不足之处。

普列汉诺夫哲学著作中关于马克思主义真理学说的论述,总的说来不算很多,主要集中在真理的具体性、客观性和相对性以及真理和实践的关系上面。具体真理问题已在"辩证法"一章作过讨论,这里就不

---

[1] 《复旦学报》1981 年第 1 期,第 41 页。
[2] 参见《列宁全集》,第 14 卷,第 244、247 页。

重复了。

　　普列汉诺夫根据唯物主义的基本原理令人信服地批判了民粹派的主观真理论、波格丹诺夫所谓真理是"社会地组织起来的经验"以及新康德主义式的怀疑客观真理的相对论。在他看来,真理就是判断与其客体之间的一致,是主体的判断符合于客体的实际情况。真理当然与主体有关,因为真理是主体的判断、认识、感觉或表象。但主体的判断要成为客观真理就必须如实地反映事物的真实面貌。只有受唯心主义强烈影响的人,才会认为真理只与主体有关。"客观的是那些被表现在这些观点中的自然和社会中的关系。真理的标准不在我身上,而在存在于我之外的关系上。正确地表象这些关系的观点是真理的;曲解它们的观点是错误的。那正确地把握着自然现象的相互关系的自然科学的理论是真理;那些正确地描写那存在于被描写时代中的社会关系的历史描写是真理。"①

　　在强调真理的客观内容同时,普列汉诺夫也论证了真理的相对性。他认为"人类认识物质的程度取决于人类通过在其动物生存和历史生存的长期过程中由人类得到的印象而熟悉它的各种属性的程度。"②他把相对性分为两种。一种是相对于认识的客体而言。例如,古希腊的经济科学适应于古代生产关系,资产阶级社会的经济科学适应于近代的生产关系。生产中的不同关系创造了科学上的不同观点。③ 另一种是相对于认识的主体而言。他在答复米海洛夫斯基指责马克思早期经济史知识"不充分"时写道,"在应用于科学认识上以及其他一切上,'充分'、'不充分','小'、'大',应取其相对的意义"。以后几十年马克思、恩格斯继续研究经济史取得了巨大的成就,这时他们自然觉得以

---

① 《普列汉诺夫哲学著作选集》,第1卷,第745页。
② 同上书,第3卷,第257页。
③ 同上书,第1卷,第720—721页。

前的知识不充分,但这还不能证明他们当时的理论是无根据的。① 这里也可以看出普列汉诺夫这样的思想:相对真理中包含着客观真理。

普列汉诺夫还多次从另一个角度论证了相对真理和客观真理的一致性。例如他说:"社会生活变化着,跟着它科学理论也变化着。这些变化的结果最后便出现了全面地观察现实,因之即是出现了客观真理。"②又说:"矛盾的原理并不破坏客观真理,而只引导我们达到客观真理。"③等等。但是也正是在这些地方表明了普列汉诺夫混淆了客观真理和绝对真理,或者更确切些说,他没有明确地把绝对真理同客观真理分别开来。具体地说,第一,他任何地方都没有说明:任何真理都包含着认识中符合现实对象的客观内容,因此同谬误有原则的界限而不能被推翻,这一点是绝对的、无条件的,在这个意义上客观真理也就是绝对真理。第二,人类的认识每前进一步,都是向绝对真理的接近,这一点也是绝对的、无条件的,因此,承认发展着的人类认识是对无限丰富的物质世界的正确反映,也就是承认绝对真理。普列汉诺夫在好几个地方都把这种绝对真理仅仅叫作客观真理。这样,绝对真理和客观真理,特别是和相对真理的辩证关系就无形中被取消了。

唯一被普列汉诺夫称为"绝对真理"的是黑格尔、十八世纪启蒙派以及其他形而上学思想家妄图获取的那种"绝对真理"。这种"绝对真理"当然是不存在的。所以他一再宣称:"我们今天知道绝对真理是没有的,一切都是相对的,一切都依赖于时间和空间的条件"④,"马克思的理论不是最后永恒的真理。这是对的,但它是我们时代的最高社会真理"⑤。

---

① 《普列汉诺夫哲学著作选集》,第 1 卷,第 762—763 页。
② 同上书,第 1 卷,第 743 页。
③ 同上书,第 1 卷,第 742 页。
④ 同上书,第 2 卷,第 283 页。
⑤ 同上书,第 2 卷,第 410 页。

但是如果以为他根本否认任何绝对真理的存在,那也是不符合事实的。例如他写道:"对于货币的正确观点作为全面地观察现实的结果,已经是客观的真理,它是任何往后的矛盾所排除不了的。密勒注释的作者就热情地说过:'一度为生活取得的东西,命运也无力把它夺去……'在应用到知识上去时,这是无条件正确的。任何命运现在从我们这里,无论哥白尼的发现,无论能的转化的发现,无论物种变化的发现,无论马克思的天才发现,都是无力夺去的了。……我们现在知道:色诺芬的观点从什么地方来的,萨依的观点从什么地方来的,他们的片面性从什么地方来的。而这个知识已经是客观真理,任何命运再也不能使我们脱离这个最后发现了的正确的观点了。"①只是他没有把哥白尼、达尔文、马克思等人的发现中的无条件正确的东西称作绝对真理而已。

1910年,即在普列汉诺夫读过列宁的著作《唯物主义和经验批判主义》以后写的《胆怯的唯心主义》一文中批评"绝对的相对主义",因而直接涉及认识论中绝对和相对的关系时,仍然没有讲清楚这个问题。② 正是这个问题成了普列汉诺夫进一步创造性地解决马克思主义认识论中许多理论疑难的绊脚石。③ 这一点也表现在他的实践观上。

(八)

不过在说明他的实践观在何种意义上缺乏辩证思想以前,我们还要讲一讲他对马克思主义实践学说的贡献。

第一,他一再引证马克思和恩格斯关于实践的论述,来驳斥不可知

---

① 《普列汉诺夫哲学著作选集》,第1卷,第742—743页。
② 参见《普列汉诺夫哲学著作选集》,第3卷,第542—545页。
③ 参见恰金:《普列汉诺夫及其在发展马克思主义哲学中的作用》,1963年俄文版,第74页。

论,捍卫了世界可知性的思想。

第二,他反复强调实践在认识发展中的极为巨大的、决定性的作用。他一再重述歌德的名言:"事业在先!"他指出,实践到处和永远先于科学,先于理论。认识的广度和深度都是由实践的广度和深度所决定的。"人作用于自然的范围愈广阔,他对自然的了解也就愈广阔。反过来说这一范围愈狭小,人的理论也就愈贫乏。"①实践不仅导致科学和理论的产生,而且也给这些科学和理论打上自己的烙印,有时妨碍有时加速它们的发展和完成,对它们进行补充、证实或修改。②他继马克思之后写道:人类只会提出自己的实践已经提上日程因而有可能加以解决的那些课题;一切神秘的东西,一切引导理论走向神秘主义的东西,都在人的实践及这个实践的理解中得到合理的解决。在马克思主义文献史上他第一次几乎明确地提出了实践"是认识论的基础"③这一著名命题。尽管他对这一命题的理解在许多方面都比列宁落后,但是和其他地方一样,先驱者的功绩仍然是不可忽视或抹煞的。

第三,他相当清楚地确定了"实践"范畴的主要内容。恩格斯批评不可知论时早已明确指出,实践包括"实验和工业"。普列汉诺夫有时将"工业"称为"生产活动"、"经济活动"或"技术"。他在《马克思主义基本问题》中批评法国著名学者爱斯比纳斯没有把阶级斗争这一因素放入"实践"概念中是一种片面的观点。而"阶级斗争",如恩格斯所说,既有经济领域的和政治领域的,也有思想领域的。正是因为承认思想领域的阶级斗争(包括宣传、教育活动)也是一种实践,所以他认为费尔巴哈以下的观点是正确的:"理论,这是仍然在我一个人头脑中的

---

① 《普列汉诺夫哲学著作选集》,第 3 卷,第 373 页。
② 同上书,第 1 卷,第 743 页;第 4 卷,第 42 页。
③ 同上书,第 3 卷,第 274 页。当然,这个思想在马克思、恩格斯著作中早就作了明白的阐述。

东西;实践则是深入到许多人头脑中去的东西,它把许多头脑团结起来,创造出群众,传遍世界,并且为自己在世界中夺得一席地位"①。可见,普列汉诺夫对实践的理解并不是狭隘的。总之,他已经相当明确地指出了构成"实践"的三个主要因素:"任何实验"、"任何生产活动"以及一切形式的阶级斗争。②

现在我们回过头来分析他的实践观的缺点。

尽管他一再向新康德主义者和马赫主义者解释了恩格斯关于实践是对不可知论最有力的驳斥的思想,指出人们通过实践可以知道自己的哪些思想符合客观事物的现实关系,哪些思想则相反。但是他任何时候也没有明确提出"实践是检验真理的标准"这一马克思主义原理,因此也就不可能进一步探讨在"实践标准"问题上贯彻唯物主义辩证法的问题。他没有在这个问题上向前发展辩证唯物主义认识论,像列宁那样指出:"实践标准实质上决不能完全地证实或驳倒人类的任何表象。这个标准也是这样的'不确定',以便不至于使人的认识变成'绝对',同时它又是这样的确定,以便同唯心主义和不可知论的一切变种进行无情的斗争。"③也就是说,他没有把相对和绝对的辩证原理运用于实践论,正如他没有把同一原理运用于真理论一样。他也没有看出相对真理和绝对真理的相互关系同实践标准的相对性和绝对性的相互关系之间的内在联系。因此他的另一个缺点是不可能根据这些发展了的马克思主义认识论思想来批判马赫主义和其他资产阶级哲学流派。④

顺便说说,有一件事情我们始终弄不明白:普列汉诺夫究竟是抱着

---

① 《普列汉诺夫全集》,俄文版第13卷,第256页。至于他利用这一观点来论证自己的孟什维主义的策略,那是另一性质的问题。
② 《普列汉诺夫哲学著作选集》,第1卷,第541页;第3卷,第185—186页。
③ 《列宁全集》,第14卷,第142—143页。
④ 在马克思主义认识论的其他问题上,他同样有这个缺点。

什么态度来阅读《唯物主义和经验批判主义》的？对于书中提出的许多新的辩证唯物主义认识论原理，他是怎样认识的？要说像普列汉诺夫这样有深刻思想、有渊博学识的马克思主义哲学家会看不懂这本书，简直不可想象。然而现在，从他1909年5月以后发表的所有哲学著作中，除了少数几个问题以外，我们几乎看不出这本书对他发生了什么影响！也许政治上的敌对情绪、自负为当代最权威的马克思主义哲学家的不可一世的傲慢气概以及在列宁这部哲学著作的强大逻辑力量面前，感到惊讶而又无可奈何的心情等等，作为心理原因能够在某种程度上说明普列汉诺夫为什么对列宁这个"哲学的晚辈"长期采取的这样一种态度：既无法对这部天才著作提出任何批评意见，又不愿公开承认后来者居上的现实。从此以后，嘲笑列宁"根本不关心哲学"、哲学对列宁是"域外的题目"之类的冷言讽语也就自然而然销声匿迹了，代之而起的除了悻悻然说这样几句毫无说服力的抱怨话以外（当然又是放在一个注释中！），再也找不出任何直接的评论："我很遗憾，甚至唯心主义的敌人弗·伊林在自己的《唯物主义……》一书中也认为有必要来反对我的象形文字：他在这一次竟和那些毫无疑问显然已经证明自己是不太聪明的人为伍。"①

不过，在实践问题上，普列汉诺夫的确是在列宁著作影响下改变了自己对费尔巴哈的看法的。这一点德波林说得完全正确。② 这个问题很重要，也很有意思，值得略为谈一谈。

如何评价费尔巴哈的实践观，理论界至今没有一致的看法。大家知道，马克思在《费尔巴哈论纲》中批评费尔巴哈哲学的主要缺点之一是脱离实践谈唯物主义认识论。列宁则不同。他在《唯物主义和经验

---

① 《普列汉诺夫哲学著作选集》，第3卷，第265页。译文有改动。
② 参见德波林：《哲学与政治》，下册，三联书店1965年版，第422、817—818页。

批判主义》一书关于"认识论中的实践标准"一节中,认为费尔巴哈在认识论这个基本问题上和马克思、恩格斯一样,把人类实践的总和当作认识论的基础。这样就产生一个问题:如何看待这两种评价?有人说,马克思和列宁都对,因为费尔巴哈的实践观是复杂的,合理因素和局限性都有,不应归为一类。马克思批评的是局限性,列宁肯定的是合理因素。① 也有人认为,"从费尔巴哈的全部材料来看,马克思对他的评价还是中肯的,但不够全面,列宁在这方面作了补充,但列宁的评价也太高了。"②总之,这个问题很复杂,涉及的方面很多,对它进行详细分析不是本书的任务。

普列汉诺夫在《马克思主义基本问题》一书第二节末尾,引证了马克思《费尔巴哈论纲》的第一句话,接着对它作了大段的发挥,其中包含着这样一个思想(当然还有别的正确的内容):费尔巴哈不懂得实践是认识的基础。"费尔巴哈说我们的'我'只是因为受客体的影响才认识了客体。马克思反驳道:我们的'我'因为自己对客体的影响才认识了客体。马克思的思想是完全正确的;浮士德早就说过:'事业在先'。……问题不在于感觉先于思考这个不可争辩的事实,而在于推动人去思考的主要是人在作用于外界过程中(按:即实践过程中)所体验到的那些感觉。"③七年以后,经过仔细研究和反复考虑,他又回到了这个问题,觉得必须对自己的观点作些修改,因此在《从唯心主义到唯物主义》一文第十五节中又写了一大段同样受到许多人指责的话。这是他读了《唯物主义

---

① 例如持这种观点的有胡景钊(《评费尔巴哈的实践观》,载《外国哲学》第2集,商务印书馆1982年版)、加拉巴耶夫(《费尔巴哈的唯物主义》,科学出版社1959年版,第179—180页)和纳尔斯基(《十九世纪西欧哲学》,1976年俄文版,第521—522页)。只是他们的具体观点和论证方式略有不同。

② 《马列主义研究资料》1982年第1期,第53页。

③ 《普列汉诺夫哲学著作选集》,第3卷,第146页。这个观点适用于黑格尔以前的近代唯物主义者,并不错误。问题在于如何确切估价费尔巴哈的哲学思想。

和经验批判主义》以后,第二次公开接受列宁的观点来修正自己过去的看法。这也是他对马克思哲学观点仅有的三次公开批评中的一次。凡是了解普列汉诺夫对待马克思的一贯态度以及这个时期他同列宁的那种微妙关系的人,都会清楚这种修改的分量。因此一看到"马克思指责费尔巴哈不了解'实践批判'活动,这是不对的"这样的句子,就急忙写下批判性的注释或评论,正和截住"马克思的认识论实际就是费尔巴哈的认识论"这十几个字就妄下"混淆两者本质区别"的断语一样,是片面的。其实事情远远要复杂得多。这个问题我们将用专文来分析,这里只讲几个主要的意见。

(1)马克思以前的哲学家中间,的确有人提出过实践标准思想。这是毋庸置辩的历史事实。它同把实践概念引入认识论,是马克思主义哲学在认识论史上实现的一个革命变革的观点并不矛盾。因为培根等人是把作为实验的实践概念从自然科学和直观唯物主义理论引入认识论,黑格尔是把作为思辨的精神活动的实践从辩证唯心主义的理论引入认识论,费尔巴哈是把作为人的一切现实感性活动的实践从人本学的唯物主义理论引入认识论,而马克思、恩格斯则把以生产活动、阶级斗争和科学实验为主要内容的实践范畴从历史唯物主义的理论引入认识论。

(2)费尔巴哈是不是也有"人应该用实践来证明自己思维的真理性",他是不是仅仅从对象的形状或直观得来的形状,因而没有从人的具体活动,从实践,从主体方面去把握对象世界,这是一个完全可以用考察费尔巴哈本人著作的办法解决的问题。我们认为,不管怎样说,马克思在《费尔巴哈论纲》第一条中的这一批评是失之于偏颇的,而列宁的评价则是完全正确的。这不仅是对马克思的补充,也是对他的一种纠正。在实践是认识的标准和基础这个认识论基本问题上,费尔巴哈和马克思、恩格斯之间不存在任何分歧。他们的分歧是在这个基础上发生的:例如如何理解实践等等。

(3)恩格斯1888年发表《费尔巴哈论纲》时明确告诉我们,它是"包含着新世界观的天才萌芽的第一个文件"①。"萌芽"的东西就不会都是那么成熟的。况且《论纲》写于1845年春季。这以后费尔巴哈不断发表著作,更充分更具体地谈到自己对实践的看法。列宁的结论主要是根据后来的材料做出的。所以普列汉诺夫接受列宁的这一观点,修正自己过去不完全正确的阐述,是毋庸指责的。

(4)普列汉诺夫批评马克思指责费尔巴哈不了解"实践批判"活动时,提出了两点理由:一是费尔巴哈进一步发展了费希特政治上热爱自由的高尚愿望;②一是为这种愿望提供了无比可靠的哲学基础,认为哲学必须接近生活,脱离实践活动对哲学理论有致命的影响。他同时也指出了费尔巴哈实践观的局限性。任何实践都是人的实践,费尔巴哈用来解释宗教本质的那个"人的本质",其根本缺点在于抽象。因为他的历史观是唯心的,也没有给辩证法以应有的地位。③ 看来,普列汉诺夫这些论述的主要缺点也在于抽象、笼统,伸缩性太大。赞成者和反对者都可以讲出一篇道理来。

不过有一点,普列汉诺夫的观点始终是明确的和一贯的,即:正是在实践问题上他明确地指出了辩证唯物主义的认识论同唯物史观之间的内在联系。

(九)

这里涉及普列汉诺夫在马克思主义哲学史上的一项重要的理论贡

---

① 《马克思恩格斯全集》,第21卷,第412页。
② 关于这个问题,例如可以参见纳尔斯基:《十九世纪西欧哲学》,第483—485页。
③ 《普列汉诺夫哲学著作选集》,第3卷,第776—779页。应该指出,普列汉诺夫对待费尔巴哈哲学同黑格尔辩证法的关系的态度不是始终一贯的。在《无的放矢》一文中他作了截然相反的评价(比较《普列汉诺夫哲学著作选集》,第2卷,第790—791页)。

献:他相当明显地接近于提出了唯物史观、辩证法和唯物主义认识论三者一致的思想,虽然他没有直接说过这样的话。

关于辩证法和唯物史观的一致性,这里只简单地提一提,在第二章和本章前面分析必然和自由等范畴时已经略有涉及,而在下面第六章还要进行具体讨论。普列汉诺夫多次强调:"对历史作唯物主义的解释,要以辩证的思维方法为前提。"①同时"辩证观点,要以相信现象的规律性即必然性为前提。这种信念同把人们的有意识的(自由的)活动看作历史运动的主要动力的历史唯心主义是不太调和的。费尔巴哈没有达到历史唯物主义,也就不能具有社会生活的辩证观点。"②

再看唯物史观和认识论的一致。普列汉诺夫在解释马克思《费尔巴哈论纲》第一条对形而上学唯物主义实践观的批判时写道:人的认识来源于感觉,这是毋庸置疑的。但推动人去思考的首先和主要是人在生存竞争的驱使下作用于外界时所体验的那些感觉。"所以认识论在马克思那里是跟他对人类文明史的唯物主义观点[即唯物史观——引者]有密切联系的。"接着他又指出,马克思《资本论》中有一句名言:"人在作用于外部自然界的时候,他便改变了自己的本性"——这个"包含着马克思历史理论全部本质"的"原理只有在马克思的认识论的照耀之下才能显出它的全部深刻的意义。"③

最有争议的可能是辩证法和唯物主义认识论的一致。因为列宁在《谈谈辩证法问题》中曾经明确地批评普列汉诺夫没有注意到这一点。不过我们还是先看普列汉诺夫本人的话。

关键性的两段话中有一段是人们经常引证的(我们在第二章末尾

---

① 《普列汉诺夫哲学著作选集》,第 1 卷,第 494 页。
② 同上书,第 3 卷,第 779 页。
③ 同上书,第 1 卷,第 676 页;第 3 卷,第 146 页。译文有个别改动。

也引证过)："如果没有辩证法,唯物主义的认识论是不充实的、片面的,甚至是不可能存在的。"

另一段是："科学社会主义的奠基人把头脚倒置的辩证法端正过来。可是端正了辩证法意味着什么呢?……马克思说道:'在黑格尔看来,逻辑过程——他在'观念'的名称下把它转化为独立的主体——是现实的创造者,现实只是它的外部表现。在我看来则正好相反,'观念的东西就是被移置于人脑中并在其中经过改造的物质的东西'。这是什么？这是认识论,而且是一定性质的认识论,即唯物主义的认识论。……不依靠一定的认识论,是作不到这一点的",即不能端正辩证法。①

有人说这只是个别的思想闪光。事实并不完全如此。下面让我们再读几段原文:

"在辩证法看来,世界是过程的总和,在这一总和中物及其在头脑中的反映,即概念,并不是静止不动的,而是处于不断的变化中"②;

"如果自然界中一切事物是辩证地发生的,那么不言而喻,作为'事物在头脑中的反映'的概念,也应该具有辩证的本性"③;

"既然我们的概念是自然界中所进行的过程的'反映',那么它们就不能没有辩证法的要素。谁承认自然界中存在着辩证的过程,谁也就不得不承认'主观辩证法'"④;等等。

总之,谁承认唯物主义认识论——反映论,谁就不能不承认概念辩证法,也就不能不承认反映论和辩证法的统一性。可见,辩证法也就是马克思主义认识论的思想对普列汉诺夫决不是格格不入的。恰恰相反,这是他一贯的思想。明确地提出这一思想是他在马克思主义哲学

---

① 《普列汉诺夫哲学著作选集》,第3卷,第114—115页。
② 同上书,第2卷,第428页。
③ 同上书,第2卷,第761页。
④ 同上书,第2卷,第764页。

史（包括认识论史）上的一大功绩，对于列宁主义说来，这种先驱者的地位也是绝对不能抹煞的。①

　　而且他还在一系列问题上具体地论证了这种统一性。例如，在批判司徒卢威不懂质变和量变的辩证关系时，他写道："对于说飞跃是不会有的而只有间断性这一正题，我们有全权来拿一个反题与之对立，这就是说，在现实界中变化始终是靠了飞跃来进行的，但是只是一系列小的和很快地一个跟一个的飞跃融合成一个'不间断的'过程。正确的认识论，当然应当把这一正题和这一反题调和为一个合题。"②这就是说，马克思主义认识论应当同关于质量关系的辩证法规律是一致的。至于普列汉诺夫关于质量互变规律运用于唯物史观问题的论述更是大量的和众所周知的。此外，在原因和结果、自由和必然、必然和偶然、内容和形式等关系问题上，他同样清楚地具体地阐释了唯物史观、辩证法和唯物主义认识论三者是如何统一的。这一点我们已经在本章第二节和第二章第三节中作了叙述，在下面第六章中还将补充说明。

（十）

　　那么，列宁批评普列汉诺夫没有注意辩证法也就是（黑格尔和）马克思主义的认识论是不是错了呢？从实质上说，列宁的批评完全正确。问题在于如何正确理解这一批评。在这里和在其他场合一样国内外都存在着严重的误解。首先一个问题：普列汉诺夫的唯物主义认识论从根本上说究竟是辩证的还是形而上学的？有人写道："列宁认为辩证

---

　　① 普列汉诺夫从来没有告诉我们辩证逻辑和辩证法是不是同一个东西，也没有讲清楚逻辑和认识论之间的关系，虽然他实际上用辩证逻辑分析了各种问题。
　　② 《普列汉诺夫哲学著作选集》，第 2 卷，第 691 页。

法和认识论是一个东西。唯物辩证法就是马克思主义的认识论,这是问题的本质,而普列汉诺夫认为费尔巴哈的认识论就是马克思主义的认识论,正是和列宁的观点针锋相对的。"对于这种错误观点我们将另文分析。这里要强调指出的是,不管普列汉诺夫的认识论跟列宁的、发展了的马克思主义认识论相比有多么大的距离,也不管普列汉诺夫未能注意和利用恩格斯的《反杜林论》、《卡尔·马克思〈政治经济学批判〉》等著作中关于思维辩证法的好些重要原理是何等严重的错误,总的说来他的认识论毕竟是马克思主义的,即辩证唯物主义的。本章前文对他在一些认识论基本问题上的观点所作的述评已经足以证明这个论断完全正确。如果我们将《唯物主义和经验批判主义》一书(特别是前三章)的基本观点和论据同普列汉诺夫批判民粹主义、康德主义和马赫主义等思潮的哲学著作中的认识论思想比较一下,可以毫不夸大地说,大约有百分之七八十是完全一致或基本类似的。更确切些说:列宁在撰写他的这部哲学名著时,有百分之七八十的基本观点和论据考虑了和吸收了普列汉诺夫的理论成果。遗憾的是人们在评价普列汉诺夫的认识论学说时,往往对这个基本事实视而不见。他们经常引证列宁高度评价普列汉诺夫反对民粹主义、康德主义和马赫主义的著作的巨大理论功勋的言论,却忘记了或者没有看出这些著作的内容的主要组成部分之一正是认识论。

既然如此,为什么列宁又要批评普列汉诺夫没有注意辩证法就是(黑格尔和)马克思主义的认识论呢?问题的关键就在于这其余的百分之二三十,特别是在于《哲学笔记》中有关认识论的思想。

先看这百分之二三十。

这里的主要问题就是如何把黑格尔和马克思主义的辩证法运用于认识论,并且得出相应的结论。在物质观、实践观、真理观方面前文已经或多或少地指出了普列汉诺夫落后于列宁的地方。这里再就其他认识论问题作些比较。我们不想详尽无遗地进行比较，那样做将会大大扩展本章的已经很长的篇幅。我们的目的仅仅是为提高下面的一般结论的可靠性提供一些必要的事实材料。

在时空问题上，普列汉诺夫没有阐明时空观念的相对性，即人类对时空的认识是历史地受制约的，是可以变化的，是相对的。他没有全面分析时间或空间的内部矛盾性——空间或时间按其本性是绝对性和相对性的统一，即作为物质的普遍客观存在形式和具有受变化着的物质特性所制约的种种具体特性的统一。他没有提出"我们的相对的时空观念是不是接近存在的客观实在形式"的问题。他也没有探讨恩格斯关于时空客观实在性的唯物主义学说同他关于"自在之物"变成"为我之物"的辩证思想的统一性，以及同真理论的内在联系。

在因果性、规律性和必然性问题上，普列汉诺夫没有论述人们对它们的认识的相对真理性，没有指出划分哲学派别的真正重要的认识论问题，并不是我们对事物的因果性、规律性和必然性的联系的记述精确到什么程度，是否能用精确的数学公式加以表示，而是我们对这些联系的认识的源泉到底是自然界的客观规律性，还是我们心的特性即心所固有的认识某些先验真理等等的能力。

在感觉、经验问题上，除了说过表明思想糊涂的个别言论外，普列汉诺夫的主要缺点是不善于从辩证的观点考察感觉、经验中客观因素和主观因素的关系、相对成分和绝对成分的关系。

根据上面所有的对比，似乎可以得出这样几条一般性的结论：

第一，普列汉诺夫虽然和列宁一样在认识论所有基本问题上都坚持和捍卫了唯物主义路线，批判各种唯心主义和二元论时使用的论据和进行论证的方式也有大量的共同点，但是在整个论战过程中过多地把注意力放在哲学唯物主义和唯心主义的一般对立上，而列宁则始终强调从更高级更发展的辩证唯物主义立场对各种资产阶级和修正主义的认识论基础进行细致具体的批判。

第二,尽管普列汉诺夫也运用过辩证法这个武器,在许多认识论问题上同康德主义、马赫主义等思潮进行了战斗,但是他的批判同列宁相比看来有点像是零星的、片断的,他也没有像列宁那样通过这些批判系统而全面地揭示出辩证法和唯物主义的统一性。他的任何一篇论战文章或著作也从来没有像《唯物主义和经验批判主义》那样明确地直接地把认识论问题摆在如此突出的中心地位。这一切同本章开始时说过的认识论问题被他看成"完全次要的问题"显然是有内在联系的。

第三,正如列宁明确指出的,普列汉诺夫离开同自然科学最新发展的联系来研究马赫主义,是对辩证唯物主义精神的嘲弄。他没有看出,在特别明显地表明我们知识的相对性的新物理学危机的影响下,许多哲学家和伟大的自然科学家由于不懂辩证法,就经过相对主义而陷入了唯心主义。① 正因为如此,在普列汉诺夫的哲学著作中我们始终找不到"物质消灭了么?""没有物质的运动是可以想象的吗?"等等这样的问题。

总之,普列汉诺夫在反对马赫主义哲学(在某种意义上也包括反对新康德主义哲学)时最主要的缺点就是没有联系自然科学的最新成果,自觉地创造性地把辩证法广泛地运用到认识论中去。

所以,从实质上说,列宁早在《唯物主义和经验批判主义》一书中就提出了普列汉诺夫没有充分注意辩证法也就是马克思主义认识论的批评。这一点,克鲁普斯卡娅在1934年就已经指出来了。② 但是直接地明白地提出这一批评,毕竟是六年以后的事。这是仔细研究黑格尔

---

① 正如上面所指出的,普列汉诺夫后来实际上接受了列宁的这个批评,参见《普列汉诺夫哲学著作选集》,第3卷,第542—543、565页。

② 参见克鲁普斯卡娅:《论列宁》,三联书店1963年版,第361—362页。这个问题同下面就要讨论的所谓"庸俗唯物主义"问题有密切的联系。

著作(主要是《逻辑学》和《哲学史讲演录》)的结果。

大家知道,提出这一批评的《谈谈辩证法问题》是列宁1914—1915年哲学研究成果的独特概括。因此要正确理解列宁的这一批评,把它同这个时期的《哲学笔记》联系起来考察是绝对必要的。通过摘录和批注《逻辑学》和《哲学史讲演录》,列宁惊讶地发现,黑格尔那里有一个和辩证法融为一体的认识论系统。在从物质到意识的转化和从感觉到思想的转化问题上,在感性、悟性和理性的相互关系、各种思维形式之间的相互关系问题上,在概念、范畴的形成和抽象思维在认识过程中的作用问题上,在历史和逻辑的统一、具体和抽象的统一、个别和一般的统一、相对和绝对的统一问题上——总之,在整个认识过程的一系列辩证法问题上,黑格尔发表了许许多多"出色"的、"好极"的、"绝妙"的、"天才"的、"卓绝"的、"深刻"的、"机智而正确"的思想。然而正是这些真正值得"注意"的"非常重要"的认识论思想在普列汉诺夫哲学著作中却一点也看不到,或者只有偶尔的反映。这就是使得素来视普列汉诺夫为当代最权威的马克思主义哲学家的列宁发出这样的感叹的根本原因:"辩证法也就是(黑格尔和)马克思主义的认识论:正是问题的这一'方面'(这不是问题的一个'方面',而是问题的本质)普列汉诺夫没有注意到,至于其他的马克思主义者就更不用说了!"[1]

(十一)

在这以前,列宁还提出了同这个批评有密切联系的另一个重要的批评,他写道:"要义二则:1.普列汉诺夫批判康德主义(以及一般不可知论)从庸俗唯物主义观点出发多于从辩证唯物主义观点出发,因为他只

---

[1] 《列宁全集》,第38卷,第410页。

是未加深究就立即驳斥它们的议论,而不是(像黑格尔纠正康德那样)纠正这些议论,加深、概括、扩大它们,指出一切的和任何的概念的联系和转化。2. 马克思主义者(在二十世纪初)按照费尔巴哈的方式(和毕希纳的方式)批判康德主义者和休谟主义者多于按照黑格尔的方式进行批判。"①这段话也是人们经常引证的,可惜是同样未能避免误解。

例如张懋泽写道:"列宁说,……普列汉诺夫没有根据马克思的观点,甚至也没有根据黑格尔的观点,而是根据费尔巴哈的观点和庸俗唯物主义观点去批判康德主义和一般不可知论。"②

这真是逐步升级。列宁的原文是"более с вульгарно-материалистической, чем с диалектически-материалистической точки зрения","более по-фейербаховски（и по-бюхнеровски）, чем по-гегелевски"。两句都是"более…чем",意思是"多于"、"什么比什么多些"。中译本把它们都翻译成"多半……很少",这已经有量变。待到张懋泽一说,就连这个"很少"也干脆取消了。

事实又怎样呢?普列汉诺夫是不是只从费尔巴哈出发,而没有从黑格尔出发批判康德的不可知论呢?完全不是这样。让我们看几段引文。

(1)"黑格尔异常明确地揭露了作为我们不能认识自在之物这一切议论之基础的那种逻辑的(如果愿意的话,也可以说认识论的)错误。"③

(2)"康德使自己的认识论同现代科学中占统治地位的发展学说不发生任何联系"④。

---

① 《列宁全集》,第38卷,第190—191页。译文有改动。
② 张懋泽:《〈黑格尔逻辑学一书摘要〉解析》,中国人民大学出版社1982年版,第206页。在一定程度上王若水也持这个观点,参见他的《在哲学战线上》,人民出版社1980年版,第359—360页。
③ 《普列汉诺夫哲学著作选集》,第1卷,第534—535页。
④ 同上书,第1卷,第537页。

(3)"康德是拿现成的意识做出发点;他不从这一意识的发生过程来考察它。这是他的'意识分析'的最大缺点。"①

(4)"要想弄明白'自在之物'里面一切矛盾的读者,我们劝他还是去读黑格尔"②。

说普列汉诺夫没有从马克思、恩格斯的辩证唯物主义观点出发批判康德主义和不可知论,更不是事实。前面我们已经指出,普列汉诺夫多次引证了马克思的《费尔巴哈论纲》,以及恩格斯的《费尔巴哈论》、《社会主义从空想到科学的发展》英译本序言中两段著名的批判不可知论的文字,并且作了通俗的说明。

最多最大的误解发生在"庸俗唯物主义"问题上。例如有人说:"刚才所引证的列宁的话里提到了普列汉诺夫批判康德时'多半是从庸俗唯物主义的观点出发'。列宁在《哲学笔记》里提到'观念的东西转化为实在的东西,这个思想是深刻的'时,也写了一句'反对庸俗唯物主义'。庸俗唯物主义是根本不承认精神和物质的辩证关系的"。③因此,结论就是:普列汉诺夫的"庸俗唯物主义"表现在他批判康德时根本不承认"观念的东西转化为实在的东西","根本不承认精神和物质的辩证关系"!

这里不打算从普列汉诺夫《反对哲学中的修正主义》一书中引证更多的话来证明这种指责是何等的没有根据。只讲一件事。在批判新康德主义的运动中,谁第一个尖锐地提出"今天的问题就是谁埋葬谁的问题:是伯恩施坦埋葬社会民主党,还是社会民主党埋葬伯恩施坦?"谁第一个公开地坚决要求把康德主义分子伯恩施坦开除出党?

---

① 《普列汉诺夫哲学著作选集》,第2卷,第467页。
② 同上书,第2卷,第39页。
③ 王若水:《在哲学战线上》,第360页。

不是别人,正是普列汉诺夫。他为什么这样看呢?因为"如果伯恩施坦是对的,我们就只有把我们的纲领和自己的整个过去都埋葬掉"①。而社会民主党的纲领和整个过去的实践,概括为一句话,就是:推翻资本主义制度这个"实在的东西",使社会主义和共产主义思想"转化为"现实。

普列汉诺夫对"观念的东西转化为实在的东西"的理解和论述没有(黑格尔和)列宁、马克思和恩格斯那么深刻、全面、丰富、具体,这是一回事,他不承认"观念的东西转化为实在的东西"又是一回事!这两回事是很不"同一"的,其间有明显"质的区别"。

许多苏联学者对待列宁的上述两点批评通常采取了一种独特的"述而不作"的态度,即只是转述或照抄,而不加说明的态度。我国有人想对这个问题作些解释,这本来是很好的事情。遗憾的是解释的观点并不正确。据这种观点看来,列宁的意思是,普列汉诺夫批判康德主义(和马赫主义)的言论中既有一些庸俗的观点,又有一些形而上学的观点。但是普列汉诺夫究竟在什么问题上(比方在物质、感觉经验、时间空间、规律性必然性、真理、实践、运动等等问题上)如何从旧唯物主义的什么庸俗观点或什么形而上学观点出发批判哲学修正主义呢?凡是认真比较过《反对哲学中的修正主义》和《唯物主义和经验批判主义》的读者,恐怕没有人能够指出一条来。否则,列宁一方面说国际社会民主党人中间只有普列汉诺夫才"从彻底的辩证唯物主义观点批判"修正主义哲学,②另一方面又说他的批判从辩证唯物主义立场出发多于从庸俗的或形而上学的唯物主义立场出发,岂不自相矛盾?③ 其

---

① 《普列汉诺夫哲学著作选集》,第 2 卷,第 418 页。
② 《列宁全集》,第 15 卷,第 15—16 页。
③ 关于这个问题,本书最后一章还要再作讨论。

次，从本章和前一章的叙述中可以清楚地看出，普列汉诺夫批判康德主义和不可知论时的确引证了十七八世纪西欧卓越的唯物主义者和费尔巴哈的许多唯物主义言论，并且引证来作为立论根据的次数和数量，在认识论这个领域也的确比引证马克思、恩格斯著作为多。但是所有这些言论大都不具有形而上学性质。对于个别具有形而上学性质的言论，他或者作了批判，或者虽未批判，但认为与所论问题无关。至于那些"庸俗唯物主义者"，普列汉诺夫除一次以外从未引证过他们的话。不仅如此，每当提到这些先生们时，还总要表示一种轻蔑之情。

然则，列宁的上述批评又从何而来呢？原来列宁的意思是指：普列汉诺夫某些批判康德主义和一般不可知论的言论是从庸俗唯物主义或形而上学唯物主义的立场出发的，说得更明确些，是从庸俗唯物主义者或形而上学唯物主义者所达到或许可的那种唯物主义原理出发的。

关于这个问题，克鲁普斯卡娅早在1934年就已经向我们暗示出来了。她写道：列宁认为"恩格斯异常明白地说，毕希纳及其一伙'决没有越出他们导师[即十八世纪的唯物主义者]的学说的范围'而前进一步……，'甚至想也没有想到要使[唯物主义]理论向前发展'。恩格斯责备毕希纳一伙，仅仅是因为这一点。"接着她又说，列宁在《唯物主义和经验批判主义》中也是这样对待普列汉诺夫的。①

让我们稍为详细地发挥一下这个思想。

就在克鲁普斯卡娅引证的列宁的话后面两页，还有一段同样精彩的话："马克思、恩格斯和狄慈根出现于哲学舞台上，都是当唯物主义在所有先进知识分子中间，特别是在工人中间已经占据优势的时候。因此，马克思和恩格斯十分注意的不是重复旧的东西，而是认真地在理论上发展唯物主义，把唯物主义应用于历史，就是说，修盖好唯物主义

---

① 克鲁普斯卡娅：《论列宁》，第361—362页。

哲学这所建筑物的上层,这是理所当然的。他们在认识论领域中只限于改正费尔巴哈的错误,讥笑唯物主义者杜林的庸俗,批判毕希纳的错误……,强调这些在工人中间影响广名声大的著作家所特别缺乏的辩证法,这是理所当然。马克思、恩格斯和狄慈根并没有去关心贩子们在几十种出版物中所叫卖的那些唯物主义的初步真理,他们把全部注意力集中于:不让这些初步真理庸俗化,过于简单化,不使思想僵化('下半截是唯物主义,上半截是唯心主义'),不使黑格尔的辩证法这个唯心主义体系的宝贵成果被遗忘,而毕希纳之流和杜林之流……一群雄鸡就是不能够从绝对唯心主义的粪堆中啄出这颗珍珠。"①

普列汉诺夫同庸俗唯物主义者毕希纳、杜林之流当然不可同日而语,但是在以下三个方面却有相似的地方。

首先,"五十年代在德国把唯物主义庸俗化的小贩们,丝毫没有越出他们的老师们的这个范围。自然科学后来获得的一切进步,仅仅成了他们否认有世界创造主存在的新论据,而在进一步发展理论方面,他们实际上什么事也没有做。"②同样,普列汉诺夫部分说来也没有越出十八世纪法国唯物主义者、费尔巴哈所达到的范围。十九世纪末期物理学和化学的最新成就丝毫没有使他想到恩格斯关于唯物主义要改变形式的教导。在进一步发展包括认识论在内的哲学唯物主义理论方面,他所做的工作实际上是不多的。正因为这个,列宁谴责他忽视新物理学和马赫主义的联系来研究马赫主义是嘲弄辩证唯物主义精神。

其次,正如庸俗唯物主义者只知道重复旧东西,没有进一步把唯物主义运用于历史,修盖好唯物主义哲学建筑物的上层,因而受到马克思、恩格斯的批判一样,普列汉诺夫也只知道重复霍尔巴赫、费尔巴哈

---

① 《列宁全集》,第14卷,第255页。
② 《马克思恩格斯全集》,第21卷,第321页。

等人的认识论思想,同时他虽然部分地重复了、部分地发挥了马克思、恩格斯的思想,却忘记了他们的另一些重要思想,更没有进一步把他们的唯物辩证的认识论发展成一个更完整的体系,加固和扩大这个体系的基础,因而受到列宁的指责。

最后,正如毕希纳、杜林这群雄鸡不能从绝对唯心主义粪堆中啄出这颗黑格尔辩证法珍珠一样,普列汉诺夫对黑格尔的逻辑学,对它的思想即作为哲学科学的辩证法系统也一字未提,没有注意到其中类如辩证法、认识论和逻辑是同一个东西、历史和逻辑的统一、具体和抽象的统一、个别和一般的统一等等这样一些珍珠。

这就是列宁指责普列汉诺夫有庸俗唯物主义的特点的缘故,并不是像某些人所想象的那样,似乎列宁批评普列汉诺夫接受了庸俗唯物主义者某个具体的庸俗观点,比如不承认"观念的东西转化为实在的东西",等等。

总之,普列汉诺夫的认识论思想和他的整个哲学思想的其他方面一样,也具有两重性——进步的方面和落后的方面、伟大的方面和渺小的方面,前一方面是主要的、占第一位的,后一方面是次要的、占第二位的。不同的只是这两个方面的比例。譬如进步的伟大的方面在他的历史唯物主义思想中的比重,就大大超过了在他的认识论中的比重。

第五章　唯物史观

唯物史观是普列汉诺夫一生哲学研究的中心。他在这个领域花费的功夫最扎实，涉猎的方面最广泛，因而对马克思主义的贡献也最丰富，远远超过其他理论领域，特别是超过他在自己的著作中一再强调其重要性的一般唯物辩证法的研究。在他的全部著作中，除了政治、策略论文，我们难得找出几篇不讨论历史唯物主义问题的。就是在这些论文中他有时也要大讲一通历史哲学。他多次"提请读者注意马克思恩格斯的策略'方法'怎样跟他们的历史理论的基本观点有着密切的联系"①。他所写的专论唯物史观的十几种著作出色地独创地阐释和发展了马克思主义的历史观，而不只是对已有的历史唯物主义原理作些通俗的解释，或者仅仅为这些原理提供若干新的论据，像某些苏联学者所断言的那样。值得称道的恰金近二十年来在这方面所取得的研究成果，特别是1977年出版的专著《普列汉诺夫对马克思主义一般社会学理论的分析》，在一系列的问题上改正了人们过去对普列汉诺夫的历史哲学的认识，做出了实事求是的或者接近科学的结论。

恰金正确指出："托洛茨基关于普列汉诺夫没有用新的科学成果丰富历史唯物主义的武断是十足的歪曲"，恰恰相反，"普列汉诺夫继承了西欧老一辈马克思主义者在社会学领域中符合马克思、恩格斯根

---

① 《普列汉诺夫哲学著作选集》，第3卷，第212页。

本原理的一切积极的、有益的东西,大大扩展了历史唯物主义研究问题的范围,更准确地说明了和改正了保·拉法格、卡·考茨基和弗·梅林著作①中的许多原理",他"在发展马克思主义社会学方面起了极其重要的历史作用"②。

把普列汉诺夫的哲学思想,特别是历史哲学,同梅林、拉法格、考茨基、拉布里奥拉等第二国际理论家们的哲学思想,进行详细的对比研究,不仅对于弄清这些思想家的理论特点,揭示这一时期马克思主义哲学思想发展的进程和规律是十分有益的和非常必要的,而且对于充分说明普列汉诺夫在马克思主义哲学史上的真正地位和列宁主义产生的思想继承性更是十分有益的和非常必要的。

大家知道,第二国际的理论家们普遍重视马克思、恩格斯的唯物史观。他们广泛运用它来研究历史、政治、经济、文艺、语言等人文科学,写出了许多卓越的著作,受到了恩格斯和列宁高度的赞扬。他们还先后发表了一系列阐述唯物史观原理的专著和专论。例如梅林的《论历史唯物主义》(1893年)、拉法格的《唯心史观和唯物史观》(1895年)、《马克思的经济决定论》(1909年,中译本作《思想起源论》)、拉布里奥拉的《唯物史观概论》(1895—1898年)以及考茨基的大部头的《唯物主义历史观》(1927年)。③ 但是,同上述理论家的思想比较起来,普列汉诺夫的历史哲学著作,总的说来具有以下几个明显的特征,或者说主要优点。第一,"大大扩展了历史唯物主义的研究范围。"④第二,"更准

---

① 这里显然还应该加上安·拉布里奥拉。
② 《普列汉诺夫哲学著作选集》,第3卷,第5、7、8页。
③ 以上各书,均有中译本。
④ C.M. 布拉约维奇写道:"无论是卡·考茨基,还是这个时期的其他马克思主义者都没有系统地叙述过唯物史观,叙述过社会思想史的方法论,他们认为最重要的是把唯物史观运用于具体的历史研究。在这方面迈出最有重大意义的一步的是普列汉诺夫的著作……"(《卡尔·考茨基——他的观点的演化》,1982年俄文版,第101页)。

确地说明了和改正了拉法格等人著作中的许多命题"①。第三,在一系列基本理论问题上提出了新的原理和思想,从而在相当的程度上发展了、丰富了和具体化了历史唯物主义学说。这是第二国际其他任何一个理论家所不能相比的。第四,具体地考察了马克思主义学说各个组成部分的相互关系,科学地揭示了唯物史观在这种学说体系中的地位。第五,根据大量的思想史材料,特别是十八、十九世纪的材料,详细地多方面地分析了和论证了唯物史观的产生是历史观发展中继承性和变革性的统一——马克思主义原理。第六,更充分更系统地阐明了唯物史观的方法论意义。这一切都为马克思主义哲学发展到列宁阶段提供了丰富而且必要的思想养料。

不过我们不准备在这里深入地进行这种对比。我们首先要作的第一步工作是弄清普列汉诺夫对唯物史观的原理说了些什么,包括真正具有独创性的那些思想。

（一）

我们从他对历史唯物主义的一般观点谈起。

普列汉诺夫如此重视唯物史观的研究决不是偶然的。因为这种理论具有伟大的、直接的实践意义,可以帮助无产阶级揭示用革命的方法改造资本主义社会的规律。他在1903年春天的一次学术讲演中说道:

---

① 例如,拉法格、梅林等人主要是论证政治和思想上层建筑对经济基础的依赖性,往往很少或者几乎没有谈到上层建筑发展中相对独立性规律的作用。普列汉诺夫成功地做到了这一点。这是他发展和具体说明唯物史观的一项主要功绩。特别难能可贵的是还在恩格斯十九世纪九十年代给施米特、梅林、布洛赫、博尔吉乌斯等人关于唯物史观的书信发表以前,这个问题就成了普列汉诺夫八十年代和九十年代初的著作的主要论题,并且得到了深刻的精细的分析。参见恰金:《普列汉诺夫对马克思主义一般社会学理论的分析》,俄文版,第16—17页。

"对于一切属于人的东西都不隔膜的人说来,理论、科学、哲学的问题永久有很大的意义,以前是这样,将来也是这样。这些问题之中,所谓历史哲学问题,简直是最有兴趣的问题。这里,理论和实际非常之接近。找着隐藏的社会发展的动力,就是学会影响社会发展的方法,这也就是使得自己为着人类的利益而工作更加容易。弄明白为了 die Menschen zu bessern und zu bekehren〔改良人类和使他们改变信仰〕应当做什么。所以历史哲学过去始终是人类精神最高贵的任务之一。我们时代的历史哲学是唯物主义历史观。研究唯物史观意味着加深最接近于我们的实践的那个理论。"[1]他在批判新康德主义者朗格时还指出:"辩证唯物主义最重要的问题是人类的历史进化的问题。同马克思的名字联系着的首先就是新的历史观。"[2]因为"马克思证明了,成为人类历史运动的原因的那个隐藏着的动力不在人身上(不在人的本性中),也不在世界精神中(这个世界精神跟唯心主义镜子中所反映的那个'人的本性'是完全一样的),而是远在人之外,在人的生产力中,即在他对自然的控制力的发展中。这样就奠定了关于社会的科学的基础。而且如果马克思除了给自己的著作《政治经济学批判》写序言以外什么也没有写,那么我们仍然应该承认他提供了未来的可能成为严格的科学的社会学的导论。"[3]在普列汉诺夫看来,唯物史观的发现是"马克思的主要功绩,甚至比他在《资本论》中对现代社会所进行的无可反驳的批判更为重要。"[4]他多次指出,唯物史观不但是社会历史过程的一般理论,而且是一切社会科学研究总的科学的方法论原则。"唯物史观给一切

---

[1] 《普列汉诺夫遗著》,俄文版第3卷,第84—85页。中译文参见《瞿秋白文集》,第2卷,第1107—1108页。
[2] 《普列汉诺夫哲学遗著》,俄文版第3卷,第43页。
[3] 同上书,俄文版第3卷,第65页。
[4] 《普列汉诺夫哲学著作选集》,第2卷,第510页。

想成为科学的关于人类社会的学说提供着必要的导论。"①

　　普列汉诺夫正确地解决了唯物史观同马克思主义的哲学、经济学说、科学社会主义以及其他社会科学例如历史学的相互关系问题。马克思、恩格斯的世界观是辩证唯物主义。它的对象既包括自然界,又包括社会或历史。因为它涉及历史,所以恩格斯有时把它叫作历史的唯物主义。②"历史的""这个形容词不是说明唯物主义的特征,而只表明应用它去解释的那些领域之一"③。所以唯物史观只是马克思主义世界观的一个组成部分。马克思主义是一个完整的世界观。它的所有方面都是互相紧密地联系着的,不能任意割裂其中的一个方面,而代以一种截然不同的世界观中的什么观点。④ 对于唯物主义历史观来说,一方面"要以辩证的思维方法为前提"⑤,另一方面又要"以唯物主义自然观为前提"⑥,因为"哲学唯物主义实际上是唯物史观的认识论基础"⑦,也就是说,"历史唯物主义只不过是以'宇宙'为出发点的唯物辩证法在社会方面的应用。"⑧反过来,唯物史观又是历史上一般唯物主义哲学的继续和完成。普列汉诺夫的理论功绩之一就是根据十八、十九世纪大量西欧思想史上的材料,具体地详细地论证了辩证唯物主义和历史唯物主义的统一性。他同时也捍卫了辩证唯物主义哲学对马克思主义社会学的重要方法论意义。在他那里历史唯物主义被看成是

---

　① 《普列汉诺夫哲学著作选集》,第 3 卷,第 184 页。
　② 把马克思、恩格斯关于社会结构和发展一般规律的唯物主义学说称作历史唯物主义,严格说来是不准确的。只是就任何名词都有自己产生的历史根源这一点来说,才是合理的。因为自然界或精神现象也都有自己的历史。
　③ 《普列汉诺夫哲学著作选集》,第 2 卷,第 311 页。
　④ 同上书,第 3 卷,第 215 页。
　⑤ 同上书,第 1 卷,第 494 页。
　⑥ 《普列汉诺夫全集》,俄文版第 16 卷,第 294 页。
　⑦ 同上书,俄文版第 20 卷,第 131 页。
　⑧ 《普列汉诺夫哲学著作选集》,第 3 卷,第 117 页。

马克思主义的一般社会学原理,看成是科学的社会学基础,或者用他喜爱的名词说:社会学的"代数学"。他所谓的"社会学"指的是关于社会现象的种种科学,实际上等于一切社会科学。① 因此,社会学研究的对象比历史唯物主义的对象广泛得多。他根据这个观点批判了民粹派、新康德派和无政府主义者等等把马克思的经济学说和科学社会主义同唯物史观割裂开来的错误。他说:"马克思的经济学说并不是和他的历史理论平行并列的东西。它始终贯彻着历史理论,确切点说,它是从这种历史理论的观点出发,用强有力的历史唯物主义方法,来研究一定时代经济发展的成果。所以有些人说得对,《资本论》不单纯是经济著作,而且是历史著作。"②他在一系列批判无政府主义和空想社会主义的著作中详细论证了"科学社会主义必须以'唯物主义历史观'为前提"③。他还"深深地确信,从今以后,批评(更确切些说,美学的科学理论)只有依据唯物史观,才能够向前迈进。"④至于历史学和唯物史观的关系,他写道:"历史所以成为科学,只是因为它能够从社会学的观点来说明它所描述的过程。因此,它与社会学的关系完全像地质学与'概括的'自然科学一样。"⑤总之,无论科学社会主义,或者经济学,也无论其他社会科学(例如历史学、宗教学、文学艺术、美学等等)都必须以唯物主义历史观为基础,它们同唯物史观的关系乃是特殊同一般的关系。

---

① 现今流行的"社会学"严格说来也是用词不够准确的。一切研究社会现象的科学都可以称为社会学。谁能说经济学、历史学、法学等等不是社会学呢? 其实,目前所谓"社会学",其研究对象是经济学等传统社会科学未曾研究的那些社会现象或社会过程,或者从不同的、新的角度对这些传统学科所考察的对象进行分析。
② 《普列汉诺夫哲学著作选集》,第 3 卷,第 215 页。
③ 同上书,第 1 卷,第 70 页。
④ 同上书,第 5 卷,第 344 页。
⑤ 同上书,第 3 卷,第 585 页。

根据唯物史观是研究社会发展的一般规律的思想,普列汉诺夫批判了伯恩施坦、李凯尔特、泰纳等人关于社会学不可能是科学的议论。他们断言,能对现象或事变进程做出精确预言的是自然科学,而不是社会科学。

普列汉诺夫指出,凡是正确地反映了对象存在和发展、变化的规律性的认识都是科学,就这一点说,社会科学和自然科学没有也不可能有任何原则性的差异。两类科学的区别只是它们研究的对象以及现时所达到的成熟程度不同罢了。由于唯物史观的创立,以这种学说为依据的社会科学第一次具备了"它的姊妹自然科学常常向它夸耀的"那种"精密性","可以说,社会科学本身正在变成一种自然科学"①。泰纳等人要求社会学对每一个别现象做出无误的预言是显然错误的。"他们混淆了两种很不相同的概念:某一社会过程的方向和一般结果的概念同这一过程由以组成的个别现象(事件)的概念。社会学的预见,凡是涉及个别事件,那是很少精确性的,而且将来始终如此。然而在那应当确定社会过程的一般性质和方向的地方,社会学的预见早就有相当大的精确性了。……社会学的预见的对象不是个别事件,而是特定时候已在进行的那一社会过程(例如资产阶级社会发展过程)的一般结果。""不管我对该过程的理解如何深刻,也不会使我有可能预言个别事件中的个别性"②。其实,这种情况在自然科学中也是一样。弹道学能够说明某一炮弹破裂为多少片,每一破片向哪里飞去么?

和所有的社会思想一样,唯物史观在马克思、恩格斯那里也有自己产生和发展的过程。如果说他们在1844年《德法年鉴》到四十年代末所写的著作中包含着制定得很好、叙述得清楚的新历史观的种种特点,

---

① 《普列汉诺夫哲学著作选集》,第2卷,第269页。
② 同上书,第3卷,第50、52页。译文有改动。

那么1859年问世的《政治经济学批判》就对历史唯物主义的基本原理做出了虽然简明却是完整的系统的叙述。而《资本论》的所有章节(从第一章起到最后一章止),以及马克思、恩格斯的这个时期的许多历史著作,借助于社会现象的分析对这些原理进行了仔细的检验。① 当然,马克思没有也不可能分析一切时代的历史。即使是对这个时期他也没有和不可能研究得详尽无遗。但这种情况丝毫不表明马克思的历史学说是"狭隘"的和"片面"的,也不妨碍马克思主义历史观普遍适用于一切民族的历史,不妨碍它成为有强大生命力的科学理论。普列汉诺夫在批判民粹派时写道:"马克思的一般历史哲学观点对现代西欧的关系,正如对希腊和罗马、印度和埃及的关系一样。它们包括人类的整个文化史,只有在它们一般说不能成立时才不能应用于俄国。"②不用说,人类思想的发展不会停留在马克思、恩格斯的著作上面。它将不断地产生新的发现,来证实、修正、补充和完成马克思的这个伟大发现。一般说来,历史科学每向前跨进一步,都提供了有利于唯物史观的新的证明。"任何一个科目的社会学,在掌握他们的历史哲学观点以后,没有不曾获得新的和极其广阔的视野的"③。

那么,普列汉诺夫在唯物史观的研究方面总的说来取得了怎样的成就,他如何评价自己的贡献呢?1907年12月他这样写道:"欧洲和美洲的马克思和恩格斯的后辈们在这些领域(指马克思的历史唯物主义和政治经济学——引者)所做的工作,不过是或多或少成功地详细分析了某些有时的确是高度重要的问题罢了。"④这里自然包括他本人在内。我们觉得这个评价是相当公允的。

---

① 《普列汉诺夫哲学著作选集》,第1卷,第749、752—753页;第2卷,第161页。
② 同上书,第1卷,第72页。
③ 同上书,第1卷,第562、70页。
④ 同上书,第3卷,第134页。译文有改动。

（二）

在他对历史唯物主义的一般的、总的看法中还有一个重要的问题，就是历史唯物主义的定义问题。

二十世纪五十年代末以前，苏联哲学家们通常都认为"历史唯物主义是关于社会发展的一般规律的科学"。这个定义至今一直影响着我国理论界。但是，从六十年代初开始，苏联许多书刊对这个定义作了一点修改。例如1962年出版的《苏联哲学百科全书》第2卷"历史唯物主义"条（作者费·瓦·康斯坦丁诺夫）第一句话就是："历史唯物主义是关于人类社会发展的最一般规律和动力的科学"。1972年出版的、同一作者主编的《马克思列宁主义哲学原理》（第2版）"历史唯物主义"部分开篇第一章即全书第十章第一句话，把"动力"一词给删掉了，虽然在这一章第二节的叙述中可以找到这样的句子："历史唯物主义……首先而且主要是研究社会发展的最一般的规律，社会经济形态产生和存在的规律以及发展的动力。"[1]最近，1980年，苏联国家政治书籍出版社出版的这本高等院校哲学教科书第5版，又把"动力"这个内容正式加进历史唯物主义的定义中。[2] 二十年来苏联人为什么这样加了又删，删了又加？在没有看到这方面的说明材料之前，不便妄加猜测。重要的是：从事情的本质说，究竟应不应该加？我们认为：应该加。理由是：第一，科学的根本任务在于研究事物运动或现象变化的原因。社会发展的规律当然也包括社会发展的原因或动力的分析。但是仅仅指出发展的规律毕竟是过于笼统了。第二，自从历史哲学产生以来，社

---

[1] 参见该书三联书店1976年中文版，第252、258页。
[2] 参见该书俄文版，第180页。

会运动和进步的原因问题就一直是它研究的中心问题。第三,突出社会发展动力问题的研究,更有益于人们的实践目的。

普列汉诺夫怎样看待这个问题呢? 和辩证唯物主义一样,他也没有给历史唯物主义下过任何正式的定义。然而他在这个问题上的观点却是非常明确的。正如前面说过的,他多次指出,辩证法是关于事物发展规律的学说,而历史唯物主义则是马克思把辩证法学说运用于社会领域的结果。不过,社会发展规律中,"人类的历史运动和进步的原因大问题",即社会关系变化的"动力"问题,是历史哲学或者"最好称为历史观"的中心问题。作为科学的历史学,"它不仅仅研究现象是怎样发生的,而且希望知道现象为什么那样发生而不按其他方式发生。"[1]普列汉诺夫在1901年关于"唯物主义历史观"的四次讲演中正是根据历史哲学家们对这个问题的回答作为标准把历史观的发展分为五大阶段或五种主要形态,即以圣奥古斯丁和博胥埃为代表的神学史观、以十八世纪法国启蒙派为代表的理性史观、圣西门和法国复辟时代历史学家的利益史观、黑格尔和谢林的辩证唯心史观以及马克思、恩格斯的唯物史观。这个问题本书第九章还要详细讨论。

那么,在普列汉诺夫看来,是不是把历史唯物主义的定义改为"关于社会发展的一般规律和动力的科学"就足够了呢? 不,还不够。因为任何社会都是由许多彼此间有密切内在联系的因素组成的复杂系统,社会有多少方面,就有多少影响社会发展的因素,而各种社会因素在不同的历史条件下以不同的方式对整个社会发展或社会的某一方面的变化产生不同的作用。不对这些作用进行具体的分析,就无法科学地认识社会的发展。所以揭示社会诸因素之间的相互关系,即解剖社会的结构,乃是一切社会学研究的基础。所有的历史哲学,包括科学的

---

[1] 《普列汉诺夫哲学著作选集》,第2卷,第720页。

历史观在内,理所当然地都要把它作为自己研究的对象。近年来国内外越来越认识到把社会结构学当作历史唯物主义理论的组成部分,而对它进行独立研究的重要性。例如,有人写道:"历史唯物主义作为社会发展一般规律的科学,不只是从纵的方面揭示历史过程的顺序发展;同时也要从横的方面揭示社会诸结构,诸要素的一般关系及其变化。这样,才能从总体上把握人类社会这个复杂的系统,这个活的有机体。"既然如此,为什么不把社会结构的研究名正言顺地放进历史唯物主义的定义中呢?"社会发展"这个概念能够包括"社会结构"概念的全部内容吗(虽然它们之间的联系是不可分割的)?许多年来,我国和苏联的不少历史唯物主义教科书和专著,存在着一个十分突出的矛盾现象:一方面教材的内容主要是讲社会诸组成要素之间的相互关系,另一方面教材开篇却把历史唯物主义仅仅定义为关于社会发展一般规律的科学。实际论述的在定义中没有反映,定义中规定的又大部分没有落实。比较起来,李达的《社会学大纲》在这方面就要好得多。它既讲经济基础和上层建筑的结构,也讲它们的发展,而且后者的篇幅还略多于前者。①

　　普列汉诺夫没有写过任何教科书,包括历史唯物主义教科书。他的历史观,和他的其他思想一样,几乎全是用论战形式发表的。除了其他原因以外,这种情况无疑也在他的哲学观点的系统性上留下了明显的烙印。当我们拿他的著作同马克思、恩格斯的著作(例如《资本论》、《反杜林论》以及他们的各种历史著作)进行比较时——或者就同李达的《社会学大纲》比较——我们可以清楚地看到,他对社会各组成要素的历史发展的论述是有不少疏漏的。但是,不管怎样,他对于历史唯物

---

① 顺便说说,李达这本名著在论述历史唯物主义方面有许多重要的优点是后来的同类著作(例如艾思奇的《辩证唯物主义和历史唯物主义》)所缺乏的。

主义必须在统一中把握社会的结构和社会及其诸组成要素的发展这个总的观点却是认识得很清楚的。他不止一次地把社会称为社会有机体,把社会结构的分析比之为有机体的解剖,认为"社会结构学"(不过他没有使用过这个名词)同具体的社会科学的关系就像解剖学同其他绝大多数生物科学的关系一样。虽然他着重批判了十九世纪上半期西欧社会学书刊中滥用生物学比拟的现象,例如"社会器官说"、"社会生理学"等等。但是,恰当的生物学比拟,他并不反对,也不应当反对。他写道,我们不仅应当懂得"社会的解剖学植根于它的经济",而且"应当弄清楚其解剖学结构由经济所决定的这个有机体的一切生活机能;应该懂得这个有机体怎样运动,怎样营生,懂得在它的内部由于这个解剖学结构而产生的感觉和概念怎样变成它们现在的形态,懂得这些感觉和概念如何通过这结构中所发生的变化而变化,等等。"①他又说:"正如达尔文以简单得惊人同时又是严格科学的物种起源论丰富了生物学一样,科学社会主义奠基人也向我们表明了在生产力发展中以及生产力反对落后的'生产的社会条件'的斗争中社会组织形态改变的伟大原则。"②他有时把考察社会关系或社会结构叫作 статика(静力学、静态)的研究,而把考察社会及其诸组成要素的发展叫作 динамика(动力学、动态)的研究。③

本章下面的绝大部分篇幅以及"方法论"章第二节,还要详细讨论普列汉诺夫关于历史唯物主义是科学的社会结构学的思想。现在想先谈谈几个术语问题。普列汉诺夫用得最多的是"经济结构",其次是"社会结构",偶尔也用"政治结构"一词。"经济结构"的含义很明确:"生产关系的总和组成社会的经济结构"④。"政治结构"则指政治上

---

① 《普列汉诺夫哲学著作选集》,第 2 卷,第 205 页。译文有改动。
② 同上书,第 1 卷,第 70 页。译文有改动。
③ 同上书,第 1 卷,第 153、183 页;《普列汉诺夫全集》,俄文版第 1 卷,第 62 页。
④ 同上书,第 2 卷,第 307 页。

层建筑,即政治法律关系。"社会结构"一词在普列汉诺夫著作中的含义并不总是明确的。它主要指一定的生产关系,有时也用来表示政治法律关系等(这约略相当于下面将详细讨论的"五项"公式的第三项),较之我们所说的最广意义上的"社会结构"要狭窄得多。① 所谓广义社会结构学是指研究一切社会现象由以构成的那些社会因素的属性和相互关系的科学。但是,他任何时候都没有在这种意义上使用过"社会结构"这一情况,丝毫不妨碍我们承认他是继马克思、恩格斯之后最全面最有创造性地研究过"社会结构学"的第二国际理论家。

(三)

在"社会存在"、"社会环境"、"社会意识"等概念上也发生了类似的情况,他同样没有给这些概念下过任何定义,不过我们仍然可以根据他的一些论述分析出他的大致看法来。

在说明他的看法之前,我们想扼要地谈谈自己的认识,然后根据这种认识评价他的思想。

任何人类社会要生存下去都必须有一定的环境。社会只有在这种环境中才能存在。环境有两类。一类叫自然环境,另一类叫社会环境,或人为环境。前者是一切社会存在的自然前提或基础,后者既是"社会存在"的产物,又为社会继续存在和进一步发展提供了顺利的或者不利的条件。社会环境(包括生活环境、生产环境),还不是社会本身的存在,或者说,不是"社会存在"本身。但它仍然是一种社会现象,因

---

① 例如参见《普列汉诺夫哲学著作选集》,第1卷,第715页;第2卷,第160、168、757页;第3卷,第198页;《普列汉诺夫全集》,俄文版第8卷,第24页;《普列汉诺夫哲学遗著》,俄文版第3卷,第45、110页等。中译本用了"社会结构"字样的地方,原文并不都是"структура общества",例如该书第2卷第509页和第5卷第948页上就是如此。

为它是在社会出现以后由于社会人的活动才产生的一种现象。这种现象本身也是不依赖社会人的意识和意志而独立存在的。在这个意义上,社会环境也是一种社会的存在。① 为了和前一种"社会存在"相区别,我们把这种社会的存在叫作"社会环境存在"。具体点说,所谓"社会存在"指的是:(1)一切社会关系的总和(包括生产、政治、法律、军事、宗教、伦理、民族、阶级、家庭等各种关系);(2)人类为自己的生存和发展而进行的一切活动(生产、交换、消费、政治、军事、立法、伦理、宗教、文化、教育、娱乐等各种活动);(3)本身作为人能够自由控制的构成要素而直接参与上述活动过程以实现社会人的目的的一切物质手段。构成社会存在的一切因素以及它们之间的矛盾运动,推动着社会的发展,其中归根到底起决定性作用的是生产方式。决定社会意识性质、内容和变化的,一般说来主要也是生产方式。不过在阶级社会中,阶级斗争对社会意识的决定性影响,同样是很明显的。社会意识既是上述这些社会关系和社会活动的反映,也是对这一切物质手段的认识。因此,社会意识不只是关于社会的意识,它也包括关于自然的意识。此外社会意识即社会人的意识之所以包括关于自然的意识,还因为它同时是社会环境和自然环境在人脑中的反映。社会意识本身也有自己的结构。它首先可以分为两类,即初级的和高级的。初级的社会意识即社会人的心理,简称"社会心理"。不过这个名词严格说来不很贴切,最好称为"普通意识"。② 它只是社会意识的感性阶段,或如马克思所说,一种"日常意识",是人们在日常生活中自发地形成和积累的那些感觉、表象、观点、情绪、要求、幻想、愿望、动机、传统、习惯、行为规范等

---

① 参见布哈林:《历史唯物主义理论》,人民出版社 1983 年版,第 149—150 页。
② 社会意识可以大致地划分为这样两方面的内容:(一)主体对客体的认识;(二)主体对客体的态度(情感、愿望、欲求、兴趣等等)。无论初级的社会意识还是高级的社会意识都包含这两方面。所以"社会心理"一词不贴切。

等的不定型的无系统的总和。高级的社会意识叫思想体系。思想体系是概括了的、系统化了的社会意识,即为职业思想家(包括文艺工作者)这样一些特殊阶层的人物加工改造过的社会意识。包括普通意识和思想体系在内的整个社会意识是社会存在的反映,以社会存在为源,而把先行的社会意识当作流。但在人类精神范围内,特定时代的思想体系却以当时的普通意识为源,而把先前时代所创造的思想体系当作流。在普通意识和社会存在之间没有任何精神性的中间环节。反之,社会思想体系反映社会生活则不是直接的,而是间接的、有中介的,其中精神性的中介就是普通意识。和"思想体系"一词的传统意义不同,我们认为,凡是成体系的思想都是思想体系,包括自然科学在内,而不限于社会科学和所谓"人文科学"。与此相适应,普通意识也应分为关于社会的"心理"和关于自然的"心理"。这种关于自然的日常意识包括劳动中获得的或形成的经验、习惯、情绪、兴趣等等。自然科学就是这些无系统、不定型、自发形成的大量经验的理论概括。任何形式的思想体系反映社会存在时都是这样或那样依据"心理"和概括"心理"。自然科学如此,社会科学也如此。这是一般而言就思想体系的总的起源说的。至于广大群众之获取这些思想体系必须通过自然科学家和社会科学家的宣传活动,或者说通过"来自外面的灌输",这完全是不相同的两回事。同时,特定形式的思想体系所系统化的和概括的,照例不是全部心理因素,而只是个别的因素,即和这种思想体系相适应的某种或某些心理因素。例如,伦理学主要概括人们的日常道德意识。而后者则直接反映现实社会中客观存在着的人伦关系。如此等等。为了对以上所说有更清晰的直观了解,请看社会结构示意图。①

现在回过头来考察普列汉诺夫的思想。

先讲他对"社会存在"的观点。

---

① 不用说,和别的图表一样,这个图表也只说明某些主要的东西。

社会结构示意图

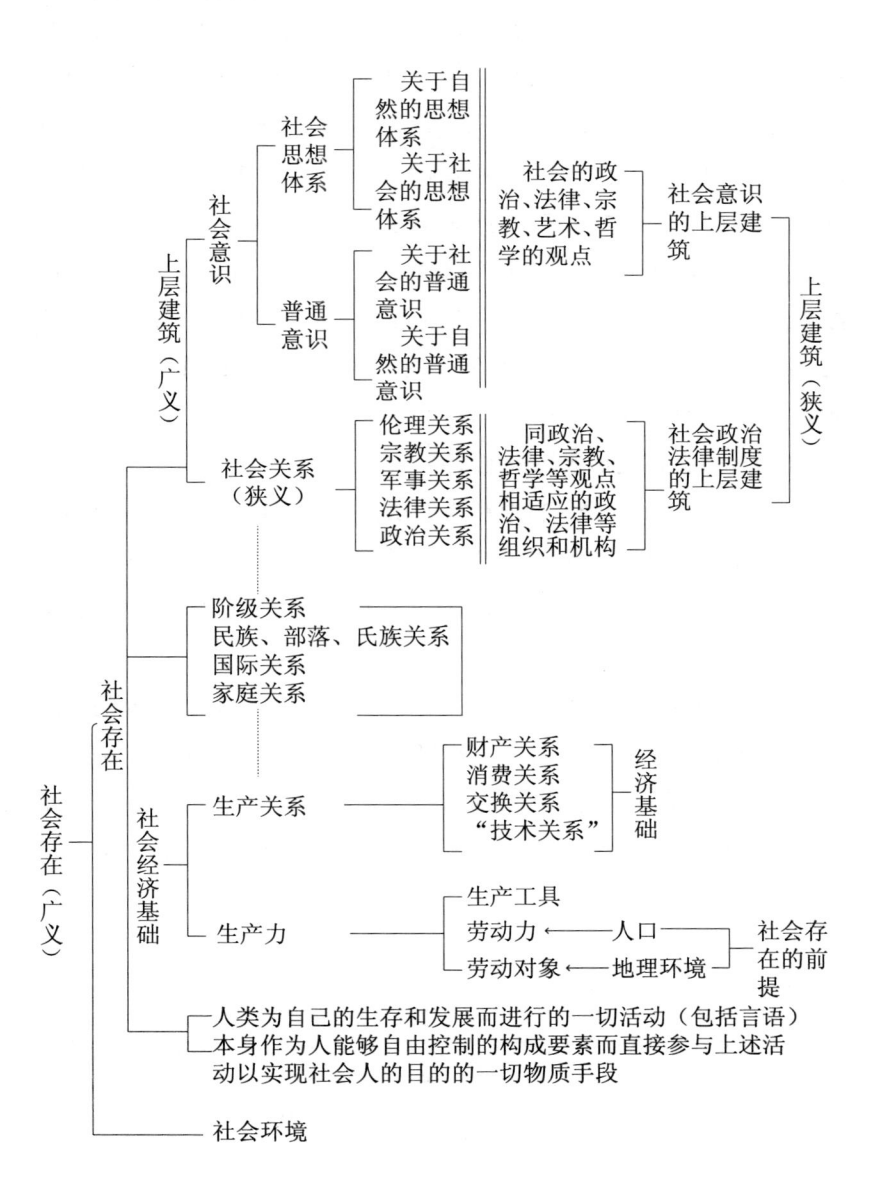

```
                                                ┌ 关于自
                                                │ 然的思想
                                        ┌ 社会 ─┤ 体系         ┐
                                        │ 思想  │             │ 社会的政
                                        │ 体系  └ 关于社       │ 治、法律、宗    ┐ 社会意识
                                ┌ 社会 ─┤        会的思想     ├ 教、艺术、哲 ──┤ 的上层建
                                │ 意识  │        体系         │ 学的观点       ┘ 筑            ┐
                                │       │        ┌ 关于社     ┘                                │
                                │       │        │ 会的普通                                    │
                                │       └ 普通 ──┤ 意识                                        │
                ┌ 上层建筑(广义)┤        意识    └ 关于自                                      │ 上
                │               │                 然的普通                                    │ 层
                │               │                 意识                                        │ 建
                │               │        ┌ 伦理关系    ┐                                       │ 筑
                │               │        │ 宗教关系    │ 同政治、         社会政治            │（狭
                │               └ 社会关系┤ 军事关系   ├ 法律、宗教、 ──┤ 法律制度           │ 义)
                │                 (狭义)  │ 法律关系    │ 哲学等观点      的上层建            │
                │                         └ 政治关系    │ 相适应的政      筑                  ┘
                │                                       │ 治、法律等
                │                                       │ 组织和机构
                │                                       ┘
                │               ┌ 阶级关系
                │               │ 民族、部落、氏族关系
                │               │ 国际关系
       社会存在 ┤                │ 家庭关系
                │               │                       ┌ 财产关系   ┐
                │               │               ┌ 生产关系 ─────────┤ 消费关系  │ 经济
                │               │               │                   │ 交换关系  ├ 基础
                │               └ 社会经济      │                   │ "技术关系"┘
                │                 基础          │                   ┘
                │                               │               ┌ 生产工具
                │                               └ 生产力 ──────┤ 劳动力 ←── 人口    ┐ 社会存
                │                                               └ 劳动对象 ←── 地理环境┤ 在的前
                │                                                                       ┘ 提
社会存在 ┤       ┌ 人类为自己的生存和发展而进行的一切活动(包括言语)
(广义)   │       │ 本身作为人能够自由控制的构成要素而直接参与上述活
         │       │ 动以实现社会人的目的的一切物质手段
         │
         └ 社会环境
```

(1) 社会存在包括生产方式。

他写道:"不是意识决定存在,而是存在决定意识。这个论点运用于人类发展时,就是说,不是社会人的'心理'决定他的生活方式,而是他的生活方式决定他的'心理'。……但这还不等于说,我们在任何情况下都知道在一定形式的社会存在的基础上一定的心理的那个过程。"①"思想方式〔决定于〕——生活方式。生活方式就是经济。整个思想体系,归根到底都是经济发展的结果。"②

这里的"经济"、"经济发展",不单指生产关系,也包括生产力。但普列汉诺夫不用"生产方式"而用"生活方式",表明他没有把"社会存在"仅仅归结为"经济"(当然经济是决定性的因素),此外还应该包括别的方面,比如政治法律关系等等。

(2) 社会存在包括政治法律关系。

他写道:"某一经济结构所产生的法律关系,对于社会人的全部心理有着决定的影响。马克思说,'在不同的社会生活形式上,在生存的社会条件上,耸立着各种特殊的感觉和幻想、观点和概念的整个上层建筑。'存在决定着思维。"③

恩格斯在致博尔吉乌斯的信中指出,研究的时期愈长,研究的范围愈长,思想发展曲线的中轴线就愈是跟经济发展的曲线平行而进。普列汉诺夫发挥恩格斯这一观点时说道:"思想运动的曲线是跟经济发展以及经济所决定的社会政治的发展的曲线平行的。""唯心主义者企

---

① 《普列汉诺夫哲学著作选集》,第3卷,第336页。
② 同上书,第3卷,第60页。
③ 同上书,第3卷,第171页。有时普列汉诺夫把法律关系或法律制度称为"法权形式",认为"人们的一定法权概念是和当时的法权形式相一致的"(《普列汉诺夫哲学著作选集》,第2卷,第558页)。巴加图利亚在《马克思的经济学遗产》一书的一个不容忽略的注释中指出:马克思认为,物质生产和广义的政治上层建筑(即政治关系和法律关系,属于社会存在)。参见该书1981年贵州人民出版社中译本,第171页。

图说明这个思想行程的时候,从来不会从'事物行程'的观点上去仔细观察一切。……唯物主义是用经济发展所造成的社会结构等等来解释某一社会或某一阶级的心理的"①。

这些话清楚地表明普列汉诺夫的确是把社会的政治法律结构(或关系)算作社会存在的因素的。我们还可以再举两条理由证明这个论断。

一是普列汉诺夫继恩格斯之后把阶级斗争分为经济的、政治的和理论的,认为前两者决定后者,后者是前者的反映,并在论述各种思想体系时明确地把前两项阶级斗争算作社会存在。

另一条理由。普列汉诺夫认为,法国唯物主义者的历史哲学的基本命题是:环境是意见的产物。这是唯心史观。但法国唯物主义者是不彻底的。他们的体系中存在着另一个截然相反的命题:人及其一切意见是环境,主要是社会环境的产物。这是他们的学说中的历史唯物主义因素。他们所谓的社会环境,主要是指政治法律制度。可见政治法律制度在普列汉诺夫看来无疑属于社会存在这个范畴。

但是他并没有探讨过政治法律关系(制度或活动)为什么属于社会存在的问题。原因不难理解。因为正如上文所说,他从未明确提出社会存在是什么,它包括哪些因素的问题。尽管如此,他还是考虑到了今天某些人反对把政治法律制度划入社会存在时所提出的一条重要理由。例如他写道:"政治制度是经济关系的表现。但是这种为经济所决定的政治制度要成为现实,必须先以某种概念的形式通过人的头脑。"②然而要想根据政治制度或政治法律等社会关系形成之先必须通过人们的意识这一点来否认这些制度或关系属于社会存在,那就说不

---

① 《普列汉诺夫哲学著作选集》,第 3 卷,第 198、200 页。
② 同上书,第 2 卷,第 237 页。

通了。因为人们的概念或意识在成为政治制度或政治关系的原因之前首先是结果,不仅是经济发展的结果,也是当时政治状况的结果。梭伦立法不可能是拿破仑法典,他搞政治改革的目的也不可能是建立资本主义制度。同时,一切人类的活动都是通过人的意识而进行的。政治活动、立法活动如此,经济活动也如此。"人类如果不先经过自己的概念的一系列变革,就不可能从自己经济发展的一个转折点过渡到另一个转折点。"①另一方面,"人们的社会关系"(既包括经济关系,也包括政治法律关系等)"不是他们自觉活动的结果。人们自觉地追逐他们的独特的、个人的目的。我们假定,他们之中,每一个人都企图改善自己的状况,而从他们的各个人的行动的总和中产生出某种社会结果,这种结果也许完全不是他们所希望的,而且大概也不是他们所预见的。……他们之中谁曾预见到大地产会毁灭共和国以及连同共和国一起毁灭意大利呢?"②所以,根据某一类社会关系的形成是否先通过人们的意识来判断它究竟属于社会存在,还是属于社会意识的说法,显然是错误的。过去人们在交换产品时的确没有认识到这里存在着社会生产关系,如果认为这就是产品交换这种经济关系属于社会存在的理由,那么试问,自从马克思揭示了其中的奥秘以后,人们都认识到这里有社会生产关系,并自觉参加进去,努力发展这种关系,利用它为社会服务,这个时候的产品交换关系难道就不再是社会存在,而变成了社会意识("思想关系")么?! 历史上不少改革家曾提出这样那样的经济改革方案,根据这些方案推行的经济制度难道不同样是社会存在么?

(3)社会存在还包括宗教、伦理关系或家庭关系。

"在图腾崇拜时代,被奉为神的不是个体,也不是为数比较多的一

---

① 《普列汉诺夫哲学著作选集》,第 2 卷,第 237 页。
② 同上书,第 1 卷,第 661 页。

群个体,而是整整的一种动物或一类动物,如熊、龟、狼……等等。人的个体还完全没有从血缘联合体中分化出来,与此相适应,神的个体化的过程也还完全没有开始。在这个原始时期……神……并不像基督教、犹太教、伊斯兰教等等的神那样关心人的道德。原始神族只有在人们触犯它的时候才惩罚人们。……在这里,起初受惩罚的也不是个人,而是他的整个血缘联合体,因为报血仇是原始的菲米斯女神的基本规则。……所以原始人根本不可能倾向于我们现在所谓的自由信仰:一个人的同族犯了过错,他自己也要受到神的惩罚……因此,他必须极其小心谨慎,以便密切注意他的同族人对待神的态度。存在决定意识。"①

"罗马父权制家庭是在相当长时期以后由于氏族生活方式在农业和奴隶制的影响下瓦解而产生的。但是,这种家庭一出现,家神和家祭也就出现了,在家祭中家长起着司祭的作用。在这里社会存在也决定宗教意识。父权制家庭的神是祖先神。因为这种家庭的成员对自己的家长具有亲属眷恋之情,所以这些情感就被转移到祖先神身上。人认为自己爱神必须有子女爱父亲一样的感情,其心理基础就是这样产生的。原始人不知道某一个人是自己的父亲。在他看来,'父亲'一词是指他的血缘联合体中达到一定年龄的每一个成员。因此,他不可能有我们现在所理解的子女的义务。他没有这种感情,而只有同整个血缘联合体团结一致的意识。我们已经知道这种意识如何扩大成为同神圣动物图腾团结一致的意识。现在我们看到另一种情况。情绪的进化决定于社会关系的进化。"②

这两段较长的引文清楚地表明:普列汉诺夫认为,家庭关系、宗教关系和伦理关系包括在社会关系中,而一切社会关系都是社会存在,它们的进化决定着社会意识的进化。例如他在评述别林斯基的哲学观点

---

① 《普列汉诺夫哲学著作选集》,第 3 卷,第 388 页。
② 同上书,第 3 卷,第 396 页。译文有改动。

时写道:"他不能忘记'社会生活的实体'是兴趣、目标和活动的源泉。他所理解的'社会生活的实体'又是什么呢? 不是别的,正是社会关系的总和。"①

至于现实的阶级关系、民族关系、军事关系、国际关系之为社会存在,对普列汉诺夫说来也是没有疑问的。除阶级关系和阶级斗争下面还要作专门讨论以外,其余的就不谈了。

值得特别提出来加以说明的是关于"社会环境"或"人为环境"的概念。在《论唯物主义历史观》这篇评拉布里奥拉的"卓越著作"(列宁语)《唯物史观概论》的长文中,普列汉诺夫扼要地考察了"人为环境"的构成要素及其在社会发展中的作用。②

拉布里奥拉认为,"历史科学的第一位的和主要的任务是规定和研究人为的环境,它的起源和构成因素,它的变化和改造。"③普列汉诺夫引证这句话时不知什么原因遗漏了两个词:"构成因素"(состав)和"改造"。但这并没有任何实质上的意义,因为普列汉诺夫自己的议论中实际上明确地指出了人为环境的构成。它包括:社会历史结构(формация)(即国家和民族)、语言、生产技术、生产工具、生活资料,以及自然环境中受到人类改造活动的那一部分。④ 这里所说的"人为环境"等于上图中广义的社会存在,它包括狭义的社会存在和社会环境(生活环境、生产环境)。普列汉诺夫没有把后者同通常所说的"社会存在"(狭义的)区别开来。他看到了人为环境和自然环境(或地理环境)的不同。他指出,动物的生活完全处于周围自然环境的直接影

---

① 《普列汉诺夫哲学著作选集》,第 4 卷,第 565 页。
② 如果把普列汉诺夫此文的第四节同拉布里奥拉著作第二部分第四节中间一大段(参见 1960 年俄译本第 93—98 页)比较一下,可以清楚地看出,普列汉诺夫的这段论述几乎完全是这位前罗马大学教授的观点的重述。
③ 《唯物史观概论》,俄文版,第 96 页。
④ 《普列汉诺夫哲学著作选集》,第 2 卷,第 270—271 页。

响之下。然而对人说来,直接适应自然环境的结果是生理特征不同的种族(黑种、白种、黄种),并不是那些派生的社会历史结构,"在迈入历史发展之途的那些社会里面的复杂的内在关系决不是受自然环境直接影响的结果",而是人为环境的产物。最初,人为环境是十分简陋的。随着人类对自然力的征服,这个人为环境也就越来越丰富、发展。地理环境对人类社会影响之日益缩小,是以人为环境作用之不断增大为前提的。而且人为环境还非常有力地改变着自然对社会人的影响,越来越使这种影响从直接变为间接。总之,人为环境是人类进一步发展的一个必要条件。它的发展水平是衡量人类文明程度的标尺。在人为环境的一切要素中起决定作用的是生产力,它决定人类的一切社会关系。①

既然普列汉诺夫认为社会存在的本质特征就是它能够决定社会意识的性质和内容、它的变化和发展,而地理环境则不具备这种特征,这就清楚说明他实际上已经把那种纯粹的自然环境排除在社会存在之外了。他写道:"太阳的升落同人类的社会关系没有任何因果的联系。所以我们可以把它当作一种自然现象,而跟人们的自觉的志向对立起来,因此人们的志向也是跟它没有任何因果联系的。但社会现象和历史就不是这样。"②正因为如此,他高度地评价了黑格尔对地理环境作用的观点,一再称颂这位辩证法大师关于"世界历史的地理基础"("Geographische Grundlage der Weltgeschichte")的提法是具有划时代意义的。有时他甚至特意把"Grundlage"(基础)一词译成"подкладка"③。这明白地表示,在他看来,地理环境只是人类演出自己的历史活剧的舞台,而不是这个历史戏剧本身。

过去一直流行着这样的观点:社会存在是社会物质生活条件的总

---

① 《普列汉诺夫哲学著作选集》,第 2 卷,第 270—273 页。
② 同上书,第 3 卷,第 210 页。
③ 《普列汉诺夫哲学著作选集》,俄文版第 3 卷,第 151 页(中译本第 3 卷,第 164 页)。"подкладка"的意思是:衬里、垫座、背景等。

和，而社会物质生活条件这一概念则指地理环境、人口和生产方式三项。① 这个观点来自斯大林。斯大林在他的著名小册子《辩证唯物主义和历史唯物主义》中论述"社会物质生活条件"概念时首先断言，地理环境和人口包括在归根到底决定社会面貌、社会观点等等的社会物质生活条件之中。接着又得出结论说，地理环境和人口决不能成为社会发展的决定性原因，因而也就是不能成为社会意识发展的决定性原因。斯大林一点也没有注意到他那种说法的惊人的逻辑矛盾。这两个判断显然至少不能同真。如果"社会物质生活条件"决定社会意识，那么地理环境和人口或者不属于"社会物质生活条件"，或者它们本身也是社会意识的决定力量，否则就只能说"社会物质生活条件"的一个要素决定社会观点的发展，或者说，除地理环境和人口之外的"社会物质生活条件"对社会意识有决定作用。把"社会物质生活条件"一词换成"社会存在"，情况也没有根本的不同。②

---

① 例如罗森塔尔和尤金在他们编写的《简明哲学辞典》中就是这样说的。

② 本书对普列汉诺夫地理环境理论缺点、错误曾提出了好些批评，现在再补充几点。

（1）地理环境对人类社会发展的作用一般有两种情况。第一，地理环境作为社会发展的外部条件或如黑格尔所说是"人类历史的地理基础"。第二，地理环境是作为参与社会生活并不断地与社会诸要素发生相互作用的社会结构的内部要素而影响社会存在和发展的。斯大林在他的小册子里一开始把地理环境当作"社会物质生活条件"三要素之一。["社会物质生活条件"一词翻译的不准确，有歧义。它既可以理解为"社会物质生活的条件"，又可理解为"社会物质的生活条件"。它的正确译法是"社会生活诸物质条件"。]这等于把地理环境看成是社会存在和发展的外部条件，也等于把它看作基本不变和变化微小的东西或如斯大林所说一万年不变的东西。与此同时斯大林却同时断言地理环境可以加速或延缓社会的发展。这也等于把地理环境看成是参与社会生活与社会诸要素发生作用和不断变化的社会结构要素。简言之，这等于是把地理环境看成是不断变化的变量。由于没有区分上述两种情况的地理环境，因此互相冲突。

斯大林的地理环境理论还有一个自相矛盾的地方。他一方面断言地理环境不能决定社会的发展，因为一万年不变的地理环境不能成为社会发展所以不断变化的原因。同时又说一万年不变的地理环境可以成为加速和延缓社会发展这一同样是变化的原因。这两个判断显然不能同真。可见斯大林因此陷入又一个自相矛盾。

（2）斯大林把地理环境对社会发展的作用仅仅归纳为两种情况：或者决定社会发展，或者加速还是延缓社会发展。这就把地理环境对社会存在和发展的作用极端简单化了。

普列汉诺夫关于地理环境和人口不是社会存在,而只是社会存在的自然前提的观点,显然是考虑到了马克思的指示。① 马克思在《资本

(接上页)地理环境既可使人类社会不存在即使该社会从地球上消失又可使社会倒退或停滞。例如十三世纪十字军东征,沿途到处散播鼠疫,死亡一千多万人,占所经过的欧亚地区全部人口的三分之一强。其中许多城镇和乡村居民或全部或大半死亡,其余则逃亡他处。致使许多城乡空无一人,结果许多年后都难以恢复原貌。

在中国历史上也多次发生类似情况。比如某朝某年某代某地瘟疫流行,致当地居民大量死亡等等。

(3)斯大林地理环境理论在提问题的方式上也是错误的。马克思、恩格斯、列宁、普列汉诺夫等从来不一般地、抽象地提出地理环境对社会存在或发展的作用问题。而是在特定历史条件下某个地理环境要素对特定社会或特定社会要素发生什么作用。比如,他们说在古代尼罗河的定期泛滥,决定了埃及政府必然是专制政体,以便集中人力、物力、财力以治理水患。又比如说,在近代条件下世界资本主义最早的诞生地是温带。再如十六到十八世纪,俄罗斯之所以在一百多年内停滞在封建社会,主要原因在于俄国中部存在着大块湿地,可以收容大批失业的劳动者。而同时期,西欧社会之所以很快进入资本主义社会,重要的原因是失业的劳动者无处可去,只好到西欧各大城市的工厂去当工人,为资本主义发展提供了重要的劳动力资源。等等。

实际上,本身包括诸多要素的地理环境对社会及其要素的影响在不同的历史条件下是极其繁杂的,需要认真地具体地细致研究,绝对无法用一句话作为回答。

要了解特定社会要素对该社会的发展起什么作用,首先就应弄清在特定场合、特定社会有怎样的结构以及该要素在这一结构中居于何种地位。历史条件不同,社会结构也不同。该要素在社会结构中所处的地位不同,作用也不同。处于主要地位其作用不同于处于次要地位,处于中心地位作用不同于处于边缘地位,处于关键地位不同于处于可有可无的地位。比如,在现在条件下盛产石油,对于沙特等中东国家的经济和社会发展,其作用就十分关键。而在两百年前这种作用可以说是等于零。这也可以说是唯物史观的一条方法论原理。

(4)斯大林说,地理环境一万年不变。这也是不符合事实的。比如,在中国古代,湖北省就有一个著名的"云梦泽"。不过一千来年,古代的"云梦泽"现在早已消失。其疆域在历史上的变迁,一些史籍先后曾有简略而明确的记载。

大家知道,在古代原始森林对人类历史起过很大作用,好些原始森林并不是在一万年间消失的,而是在几百年或几十年甚至几年几个月内由于一次或几次雷电引发的大火而烧毁的,等等。

地理学早在一两百年前就分为自然地理和人文地理两大部分。解放前中学的地理课老师在课堂上既讲山川地貌又讲交通物产。钱学森说地质学是自然科学,地理学既是自然科学又是人文科学。可见说地理环境一万年不变,在讲历史哲学时把地理环境当作超历史的形而上学实体是完全错误的。

① 参见《普列汉诺夫哲学著作选集》,第2卷,第168页。

论》第 1 卷中写道:"土壤的差异性"是"形成社会分工的自然基础"①。换言之,一般说来,地理环境不过是社会存在和发展的自然基础或前提。

当然,地理环境不仅是生产的自然前提,用马克思的话说,不仅是"生产条件"②,它也是生产的要素,或者更确切些说,它的特定的某一部分是生产要素。因为"人是从周围的自然环境中取得材料,为自己创造用来与自然斗争的人工器官"的③。但是一旦地理环境中的这一部分物质作生产要素加入生产过程,它已经不再是原来的那个地理环境,而成为劳动的对象或工具了。这就是说,当地理环境作为生产条件时,它只是社会存在的自然前提,还不属于社会存在本身,而当它作为生产要素即作为社会存在的要素起作用时,它已经不再是现时流行意义下的那个地理环境了。

对于"人口"概念,也可以说类似的话。"人口"一词有广狭二义。按自然的或生理的属性理解的"人口"是狭义的。斯大林上述小册子就是在这种意义上使用的。广义的"人口"还包括它的社会属性。目前通行的"人口学"就是以广义的"人口"为研究对象。人,"作为劳动者","作为所有者"等等,即作为一切社会活动的担当者,是社会人;而作为生理需要的主体,"作为人类历史的经常前提"是自然人,即人口。④ 为了使两者不致混淆,这里需要有两个名词,我暂且把狭义的人口仍然叫作人口,而用"居民"表示广义的人口。显然,如果人口的含义仅仅指数量构成和地区构成,那么它当然不能成为社会发展中的主要力量,但因此它也就不是社会存在的构成因素。反之,当人口(用我们的规定叫作"居民")不

---

① 《马克思恩格斯全集》,第 23 卷,第 561 页。
② 参见《马克思恩格斯全集》,第 26 卷第 2 分册,第 272—273 页。
③ 《普列汉诺夫哲学著作选集》,第 2 卷,第 168 页。
④ 参见《马克思恩格斯全集》,第 26 卷第 3 分册,第 416、545 页。

仅指地区数量构成,还包括家庭构成、教育构成、阶级构成、职业构成、劳动熟练程度构成等等的时候,换句话说,当人口不仅表示一代代自然更替,还是(而且主要是)生产力的要素和生产关系的体现者的时候,怎么能否认这样的居民对社会发展有决定性影响呢?①

关于普列汉诺夫的人口观,下面将要讨论。在这之前,我们想对普列汉诺夫地理环境学说作若干述评。

（四）

普列汉诺夫对马克思主义地理环境学说的重大贡献,我已经写过一篇专文(载《哲学研究》1980年第10期)。文章首先指出:他依据唯物史观基本原理比较全面系统地、正确地解决了地理环境在社会发展中的作用问题,他的这些论述应该看作马克思主义地理环境学说发展中的重要里程碑。接着概述了他的四大贡献:(1)详细地论证了地理环境不是社会发展决定力量的原理,系统地批判了社会学中的地理学派;(2)第一次明确地提出了和阐明了地理环境对社会的作用是生产力的函数这样一条马克思主义地理环境学说的基本原理;(3)系统地分析了地理环境、它的各种因素对于处在不同历史阶段的社会有机体以及不断发展变化的社会各方面所起的作用;(4)初步考察了地理环境学说的历史发展。这里不准备重复已经讲过的话,只想就下面四个问题作点补充说明。

第一个问题:为什么说生产力的发展决定着地理环境对人类社会的作用的原理是马克思主义地理环境学说的基本原理? 为什么这一原理的确立标志着地理环境理论发展的新界碑?

---

① 这种概念混乱,在瓦连捷伊主编的《人口学体系》中表现得十分突出。

所谓"基本原理"就是决定其他原理的原理,它是其他各种原理的逻辑基础。地理环境理论的中心问题是:如何一般地描述地理环境对社会发展的作用? 只有从根本上确定了地理环境对社会发生影响的总的原则,进一步具体分析这种影响的性质、方向、大小等等才有可靠的理论依据。普列汉诺夫正确地揭示了这个一般原则,他说,地理环境对社会发展的作用的性质、方向、范围、速度、复杂程度等是一种可变的东西,它随着生产力的变化而变化。

为什么地理环境不能成为社会的发展的决定力量呢? 最根本的原因显然不是像斯大林所解释的那样,说什么不变者不能成为变化不居的现象的原因,而是因为地理环境对社会的作用本身就是被第三者决定的,即被生产力所决定的。本身被决定的东西在同一问题的范围内当然不可能成为决定性的原因。

为什么地理环境对社会的影响日益缩小呢? 因为社会生产力在不停地发展着,从而不断地扩大社会人对自然条件的控制能力。自然环境对社会人的影响之所以越来越由直接变为间接,也是因为生产力的发展。与此同时,地理环境对社会的影响由于自然和人类的关系日趋复杂,因而其作用不是更小了,而是在迅速地不断增强。导致这种相反相成的过程的根本原因,仍然是生产力的发展。

至于地理环境、它的各种因素(土壤、气候、动植物区系、地表特性、河流系统、海岸线等等)对于处在不同历史阶段的社会及其各方面(生产力、生产关系,政治法律诸制度、社会心理、思想体系等)的影响,其所以因时因地而千差万殊,道理还是在于生产力的状况和变化。[①]

[①] 这里同样清楚地表明普列汉诺夫的确具有系统理论的思想(详见"方法论"章)。他明确地把地理环境和人类社会看成两大系统,不仅对它们之间的关系作横的静态的解剖,也进行了纵的动态的分析。

这种千差万殊正好说明上述基本原理的科学性和高度概括性。

那么,黑格尔和马克思、恩格斯关于地理环境问题的主要思想为什么不能成为这样的基本原理呢?

黑格尔认为,地理环境主要通过生产力,通过社会组织影响社会的发展。这当然是重要的科学发现。但它只是指出了地理环境对社会的单方面的作用,所以不能成为全面说明地理环境作用的基本原理。马克思、恩格斯前进了一大步,他们论证说:只有根据自然和社会、地理环境和生产方式相互影响的观点才能正确了解地理环境在社会发展中的作用。但这一思想还不够确定不够具体。它仅仅告诉我们应该朝什么方向去研究这种作用,而没有进一步指出决定这种作用的因素是什么?所以说这两个主要思想只是马克思主义地理环境学说的出发点和基础,都不能成为该学说的基本原理。

我们反复作这个论证,是因为想引起学术界的重视,马克思主义地理环境学说是不是一个原理的系统?其中是否有一条基本原理?普列汉诺夫对这一基本原理的表述的理论价值,除了进一步证实唯物史观基本原理的科学性和一元性,丰富它的理论内容等等之外,主要在于它给我们提供了一条探讨地理环境作用的总的方法论原则。只有弄清了特定社会生产力的状况和发展趋势,才能科学地说明该社会所处的自然条件正在或将要发生怎样具体的作用。① 这条方法论原则的实践意义无疑是特别巨大的。

第二个问题:如何评价斯大林的地理环境理论?

同普列汉诺夫的地理环境学说比较,斯大林理论实在是一次倒退。这表现在以下几个方面。

首先,正如前面说过的,斯大林的理论中存在着深刻的内在矛盾。

---

① 参见《普列汉诺夫全集》,俄文版第20卷,第28页。

其次,斯大林完全孤立地,即脱离社会人对自然界的作用来考察地理环境,这样的地理环境的确变动得很小,"甚至地理学也不肯提到它"。安延明、吴晓明两位青年批评得完全正确:这的确是斯大林形而上学思想的表现。[①] 斯大林讲的是历史哲学,却只从地理学的角度考察地理环境,而不是主要把它当作历史哲学范畴。因此,地理环境在他的心目中就只是一个不变的形而上学实体。反之从马克思的唯物史观看来,对社会发生着作用的那个地理环境乃是一个像生产力那样的最活跃的变项。正如普列汉诺夫所说,生产力每前进一步,地理环境的作用就变动一次。可见,斯大林在这里正是犯了他曾经指责别人的那个"混淆问题"的错误。

其次,正因为这样,他对社会学中地理学派的批判就不可能彻底和击中要害。在这方面,他的立场甚至比黑格尔还要落后。黑格尔还懂得地理决定论的主要错误在于没有正确解决地理环境究竟通过什么途径对社会发生作用的问题。需要强调指出的是:普列汉诺夫批判地理决定论时远没有停留在黑格尔的水平,而是站在自己发展了的马克思主义地理环境学说诸原理的高度上。这一点我过去的那篇文章没有讲清楚,因而引起了误会。

再次,斯大林给自己的论点仅仅提供了经验的证明:欧洲在三千年内更换了三四种社会制度,而地理条件基本没有变化。但经验的证明对于揭示理论原理的正确性总是不充分的。人们要问:欧洲如此,亚洲怎样?亚洲如此,非洲又怎样?等等。同样,对于地理环境为什么以及在什么意义上可以加速或延缓社会发展进程,他也没有从理论上作任何证明。他也没有告诉我们:在具体场合下地理环境对社会发展的作用究竟是加速还是延缓,由什么来决定?这种加速或延缓的程度又由

---

① 参见《哲学研究》1980年第8期,第27—28页。

什么来决定？这样就把问题绝对化了:似乎在任何条件下,地理环境的特点都不能决定社会的发展。这个问题下面还要详谈。

最后,斯大林在自己的小册子中实际上是把地理环境在社会发展中的作用这样一个极其复杂的问题归结为地理环境是决定还是加速或延缓社会发展的简单问题。社会和自然之间变换无穷、丰富多彩的相互关系就这样从理论上一笔勾销了。讨论历史哲学的时候放弃历史观点,结果当然只会把理论搞得非常之贫乏、单调。这种理论的实践后果,现在谁都看得清楚。

第三个问题:恰金在正确评价普列汉诺夫地理环境学说方面的贡献。

苏联学术界在1956年开始的重新评价普列汉诺夫哲学思想的过程中,对他的地理环境学说的辨诬占有突出的地位。其所以突出,不仅是由于这个问题在他的理论体系中相当重要,也不仅因为他蒙受的冤枉以这个问题为最大,还因为这个问题黑白颠倒得太明显了,断章取义得太可笑了,"攻其一点"、"以偏概全"的手法太露骨了,如果不是顽固的偏见和荒唐的情绪,很难想象怎么会出现典型的"一叶障目"达四分之一世纪之久的怪现象。所以,一旦吹起实事求是之风,所有苏联著名普列汉诺夫专家,包括恰金、约夫楚克、福米娜、西多罗夫等等,立即先后撰文一致主张翻案,而且观点基本相同。翻案以来的二十多年,也是深入研究的过程。在这段时期,恰金的研究成果最为显著。

恰金关于普列汉诺夫地理环境学说的论述,我们手头总共有五个材料:(1)《普列汉诺夫哲学著作选集》第2卷编者序言(1956年;见中译本第13页);(2)《普列汉诺夫及其在发展马克思主义哲学中的作用》(1963年;见俄文版第85—86、89、90和169—171页);(3)《苏联哲学史》第4卷(1971年;见俄文版第264页);(4)《普列汉诺夫》(1973年;见俄文版第159—160页);(5)《普列汉诺夫对马克思主义一般社会学理论的分析》(1977年;见俄文版第74—80页)。从这些材料看,恰金的认识有一个发展、变化的过程。但总的说来还是逐步深入了。下面我们想对他的研究成果作点概括性的介绍和评论。

对于过去在这个问题上的流行观点恰金基本上采取了回避的态度。他作了这样两个结论就跳过去了:过去有些研究者根据普列汉诺夫的个别错误的说法就批评他没有正确解决地理环境作用问题,这是不对的;普列汉诺夫从唯物史观原理出发,基本上正确地解决了社会对自然的关系问题。1977年他批评有人指责普烈汉诺夫犯了"地理学偏向"或"地理决定论"错误时,仅仅点了两个名字,一个是古尔维奇1961年出版的一本书,另一个是普斯塔里亚柯夫1974年出版的一本书。至于过去流行的观点为什么错误?错在哪里?错有多大?什么性质?根源何在?一概没有涉及。我们也不便猜测其原因。

这样,恰金就把自己的主要注意力放在阐明普列汉诺夫对马克思主义地理环境学说的贡献上面。他一再明确指出,普列汉诺夫把唯物史观"具体化"了。所谓"具体化"实际上是发展的别名。这表现在提出了地理环境的作用随生产力的增长和性质变化而改变这样一条原理上。依普列汉诺夫看来,社会和地理环境相互影响的基础是生产力。正是发展着的生产力制约着地理环境诸属性对社会的影响的可能性、范围、性质、水平和形式。恰金再三强调、论证这一原理的重要性,表明他已经接近于认识到这个原理是马克思主义地理环境学说的基本原理。他认为普列汉诺夫的另一项理论功绩是,从各个方面分析了处于不同历史阶段的社会中地理环境的作用问题,利用地理学家、人种学家和社会学家大量具体材料探讨了地理环境的结构,阐明了它的这些或那些组成要素在早期人类社会中的影响。恰金也承认普列汉诺夫说过一些不正确的话。"但这不是主要的。主要的是:第一,所有马克思主义者中间普列汉诺夫最精细地最有根据地分析了地理环境在社会发展中的作用;第二,他在自己的研究中论证了这种相互关系的辩证法。"

把我发表在《哲学研究》上的那篇文章同恰金的这些著作进行过比较的人们都能清楚地看出,我在多么大的程度上利用了恰金的成果,又在这个基础上提出了哪些不同的看法。至于我不同意恰金的地方,除了已经说过的以外,还有以下一个问题。

第四个问题:如何看待普列汉诺夫某些不正确、不恰当的言论?

在历史上曾经引起轩然大波的所谓普列汉诺夫"地理决定论",主要是这样一个观点:"自然环境的性质决定社会环境的性质"。这个观点在他的著作中用各种不同的语句多次重复过。如何看待这些论述,理论界至今一直意见分歧。有人说,这就是"地理决定论";有人说,这里可以看到"地理决定论"的某些影响,是对它的一种"让步";或者说,这"是一种庸俗唯物主义的倾向";也有人说,普列汉诺夫所说的地理环境决定作用并不错误,它"只是说明生理必然性如何过渡到经济必然性",如此等等。

对于这种种看法,这里暂不作专门分析。我们且考察一下恰金的观点,因为他在探索这个问题的正确答案的过程中提出了好些很有启发意义的论据。

让我们先追踪一下他的这一探索过程吧。

1956年,他认为普列汉诺夫在解决生产力发展原因问题上有个别地方违反了唯物史观,对地理环境的作用有某种夸张,如断言生产力的发展决定于地理环境的特性,这是同他的著作中的正确判断矛盾的。

1963年,他具体解释说,普列汉诺夫的错误在于把地理环境的影响几乎看成是生产力发展的唯一原因。这种狭隘的观点忽略了生产关系、科学和社会需要在生产力发展中的重要作用。①

---

① 至于恰金提出的普列汉诺夫夸大地理环境的作用同他忽视劳动者在生产力系统中的地位之间的因果关系问题,将在下章第一节中讨论。

1971年,他对普列汉诺夫所谓"地理环境的属性制约着生产力的发展"这句话的错误作了另一种说明,他说:"在普列汉诺夫那里,地理环境是脱离生产力而出现的,它决定着生产力的发展。实际上,地理环境是作为劳动对象,作为自然对象进入生产力的。正是从这里出发,社会劳动是人和自然之间的物质交换。"

两年以后,普列汉诺夫这个错误的性质在恰金的心目中变了,变成了一个纯粹的表述问题。当普列汉诺夫说"自然环境的性质决定社会环境的性质"时他本来是想说:(1)地理环境是社会发展的一般基础;(2)某一地区生产力发展的特性依赖于地理环境的影响。

到了1977年,他又前进了一步。他对普列汉诺夫的全部批评只有这么三句话:"普列汉诺夫原则上正确解决社会发展内部原因和地理环境间接影响问题的同时,在自己的著作中有时容许了个别不正确的表述,有时还容许了对地理环境作用的夸大判断。这种判断主要属于他对俄国早期历史过程的分析。但这不是主要的。"

我们认为,恰金1963年和1971年的解释显然不符合事实。以后两次解释则比较接近真理。不过1971年提出的理由却是有启发意义的。

现在来具体分析一下。

在五卷本《普列汉诺夫哲学著作选集》中,明确说到自然条件的性质决定社会环境性质或地理环境决定生产力的发展和社会制度的面貌的地方,据大致统计,共有十一处(转述他人观点的地方不算在内),即:第1卷第681、766页,第2卷第168、250页,第3卷第163、164、165、167、170页,以及第4卷第292、293页。几乎在所有这些地方,只要认真阅读上下文,都可以清楚地看到普列汉诺夫这种说法的具体内容。

我们从《马克思主义基本问题》一书谈起。因为1908年出版的这本小册子就这个问题发表的观点过去一直被人们当作攻击的两大主要目标之一,似乎这里表现了作者的"孟什维主义"特征。普列汉诺夫在大段论述之后总结说:"总之,地理环境的特性决定着生产力的发展,而生产力的发展则决定着经济关系以及随着经济关系之后的其他一切社会关系的发展",换言之,即决定社会环境的特点。他一再说,自然环境对社会环境的影响不是直接的,而是通过生产力的中介。因此,整个问题就归结为:普列汉诺夫在什么意义上断言地理环境的特性决定生产力的发展。

普列汉诺夫自己明确地指出,他说这个话时是有两个(往往被批评者们忽略了的)条件或前提的。我们看他的原话:

"自然环境的性质决定社会环境的性质。……不过这还只是事情的一方面。如果不愿意得出完全错误的结论的话,必须同样还要注意到另一方面",即必须注意这样两个前提。(1)"生产关系和生产力的相互影响,造成了一个社会运动,这个社会运动有它自己的逻辑和它自己独立于自然环境的规律。……自然环境在这种情形之下所能为力的事,只是由助成生产力的发展来促进这个运动。"(2)在不同的历史条件下,自然环境不会以同样的方式影响各个民族,因为"他们已经用一个完全不同的方式反转来影响自然环境。"[①]

由此可见,普列汉诺夫上述断言,明显地省略了一个限定词组,即:在同样的历史条件下。举几个例子。在非洲,当某一地方人口过剩或者被其他部落驱赶时,一部分居民或整个部落就移居到别的地方,结果新居留地的地理环境改变了他们的生活方式,向来从事农业的部落现在变成游猎部落了,或者相反,游猎部落改事农业。[②] 又例如,东方生

[①] 《普列汉诺夫哲学著作选集》,第 2 卷,第 168—170 页。
[②] 同上书,第 3 卷,第 164 页;第 4 卷,第 294 页。

产方式和古代生产方式都是从氏族社会组织解体中产生的两种不同的经济发展类型。为什么会有这么大的差别呢？决定于地理环境："在一种情形下，地理环境给了生产力发展达到一定程度的社会以一种生产关系的总和；而在另一种情况下，地理环境给了另一种根本不同于第一种的生产关系的总和。"①再比方，原始渔猎部落要转变到畜牧业和农业，必须有一定特点的地理环境，如相当的动植物区系。西半球缺乏适于畜养的动物，这是在欧洲人移民美洲以前当地红种人不得不长期停留在低级发展阶段的主要原因。② 还有，没有金属的地方，土著部落就不能用他们自己所有的力量越过石器时代的界限。如果邻近的部落是富饶的铁矿区居民，他们当然可以通过交换产品来加速发展的行程。③ 但这仍然是以邻近地区富有铁矿的地理环境为前提，问题的实质并没有变化。

总之，普列汉诺夫上述断言并不是回答地理环境对同一地区处于不同历史阶段的民族的发展是否具有决定作用的问题，而是回答在历史条件相同或相仿的情况下为什么不同地区的居民会走上不同的发展道路的问题。对于后一个问题，正确的答案显然只有一个，就是：地理环境的性质决定社会环境的性质。

早在1890年，普列汉诺夫就在他的第一篇论述这个问题的历史哲学著作《评梅奇尼柯夫的书》中明确地提出了这样的问题："为什么一些民族以如此惊人的缓慢速度发展着，而另一些民族则迅速地走上文明的大道呢？"他回答说："人生活在社会中，社会对他的性格和习惯的影响比自然界的直接影响要无限的强大。因此，为了正确地评价地理环境对人类历史命运的影响，必须考究这个自然环境如何影响直接决

---

① 《普列汉诺夫哲学著作选集》，第3卷，第178页。
② 同上书，第3卷，第164页。
③ 同上书，第3卷，第164—165页。

定人的性格和意向的那个社会环境的特质和属性。……很明显,地理环境的影响不能说明历史的全部进程。当然,环境有自己的作用,但是在它的影响下所建立的社会关系也有它自己的内在逻辑,这种逻辑常常可以同环境的要求相矛盾。……研究社会关系的内在逻辑,而且主要是研究经济关系的内在逻辑,无论如何不应当少于研究世界历史的地理背景。这两类研究是互相补充的,而在它们的联合努力下,历史的隐蔽的秘密便逐渐揭开了。"①

由此可见,责备普列汉诺夫把地理环境的影响看成生产力发展的几乎唯一的原因而忽略了生产关系、科学等等的重要作用,显然是没有根据的。只要稍微细心考虑一下普列汉诺夫的整个论述,就决不会把"地理环境的性质决定社会环境的性质"这一原理从它的不可分割的前提下割裂开来,也不会把这样一条局部性的原理从他的地理环境学说诸原理的系统中分离出来,当作主要的甚至唯一的原理。普列汉诺夫在《唯物主义史论丛》中引证了马克思《资本论》中的一段话:"不同的公社在各自的自然环境中,找到不同的生产资料和不同的生活资料。因此,它们的生产方式、生活方式和产品,也就各不相同。"②这与上述普列汉诺夫的说法又有什么不同呢? 可以说毫无区别。

安延明、吴晓明提出一个问题:普列汉诺夫在什么意义上谈论地理环境的决定作用? 他们的回答是:他仅仅是在谈到由人类的祖先转化为制造工具的动物这一过程时,地理环境才有严格意义上的决定作用。③

问题提得很好,回答却未得要领。首先,普列汉诺夫所说的决定作用远不限于从猿到人的历史过程。安、吴两位自己所举的一些例子就

---

① 中译文载《教学与研究》1982 年第 4 期,第 37、38、40 页。
② 《马克思恩格斯全集》,第 23 卷,第 390 页。
③ 参见《哲学研究》1980 年第 8 期,第 25—26 页。

充分说明了这一点。没有金属的地方,人们不能走出石器时期。这离从猿到人的时代已经相当遥远。至于成为社会分工天然基础的地理条件的多样性决定着资本主义最先产生在这一地区,则相距更加遥远了。而且,他所谓"总之,地理环境的特性决定生产力的发展,决定……一切社会关系的发展",明明是适用于一切时代的公式。

这里有必要指出普列汉诺夫对两种决定作用的区分。一种是直接决定,另一种是间接决定。像动物适应环境,那是直接决定。这种情况在人类那里基本上不存在。正如上文所说,只有种族才是人直接适应自然环境的结果。从猿到人的过程乃是直接决定向间接决定的过渡。而间接决定则是有前提、有中介的决定。这是前面已经论述过了的。

陈延琳认为应当肯定普列汉诺夫以下两个观点:第一,明确提出了生产力发展的动力问题;第二,承认人类与地理环境的相互作用是生产力发展的内部动力。[①] 这是正确的,对于澄清普列汉诺夫是否从社会外部去找社会发展的主要原因的问题很有益处。

但是必须补充指出:这里的地理环境是作为生产要素出现的,而不是作为生产条件出现的。正是因为普列汉诺夫没有特别强调这一点,才产生了所谓夸大地理作用的种种批评,才引起恰金关于"在普列汉诺夫那里,地理环境是脱离生产力出现的"错觉。

恰金在 1977 年的著作中把普列汉诺夫的错误限制在《俄国社会思想史》一书的范围内,而把这以前的著作看成是不成功地表述了他的真正观点(当然也是正确的观点)。我们考察一下这两个问题。

普列汉诺夫在这部过去一直受到人们否定的名著中,是否高估了地理条件在俄国历史中的作用问题,这里不予讨论,因为这涉及俄国历史的各种具体知识。我们现在感兴趣的是关于地理环境作用的一般历

---

① 参见《教学与研究》1980 年第 6 期,第 57—59 页。

史哲学原理。从一般原理的角度来看,同批评者们的武断相反,普列汉诺夫在该书的长篇"绪论"中,不仅重申了自己过去著作中说过的那些正确的原理,而且正是在地理环境的决定作用问题上避免了以前不确切的表达方式。例如,不是笼统的说"地理环境的性质决定生产力的发展",而是在"发展"一词前面加了一些限定词:"地理环境的属性决定生产力或多或少迅速的发展"①。

　　过去有人坚决不能容忍把"地理环境作用"和"决定作用"这样两个概念作任何方式的联系。在他们看来,地理环境的作用只能是加速或阻碍的作用。即使有人只将他们的观点作形式上的变动,说"地理环境的特性决定着生产力的发展是加速进行还是受到阻碍",他们也难以接受。他们对概念的确定性和灵活性的辩证关系毫无认识,也不承认"决定"一词可以有不同的意义。这大概是普列汉诺夫的地理环境学说长期受到指责的一个认识论上的原因吧。

　　另一方面,普列汉诺夫本人的论述也确实有一些不成功的、自相矛盾的表述。举两个突出的例子。其一,他写道:"社会人的属性在每一个特定的时间是由生产力的发展水平决定的,因为整个社会联合的制度都依赖于这种发展水平。这样,这个制度归根结底就由给予人们以或大或小的可能来发展他们的生产力的地理环境的属性所决定。"简言之,他认为社会制度决定于地理环境的属性。可是就在同一页的下面几行他又认为社会环境的属性亦即社会制度并不取决于地理环境的

---

① 《普列汉诺夫全集》,俄文版第20卷,第28页。当然,这种说法早就有了。例如:"车尔尼雪夫斯基关于自然界对人的影响的思想就十分接近于我们对这个问题的看法:自然条件对人们起着影响,决定他们在社会中的相互关系"(《普列汉诺夫哲学著作选集》,第4卷,第292页)。这里的起"决定"作用的影响是什么意思呢? 他接着解释说:"车尔尼雪夫斯基本人是在促进或妨碍作为社会制度的最主要基础的社会经济发展的意义上,承认这种环境的影响的",即承认地理环境的决定性影响的(《普列汉诺夫哲学著作选集》,第4卷,第322页)。

属性。他说:"社会环境的发展服从于自己本身的规律。这就是说,它的属性很少取决于人们的意志和意识,就像很少取决于地理环境的属性一样。"①如果假设前一判断指人类早期社会,后一判断则指社会发展的较高阶段,那么就必然会产生相当烦难、几乎无法解决的问题:由早期社会的地理决定作用到较高阶段的非决定作用究竟是怎样转变的?转变的关节点在什么时候?理论上如何说明?其实普列汉诺夫是把这一转变规定在从猿到人的过程中,直接适应自然条件那个意义上的决定作用从人类学会制造工具的那一天起便终止了。现在居住在地球上的最落后的人群,同刚刚脱离动物生活的真正"原始人"相比,早已走过相当漫长的历史行程了。所以这一假设是不能成立的。要使这两个互相抵触的判断都成立,看来只有假定前一判断中的"地理环境"是作为生产要素,后一判断中的"地理环境"则作为生产条件。显然,即使对于善意为他辩护的人来说,这也是绕了一个弯子,同时在这种情况下他也至少是犯了词不达意的错误。

另一个例子也在第1卷中。他写道:"在生产力发展的历史过程中,人的'制造工具'的能力首先应该看作是不变量,而实际把这个能力运用起来的周围外间条件则应该看作是经常变动的量。"(第681—682页)接着立即又说了意义刚好相反的话:"人在作用于在他之外的自然时,改变了自己本身的天性,他发展了自己的各种能力,其中也包括'制造工具'的能力,但是在每一特定的时期,这个能力的程度决定于生产力的发展所业已达到的水平。"(第683页)

能不能说原始人类制造工具的能力是不变量,而使得这个能力实际运用起来的自然条件却是经常变动的量呢?不能这样说。因为那时的生产力不管怎样进展迟缓,比起地理环境的变化来毕竟要快些,生产

---

① 《普列汉诺夫哲学著作选集》,第1卷,第766页。译文有改动。

力的发展首先就是生产工具的发展,而人制造、使用工具的能力任何时候都是与生产工具本身的进化大体同步的。普列汉诺夫这句话的意思其实是指那时地理环境对生产力的影响也是一个变量。他的目的在于反对唯心主义者用制造工具的理性来解释历史的进化。在他看来,人类的远古时代,自然条件在制造和使用工具中的作用比人们的发明能力要大得多。由此可见,这里的情况和前面的例子一样,二者必居其一,或者普列汉诺夫讲错了,或者他没有准确地表达自己的思想。

总之,恰金的研究无论在阐明普列汉诺夫地理环境学说的科学成就或者澄清他是否对地理决定论作过让步方面都是很有贡献的,而其不足之处则是第二位或者第三位的东西。

(五)

和地理环境学说比较起来,普列汉诺夫对人口问题的论述不管按篇幅还是按成就都是不能相提并论的。因为即使是现在,"把人口再生产作为'人类自身的生产'和'种的繁衍'来研究还只是开始"[1],十九世纪末二十世纪初就更不用说了。在普列汉诺夫著作中除了1909年出版的《车尔尼雪夫斯基》一书专门写了两章,主要从政治经济学观点分析人口问题以外,就只在《论一元论历史观的发展》、《唯物主义史论丛》、《马克思主义基本问题》等少数著作中顺便谈到这个问题。人的问题,包括人口问题和作为生产力要素的劳动者问题,他始终没有给以足够的重视,这当然是他的历史哲学的一个明显的缺陷。但是对于历史唯物主义人口观的基本思想他毕竟有所论述。而且从马克思主义文献史看,他还是提供了若干新东西,回答了一些重要问题。关于马克

---

[1] 瓦连捷夫主编:《人口学体系》,中国人民大学出版社1981年版,第22页。

思主义人口学说的理论源泉问题,将在"哲学史"一章中和地理环境学说史等问题一起讨论,这里只想谈谈他对《资本论》中人口原理所作的阐释。

普列汉诺夫认为,《资本论》提出了科学的人口理论的三条基本原理。

第一,"抽象的人口律只有对动物和植物说来才存在,而且这也仅仅是在这些规律尚未由于人的活动而有所改变之前。"但是马克思之否定"抽象的人口律",并不意味着否定适用于一切时代一切民族的普遍人口规律,而是说"仅仅依赖于自然条件"的那种人口规律是不存在的。否定普遍人口规律,正如否定普遍的社会发展规律一样,是可笑的。①

例如,第二,任何"一个社会所特有的人口增殖律,是因一定时间内该社会盛行的生产方式而转移的"②,就是一条普遍的人口规律。用马克思的话说,"每一种特殊的、历史的生产方式都有其特殊的、历史地作用的人口规律。"③

第三,除了普遍的人口规律以外,马克思还揭示了资本主义社会所特有的人口律:生产力的发展导致相对过剩的(即没有工作的)人口、工人后备军的形成和增长。

普列汉诺夫进一步指出,过去许多经济学家(如马尔萨斯等)和空想社会主义者(例如葛德文、车尔尼雪夫斯基等)千方百计地寻找"在一切时代和一切民族那里都起作用的统一的抽象规律",这种努力发

---

① 普列汉诺夫:《车尔尼雪夫斯基》,上海译文出版社1981年版,第462页;《普列汉诺夫全集》,俄文版第1卷,第62页。
② 《普列汉诺夫哲学著作选集》,第2卷,第130页。
③ 《马克思恩格斯全集》,第23卷,第692页。

源于他们的人性论。这就是说,他们的人口理论之所以错误,根本原因在于他们的唯心史观。要知道,即使是动植物的繁殖规律也不是绝对抽象的和没有前提条件的,而是要随着有利于或者不利于这种繁殖的各种物理环境发生相应的变化。① 马尔萨斯的人口论不过是英国政府和上层阶级用来对付革命的精神武器。② 实际上,"在人类社会里,人口的增减是以这个社会的制度为转移的,而社会制度是由社会的经济结构来决定的。任何'抽象的繁殖律'决不能给我们说明现代法国人口几乎没有增加的事实。有些社会学者和经济学者以为社会发展的根本原因是由于人口的增加,这是大错特错的。"和心理等其他因素一样,人口因素的"影响的可能性和界限"也是由经济因素来决定的。③ 意大利经济学家洛里亚认为人口的繁殖也是社会关系一切变动的积极原因,普列汉诺夫批评了这种"极其肤浅的""折中主义观点",因为尽管这个观点有一部分真理,"但是,洛里亚忘记了最后决定一切的是社会生产力的发展"④。

这样,普列汉诺夫在继承前辈思想的基础上,明确规定了马克思主义人口学说的基本原理:特定社会人口数量的增减和分布的密度对该社会发展的影响,是一个由生产方式决定的变量。他同时指出,人口之所以不是社会发展的决定性因素,主要原因也是在于作为生产力函数的人口影响,本身是受第三者决定的。

但是"人口因素……无疑地对社会发展有很大影响"⑤,因为正如

---

① 《普列汉诺夫哲学著作选集》,第 1 卷,第 596 页;《车尔尼雪夫斯基》,第 455、462 页。
② 《普列汉诺夫哲学著作选集》,第 3 卷,第 646 页。
③ 同上书,第 3 卷,第 186 页。
④ 《车尔尼雪夫斯基》,第 464 页。
⑤ 《普列汉诺夫哲学著作选集》,第 3 卷,第 186 页。

马克思在《资本论》中所说的,"劳动生产率是同自然条件相联系的。这些自然条件都可以归结为人本身的自然(如人种等等)①和人的周围的自然。"②

还有一个证据可以说明普列汉诺夫是在"人类历史的经常前提"这个意义上理解"人口"一词的。他在批评爱尔维修的人口观点时写道:"在他看来,推动社会历史发展的最强有力的关键是国民人口的增殖,即要填食物的肚子、要穿衣服的身体的增殖。公民人口的增殖就是生理需要总数的变大。"③

所有这些论述都清楚地表明,除非他违反明显的逻辑规则,否则就决不会把人口算作社会存在的要素。

总之,普列汉诺夫在阐释和发展"社会存在决定社会意识"这一历史唯物主义基本原理的内容时,正如我们所看到的,对"社会存在"范畴作了具体的分析,明确规定了什么是它的组成要素,什么不是。与此同时,他对"社会意识"范畴也有深入的探索,提出了划分两类社会意识的思想,他还详细地考察了"社会存在"各主要因素之间的相互关系,进一步揭示了关于社会存在不同因素如何决定各类社会意识以及社会意识的相对独立性等等的规律性联系。所有这些概括起来就是著名的所谓"五项"式理论,简称"五项论"。下面准备就这个"五项论"的内容以及对它的评价详细地谈谈我们的看法。

---

① 当然包括人口。
② 《马克思恩格斯全集》,第23卷,第560页。另见《普列汉诺夫遗著》,俄文版第3卷,第109、114页。
③ 《普列汉诺夫哲学著作选集》,第2卷,第130页。

第六章 唯物史观(续一)

普列汉诺夫在《马克思主义基本问题》中把影响历史发展的各种社会力量概括为五项公式,即:"(1)生产力的状况;(2)生产力所制约的经济关系;(3)一定经济'基础'上生长起来的社会政治制度;(4)部分由经济直接决定、部分生长在经济基础上的全部社会政治制度决定的社会人的心理;(5)反映这种心理特性的各种思想体系"。他提出这个公式时特别作了三点重要说明。第一,这个公式十分广泛,对于历史发展的一切因素都可以给予相当的位置。第二,这个公式只从起源方面对五种社会因素作了规定。其所以如此,目的在于反对折中主义,强调唯物史观的一元论性质。第三,这个公式是对马克思、恩格斯关于基础和上层建筑相互关系见解的进一步"说明"。①

半个世纪以来,这个公式受到了许许多多的批评。这些批评究竟有多少真理?它们的错误在什么地方?对于这一公式应该怎样评价才算比较实事求是?等等,所有这些问题,下面将作专门的讨论。但是为此首先必须尽可能全面地弄清楚普列汉诺夫赋予这个公式的内容。这样做的必要性还在于这个公式是普列汉诺夫社会结构学理论的核心,而他的社会结构学说则在许多重要问题上发展了和具体化了马克思的唯物史观。而且,任何公式都有自己的目的和适用范围,都有自己的局限性,都必须把它放在特定的原理体系中才能确定它的真正意义。因

---

① 《普列汉诺夫哲学著作选集》,第3卷,第195—196页。译文有改动。

此,逐项地考察普列汉诺夫对这五种社会因素所作的论述,分析他对这些因素之间以及它们同历史唯物主义其他范畴之间相互关系的规律性联系所作的探讨,无论对于廓清历来在五项论问题上存在的混乱和糊涂思想,还是对于说明他的社会结构学的全貌,或者确定他对唯物史观的理论贡献,都是必不可少的。

我们从生产力和生产关系开始。

(一)

按照普列汉诺夫的观点,生产力在马克思社会结构体系中始终占着中心的位置。它不仅是整个社会的基础,不仅是一切社会关系或社会的一切方面的基础,而且是人类历史过程的原动力和形成力,是一切社会因素发展变化的最终决定力量。

最直接地受生产力决定的是生产关系。生产力发展的每一特定阶段都有人们在社会生产过程中的一定关系与之相适应。作为整个社会物质基础的生产方式,就是以生产力为内容、以生产关系为形式的矛盾统一体。全部社会结构和社会意识都建筑在这个基础之上。不同的只是有些社会制度(如政治、法律制度)直接决定于生产关系,而另一些社会制度(如军事制度)同生产力的联系则更密切一些,因为"随着新作战工具即射击火器的发明,军队的整个内部组织就必然改变了,各个人借以组成军队并能作为军队行动的那些关系就改变了,各个军队相互间的关系也发生了变化",而新作战工具的发明即是生产力变化的直接结果。[①]

[①] 《马克思恩格斯全集》,第6卷,第487页。另见《普列汉诺夫哲学著作选集》,第1卷,第678页。

普列汉诺夫在反驳民粹主义者时用独特的论据证明,摩尔根对古代社会的研究不是推翻了上述唯物史观基本原理,而是进一步肯定了这个原理:应该在生产力的状态中,在经济关系的历史,在所有权的发展中寻找家庭关系这个过去不曾为马克思、恩格斯所阐明的社会关系的解释。①

特定的生产力状态不仅制约着特定社会的内部关系,"也制约着它对其他社会的外部的关系。在这些外部关系的基础上,社会出现了新的需要,为着满足这些需要生长了新的机关。……实际上,社会之间的关系的基础正是经济,经济决定着族际关系和国际关系的真正的(而不仅仅是外部的)动因及其结果。在生产力发展的每个阶段上都有着自己的武装体系、自己的军队策略、自己的外交、自己的国际法。"②

同时生产力的发展还决定社会经济形态的划分和人类社会由一种形式向另一种形式的过渡。不仅史前期人类之划分为石器时代、铜器时代和铁器时代是以生产武器和工具的主要材料为依据,就是现代科学把文明社会区分为狩猎、游牧、农业定居和工商业等类型,也是从生产力的状况出发的。为什么在希腊人那里产生了和发展了奴隶制度呢?原因在于生产力的状态。原始氏族组织内部生产力的增长必然导致该组织的解体。"奴隶制度的发生,是要以社会力量发展到某种程度而容许剥削奴隶劳动为前提的"③。而当剥削奴隶劳动较之剥削自由劳动获益更少时,奴隶制度就被取消或者逐渐消亡了。"引它进入历史大门的生产力的发展又把它赶了出去。"④奴隶制如此,其他社会

---

① 《普列汉诺夫哲学著作选集》,第 1 卷,第 686—690 页。
② 同上书,第 1 卷,第 710—711 页。
③ 同上书,第 3 卷,第 166 页。
④ 同上书,第 1 卷,第 684—685 页。

形态也是一样。

　　总之,人类历史发展的谜底,解释一切社会关系变迁史的钥匙,归根到底在于生产力的状况和发展。普列汉诺夫一再强调,马克思的历史哲学"本质上是一元论的"①,这种一元性首先和主要就表现在生产力的最终决定作用上面。他在批判保尔·恩斯特的历史二元论时写道:"科学地理解自然现象或社会生活的首要条件就是善于把它们归结为一个始基。比如现代物理学把光、电、热现象的多样性归结为分子运动。比如生物学把物种的进化归结为生存竞争。同样,科学的历史观也应该善于把保尔·恩斯特同志的'两因素'归结为一个统一的始基。"这个始基就是生产力。②

　　普列汉诺夫正确分析了生产力的结构。生产力就是人为了制造满足自身生活需要而控制和改造自然的能力。为了在对自身生活有用的形式占有自然物质,人就使他身上的自然力——臂和腿、头和手运动起来。最初,手和前臂是人用来进行生存斗争的第一个工具和武器,手臂和肩的肌肉成了打击和投掷的动力。逐渐,器械同人分离开来,石头最初以其重量为人类服务,接着它被固定在把柄上,于是就有了斧头、锤子,成为人的自然形体的延长。人的第一个工具——手,就这样被人用来制造其他工具,使物质适用于对自然界,亦即对其余一切独立物质进行的斗争。这种被征服的物质越完善,工具的利用越发展,人对付自然界的力量也就越大,他对自然界的统治也就越加强。③ 后来,随着动物的驯养、水力和风力的利用,躯体的另一种功能——生产动力的功能也

————————

　　① 《普列汉诺夫哲学遗著》,俄文版第 3 卷,第 49 页。
　　② 《普列汉诺夫遗著》,俄文版第 5 卷,第 4—5 页。必须指出,普列汉诺夫这两个"比如"都不能认为是正确的。关于生物学为什么不能把物种的进化归结为生存竞争,可参见《马克思恩格斯全集》,第 20 卷,第 651—652 页。
　　③ 《普列汉诺夫哲学著作选集》,第 2 卷,第 163—164、747 页。

延长了。

在生产力的要素中,除了生产工具和进行有目的的活动的劳动者以外,普列汉诺夫还把劳动对象包括在内。不过他特别强调的是生产工具在生产过程中的巨大作用。他再三说明,人类的生存斗争本质上不同于动物的生存斗争,就在于人可以"变更他的人工器官"。"使用工具对动物生活方式的影响是无限小的,但是工具的使用对于人的生活方式却有一种决定性的影响。"①机械的劳动手段构成了马克思所谓生产的骨骼和肌肉系统。人类社会历史各个经济时期的划分,不在于生产什么,而在于怎样生产,用什么劳动资料生产。当然,劳动工具只是生产所必需的手段之一,但是在生产力发展中"最重要的作用正是属于或者至少至今(在重要的化学生产出现以前)曾是属于劳动工具的"②。所以特定社会的生产力增长的历史首先就是它的人为器官改进的历史。

同生产工具比较起来,普列汉诺夫对于劳动者在生产力发展过程中的地位显然是过于忽视了。他虽然多次引证过马克思《哲学的贫困》中的名言——"在一切生产工具中,最强大的生产力是革命阶级本身。"也指出过辩证唯物主义以社会人的需要和当时已有的满足这些需要的手段与方法来解释社会人的活动。③ 但是他对这些重要论点从未作过稍微详细深入的阐释。

前面他关于"人制造工具的能力首先应该看作是不变量"的说法,正是这种忽视的结果。恰金批评说,没有分析生产力系统中的劳动者的问题是普列汉诺夫观点的一个极其重大的缺点。④ 又说他在解释地

---

① 《普列汉诺夫哲学著作选集》,第 2 卷,第 164 页。
② 同上书,第 1 卷,第 677 页。
③ 同上书,第 2 卷,第 269 页;《马克思恩格斯全集》,第 4 卷,第 197 页。例如参见普列汉诺夫:《工团主义和社会主义》,人民出版社 1984 年版,第 102 页。
④ 与库尔巴托娃合著:《普列汉诺夫评传》,俄文版,第 156 页。

理环境的作用时之所以犯错误,一个重要原因就是不了解人这个主要的生产力的作用。① 这些批评,都是很正确的。

如果说普列汉诺夫没有看到生产力主客观因素——劳动者和生产资料——之间的辩证关系,那么他对生产方式内在矛盾的辩证法却有充分的论述。"在生产力一定的发展阶段上形成的财产关系,在某个时期内是帮助这些生产力进一步发展的,但是后来它开始阻碍起生产力的发展了。"②"实际上经济是由生产力的状况所决定,并因生产力状况的变化而起变化的。任何现存生产关系的总和,只有在它与社会生产力的状况相适合的时候才是稳定的;这种相适合的情况一经消失,那么这种生产关系——这种经济结构——也就随之消灭,而让位给新的关系的总和。当然,任何现存的经济结构不是一下子就不再与社会生产力的状况相适合的,这是一个整个的过程,这过程是很快地完成还是很慢地完成,须看情况怎样来决定。消灭过时的经济结构的武器是政治'因素'。"③至于运用内容和形式的辩证观点来分析生产力和生产关系的相互关系及其革命意义,我们已经在"辩证法"章第三节中介绍过了。

总之,普列汉诺夫在这个问题上的理论功绩是:通过反复说明生产力和生产关系的客观的内在逻辑归根到底决定着整个人类历史的发展,深刻地论证了矛盾是社会发展的动力这一根本的辩证法规律,同时也明白指出,整个这一过程不是自动完成的,为此一定要进行激烈的政治斗争或阶级斗争。

这里特别要指出一点:他严格地区分了两类生产关系。司徒卢威

---

① 《普列汉诺夫及其在发展马克思主义哲学中的作用》,俄文版,第90页。
② 《普列汉诺夫哲学著作选集》,第3卷,第179页。
③ 同上书,第2卷,第308页。

错误地认为,按照马克思的观点社会的生产力和生产关系都是一种特殊的实质或"事物",因此产生全部生产力和全部生产关系之间的矛盾,而社会革命则是这种矛盾的表现和解决途径。普列汉诺夫批评说,资本主义制度的根本矛盾不是发生在全部生产关系和生产力之间,而是发生在生产力和某一部分生产关系即财产关系之间。他以现代工厂为例解释说,就改良的劳动工具的总和说,工厂是社会生产力,但就改良的劳动工具的总和取决于劳动的一定组织即生产者之间的一定关系说,工厂又是社会的生产关系。一般说来,劳动组织或者说直接的生产关系是或多或少密切地适应生产力的发展而变化的。财产关系则不然,随着社会的前进,财产关系必然同工厂的发展产生矛盾,既同工厂的这种社会生产力冲突,也同这种生产力的迅速发展必然要求的劳动组织无法并存。所以当马克思在《政治经济学批判》序言中说新的生产关系在它们存在的物质条件还没有成熟以前就不能代替旧的生产关系时,所谓新旧生产关系指的是财产关系,而所谓新生产关系存在的物质条件,则不仅包括生产力,也包括"生产者们在生产过程中的那些直接关系(例如,在工厂及作坊中的劳动组织),它们在比较广义上也应当被称为生产关系"。当马克思讲到推动社会发展的基本矛盾是生产力和生产关系之间的矛盾时,这里的生产关系则指比较狭隘的财产关系,而不是全部生产关系。司徒卢威的错误就在于"他不知道,究竟是哪些生产关系与生产力的发展相平行地改变和哪一些生产关系落后于生产力的发展,并以自己的落后性决定根本的社会变革、社会革命的必然性。"①

福米娜批评普列汉诺夫"毫无根据地"把经济关系分为技术关系或"生产者在生产过程中的直接关系"即劳动组织和财产关系,认为劳

---

① 《普列汉诺夫哲学著作选集》,第2卷,第600—601、603页。

动组织并不像普列汉诺夫所说的那样不带阶级性。她提出的理由是，作为生产力发展的社会形式的生产关系，它的"技术方面和经济方面是融合在一起的。例如，在阶级社会中，劳动组织同时也是在生产中同资本家相对立的工人阶级的劳动组织"。①

福米娜的这一批评是站不住脚的。第一，和资本家相对立的工人组织是工会、政党等，而不是直接进行生产的工人的劳动组织，同这种劳动组织对立的是指挥生产的组织（或人），如经理、厂长或经理处等。经理、厂长可以是资本家本人，但也可以是具有一定知识和才干的雇员，后者的地位并不总是和工人有本质的不同。即使资本家兼任经理或厂长，他也不是作为资本家来参加直接生产过程的，而是作为具有相应知识和才干的生产指挥者在起作用。一个没有企业管理学问的人可以是财运亨通的资本家，却决不会是一个好经理、好厂长。第二，资本家、地主或奴隶主可以根据自己的利益和观点采取或不采取甲种或乙种劳动组织，但是在一定场合下是甲种还是乙种劳动组织有利于当时生产力的发展，这却是不以这些剥削者的利益和观点为转移的客观规律。第三，同一个所有制或者同一个所有者在不同时期由于生产条件变化可以实行不同的劳动组织形式。相反，不同的社会制度在生产设备大体相同的情况下也可以有同样的劳动组织形式。这些都是普遍存在的现象。因此，可以断定劳动组织的"经济方面"对"技术方面"能产生很大的影响，但是说两者是"融合在一起的"则显然不符合事实。

普列汉诺夫没有指出，生产力和劳动组织即直接生产关系之间也必然会存在着矛盾，这种矛盾也是促进社会发展的动力，特别是在还不具备社会革命的条件下，或者在特定的财产关系还有利于生产力发展的场合，调整劳动组织，使之更适合于生产力发展的要求，将具有更大

---

① 《普列汉诺夫的哲学观点》，第211—212页。

的决定作用。所以,一般而论,说推动社会发展的基本矛盾是生产力和全部生产关系之间的矛盾,并无不妥之处。普列汉诺夫没有说明问题的这一方面,无疑是一个缺陷。不过这不妨碍他以上的论述的正确性,因为这些议论是针对司徒卢威误解了马克思关于社会革命由以产生的根源的学说而发的。

(二)

现在来考察"社会政治制度"。

在讨论普列汉诺夫对"五项"公式中这个第三项的分析时应当评价一下他的基础和上层建筑学说。

他认为,马克思的主要功绩之一就是从一切社会关系中划出经济关系或生产关系,把它当作生产力发展的形式,当作包括政治法律关系在内的整个上层建筑的基础,用这个基础的进化来解释社会进化的一切其他方面。什么是经济基础呢?马克思在《〈政治经济学批判〉序言》中写道:"这些生产关系的总和构成社会的经济结构,即有法律的和政治的上层建筑竖立其上并有一定的社会意识形式与之相适应的现实基础(die reale Basis)。"什么是上层建筑呢?恩格斯在《反杜林论》"概论"中说,全部上层建筑是"由法律设施和政治设施以及宗教的、哲学的和其他的观点所构成的"。普列汉诺夫完全同意这些定义,并在自己的著作中一再引证或解释了这些定义。

不过他也注意到恩格斯关于经济"基础"的另一个定义。恩格斯在《共产党宣言》1883年德文版序言中写道:"每一历史时代的经济生产以及必然由此产生的社会结构(строение общества),是该时代政治和精神的历史的基础(die Grundlage)"。这就是说有两个"基础",一个指全部生产关系的总和,另一个则进一步包括生产力。普列汉诺夫认为这两个定义都是对的,有益的。他在《阶级斗争学说的最初阶段》等著作中引证了后一个定义。为了区别,他把前一个"基础"译成"базис",而用"основа"或"основание"来表示后一个"基础"。"базис"一词是外来语的音译,源于希腊文,其意义和斯拉夫语根的"основа"或"основание"没有什么差别。所以普列汉诺夫使用它们时并非总是严格加以区分。一般来说,当他引证马克思上述定义并对它的思想进行解释的时候,他大都是用"базис",而在他独立叙述自己的观点时却更喜欢使用"основа"或"основание"。他提出"五项"公式时就把前两项算作"основа"或"основание",而把后三项划入上层建筑。看来这主要不是为了通俗。因为这样做给他一个很大的便利:可以大大扩展上层建筑的范围,例如把某些方面同生产力有直接关系的军事制度划到社会政治制度概念中去,也可以把自然科学包括进思想体系的上层建筑。

在苏联著名普列汉诺夫专家中间对他的基础和上层建筑学说评价得最高的是恰金。他指出,"普列汉诺夫在基础和上层建筑的辩证法问题上对马克思主义的社会学研究做出了巨大的贡献"。又说:"经济和上层建筑的辩证的相互关系问题,普列汉诺夫提得特别深刻"①。普列汉诺夫在这方面的理论功绩的确是不小的。这些功绩概括讲来有三条:(1)扩展了上层建筑和基础的研究范围;(2)对上层建筑的组成要素作了更细致深入的区分,揭示了它的结构的复杂性;(3)进一步更具体地探讨了上层建筑诸要素同基础(основа)诸要素之间以及上层建筑诸要素本身之间的辩证关系。

有个时期,人们曾经把斯大林《马克思主义和语言学问题》中关于基础和上层建筑一般关系的论述评价得很高,说是"天才地""发展了

---

① 《普列汉诺夫对马克思主义一般社会学理论的分析》,俄文版,第94、99页。

历史唯物主义,全面地说明了基础与上层建筑之间的相互关系"。这不是实事求是的态度。因为斯大林的这些观点早在马克思、恩格斯、列宁、普列汉诺夫著作中就有了。

拿普列汉诺夫的著作来说,例如他写道:"未开化的狩猎部落的财产关系是充满共产主义的精神,而且在这些共产主义关系的基础上产生与之相应的习惯法……在封建的财产关系的基础(以'封建制的农业、工业组织'为基础)上产生了为这一基础所培育而且同它一起消灭的法律制度的整个体系……现代的资产阶级的法律……是在资产阶级的财产关系的基础上产生出来的。"①又说:"思想体系的上层建筑是随着经济基础的变化而变化的"②。这跟斯大林讲的任何基础,无论封建主义的、资本主义的还是社会主义的基础,都各有自己相适应的上层建筑,上层建筑随基础的发生、变化和消灭而发生、变化、消灭,并无实质的不同。

对于上层建筑的反作用,普列汉诺夫讲得更多。比方:"在经济的基础上面既然长成了社会关系、感情和概念的整个上层建筑,而且这个上层建筑起初也是帮助经济的发展,后来又是阻碍经济的发展的,那么上层建筑和基础之间也就发生相互影响"③;法律这个上层建筑是为经济结构的"现实基础""服务"的④;"为社会服务在任何地方都是政治统治的基础,政治统治只有在实现对社会生活来说重要的职能时才会长久地保持。"⑤这同斯大林的话也没有区别。

至于斯大林的第三点,即上层建筑是某一基础存在和活动的时代

---

① 《普列汉诺夫哲学著作选集》,第 2 卷,第 589 页。
② 同上书,第 3 卷,第 189 页。
③ 同上书,第 3 卷,第 179 页。
④ 同上书,第 2 卷,第 589 页。
⑤ 《普列汉诺夫全集》,俄文版第 20 卷,第 53 页。

的产物,将随着这个基础的消灭或消失而消灭或消失。这纯粹是第一点的逻辑引申,实际上只是用另一种形式把第一点的内容重复一次。

最后,第四,斯大林说,上层建筑同生产活动没有直接联系,只是通过基础变化以后的折光来反映生产力发展水平的变化。就普列汉诺夫把"基础"了解为"основа"而言,他不能不反对这种说法。但是当他把"基础"了解为"базис"的时候,他一般是同意这样说的。这一点,就从"五项"公式的表述中也可以清楚地看出来。为什么说"一般"呢?因为在特定条件下,例如在原始狩猎社会里,生产技术有时就直接决定审美趣味。又如军队组织在某些方面也直接依赖于技术装备,即直接依赖生产力的水平。

近二十多年来,国内学术界对斯大林的基础和上层建筑学说陆续提出了好些批评。有人说,斯大林关于消灭旧上层建筑的公式使大家产生许多根本错误的观念,仿佛随着经济基础的变革,这一经济基础所产生的上层建筑以及这一上层建筑的全部要素也将完全消灭,仿佛上层建筑发展中是没有任何继承性的。也有人认为,上层建筑随基础的消失而消失的说法只会导致对文化遗产的轻视,导致阶级主观主义和文化虚无主义,等等。

这些批评看来难以成立。因为斯大林是在最概括的意义上规定基础和上层建筑之间的相互关系的,他描述的是基础和上层建筑相互关系的最根本的特征。如果我们不能否认任何经济基础都有自己的上层建筑,这些基础和上层建筑都反对过时的基础和上层建筑,那就不能否定旧上层建筑必然会随着自己基础的消灭而消失或被消灭。至于这个消失或消灭的过程如何,是很快地实现还是缓慢地进行,是全部要素都被消灭还是先消灭部分要素,在这个过程中是否有继承性,这种继承性怎样表现出来,等等,所有这些都是后一层次的问题。斯大林是在反驳那些将语言混同于上层建筑的观点时论述基础和上层建筑的关系的,他完全有理由只限于指出这种关系的最一般的特点。把错误地运用斯大林公式的罪过推在这一公式身上显然是不公道的。任何正确的公式都可能被滥用。而且,不管斯大林公式的那些思想,同他的马克思主义先辈们比较,实质上并没有什么新内容,然而像他这样清楚、明确、简洁、通俗的表述,在马克思主义文献史上应该承认还是第一次。当然,斯大林没有进一步说明基础和上层建筑之间极其复杂的相互关系,的确是一个缺点。

普列汉诺夫的哲学著作,没有这个缺点。这一点本章以下各节将要提供足够的说明。现在让我们回头来考察他对"社会政治制度"诸要素及其与经济基础的相互关系的分析。

从几个术语和译名问题谈起。和许多作者一样,普列汉诺夫也有他的一些个人独特的用语。研究他的哲学思想如果不考虑这一点,可能会遇到许多麻烦。有这样三个术语:(1)"общественный строй"(略为 О.С.,"社会制度");(2)"общественные учреждения"(略为 О.У.,"社会设施");(3)"социальный строй"(略为 С.С.)。什么是社会制度?"社会制度(О.С.)是人类社会各种现象的深刻根据。……这是如基佐所说的'人们的公民生活',这是所有制的状况",是"社会中的一切都以之为转移的状况"(1901 年),简言之,就是经济基础(базис)。① 那么"什么是社会设施呢?这是耸立在一定的经济基础之上的法律的上层建筑,基础的性质是由社会生产力的发展程度所决定的"。(1894 年)② 汝信把作为法律上层建筑的"общественные

---

① 《普列汉诺夫哲学著作选集》,第 2 卷,第 741 页,另见第 542、547—548 页等。
② 《车尔尼雪夫斯基》,汝信译,上海译文出版社 1981 年版,第 330 页。顺便说说,汝信把"基础的性质"误为"它的性质",这样一来,似乎是上层建筑的性质直接取决于生产力的发展水平,毋须经过基础的中介作用。这显然是一个疏忽。这句话的原文是:"Это юридическая надстройка, возвышающапся на данном экономическом базисе, характер которого определяется степенью развития общественных производительных сип."句中的"которого"是指"базис",而不是指"надстройка"。

учреждения"(社会设施)译成"社会制度",这样就跟作为基础的 "общественный строй"(社会制度)混淆起来了。当然,孤立地看 "учреждение"一词有时也可以译成"制度"。但是既然普列汉诺夫给它们下了如此明确的定义,我们就应当用不同的词分别表示。

更麻烦的是第三个术语:"социальный строй"。"социальный"的意思也是"社会的",和"общественный"没有任何分别。不同的只是前者源出于拉丁文"socialis",后者的词根是斯拉夫语。然而在普列汉诺夫的社会结构学说的体系中这两个术语的意思却大不相同。他写道:"一定的生产关系适应一定生产力的状况,而一定的社会制度(С. С.)适应一定的生产关系,社会制度的性质却影响着人们的心理,同时并决定着人们的智力、道德和一般所谓整个精神的发展。"(1900年)[1]从这段话中可以得出以下序列:

生产力→生产关系→社会制度(С. С.)→心理……

序列中的箭头表示右边的适应于左边的,或者说,表示左边的决定右边的。那么,这里的"社会制度"(С. С.)指的是什么呢?要回答这个问题,必须研究一下普列汉诺夫关于社会结构要素的一些论述。

让我们先看几段话:

(1)"一定程度的生产力的发展;由这个程度所决定的人们在社会生产过程中的相互关系;这些人的关系所表现的一种社会形式;与这种社会形式相适应的一定的精神状况和道德状况;与这种状况所产生的那些能力、趣味和倾向相一致的宗教、哲学、文学、艺术。"(1894年)[2]

这大概是"五项"公式的雏形,是它的第一次完整表述,序列如下:

生产力→生产关系→社会形式→精神道德状况→宗教、哲学等。

---

[1] 《普列汉诺夫哲学著作选集》,第2卷,第550页。
[2] 同上书,第2卷,第186—187页。

(2)"一个国家的法律设施之所以适合于它的占统治地位的生产方式,是因为这些设施本身就是那些在某一生产方式统治下所必然产生的社会需要和社会关系的结果和表现。……生产力每向前发展一步就会引起生产方式和法律设施之间的新的不相适应。"(1896年)①

这里我们得到的序列是:

生产力→生产方式→社会关系→法律设施。

(3)"每一民族的经济制度决定着它的社会制度(O.C.),而它的社会制度也反过来决定它的政治制度、宗教制度等等。……经济制度……也应当有自己的原因……就是人类为了自己的生存而同自然界进行的斗争。"(1901年)②

这里的序列如下:

生产力→经济制度→社会制度(O.C.)→政治宗教制度……

(4)"生产方式""决定于生产力的状况","人们在生产中的关系决定着财产关系,或者如基佐所说——财产状况,但是,只要财产状况给定了,按照所有制形式浇铸成的整个社会的制度(строй всего общества, который отливается по форме совственности)也就容易理解了。"(1901年)③

现在的序列为:

生产力→生产方式→财产关系和社会制度(O.C.)。

把所有这些序列比较一下,我们可以看到,序列两端的"生产力"和"社会意识"是明确而稳定的,而中间的两项或三项,情况则有所不同。这表示作者在犹豫,在探索。

---

① 《普列汉诺夫哲学著作选集》,第2卷,第219、220页。
② 同上书,第2卷,第745—746页。
③ 同上书,第2卷,第748、749页。

起初,1894年,他用的概念是"生产关系"和"社会形式"。后来,似乎觉得"社会形式"太笼统,而且这两项都有进一步划分的必要。这里的关键在于家庭关系、民族关系等这样一些社会关系是否也应在他的社会结构公式中占有一定的地位。大家知道,他经常引证马克思《〈政治经济学批判〉序言》中论述唯物史观基本原理的那一段话。这段话列举了社会结构基本要素的两个序列:

Ⅰ、生产力→生产关系→政治上层建筑→社会意识形式。

Ⅱ、生产方式→社会生活→政治生活→精神生活。①

显然,普列汉诺夫最初的序列除了把社会意识一分为二以外,和马克思的这个序列是没有什么不同的。但是,"生产关系"和"政治上层建筑"并没有把所有社会关系包括无遗。生产关系的总和只组成社会关系的骨架。和生产关系的水平相符合的"社会关系"应包括什么呢?通过分析《共产党宣言》等著作可以看出,这种社会关系包括三个主要部分:(1)与技术的生产关系(即"生产方式")不同的社会的生产关系(即财产关系);(2)家庭关系;(3)民族关系(社会间的关系、国际关系)。这样,上述马克思的序列就应作点变更,即为:

(5)生产力→生产关系→社会关系→政治上层建筑→社会意识。

或者更确切地说是:

(6)生产力→生产关系和其他社会关系→政治上层建筑→社会意识。②

普列汉诺夫是否这样研究过,是否通过同样的途径得出巴加图利亚上述结果,我们无从证实。现在只知道他的上述(2)、(3)、(4)序列

---

① 参见巴加图利亚、维戈茨基:《马克思的经济学遗产》,贵州人民出版社1981年版,第170—171页。

② 参见《马克思的经济学遗产》,第171—173页。

同马克思的(5)、(6)序列有异曲同工之妙(当然也还有不同的地方)。谈到家庭问题时,他说,"以经济关系的历史来解释家族的历史",是"科学的",应该"在生产力的状态中去寻找家族关系的解释","家庭的发展是为所有权的发展所决定的"①。至于民族,特定生产力状态不仅制约着特定社会的内部关系,也制约它对其他社会的外部关系,经济是决定族际关系和国际关系的真正动因。② 包括家庭、民族关系的社会关系(狭义)③或社会制度(O.C.),在他看来,乃是"按照所有制(即财产关系)形式浇铸成的(отливается)"。正因为如此,他把"社会制度"(O.C.)看作"所有制状况"。这样一来,就必须把整个"生产关系"分成两半,一为"生产方式",另一为"财产关系和社会制度(O.C.)"。什么是生产方式呢? 生产方式就是"获得财富的方式"④,也就是前一节中所说的"技术关系"、"劳动组织"或"直接的生产关系"。

但是,这样解决家庭、民族关系问题并不是没有麻烦的。家庭、民族等社会关系当然包括所有制关系,但决不限于所有制关系。可以说它们是交叉概念。谁都不能否定家庭法、国际法等的存在。可见,家庭、民族等也还有作为上层建筑的一面。其次说政治法律制度也是一种社会制度并非背理的判断。为了和作为表明公民生活的所有制状况的社会制度(O.C.)相区别,他只好在文字上找出路,把"общественный"改为"социалъный"。⑤ 这情况就同"основа"与"базис"相仿。

---

① 《普列汉诺夫哲学著作选集》,第1卷,第688、690页。
② 同上书,第1卷,第710—711页。
③ 参见《马克思的经济学遗产》,第171—172正文及注释。
④ 《普列汉诺夫哲学著作选集》,第2卷,第748页。
⑤ 不过普列汉诺夫并没有始终坚持这种区分。例如1903年春天他在伯尔尼作的关于艺术问题的讲演提纲中就同时有这样两个序列。一个序列是:"(1)经济,(2)社会制度(O.C.),(3)环境的共同的心理,(4)根据于这种心理的思想体系"。另一个序列是:"(1)生产力的状况,(2)经济,(3)社会制度(C.C.),(4)心理,(5)思想体系"(《普列汉诺夫遗著》,俄文版第3卷,第85、88页)。

后来1908年再次考察社会结构诸要素时,他终于放弃了把社会制度(O.C.)划入所有制的企图,而用"经济关系"代替了"生产方式",用"社会政治制度"(социально-политический строй)取代了政治宗教制度和法律设施。家庭、民族关系呢?悬起来了。看来普列汉诺夫并没有解决好这个问题。然而他的这些研究毕竟具有某种启发意义。这一点我们将在本章第八节再来讨论。

在上层建筑对基础的复杂关系中,政治上层建筑或者说"政治因素"是最主要的因素,它具有特殊的意义。"什么是政治因素呢?这是人们的一种旨在达到各种(经济的、法律的、道德的)目的并以特定时期存在的社会力量对比即各社会阶级和阶层的力量对比为依靠的活动。由此可见,我们在政治中如同在经济中一样只和人们的社会关系打交道。同一些人用自己关系的一个方面创立社会的经济结构,而用自己关系的另一方面创立社会的政治制度。……人们并没有创造出若干种彼此分离的历史——法律史、道德史、哲学史等,而是只创造了一种历史,他们自己的社会关系史,这些关系决定于每一特定时期生产力的状况。所谓思想体系只是这个统一而不可分的历史在人们头脑中的多种多样的反映而已。"①普列汉诺夫的著作表明:所谓"政治因素",由"政治结构"(包括政治制度、设施、组织)和"政治意识"(包括"政治理论")所组成,而阶级、国家、民族等各种社会组织之间的政治斗争则是它的一种极为重要的活动形式。

政治和经济之间也存在着相互作用。但和经济相比,政治无疑是被决定的因素。政治结构在成为经济发展的原因以前首先是这一发展的结果,是经济矛盾的表现。从起源上说,经济因素任何时候任何地方都先于政治因素。这是唯物史观的出发原理。当然,经济决定作用的

---

① 《普列汉诺夫遗著》,俄文版第4卷,第172页。

表现形式依历史条件不同而不同:它"决定着政治因素的发展方向、它的发展进程的速度以及它的表现的显著程度"①,或者反过来说,政治因素"在每一时期的作用方式"要"用经济发展的行程来说明"②。

由于批判民粹主义、无政府主义、经济唯物主义等否认或低估政治因素反作用的错误,普列汉诺夫特别强调政治组织和政治斗争在改变或改造社会经济关系中的巨大意义,强调"政治革命"是"达到经济变革的最强有力的手段",强调"任何时候和任何地方,政治权力都是一个杠杆,已经获得统治地位的阶级就用它来实现它的繁荣和进一步发展所必需的社会变革。"③

之所以如此,因为经济中根本变化从来就不是自动实现的,而总是要通过上层建筑,首先是政治上层建筑的干预才完成的。"在人类漫长曲折的历史发展道路上,有着许多意义重大的伟大转折点。我们就用 A、B、C、D 等等字母来标志这些转折点⋯⋯人类从 A 点发展到 B 点,从 B 点发展到 C 点,如此一直到 S 点,它任何时候都不是在一种经济平面上进行的。为了从 A 点到 B 点,从 B 点到 C 点等等,每次都必须上升到'上层建筑'并在那里进行一番改造。只有当完成了这种改造之后,才可能达到预期的点。从一个转折点到另一个转折点的道路,总是要通过'上层建筑'。经济几乎永远不会自然而然地取得胜利,⋯⋯永远必须通过上层建筑,永远必须通过一定的政治制度。"④

普列汉诺夫也考察了"社会政治制度"诸要素之间的相互关系,指出这种关系在不同历史条件下是不同的,它归根到底取决于该社会的经济关系。例如莫斯科俄国时期的政教冲突便是如此。在神权和皇权

---

① 《普列汉诺夫全集》,俄文版第 20 卷,第 22 页。
② 《普列汉诺夫哲学著作选集》,第 3 卷,第 180 页。
③ 同上书,第 1 卷,第 81、77 页。
④ 同上书,第 2 卷,第 237 页。

的斗争中何者为大呢？"在西方,社会力量的对比在长时期内是以有利于'神'权的方式解决这个问题的;在俄国——即仍然是在那个莫斯科国——社会发展的进程则相反,是以有利于地上的权力——起初是大诸侯的权力,后来是沙皇的权力——的方式解决这个问题的。在一切国内社会力量都为国家所奴役的地方,僧侣权力是不可能独立于世俗权力的。"俄国沙皇之所以不同于西欧君主,而像埃及法老一样被他的臣民看成"上帝",以及"俄国僧侣权力之服从世俗权力,主要由于教会教阶制度在经济上依赖于国家。教会是莫斯科罗斯的最大地主。……大地产在俄国完全不是那么独立于沙皇政权,像我们在西方所看到的那样。"俄国最高当局强有力地控制了包括教会地产在内的大地产。"世俗权力扩张得这么大,以致早在伊凡三世时就开始考虑过寺院能不能占有土地,也就是考虑到剥夺教会土地的问题"[①]。

（三）

大家知道,恩格斯晚年曾经多次指出,他和马克思为了反驳历史领域中的那些唯心主义者,常常不得不强调被他们否认的主要原则,把论述的重点放在说明经济的决定作用上面,他感到遗憾,自己和马克思"不是始终有时间、地点和机会来给其他参与交互作用的因素以应有的重视"[②]。后来,第二国际许多著名的马克思主义理论家,如拉法格、梅林、考茨基、拉布里奥拉等人,在自己的著作中也没有对这个问题进一步作过多少发挥。他们主要仍然是强调思想体系对经济发展的依赖

[①] 《普列汉诺夫全集》,俄文版第20卷,第139—140页。普列汉诺夫关于政治因素对经济因素的不同形式和性质的作用,有许多颇有价值的分析。

[②] 《马克思恩格斯全集》,第37卷,第462页;第39卷,第94页等。

性。普列汉诺夫则不同:他为实现自己导师的遗愿在这方面迈出了巨大的独立的步伐。前面已经指出,早在十九世纪九十年代恩格斯写给施米特、梅林、布洛赫、博尔吉乌斯等人关于唯物史观的书信发表以前,他就反复地详细地论证了社会意识对经济基础和社会制度的巨大反作用。例如 1883 年他在《社会主义和政治斗争》中写道:"没有革命的理论就没有名副其实的革命运动。……就其内容说,革命的思想是一种炸药,它不是世界上任何爆炸物所能代替的。"①又如 1885 年初出版的《我们的意见分歧》中写道:"光有过渡到社会主义的客观经济可能性是不够的,还需要使工人阶级理解和意识到这个可能。这两个条件是密切的相互关系的,经济的关系影响到人们的经济概念。人们的经济概念影响到他们的行动方式,影响到社会关系,因此也影响到经济关系。"②1890 年 8 月发表的第二篇《国内评论》对这个问题就说得更加充分了。当时有人指责马克思主义者否认思想的不朽,甚至否认思想的任何意义,硬说社会民主党人在整个人类历史运动中只看见经济方面。普列汉诺夫答复说,事情完全不是这样。"我们任何时候也没有忽视思想。我们只是认为,思想不是从天上掉下来的,而是由社会生活条件中产生的。"1848 年革命失败后,许多革命者悲观失望了。而马克思仍然继续为他心爱的事业的胜利而埋头工作着。支持他这样做的不仅有钢铁般的意志和顽强的性格,而且有——这是最主要的——科学社会主义思想,它完全反映了社会发展的历史进程。奥古斯特·孔德曾经说过,"知识产生预见,预见产生行动。"马克思主义者要补充说:建立在预见的基础上的行动将使他们夺得统治地位,思想通过社会人的活动而影响社会的发展。既然如此,他们还会否定行将成为占统治

---

① 《普列汉诺夫哲学著作选集》,第 1 卷,第 98 页。
② 同上书,第 1 卷,第 350 页。

地位的思想的作用吗?"不,先生们,思想是伟大的东西!但是为了使它能够起伟大的作用,它应当成为合理的思想。"这样的思想才真正是不朽的。如果思想阻碍社会的发展,那么它顶多只能在这样的意义上是不朽的:即将来的某个热爱劳动的人可能在某个图书馆的布满灰尘的书架上发现它。①

当然,普列汉诺夫的巨大理论贡献并不限于论证了上层建筑、特别是社会意识的上层建筑的反作用。他对历史唯物主义的意识学说的发展是多方面的和意义深远的。他一贯自觉地"运用马克思的方法来研究马克思和恩格斯没有时间研究的那些知识领域——比如研究各种思想体系的历史:艺术、宗教、哲学"②。通过这些研究他得出了一系列新的结论和原理。这些结论和原理同样是马克思主义的"牢固成果"。

这里首先谈谈他的"社会心理"学说。

大概从1932年米丁和拉祖莫夫斯基主编的《历史唯物主义》出版以后,普列汉诺夫的社会心理学说一直遭到广泛的不公正的对待。③ 无论是鲁宾斯坦还是福米娜都把他的观点同资产阶级社会学家使社会生活心理化、生物化的思想混为一谈。近二十多年来,苏联著名普列汉诺夫专家和哲学家如恰金、西多罗夫、罗任等得出了完全相反的结论。著名社会心理学家 Б. Д. 帕雷金也认为,"提出和进一步创造性地分析一系列最重要的马克思主义社会心理学问题的无可争辩的功绩属于格·瓦·普列汉诺夫"④。А. И. 戈里雅切娃和 М. Г. 马卡罗夫写道:"既然社会心理问题在历史唯物主义的体系中以及在为社会主义而斗

---

① 《普列汉诺夫全集》,俄文版第3卷,第259—262页。
② 同上书,俄文版第16卷,第297页。
③ 在这以前几年就已经有人对它提出了批评。例如弗兰克福1928年发表的《普列汉诺夫和阶级的心理学》(载《在马克思主义旗帜下》1928年第5期)。
④ 《作为科学的社会心理学》,苏联列宁格勒大学出版社1965年俄文版,第41页。

争的实践中占有极其重要的地位,马克思主义理论的任何一个著名的代表就都不可能回避它。在这里首先必须指出的是普列汉诺夫。"他对马克思主义社会心理学的贡献仅次于马克思、恩格斯、列宁,而比拉布里奥拉、拉法格、梅林、倍倍尔、考茨基、斯大林、葛兰西等等任何一个人的贡献都大。他的社会心理学思想的"基本内容无疑是符合马克思主义原则的。"①

在马克思主义哲学史上,普列汉诺夫第一个明确提出把社会意识分为两种基本形式或两个基本发展阶段的思想,尽管这种思想按其实质来说在马克思、恩格斯著作中早就有了充分的表述。② 后面这一点,普列汉诺夫本人已经通过自己引证的马克思、恩格斯的言论清楚地指明了。

在普列汉诺夫看来,社会意识应该分为社会心理和思想体系这样两种基本形式或两个基本发展阶段。那么,什么是社会心理?什么是思想体系?它们的主要属性是什么?它们之间有怎样的相互关系?它们同"五项"公式中前三项的关系又如何?下面分别作些概要的考察。

什么是社会心理?它的研究对象是什么?普列汉诺夫说:"就人的心理是生物进化的结果而言,它是生物学的研究对象,而不是社会学的研究对象。社会学同这个心理发生关系,只是因为它的发展是在人类历史进化过程中实现的。"③可见,他把作为自然科学研究对象的人的心理同作为社会学研究对象的人的心理明显区分开来了。他所谓社会心理学和今天通行的"普通心理学"根本不同。后者所研究的人的心理,基本上是超阶级、超民族、超时代、超历史的。这种研究当然也有

---

① 《社会心理学》,苏联科学出版社 1979 年俄文版,第 7、26 页。
② 参见 А. И. 帕雷金:《马克思和恩格斯论社会心理》,载苏联莫斯科"思想"出版社 1965 年出版的《社会心理学问题》(论文集)。
③ 《普列汉诺夫遗著》,俄文版第 4 卷,第 240 页。

意义,也是必要的。但历史哲学所要探讨的并不是这种超时空的一般心理,而是特定历史条件下的社会心理或社会人的心理。①

那么这种社会心理究竟是什么?普列汉诺夫从来没有对社会心理下过任何完整的定义。但是他在各种场合从不同的角度对它作了一系列的描述和规定。例如:

(1)社会心理是"一定时期、一定国家的一定社会阶级的主要情感和思想状况"②;

(2)"人们的全部心理"是社会人的"一切习惯、道德、感觉、观点、意图和理想"③;

(3)社会心理是适应一定社会形式的"精神状况和道德状况"以及"这种状况所产生的那些能力、趣味和倾向"④;

(4)社会心理是特定时期的"舆论"、"民意"、"风尚的潮流"⑤;

(5)社会心理就是"时代精神",即"当时流行的信仰、观念、思想方式以及那满足一定审美要求的方法"⑥;

(6)社会心理就是"民族精神"或"民族性",即特定民族的"公民中思想上感情上的一致"⑦;

(7)社会心理是"特定的社会或特定的社会阶级的占支配地位的

---

① "五项"论所谓"社会人的心理"(психика общественного человека)讲的是特定时代特定民族或阶级、阶层的人们的心理即人的社会心理,不是社会中单个人的心理,更不是社会中的人的自然心理。它也要研究特定个人的心理,但这个人是作为特定民族或阶级的代表,从社会学角度进行研究。因此中译本把这个术语译为"社会中的人的心理"(《普列汉诺夫哲学著作选集》,第 3 卷,第 195 页)是不妥当的。列宁《哲学笔记》中《普列汉诺夫〈马克思主义基本问题〉一书批注》采用了正确的译法。
② 《普列汉诺夫哲学著作选集》,第 2 卷,第 272—273 页。
③ 同上书,第 1 卷,第 715 页。
④ 同上书,第 2 卷,第 186 页。
⑤ 同上书,第 2 卷,第 66、323 页。
⑥ 同上书,第 2 卷,第 273 页。
⑦ 同上书,第 2 卷,第 112 页。

审美倾向"①；

(8)社会心理是"每一时代所特有的人生观和世界观"，是特定"民族的人生观和世界观"，是特定"阶级的人生观和世界观"，这种人生观和世界观将"在哲学中表现出来"②；

(9)社会心理这样一种法的观念，它"像语言一样是'不知不觉地'产生的，它生活在一般人民的意识中，不是作为'抽象的规则，而是作为在其有机联系中的法权制度的活的表象"③；

(10)"无论伊凡、彼得或阿历克赛都没有天赋观念。他们的思想方式是由周围环境的影响造成的。……但是资本主义制度终究影响到他们的思想方式，影响到他们的感情和习惯。他们并不使自己的概念形成一个体系。但他们的不成体系的、零零散散的概念，却浸透着资本主义精神"④；如此等等。

把以上这些描述和规定概括起来，可以看出，普列汉诺夫所谓"社会心理"实际上是指特定时期特定民族或特定阶级、阶层广大群众中间普遍流行的、自发产生的、没有经过系统加工整理的精神状况，包括现实社会生活使他们产生的以及从传统中获得的各种感觉、情绪、理想、愿望、要求、信念、观点、习惯、道德风尚和审美情趣等。简言之，社会心理就是人们的日常意识。而思想体系则是或多或少概括了的、系统化了的社会意识，即由思想家、学者、文艺家等这样一些特殊阶层的人物加工改造过的社会意识。

这种社会心理具有哪些主要属性或特性呢？普列汉诺夫在论述爱尔维修关于社会心理的唯物主义观点时写道："一个农业民族的性格，

---

① 《普列汉诺夫哲学著作选集》，第1卷，第741页。
② 同上书，第3卷，第189页。
③ 同上书，第1卷，第693页。
④ 同上书，第4卷，第41—42页。

与一个游牧民族的性格是断然不同的。'在每一个国家里,都有一定数目的对象,这些对象都是教育①以相同的方式所提供的。对于这些对象的同等的印象,在公民中产生了思想上和感情上的一致,这种一致名叫民族精神或民族性。'我们很容易理解,这些在教育中产生这样大决定性影响的'对象',在生活于不同的情况下的民族中,例如在农耕和狩猎的民族中,是不同的。同样显然的是,一个民族的性格是有变化的。我们认为法国人的性格是爽朗的。但是并不是永远这样。"尤利安皇帝时代的巴黎人就是"严谨的、认真的"。罗马人"在共和时代,是多么有力、多么道德、多么爱自由、多么恨压迫!然而在建立帝制以后,是多么屡弱、多么怯懦、多么庸俗!这种庸俗甚至把提比留也弄得昏聩了!此外,一个民族的性格,并不只是随历史事件而变化;它在一定的时期中,在不同的行业中也不一样。战士的趣味和习惯并不是僧侣的,'有闲者'的趣味和习惯也不是农夫和工匠的。这一切都因教育而定。"②

通过转述爱尔维修的思想,普列汉诺夫明确地指出了社会心理的几个主要属性或特性——民族性、时代性、职业性和变化性,说明了这些特性产生的泉源:教育的结果,即社会环境的产物。同时他认为,在阶级社会中,时代心理、民族心理、职业心理等等都是从属于阶级心理的。阶级的存在和阶级间的斗争给予社会心理以极其强烈的影响。在普列汉诺夫著作中对各个历史时期俄、法、英、德、意、希腊、罗马等国家的不同阶级、阶层、职业的人们的心理作了许许多多概括的生动的极有价值的说明,并且告诉读者,这些心理如何反映到当时的哲学思潮、历史著作、文艺作品等等中去的。这也是他的一项重大理论功绩。至于

---

① 普列汉诺夫指出,爱尔维修"把'教育'一词理解为社会影响的全部总和"(《普列汉诺夫哲学著作选集》,第1卷,第572页)。
② 《普列汉诺夫哲学著作选集》,第2卷,第111—112页。

构成社会心理的上述那些因素的分类和特点以及它们之间的相互关系,他只有一些片断的零星的考察。例如他指出,有时由于思想体系的影响,社会心理中的理性因素改变了,而情绪因素(如信徒的宗教信仰)仍然处在习惯势力的影响下,反之,随着社会结构的变化,人们的情感、意志、兴趣、要求变了,然而他们的许多观念并没有摆脱传统思想的束缚(如某些空想社会主义著作)。这就是说,理性因素和情绪因素之间也有相对独立性。

在社会心理和社会存在之间的关系问题上,普列汉诺夫发表了许多看法,归结起来不外是把辩证法关于内容和形式相互关系的原理加以具体化。下面就是他的一段概括性的说明:

"社会的心理适应于它的经济。……在生产力发展上的每一个新步骤把日常生活的实践中的人置于新的互相关系中,这个新的关系是和旧的过时的生产关系不相适合的。这个新的从未有过的情况必然地反映于人们的心理上,有力地改变着它。向哪一个方向呢?社会的一些成员坚持旧制度,这是停滞的人们。另一些人——旧制度对他们不利的人们,赞成前进的运动;他们的心理变向那随着时间的到来将会代替旧的、过时的经济关系的生产关系方面去了。可以看到,心理对于经济的适应继续着,可是缓迟的心理进化先于经济革命。当这个革命完成之后,就建立了社会心理与经济之间的完全的适合。这时候在新的经济基础上,新的心理怒放起来。在一段时期中这种适合是不可破坏的;它甚至日益巩固起来。可是慢慢地新的不和之芽又出现了:先进阶级的心理,依着上面指出的原因,又凌驾于旧的生产关系之上,由于一分钟也不停止它的适应于经济,它又去适应那组成将来的经济的萌芽的新的生产关系。"[①]

---

① 《普列汉诺夫哲学著作选集》,第 1 卷,第 719—720 页。

然而社会心理适应经济关系的过程却是一个复杂的过程。该过程的一个重要特点就是自发性：它的完成是不自觉的，是人们所看不见的，正如动物不自觉地使自己的器官适应它们的生存条件一样。无论什么样的生存条件都不会在动物的形态和组织上立即引起任何直接的变化。生活条件的重大改变会使动物产生新的与以前不同的需要。如果这种需要长期保留着，那就会导致新的习惯。由于新的习惯，一些器官得到了练习，获得了发展，另一些器官则逐渐退化下去。于是练习的加紧或者没有练习就改变了器官的结构，乃至整个机体。经济的需要以及由之而产生其他需要对于国民心理的影响，也应该这样理解。① 就是说，不仅应该唯物的理解，也应该辩证的理解。它也有一个"练习"或者"不练习"的问题。正是在这个意义上，即在假定社会中只有经济和心理这两种因素的条件下，心理对经济的适应不是立即的而是渐进的、逐步的，不是直接的而是间接的，是以不断"练习"为中介的，即以社会人的活动为中介。

但是如果走出这种"抽象"领域，如果把其他社会因素考虑进去，情况就不同了。在这种情况下，最一般的说，就是"五项"公式中第三项所说的：社会心理(1)"部分由经济直接决定"，(2)"部分由生长在经济基础上的全部社会政治制度所决定"。

所谓社会心理"部分由经济直接决定"有几种情况。一种是人类社会发展的早期，那时社会生活简单，各种上层建筑因素或者尚未产生，或者处于萌芽状态，或者本身还不强大、作用范围还很小。例如原始人没有"储蓄"的习惯和观念，他们打猎回来便把猎物的肉分给本族其他成员食用，因为肉留着不吃就会腐坏而完全不能食用。明天我这个以靠不住的狩猎事业为生的人，如果空手回来，其他成员就分肉给

---

① 《普列汉诺夫哲学著作选集》，第 1 卷，第 723—724 页；第 2 卷，第 195 页。

我。"这样,分肉的习惯就类似一种互相保险,不如此,狩猎部落的生存将是完全不可能的。"①在这里,"人们的法的概念同他们的经济生活状况之间的联系"显然是直接的。另一种情况是人们在直接生产活动或经济活动中所产生的许多心理。例如同村的贫苦农民和贫苦木匠、皮匠,他们的心理就不相同。亲自耕种的农民和从事土地买卖的商人对土地的感情也有很大的差别,其原因部分说来正是由于经济活动的直接决定作用。为什么现代无产阶级天生就具有团结一致的感情和自我牺牲的精神?"这里有两个原因。一个在于现代生产的技术组织,另一个在于它的社会组织,或如马克思所说,在于资本主义社会固有的生产关系。无产者没有生产资料,只有靠出卖自己的劳动力过活"。他们的"力量在于他们的团结。他们的成功要以他们能为整体利益牺牲个人利益为前提。"②

这两种"直接决定作用"同前面说的那个"并不直接适应"是一致的,而不是矛盾的。或者也可以说,前者要以后者为前提。一方面农民、木匠、皮匠的许多心理状况直接为他们从事的生产活动所决定,另一方面,他们的心理并不直接适应于他们生产活动中由于工具的发明和技术的改进而导致的每一次变化。普列汉诺夫所阐明的这两种社会心理运动规律对于包括心理现象在内的社会意识的研究都具有重大的原则性指导意义。

普列汉诺夫还分析了社会心理学的其他一些规律:模仿律、矛盾律、联想律等等。他非常强调研究这一类规律的重要意义。他写道:"模仿在我们的观念、趣味、风尚和习俗的历史上起过很大的作用。……爱尔维修曾说过,人完全是由模仿而成的。"③不过在不同条件下模仿具有不

---

① 《普列汉诺夫哲学著作选集》,第 1 卷,第 700 页。
② 同上书,第 3 卷,第 492 页;第 5 卷,第 510—511 页。
③ 同上书,第 5 卷,第 295、321 页。

同的意义:可以是肯定的,也可以是否定的。例如"下层阶级常常模仿上层阶级。但是什么时候他们这样做呢? 就是在他们还没有达到自觉的时候。"这是"下层阶级还没有成熟到能为自身的解放而进行斗争的真实标志"①。自然,模仿的倾向也只是在一定的社会关系中才表现出来。当一个阶级走上了同另一阶级斗争的独立的道路时,模仿另一阶级的心理倾向就让位于同它矛盾的倾向。斯图亚特王朝复辟时代,英国贵族处处表现了同革命小资产阶级极端代表者的清教徒的生活规则恰恰相反的习惯和趣味的极强烈的爱好。代替严格的道德戒律的是难以置信的腐化堕落。代替宗教虔信的是不信神的炫耀。清教徒蓄短发,反对华服盛妆;复辟了的贵族故意盛行戴长假发,穿着华丽的服饰。清教徒禁玩纸牌,复辟王朝玩纸牌成风。等等。"一句话,这里起作用的不是模仿,而是矛盾"②。无论模仿还是矛盾都是特定阶级关系的表现和结果。在普列汉诺夫看来,联想律在社会心理发展中也起着很大的作用。他通过对原始民族许多在现代人看来十分奇特的审美观念的历史资料的分析,指出用唯物史观说明社会心理现象的联想规律的必要性和可能性。③

在普列汉诺夫社会心理学说中最重要、最有争议的是关于社会心理和思想体系之间相互关系的理论。下面就来讨论这个问题。

(四)

不过,在讨论思想体系和社会心理相互关系问题以前,需要考察

---

① 《普列汉诺夫哲学著作选集》,第 2 卷,第 474 页。
② 同上书,第 5 卷,第 295 页。
③ 同上书,第 5 卷,第 290—294 页。

一下"思想体系"一词的含义在历史上的演变以及普列汉诺夫对它的理解。

"思想体系",法文为"idéologie",英文为"ideology",德文为"Ideologie",俄文为"идеология",它们的共同来源是由两个希腊词"ιδεα"（思想、观念）和"λογος"（学说）合成的,意思是"关于思想或观念的学说",或译"思想学"、"观念学",后来演变为"思想和观点的体系",通译"思想体系"。解放前多译为"意识形态"或"观念形态"。例如马克思、恩格斯早期重要著作"Die deutsche Ideologie",1938年郭沫若节译本就叫作《德意志意识形态》。1960年中央编译局出版新译本时鉴于"意识形态"一词通行已久,因而本"约定俗成"原则未作改动。然而把"Ideologie"译为"意识形态"是不妥当的,严格说来是错误的。因为"-logie"根本没有"形态"的意思。而且这样翻译,势必造成概念混乱和理解上的障碍。大家知道,社会意识有两种基本形式（或者叫形态）,低级的意识形态叫作社会心理,高级的意识形态即思想体系。如果把"Ideologie（思想体系）"翻译成"意识形态",那就成了"高级的意识形态叫作意识形态"。即使把前一个"形态"改为"形式",仍然是个麻烦,因为汉语中的"形式"和"形态"在这里很难区分开来。例如李达就写过这样的句子:"社会意识,必具有种种的形式。社会意识的形式,即是意识形态"①。何况本来就广泛流行着另一种说法:哲学、政治、法律、道德、审美等是社会意识的诸形式。这样就更加纠缠不清了。

"思想体系"一词是法国启蒙派和感觉主义晚一辈的代表德斯杜特·特拉西（Destutt de Tracy）和卡巴尼斯（Cabanis）等人引入哲学社会科学文献的。特拉西第一次在他的四卷本著作《思想学基础》（1801年）中,称自己的学说是"思想学的科学"。它研究怎样由感性知觉中

---

① 《李达文集》,第2卷,第291页。

形成思想,这些思想怎样组合成体系,以及它们发生作用时有哪些规律。特拉西认为,思想学是像自然科学(例如动物学)那样一个类型的科学。同时它也是研究思想形成的原因和规律的基本哲学科学。他反对把思想学这一关于思想和基本理论原则的科学看作同其他社会科学并列的东西,认为思想学高于其他社会科学,是它们的理论基础。在拿破仑帝国时代,以特拉西为首的"思想学者"集团在法国政治生活中起了一定的作用。他们站在帝国政府的反对派立场,表现了政治自由主义的情绪。结果导致了拿破仑同"思想学者们"的冲突。拿破仑称帝以后完全放弃了法国大革命时期资产阶级的进步思想,在保卫宗教和不平等的同时,也把这些"思想学家"和他们的科学——"思想学"视为社会的敌人。他在1812年12月发表了一篇反对"思想学家"的著名演说,严厉指责"思想学家的学说",说"这是暗淡的形而上学。它恶作剧地寻找最初的原因,企图根据这个形而上学建立各民族的法制。……我们红色法兰西的一切错误和不幸,正是应当归咎于思想学这个暗淡的形而上学。"从此以后就开始了资产阶级批判"思想学"的传统。"思想学"成了脱离实际的空想、形而上学、抽象思辨和概念游戏等等的代名词,在十九世纪(特别是上半叶)的语汇中具有否定性的意义。马克思、恩格斯早期著作就是在这个意义上使用"die Ideologie"、"der Ideologe"等词的。不过马克思、恩格斯在《德意志意识形态》以后便很少用"思想体系"来表示不科学的、神秘化的、虚幻的意识。五十年代以及后来的著作中,"思想体系"一词主要在更广泛的意义上使用,即用来说明一般精神过程,说明某种建立在一般世界观前提上的多少系统化的观点的总和。这些观点可以是正确的、科学的,也可以是错误的、虚假的。

总之,"Ideologie"一词在不同的历史时期有不同的内容。它的含义在不同的场合是很不相同的。在特拉西等人那里,它几乎和"哲学"

一词的意义差不多。拿破仑称帝以后,它逐渐变成了"颠倒的意识"、"虚假的世界观"的代称。十九世纪五十年代开始,马克思、恩格斯取消了它的这种贬义,仅仅用来表示从特定阶级利益的立场反映客观社会关系的观点的体系,包括哲学的以及政治的、法律的、宗教的、伦理的等等观点,从而成了一个中性词。①

马克思的这种用法,今天已经为广大哲学社会科学工作者所接受,它无疑揭示了它所指的那些社会现象的本质,因而是一个科学的概念。在许多场合,普列汉诺夫包正是在这个意义下使用"思想体系"一词的。但是,和所有马克思的科学概念一样,这种用法也没有穷尽社会真理。而且对于这种用法,也还有些问题需要进一步精确化。

首先,政治经济学算不算"思想体系"?或曰:政治经济学具有强烈的阶级性和党性,历史上还没有超阶级的政治经济学,所以它应当算。那么,以政治经济学为理论基础的部门经济学也是社会科学,它是否属于"思想体系"呢?有人说,虽然这些部门经济学具有"非思想体系因素",但这些因素不决定这些社会理论的主要内容,所以仍然属于"思想体系"。至于也是社会科学的语言学,其中"非思想体系的因素"多到这样的程度,以致斯大林决定把它划在作为上层建筑的思想体系之外。于是产生一个问题:是不是所有社会理论都叫作"思想体系",其中具有阶级性的社会科学属于上层建筑思想体系,而那种没有阶级性的社会科学则属于非上层建筑思想体系?或者只是为特定阶级服务的社会理论才称为思想体系,而像语言学之类的社会理论则不叫思想体系?这两种看法在学术界都有代表人物。许多意见分歧同对"思想

---

① 参见康斯坦丁诺夫主编:《哲学百科全书》,第2卷,1962年俄文版,第229—230页;雅可夫列夫:《思想体系》,1979年俄文版,第48—72页;德里雅赫洛夫等主编:《历史唯物主义范畴》,1980年俄文版,第248—251页,等等。

体系"范畴的不同定义密切联系着。例如在思想体系和社会科学相互关系问题上的观点分歧就是如此。

其次,如前文所述,恩格斯曾把特定时代经济生产和社会结构的总和叫作这个社会的政治史和精神史的"基础"(die Grundlage),在这样的"基础"上的上层建筑当然要比叫作"die Basis"的基础之上的上层建筑广阔得多。例如它不仅包括全部社会科学,也包括全部自然科学。

而且,既然是两种"基础"和两种"上层建筑"(这里应该有不同的、适当的术语分别表示),它们各自之间的相互关系显然也是不一样的。

总之,这些都是科学的社会结构学所要继续探讨的问题。在这方面,普列汉诺夫同样做出了可贵的尝试。就拿他为恩格斯的名著《社会主义从空想到科学的发展》俄译本第3版写的"序言"、《评亨·李凯尔特的一本书》、《俄国批评的命运》等篇来说,在这里他明确地规定了思想体系的范围和内容,指明了它的要素之间的某些根本关系。概括起来有这样几点:

(1)思想体系是成体系的思想。因此它不仅包括哲学、政治学、法律学、伦理学、美学、宗教学、经济学、历史学等等社会科学,也包括天文学、数学、生物学、医学等自然科学和应用科学。

(2)一切科学都是思想体系,即是"被归纳为体系的知识"。但并非一切思想体系都是科学,例如伯恩施坦主义就不是科学。所以把科学和思想体系(或"主义")绝对对立的观点是形而上学的、错误的。

(3)一切思想体系都有三个因素,或者说都可以从三个方面进行考察。这三个因素是:认识因素、价值因素和职能因素。认识因素指思想体系是否正确地反映了客观现实及其规律,价值因素指思想家对所研究的知识的评价或态度,职能因素指这些体系在实践中所起的客观作用。

(4)在思想体系中认识因素和价值因素实质上是统一的,后者以前者为基础。马克思主义从不否定对社会现象和自然现象的价值观点。"真正哲学式的批评同时也是真正政论式的批评"。"有些时代，不仅是批评，而且艺术创作本身也充满了政论精神"。"科学在经验的基础上建立一些概括（'思想体系'），这些概括本身又是对各种现象的某种预见的基础。……所以远不是任何关于将来的想法都是没有科学的基础的。"以医学为例，医学艺术即治疗学就以医学科学即病源学为基础。同样，傅立叶、圣西门、欧文和马克思、恩格斯的社会主义的社会"治疗学"也以其社会"病源学"为基础。当然，他们对社会罪恶的原因以及治疗社会病症的手段和条件的看法是彼此不同的，前者以空想为特征，后者则完全是科学的。在马克思主义看来，价值是在人们对外物的关系的基础上产生的，它反映社会人的需要、利益和目的。所以价值问题首先是说明某种现象的客观意义，然后才是对它的评价。"每个历史学家要从一定价值的观点来挑选自己的科学材料——把本质的和非本质的分开……全部问题在于这种价值的性质是怎样的。……作为科学家——并且在自己的科学范围之内——，历史学家认为有助于他确定那些其总和构成他所研究的个别发展过程的事件的因果关系的东西是本质的东西，而与此无关的东西是非本质的东西。"

（5）不过价值因素对认识因素也有反作用。举基佐为例子。"他是科学的批评家，因为他善于把著述史同现代社会中阶级的历史联系起来。他指出了这种联系，宣告了完全科学的客观的真理。但是这种联系之所以会被他看出来，那唯一原因是因为历史使他的阶级对旧秩序采取了一定的否定态度。这种否定态度，它的历史后果实在是不可估量的，如果没有它，也就不会发现对著述史很重要的客观的真理了。"

（6）研究任何思想体系还必须考察它的职能因素即它在实践中的客观作用。例如十八世纪法国启蒙学者的著作中可以找到法国大革命的整个社会纲领,①大革命的种种事件构成了实现这些启蒙学者代表的整个第三等级所提出的要求的那个过程。如果撇开这些学者的思想在大革命历史中所起的实际作用,就很难对他们的思想体系做出真正科学的评价。

普列汉诺夫所了解的"思想体系"范畴大致说来就是如此。现在再来看他关于思想体系和社会心理相互关系的观点。

普列汉诺夫社会心理学说中最关键最有争议的一条原理是:"一切思想体系都有一个共同的根源,即某一时代的心理",各种思想体系反映着特定历史条件下社会人的心理的特性。② 在这位俄国马克思主义者看来,"这是不难理解的,任何一个即使仓促地考察一下事实的人都会相信这一点。"③他没有料到后世的人会对他的这个原理提出各式各样的诘难,因此不曾感到必须从各个方面对这条原理作普遍的理论论证。他只是在一系列著作中就一些国家某个时期的哲学、文艺、宗教、伦理、历史或政治经济学等人文学科同社会心理之间的这种关系提出了自己的详略不等的说明。

让我们看看法国的情况。首先,笛卡尔对待某些哲学问题(比方心灵问题)的态度就可以用当时社会心理状况来解释。"笛卡尔把信仰的领域和理性的领域严格地划分开来。他的哲学和天主教并不冲突;相反的,他还努力用新的论证来证实天主教的某些教条。在这一方面,他的哲学很清楚地表现出当时法国人的情感。在十六世纪的长期流血斗争之后,法国产生了一种对于和平与秩序的普遍要求。在政治领域内,这个要求表现为同情君主专制;在思想领域内,它表现为一定

---

① 例如普列汉诺夫曾经指出,霍尔巴赫的《自然政治》就包括法国制宪会议的某些政治纲领。
② 《普列汉诺夫哲学著作选集》,第3卷,第195—196页。
③ 同上书,第3卷,第196页。

的宗教容忍,以及渴望避免可以唤起方过不久的内战的回忆的一切争论问题。这种问题就是宗教问题。为了不涉及这些问题,必须在信仰的领域与理性的领域之间划下一条界线。这一件事,我们已经说过,就是笛卡尔所做的工作。不过只划下一条界线是不够的。为了社会和平,哲学必须正式承认宗教教条的正确性。通过笛卡尔的工作,这一点也做到了。就是因为这个道理,这位思想家的体系虽然至少有四分之三是唯物主义的体系,却依然为许多教士们同情地加以欢迎。……如果笛卡尔哲学出自对于社会和平的要求,那么十八世纪的唯物主义则是新的社会动荡的预报者"。那么怎样用社会心理来解释笛卡尔哲学的另一特点——即自然哲学在笛卡尔体系占着如此重要的地位呢？为什么那些成为自然科学对象的问题也是笛卡尔哲学所处理的问题呢？因为这个时代乃是对生产力普遍怀有极大兴趣的时代,当时人们都梦想着征服自然。① 然而一百年过去了,法国生产力的发展,极其严重地被陈旧的社会生产关系和古老的社会制度所束缚。封建统治者的暴虐以及同这些统治者沉瀣一气的教会的专横,在广大的第三等级群众中间引起了强烈的愤慨和不满。普列汉诺夫在《唯物主义史论丛》等著作中具体深入地阐明了当时正在同僧侣和贵族进行战斗的第三等级的心理的基础上怎样生发出法国启蒙派的全部哲学,甚至这个哲学的一切细节方面的特点都荡漾着革命风暴即将来临的声响。后来法国资产阶级夺得了政权,它的哲学家们就开始厌恶起唯物主义来了。为什么出现这种情况呢？同样是当时资产阶级的变化了的社会心理的反映。因为无产者的阶级斗争和武装起义使资产者们深深感到必须用宗教的马勒来约束人民的头脑。其次,任何一个达到了统治地位的阶级都自然而然地趋向于自满。资产者们的一切意图和一切思想都必然会表现

---

① 《普列汉诺夫哲学著作选集》,第2卷,第193、291、292页。

他那珍贵的"自我"。最能反映当时资产阶级典型代表的心情的名词是"道德上的唯我论"。"如果在类似这样的心情的基础上发生了除主观'感觉'以外不承认有任何其他事物的各种体系,这是一点也没有什么可奇怪的"。"在大革命以后,法国哲学史异常清楚地表明:革命中的反唯物主义倾向的根源就是资产阶级的保守的本能,……其他国家在不同程度上也是如此。"①

普列汉诺夫在《从社会学观点论十八世纪法国戏剧文学和法国绘画》一文中,对路易十四到路易十六时代的法国戏剧和绘画如何表现了凯旋声中贵族的趣味和成长时期资产阶级的渴求作了许多生动的描绘和令人信服的分析。在"太阳王"时代,即在等级制度的君主政体登峰造极的岁月里,悲剧演员应该表演出伟大和崇高。因为法国古典主义"悲剧是宫廷贵族的产物,悲剧中的主要登场人物是帝王、'英雄',总之是'身居高位'的人物,他们即使不是真正的'伟大'和'崇高',他们的所谓职位一定要他们装出'伟大'和'崇高'的模样来。"否则就"决不会博得当时观众的鼓掌"②。在绘画方面,这个时代也表现了同样的艺术趣味。为这种趣味立法的夏尔·勒布伦的几幅代表作,画的都是马其顿那位有赫赫战功的亚历山大皇帝。画面构思精巧,笼罩着一派"崇高"、"光荣"和"豪华"的气象。人们情不自禁地对着这位身着古装的"路易十四"鼓掌致意。"当贵族的统治地位开始遭到非议,当'中等资产的人们'充满着反对政府情绪的时候,这些人就开始觉得旧的文学概念不能令人满意,而旧的戏剧也不是充分地'具有教育意义'了。于是除了迅速趋于衰落的古典主义悲剧之外,还出现了资产阶级戏剧"③。这就是十八世纪法国资产阶级的肖像——流泪喜剧。与此

---

① 《普列汉诺夫哲学著作选集》,第3卷,第239—242页。
② 同上书,第5卷,第472—473页。
③ 同上书,第5卷,第479页。

同时出现的是用油画颜料写的流泪喜剧——风俗画。"如果说尼维尔·德·拉·肖塞、博马舍、沙登等等的资产阶级戏剧是情节中的道德,那么格勒泽的画就可以称为画面上的道德。"①这些喜剧和画幅正好反映着当时资产阶级还没有强大到足以消灭旧制度,它的文学肖像"家长"还不可能产生英雄主义的激情,只是表现出可敬的家庭美德,仅仅以"具体化的谴责"站在荒淫无耻的贵族面前,而不显露任何政治意义。后来,资产阶级羽翼日渐丰满,第三等级再也不能容忍专制制度继续它的腐败统治。时代提出的任务是消灭贵族本身。显然,不经过残酷斗争是无法完成这一任务的。旧秩序的敌人们感到有英雄主义的需要,他们意识到必须在第三等级里发扬公民的这种美德。但是到什么地方去找这样的美德的模范呢?古代。于是又出现了迷恋古代英雄人物的风气。不过这种兴趣现在具有完全不同的性质。人们所迷恋的已经不是奥古斯都的君主时代,而是普鲁塔克的共和时代的英雄。先进阶级的这种需要和情绪在索兰的悲剧《斯巴达克斯》和大卫的名画《布鲁特斯》等等中得到了艺术的再现。普列汉诺夫指出,同贵族的斗争进行到最紧张程度的时候,人们对贵族的一切趣味和传统简直是怀着深仇大恨似的。在他们看来,一切旧的礼节、客套、殷勤,表示尊敬、忠诚、恭顺的一切交际用语,都应该从语言中清除掉,因为这一切太容易使人想起旧秩序了。贵族脱帽、鞠躬的习惯必须取消,"我很荣幸"、"请您赏光"之类的句子不要再出现,书信末尾应该用"您的同志"、"和您平等的人"来代替"您最恭顺的仆人"等等。服饰华丽甚至被看成是和盗窃国家财产一类的犯罪行为。"那时候服装问题成了良心问题"。一家杂志写道:"当边境上捍卫法兰西共和国独立的士兵们穿得破烂不堪的时候,一个人有两套衣服是可耻的。"②某个具有坚定民主主义

---

① 《普列汉诺夫哲学著作选集》,第 5 卷,第 487 页。
② 同上书,第 5 卷,第 492 页。

信念的名叫勒邦的人,收到母亲送给他的一套贵重服装后,由于良心谴责十个夜晚完全没有睡觉。试问,在这样的"风尚"之下,多少有点公民感情的艺术家能够创作出典雅肉感的维纳斯吗?广大观众还会到剧院去观赏过去悲剧演员那种显示贵族"崇高"、"伟大"的矫揉造作的演技吗?

社会心理的决定作用表现得最突出最明显的首先是文艺,其次是哲学、宗教、道德(宗教和道德问题将在第十一、十二两章讨论)。不过,即使像历史学和经济学这样的科学,也离不开对社会心理的依赖。普列汉诺夫在一系列著作中论证了法国复辟时代的历史科学是第三等级革命情绪的反映,详细地分析了"法国第三等级的自觉性的增长,怎样在法国历史学家们的观点中引起了根本的改变"①。同样,在经济学和政治学上也是如此。"傅立叶的历史知识并不比萨伊多,却得出了与萨伊完全不同的结论"。问题不在于资料,而在于这个思想家或他所代表的那些人的集团的感情如何。"如果某人满意于现实,他就没有变革的想法;如果某人对现实不满,那就不管他是有历史知识,或者甚至毫无历史知识,他总是具有变革的想法的。"②完全可以进一步说:如果某人有变革的想法,他当然就会倾向于变革的理论,追求它,研究它,完善它;反之,他对这种理论就既不同情,也不热心。

关于社会心理是思想体系的"根源"的这类论述在普列汉诺夫著作中是非常丰富的。可惜我们还没有来得及认真仔细的分析整理。这里只想提出几点一般性的看法。

第一,这里所谓的"根源"究竟是什么意思呢?他在《马克思主义基本问题》中指出,折中主义者不能超出社会力量相互影响的范围去

---

① 《普列汉诺夫哲学著作选集》,第 2 卷,第 518 页。
② 同上书,第 4 卷,第 298 页。

考察现象,他们不懂得承认"相互作用的事实还没有解决社会力量的起源问题"①。他的"五项"公式就是为了解决这个问题才提出的。所以"根源"也就是"起源"或"反映",即思想体系起源于社会心理,是社会心理的集中反映,正如社会心理起源于经济和社会政治制度,是后者的反映,或政治起源于经济,是经济的集中反映一样。布哈林关于这一点曾经正确地写道:"思想体系的独特之处在于,它的各种要素即思想、感情、感觉、形象等等更具有系统性。思想体系把什么东西系统化呢?它就是把系统化不足或完全没有系统化的东西即社会心理加以系统化。"②所以,"根源"的意思,也就是"加以系统化"的意思。

第二,前面已经说过,无论"思想体系"还是"社会心理"都有三个因素,即认识因素、价值因素和职能因素。讨论它们之间的起源关系时,按理应该同时从认识和价值两个方面进行分析。然而普列汉诺夫在分析各种思想体系起源于社会心理时,一般只是考察社会心理的价值因素,几乎没有注意认识方面。换言之,他对某种学说或作品的起源研究仅仅限于说明它们是当时人们的情感、要求、愿望、理想、习惯、风尚等等的反映,对于广大群众在日常实践中所积累的丰富的经验和知识如何成为各种思想体系的来源,始终没有作过任何专门的稍为详细具体的分析。这一点,既是他的认识论重大缺陷,也是他的历史观(具体说是社会意识理论)的重大缺陷。③

---

① 《普列汉诺夫哲学著作选集》,第3卷,第195页。
② 《历史唯物主义理论》,人民出版社1983年版,第252页。布哈林接着说道:"思想体系就是社会心理的凝聚物。"这个论点一直受到苏联学者的指责。本章第七节将对这些指责进行考察。
③ 不过另一方面,也需要指出:对于分析社会意识现象的认识论方面的必要性,普列汉诺夫并非没有认识。例如他在《唯物主义史论丛》"霍尔巴赫"篇的一份手稿异文中写道:"在我们经历的时刻,离开了认识论的研究哲学就没有救。"接着他引证了魏森格律恩的一句话说,"在哲学史上认识论的意义始终没有足够的估价;认识论问题的重要性,不仅对严格意义下的哲学,而且对伦理学,对艺术观和社会观,也始终没有充分的理解。"(《普列汉诺夫哲学遗著》,俄文版第3卷,第27页)

第三,虽然社会心理是一切思想体系的共同根源,但是特定思想体系任何时候都只能反映或系统化社会心理的某一方面或某些方面。政治学主要反映或系统化人们的政治观点、要求、情绪,伦理学主要反映或系统化人们的道德观念、理想、情操。文学和哲学对心理的反映似乎要全面些,但它们也都是从各自的角度进行反映。如果它们中间谁能真正全面地把整个社会心理系统化,那么其他学科的存在也就不再必要了。

第四,和精神发展的逻辑只能在一般的特点上用经济的发展来说明一样,[1]所谓思想体系起源于社会心理,也仅仅在宏观的意义上才是正确的,只有用大量社会心理现象的中轴线才能恰当地说明特定思想体系发展的中轴线。至于像前面所说的,法国启蒙派全部哲学的一切细节方面的特点都可以用大革命前夕第三等级的心理来解释,这类现象或者只是一种特例,或者应当了解为文艺的夸张说法。

第五,思想体系和社会心理之间经常出现矛盾现象。"思想家们和他们表现其意向和趣味的那个阶级之间的这种不和谐,在历史上是屡见不鲜的。人类智力发展和艺术发展上许许多多的特点就是用这种不和谐来说明的。"[2]例如十九世纪三十年代法国资产阶级的浪漫主义文艺运动在这个资产阶级中间并没有获得普遍的同情。"当时法国资产阶级在很多地方并不了解他们自己的思想家在文学艺术中所努力的和所感觉到的是什么"[3]。为什么会这样呢?原因是多方面的。或者由于社会心理结构的复杂性,例如某种学说或思潮只反映某个阶级中间那些先进分子或落后分子的意向。或者由于思想体系对社会心理的

---

[1] 《普列汉诺夫哲学著作选集》,第2卷,第192页。
[2] 同上书,第3卷,第198页。译文有改动。
[3] 同上书,第3卷,第197—198页。

相对独立性。要知道,特定思想体系除了起源于社会心理之外,在自己的全部生长、发达和衰亡过程中还受到传统观点、其他思想体系、外国文化、思想家个人的种种特点等一系列因素的影响。

由此可见,思想体系与社会心理脱节的现象不仅不违反思想体系是社会心理的集中反映的根本原理,而且是这一原理的充分表现。正如商品的价格偏离价值不仅不破坏劳动价值学说,而且是这一学说的光辉证实。但是不管是"集中反映"也好,"互相脱节"也好,它们的"起源和性质归根到底只有用经济状况和在这种状况中产生的社会阶级的经济作用才能说明。"因为"这里同其他的地方一样,只有存在才能阐明思维的秘密"①。

如果说,在思想体系的"根源"问题上普列汉诺夫的著作充满着对丰富的经验材料的历史考察,那么思想体系对社会心理的反作用问题在他的哲学著作中基本上只限于一般性的肯定。② 也许正是这种情况使得帕雷金认为"普列汉诺夫对思想体系的因素在社会心理形成中的作用估计不够"③。戈里雅切娃和马卡罗夫不同意帕雷金的批评,然而他们反驳这个批评时所提出的理由完全没有说服力。④

普列汉诺夫在谈到伟大人物如何影响历史发展进程时写道:"如果我知道社会关系因生产的社会经济过程中发生某种变化而朝着什么方向变更,我也就会知道社会心理将朝着什么方向变更;因此我就有可

---

① 《普列汉诺夫哲学著作选集》,第 3 卷,第 198 页。
② 例如他在《无政府主义理论家埃利泽·邵可侣》一文中写道,广大群众的观念是从哪里来的呢?"也许可以肯定地说,现时'极大多数'的人都具有先前时代的英雄们(即思想家)使之流行起来,而在当时极大'多数'人看来都是有害的和危险的那些观念。"(参见《无政府主义和社会主义》,三联书店 1980 年版,第 116—117 页)
③ 《普列汉诺夫著作中的社会心理学问题》,载《社会心理学问题》(文集),1965 年俄文版,第 95 页。
④ 参见《社会心理学》,1979 年俄文版,第 33—34 页。

能影响这种心理了。影响社会心理,也就是影响历史事变。"①那么通过什么手段来影响社会心理呢?通过宣传,通过教育。宣传什么?用什么进行教育呢?特定的思想体系。从各个方面对人民进行教育,用俄国诗人雷列耶夫著名诗篇《公民》中的说法,"这正是一切不愿辱没公民荣誉的人必须首先尽最大努力的事业"。当然,从马克思主义的观点看来,"启发生产者的自觉,较之简单地在人民中普及知识,乃是一个更为确定、虽然的确也远为艰巨的任务"②。但无论普通的教育工作或者科学社会主义的宣传活动,本质上都是思想体系向社会心理的转化过程。

马克思说:"在不同的所有制形式上,在生存的社会条件上,耸立着由各种不同情感、幻想、思想方式和世界观构成的整个上层建筑。整个阶级在它的物质条件和相应的社会关系的基础上创造和构成这一切。通过传统和教育承受了这些情感和观点的个人,会以为这些情感和观点就是他的行为的真实动机和出发点。"③普列汉诺夫经常引证来作为立论根据的这段名言告诉我们,思想体系一旦形成,就作为"客观现实"的一个组成要素对社会各个成员起作用,不断地使自己"凝冻积淀"为社会心理。

因此,社会意识,正如它有两个基本形态一样,在自己的发展中也有两个基本过程:一方面由社会心理"系统化"、"抽象化"、"纯化"、"概括"、"蒸馏"或者说"氤氲化生"为思想体系,另一方面则由思想体系"灌输"、"普及"、"扩展"或者说"凝冻积淀"为社会心理。当然,这两个互相转化的过程只有在思想上为了考察问题的方便才能截然分开,现实生活中它们是同时并存的。不能设想必须在一个过程全部完

---

① 《普列汉诺夫哲学著作选集》,第2卷,第374页。
② 同上书,第2卷,第238页。
③ 《马克思恩格斯全集》,第8卷,第149页。

结之后才开始相反的过程。而且无论在前一过程或后一过程中，由于社会分工的不同，知识分子都起着决定性的"霉菌"作用。

关于知识分子在思想体系形成和传播中的作用问题值得在这里专门谈一谈。因为正是在这个问题上不仅苏联的某些学者对普列汉诺夫的观点进行了错误的指责，就是斯大林也有误解。

1904年普列汉诺夫在新《火星报》发表了一篇题为《工人阶级和社会民主主义知识分子》的文章。文章通过歪曲《怎么办？》一书在工人阶级自发性和自觉性相互关系问题上的观点对列宁进行了一连串的攻击和讽刺。但是即使在这样一篇有严重错误的文章[①]中，普列汉诺夫也没有像人们所武断地那样，否认社会主义理论由站在工人阶级立场上的知识分子所创立并从外面把这一理论灌输到自发的工人运动中去的思想。他一再承认，"'社会主义理论'的确'是由有产阶级中学识丰富的人即知识分子创造的哲学、历史和经济的理论中成长起来的'。"[②]可见在这个问题上普列汉诺夫根本不是像斯大林所说的那样背叛了自己在第二次党代表大会上的立场，"自己打自己的嘴巴"[③]。普列汉诺夫这篇文章的一个主要论点是批评《怎么办？》中的一句表达得不恰当的话：社会主义理论是"完全不依赖于工人运动的自发增长"而产生的。[④] 这个批评对不对呢？应该承认是对的。列宁自己就说过："普列汉诺夫的批评显然是在吹毛求疵，断章取义，抓住我个别的表述不完全恰当或不完全确切的说法，根本不管小册子的一般内容和整个精神"[⑤]。此后列宁在自己的全部著作中再也没有重复过这个不确切的

---

① 关于这篇文章的错误我们将在另外的地方再作分析。
② 《普列汉诺夫全集》，俄文版第13卷，第118、120—121、126、129等页。
③ 《斯大林全集》，第1卷，第110页。
④ 参见《普列汉诺夫全集》，俄文版第13卷，第118及以下各页。
⑤ 《列宁全集》，第13卷，第90页。

说法。

斯大林怎样看待这个批评呢？他在《略论党内意见分歧》中写道，普列汉诺夫在第二次党代表大会之后转到孟什维克一边，为了证明他们不是由于争夺中央的权力，掩盖他们的无原则，就在列宁的书中东找西找，挑出了一段话，"如果把这段话同原文割裂开来，断章取义地加以解释，确实可以吹毛求疵地骂一通"①。这意思似乎是说，列宁的书中"确实"有"可以吹毛求疵"的地方。什么地方呢？斯大林的这个小册子里没有说明。然而在第一封《库泰依斯来信》中他却这样写道：

"如果说自发运动本身不会产生社会主义理论，那就是说，社会主义理论是在自发运动之外产生的，是由具备现代知识的人在观察和研究自发运动以后得来的。那就是说，社会主义理论是'完全不依赖自发运动的增长'，甚至是违背着这个运动而创造的，然后才从外面灌输到这个运动中去，依照自己的内容，即依照无产阶级的阶级斗争之客观要求而纠正这个运动。"②

既然如此，那普列汉诺夫就根本不是什么"断章取义"、"吹毛求疵"，而是从内容到形式彻头彻尾错了。在这里斯大林显然没有看到自己的"自相矛盾"。不仅如此，就拿这段话本身来说，也是"自相矛盾"的。如果"具备现代知识的人"只有"在观察和研究自发运动以后"才能得出"社会主义理论"，怎样能断言这种理论"完全不依赖自发运动的增长"呢？事实上马克思、恩格斯、列宁以及普列汉诺夫本人在自己早年转向科学社会主义时期的经历都以大量的材料确凿地证明：事情恰恰相反。我们之所以要在讨论思想体系和社会心理相互关系问题

---

① 《斯大林全集》，第1卷，第112页。
② 同上书，第48页。斯大林对普列汉诺夫《工人阶级和社会民主主义知识分子》一文所提出的批评总的说来是非常中肯和深刻的，这一方面与此处无关，略而未谈。

的时候辨明这个道理,因为如果社会主义理论这个科学的思想体系可以"完全不依赖自发运动的增长",那么作为工人阶级利益的理论表现的马克思主义理论也就可以完全不依赖工人运动的心理,当然就谈不上是它的集中反映,更不可能在这种心理中去找什么"根源"了。这个问题下面还要作些分析。

(五)

当普列汉诺夫提出社会心理是思想体系共同根源这个思想的时候,完全是就一定的有限的范围说的。这个范围便是人类精神现象。他从来不认为社会心理是"最后的根源"。对于黑格尔和泰纳等人把"民族精神"、"时代精神"当作"最后的原则",或者把"环境"、"智慧状况"当作"最后的靠山",他总是坚决地加以驳斥。他始终不渝地、不厌其烦地具体论证了唯物史观的基本原理:包括思想体系和社会心理在内的一切意识现象都是由社会存在决定的,或者说归根到底是由经济发展决定的。普列汉诺夫最大的理论功绩之一就是根据西欧和俄国思想史上大量的事实材料具体地深刻地研究了社会存在决定思想体系这一原理起作用的范围、性质、程度和规律性。①

首先他从以下三个方面分析了经济对思想体系的这种作用。第一,思想体系存在和发展的可能性或前提。社会必须达到一定的富裕程度才能抽出一定的人手从事各种科学工作,任何一种新体系的出现

---

① 各种思想体系中他研究得最多、最精细的部分是:(一)哲学:(1)十八世纪法国哲学,(2)十九世纪俄国革命民主主义哲学,(3)康德以后的德国古典哲学,(4)十七一十九世纪俄国社会政治思想(包括宗教思想),(5)十九世纪西欧空想社会主义思想;(二)文艺:(1)十七一十九世纪西欧(主要是法国)文艺,(2)十九世纪俄罗斯文学,(3)原始艺术;(三)宗教:(1)十八一十九世纪西欧宗教哲学批判和无神论思想,(2)原始宗教。

都要求有某种程度的知识积累,这种积累必须以一定生产力发展水平为前提。第二,思想体系的内容和性质。为什么以亚里士多德和色诺芬为代表的古代希腊经济科学如此不同于以亚当·斯密或李嘉图为代表的近代资产阶级经济科学呢? 因为古代生产关系不同于近世生产关系。第三,社会内脑力工作的方向。① 某个思想家、艺术家或某一流派正好对这些概念、问题、方法、倾向发生浓厚的兴趣,而对另一些概念、问题、方法、倾向则漠然置之或予以抨击,其原因只能到社会状况,特别是生产关系状况中去寻找。"思想体系的历史,大部分要以观念结合的发生、变更和崩坏来解释,而观念结合的发生、变更和崩坏则是受一定的社会力量结合的发生、变更和崩坏的影响。"②关于这一点,普列汉诺夫打了一个生动的比喻:"设想一下,一个有弹力的球从高塔上落下来。它的运动是按照众所周知的非常简单的力学定律进行的。但是现在球碰到一个斜面上。它的运动就按照另一个也非常简单的众所周知的力学定律而改变了。结果我们就有了一种运动的折线,我们可以而且应当说,这条折线的发生是由于上述两种定律的联合作用。但是我们的球所碰到的斜面是从何而来的呢? 这无论是第一个定律还是第二个定律,或者两者联合作用都没有说明。关于人的思想也完全是如此。使思想的运动服从于某些规律的联合作用的那些情况是从何而来的呢? 这无论是它的各个规律或这些规律的综合作用都没有说明。"③

思想运动所遇到的这个斜面用什么来说明呢? 只能用"社会环境"或"社会存在"来说明。而"社会环境"的因素很多,对于哲学社会科学的思想体系来说,其中最主要的两个因素是经济条件和阶级斗争。

---

① 《普列汉诺夫哲学著作选集》,第 1 卷,第 720—721、740—741 页。
② 同上书,第 2 卷,第 290 页。
③ 同上书,第 5 卷,第 323 页,另见第 930—932 页。

在阐释社会存在不同因素对不同思想体系的决定作用时,普列汉诺夫进一步具体化了马克思、恩格斯关于思想体系发展不平衡规律的论述。他写道:"马克思比无论什么人都更好地懂得,人类历史运动任何时候都不是按直线进行的,因此社会生活和社会思想的各个不同方面任何时候都不可能在自己的发展中平行地和以相同的速度进行。"①从思想体系的发展来看,普列汉诺夫认为不平衡规律主要表现在两个方面。

(1)在特定历史条件下,社会存在不同要素对思想体系的影响很不相同。就拿生产力和阶级斗争这两个因素对哲学发展的影响来说,有时阶级斗争的影响特别强烈,有时生产力的影响更为显著。前者如十八世纪法国的情况,后者如十七世纪法国的情况。这一点从上文引证的普列汉诺夫的长段论述中可以清楚地看出来。然而这种不平衡规律的表现丝毫也没有破坏唯物史观的一元论性质。一则阶级斗争这个因素影响的可能性和界限是由生产力因素决定的。一则生产力和阶级斗争都是社会存在的不同因素或形式,因素(或形式)的多样性不仅不违反社会存在决定作用的统一性,而且是这种统一性的充分证实。②由此可见,拼命地争论一般说来决定哲学或文学等学科发展的主要力量究竟是经济条件还是阶级斗争的问题,实在无异于同风车搏斗。

(2)在特定历史条件下,社会存在或其要素对不同思想体系的影响也是各不相同的。拿阶级斗争来说,阶级斗争"永远不是在全线上进行着的:永远有着某一部分思想为革命者和旧制度的拥护者所同样地承认的。最有力的攻击指向成为特定时期旧制度最有危害的方面的表现的那些思想。在这些方面,革命思想家不可遏制地想和他们的先

---

① 《普列汉诺夫遗著》,俄文版第 1 卷,第 128 页。转引自恰金:《普列汉诺夫及其在发展马克思主义哲学中的作用》,1963 年俄文版,第 93 页。
② 《普列汉诺夫哲学著作选集》,第 2 卷,第 327—328 页;第 3 卷,第 186 页。

辈'矛盾'。而对于其他思想,即使也是在旧的社会关系的基础上产生起来的,他们也常常是完全淡然置之,有时则按着传统继续保持这些思想。例如,法国唯物主义者进行了反对旧制度的哲学的和政治的思想的斗争(即反对僧侣和贵族君主国),而完全没有触及旧的文学的传统"。又如"十九世纪法国空想主义者在许多人类学观点上与百科全书派完全相同;复辟时代的英国贵族在许多问题上(例如民法等等)是和他们所厌恶的清教徒完全一致的。心理的领土划分为省,省分为县,县分为村和公社,公社乃是各个人(即各个问题)的联合。当'矛盾'产生时,当斗争爆发时,斗争的注意力普通只涉及个别的省——如果不是个别的县的话——,只有反射的作用才涉及于邻近的区域。首先被攻击的是那前一时代的领导权所属的那个省份。只是逐渐地'战争的灾难'才扩张于近邻,扩张到被攻击省份的最忠实的同盟者身上。"①

　　由于发生影响的因素多种多样,而且这种影响的力量、性质和持久性也各不相同,这不仅导致不同时代或国度的各种思想体系呈现出千姿百态,也使得思想体系发展的不平衡性具有更多的表现形态。普列汉诺夫对此作了许多探讨。我们这里且列举两种重要表现形态,或者说两条重要的思想发展规律。一条规律是:在人类历史运动过程中,"一方面的成就不仅不以这个过程的其他一切方面的按比例发展的成就作为前提,而且有时还直接造成其他某些方面的落后或甚至衰落。例如,西欧经济生活的巨大发展,决定了生产者阶级和社会财富占有者阶级之间的相互关系,它在十九世纪下半期导致了资产阶级以及表现这个阶级的道德概念和社会意图的一切艺术和科学的精神堕落。在十八世纪末期的法国,资产阶级还是一个充满着智力和道德力量的阶级;但这种情况却并未阻

---

① 《普列汉诺夫哲学著作选集》,第 1 卷,第 736、739 页。

止资产阶级在这个时期所创作的诗歌,比过去社会生活较不发展时期的诗歌后退一步。"①"现代民族尽管有了智力上的一切成就,但却没有产生一部可以超过《伊利亚特》和《奥德赛》的诗歌作品。"②另一条规律是:每个时代的思想体系中间都有自己的特定的一环占据领导地位,规定着时代意识的特色。"各个时代起主要作用的有各种不同的思想体系和各种不同的思想体系部门。……舞蹈在原始社会里是一种最重要的艺术,但是现在就完全不是这样了。"中世纪,宗教支配着其余一切思想体系,近代以来取代宗教地位的是政治或哲学。③

和思想体系发展不平衡规律有着密切的内在联系的是思想体系发展的相对独立性规律。或者在某种意义上也可以说,后一规律是从前一规律派生出来的。这种相对独立性之所以产生,根源在于思想体系本身的继承性,包括肯定意义上的继承和否定意义上的继承。普列汉诺夫论述相对独立性规律时所依据的出发原则是恩格斯的著名命题:"在一切观念形态的领域之内,传统都是一种巨大的保守力量";任何新的学说、思潮、流派都"必须首先从已有的思想材料出发,虽然它的根源深藏在经济的事实中"④。但是他在阐释这一命题的同时进一步把恩格斯的思想具体化了。他从七个方面考察了传统意义上的思想体系的相对独立性的表现。

第一,相对于社会经济发展水平而言。拿哲学来说,经济发达的国家,哲学不一定就先进,十八世纪英国哲学对法国哲学就是如此,相反,经济落后的国家却可能出现哲学繁荣的景象,黑格尔时代政治上四分五裂、工农业极端凋敝的德国现实居然产生了光辉的古典辩证法哲学。⑤

---

① 《普列汉诺夫哲学著作选集》,第 4 卷,第 374 页。
② 同上书,第 5 卷,第 345 页。
③ 同上书,第 1 卷,第 736 页;第 3 卷,第 197 页。
④ 同上书,第 2 卷,第 191 页。
⑤ 同上书,第 1 卷,第 732 页。

第二,相对于社会政治制度而言。仍然拿哲学为例。政治上落后的国家也可以产生进步的哲学思想。"什么东西促使德国哲学获得巨大的成功呢?德国的现实——黑格尔回答说,——因为法国人无暇从事哲学,生活驱使他们走向实践的领域,而德国的现实曾是更合理的,因而德国人能够安静地钻研理论。实质上,这个所谓的德国现实的合理性不外是德国社会生活和政治生活的贫乏,这使得当时的有教养的德国人没有别的选择,除了作干燥无味的'现实'的官吏(迎合'实际')之外,就是在理论中找寻安慰,将自己热情的全部力量,自己思想的全部热力集中于这一领域。"当然德国哲学的这种领先地位并不是凭空产生的。在这个场合,外国的影响起着决定的作用。"如果'实践上'更先进的国家没有推动德国人的理论思想前进;如果他们没有唤醒他们的'独断的微睡',那么这个否定的属性——社会和政治生活的贫乏——永远也不会产生这个巨大的肯定的结果:德国哲学的光辉的繁荣。"①

哲学、文学、艺术等思想体系的相对独立性还表现在哲学家和文艺家的政治立场上。正确地描写或说明自然和社会的关系是一回事,同情社会斗争的某一方面又是一回事。所以,不止有同情社会多数的唯物主义者(如狄德罗)和政治上反动哲学上错误的实用主义者,也有主张君主专制的唯物主义者(如霍布斯),还可以有领导过一场大革命的唯心主义者(如马拉),以及政治上保守的辩证法家(如黑格尔)。在文学艺术以及其他思想体系领域,也有类似的情况。

第三,相对于社会心理而言。前面已经讨论过思想体系和社会心理互相脱节的问题,并且指出,这种现象就是思想体系的相对独立性造成的。这里再以黑格尔哲学为例。当时德国资产阶级自由派并不同情

---

① 《普列汉诺夫哲学著作选集》,第 1 卷,第 732 页。

这位柏林大学教授,虽然"他的哲学从本质上说确实是进步的真正代数学",是"法国革命的德国理论表现"。但是"与他同时代的进步人士并不总是意识到这一点的。他所用的为门外汉所不懂的名词使某些人惶惑不安。他的有名的论点是:凡是现实的都是合理的,凡是合理的都是现实的,被某些人认为是最顽固的保守主义的哲学表现。"①而且由于黑格尔哲学严格的历史主义没有给空想主义留下余地,"那些竭力推崇主观任意性的浪漫主义者和那些不懂得辩证法、显然是同浪漫主义者极相似的空想主义者,都不喜欢黑格尔。最初在德国只有极少数反对派代表人物了解,黑格尔哲学能为当时的解放倾向提供最巩固的理论根据。"②和这种现象相反的另一种"互相脱节"的表现是:思想上代表"有产者"的那些"敏感的'élite'('优秀分子')对于'愚钝的有产者'的轻视"。例如,本身实际上反映大资产阶级意愿的尼采就拼命地攻击过资产阶级。③

第四,这种相对独立性也表现在不同思想体系之间的相互作用上。"就形式而论,法律和每一种思想体系一样,要受一切其他思想体系的影响,至少也要受别的思想体系的某些部分的影响,如宗教信仰、哲学观念等。"而且"每一个特定的思想体系在各个不同的社会发展阶段上以极不相等的程度受其他思想体系的影响。""法律起初是服从于宗教的,以后——例如在十八世纪——它受到了哲学的影响。为要消灭宗教对法律的影响,哲学必须经受极强烈的斗争。"④不但宗教、哲学影响法律,法律也影响前者,哲学本身也受到过宗教极大的影响。此外还有

---

① 《普列汉诺夫哲学著作选集》,第 4 卷,第 455 页。
② 同上书,第 3 卷,第 745—746 页。
③ 同上书,第 3 卷,第 198 页。
④ 同上书,第 2 卷,第 287、288、326 页。

政治、道德、文学、艺术等等都互相影响着。这就形成一个极其错综复杂的相互作用网。① 这种相互作用必然要在社会存在各种因素给予特定思想体系的决定性影响上造成不同程度的强烈变形。正因为如此，世界上没有也不可能有两种雷同的学说、思潮、流派或作品（当然，这里也还有别的原因）。以英国资产阶级革命和法国资产阶级革命为例。"这两个革命由同样的原因发生，也是有同样的目的。但是同样的趋向在英国的表现就和在法国的表现不一样。这种趋向在英国带有宗教的色彩，而在法国则带有哲学的色彩。'因素'作用中的这种差别是由社会各阶级相互关系中的若干次要差别而来的"②，也就是说，是由这种相互关系所产生的各种思想体系之间不同的相互作用而来的。

第五，思想体系的相对独立性还表现在外国某种思想体系的影响上。"我们不知道有哪些文明社会不曾同自己的邻居发生接触。对于每一个这样的社会，都存在着必然影响其发展的一定的历史环境。而且对于每一个社会来说，这种环境是不同的。这就给历史运动的进程带来多样性的因素。而且这一点在很大程度上说明：没有也不可能有两个社会，它们的发展过程是完全相同的。"③"任何社会都生活于自己的特殊的历史环境中，这个历史环境也许——而实际上也常常有过——和其他民族的历史环境很类似，可是永远也不会和永远也不能同它完全一样。……特定社会的周围的历史环境的影响，当然也影响到它的思想体系的发展。"④

举些例子。十八世纪法国启蒙思想家的哲学体系绝大多数都是师承和或多或少彻底地发挥了洛克的学说，这个世纪法国的文学革新者

---

① 《普列汉诺夫哲学著作选集》，第 1 卷，第 474 页。
② 同上书，第 2 卷，第 327 页。
③ 《普列汉诺夫全集》，俄文版第 20 卷，第 256 页。
④ 《普列汉诺夫哲学著作选集》，第 1 卷，第 728、729 页。

也"一般地从英国文学中广泛吸取一切适合于反对政府的法国资产阶级的地位和感情的东西,他们把英国流泪喜剧的这一方面完全搬到法国来了。"①十九世纪四十年代德国的"真正的社会主义者"则直接输入当时法国人的思想。至于十九世纪德国对俄国思想界的巨大影响就更不用说了。尼古拉时代的俄国先进人士在他们的文学和政治见解方面是以黑格尔哲学作为出发点的。在某个时期内,这位著名的德国思想家曾像彼得堡的皇帝一样是俄国的专制君主。区别仅仅在于:黑格尔的专制权力只在人数不多的少数哲学小组中得到承认,而尼古拉的权力则"从寒冷的芬兰岩壁延伸到炎热的考尔希达"②。后来车尔尼雪夫斯基奉为自己的导师、终生为之倾倒的德国哲学家是费尔巴哈。而在这之前不久,福格特、毕希纳和摩莱肖特之流的德国庸俗唯物主义著作也曾于五十年代末期广泛流行于俄国论坛。③

和不同思想体系的相互作用一样,外国的影响也能够严重地削弱思想体系对于社会经济结构的依赖性。但是它们决不能勾销这种依赖性。不仅如此,这种影响的可能性、它的程度和范围也仍然要以社会物质条件为转移。比方,洛克和他的法国学生之间的距离正是"光荣革命"时代英国社会和大革命前那些年代的法国社会之间的距离,"真正的社会主义"思想也必然要打上当时德国小市民社会的烙印。在文学上情况也是这样。十八世纪法国古典悲剧模仿着古代希腊悲剧,而前者又成为当时俄国悲剧据以创作的范本。模仿与范本之间的区别,按艺术作品的精神说,反映着产生它们的两种社会的区别。④

在这里,普列汉诺夫还进一步分析了外国影响决定于本国社会历

---

① 《普列汉诺夫哲学著作选集》,第 5 卷,第 478 页。
② 同上书,第 4 卷,第 18 页。
③ 同上书,第 4 卷,第 22 页。
④ 同上书,第 1 卷,第 729—730 页。

史条件的几种情况:"一个国家的著作(литература)对于另一个国家的著作的影响是和这两个国家的社会关系的类似成正比例的。当这种类似等于零的时候,影响完全不存在。例子:非洲黑人至今没有感受到欧洲人的著作的丝毫影响。当一个民族由于自己的落后,无论在形式上或内容上都不能给别人以任何东西的时候,这个影响是单方面的。例子:前世纪的法国人的著作影响了俄国人的著作,而没有受到俄国人的丝毫影响。① 最后,当进行交换的两方民族中的每一方由于社会生活的类似以及由此产生的文化发展的类似而能从另一方那里取得某种东西的时候,这个影响是相互的。例子:法国人的著作影响了英国人的著作,反过来它本身又受到了英国著作的影响。"②

这种相对独立性的第六种表现是思想体系对经济发展、政治斗争和社会心理的反作用。这一点,上面我们已经分别作了说明,这里就不再重复了。

---

① 普列汉诺夫在《俄国社会思想史》中谈到罗蒙洛索夫的著作为什么没有引起当时西欧学术界的重视时写了一段很值得玩味的话,我们节录如下:"当俄国文坛上已经有第一等的天才在活动的时候,包括德国读者在内的西方读者完全不知道俄国的著作。不仅如此。当落后国家的杰出人物还没有得到先进国家承认的时候,他们在自己的家里也是争取不到充分承认的:他们的同胞对自己'土生土长'人物多多少少要抱着很不信任的态度('我们这里有什么!')。因为不可否认的是,俄国人只有在西方对俄国人的著作表示折服以后才重视本国著作的全部巨大的意义。我不是问:这种现象是好还是坏? 我只说:它过去这样,将来也会如此。过去和将来之所以都这样,是有一个非常容易明白的社会心理原因的。"(《普列汉诺夫全集》,俄文版第21卷,第158页)约夫楚克认为普列汉诺夫否定十八世纪俄国书刊对法国和其他西欧先进国家的影响已为最新科学研究成果所驳倒(参见他的《普列汉诺夫及其哲学史著作》,俄文版,第195—196页)。不过这并不推翻上述一般观点。同时,正如约夫楚克所指出的,应该把普列汉诺夫的这个一般观点同他关于思想体系相对独立性的原理结合起来考察。

② 《普列汉诺夫哲学著作选集》,第1卷,第730页。译文有改动。"литература"一词原译"文学",不妥。因为就像约夫楚克所说的,普列汉诺夫所谓"литература""不仅包括文艺作品(литература художественная),而且包括社会政治著作、哲学著作、科学著作等一切作品"(《普列汉诺夫及其哲学史著作》,俄文版,第195页)。即使从所引的这句话的上下文看,约夫楚克的论断也是完全正确的。

第七,更为重要的是,包括哲学在内的各种思想体系的相对独立性还表现在特定思想体系对其前辈的继承上。大家知道,任何一个思想家、文艺家,任何一种学说、一种思潮,都不可能离开文明的大道,都必须这样或那样地大量继承前人的成果。不过继承什么,不继承什么,怎样继承,有哪些规律性,情况却千差万别。这个问题前文已经从不同方面讲过一些,以下各章我们还将从另一些角度作些补充说明。这里仅就继承的两种基本类型介绍一下普列汉诺夫的思想。

他写道:"每个特定时代的思想体系总是和前一时代的思想体系有最密切的——肯定的或否定的——联系。"①"一个时代的思想家们或者追随自己先辈们的足迹,发展他们的思想,采用他们的手法,而只允许自己同他们'竞争',或者起来反对旧的思想和手法,同他们发生矛盾。"②这就是说,继承有两大类型,即肯定意义的继承和否定意义的继承。显然,对于实际的任何一种思想体系说来,绝对单一的继承方式是不存在的,在现实中我们看到的只是肯定继承和否定继承的各种不同方式和不同比例的混合。只是为了抽象分析的必要才作这样的区分。

肯定继承又可分为三种情况。第一种情况:继承前人的研究所取得的结论。"当一个杰出人物 A 已把任务 X 解决时,于是杰出人物 B 就会离开这个已经解决的任务而去注意另一个任务,即注意任务 Y。"③不过 B 仍然以 A 对 X 的答案为基础。这是历史上最常见的一种继承方式。例如霍尔巴赫、爱尔维修等人彻底发展了洛克的感觉论原则,把它运用于自己体系的各个方面。或者在前人成果的基础上进一步研究同一领域的其他问题或同一问题的其他方面。例如,马克思阐

---

① 《普列汉诺夫哲学著作选集》,第 1 卷,第 740 页。译文有改动。
② 同上书,第 1 卷,第 734 页。译文有改动。
③ 同上书,第 2 卷,第 366 页。

明他的唯物史观是从批评黑格尔的法哲学开始的,他所以能够这样做,只是因为批评黑格尔的思辨哲学的工作早已为费尔巴哈完成了。又如在宗教批判问题上,黑格尔之后的施特劳斯、鲍威尔和费尔巴哈等人都相继地彼此继承了前人的一些结论。或者像车尔尼雪夫斯基那样把费尔巴哈的人本主义原则拿来研究别的领域(如美学、文学、历史学)中的问题。如此等等。

第二种情况是继承前辈的研究对象,或者说继承前人所提出的研究课题。"如果 A 还没有把任务 X 完成就不幸死去,……这个任务是会由 B 或 C 与 D 去担任解决的。"①例如前面提到的关于自由和必然的问题就是如此。一切哲学家只要涉及存在和思维之间的关系问题都无法避开它。至于历史发展的动力或根本原因的问题,也是各个世代的历史哲学一直不断地研究的中心课题。

第三种情况:继承前辈的研究"手法",或者广泛些说,继承前人的研究方法。斯宾诺莎在自己的哲学著作中继承了笛卡尔的几何分析法,笛卡尔用来反对中世纪烦琐哲学的"怀疑"手法为康德和康德主义者当作攻击唯物主义的科学和哲学的重要工具等等,都是这种情况的典型表现。

普列汉诺夫在谈到否定意义的继承时,提出了自己的"相反律",或叫"对立的原理",即"矛盾原理"。他说,"在人类智力发展的历史中,正如在一切发展的历史中一样,后一阶段总是和前一阶段紧密联系的,同时每一个以后发展的阶段不仅与以前的一个阶段不同,而且在很多方面和它完全相反。这是我们在研究每一发展过程时所应当记住的一般规律。"②"矛盾出现在而且只出现在那有斗争、有运动的地方,而

---

① 《普列汉诺夫哲学著作选集》,第 2 卷,第 366 页。
② 同上书,第 4 卷,第 524 页。

在那有运动的地方——思想便前进,即使经过迂回的道路。"所以,"矛盾的原理并不破坏客观真理,而是引导我们达到客观真理。"①

和先辈们发生矛盾、对他们的观点采取否定态度的事例"充满于人类思想史"。例如"十八世纪的哲学家尖锐地和坚决地反对一切神秘主义。法国的空想主义者多多少少都浸透着宗教性。② 什么东西使得他们回到神秘主义去呢?难道像《新基督教》的作者这样一些人物的知识比百科全书派少吗?不,他们的知识并不少,一般地说,他们的观点和百科全书派的观点有很密切的联系;他们直接继承着百科全书派,可是在某些问题上,即正是在社会组织这个问题上,他们与百科全书派发生'矛盾',在他们那里出现了与百科全书派'对着干'的企图;他们对宗教的态度乃是'哲学家们'对宗教的态度的简单对立物;他们对宗教的观点已经包含在后者的观点中。"③

这个"对立的原理"在任何一种思想体系的结构和发展中都起着非常重要的作用。如果不充分估价这种作用,一定会妨碍我们对该思想体系得出正确的看法的。

以上我们从七个方面概述了普列汉诺夫关于思想体系相对独立性的表现形态的观点。这种概括并不是包罗无遗。大家知道,恩格斯晚年第一次提出"相对独立性"概念时本来只局限在政治因素相对于经济条件的意义下。④ 在"五项"公式中,普列汉诺夫把表现"相对独立性"的主体从"政治因素"扩展到"思想体系",并进一步专门对思想

---

① 《普列汉诺夫哲学著作选集》,第1卷,第742页。
② 当然也有例外。比方作为法国左翼空想社会主义者的共产主义者,德萨米就是一个唯物主义者和无神论者。在另一个地方,普列汉诺夫写道:"法国的空想社会主义者多数与上帝有不解之缘"(《普列汉诺夫哲学著作选集》,第2卷,第192页)。
③ 《普列汉诺夫哲学著作选集》,第1卷,第735页。译文有改动。
④ 《马克思恩格斯全集》,第37卷,第486—487页。当然从实质说,马克思、恩格斯早就论述了思想体系相对独立性的原理。

体系的相对独立性作了大量的论述和发挥,尽管他任何时候也没有使用过"相对独立性"这个术语。在五项论中,思想体系的相对独立性远不限于相对经济条件而言。这一点我们上面已经清楚地说过了。但是,"五项"公式只是"说明马克思和恩格斯对于现在很有名的'基础'对同样有名的'上层建筑'的关系的见解"①,它没有也不可能包括构成人类社会这个极为复杂多样的有机体的全部因素。例如上面所说的"外国的影响"这个因素就没有在五项公式中占一席地位。此外,还有思想家的个性特征、偶然性、种族等等因素也是如此。它们对各种思想体系的相对独立性也都是有一定作用的。普列汉诺夫对这些因素的作用,特别是思想家个性特征和偶然性在任何思想体系的历史发展中的不容忽视的作用,曾作过详略不等的分析,发表了一些颇有见地的观点,不过我们暂时不准备讨论这些观点。在这里考察一下普列汉诺夫的"中介环节"理论也许更有意思。

恰金在其1963年的名著中一再指出,普列汉诺夫从五个方面分析了思想体系发展中相对独立性问题,这第一个方面就是"思想体系同基础的中介联系"②。不用说,"中介环节"问题的意义远不限于它是相对独立性得以表现的一个极为重要的方面。它本身就是历史唯物主义体系中占据特殊地位、具有多方面内容的一个独立的问题。1977年恰金写道,"恩格斯认为尚未得到详细分析的这个很复杂的问题,就是对基础同哲学和艺术这些高级形式的社会意识之间的'中介环节'的分析。普列汉诺夫创造性地考察了这个问题。他把马克思和恩格斯的原理具体化了,……。这使我们可以说,普列汉诺夫创造性地发展了马克思主义社会学最重要的问题中的一个问题。"③我们同意这个结论。

---

① 《普列汉诺夫哲学著作选集》,第3卷,第195页。
② 《普列汉诺夫及其在发展马克思主义哲学中的作用》,俄文版,第94—95、176—177页。
③ 《普列汉诺夫对马克思主义一般社会学理论的分析》,俄文版,第111页。

但是试问,他究竟在哪些方面创造性地发展了马克思、恩格斯关于"中介环节"的理论,又是怎样发展的呢?恰金没有讲出多少道理来,而这确实是很值得认真加以探讨的。下面且就这个问题谈谈我们的看法。

(六)

首先必须弄清楚"中介环节"理论在普列汉诺夫"五项"式或社会结构学说中的地位。唯物史观的基本原理是社会存在决定社会意识,部分地说,经济发展决定着思想体系的发展。这种决定作用有两类情况。一类是直接的、非中介的,另一类是间接的、通过中介因素的。因此"中介环节"理论也就是经济间接决定思想体系的理论,或者更广泛些说,就是社会结构中的某一"起源"因素间接决定其派生因素的理论。可见"中介环节"理论完全是建立在上述唯物史观根本原理的基础上的。其次它的成立还要有一个先决条件,即社会中必须存在着众多的因素以及这些因素之间必须发生各种相互作用。换言之,"中介环节"理论以相互作用论为前提。

那么,这个理论同相对独立性原理又有什么关系呢?为什么说相对独立性是中介因素作用的最重要的一种表现呢?和经济对思想体系的两种决定作用一样,思想体系(或社会心理)对经济发展也有两种适应关系:直接的适应和间接的适应。在发生间接的决定作用时,中介因素始终不会原封不动地把经济的作用传给某种思想体系,它总要按照自己的本性和需要对这种作用进行改造,然后再以不同的方式把它传出去。与此同时,作为独立的社会因素,它本身还要发挥自己特殊的影响。这样一来,特定思想体系之适应经济基础同经济基础直接出发的那种作用之间的内部联系,当然就不会那么明显、那么确定,并且将随着中介因素数量的加多和作用的增强而变得愈来愈疏远、模糊,愈来愈难以捉摸。由此可见,造成特定思想体系相对独立性的根源有两个,一个是前面说过的思想体系本身的继承性,另一个就是中介因素的存在和作用。

现在我们来看普列汉诺夫对"中介环节"问题说了一些什么话。

大家知道:"中介环节"理论是1890年恩格斯第一次明确提出来的。他在这年9月给布洛赫的信中写道:"根据唯物史观,历史过程中的决定因素归根到底是现实生活的生产和再生产。"但不能认为"经济因素是唯一决定性的因素。……经济状况是基础,但是对历史斗争的进程发生影响并且在许多情况下主要是决定着这一斗争的形式的,还有上层建筑的各种因素:阶级斗争的各种政治形式和这个斗争的成果……,各种法权形式以及所有这些实际斗争在参加者头脑中的反映,政治的、法律的和哲学的理论,宗教的观点以及它们向教义体系的进一步发展。这里表现出这一切因素间的交互作用,而在这种交互作用中归根到底是经济运动作为必然的东西通过无穷无尽的偶然事件(即这样一些事物,它们的内部联系是如此疏远或者是如此难于确定,以致我们可以忘掉这种联系,认为这种联系并不存在)向前发展。否则把理论应用于任何历史时期,就会比解一个最简单的一次方程式更容易了。"①

或许是偶合吧,普列汉诺夫也恰恰是在这一年第一次提出了"中介环节"的思想②。他在自己的第一篇论"车尔尼雪夫斯基"的文章中指出:"人们的一切社会关系,一切道德习惯和一切思想倾向,都是在经济发展的这种盲目力量的间接影响或直接影响下形成的。"③所谓间

---

① 《马克思恩格斯全集》,第37卷,第460—461页。
② 1889年七八月间他专程前往伦敦首次拜访恩格斯,向他请教各种理论问题。在长时间的交谈中是否涉及这个问题,现在已无从查考了。
③ 《普列汉诺夫哲学著作选集》,第4卷,第49页。

接影响就是通过中介环节起作用。例如他在评论车尔尼雪夫斯基关于影响哲学和政治思想发展的社会条件时说道:"决定人类思想方向的政治斗争本身也不是为了某种抽象的见解而进行的,而是在斗争着的政党所属的那些社会阶级或阶级的需要和愿望的直接影响下进行的",而这些需要和愿望则决定于它们的经济利益。① 这就是说,社会阶级的经济利益直接决定它们的政治斗争,然后通过政治斗争的中介间接决定哲学和政治思想的发展。尽管普列汉诺夫写出和发表这些言论的时间比恩格斯早,但无论就内容的完整、思想的深刻还是论述的集中,这位年轻的俄国马克思主义者都远逊于自己的导师。然而很快恩格斯便辞世了,来不及从理论上对上述思想进行详细的阐发。作为他的学生,普列汉诺夫继承他的遗志,在自己后来的著作中对这个问题作了大量的说明。

他写道:"在没有阶级划分的原始社会里,人的生产活动直接影响着他的世界观和他的审美趣味。装饰艺术的动机来自技术,而舞蹈……常常只是生产过程的简单的重演。……但在已经划分为阶级的社会里,这种活动对于思想体系的直接影响就不大显著了"②。因为这时社会分工已日趋复杂,在分工的基础上产生了许多其他的社会因素。"要了解澳洲土人的舞蹈,只知道妇女采集野生植物根茎在澳洲部落生活中间起了怎样的作用就够了。但是要了解'米努哀脱'舞,单是知道十八世纪法国的经济是完全不够的。这里我们要研究的是表现非生产阶级的心理的舞蹈。……但是,不要忘记,社会里非生产阶级的出现本身就是社会经济发展的产物。这就是说,经济'因素'即使让位给了别的'因素',但还是保持它的优势的意义。相反,只要这种意义还能

---

① 《普列汉诺夫哲学著作选集》,第 4 卷,第 49—51 页。
② 同上书,第 3 卷,第 185、186 页。

感觉到的时候,其他'因素'的影响的可能性和界限就是由这个因素来决定的。"①

不过即使在原始社会里,技术和经济也并非总是直接决定审美趣味的。"往往在那里发生作用的是相当多的和各种各样的中间'因素'"。比方一定的习俗(C)可能来自迷信(B),可能来自虚荣心(B′),也可能来自想恐吓敌人的愿望(B″)。反过来产生习俗的迷信则为一定的生活方式(A)(例如狩猎方式)所特有,而人用以满足自己的虚荣或恐吓敌人的方法也是由社会生产力和社会经济(A′)所决定的。② 当然还有可能,这种习俗同时来自以上三者。为了一目了然,我们且把这些因果关系图列如下:

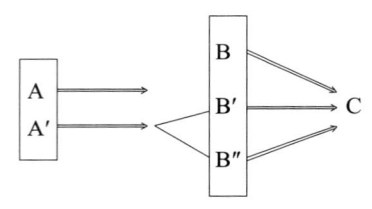

$$\begin{matrix} A \\ A' \end{matrix} \rightarrow \begin{matrix} B \\ B' \\ B'' \end{matrix} \rightarrow C$$

如果说在社会发展的早期阶段中间因素已经很多,那么到了社会分工日益扩大,社会结构更加复杂化的近代,中介环节的作用也就变得越来越大和越来多种多样。拿"中间环节"对十八世纪法国艺术的影响为例。

"法国经济关系发展(a)突出了第三等级,第三等级在其实际的作用方面,它是'一切',而在法律方面则是'一无所有'(b)。这个矛盾当然在第三等级当中引起了不满(c),而这种日益增加的不满又在它的优秀代表人物当中引起了无论如何要消灭旧制度的渴望(d)。这种渴望既然出现,也必然要出现'几百年的局势不易改善'和消灭过时的

---

① 《普列汉诺夫哲学著作选集》,第 3 卷,第 186 页。
② 同上书,第 5 卷,第 430 页。

制度需要革新家方面作许多自我牺牲的那些意识(e)。与这些意识一同——也是它的必然结果——出现的是对其他时代和其他民族中间表现出奋不顾身地热爱祖国的那些人们的同情(f)。当时古代世界的历史提供了这种热爱的最光辉的范例(g)。于是法国的先进人物们就开始研究这种历史(h):请回忆一下罗兰夫人所讲的她在青年时代读普卢塔克的著作读得如何入迷的故事吧。你回想一下这个故事以后,那么大卫画布鲁特斯那幅画(i)就不会使人奇怪了,而他的那幅画的成就(j)也不会使人奇怪;最后,甚至于那幅画不过是履行官方要求的那种情形(k)都不会使人觉得奇怪了。……'在路易十六统治时代的最后几年,普遍地向往古代共和政体,在官场中引起了对艺术——在雕塑、绘画和文学中——再现希腊,特别是罗马英雄们的勋绩的浓厚兴趣'。……'大卫精确地反映了对自己的画鼓掌的那种民族感情。他所画的是公众作为榜样的那些英雄;公众欣赏他的画,同时也增强了自己对这些英雄们的热情洋溢的态度。由此就在艺术中轻而易举地完成了类似发生于道德和社会制度中的那种革新。'上述原因说明了大卫对自己作品的题材的选择。但他在艺术中所做出的革新当然不限于题材的选择(i)。艺术家对自己艺术的整个态度都改变了。大卫起来反对的那个派别的特点是极度的矜饰、柔媚和华靡,这种特点到沙尔·万洛奥及其学生的手上达到了极点(l)。大卫的艺术活动是对这种华靡和柔媚派的反动。因此,在他的手上,华靡和柔媚就为严峻的真挚(i′)所代替了。但他能够在哪儿找到这种真挚的最好的榜样呢? 又是在古代,并且主要地又是在罗马的古代(g),因为当时对古代罗马比对古代希腊熟悉得多。于是大卫就以古代为榜样。可是人们对古代的绘画知道得很少;在现代的人民看来,最显著地体现古代美学概念的艺术就是雕刻。很容易证明,大卫派的一切主要缺点是由此造成的。……正因为这种情况,所以大卫的每幅'历史'画都只是多少描绘得很好的雕像。……总之,大卫在绘画方面所完成的革新,仅仅是第三等级解放斗争的艺术的表现。如果我知道这个运动与法国社会经济结构的发展关系如何,那么我就能把大卫的艺术活动与这种发展联系起来。但直接到'经济'中去求说明是什么也不能说明的"①。

这段话中的英文字母是引者为了便于用图形清晰地表示这些复杂的因果关系而特意加的。如果没有弄错,这个图形应该是这样的:

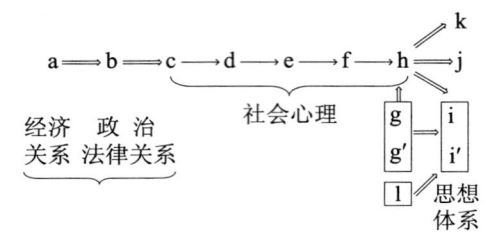

$$a \Longrightarrow b \Longrightarrow c \longrightarrow d \longrightarrow e \longrightarrow f \longrightarrow h \Longrightarrow\substack{k \\ j}$$

经济关系　政治法律关系　　社会心理　　g / g′　　i / i′　　l　思想体系

很明显,这个图式之所以比前一个图式复杂得多,主要在于中介环节的众多。不用说,作者的说明远没有穷尽大卫画派的一切特点。他只是宏观地对它的几个主要特点作了某些解释。如果要进一步弄清它的其他特点,就需要更多得多的中介环节。那么,经济条件间接决定各式各样的思想体系中究竟总共有多少中间因素在起作用呢?普列汉诺夫的答复是:"应该承认,因素是很多的。第一,每一个别科学'学科'都是研究个别因素的。第二,在各个个别学科中都可以数出若干因素来。文学是不是因素呢?是因素。戏剧性的诗呢?它也是因素。悲剧呢?我不认为有什么根据可以不承认它也是因素。取材于小市民的戏剧呢?它也是因素。"②不仅前面说到的各种社会政治制度、阶级斗争、社会心理或思想体系都是中间因素,不仅它们内部各自都还可以分出许多次一等的因素,而且外国影响、地理环境、种族、传统、象征、模仿……等等都是中

---

① 《普列汉诺夫哲学著作选集》,第2卷,第323—325页;第5卷,第488—490页。
② 同上书,第2卷,第327页。

间因素(或者说:原因)。可以说,除经济和经济所决定的那种思想体系之外,构成社会的其他方面有多少,中介环节就有多少,或者说,影响社会发展的因素有多少,中介环节就有多少。"总而言之,因素是无数的。"①这是一般而言,在每一个特定场合,中介因素却总是有限的。不仅如此。"从方法的观点看来,主要的东西完全不在于一个不漏的罗列这些原因,而在于确定它们中间最重要的原因发生作用时所依循的那些途径"②,即在于找出这些中介环节发生作用的方式。然而困难恰恰在于弄清这些在不同场合其表现必然是极不相同的途径或方式。

普列汉诺夫在批判舒里雅齐柯夫时指出:"说社会的经济发展'归根到底'决定社会发展的所有其他方面,就是承认(正是由于'归根到底'这几个字)存在着许多其他的中间'环节',其中每一个环节都影响所有其余环节。……结果就产生一个极其复杂的力量体系,在研究这个体系时,'苏兹达尔式的'简单化除了产生最滑稽可笑的结果外,是不能产生任何其他结果的。"③

在研究任何思想体系的发展时"苏兹达尔式的"简单化固然不对,应当考虑各式各样的中介环节的综合作用,但是,中介环节那么多,它们之间的相互关系又那么繁杂,即使弄清一个小小的历史问题,要做到绝对全面,毫无遗漏,显然不是容易的事。为了解决这个问题,普列汉诺夫继车尔尼雪夫斯基之后提出了"从实用的观点出发"的思想。例

---

① 《普列汉诺夫哲学著作选集》,第 2 卷,第 327 页。
② 《普列汉诺夫全集》,俄文版第 20 卷,第 27—28 页。
③ 《普列汉诺夫哲学著作选集》,第 3 卷,第 359—360 页。普列汉诺夫这里接近于提出了一条新的唯物史观历史发展规律或原理:社会结构的任何一个因素(如经济或思想体系)对其他任何社会因素(如社会心理或政治)的影响或作用都必须通过特定人群的社会实践活动才能实现。即作为必不可少的中介环节才能实现。如果把这句话再引申一下,我们可以说任何一个社会因素本身的变化发展也都必须通过特定人群的社会实践活动才能实现。

如他在批评拉布里奥拉夸大种族因素在人类精神发展史上的作用以后写道:"种族的特性,可能对于这种历史有某种影响","我们并不是说种族什么意义都没有:自然科学和历史科学的发展现在还没有做到如此精密的分析,足以使我们在多数情形下毫无保留地说:这儿绝对没有这个成分。……历史的分析现在还没有达到数学那样的绝对准确性;它和今日的化学分析一样,还留下少量的、非常少量的残余物,这一点残余物需要更精巧的研究方法来对付,这种方法现阶段的科学状况还达不到。……为了研究上的方便,最好当它不存在,并且把我们在一个民族的发展中所见到的那些特点看成这个发展所处的特殊历史条件的产物,而不看成种族影响的结果。"①

在这里,普列汉诺夫把中间因素分成了两大类:一类是作用巨大的,另一类从实用观点看是可以忽略的。这样,就为我们具体考察中间环节的作用提供了重要的方法论原则。不过另一方面,也不能把这一点看得太绝对了。因为"今天不服从科学的研究方法的东西,明天可能会服从。"②

为了更清楚地、形象地说明普列汉诺夫的上述思想,不妨再用图式表示一下。假定要考察的是特定国家经济条件对文学艺术的间接影响,它们的中介因素有政治斗争、法律制度、社会心理、哲学学说、道德观点、宗教理论、外国影响和地理环境,于是我们就有下列图式:

由此可见,要弄清楚 $a(a_1、a_2、a_3、a_4、a_5、a_6、a_7、a_8)$,光知道 $A(A_1、A_2、A_3、A_4)$ 显然是不够的。普列汉诺夫再三强调的这个道理,在他的著作中的确是讲得够明白了。然而过去和现在国内外居然有人硬说普列汉诺夫有"庸俗唯物主义"! 实在难以想象。③ 也许有人觉得,这么

---

① 《普列汉诺夫哲学著作选集》,第 2 卷,第 274、277、278 页。
② 同上书,第 2 卷,第 278 页。
③ 例如黄药眠就是其中的一位,参见他的《科学技术发达对文艺的影响》一文,载《花城》1979 年第 1 期。

多的因素,相互作用又如此繁杂,岂不太学究气了么? 对的,有部分道理。但是,请记住前面说过的"实用观点"以及不平衡规律。记住了这两点就完全不会陷入学究式的烦琐主义。

这就是普列汉诺夫关于"中间环级"①理论的大致内容(当然要包括本章前面说过的那些有关的思想)。可见,他是在中介环节问题在历史唯物主义体系中的地位、中介环节本身的结构及其起作用的机制方面试图把恩格斯的原理具体化。诚然,他的所有这些论述也只是比恩格斯说得详细、具体而已,根本原理方面并没有新的重大突破。但是,如果考虑到当时第二国际内部的理论状况,应该承认,能够做到这

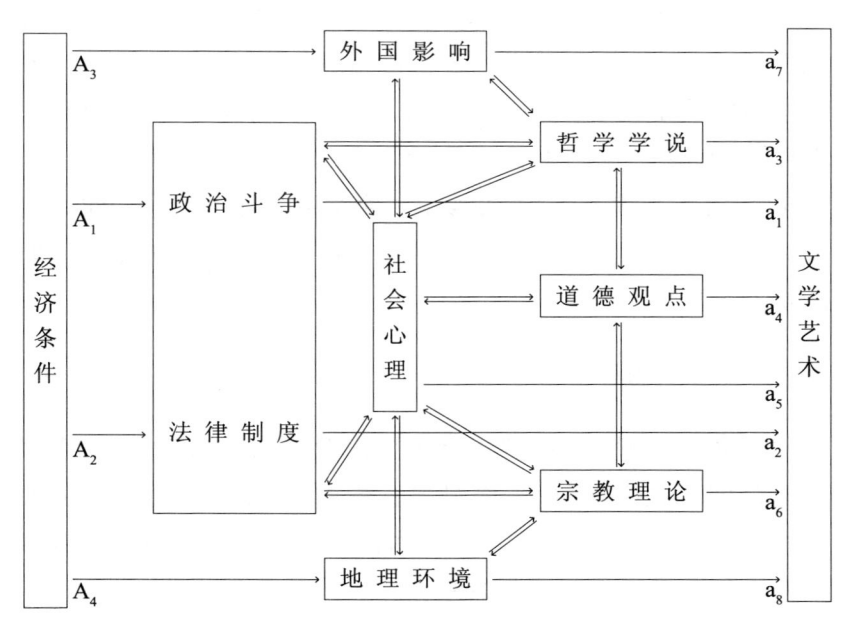

---

① 在普列汉诺夫那里,"环级"(инстанция)和"环节"(звено)是有区别的。所谓"环级",指互相从属的有机体系中顺次的诸等级、诸环节中的每一个。"环级"比"环节"多一个"等级"的意思。在汉语的习惯观念中这个差别不大,所以我们有时就混用了。

一步已经是相当难能可贵的了,何况其中的一些观点还是在恩格斯上述信件公开发表以前提出来的呢。

(七)

以上我们尽量详细、尽量全面地叙述了普列汉诺夫的社会结构学说或"五项"论的基本内容。现在可以着手考察各种批评意见了。

首先应该指出一件事实:我国理论工作者对普列汉诺夫哲学思想的批评也是不少的,但这些批评主要集中在辩证唯物主义方面,即使批评他的历史观,也很少涉及五项论。苏联的情况则不同。对五项论的各式各样的批评,一直充斥着种种书籍、论文、小册子。要详尽无遗地把这些批评都收集起来,一一罗列,是不可能的,也没有必要。这里只从手头极有限的资料中挑选几种有代表性而且对我国有影响的加以分析。为了不使读者产生断章取义或牵强附会的怀疑,同时也为了作一点历史性的记录,最好首先依次全文摘录这些批评,然后逐题进行考察。

(一) 福米娜

"普列汉诺夫往往夸大经济因素的作用,而且把思想方面的上层建筑弄成机械地依赖基础、将基础与上层建筑的辩证统一及其相互关系忽略过去。这在《马克思主义基本问题》一著作中所提出来的荒谬五项公式就已表现出来了。"(1952年)[1]

"在普列汉诺夫看来,有着这样的一种生产力状况,即生产,在它的上面树立着生产关系,然后树立着社会的社会政治制度,而在它们的

---

[1] 《俄国哲学史论文集》,三联书店1957年版,第850页。

上面则耸立着社会人的心理和思想体系。普列汉诺夫把基础和上层建筑在社会生活中的相互作用的全部辩证的复杂性简单化了。在他的社会发展论中,抽象的公式主义占着优势。首先,普列汉诺夫把生产力和生产关系割裂开了。由于这,就抹煞了基础——作为生产关系的总和的社会经济制度——对于生产、对于社会生产力的作用的积极性质。生产关系一定要适合生产力性质的规律也仍未得到阐明。结果是说,生产力是自行地、自动地、在它们的生产方式之外地、不依赖于生产关系地发展着,并且成为其他一切'因素'的发展的某种抽象的前提。由此也就得出了这一机会主义的原理,就是社会主义革命的成功不应当和阶级斗争联系在一起,而应当和生产力发展水平的高度联系在一起。普列汉诺夫对于生产力的作用和状况的这种解释,把他导向宣扬第二国际的臭名昭彰的生产力'论',这种理论得到了俄国社会民主工党党内的孟什维克派的支持。普列汉诺夫在谈到政治上层建筑时,没有指明政治制度对经济的积极作用,没有揭示出它们的相互作用。他一点也没有说到国家是阶级剥削的工具。普列汉诺夫认为,第四点——社会人的心理——一部分是由经济所决定的(普列汉诺夫没有说明这是怎样的一个部分),而一部分是由社会政治制度所决定的。在这里普列汉诺夫漏掉了在现实的社会生活中所存在着的政治和思想体系之间的有机联系,而提出了关于思想体系和政治通过心理的联系的糊涂的唯心主义的见解。心理反映存在,而思想体系则反映心理,这就是普列汉诺夫的公式。普列汉诺夫用'社会心理'为术语去代替'社会意识'的术语。在这一点上表明了资产阶级哲学对他的影响。……由于夸大了心理的作用,普列汉诺夫就开始了通向唯心主义的道路。这同样也意味着把社会意识及其'永恒的人性的心理规律'加以生物学化,意味着把作为资产阶级社会学的特征的对社会问题的生物学的解释带进马

克思主义。"(1955年)①

(二)马斯林

"上述的'五项'公式有着本质上的缺点。在这个公式里,生产力和生产关系都被孤立起来,而大家知道,它们乃是生产方式的两个方面;普列汉诺夫把社会人的心理摆在第四项,并错误地认为它后来(在第五项上)反映于各种形式的思想体系之中。实际上,思想体系作为某一阶级的观点、概念和观念的体系,乃是社会存在的反映,是这个阶级的利益的表现,它植根于人们的经济关系、阶级斗争,而不是植根于人们的心理。举例来说,如果认为政治的思想体系或艺术文学是心理的反映,那就错了;理由很简单:这两种思想体系形式即两种社会意识形式,或者以观念和概念的形式或者以艺术形象的形式来反映社会存在,反映社会物质生活条件,反映表现着社会各阶级利益的阶级斗争。这一点普列汉诺夫本人是很清楚的,……但是,在《马克思主义基本问题》这一著作中,普列汉诺夫却提出了一种不清楚的说法,他写道:思想体系是心理的反映,就像是心理的一块凝结物。由此得出结论,各种形式的思想体系的内容就是心理。但这是不合乎真实的。列宁曾经举例说明,政治是经济的集中表现,而不是像普列汉诺夫所说的那样是心理的集中表现。"(1957年)②

1956年10月,西多罗夫为纪念普列汉诺夫诞辰一百周年发表了一本小册子,这大概是十多年间苏联文献中第一次停止了对五项公式片面指责、为它说了几句好话的著作。③ 六十年代以后,苏联哲学界开

---

① 《普列汉诺夫的哲学观点》,第306—307页。
② 《普列汉诺夫哲学著作选集》,第3卷,第16页。译文有改动。
③ 参见他的小册子《普列汉诺夫是马克思主义理论杰出的宣传家》,俄文版,第19页。

始改变了过去对五项论的基本上否定的态度。但还是大体上重复了以前的一些批评。例如：

(三) 约夫楚克

"像所有公式一样，普列汉诺夫的五项要素的公式也不能全面而充分地反映社会的发展，但它基本上正确地把握了社会关系各个最重要的方面的差别和相互作用。"但是，"由于没有把作为阶级社会中社会历史发展的最重要的动力的阶级斗争列入自己的公式，他就犯了错误。普列汉诺夫关于在一定经济基础上生长起来的社会政治制度这一说法也不确切，在这种场合没有把社会制度跟政治制度区别开，从而造成一种错误观念，似乎社会关系（阶级关系）和政治关系是同一的，而人所共知，政治关系属于社会的上层建筑。普列汉诺夫还有些论断也是不确切的。他认为：各种思想体系反映着社会人的心理特性；一切思想体系都具有共同的根源——'当代的心理'。实际上，属于这个或那个阶级的人的社会心理与这个历史时代其他阶级的人的心理有着本质差别，而各种不同的思想都反映着一定阶级的世界观；无论人的社会心理，也无论各种不同的思想体系都是社会存在的反映，而首先是社会经济关系和阶级斗争的反映。"（1961年）[①]

约夫楚克、福米娜、马斯林都是苏联老资格的著名的哲学家、研究普列汉诺夫哲学思想的权威。然而常人说得好：权威人物的意见不一定都有权威。上面引证的这些话再一次证明了这个普遍的真理。

普列汉诺夫是否把生产力和生产关系孤立开来了？是否抹煞了基础对生产力的积极作用？是否没有阐明生产关系一定要适合生产力性质的规律？是否夸大了经济因素的作用？是否忽略了基础和上层建筑

[①] 敦尼克、约夫楚克等主编：《哲学史》，第5卷，第335—336页。

的辩证统一及其相互关系？这是一个简单的事实问题。任何一个稍有马克思主义哲学基本知识的人，只要耐心看看普列汉诺夫的哲学著作，都不难发现证实所有这些指责纯系虚构的材料。这一点，本章前文已有概述。如果读者有兴趣，随时都可以从他的著作中摘出新的段落，把它添加到我们前面的这些引文的后面去。

也许约夫楚克会说：不管怎样，五项公式本身的内容毕竟没有……。对，这个公式中的确没有指出基础或上层建筑的反作用、没有阐明生产关系一定要适合生产力性质的规律，等等。但说它把生产力和生产关系孤立开来了，夸大了经济因素的作用，又有什么根据呢？而且普列汉诺夫提出五项公式以后，紧接着立即说明：这五项只"解决起源"问题即什么决定什么的问题。约夫楚克们完全有自由提出自己的公式，例如把反作用这个内容补充进去。他们绝对没有理由声称普列汉诺夫的五项式不是完整的唯物史观基本公式（或基本原理），一定要补充了反作用的内容才算完整。大家知道，马克思、恩格斯的唯物史观基本原理是社会存在决定社会意识。我们什么时候听得约夫楚克们说过：这个没有反作用的基本原理是片面的呢？！为什么他们要用两把尺子来度量同一个真理呢？为什么他们在道理如此浅近的问题上竟然堂而皇之地提出贻笑大方的指责呢？将来的社会心理学家是不难找出它的原因来的。

关于所谓普列汉诺夫的"唯生产力论"和他的机会主义策略之间的关系问题就比较复杂一些。1903年以后，他长期陷于机会主义泥坑，当然不能说他的哲学思想（包括历史观）没有问题，也不能忽视其间的内在联系。究竟是怎样的联系？这是必须具体研究的问题。但是，无论如何不能不顾事实，硬说他的哲学著作主张"生产力是自动地在生产方式之外、不依赖于生产关系地发展着"，硬说他"没有指明政治制度对经济的积极作用……，一点也没有说到国家是阶级剥削的工具"等等。1914年12月,列宁写道:"最近十年来,……普列汉诺夫在理论上是激进主义、在实践上是机会主义"①。这是绝对科学的评价。许多想当列宁主义者的人在普列汉诺夫问题上之所以闹笑话,往往正是由于违背了或者不理解列宁这个指示。这个问题我们在第一章已经谈到过,在下一章和最后一章里还要讨论。

其次,五项公式为什么没有说到国家问题?不把阶级和阶级斗争列入公式是否就犯了错误?恰金1977年回答说:只要"健康地考察"一下这个公式和普列汉诺夫的一切哲学著作,上述指责就不攻自破了。而且,"国家问题,正如阶级问题一样,在普列汉诺夫那里是包括在'社会政治制度'概念中的"。"不过",恰金接着又认为:"尽管这一切,他本来应该在公式的内容中反映阶级和阶级斗争问题"②。我们觉得这个"不过"是不能成立的。道理很简单:五项公式是人类历史发展的总公式,既适用于阶级社会,也适用于无阶级社会。

约夫楚克认为"在一定经济基础上生长起来的社会政治制度"这个概念"不确切",这个概念没有把社会制度跟政治制度区别开来,没有把社会关系(阶级关系)跟属于上层建筑的政治关系区别开来。这个批评也是没有根据的。前面已经说过,普列汉诺夫继马克思之后,把经济关系从一切社会关系的总和中划出来,或者说,把经济制度从全部社会制度中划出来,把前者作为整个社会的基础,而剩下的包括法律的、宗教的、军事的等等社会关系或社会制度则是社会的上层建筑,其中最重要的因素是政治关系或政治制度,他称这个上层建筑为"社会-政治制度"③,或者叫"社会-政治关系"也可以。这有什么"不确切"

---

① 《列宁全集》,第21卷,第82页。
② 《普列汉诺夫对马克思主义一般社会学理论的分析》,俄文版,第96页。
③ 汉语中不习惯用"-"这个符号,故一般译成"社会政治制度"。

呢？广义的社会关系包括社会的经济关系和政治关系、法律关系、宗教关系等，阶级关系也是如此。怎么能认为"社会关系（阶级关系）和政治关系是同一的"是"错误观念"呢？约夫楚克可能要说，这里的"同一"就是等同。试问：普列汉诺夫什么时候在什么地方把两者混为一谈了呢？根本没有的事。

最受指责而且至今争论不休的是五项公式中的第四、五项。由于这场争论对我国理论界的巨大影响以及这个问题本身的重要理论意义，我们准备多讲几句话。

第一，福米娜认为普列汉诺夫"用'社会心理'、'心理'等术语，来代替'社会意识'、'观念形态'等术语"①，这个批评对不对呢？完全不对。福米娜提出这个批评时没有、也不可能引证任何材料表明他的说法是对的。"普列汉诺夫特别把较低水平的社会意识——社会心理同较高水平的社会意识——思想体系或社会意识形式区别开来，这是正确的，是对历史唯物主义一个不可忽视的贡献。"②这个贡献，苏联从二十世纪六十年代起为哲学界人士普遍承认，我国近年来人们也开始给以肯定的评价。然而在三十—五十年代，即使像福米娜这样熟知普列汉诺夫著作的人也跳不出流行偏见的泥坑。据说，《普列汉诺夫的哲学观点》，福米娜这本今天看来错误实在不少的著作的"某些缺点乃是国家政治书籍出版局的过错，该局将福米娜这本著作的出版拖延了五年，再三对它进行评论，实际上是强迫作者接受当时广泛流传的错误意见"③。

能不能说普列汉诺夫的"社会心理"概念"替唯心主义及其'下意识'心理学说开辟了走向'人性永恒心理律'的生物主义的道路"④呢？

---

① 《俄国哲学史论文集》，第850页。
② 肖前、李秀林、汪永祥主编：《历史唯物主义原理》，人民出版社1983年版，第254页。
③ 〔苏联〕《共产党人》1956年第6期，第128页。
④ 《俄国哲学史论文集》，第850页。

又是莫须有的罪名。这类指责由来已久,弗兰克福在1928年、米丁和拉祖莫夫斯基在1932年、舍米雅钦在1949年都提出过。① 在福米娜的著作中找不到证实这一指责的任何根据。其他三种材料我们暂时一本也没有,只好自己去翻阅普列汉诺夫原著。然而看到的却是完全相反的东西。例如他批评圣西门把生理学看成是社会学的基础,"由广义的即包括着心理现象的生理学来研究""人的天性"。所谓"包括着心理现象的生理学"是什么意思呢？正是"把心理现象生物学化"。他讽刺说:"显然,社会生理学和卫生学给作者的改革幻想的食料并不多"②。又如有人硬说普列汉诺夫认为"美感是生物性的本能"③,实际上他的主张是:"既然美的概念在同一人种的各个民族那里是不同的,那么很明显,就无须在生物学中探寻这种不同的原因了。"④这个问题第十章还要详细讨论。

第二,最重要的争论是:社会心理是不是思想体系的根源,或者说共同根源？如果说我们考察前面那些批评时必须代对方到处寻找可能的论据,那么在这个问题上就轻松多了、痛快多了,这里不仅有论据,还有论证。我们试作一观。

从"并列"论讲起。

"并列"论的主要代表人物之一是恰金。他在1963年写道:五项论只有一点应该受到批评,就是它"不正确地把心理看成是经济和社会政治制度为一方和社会中各种形式的思想体系为另一方之间的中间的意识领域。作为感觉、情绪的总和的社会心理,同作为有多种多样形式的观念、概念的体系的思想体系,是并列存在的。如果从普列汉诺夫

---

① 《社会心理学》,苏联科学出版社1979年俄文版,第26—28页。
② 《普列汉诺夫哲学著作选集》,第1卷,第620、621页。
③ 《美学论丛》,第1辑,中国社会科学出版社1979年版,第211页。
④ 《普列汉诺夫哲学著作选集》,第5卷,第313页。

的公式和他对这个公式的解释出发,那就应当承认,'一切思想体系都有一个共同根据——特定时代的心理'。但普列汉诺夫的这个原理是不正确的。思想体系决定于社会存在——经济关系和社会政治制度。在这里,心理和思想体系有共同的根源。普列汉诺夫本人在自己的许多著作中很好地指明了这一点,揭示了思想体系对人们的经济关系的依赖性,揭示了思想体系对阶级利益和阶级斗争的依赖性。在五项公式中他背叛了自己的正确的分析,只强调思想体系同心理的联系,这是错误的。"①

首先,恰金对"社会心理"概念的了解就不正确。社会心理的构成因素中间不仅有感觉、情绪,还有观念、思想、要求、愿望、习惯、道德情操、审美趣味等等。社会心理的根本特点就在于它是一种直接反映各种社会实践活动的较低水平的社会意识。但是不管怎样,恰金终于还是承认了:"社会意识存在着两种基本形式——社会心理和社会思想体系,这是无可争辩的事实"②。那么思想体系和社会心理之间究竟是什么关系?并列关系?还是起源和派生关系,或者说反映和被反映关系?拿一个最典型的例子来说吧。列宁写道,托尔斯泰的作品"表达了原始的农民民主的情绪","表达了"1861年改革到1905年革命这样"一个历史时期的农民群众的心理"。"他用天才艺术家所特有的力量,表现了这一时期的俄国最广大人民群众的观点的急剧转变"。"托尔斯泰如此忠实地反映了他们的情绪,甚至把他们的天真,他们对政治的漠视,他们的神秘主义,他们逃避现实世界的愿望,他们的'对恶不抵抗',以及他们对资本主义和'金钱势力'的无力咒骂,都带到自己的

---

① 《普列汉诺夫及其在发展马克思主义哲学中的作用》,俄文版,第175—176页。
② 恰金、罗任、图加林诺夫主编:《马克思列宁主义哲学》,1964年俄文版,第295页。

学说中去了。千百万农民的抗议和他们的绝望,这就是融合在托尔斯泰学说中的东西。"①试问:融合与被融合的东西、反映与被反映的东西怎么能"并列"呢?怎么能是同一层次的呢?说其一派生其他,或者说其他起源于其一,岂不是更合乎逻辑和常识么?难道不是先有俄国农民的心理,然后才有托尔斯泰的作品么?

约夫楚克批评普列汉诺夫不懂得社会心理的阶级性,不懂得思想体系也是社会存在的反映。恰金驳斥了这个批评。这是他比约夫楚克高明之处。但是他仍然认为五项公式中没有指出这一点,"只强调思想体系同心理的联系",就是背叛自己许多著作所作的正确分析。② 真是奇怪的逻辑!社会心理反映社会存在,思想体系又反映社会心理。结论:思想体系通过社会心理间接地反映社会存在。难道不是这样么?怎么可以否认间接反映也是一种反映呢?"背叛"者也又从何说起呢?

自从1908年(或者更早一点,1896年)普列汉诺夫公开提出社会意识两种基本形式及其相互关系的学说以后,已经过去了半个多世纪。现在,社会意识有两个基本形式的思想算是被我国和俄国的哲学界普遍接受了。但是两者的相互关系如何?社会心理是不是思想体系的根源呢?在这个问题上普列汉诺夫的观点始终通不过。其中最关键的一个障碍就是:似乎承认了普列汉诺夫关于心理是思想体系的根源的主张,就会违反列宁关于"从自发的工人运动中只能产生工联主义"、"科学社会主义是从外面灌输到工人运动中去的"这个著名的思想。康士坦丁诺夫写道:"意识形态通常都是经过阶级的理论家和思想家灌输

---

① 《列宁全集》,第16卷,第322、331页。
② 1973年,恰金在一定程度上改变了看法。他写道:"某些哲学家指责普列汉诺夫,说他的公式中思想体系并不同社会政治制度和社会关系相联系。但事实上并不是这样。任何公式都不可能确切地反映社会生活的多方面的联系、反映社会生活各个不同方面之间的关系。"(《普列汉诺夫评传》,俄文版,第175页)

到阶级意识中的。它并不是从社会心理中生长出来的,不像某些人认为的那样,可以看作一种'心理凝结物',尽管它同心理有关并无疑受其影响。"①加克说得更直截了当:普列汉诺夫的上述主张是"同他反对列宁关于思想体系从外面灌输进工人运动的论题紧密联系着的。"②

让我们把这个问题分析一下。

(1)我们都承认,社会心理是对社会存在的"一种不系统的、不定型的、自发的反映形式",思想体系是"一种有系统的、自觉的、理论化、定型化的社会意识"。思想体系把什么定型化、系统化、理论化呢?说它是把不系统的、不定型的社会心理系统化、定型化,说它是把"不具有理论形式,而是带有经验性质"③的社会心理理论化,难道不是顺理成章的么?人类社会只有两件东西:社会存在和社会意识。社会意识又只有两个基本形式:社会心理和思想体系。如果思想体系不是把社会心理定型化、系统化、理论化,那么它把什么定型化、系统化、理论化呢?只有把社会存在了。把社会存在定型化、系统化、理论化是什么意思呢?这就是说,社会存在本来是不定型的、不系统的、不具条理性的。这同康德的人把规律加给自然界的先验唯心主义又有什么区别呢?

(2)马斯林硬说:"普列汉诺夫在《马克思主义基本问题》中写道:思想体系是心理的反映,就像是心理的一块凝结物。"这个话不是普列汉诺夫说的,不仅《马克思主义基本问题》中没有,他的五卷本哲学选集中也没有,就是他的全集中大概也找不出来。这句话的发明权属于布哈林。这是一个比喻。如果正确地理解,从宏观意义上理解,那倒是

---

① 康斯坦丁诺夫主编:《马克思列宁主义哲学原理》,三联书店 1976 年版,第 445—446 页。
② 转引自戈里雅切娃、马卡罗夫:《社会心理学》,1979 年俄文版,第 156 页。
③ 康斯坦丁诺夫主编:《马克思列宁主义哲学原理》,第 440 页。

符合普列汉诺夫的观点。所以人们把这个比喻加到普列汉诺夫身上也并不是无缘无故的。但是布哈林在写这句话之前几行还有另一个比喻。他说:"社会心理是思想体系的一个贮存所。可以把它比之为食盐溶液,从中渐渐沉淀出思想体系的结晶。"①这个比喻自然是不恰当的。因为食盐溶液沉淀不需任何外力,完全是自发地进行的。而从社会心理到社会思想体系,则需要一批似乎站在社会之外专门从事脑力工作的知识分子这个"霉菌"。布哈林"从来没有学过辩证法","他从来不完全了解辩证法"②。不过,虽然他打的比喻不恰当,基本思想却是完全正确的。普列汉诺夫呢?尽管他的辩证法有一些严重的缺陷,他毕竟是一个马克思主义辩证法家。同时,我们也不能把他没有说过的思想硬派在他的名下。他从来没有否认过"霉菌"的作用。

(3)马斯林觉得,如果承认心理是思想体系的根源,就会"得出结论,各种形式的思想体系的内容就是心理。但这是不合乎真实的"。为什么"不合乎真实"呢?看来马斯林是按照恰金的方式来理解心理的。但我们一再指出过,普列汉诺夫赋予"社会心理"这个概念的含义和传统的观念是不同的。它不仅包括价值因素,也包括认识因素。从认识因素看,在某种相对的意义上可以把社会心理了解为社会意识的感性阶段,而思想体系则是社会意识的理性阶段。既然我们承认理性内容源自感性(当然也是在相对的和有一定限制的意义下),为什么要否定"思想体系的内容就是心理"呢?

(4)在康斯坦丁诺夫们看来,从自发参加工人运动的无产阶级的心理中只能产生工联主义,不能产生科学社会主义,后者是从外面灌进去的。似乎这样就驳倒了"社会心理是思想体系的根源"。工联主义

---

① 《历史唯物主义理论》,第252页。
② 《列宁全集》,第36卷,第617页。

是什么？一种主张同资产阶级合作,宣传劳资"利益协调"的自由主义学说。有人说,工人群众单靠本身的力量可以形成工联主义的意识（或信念）。但这种意识或信念只是社会心理,不是思想体系。作为学说的工联主义才是思想体系。工联主义学说是从那些有一定理论修养的从事工人运动的少数知识分子或工人的头脑中产生的。或者康士坦丁诺夫们说的是从自发工人运动心理中能够产生工联主义学说这种思想体系,这岂不就证实了普列汉诺夫的"根源"理论正确！或者他们说的是只能产生工联主义信念或心理,那么,这同"根源"论也就毫不相干,因为这里根本没有讲到思想体系。

（5）康斯坦丁诺夫们的观点之不能自圆其说是明显的。于是有人出来给这种观点的漏洞打补丁。他们说,不能认为"各种思想体系毫无例外地都是社会心理的反映,那样去理解是不全面、不确切的"。这意思就是说:有些思想体系是社会心理的反映,有些则不是。哪些是哪些不是呢？他们指出,"马克思主义不是无产阶级心理的简单结晶"。那么非马克思主义是不是某个阶级的心理的反映呢？对于这个十分明确的问题他们来了个答非所问:"不仅无产阶级的意识形态不是从社会心理发展中自发形成的凝结物,一切意识形态也都是如此,都是由思想家和知识分子经过专门努力的自觉活动的产物"。苏联也有类似的说法,例如:"历史上不排除基本上作为心理的直接发展、作为心理的'结晶'而产生的诸思想体系形式的存在",但"无产阶级的科学思想体系是在无产阶级心理范围之外产生的"[①]。这似乎是说:科学的思想体系产生于心理之外,非科学的思想体系才源自社会心理。然而这种说法既没有解决前面的根本问题:科学的思想体系把什么系统化？也没有讲清楚:为什么非科学的思想体系可以是"心理的直接发展"？

---

① 戈里雅切娃、马卡罗夫:《社会心理学》,俄文版,第154、156页。

总之,人们驳斥普列汉诺夫的"根源"论时犯了双重混淆的错误。第一,他们把思想体系的起源同这种起源的方式混为一谈。① 普列汉诺夫说:社会心理是思想体系的根源,或者反过来,思想体系是社会心理的反映。人们反驳说:不对,因为一切思想体系都由思想家和知识分子经过专门努力的自觉活动的产物。第二,他们又把社会心理上升为思想体系的过程同思想体系积淀为社会心理的过程混为一谈。普列汉诺夫的论断讲的是:社会心理→思想体系。而批评家们用来反驳它的理由则说的是:思想体系→社会心理。例如前面引证过的"思想体系通常都是经过阶级的理论家和思想家灌输到阶级意识中去的。它并不是从社会心理中生长出来的"。请看,人们就这样反驳普列汉诺夫!由此也可以明白:加克们把普列汉诺夫同列宁对立起来是何等没有根据。②

第三,关于社会心理是社会存在和思想体系之间的联系环节问题。只要正确地规定了"社会心理"范畴的含义及其与思想体系之间的相互关系,社会心理的中介地位是不难理解的。概括地说,作为中介的社会心理,有两方面的意义。(1)认识论方面的意义。人们要达到对各种社会关系的理论认识,必须通过对社会实践的大量日常经验的总结,这种认识(即思想体系)同时还是人们的理想、愿望和要求的集中反映。(2)社会学方面的意义。思想、学说、作品要产生物质力量,改变社会存在的面貌,首先必须为广大群众所接受,变成他们行动的信念。因此,一切思想体系同社会存在的联系都要以社会心理为中介,而不可

---

① 他们的另一错误还在于不懂得思想体系起源问题上的辩证法:这种起源是自发性和自觉性的统一。

② 列宁早在《〈无产阶级斗争报〉》这篇短评中就提出了必须把几个虽有内在联系但在性质上却完全不同的问题互相区别开来的思想(参见《列宁全集》,第9卷,第370—373页)。

能是直接的。在这方面,恰金也有误解。例如1971年他在《苏联哲学史》第4卷中写道:普列汉诺夫认为,作为社会意识的"道德,不同于艺术和哲学,它比较靠近基础,比较直接地反映阶级斗争"①。如果说,这句话还不够明确,那么1977年他就讲得更加直截了当了。他说:"普列汉诺夫在自己对思想体系的上层建筑的分析中,把上层建筑区分为低级的或第一级的、第二级的,以及最后,最高级的。属于第一级的有政治、法律,属于第二级的有科学和道德。他把哲学和艺术算作最高级的上层建筑形式。……某些上层建筑('第一级的')直接依赖于经济,而且往往直接反映它的内容,另一些上层建筑同经济间接地联系着,对它的内容的反映也是间接的,最后第三种('最高级的')上层建筑对经济的依赖则通过一系列中介的思想体系环节。"②遗憾的是恰金没有给我们提供任何可靠的证据。他从普列汉诺夫著作中引证的唯一的两句话是:"任何民族的法律、国家体制与道德都直接为其特有的经济关系所决定。这些经济关系同时也决定着——不过是间接地——思维与想象的一切创造活动:艺术、科学等等。"③然而普列汉诺夫这里说的道德,不仅是"指导人们生活实践的那个道德",而且包括(主要是)道德的社会关系。这从他把国家体制与道德并列中就可以看出来。④

总而言之,苏联文献对普列汉诺夫五项公式的各种批评中,真正有道理、有价值的东西实在很少。那么究竟应该怎样评价五项论才是正确的呢?下面就来讨论这个问题。

---

① 参见该书俄文版第245页。
② 《普列汉诺夫对马克思主义一般社会学理论的分析》,第110页。
③ 《普列汉诺夫哲学著作选集》,第2卷,第272页。
④ 恰金提出的这种三级分法也不知何所本。据我了解,科学在普列汉诺夫那里不是中间一级的思想体系,而是高级的思想体系,参见《普列汉诺夫哲学著作选集》,第1卷,第720页。

（八）

某些普列汉诺夫批评家长期以来养成了一个习惯：把他的少数实有的和大量乌有的或夸大的错误，统统划在他的孟什维主义时期之内，不是说他"背叛了"原来的正确观点，就是说他扩大了以往的错误，等等，反正要把他的真的或假的哲学错误同 1903 年政治立场的转变挂上钩，似乎不这样做就是"布尔什维克的党性不纯"的表现！他们不懂得或者在实际运用时忘记了：无产阶级党性和一切剥削阶级或中间阶级的党性的根本区别之一就在于它的科学性。科学性是无产阶级党性的基础、生命线和灵魂。我们前面已经讲了他们的这种不良习惯的例子。五项公式是另一个例子，而且是突出的例子。

五项式究竟是不是 1908 年《马克思主义基本问题》这本小册子第一次提出来的呢？绝对不是。恰金指出：早在 1896 年（按写作年代是 1893 年）的《唯物主义史论丛》中就同样明确而且完整地提出来了（当然也有若干区别）。普列汉诺夫在那里这样写道："（一）生产力发展的一定水平；（二）由这种发展水平所决定的人们在社会生产过程中的相互关系；（三）表现人们这些关系的社会形式；（四）与这种社会形式相适应的一定的精神状况和道德状况；（五）与这种状况所产生的种种能力、趣味倾向和爱好相一致的宗教、哲学、文学、艺术……这个'公式'……有一个无可争辩的优点，就是它较好地表现了存在于不同的'一系列环节'之间的因果联系。"[①] 句中的（一）、（二）、（三）、（四）、（五）是引者加的。读者可以把这段话同本章开始时引证的五项公式对比一下。应该承认，前者几乎是后者的翻版，仅在

[①] 《普列汉诺夫哲学著作选集》，第 2 卷，第 186—187 页。译文有改动。

几个次要(相对而言)问题上作了一些改进。

普列汉诺夫的"五项"式思想无论在《马克思主义基本问题》那里,还是在《唯物主义史论丛》那里,都不是个别的命题,它实质上是全书的核心,是作者对唯物史观基本原理的一种独特的表述。不仅如此。自从1883年以后,这个思想就这样或那样地构成了他的全部历史唯物主义著作的基调。只有高度近视的人才会看不出像《论一元论历史观的发展》第五章、《替经济唯物主义说几句话》、《论经济因素》、《论唯物主义历史观》、《没有地址的信》等这样一些1903年以前的著作正是鲜明地贯串着上述思想。① 可见,首先对五项式进行指责和挑剔,然后把臆想出来的种种过错限制在孟什维主义时期的做法,无益于真正的科学研究,不过为未来的思想史家提供表现当时条件下社会心理的一个标本而已。

众所周知,恩格斯和列宁对于普列汉诺夫这些早期著作给予了多么高的评价。如果说这种评价不包括在某种意义上也可以说构成普列汉诺夫历史唯物主义思想总纲的五项论,显然是不可想象的事。就拿《马克思主义基本问题》来说吧。列宁读这本书时正是在五项公式旁边划了一道表示要予以重视的直线。随后在《卡尔·马克思》一文的"参考书目"中明确指出,此书对"历史唯物主义问题……有很好的论述"②。

另一方面也必须看到,近二十多年来,苏联哲学界在"恢复列宁对普列汉诺夫的评价"的口号下做了不少的工作,取得了显著的成绩,其中就包括对五项公式的重新估价。下面我们引证几段重要的文字。

---

① 我们还可以在其他著作中找到对五项式思想的类似的集中表述,例如《普列汉诺夫哲学著作选集》,第2卷,第550页;第5卷,第245页,等等。

② 《列宁全集》,第21卷,第66页;第38卷,第460页。

(1)约夫楚克说:"普列汉诺夫的'五项要素的公式'……基本上正确地把握住了社会关系各个最重要的方面的差别和相互作用"①。(1961年)

(2)恰金写道:"普列汉诺夫提出这个社会发展公式的目的在于把马克思的《〈政治经济学批判〉序言》中的著名原理具体化。正如任何类似的公式一样,它不可能反映社会最重要的诸成分相互关系的全部真正的丰富性和多样性。但是一般说来它以抽象的形式正确地指出了社会中经济的、政治的、思想体系的和心理的结构的相互关系。……这个公式这样或那样地成了后来分析历史唯物主义诸问题的基础,不过作了某些修正和改变。"②(1973年)

(3)恰金后来更强调指出:"普列汉诺夫继马克思和恩格斯之后,在自己的社会学分析中运用系统观作为这种分析的重要条件之一。他在著作《论一元论历史观的发展》中、在手稿《论经济因素》中,以及最后在《马克思主义基本问题》一书中,以所谓五项的著名公式的形式具体化了马克思的社会发展公式。……普列汉诺夫所具体化的这个历史唯物主义公式,在二十年代以来的教学用书中得到了广泛的传播。后来直到五十年代前出版的教科书,在叙述历史唯物主义的主要问题时基本上是跟着这个公式走的。这个公式为考察和研究这些问题提供了系统的观点。……特别表现在《马克思主义基本问题》中的普列汉诺夫对于叙述和分析马克思主义社会学的观点,十分明显地是一种系统观点、一种卓有成效的和进一步根据唯物辩证法进行研究所必需的观点。把马克思主义社会学体系具体化是普列汉诺夫的毫无疑义的功绩。"③(1977年)

---

① 敦尼克、约夫楚克等主编:《哲学史》,第5卷,第335页。
② 恰金、库尔巴托娃:《普列汉诺夫评传》,俄文版,第163页。
③ 《普列汉诺夫对马克思主义一般社会学理论的分析》,俄文版,第37页。

(4)戈里雅切娃、马卡罗夫也认为,"普列汉诺夫在这里表现了历史唯物主义理论的系统观,用最一般的形式标明了社会的等级结构,指出了社会有机体基本层次的顺序。"①(1979年)

所有这些对五项论的评论,加上前面说过的包括普列汉诺夫"大大扩展了历史唯物主义的研究范围",因之也就是大大扩展了基础和上层建筑的研究范围在内的那些评论,都是合乎实际的,能够在他的著作中得到证实的,绝非溢美吹捧之词。所谓"五项论",不光是那简单的五句话,而是指这个公式所由产生的全部思想,即公式作者关于基础和上层建筑的全部论述,或者扩大一点说,就是他的整个社会结构学说。对于这个学说的优缺点,我们在叙述的时候已经多少有所说明,这里也不准备再作分析。现在只想就一个问题谈点看法,这个问题就是:社会的立体结构。

如果我们单看普列汉诺夫的"五项"式,谁都无法否认,这个公式是平面的:生产力在最下层,它的上面是生产关系,以后依次是社会政治制度、社会心理和思想体系。尽管我们必须承认,这个公式在最一般的形式下正确地揭示了社会结构的基本特征,尽管我们不能跟着米丁们的后面硬说它"表现了一定程度的机械论:一个一个的因素被堆积起来像分隔的楼房一样"②,然而用平面结构图来描述人类社会这个极其复杂的有机体的基本要素及其相互关系,毕竟是不能满足日益迅猛发展的理性需要的。在这方面,普列汉诺夫对两个问题的论述,为我们从社会的平面结构观过渡到立体结构观迈出了有益的一步。

第一个问题是两种经济基础和两种上层建筑。恩格斯提出了广义"基础"(die Grundlage)的说法,但是他从来没有像普列汉诺夫那样明

---

① 《社会心理学》,俄文版,第27页。
② 哥·威特尔:《辩证唯物主义》,商务印书馆1963年版,第131页。

确地把自然科学算作这种基础之上的上层建筑。当然,我们今天对广义的基础和广义的上层建筑之间的相互关系的认识还必须深化,而对于这种相互关系同狭义的基础和上层建筑之间的相互关系的异同也有待于明确。将来的人们在深入研究的基础上可能会给这两种基础和两种上层建筑分别定出合适的名称。但是,一旦从理论上确定了存在两种基础和两种上层建筑的事实,就无法再掩盖社会的平面结构观的相对真理性。

第二个问题是各种不同历史形式的人们共同体。把社会关系划分为经济关系、政治关系、法律关系、军事关系、宗教关系、伦理关系等,仅在一种意义上才是完整的。这种划分并未穷尽全部社会关系的丰富内容。例如家庭关系、国际关系、民族关系、阶级关系、氏族关系等也都是社会结构学不可不研究的。而这些关系中的任何一种,都不是上述经济关系或宗教关系或其他关系所能替代的。普列汉诺夫之所以在"社会制度"的术语问题上动摇不定,正是表明他似乎已经感觉到有突破社会的平面结构观的必要。

有鉴于此,我们在第五章中试拟了一个社会结构大意图,其目的不过是在对社会结构作概括的说明时设法引进立体观念。我们的具体图式很可能有各种弊端,但我们觉得,社会的结构必须是立体的这个观念是无可非议的。从这一点来看,普列汉诺夫关于社会结构的思想也是对历史唯物主义的发展的一个重大贡献。

第七章　唯物史观(续二)

前面说过,普列汉诺夫的一般社会学理论,不限于社会结构学说。如果我们不考察这位俄国思想家关于个人在历史上的作用问题的出色分析,不谈谈他对社会发展中主观因素和客观因素之间辩证关系的论述,那至少是令人遗憾的。此外,他的国家学说和阶级斗争理论也值得作一番评述,因为这会帮助我们弄清楚他的"理论上的激进主义和实践中的机会主义",澄清人们至今存在着的某些糊涂思想,有利于判断他的理论功过。所有这些都将是本章研究的对象。不过还有一些问题,就不打算在这里讨论了,如否定之否定和矛盾在历史中的作用、社会矛盾及其形式、社会进步等历史辩证法问题,以及思想发展的若干规律性问题等等。因为其中有的已经在本书别的地方部分地谈到了,有的问题在普列汉诺夫那里本来就没有得到独特的或比较充分的发挥。

从个人在历史上的作用问题谈起吧。

(一)

1898年,普列汉诺夫在俄文杂志《科学评论》上发表了他的脍炙人口的名篇《论个人在历史上的作用问题》。这是在此以前的马克思主义文献中对这个问题最全面最完整的分析,也是唯一的专论。其后的半个多世纪里,人们发表了不少这方面的研究著作,在某些较具体的问题上也确实有许多进展,但整个看来,或者说从一般原理的高度来看,实质上并未取得重大突破。至于思想之精辟、史料之丰富、论述之透彻、语言之洗练以及风格之卓异,这篇篇幅不大的名作迄今仍然是无与伦比的。难怪几十年来苏联高校教材中一直把它列为必读的马克思主义经典文献。除了福米娜等个别人以外,苏联学者的著作中几乎看不到对它的批评意见,就连普列汉诺夫最主要的代表作《论一元论历史观的发展》也没有受到他们如此的厚遇。不过最初人们只承认这篇文章把马克思、恩格斯在这个问题上的观点通俗化了。二十世纪五十年代后期,特别是六十年代以来,有的苏联专家开始断定它创造性地发展了历史唯物主义。究竟在哪几点上发展了?如何发展的?提出了什么新的原理或论点?却没有多少明确具体的说明。1963年恰金写道:"普列汉诺夫力求全面地解决个人在历史上的作用问题。他考察了这一问题的以下几个方面:(1)个人和必然性;(2)个人和历史过程的客观规律性;(3)个人和历史偶然性;(4)个人和生产力及社会关系的发展;(5)个人在历史事件发展中的积极作用。"① 十四年后他又在《普列汉诺夫对马克思主义一般社会学理论的分析》一书中用了整整一章的篇幅②相对详细地分析了普列汉诺夫关于个人的历史作用的学说,提出了好些很有启发意义的观点。然而我们觉得,恰金的分析仍然不那么完整、具体、理想,对普列汉诺夫这方面的理论贡献没有足够充分、足够明确的估价。而这个问题向来都被公认是普列汉诺夫做出了重大历史功绩的领域。所以在这里作一番全面的评述,似乎还是适宜的。

---

① 《普列汉诺夫及其在发展马克思主义哲学中的作用》,第98页。
② 在该书第三章中作者还集中考察了普列汉诺夫对社会发展中主观因素和客观因素相互关系的观点。

（二）

　　普列汉诺夫论述个人和人民群众在历史上的作用，不始于1898年，也不止于1898年。早在《社会主义和政治斗争》、《我们的意见分歧》等著作中他就开始了反对民粹派英雄史观的斗争。从此以后直到逝世前一年，这个问题一直是他的理论著作考察的重要对象之一。当然，系统地论述这个问题的专著却只有1898年的这一篇。现在我们就按照这篇专论的基本内容，结合其他作品和遗著中的有关言论，逐项地进行分析。

　　在个人的历史作用学说史上，黑格尔的许多天才的合理的思想同样是"划时代的"。过去我们的注意力主要集中在黑格尔哲学的唯心主义方面或其他局限性方面，因而没有重视在这个问题上他为历史唯物主义学说作了何种程度的准备，深怕这样一来就会抬高资产阶级唯心主义哲学的地位。其实这也是一种"左派幼稚病"，和真正的无产阶级党性原则是风马牛不相及的。因为离开了实事求是还能谈什么党性呢？另一方面，过去我们的视线也多半停留在普列汉诺夫《论个人在历史上的作用问题》一文如何系统地阐释了马克思、恩格斯的观点上面，而对于它同黑格尔的思想（例如《历史哲学》绪论中的有关言论）之间的种种继承联系却几乎没有人提到。然而普列汉诺夫的这篇著作不仅是创造性发展马克思理论的典范，也是唯物地改造黑格尔历史哲学"合理内核"的一个样板。凡是研究过黑格尔历史哲学的人都知道，他的个人作用学说是以他关于社会发展规律性、关于必然性和自由的辩证关系、关于必然性和偶然性、可能性和现实性的辩证关系的思想为前提的。换言之，黑格尔之所以能够对个人在历史上作用问题发表一系列深刻的论点，就直接意义上说，正是由于他提出了这些辩证思想。仔细研究普列汉诺夫的上述著作和其他论述，会使我们清楚地看出这种关系。

黑格尔以前和以后的许多思想家都探讨过个人在历史上的作用问题。但无论十八世纪启蒙派，还是十九世纪空想社会主义者；无论复辟时期法国历史学家，还是当时俄国民粹派；无论青年黑格尔主义者，还是无政府主义者或修正主义者，都始终未能正确地提出问题，更谈不上做出多少全面、多少令人满意的答案了。其原因首先和主要在于他们都没有把社会发展中的主观因素和客观因素统一起来。而正确理解这两者的统一，正如上文和下文所再三强调的，乃是解决个人在历史上的作用问题的先决条件。这一点普列汉诺夫曾多次指出过。例如《再论社会主义和政治斗争》一文第三节就有一段十分明确的论述。① 因此他分析个人在历史上的作用问题时总是首先说明社会发展中主客观因素的相互关系。要知道"社会学的任务就是理解社会的创造性活动。只有承认〔主观因素和客观因素、理论活动和实践活动〕两种因素的统一才能达到这种理解。"②那么怎样理解这"两种因素的统一"呢？依普列汉诺夫看来，这里有三个要点。

第一，必须从具有形形色色的目的和呈现着光怪陆离的景象的主体活动的热闹场面之下找出"内在的、隐蔽的、藏有这一切暂时现象的根本力量"，发现其客观的历史必然性或规律性。一切社会现象都是人的活动及其产物。而人是有意识的。但历史往往不是按照人们所希望的那样进行。在人的任何行动的结果中总会有起初不曾预料的一方面，正是这一方面体现着社会现象中静止的东西即合乎规律的东西。

---

① 参见《普列汉诺夫全集》，俄文版，第12卷，第75—76页。
② 转引自恰金：《普列汉诺夫对马克思主义一般社会学理论的分析》，1977年俄文版，第47页。方括弧内的文字是恰金加的。

这就是黑格尔所谓的"内在精神"或"普遍精神"。

第二,必须把主体的活动包括在历史发展的必然性中,包括在客观规律的因果链条中。圣西门这一类的历史唯心主义者不懂得这个道理,从而错误地把规律和改变规律的作用的愿望对立起来。"既然人类出现了这类愿望,它本身便成为人类智慧发展史上的一个事实,于是规律就应该包括这个事实,而不应同它发生冲突。当我们还容许这种冲突的可能时,我们就还没有弄清规律概念本身,这样我们一定会陷入两种极端之一:或者我们抛弃规律性的观点而站在愿望的观点上,或者完全抛弃愿望,正确些说抛弃某一时代的人们所愿望的东西,而使规律具有某种神秘的色调,使它变为某种宿命。"①人们的意图、欲望、热情、理想等等不过是客观规律性的外在的主观的表现,是实现历史必然性的不可缺少的基本条件。无论人的行为具有什么性质,高尚的还是卑鄙的、积极的还是消极的、意义重大的还是微不足道的,它们无不同社会规律性这样或那样地密切联系着。历史必然性正是借助于人们各种有意识的活动才使自己得以实现。这也就是黑格尔所谓的"理性的狡计"。

凡是在历史中只看到人类自觉行为,而不懂得这些行为只是历史现象的外壳、不会透过现象的外壳研究事件的原因的人必然是肤浅的。与此相反,辩证唯心主义者黑格尔认为,"人类的历史发展完全不是人们的自由意志的产物。……历史引导人类走向自由,但是哲学的任务在于把这种运动理解为必然的运动。不用说,一般的人,特别是伟大的历史活动家,都不是没有意志的;但是他们的意志在自己每一个仿佛完全自由的自决中是完全服从必然性的。而且人们决不会百分之百地理解自己行为的未来结果。因此,历史运动的进行在很大程度上是与人的意识和人的意志完全无关的。"②这就是说,肤浅的唯心主义只看到

---

① 《普列汉诺夫哲学著作选集》,第 1 卷,第 600 页。译文有改动。
② 同上书,第 5 卷,第 163—164 页。

第七章　唯物史观(续二)　373

人的意志是历史现象的原因,而黑格尔继谢林之后明确指出,这些意志在成为原因之前,首先是结果。理论哲学的任务就在于把人们的意志当作历史运动的结果进行研究,从而揭示它的必然性。

另一方面,黑格尔在自己的实践哲学中却有不同的看法。"意志在自己的自决中是服从必然性的。但是,不论意志的任何这种决定是怎样必然的(就是说,不论我们的内在的自由是怎样虚幻的),人们的意志一经确定下来,就会成为行动的源泉,从而也就成为社会现象的原因。人不认识那决定他的意志的过程;但是他多少明白地认识这个过程的结果,这就是说,他知道目前他想这样行动而不那样行动。当我们力求达到某个实际的目的的时候,当我们,比方说,力求废除这种或那种过时的社会设施的时候,我们总是力求这样行动,使我们周围的人们的意志正好按照我们的愿望来决定。我们要说服他们,我们要同他们争论,我们要唤起他们的感情。我们对他们的这种影响一定要算作那些决定他们的意志的条件。决定他们的意志的过程在这里,正如在平时一样,将是必然的过程;但是在我们的鼓动工作十分紧张的时候,我们就完全忘记了这一点。我们的注意力不是要集中在人们的意志是后果这个情况上,而是集中在人们的意志总是原因这个情况上,这就是说,在实践中,我们将重视人们的意志,仿佛它是自由的。按照被称为人的意志的自决的那种现象的性质本身讲来,按其他方式行动是完全不可能的。"总之,以上这些"是辩证唯心主义者知道得非常清楚的。因此,他们在理论中把意志看成是后果,而在实践中认为意志是原因,就是说,仿佛承认意志的自由似的。"①

这一大段引文首先当然是说明普列汉诺夫清醒地看到,他自己关于个人在历史上的作用的学说,其理论前提正是来自唯物地改造过的

---

① 《普列汉诺夫哲学著作选集》,第5卷,第164页。

黑格尔思想。其次,这段引文再次证实了我们在"认识论"章第二节中说过的话:普列汉诺夫在论述因果性范畴时善于贯彻辩证原则,并且把它运用于分析历史哲学的各种问题,取得了一系列重要的理论成果。此外,它还附带从心理方面揭示了某些主观主义者在解释历史现象时何以只看到意志是原因。

正确理解社会发展中主客观因素的统一性的第三个关键就是如何认识"必然性"这一范畴。说"必然性"就是决定论,一般而言并不错误,但它既非"机械决定论",又不是所谓的"经济决定论",也不可能是宿命论,而是真正的决定论。这种决定论把必然性同因果性严格地区分开来。"任何东西没有原因是实现不了的。……但从这里还得不出结论说,一切都有自己的自然的原因。这一点还更加证明不了一切都有自己的机械的原因。"人类活动有其合乎规律的必然性。"思想自由是否存在?全部问题就在这里。"科学还不可能说明生理刺激如何变为意识,因此也不能证明这样的原则不存在:它在思维中同机械的原则一起发生作用,而且在一定程度内不依赖于机械原则起作用。承认这一原则会排除〔形而上学〕唯物主义的决定论,但不排斥思维的合规律性。因此"恩格斯是严格的决定论的敌人。……重读一下恩格斯在《反杜林论》中关于自由和必然性所说的话,就足以相信他在对待唯物主义决定论方面是一个怀疑派。① 如果我们抛弃关于机械的世界过程的假定——这一过程的(不过是有意识的)自动装置就是人——,历史事件的绝对必然性便会土崩瓦解。"② 对于世界上一切有限事物来说,

---

① 《普列汉诺夫遗著》编者在这里加了一个注,断言这句话指的是《普列汉诺夫哲学著作选集》第 3 卷第 48—49 页上引证的恩格斯那段论述,即《马克思恩格斯全集》第 20 卷第 171—172 页上的一段文字,实际上应指第 20 卷第 125—126 页上的那段话。

② 《普列汉诺夫遗著》,俄文版第 5 卷,第 144 页。普列汉诺夫生前没有可能读到恩格斯的《自然辩证法》,不知道那里关于必然性和偶然性的许多精辟论述。但他进过黑格尔学校,所以对必然性有正确理解,这也表现在他对个人的历史作用的具体分析中。

其必然性只能是相对的、有条件的。所谓"相对必然"是指特定事物的必然性不在于自身而在于他物。按照黑格尔的观点，必然性有三个环节：条件、实质和活动。凡有限之物，其实质和条件作为独立的实存之物，均有其偶然性。所以这种有限之物的必然性就其内容而言，都要受外在于它的实存之物的限制。其次，必然性只有在现实性的展开中才能表现出自己，而现实性在其发展中又必须通过可能性、或然性和偶然性诸环节。因此，不仅必然性要"在无穷无尽的表面的偶然性中为自己开辟道路"，而且也只是由于各种可能性、或然性的斗争才能实现自己。那种孤立的、绝对的、僵化的、一义的必然性仅仅存在于形而上学家的头脑中。

（三）

历史是人们创造的。这里的人们，既包括群众、民族、阶级，也包括个人或杰出人物。但人们不能随心所欲地创造历史，只能在现成的历史条件下进行创造。也就是说，他们进行创造活动时必然遇到一定的生产力和社会关系，也必然遇到一定的周围环境。从这个意义说，现成的历史条件或社会进化的客观形势是客观因素，而人民群众、个人或政党的革命毅力、首倡精神和创造活动则是历史发展的主观因素。[①] 但是另一方面，也可以把人民群众即广大物质生产者的活动看作历史发展的一般原因，看作社会进化的客观方面，而把个人的作用看成应该从

[①] 例如列宁的下面一段话就是从这个意义说的："马克思主义和其他一切社会主义理论不同，它既能以非常科学的冷静的态度去分析客观形势和进化的客观进程，同时又能非常坚决地承认群众（当然，还有善于摸索到同某些阶级的联系，并实现这种联系的个人、团体、组织、政党）的革命毅力、革命创造力、革命首创精神的意义，并且把这两方面卓越地结合起来。"（《列宁全集》，第13卷，第19—20页）

属于前者和为之服务的、社会发展的主观方面。从社会结构的一个方面说,这里有三个层次:客观因素和主观因素;现成的历史条件和人们的活动;人民群众的活动和个人的作用。这三个层次,特别是后两个层次之间的相互关系,普列汉诺夫没有详细的说明。但这些层次的存在他是清楚地看到了的。

人民群众是历史的创造者,这个思想是普列汉诺夫一生的基本思想。他写道:"社会关系(人类社会中的)是人的关系。不仅没有人的参加,而且没有大多数人即群众的参加,人类历史运动要前进任何一大步都不可能实现。"因为"大的事变都是人民群众的事业。"①在他看来,既然人类社会关系方面的历次变迁都是由生产力的发展决定的,这就决定了生产主体即劳动群众是推动社会进步的根本力量。不仅经济上如此,在政治活动中人民群众也起了决定性的作用。"谁摧毁了巴士底监狱?谁在1830年7月和1848年2月从事了街垒战?谁的武器在柏林击败了专制制度?谁在维也纳推翻了梅特涅?人民,人民,人民,即贫困的劳动者阶级,主要是工人。……任何诡辩都不能从历史上抹煞这样的事实:在西欧各国争取自己政治解放斗争中,起决定作用的是人民,而且只是人民。"②十九世纪末俄国资本主义的历史也表明,"人民的粗手同样是夺取政治自由所需要的。这是无可争辩的结论。"③同时,劳动群众还实际参与了精神领域的创造活动。而且随着历史的前进,群众越来越自觉地认识到"自己不仅有权参与政治发展过程,而且有权像参与经济领域一样地参与精神历史的一切领域。"④

普列汉诺夫的重要理论功绩之一,是有力地批判了民粹派把群众

---

① 《普列汉诺夫哲学著作选集》,第2卷,第234—235页。译文有改动。
② 《普列汉诺夫全集》,俄文版第3卷,第402页。
③ 《普列汉诺夫遗著》,俄文版第4卷,第93页。
④ 《普列汉诺夫哲学著作选集》,第3卷,第506页。

看成"群氓"的唯心主义观点。他指出,民粹派的这种观点同十九世纪四十年代曾经受到马克思、恩格斯严厉批判的青年黑格尔派(如布鲁诺·鲍威尔)的观点是一脉相承的。而同十八世纪法国启蒙派的思想实质上也有许多共同之处。他们在历史中都只看到人们的有意识的活动,都把社会运动的原因仅仅归到杰出人物身上,完全忽视了为社会生存奠定了物质基础的千百万群众的决定性作用。他讽刺这种唯心主义观点说:布鲁诺·鲍威尔的这些"俄国的非婚生孩子""把群氓和英雄对立起来,以为群氓不过是一大堆的零,其意义完全随着站在他们头上的英雄的理想而转移"①。他把俄国马克思主义者对人民的观点同民粹派的观点进行了这样的对比:"社会民主派最怕的莫过于陷入孤立的、因此也是错误的地位,在这种地位中他的声音再也达不到无产阶级群众那里,而成为无人响应的荒漠呼声。社会民粹派在人民中间得不到任何支持,甚至不怀疑自己是处在错误的地位上;他自愿遁入荒漠,唯一关心的是他的声音飞进自己的耳朵而自得其乐。在社会民主派看来,工人阶级是一支永远活动、从不停歇的强大力量,只有它这支力量现在能够引导社会走上进步的道路。在社会民粹派看来,人民是愚蠢笨拙、很有潜力的壮士,能够几百年一直不动地伏在自己那臭名昭著的'基础'上。社会民粹派在我们的伊里亚·穆罗美茨②的这种不动性中看到的不是他的缺点,而是极大的功劳。他不仅不为它伤心,反而请求历史给一点恩惠:不要把这位俄国壮士从他的已经待得实在不错的基础上推开,直到那个幸福的时刻,这时他这位善良的社会民粹派在克服了资本主义、沙皇制度和其他有害的'影响'之后,就会心满意足、容光焕发地出现在伊里亚·穆罗美茨面前,恭敬地报告说:Monsieur est servi! 吃的准备好了!"③

---

① 《普列汉诺夫哲学著作选集》,第 1 卷,第 770 页。
② 俄国民间壮士歌中的主要英雄。
③ 《普列汉诺夫哲学著作选集》,第 1 卷,第 433 页。译文有改动。

在对待人民是历史主人的问题上,黑格尔并不比十八世纪启蒙学者们高明多少。他虽然没有否认人民在物质生产和再生产中的作用,但他对这种生产活动乃是整个社会生活的基础是缺乏清楚的一贯的认识的。人民在他看来不过是"一群无定形的东西",他们"不知道自己需要什么","他们的行动完全是自发的、无理性的、野蛮的、恐怖的"①,只有集合在自己的上帝——杰出人物的周围,他们才能有所作为。和黑格尔的英雄史观相反,法国复辟时代的历史学家们对于人民的伟大历史作用则给予了当时所能做到的充分的肯定。"经过十八世纪末叶惊天动地的事变以后,已经绝对不可能设想历史是某些较为杰出的人物或较为高尚开明的人物所一手做成的事情,以为他们能够随心所欲,用某种情感和观念去训示那些没有知识而又唯命是听的民众了。"②例如奥古斯丹·梯叶里反对十八世纪哲学家们"对国王的世系注意过多",而"没有给人民群众的任何独立活动留下余地"。他主张"现在所需要的乃是真正的国家的历史、民族的历史、公民的历史。"而公民群众中既有特权人物,也有贫苦百姓,既有压迫者,又有被压迫者。"历史学家的注意力应该放在后者的生活上。"作为平民知识分子,作为第三等级的儿子,梯叶里认为"人民、整个民族应当成为历史的主人公。"③

为什么人民群众在这些启蒙学者的视野里消失了呢?为什么法国大革命前的历史学家把一切历史事件都说成是国王和当权者的业绩呢?梯叶里解释说,这是因为西欧存在着贵族君主政体。"在所有的人都心甘情愿对当局卑躬屈膝的时代,难道他们能够忠实地描述,或者

---

① 黑格尔:《法哲学原理》,商务印书馆1979年版,第319、323页。
② 《普列汉诺夫哲学著作选集》,第2卷,第352页。
③ 《普列汉诺夫全集》,俄文版第8卷,第10、11页。

甚至了解那旨在反对已经建立的政权的起义和联盟,以及那伴随任何政治变革而来的全部破坏性的工作吗?当一切东西在他们的时代都是由于中央政权而来的时候,他们怎么能够不把过去时代的一切市政特权硬说成是中央政权的善意的允许呢?"①普列汉诺夫认为梯叶里的这个解释是"十分中肯"的。接着他指出:群众只有通过自己的自觉活动显示其力量和作用的时候,才会使奥·梯叶里这样的有学识的思想家认识到把一切归之于帝王将相是毫无根据的。"历史学家们只有在群众推翻贵族君主政体的时候,才想到群众"②。

　　大致地说,这就是普列汉诺夫关于人民群众在历史上的伟大作用的主要论述。毋庸讳言,这些显然正确的论述不过这样或那样地解释了马克思、恩格斯的基本思想而已,并没有说出什么新东西。也许在群众作用学说史方面是例外:正是普列汉诺夫第一次令人信服地说明了法国复辟时代历史学家在这个问题上为历史唯物主义理论做了哪些准备。关于这个问题,我们在本书第九章中还要进行分析。整个看来,人民群众在他的著作中没有占很重要的地位,他从未专门地集中地分析过这个问题。就是上述几段最重要的、经常为论者引证的文字也都是讨论其他问题时顺带写下的。如果想想他关于个人的历史作用所发表的如此众多而深刻的言论,这些特点(相对地说也是缺点)就显得更加鲜明突出了。

(四)

　　在个人的历史作用问题上,普列汉诺夫批判了三种错误观点,即英

---

① 《普列汉诺夫哲学著作选集》,第5卷,第986—987页。
② 同上书,第5卷,第598页。

雄史观、无为主义和因素论。从一般哲学意义说,英雄史观属于唯心主义理论,无为主义作为庸俗社会学反映了机械论的特点,而因素论则是多元论或折中主义的一种表现形式。普列汉诺夫著作中对因素论的批评主要从方法论角度出发,在个人作用问题上没有很多具体的说明。①因此我们将只在下一章讨论他的方法论思想时再来介绍他对这种折中主义理论所作的分析。与此不同,他对这个问题上的宿命论的考察,材料就比较充实。然而这里他并没有同宿命论直接作战。无论基佐、莫诺一派的宿命论,还是法国唯物主义者以及空想社会主义者的宿命论,都不是他批判的主要对象。他对个人的历史作用这个理论问题特别感兴趣的时期正是他同民粹派、新康德派热战正酣的岁月,即十九世纪八九十年代。那时某些民粹派和新康德派攻击马克思主义者,硬说他们强调规律的作用必然会陷进宿命论或无为主义的泥坑。为了揭破这种攻击之毫无根据,普列汉诺夫才扼要地考察了辩证唯物主义不同于宿命论的特点,指明了无为主义的根本错误。在以上三种错误观点中他批判得最全面最详细的要算英雄史观,而且是民粹主义者和无政府主义者一派的主观唯心主义英雄史观,不是黑格尔一派的客观唯心主义英雄史观。这并非出于他的偏好,而是因为当时迫切的实际需要。大家知道,正是民粹派和无政府主义者在上述时期严重地阻碍了俄国和国际工人运动的发展。在他们的思想体系中英雄崇拜始终占有极其突

---

① 美国著名的实用主义哲学家悉尼·胡克的《历史中的英雄》(1943年)一书可以说是因素论的典型表现。尽管胡克这里的基本思想是主观主义的非决定论和英雄(或天才)史观,但他的这些基本思想是通过一连串折中主义的推论或限定表现出来的。他的全部议论的一个突出特点在于把英雄和时势、历史规律的不可避免性和历史发展道路的可选择性、自由和必然、必然和偶然等等对立范畴形而上学地割裂开来。这本书已经由上海人民出版社翻译出版,收在《资产阶级哲学资料选辑》第14辑中。书中几乎用了整整一章的篇幅专门对普列汉诺夫《论个人在历史上的作用问题》一文进行了一系列的指责。以后有机会的话是值得对它作一番详细考察的。要在这方面为普列汉诺夫拾遗补阙,胡克的著作的确提供了上好的材料。

出的地位,成为他们从事"个人恐怖"和"以行动作宣传"之类政治活动的基本信条。显而易见,如果不摧毁他们的这些谬论,运动就不可能前进。在这种情况下,普列汉诺夫把注意力集中在阐述社会现象的规律性方面,集中在说明历史必然性对个人作用的制约性方面,不仅是完全可以理解的,而且是必然的和合理的。

普列汉诺夫对英雄史观的批判,散见于许多著作。它的错误,概括起来大致不外乎以下几层意思:第一,从唯心主义观点出发,片面夸大了精神因素在历史中的地位,忽略了社会发展有自己的不依个人意愿为转移的客观规律性;第二,从唯心史观出发,只看到杰出人物的活动所起的作用,不懂得决定历史进程的根本力量是社会生产力,是实现社会生产和再生产的广大劳动者;第三,从形而上学观点出发,错误地把客观和主观、群众和英雄、必然和自由、必然和偶然、一般和个别绝对对立起来,而没有找出两者之间由此达彼的桥梁。

这里不想对批判本身作详细的介绍。我们觉得,把篇幅用来考察普列汉诺夫在批判这种错误理论的过程中如何阐述和发挥马克思学说,也许更有意思。

通过辩论,普列汉诺夫明确而出色地回答了这样两个问题:一方面,个人的力量不是万能的,而是受制约的。那么它受什么东西制约?如何被制约的?"这种力量究竟在什么情况下会增长起来,在什么情况下又会减少下去呢"①?另一方面个人又不是没有任何作用的,特别是杰出人物的作用更大,但是这种作用究竟有多大?

普列汉诺夫首先指出,任何英雄都不可能像主观主义者所想象的那样,"以为只要开动自己的脑筋就足以随心所欲地引导群众到任何地方去,就足以把群氓当作黏土一样,愿意捏成什么就捏成什么"②。

---

① 《普列汉诺夫哲学著作选集》,第 2 卷,第 349 页。
② 同上书,第 1 卷,第 770 页。

因为正如车尔尼雪夫斯基所说的,伟大的世界性事件的实现,既不取决于谁的意志,也不取决于任何个人。它们是按照如引力定律或有机体成长规律一样确定不移的规律实现的。当然人们的行动总是有意识的,但"任何一个历史人物'随自己的意向去完成使命'就只能在这样一种限度内,即他的'精神上的自由工作'是以社会发展的有规律的进程为依据的,并且是表现这个进程的。"①任何个人所实现的仅仅是历史已经准备好的东西。"俾斯麦能不能把德国拉回到自然经济时代去呢?这是他在他权势最高的时候也做不到的。一般的历史条件,要比意志最坚强的个人更为强大。伟大人物所处时代的一般性质对于伟大人物是种'经验上既定的必然性'。"②

和车尔尼雪夫斯基一样,黑格尔在个人的作用必须受历史条件决定的问题上尽管总的说来站在唯心史观立场上,却有不少唯物史观的萌芽。例如他的《法哲学原理》上就有一段这样的文字:"拿破仑想要先验地给予西班牙人一种国家制度,但事情搞得够糟的。其实,国家制度不是单纯被制造出来的东西,它是多少世纪以来的作品,它是理念,是理性东西的意识,只要这一意识已在某一民族中获得了发展。因此,没有一种国家制度是单由主体制造出来的。拿破仑所给予西班牙人的国家制度,比他们以前所有的更为合乎理性,但是它毕竟显得对他们格格不入,结果碰了钉子而回头,这是因为他们还没有被教化到这样高的水平。"③普列汉诺夫在手稿《对别尔托夫著作第一版的补充》中就明确地指出了在这方面自己的思想同黑格尔学说的继承关系。④

不过黑格尔是客观唯心主义者,他认为归根到底决定个人的历史

---

① 《普列汉诺夫哲学著作选集》,第4卷,第796页。
② 同上书,第2卷,第348页。
③ 黑格尔:《法哲学原理》,商务印书馆1979年版,第291页。
④ 参见《普列汉诺夫遗著》,俄文版第4卷,第220—221页。

作用的是"理念"的发展。而对普列汉诺夫说来，个人的作用取决于时代的需要，取决于生产力的运动和社会关系的变迁，取决于某个民族所处的特定历史环境。"个人往往能对社会命运发生重大的影响，不过这种影响是由社会的内部结构及其对其他社会的关系决定的"，而"社会关系的根本原因是在于生产力的状况"①。

历史事实告诉人们，强有力的个人的出现不是偶然的。他们往往正是在极其需要他们的时候才出现在历史上的。为什么法国在十八世纪末叶产生了一大批能征善战的元帅和将军呢？时代的需要，革命战争的需要。"谁也不会争论，拿破仑的强有力的个性在某个历史时代上打下了极其深刻的烙印。但必须要有特殊的历史条件，拿破仑的力量才能充分地施展出来。如果旧制度再继续维持三十年的话，那我们就不知道拿破仑的一生将成为什么样了。据说，在革命前几年他曾经想到俄国去，在俄国军队里服务。不用说，在那里等待着他的前途，无论在什么情况下都决不会使他走向统治世界。而拿破仑手下的那些元帅呢？在1789年，奈弥拉特和苏尔特都还是军曹。如果不发生革命的话，他们也许一辈子也得不到军官肩章。在同一年，也就是在革命开始的那年，奥什洛还是个普通的剑术教师，朗恩还是个染色工人，顾维翁·圣西尔还是个演员，马尔蒙还是个排字工人，茹诺还是个法科学生，等等。所有这些人都有很大的军事才能。但是旧制度不会容许他们施展这种才能；大家都知道，在路易十五统治下只有一个不属于贵族等级的人获得中将的军衔，而在路易十六统治下不是贵族出身的人的军事前程就更加困难了。因此某一时期在某个民族那里存在的社会关系，决定着是否将在某个方面为某一类强有力的个人开辟道路。"②

---

① 《普列汉诺夫哲学著作选集》，第2卷，第362页。
② 同上书，第4卷，第334页。

在各民族的历史上经常有这样的现象:有时某一领域群星灿烂,或者用普列汉诺夫的说法,"才能人物像灾祸一样简直成群结队",有时则人才寥落。产生这种现象的第一个根本条件也是强大社会需要的存在。"假设在特定国家经常产生大约同样数量的、具有某种才能的人。为了发展这种才能,就像发展其他任何一种才能一样,必须有一定的条件。如果所有这些条件都具备了,我们的才能之士就会大批大批地涌现出来;如果根本没有这些条件,才能之士就会在幼芽时期死去;如果存在的条件不是非常充分,才能之士就多少是罕见的,但毕竟会有。由此可见,假定这个国家的居民的本性仍旧是完全不变的,我们始终会有可能用诸条件的会合来说明一个历史时期人才的众多和另一历史时期人才的缺乏或稀少。"①

那么,究竟社会环境的哪些性质对某种人才的出现有利,哪些性质则无关,而哪些性质却有害? 如果能够做出正确的回答,也许可以按照我们的意图自觉地培养所需要的杰出人才。但是普列汉诺夫承认:可惜的是现在还无法弄清楚这些问题。"如果说——普列汉诺夫在《伏伦斯基》一文中写道——基佐把促使莎士比亚的戏剧出现的一切历史条件都列举出来了,那未免是可笑的。谁要是能够这样列举出来,谁就能给历史开出生产天才作家的药方。"②不过环境和人才之间某些一般性的关系仍然可以确定下来的。他写道:社会环境对任何杰出人才的出现的决定作用至少表现在以下三个方面:第一,准备知识的积蓄,如果没有这种知识的积蓄,那么任何天才也什么都做不出来;第二,引导天才的注意力使其朝向某一方面,任何特定的知识的积贮正是因为社

---

① 《普列汉诺夫遗著》,俄文版第 4 卷,第 252—253 页。
② 《普列汉诺夫哲学著作选集》,第 5 卷,第 176—177 页。

会的需要推动人们去积聚它,并引导他们的注意力朝向适当的方面去;第三,给个人天才的发展提供或大或小的可能性。①

在这里普列汉诺夫也批判地继承了黑格尔的一些合理思想。比如他和黑格尔一样认为,没有不可替代的杰出人物。在谈到罗伯斯庇尔时他这样写道:"我们假定说他在党内是个完全无可替代的力量,但他毕竟不是这个党内唯一的力量。假如他在1793年1月间被偶然掉下来的一块砖头打死了,那么当时一定会有另外一个人物来替代他,这个人物也许在各方面都比不上他,但事变进程毕竟还是会按照罗伯斯庇尔在世时所走的那种方向发展下去的。"②同样,没有拿破仑,当时也会有另一个人代替他。法国资产阶级革命胜利以后,为了巩固和扩大已经取得的成果,恢复新兴统治阶级所渴望的秩序,必需有一支"宝剑"。"起初大家以为这种宝剑使命可以由茹伯尔将军来执行,但当他在纳威会战阵亡以后,大家便提到莫诺、麦克唐纳和贝尔纳多等人。拿破仑这个名字,还是后来才被提起的。如果他也像茹伯尔那样阵亡了,那么大家就根本不会谈到他,而会提出另一支'宝剑'来。……当时除他而外,也还有过不少坚强能干、贪图功名利禄的人物。他所挣得了的那个位置大概是不会空闲起来的。"③

其次,和黑格尔一样,他认为历史人物在完成自己的使命以后就像谷物的空壳一样不再有什么意义。他指出,拿破仑"这支'宝剑'恢复了秩序,保证了资产阶级获得统治以后,资产阶级很快就会厌恶这支'宝剑'所表现的那种军营习惯和专制行为。于是就会有在复辟时代发生过的那种自由主义运动发生,斗争就会渐渐炽烈起来。"④

---

① 《普列汉诺夫哲学著作选集》,第1卷,第740—741页。
② 同上书,第2卷,第363页。
③ 同上书,第2卷,第364页。
④ 同上书,第2卷,第365页。

再比方,他和黑格尔都认为,如果伟大人物得不到人民的自发势力的支持,他就会变为软弱无用的东西。十八世纪末期法国最迫切的社会需要是推翻旧的封建制度。最能满足这种需要的人物之一当然是米拉波。但"米拉波的力量全靠民众的同情和信任来支持,而民众是趋向于共和制度的,因为当时朝廷那种顽强保护旧制度的政策激怒了民众。所以民众一知道米拉波不同情于他们的共和趋向时,就会不复对他表示同情,于是这位大演说家的影响就会丧失殆尽,结果他很可能就会成为他自己徒然竭力阻止的那个运动的牺牲品。"①

社会关系有自己的逻辑,当人们还处于某种相互关系时,他们的思想和行为也就一定是这样,而不是那样。如果某个社会活动家要想反对这种逻辑,他必然会被事物的自然进程所粉碎。这种结果不仅在社会活动家违背历史发展规律时是如此,就是他代表了社会进步的利益,也同样如此。"当苏格拉底反对雅典人的陈旧概念时,普列汉诺夫解释黑格尔的思想时写道,他正是为了'一般的、世界的'东西而服务,他的哲学说教是雅典人在其历史发展的所迈出的新的一步的理想的表现。正因为如此,苏格拉底便成了黑格尔所称呼的英雄。因此,当作为一般的个别表现的个人以其否定为新的现实,即为明天的现实准备历史基础时,个人跟它周围的现实的不协调是完全正当的。"结果苏格拉底被他的敌人们判处了死刑。只有社会发展到了下一时期,他的原则才会取得胜利,为人们所赞同。②

总之,只要存在着力量强大、基础深厚的社会需要,它就会把一批具有相应能力的有志之士吸引到自己方面来,并为他们创造一个有利于培养这方面才能的环境。但是适应社会需要而出现的杰出人物要真

---

① 《普列汉诺夫哲学著作选集》,第 2 卷,第 363 页。
② 同上书,第 4 卷,第 454—455、475 页。

正成为某种社会力量至少还必须有这样一个不可缺少的条件：当时的社会制度不应阻碍具备有适合当时需要并于当时有益的特性的那个人物施展其能力。因为具有特定性格和特定才能的人对社会命运产生影响的可能和范围取决于当时社会组织的状况和社会力量的对比，只有在社会关系所容许的那个地方、时候和程度内，个人的性格和能力才会成为社会发展的因素。要知道人们并不是在任何社会制度下都能找到运用自己的能力的机会的。

普列汉诺夫发挥这个思想时接着提出了一个新原理，即杰出人物的排他性原理。"拿破仑既担起了挽回社会秩序的'宝剑'使命，于是就排除了所有其余的将军担负这种使命的机会，虽然这些将军中间也许有些人是能像他那样或差不多像他那样执行这种使命的。社会要有一个坚毅的军事统治者这种需要一旦获得满足，社会组织就堵住了其余一切有才能的军人成为军事统治者的途径。于是这种组织的力量就成了阻碍其余的这类有才能的人表现其才能的力量。"[1] 不过这种排他性现象一般只发生在军事领域和政治领域，而在人类智慧发展方面则非常稀少。"当一定的社会局势在其精神代表人物面前提出某种任务的时候，那么这些任务在杰出人物尚未把它们解决以前是始终引起杰出人物注意的。而当他们一旦解决这种任务，他们的注意力就会转移到别的对象上去。"[2] 从这个意义上说，杰出人物在精神领域自由驰骋的疆场比政治军事领域要宽广得多。根据这条排他性原理，普列汉诺夫还揭示了人们夸大英雄作用的心理根源。他说："一般人未免过分夸大了拿破仑个人的力量，因为他们竟把提出和支持了这种力量的全部社会力量统统归到他一个人身上了。于是大家就觉得拿破仑个人的

---

[1] 《普列汉诺夫哲学著作选集》，第2卷，第365—366页。
[2] 同上书，第2卷，第366页。

力量是独一无二的力量,因为所有其余与他相类似的力量都没有由可能变成为现实。而当人们听说假如没有拿破仑情形就会不知怎样的时候,人们的想象就混乱起来,竟以为如果没有拿破仑,就根本不会发生拿破仑个人的力量和影响所凭借的那种社会运动。"①

(五)

如果说普列汉诺夫在回答制约个人的历史作用的决定因素是什么时,基本上只是比较系统地阐述马克思、恩格斯和黑格尔的思想,那么在分析个人力量究竟有多大这个问题时,却对马克思的学说作了重要的发展。

在弄清个人力量有多大以前,首先必须确信个人、特别是杰出人物对社会历史的发展决不是没有影响,而是始终产生着不可忽视的重大作用。为此就要说明唯物主义的规律概念同个人的独立性和主动精神,同坚强的意志力量完全是可以相容的。普列汉诺夫从两方面来说明:历史方面和逻辑方面。

普列汉诺夫指出,大量历史事实都告诉我们,对必然性的认识是完全能同最坚毅的实际行动相容的。否认意志自由的人,往往比自己的所有同代人都有更坚强的意志,并且对于自己意志的要求也最大。例如穆罕默德、马丁·路德、十七世纪英国清教徒、拿破仑、俾斯麦等等都是这样的人。并不是所有否认"意志自由"观点的人都是听天由命的宿命论者,也不是所有的宿命论者都反对坚毅的实际行动。恰恰相反,在某些时代,宿命论还是坚毅行动的一种心理上的必要基础。问题在

---

① 《普列汉诺夫哲学著作选集》,第2卷,第366页。普列汉诺夫在《谈谈工人运动的心理》一文中从另一方面对夸大个人作用的现象作了同样精辟的心理分析。

于我们是否相信自己的活动是必然事变链条中的必要环节。路德有句名言说得好："我既站在这个地位上，也就不能不这样做。"有这种"替天行道"的心理的人们会表现出不可遏止的毅力，做出惊人的业绩来的。

新康德主义者什塔姆列尔不理解唯物辩证法关于自由和必然相互关系的原理。他硬说，马克思主义者认为历史运动有自己的规律，就会陷入无为主义，似乎人们只能等候历史自行完成。他这样推论：如果社会运动也和自然界的事物一样是自行造成的有规律的现象，为什么人们并不像组织政党以便促使社会进步那样去组织促进月蚀的政党呢？

什塔姆列尔这种形而上学观点的根本错误就在于把社会规律和自然规律混为一谈，抹煞了前者的特点。无论自然规律或者社会规律作为客观规律，都不可以任意废除或改变，这是无疑义的。但是在构成自然规律（如月蚀）的种种条件中，人的活动无论如何也不包括在内，并且也不可能包括在内，反之，社会规律却以人们的有意识的活动为前提。马克思主义认为，人们这样而不那样行动、思想和感觉，这是由于特定的经济关系。但是说人们正是由于这个而非另一个原因才活动、思想和感觉，还不是意味着他们完全不行动，完全不思想，完全不感觉，也不是说他们不需要行动、思想和感觉。社会生产关系是人们之间的关系。没有人也就没有生产关系。化学家说，物质由原子组成，原子结合为分子，一切化学过程都按一定的规律进行。怎么能根据这一点就断定，按照化学家的意见，全部问题都在于规律，物质（原子和分子）完全不运动，这决不会妨碍化合物的"自我发展"？同样，把人们的活动同社会共同生活形式的内部逻辑绝对对立起来也是错误的。①

比方说，假定某种条件的总和 S 具备时，现象 A 就必然要发生。

---

① 《普列汉诺夫遗著》，俄文版第 4 卷，第 255 页。

现在这个总和中一部分（R）已经具备，另一部分（S-R=M）到 T 时就会具备。然而 M 中是包括我的活动（假定为 a）在内的。如果同情 A 现象的我以为事件是自行实现的，无须人们的活动，因此躺下睡大觉，那么，到 T 时所有促进这一现象到来的条件总和就不会是 S，而是 S-a，这当然会使情况有所改变。或者 A 会发生得迟些，或者不那样完满，或者甚至根本不会发生。如果这时有另一个人（力量 b）赶来代替我，而 b 又等于 a，那么现象 A 仍然会准时发生。①

一切个人在历史上都有自己的作用，都潜藏着发挥才能的无限可能性，不同的只是作用的性质和大小。"广阔的用武之地不是仅仅为一些'创始者'开着，不是仅仅为一些'伟大的'人物开着。对于一切有眼睛看、有耳朵听、用一颗心热爱自己邻人的人，它都是开着的。'伟大'这个概念是相对的概念。凡是——用《圣经》上的说法——'舍己为人'的人，在道德上就都是伟大的。"②

不过，在稍微大一点的历史事件中，由于实际的需要和描述的困难，许许多多个人的作用往往被历史家忽略不计，只有杰出的或处在事件关键地位的人物的活动才受到重视。忽略不等于否定，作为事件背景或基础的众多个人的作用是否定不了的。然而普列汉诺夫的理论著作尽管高度评价了普通个人的一般作用，却并没有作更多深入的分析。他考虑的主要是杰出人物的作用。

杰出人物的作用究竟有多大？为了正确回答这个问题，普列汉诺夫提出了一个重要的方法论原理，这个原理要求：在分析人类历史发展和杰出个人活动时区分不同的层次。这个原理是他通过对个人作用学说史上各派理论的批判考察后才提出来的。他指出，不论夸大个别贬

---

① 《普列汉诺夫哲学著作选集》，第 2 卷，第 343—344 页。
② 同上书，第 375 页。

低一般的主观社会学家(包括十八世纪启蒙思想家),还是专门注重一般而抹煞个别的新学派历史家,或者把个别和一般等量齐观的因素论支持者,都没有跳出人性论的窠臼。他们的共同特点是,把人的本性看成了历史运动的终极的和最一般的原因。但是,"如果说人的本性恒久不变,那它就不能解释变化无穷的历史进程;如果说它常有变化,那它的这种变化本身显然又是由历史运动来决定的。现在应该承认生产力的发展是人类历史运动的终极的和最一般的原因,人类社会关系方面的历次变迁都是生产力的发展决定的。除这种一般原因外,发生作用的还有一些特殊原因,即某个民族的生产力发展赖以进行的历史环境,但这种历史环境本身归根到底又是由其他民族的生产力发展,即同一个一般原因造成的。末了,除特殊原因的影响之外,还要加上个别原因的作用,即社会活动家的个人特点及其他'偶然性'的作用,因为有这些个别原因的作用,才使事变具有其个别的外貌。个别的原因并不能根本改变一般原因和特殊原因的作用,而且个别原因发生影响的范围和方向是受这种一般原因和特殊原因制约的。虽然如此,但如果影响历史的那些个别原因被另外一些个别原因所替外,那么历史无疑会具有另一种外貌。"①

这段引文特别重要。说普列汉诺夫发展了马克思关于个人在历史上的作用的理论,主要就表现在这里,说他这篇著名论文是个人作用学说史上的一个重要里程碑也主要表现在这里。因此值得更详细地考察一下。

首先我们注意到:普列汉诺夫对特殊原因同其他两种原因之间的相互关系几乎没有分析。这也许是因为:第一,特殊原因同个别原因的关系与一般原因同个别原因的关系差不多。而第二,特殊原因同一般

---

① 《普列汉诺夫哲学著作选集》,第 2 卷,第 371—372 页。

原因的关系又不是当时讨论个人在历史上的作用问题所不可忽略的。换言之,在他看来,当时为了澄清民粹派和新康德派在这个问题上所制造的种种混乱,只要扼要地说明一下个别原因同一般原因的相互关系就足够了。这当然是一个遗憾。但是,没有也只好没有。我们且看看他关于个别原因和一般原因之间的关系说了些什么。

个别原因不能根本改变一般原因和特殊原因的作用,而且个别原因发生影响的范围和方向是受这种一般原因和特殊原因制约的。就这个意义说,英雄不可能造时势,只能是时势造英雄。"英雄"如果自以为是什么"救世主",硬要同时代的潮流"对着干",结果只能遭到悲惨的下场,或者落得千古的骂名。不管十八世纪末叶法国政坛上那些叱咤风云的人物如何了不起,他们"决不会消除引起法国革命的种种巨大社会需要;当这些需要尚未得到满足时,法国的革命运动是不会停止的。为了使法国革命运动能有一种与当时实际结局相反的结局,就必须用相反的需要来代替这些需要。"①而这是任何英雄人物都无能为力的。

另一方面,有影响的人物由于自己的智力特点和性格特点,或者由于自己在社会组织以及事变过程中所处的地位,虽然不能改变由别的力量即由生产力和社会关系决定的事变的一般方向,却足以改变事变的个别外貌和某些局部后果,使之具有程度不等的各种个人色调。从这个意义上说,英雄造时势是完全正确的。因为他可以加速或延缓重大历史事件发生的进程,可以决定这种事件实现的方式,可以使事件的固定方向具有这样或那样的性质,可以——用车尔尼雪夫斯基的话说——"凭借自己占优势的力量使得把群众发动起来的种种力量混乱的波动具有规范性"②,从而在决定事件的各种势力的现实条件所许可

---

① 《普列汉诺夫哲学著作选集》,第 2 卷,第 362 页。
② 同上书,第 4 卷,第 333 页。

的范围内改变历史发展的进程。个人给事变所造成的这些特点,可以而且应当通过对个人的智慧、性格及其生活道路的种种细节的详细研究来加以阐明。①

但是,"一个伟大人物之所以伟大,并不是因为他的个人特点使伟大的历史事变具有个别的外貌,而是因为他所具备的特点,使他自己最能为当时在一般的和特殊的原因影响下所发生的伟大社会需要服务。"一个历史人物之所以是个英雄,主要因为他是社会发展中伟大时机的表现者,是自己时代普遍倾向的推进者,他的活动自觉地反映了历史的必然的和不自觉的进程。"他的全部作用就在于此,他的全部力量就在于此。但这是一种莫大的作用,一种极大的力量。"②

普列汉诺夫认为卡莱尔把伟大人物称为创始人是极其适当的。"伟大人物确实是创始人,因为他的见识要比别人的远些,他的愿望要比别人的强些。他把先前的社会智慧发展进程所提出的科学任务拿来加以解决;他把先前的社会关系发展过程所造成的新的社会需要指明出来;他担负起满足这些需要的发起责任。"③

总之,在杰出人物和社会发展一般趋势(从某种意义说是社会生产力的发展)之间的相互关系问题上,必须区别两个方面。一方面,由于历史环境是既定的,个人不能改变这种一般趋势,不能改变作为决定

---

① 《普列汉诺夫哲学著作选集》,第 5 卷,第 250 页。通常人们以为,似乎"个别外貌"和"局部后果"是无足轻重的,或者用形而上学的观点把它们看作一成不变的东西。这都是误解。实际上,"个别外貌"或"局部后果"同"一般趋势"的对立是相对的,它们之间的界限是可变的。对于一流的杰出人物是"局部后果"的那个影响范围中的某一部分,对二流的杰出人物来说很可能属于"一般趋势"。人物越是杰出,"局部后果"的范围就越是向"一般趋势"那个范围推进。反之亦然。因此历史学家在具体分析特定历史人物时的一项重要任务就是要善于分辨"一般趋势"在哪里结束而"个别外貌"或"局部后果"从何处开始。

② 《普列汉诺夫哲学著作选集》,第 2 卷,第 373 页。

③ 同上。

社会关系变化的根本原因的生产力状况。个人能够直接影响生产力状况的地方至多不过是他从事技术改良、技术发现和发明的能力的大小。另一方面,杰出人物如果认识了社会发展的一般趋势,"如果知道社会关系因生产的社会经济过程中发生某种变化而朝着什么方向变更,他也就会知道社会心理将朝着什么方向变更;因此就有可能影响这种心理。影响社会心理,也就是影响历史事变。可见,在一定意义上说",英雄"毕竟能够创造历史"①。这就是英雄与时势之间的辩证关系。可见,绝对地、形而上学地断定英雄是否能够创造时势都是错误的。把时势规定为在一定历史时期内各种社会条件的总和所造成的社会发展的具体态势,并不能自动地导致对"英雄造时势"这个命题的否定。因为这种态势既可以指"一般趋势",也可以指"个别外貌"或"局部后果"。因此历史上长期广泛流传的英雄史观,远不是像某些人所批判的那样百分之百的错误,一点合理因素都没有。如果刘邦死于鸿门宴,便不可能有两百多年的刘汉王朝。就当时历史发展的个别外貌而言,这个说法不能不承认是正确的,尽管需要作些必要的说明。人们总是首先认识到事物的"外貌"即表面现象,然后才深入到事物的本质或"一般趋势"。因此,停留在"英雄造时势"和"时势造英雄"之间的对立上面是片面的观点,还应该看到它们之间的统一。和其他许多历史上相对正确但有自己的局限性或严重错误的理论一样,"英雄造时势"的理论在个人的历史作用学说史上也应占有自己的一席地位,它是这个学说发展过程中不可缺少的环节。

同样,绝对地、形而上学地断定有或是没有不可替代的历史人物也是错误的。前面已经说过,只要强大而且深厚的社会需要继续持久地存在着,就总会有满足这种需要的人物来替补已故的角色或空

---

① 《普列汉诺夫哲学著作选集》,第 2 卷,第 374 页。

缺的位置。但是在另一个层次上说,有些历史人物又是不可代替的。"难道马克思主义者会否定《资本论》的作者对于劳动价值理论以及对于在这种理论中找到了支撑点的那种社会思潮的极其巨大的意义么?"——普列汉诺夫在手稿《再论"经济唯物主义"》中问道——当然,可以反驳说:这位大思想家的这部著作由天赋较低的一些人共同努力来完成也是完全一样的。但是第一,这会大大延缓文明的进步,而第二,未必可能产生这种天才的思想所产生的完全同样的结果。千百个平凡的天文学家代替不了哥白尼或牛顿。千百个平凡的音乐家也不会使人们获得贝多芬、舒曼、肖邦给人们的那种享受。……一万个格子的上皮代替不了一个格子的灰色的大脑物质。但这是不是否定有可能根据唯物主义建立心理学呢?看来丝毫不是。同样,一千个庸才代替不了一个马克思这个无可置疑的真理也丝毫不否定历史唯物主义。①

不仅如此,对社会发展的一般趋势也不能机械地理解。新的社会关系并不是在新的生产力的基础上一下子自行产生的,而是通过各种势力互相斗争的产物。这里有保守派和革新派之间的斗争,有他们同中间派的联合或斗争,他们各自内部也不断地时而彼此结盟,时而互相倾轧。于是就呈现出发展过程的各种可能的结局。在一定情况下,发展的过渡阶段可以大大缩短或延长,或者甚至可以完全没有。一般趋势就是在通过各种可能性的斗争达到现实性的过程中显示出来的。"一种现象的可能性离它的现实性还很远。为了使某种在理论上可能的现象在实际生活中实现,就需要具备某些具体的条件。"②在这些条件中极其重要的、对实践活动说来甚至具有决定意义的条件就是参与

---

① 《普列汉诺夫遗著》,俄文版第4卷,第254页。
② 普列汉诺夫:《车尔尼雪夫斯基》,第291—292页。

这些事变的主体的活动,尤其是杰出人物的活动。遗憾的是普列汉诺夫未能进一步具体分析杰出人物的主观活动或偶然事件在历史过渡的各种不同的可能结局中所起的作用。

不过普列汉诺夫在分析文艺复兴时期杰出艺术家和特定艺术潮流的关系时,曾经谈到一定条件下偶然事件的不断积累可能改变必然的趋势。"精神发展或社会发展方面任何特定的杰出工作者的'个性'都属于偶然性,这些偶然性的出现丝毫不妨碍人类智慧发展的'中'线同人类经济发展并行前进。"①如果拉斐尔、米开朗基罗和达·芬奇由于一些与意大利社会政治和精神发展的一般进程无关的偶然原因而不幸早逝,意大利文艺复兴时期的艺术可能不会这么完备,它的许多次要特点将发生很大的变化,但它的一般趋势仍然会继续下去,这段艺术发展史也不会有实质上的改变。然而这里和其他地方一样,在一定条件下(即在这一艺术潮流不很深刻的情况下),"量的差别归根到底是会转变为质的差别的。……某一艺术潮流中如果有好几个能够成为它的代表者的杰出人物都因各种不利情况的凑巧而相继早死了,那么这一潮流也许始终不会有什么出色的表现"②,后世的艺术史家也许就根本不会提到它。

以上就是普列汉诺夫对个人在历史上的作用究竟有多大这个问题的基本观点。只要把这些观点同马克思、恩格斯这方面的论述,特别是同他们生前发表过的论述比较一下,是不难确定哪些属于他的创造性的贡献的。

而且在这方面普列汉诺夫同样继承了黑格尔哲学。上述关于伟大人物何以伟大的思想、关于英雄和时势的关系的思想、关于英雄的悲剧

---

① 《普列汉诺夫哲学著作选集》,第3卷,第193页。
② 同上书,第2卷,第369页。译文有改动。

下场的思想，都是对《历史哲学》"绪论"中相应观点的批判改造。此外，他还一再肯定了黑格尔对热情、情欲和恶在历史上的作用，对评价历史人物时的"猜忌观点"和拘于小节的庸俗观点的憎恶所作的分析。

　　这里还必须指出一点，就是普列汉诺夫的哲学史分析方式问题。前面已经说过，列宁批评普列汉诺夫不作深入研究就驳斥新康德主义和马赫主义的议论时曾提出一条重要的方法论原则：要像黑格尔纠正康德那样纠正错误的议论，加深、概括、扩大它们，指出一切的和任何的概念的联系和转化。和普列汉诺夫相反，列宁本人通过批判马赫派的认识论，光辉地实践了这项原则。但是在个人的历史作用这个历史观问题上①，普列汉诺夫对待包括新康德派在内的前辈和同时代思想家的态度就根本不同于他的认识论著作。正是在这里他出色地继承了上述黑格尔优良传统。为什么会出现这种矛盾现象？不能说普列汉诺夫对这条方法论原则没有认识。要知道他分析哲学史问题时的常用手法正是把"相反的极端观点中所包含的一部分真理"②挖掘、展现出来，予以充分肯定，进一步发展它、概括它，而不是简单地驳斥错误观点。所以，我以为，这里的原因主要在于对问题是否重视和有没有深入的研究以及因此产生的知识的准备程度。不仅如此。在利用"个别"和"一般"这对范畴考察个人在历史上的作用问题时，普列汉诺夫也清楚地证明自己是真正的辩证法家。这一点，跟他在认识论和政论中的表现也是完全不同的。③他在后面两个领域关于个别和一般相互关系的言论曾经理所当然地受到列宁多次严厉的批评。不了解所有这些区别，就不能准确地评价普列汉诺夫哲学思想的是非功过。

---

① 在其他历史观问题上也有类似情况。
② 《普列汉诺夫哲学著作选集》，第 2 卷，第 370、870 页。
③ 当然，认识论中的表现同政论中的表现也有重大的区别。

（六）

在普列汉诺夫的社会结构学说中，阶级和阶级斗争问题占有特殊重要的地位。他对这些问题以及其他一些有密切关系的重要问题，如革命问题、无产阶级专政问题、国家问题等，发表了大量的或者不少的言论。这些言论，性质很复杂。过去人们在评价这些言论的时候，不是缩小了普列汉诺夫错误的范围和严重性，没有充分考虑到列宁对普列汉诺夫机会主义立场所作批判的全部意义（德波林派），就是夸大了这些错误的范围和严重性，否定或者忽视了普列汉诺夫对这些问题的某些理论方面所做出的贡献（米丁派）。他们都违背了列宁关于后期的普列汉诺夫"集理论中的激进主义和实践上的机会主义于一身"的指示。在这方面，恰金二十世纪六七十年代的著作为恢复和正确解释列宁的这一评价，同样做出了重要的贡献。他一再指出：普列汉诺夫的"哲学观点和政治观点不是同步"发展的，政治观点的变化并不制约着哲学观点的自动改变。"但是如果以为它们互相间没有联系，哲学可以独立于政治之外，那是不正确的。"①问题在于这究竟是怎样一种联系。恰金首先给我们划出了这样一条原则上显然正确的界线："他的孟什维主义同哲学领域中的种种错误和倒退现象的联系并不总是直接的。在同政治实践直接相关的某些历史唯物主义问题上（关于革命、阶级斗争和国家的学说），联系是明显的，而在辩证唯物主义和哲学史方面则暴露得较少。"②后来他又指出：即使在这些历史唯物主义问题上普列汉诺夫的理论观点也不全都是由错误构成的，其中有不少很有

---

① 《苏联哲学史》，第4卷，1971年俄文版，第255页。
② 《普列汉诺夫及其在发展马克思主义哲学中的作用》，1963年俄文版，第158页。

价值的东西。他的《普列汉诺夫对马克思主义一般社会学理论的分析》一书最后整整两章对这个问题作了专门的考察。不过这个问题仍然值得进一步探讨。我们从什么是阶级这个问题谈起。

"什么是社会阶级呢?"普列汉诺夫答复说:"这是不同程度的大规模的人群等级,这些人在对其他等级的关系上处于相同的生产关系中。社会之划分为阶级是由社会中现存的生产关系决定的。"①他在批判伯恩施坦时写道:"阶级概念本来所归属的那个领域就是经济领域。"②因此必须"以经济特征来说明阶级",因为"任何人也不能按另一方式来说明阶级"③。通过对历史上各阶级的分析,他完全达到了这样的理解:阶级差别的基本标志是,它们在社会生产体系中所处的地位不同,对法律明文规定的生产资料的占有关系不同,在社会劳动组织中所起的作用不同,因而领得自己所支配的那份社会财富的方式和多寡也不同。然而要全面认识一个阶级,光知道它的经济地位或经济利益,即知道它的经济特征,是不够的,还必须了解它在特定历史条件下的政治面貌和思想面貌。"不论在什么时候和什么地方,只要经济发展过程引起社会之分化为阶级,引起这些阶级的利害矛盾,就必然使得它们为争夺政治统治而斗争"④。它们必然会利用一切政治手段和法律手段。"所有的成文法都保护着一定的利益。这些利益是从哪里产生的呢?……它们是人类的经济关系所创造的。利益一旦产生,即以某种方式反映在人们的意识中。要保护某种利益,必须对这种利益有所意识。"⑤这就是说"各社会阶级的意向是由他们的地位即他们的利益决定的。但

---

① 《普列汉诺夫全集》,俄文版第12卷,第291页。
② 《普列汉诺夫哲学著作选集》,第2卷,第442页。译文有改动。
③ 同上书,第2卷,第317页。
④ 同上书,第1卷,第77页。
⑤ 同上书,第2卷,第287页。

是因为阶级地位即阶级利益是不同的,所以受它们所制约的意向也不相同。"①

其次,阶级是怎样起源的呢？普列汉诺夫没有对这个问题作过专门分析。因为这里和其他地方一样,普列汉诺夫的绝大部分著作,由于是论战过程的产物,没有可能对许多问题(即使是很重要的理论问题)都做出正面的详细说明。大家知道,详细讨论过阶级起源问题的主要马克思主义经典著作是《反杜林论》、《家庭、私有制和国家的起源》和《德意志意识形态》。前两书普列汉诺夫认真地反复研究过,并经常作为权威著作加以引证。后面一种他很可能九十年代在恩格斯家中读过它的手稿。要假定普列汉诺夫不理解或者不同意上述著作在这个问题上的观点,看来是困难的。何况他毕竟还是部分地阐述了《反杜林论》中某些重要的思想。因此在阶级起源以及与此密切相关的私有制起源问题上,像萨谢理雅那样把普列汉诺夫同恩格斯对立起来,显然是缺乏根据的。②

我们稍微仔细地谈谈这个问题。

从一定的意义说,所谓阶级的起源也就是奴隶制的起源,即奴隶主和奴隶两大阶级的起源,或者也可以说是"所有制"的起源。因为根据"所有制是对他人劳动力的支配"的定义,根据家庭中妻子和孩子之成为丈夫的奴隶是"所有制的萌芽和原始形态"③,"所有制起源"一词跟"阶级起源"概念几乎是相当的。

那么阶级是怎样形成的呢？普列汉诺夫指出,阶级不是从来就有的,也不可能永世长存,它只是一种历史现象,是社会生产发展到一定

---

① 《普列汉诺夫哲学著作选集》,第4卷,第667页。
② 参见萨谢理雅:《修正主义反对无产阶级专政学说》,三联书店1962年版,第240—244页。
③ 《马克思恩格斯全集》,第3卷,第37页。

阶段的产物。在氏族制度的原始公社时期，由于生产力水平极其低下，人们只有结合起来，集体进行斗争，才能勉强维持其生存。在这种生产条件下，不可能有剩余产品，因此不可能有对他人的剥削，从而也就没有出现阶级的物质前提。那时人们对待战争俘虏的态度通常是杀而食之。后来这种做法逐渐地被留下当奴隶的办法取代了。然而"为着使我能把被征服的敌人造成奴隶较之吃掉他更有利益，就需要他的强制劳动的生产品不仅能够维持他的生存，而且至少部分地亦要能维持我的生存，换句话说，需要在我支配下的生产力有某一程度的发展。奴隶制度正是经过这扇大门进入历史的。"①1908年，普列汉诺夫在《马克思主义基本问题》一书中进一步指出："据拉采尔说，非洲东部的马沙奚人所以要杀死自己的俘虏，是因为这个游牧部落还没有利用俘虏的强迫劳动的技术上的可能。但是和这个游牧部落为邻的农业部落华康巴人就有利用这种劳动的可能，因而留下俘虏的生命，把他们变为奴隶。所以，奴隶制度的发生，是要以社会力量发展到某种程度而容许剥削奴隶劳动为前提的。但是奴隶制度是这样一种生产关系，随着这种生产关系的出现，从前只按性别和年龄来划分的社会，开始有了阶级的划分。"②

　　这就是普列汉诺夫继恩格斯之后对奴隶制形成亦即阶级形成的第一种过程的说明。由此可见，萨谢理雅把所谓的普列汉诺夫"私有制劳动起源论"同恩格斯的上述论点对立起来，似乎普列汉诺夫违反了恩格斯论点的说法，是不可能得到证实的。

　　对于阶级形成的第二种过程，普列汉诺夫的论述比起前一种过程就更少了，也更不完整。但是基本的内容还是说了。例如请看这样一

---

① 《普列汉诺夫哲学著作选集》，第1卷，第684页。
② 同上书，第3卷，第166页。

段话:在原始"氏族公社中几乎没有私有财产。但是生产力的发展逐渐破坏了原始共产主义。私有财产发展并且巩固起来;它包括越来越新的对象;某个时候以平等为基础的社会的内部,出现了富人和穷人。这是一连串的变革,它们注定要引起家庭法和社会政治结构的变化。国家产生了,它的宪法成了社会经济关系的表现。"①

这段话告诉我们,阶级的出现以私有财产的存在和一定程度的发展为历史前提。阶级和私有财产不是同时出现的,更不可能先有阶级然后才产生私有财产。在没有划分为阶级的原始共产主义社会内部,已经存在着私有现象了。不过在公有制占统治地位的氏族制度下,这种现象只能看作私有财产的"萌芽"。这种观点是否正确呢?萨谢理雅断然肯定它是错误的。他写道:这里"至少普列汉诺夫认为在人类社会发展之初就存在着某种私有制。原始共产主义关系的瓦解过程,不是私有制产生和发展的过程,而只是自古以来就有的私有制的'发展和巩固'的过程,只是自古以来就有的私有制包括着越来越新的对象。"②

普列汉诺夫是不是认为"自人类社会开始存在以来就有了私有制"③?不是。就在萨谢理雅引证的《论一元论历史观的发展》一书上,普列汉诺夫这样写道:"在一经产生之后,私有财产就和更古老的社会占有方式发生矛盾。在生产力的迅速发展为'个人的努力'开辟了日益广大的园地的地方,社会所有制很快地消逝了或者在所谓残存制度的形态下继续存在。"④这里讲得很明确,先有社会所有制即公有制,以后由于生产力的发达才产生了私有财产或私有制。换言之,在普列汉

---

① 《普列汉诺夫哲学著作选集》,第2卷,第228页。
② 《修正主义反对无产阶级专政学说》,第243页。
③ 同上书,第242页。
④ 《普列汉诺夫哲学著作选集》,第1卷,第698页。

诺夫看来,私有制决不是"人类社会开始存在以来就有了"的。

萨谢理雅批评普列汉诺夫不应该把原始共产主义关系的瓦解过程看成是私有制的"发展和巩固"的过程,而应该是"私有制产生和发展的过程"。这就是说,普列汉诺夫错误地把私有制的产生提前了。在萨谢理雅看来,"最初出现的私有制是对奴隶的私有,而完全不是对耗费个人劳动的产品的私有;……在原始共产主义的繁盛时期,在它开始瓦解以前,根本谈不上私有制"①,第一批私有财产——奴隶,只是在原始公社瓦解过程中才产生的。事实是怎样的呢?我们知道,发生在原始社会瓦解、奴隶社会形成时期的社会分工,即第三次社会大分工,是随着商人阶层的出现而出现的。原始社会野蛮时期高级阶段发生的手工业和农业的分工被称为第二次社会大分工。而第一次社会大分工则指游牧部落同其余的野蛮人群相分离,这就更早了,它发生在原始社会野蛮时期的中级阶段。恩格斯在《家庭、私有制和国家的起源》一书中指出:"第一次社会大分工,在使劳动生产率提高,从而使财富增加并且使生产场所扩大的同时,在既定的总的历史条件下,必然地带来了奴隶制。从第一次社会大分工中,也就产生了第一次社会大分裂,即分裂为两个阶级:主人和奴隶、剥削者和被剥削者。"②可见,即使像奴隶这样的私有财产或像奴隶制这样的私有制,至迟在原始社会野蛮时期中级阶段结束时就已经产生了,而不是再过若干世代以后才"产生"在"原始共产主义关系的瓦解"时期,如萨谢理雅所以为的那样。

被萨谢理雅谴责为修正主义的另一个观点是所谓"私有制劳动起源论"。普列汉诺夫在《唯物主义史论丛》中写道:"私有财产在自己发展的原始阶段中,总是所有者本人的劳动成果。"③为什么说这个观点

---

① 《修正主义反对无产阶级专政学说》,第249、253页。
② 《马克思恩格斯全集》,第21卷,第184—185页。
③ 《普列汉诺夫哲学著作选集》,第2卷,第169页。

是"修正主义"的呢？因为萨谢理雅把私有制同剥削制度混为一谈了。他从马克思、恩格斯、列宁著作中引证了一系列的论断，企图证明"真正的私有财产到处都是因篡夺而产生的"①，决不是"靠个人劳动得来的"，否则剥削制度就会成为永恒的、正义的制度。

为了不使我们的叙述离题太远，这里不打算具体分析萨谢理雅的种种论据，只要指出她的主要错误就足够了。我们翻开《反杜林论》，在第二编"暴力论"一章上读到了这样一段话：

"要强迫人们从事任何形式的奴隶的劳役，那就必须设想这一强迫者掌握了劳动资料，他只有借助这些劳动资料才能使用被奴役者；而在实行奴隶制的情况下，除此以外，还要掌握用来维持奴隶生活所必需的生活资料。这样，在任何情况下，都要拥有一定的超过中等水平的财产。但是这种财产是怎样来的呢？无论如何，很清楚，虽然财产可以由掠夺而得，从而可以依靠暴力，但是这决不是必需的。它可以通过劳动、偷窃、经商、欺骗等办法取得。无论如何，财产必须先由劳动生产出来，然后才能被掠夺。私有财产在历史上的出现，决不是掠夺和暴力的结果。相反地，在一切文明民族的古代的自发的公社中，私有财产已经存在了，虽然只限于某几种物品。"②

恩格斯十分明确地宣称：历史上最初的私有财产，决不是掠夺和暴力的结果，而首先是个人劳动的产物。这同萨谢理雅的武断显然是直接对立的，但同被她宣布为"修正主义"的普列汉诺夫的观点则是完全一致的。也许萨谢理雅会反驳说，她的看法正是从马克思、恩格斯著作中来的，有他们的原话为证。那么，是不是马克思、恩格斯自相矛盾呢？凡是思想健全的人都容易明白：这里根本没有任何矛盾。当马克思、恩

---

① 《马克思恩格斯全集》，第3卷，第422页。
② 同上书，第20卷，第176页。

格斯说私有财产起源于篡夺的时候,指的是剥削者的财产,而当他们认为私有财产起源于劳动的时候,指的都是劳动者的财产。只要仔细看一看她所引证的马克思、恩格斯的那些真正有关的论述的前后文,就不难相信我们的说法是正确的。萨谢理雅硬说普列汉诺夫把"个人占有与私有制混为一谈",看来她倒的确是把一般私有制同非劳动的私有制混为一谈了,正是这种混淆导致了她对劳动的私有制的无端否定。所谓"个人占有与私有制混为一谈"实质上就是劳动的私有制与一般私有制的混淆,对于这种混淆她深恶痛绝地斥之为修正主义谬论。但是由于对问题没有深入的考虑,她陷入另一种同样错误的极端。

总之,普列汉诺夫关于阶级起源和私有制起源以及两者之间相互关系的论述,尽管不系统、不全面,也没有什么创见,但它们毕竟是正确的。而且值得注意的是,至今还没有人发现1903年以后他在这些问题上的观点有什么改变。和普列汉诺夫关于历史唯物主义的其他许多基本观点一样,这里也没有随着他的政治立场变化而变化。

(七)

在普列汉诺夫的著作中,阶级关系问题,特别是阶级斗争问题,成了注意的中心。不过这方面具有独创性的主要不是提出了什么关于阶级关系和阶级斗争的新原理,而是自觉地、多方面地和卓有成效地运用马克思、恩格斯早已阐明过的原理来分析包括哲学、文艺、宗教、伦理在内的思想体系的历史。这种运用在本书其他各章分别有详略不等的叙述,这里就不多说了。

依普列汉诺夫看来,复杂的阶级关系中最根本最重要的关系是阶级斗争,它是人类历史运动和整个社会结构的"弹簧"和"主要动力"。正确认识阶级斗争,对于科学地理解一切社会现象具有决定性的意义。

但是阶级斗争毕竟只是阶级间的一种关系,而阶级关系又只是社会关系的一种。因此,如果只从阶级关系或阶级斗争的观点去解释极其复杂多样的社会现象,那就很难保证不得出简单化的、庸俗可笑的结论。而且即使对阶级关系和阶级利益,也不能作狭隘的理解,比如以为一个阶级的利益,任何时候任何地方必然同其他阶级的利益绝对对立。持这种形而上学观点的人无法理解阶级利益和社会利益的统一性的辩证法:"任何一个'最有权势者'阶级的历史中,都有一个时期,他们的'特殊的'利益也就是进步运动的利益,因此也就是全社会的利益。"①

普列汉诺夫在论述特定阶级及其在政治上或著作方面的代表之间的关系时曾经提出了一条普遍的方法论原则:"只有存在才能阐明思维的秘密"②。这就是说:一方面,社会意识的阶级性或者阶级意识的种种特性应该由具有阶级性的那一部分社会关系即阶级关系来说明;另一方面,社会意识的非阶级性或非阶级意识的种种特性也就只能由不具有阶级性的那一部分社会关系即非阶级关系来说明了,例如道德、法律等社会科学中的继承性就应该这样解释。③ 文学的人民性就其非阶级性的一面而言,也应该这样解释。显然,普列汉诺夫本人并没有完整地做出这个结论。但是他的著作中存在着得出这个结论的几乎一切前提。

正如要全面了解一个阶级必须知道它的经济特征、政治特征和思想特征一样,要全面认识阶级关系或阶级斗争也必须从经济、政治和思想三方面着手。其中经济关系或经济斗争是基础。"什么是阶级的相

---

① 《普列汉诺夫哲学著作选集》,第2卷,第129页。
② 同上书,第3卷,第198页。
③ 有人说道德、法律之所以有继承性在于社会文化心理结构的相对稳定性。这当然不失为一种很有见地的看法。但是社会文化心理结构的稳定性本身又从何而来呢?如果停留在这一点上,那还是用社会意识来说明社会意识啊!

互关系呢？这首先是人们在社会生产过程中彼此之间的关系：生产关系。这些关系在社会的政治组织和各阶级的政治斗争中得到自己的表现，而这个斗争则是促使各种政治理论产生和发展的动力。在经济基础之上必然会建立起同这个基础相适应的思想体系的上层建筑。"①

同时，政治斗争在整个阶级斗争中也占有极为重要的地位和作用。这种地位和作用最充分地表现在马克思的下述名言中："一切阶级斗争都是政治斗争"。因为"不论什么时候什么地方，只要经济发展过程引起社会分化为阶级，引起这些阶级的利益矛盾，就必然会使它们为争夺政治统治而斗争。这一斗争不仅发生在统治阶级不同阶层之间，而且也发生在统治阶级为一方、人民为另一方之间……。任何时候和任何地方，政治权力都是一个杠杆，已经获得统治地位的阶级就用它来实现这个阶级的繁荣和进一步发展所必需的社会变革。"②

在阶级社会中，阶级斗争是"普遍存在"的、"贯穿始终"的和绝对的，然而它采取的斗争形式却多种多样，在具体场合究竟采取什么形式，是"武装斗争"还是"和平协定"，是公开进行还是秘密地干，等等，则是相对的，即依历史条件的差别而互不相同的。"阶级斗争不管它的残酷性如何，不管它是公开的或隐蔽的，自觉的或不自觉的，都是社会分裂为各个阶级之后普遍存在的结果。"③当然，各阶级的利益并不总是对立的。不过仅仅利益的差别就足以引起阶级对抗。另一方面，即使对立的阶级利益也不是始终表现为公开的对抗。"举俄国历史为例，在俄国发生的公开的大规模的农民起义能举出很多吗？很少。大俄罗斯的拉辛和普加乔夫的起义和小俄罗斯的哥萨克战争只维持了相

---

① 《普列汉诺夫哲学著作选集》，第 1 卷，第 721 页。译文有改动。
② 同上书，第 1 卷，第 77 页。译文有改动。
③ 同上书，第 2 卷，第 545 页。

当短的一段时期,它们之间相隔的时间也很长。但是这些间隔时期的特点是什么呢?社会和平吗?不是,当时关于社会和平,甚至关于休战的说法还没有听见过。'社会战争'在这些间隔时期中并没有停止,它只不过改变了自己的性质,从公开的变为隐蔽的罢了"①。

普列汉诺夫的这些言论决不是他的个别观点,也不是他一个时期的思想,在某种意义上倒可以说是他的理论著作的"全部历史观的核心所在"。但这只是一个方面。另一方面恰恰又是在阶级斗争问题上普列汉诺夫后期政论犯了一连串严重的不可饶恕的错误。这样就产生一个问题:对于所有这些论述究竟应该如何评价才是全面的、正确的?由于后期政论的这些错误,《列宁全集》中有大量具体详细全面深刻的批判,所以这个问题的实质就归结为如何解释其他著作对阶级斗争学说所作的阐述,以及这些阐述同后期政论中的错误之间的相互关系。

大家知道,普列汉诺夫在《俄国社会思想史》第 1 卷(1914 年 6 月出版)"绪论"中写过这样一段话:"任何一个特定的划分为阶级的社会的发展进程,都取决于这些阶级的发展进程和它们的相互关系,即第一,在涉及国内社会制度的场合,取决于它们的相互斗争,以及第二,在涉及保卫国土不受外来攻击的场合则取决于它们或多或少的友好合作。因之,俄国历史过程的无可争议的相对特点也就应该用组成俄国社会的各阶级的发展进程和相互关系来解释。"②这段话的前一句,长期以来一直受到人们的各种批评。这些批评究竟有没有道理,需要好好分析一下。

---

① 《普列汉诺夫哲学著作选集》,第 2 卷,第 544 页。
② 《普列汉诺夫全集》,俄文版第 20 卷,第 13 页。引文中的"国土"一词,原文为 страна,《修正主义反对无产阶级专政学说》一书译为"国家"。一般说来,страна 译"国家"并不错误,但在这里译为"国土"更恰当。这样,作为地理概念的 страна(国土,国家),就可以同作为政治概念的 государство(也是"国家")明确区分开来。

先看福米娜的批评。她写道:"普列汉诺夫实质上放弃了马克思主义关于阶级斗争是历史的动力的学说,他企图证明,与西方不同,俄国历史的特点与其说是阶级斗争,毋宁说是各阶级在保卫国家免受外来进攻的事业中的或多或少的友好合作,而俄国专制制度则是超阶级的组织,是为了对外部敌人进行斗争所必需的组织。"①

关于国家问题,下面再作专门讨论。现在的问题是:普列汉诺夫是否"实质上放弃了马克思主义关于阶级斗争是历史的动力的学说"?我们认为,至少在理论著作和1903年底以前的政论中没有放弃。

就拿《俄国社会思想史》"绪论"来说吧。凡是稍微认真读过这篇"绪论"的人绝对得不出福米娜的上述结论来。请看"绪论"中紧接着上面引文的一段话:"我国的历史科学追随法国复辟时代历史学家的有益榜样,早就在自己面前提出了俄国国内各阶级的相互关系是怎样的问题。正如我上面说过的:曾经有一个时期,我国各种在观点上极为对立的人们,差不多一致相信俄国的历史完全不像西方的历史。对于这种不相似,当时是用这样一种无可怀疑的情况来解释的,即:与西方相反,俄国不知道阶级的相互斗争。现在绝对不能认为这种情况是无可怀疑的。现在一个严肃的研究者必须问自己的不是我国是否有阶级斗争——现在已经证明有,而是俄国的阶级斗争是否像以及在何种程度上像其他国家中所进行的阶级斗争。"②可见普列汉诺夫绝对没有否定俄国历史上阶级斗争的存在,也没有否定阶级斗争是俄国社会发展的动力。他要讨论的问题是阶级斗争在俄国历史上的作用同它在西方历史上的作用比较起来有什么特点。

例如他认为一个特点是,俄国存在着大量的拓殖疆土,妨碍了俄国

---

① 《普列汉诺夫的哲学观点》,三联书店1957年版,第317页。
② 《普列汉诺夫全集》,俄文版第20卷,第13—14页。

国内阶级斗争的激化。"俄国的历史是一个在自然经济条件下进行垦殖的国家的历史。垦殖意味着——正如索洛维也夫早就指出的——职业的单一化和居民的经常迁移,这两种情况,正如我曾经补充的,都会妨碍由于社会的劳动分工而产生的那些阶级差别的加深。这就是说,由于上述条件,社会各阶级之间强化的(着重点是我加的——引者)斗争不可能成为俄国内部历史的特点。"①接着他说明了俄国的这一经济特征如何造成不同于西方的政治后果和思想后果。可以争论的是待垦地的大量存在和移居人口的众多有没有阻碍或者在什么程度上阻碍了俄国国内阶级斗争的强化,但是不能硬说普列汉诺夫这些言论"实质上放弃了马克思主义关于阶级斗争是历史的动力的学说",这是绝对不能混为一谈的两个问题。至于垦殖对于阶级斗争的发展可能发生的作用,我们这里只想请读者回忆一下列宁在《社会民主党在俄国第一次革命中的土地纲领》中的一段重要论述:"必须明白地了解俄国的全部经济史所证实的、构成俄国资产阶级革命一大特点的事实。这一事实就是俄国拥有大量的待垦地,随着一般农业技术的进步,随着俄国摆脱农奴主压迫方面的进步,这些土地将日益被居民用于农业。""这一情况是俄国农业按美国方式实行资产阶级演进的经济基础。"②

其次,福米娜认为普列汉诺夫放弃阶级斗争学说的另一个证据是:"他断定说,公开的阶级斗争不是俄国历史的特征。他声称道,'我们的阶级斗争多半处于隐蔽状态的这一事实,乃是俄国历史过程的特点之一',仿佛它就巩固了已经存在的政治制度。"③

这也是一种奇怪的逻辑。在福米娜看来,俄国历史上的阶级斗争

---

① 《普列汉诺夫全集》,俄文版第 20 卷,第 84 页。
② 《列宁全集》,第 13 卷,第 233 页。
③ 《普列汉诺夫的哲学观点》,第 316—317 页。

多半处于隐蔽状态,实质上等于不承认阶级斗争是俄国历史发展的动力!要知道隐蔽状态的阶级斗争毕竟还是阶级斗争呀!请看普列汉诺夫本人是怎样讲的吧。"由此可见,我国的君主制度之所以是巩固的,完全不是因为我们这里没有阶级斗争,像波戈金和自称斯拉夫派的人们所断言的那样,而恰恰是由于阶级斗争的存在。不过俄国历史过程的显著特点之一在于这样一个事实:我国的阶级斗争多半处于隐蔽状态,在很长的时间内不仅没有动摇我国所存在的政治制度,反而大大地巩固了它。"①

何谓"阶级斗争的隐蔽状况"?这个问题可以在刚才从《阶级斗争学说的最初阶段》一文引证的那段话后面的文字中找到答案。文章作者写道:"社会仍然是分裂为两个敌对的阵营:这边是'地主'、'老爷',那边是'农奴'、'农夫'。这两个阵营各自都清楚地看到敌对的感情、观点和行动的壁垒,是这个壁垒把这两个阵营分开的:'老爷'骂'农夫',尽量'督促'他们多干些活;'农夫'嘲笑'老爷',用一切办法抵抗这种'督促'。于是每年,甚至每月在这里或那里,隐蔽的战争转变为公开的,但是局限在很小的范围内;农夫'暴动',老爷用他掌握的武装力量来实行'镇压'。我们的民粹派说得正确,他们说,农民争取土地和自由的斗争像一根红线贯穿了整个俄国的历史。如果说,农民争取土地和自由的斗争,不是对地主和地主所支配的国家进行的阶级斗争,那么又算作什么样的斗争呢"②?

这就是说,普列汉诺夫只把公开的大规模的农民起义称作"公开的阶级斗争",而把"农奴"和"农夫"反对"地主"和"老爷"的日常斗争,甚至每月都要在某个地方发生但局限在很小范围内的"公开的"战

---

① 《普列汉诺夫全集》,俄文版第 20 卷,第 111—112 页。
② 《普列汉诺夫哲学著作选集》,第 2 卷,第 544—545 页。

争叫作"阶级斗争的隐蔽状态"。福米娜可以不同意这种区分,但是她没有理由硬说普列汉诺夫放弃了阶级斗争学说,硬说他"抹煞了农民对地主和沙皇的斗争"。

能不能说《俄国社会思想史》一书,特别是它的"绪论"改变了《阶级斗争学说的最初阶段》的观点呢?不能这样说,除非不顾全书或整个"绪论"的基本思想而断章取义。整个"绪论"的基本思想是什么呢?一言以蔽之,就是"社会存在决定社会意识"。普列汉诺夫认为,要正确说明俄国社会思想的历史发展,最重要的一个条件是正确认识俄国社会关系不同于东方各国,特别是不同西方各国的种种特点。和东西方所有国家一样,他所研究的这个时期的俄国历史也是阶级斗争史(当然也是生产力和生产关系矛盾发展史),这是共同点,是不能动摇的原则。俄国社会的历史发展之所以既不同于西方国家(比如资本主义发展迟缓),也不同于东方,不是因为俄国没有阶级斗争,而是因为这种斗争具有不同于东西方国家的一系列特点。普列汉诺夫主要是拿俄国同西方比较。他认为俄国资本主义发展之所以不如西方迅速,关键在于俄国所处的特定的历史环境限制了俄国社会阶级斗争的开展。他具体分析了限制的种种因素,包括地理环境的特点、同邻国的关系以及国内各阶级的状况等等。这里,贯穿全书和整个"绪论"的基本思想恰恰是:阶级斗争是俄国历史的主要动力。难道不是这样么?西方发展快,因为那里的阶级斗争充分地激烈地开展;俄国社会落后,因为在这里,阶级斗争受到一系列地理的、历史的因素的限制而未能充分地发展。再说一遍:可以反对普列汉诺夫的一切具体分析,如果有足够的事实材料的话,但是不能歪曲他的思想,把有说成无。

和福米娜一样,萨谢理雅也批评了普列汉诺夫的"阶级合作论"。她在引证了上面那段关于各阶级"或多或少友好合作"的话以后写道:"这样一来,在任何阶级社会中,与阶级斗争同时并存的,还有阶级之间'在一定程度上的友好合作'。这一条原理,就是普列汉诺夫全部历史观的核心所在,也就是他的社会进程观的关键所在。阶级社会的这种两重性,规定了阶级社会的政治组织——国家也具有两重性。既然问题已经牵涉到保卫国家,……那么,阶级斗争就会退到后面去,国家就会成为一种超阶级的组织机构。"①

萨谢理雅的批评之所以不能成立,因为第一,她犯了以偏概全的错误。既然阶级社会中与阶级合作②"同时并存"的还有阶级斗争,既然阶级合作只在外敌入侵时才发生作用,而外敌入侵在一个国家或一个民族的历史上一般都只是比较短暂的时期,经常起作用的还是国家内部的阶级斗争,更何况普列汉诺夫并不否认阶级合作时期仍然存在着这些阶级之间的斗争,也不否认民族战争或国际战争本身就是阶级斗争的另一种形式,③既然如此,怎么能根据这个局部命题便做出阶级间"或多或少的友好合作""这一条原理,就是普列汉诺夫全部历史观的核心所在,也就是他的社会进程的关键所在"这样一种普遍性的结论呢? 列宁从来不是这样评论普列汉诺夫的。他从来都只是说:普列汉诺夫在俄国"资产阶级民主革命时期缓和革命人民和专制制度之间的矛盾",缓和无产阶级和资产阶级之间的矛盾,以及在无产阶级社会主义革命时期鼓吹无产阶级和资产阶级之间的阶级合作。④

第二,不符合普列汉诺夫的理论著作的实际。1903 年以前的著作

---

① 《修正主义反对无产阶级专政学说》,第 191 页。
② 这里讲的阶级合作,实际上指的都是敌对阶级之间的合作,即剥削阶级和被剥削阶级之间的合作。至于被剥削阶级之间或剥削阶级之间的合作,看来福米娜和萨谢理雅等人都是不会有异议的。能反对工人阶级和农民阶级之间的"友好合作"吗?
③ 这里指的都是他的理论著作,不是他的后期政论。这一点必须再次强调。
④ 关于阶级合作普列汉诺夫写了许多文章。列宁对普列汉诺夫政论中的阶级合作言论作了许多中肯深刻的批评,而对唯物史观中的阶级合作言论却未置一词。其实这个问题是很值得今天的学者认真思考、仔细研究,并且具有重大理论价值和实践意义的科研课题。

不用说了,例如他在《对我们的批判者的批判》(1901—1902年)中对合法马克思主义者司徒卢威的阶级矛盾"钝化"论就作了详细深刻的批判。与《俄国社会思想史》第1卷差不多同时问世的两篇论空想社会主义的著作——《十九世纪法国的空想社会主义》(1913年)和《十九世纪的空想社会主义》(1914年)——同样有力地证明:作为科学社会主义的理论家,普列汉诺夫是坚决反对"阶级调和"论的。请看:

"总之,空想社会主义者承认现代社会中存在着阶级斗争。但他们不让自己的改革方案去适应这个斗争;他们坚决不愿意依靠阶级斗争来实现自己的方案。他们希望这些方案通过阶级调和的道路实现。所以他们拒绝革命的行动方式,并且不理政治";

"空想主义者即使出现在政治舞台上,也仍然是空想主义者。在阶级斗争最尖锐的时期,他们还是继续幻想着阶级调和"①。

这两篇著作的中心思想就是把马克思的阶级斗争学说同空想社会主义的阶级调和论尖锐对立起来。不知福米娜和萨谢理雅怎样解释一战前最后一年出版的上述三种著作之间在阶级斗争学说上的思想关系?是普列汉诺夫自打耳光呢?还是你们的分析出了毛病?

第三,普列汉诺夫之所以反对阶级斗争缓和论,是同历史唯物主义更为根本的原理联系在一起的,即同社会发展的水平归根到底决定于生产发展的水平联系在一起的。正是在上述"绪论"中他写道:"特定社会的生产力增长得越迅速,它的经济生活的脉搏就跳得更快,于是该

---

① 《普列汉诺夫哲学著作选集》,第3卷,第610、634页。顺便说说,早在大约九十年前,普列汉诺夫就天才地预言过,将来某个时候有可能实行对资产阶级的思想改造。他在《奥古斯丁·梯叶里和唯物史观》一文中写道:"现代社会主义者情愿接受空想社会主义者十分珍爱的方案——'使之转变,接受自己的信仰'和'感动上层阶级',不过有一个条件:在他们被剥夺以后来'转变'和'感动'他们。所以懂得'人性'的人都会同意,那时他们比现在要容易'转变'得多。"(《普列汉诺夫全集》,俄文版第8卷,第17—18页)

社会占统治地位的生产方式所固有的矛盾也就更尖锐。这些矛盾的尖锐化主要表现为阶级斗争的尖锐化,而阶级斗争不管采取的是这种或另一种形态,在任何分裂为阶级的社会始终都在进行着。阶级斗争的尖锐化使得社会的内部历史具有克柳切夫斯基教授认为发生侵略时便会出现的那种战斗性;而且阶级斗争也会使社会设施具有'分明的轮廓'。不仅社会设施如此。'争论是万物之父',爱菲斯的一位深刻的思想家说过。尖锐起来的阶级斗争加深着思想的进程,并使它们的相互冲突更为频繁。"①只有把所有这些最明白也最根本的表述一概抹煞的人,才能得出福米娜和萨谢理雅那样的结论。

和前两位女学者比较,恰金1977年对这个问题的分析就正确得多。他首先肯定了两点。第一,"普列汉诺夫在他过去的前孟什维主义时期的一系列著作中清楚地说明,阶级斗争是一切社会过程的基础"。第二,"甚至在普列汉诺夫的孟什维主义时期,我们在他那里也发现了对阶级斗争作用问题的正确答案。"②接着提出了如下的批评:"把阶级合作问题提升为,哪怕是在战争时期提升为普遍因素,也是错误的,它成了普列汉诺夫在帝国主义战争时期机会主义立场的理论根据。自然,世界史上,在它的某些具体的一段时间里,这些或那些阶级的合作也是存在的。这种合作依一系列具体的历史条件而具有不同的历史意义。但是敌对社会中诸阶级间的这种合作,甚至也决不是一切社会在战争时代的局部规律。普列汉诺夫的论题是不正确的。"③

我们完全同意这些见解。不过我们觉得,还需要对恰金的上述批评作若干补充说明。

---

① 《普列汉诺夫全集》,俄文版第20卷,第49页。
② 《普列汉诺夫对马克思主义一般社会学理论的分析》,第175、176页。
③ 同上书,第175页。

恰金正确地批评普列汉诺夫不应该把阶级合作提升为"普遍因素"或一般原则,即使只限于外敌入侵时期也罢。为什么不应该呢?

我们知道,在战争问题上马克思主义者的基本态度是弄清战争的性质,把一切战争区分为正义战争和非正义战争。要弄清战争的性质,首先必须确定进行战争的各种客观条件和历史环境。战争的性质不取决于谁进攻,敌人在谁的国境内,而取决于哪一个阶级进行战争,这种战争是哪一种政治的继续。假设某一个国家进行的是正义战争,例如法国国内反动势力取得胜利以前拿破仑对邻国所进行的战争,在这种情况下,如果某一邻国(例如当时分裂为大小三百多个邦的德国)的被剥削阶级同剥削阶级"友好合作",共同胜利地抗击了拿破仑的解放之师,结果会怎么样呢?结果"旧欧洲的一切痕迹"就不能被铁扫帚所扫荡,"所有中世纪的废物、徭役、什一税、优惠和特权、封建经济和宗法关系"就得不到多少有力的清除,国家的分裂状态就会多少原封不动地保存下来,这对德国社会今后的发展、进步,究竟是有利还是不利呢?显然是不利的。假设某个国家进行的是非正义战争,例如1904—1905年日俄战争时期俄国(或日本)所进行的战争,或者第一次世界大战时期俄国(或德国)所进行的战争,在这两次战争中,俄国(德国或日本也一样)无产阶级的有觉悟的代表能不能号召俄国无产阶级同自己的统治阶级"友好合作"呢?能不能说俄国社会的发展进程(当然是指顺利的发展)取决于"它们或多或少的友好合作"呢?不能这样说。普列汉诺夫自己就对日俄战争采取了失败主义即国际主义的立场,指出日俄两国统治阶级是战争的罪魁祸首,号召俄国无产阶级不要上俄国沙文主义者的当,而应尽力使沙皇政府在战争中失败。[①] 甚至在第一次世

---

① 参见《普列汉诺夫全集》,俄文版第13卷,第70—80、372—375页;《普列汉诺夫哲学遗著》,俄文版第2卷,第32—33页。

界大战爆发前夕,普列汉诺夫对待战争的态度也不是战争期间的那种护国主义立场。例如1912年10月27日他给盖德的一封公开信中就这样写道:"对于我们说来,最高的法律是国际无产阶级的利益。战争完全违反这些利益。因此国际无产阶级应当坚决地起来反对一切国家的沙文主义者。……只有阶级间的战争才能成功地对抗民族间的战争。"[1]

特别有意思的是普列汉诺夫1905年发表的那篇文章——《爱国主义和社会主义》。这里讨论的问题正是一个国家同另一个国家发生战争时这个国家的被剥削阶级对待本国的统治阶级应该采取什么态度。作者明确指出,这个问题不能抽象地回答。当祖国的利益同社会进步的利益一致的时候,这个国家的被剥削阶级就应该同本国统治阶级友好合作,共同抗击外来侵略。相反,在两种利益"发生矛盾的地方,它同维护祖国的决心就完全不相容"。"在阶级斗争具有尖锐的、革命的性质,从而动摇了以往世代因袭下来的陈旧概念的地方,尤其在被压迫阶级能够容易地相信它的利益同别国被压迫阶级的利益很相似,而与本国统治阶级的利益相对立的地方,祖国的观念将会大大地失去原有的魅力。"[2]

由此可见,普列汉诺夫1914年在《俄国社会思想史》"绪论"中所说的那种提升为一般原则的阶级间的"友好合作",正是他本人早在1905年就很好地批判过的"僵死的形而上学教条"。

当然,一个国家的发展进程在抗击外侮时决定国内各阶级"友好合作"的场合,在历史上也是屡见不鲜的。最突出的例子就是近代中国。日本帝国主义发动侵华战争以后,这时民族矛盾上升到主要地位,从而——和福米娜等人的武断相反——确实把国内的"阶级斗争推到了次要的地位"。广泛的抗日民族统一战线的建立和巩固对于现

---

[1] 《普列汉诺夫哲学遗著》,俄文版第2卷,第75页。
[2] 《普列汉诺夫哲学著作选集》,第3卷,第99、101页。译文有改动。

代中国的发展进程具有何等重要的意义,早已为历史事变所证实。在这里,无论福米娜还是萨谢理雅,都是用形而上学的方法来批判普列汉诺夫的形而上学观点。

其实,即使在帝国主义大战时期,普列汉诺夫本人也并没有把阶级合作当作"普遍因素"。这一点突出地表现在他的两本《论战争》(1914—1915年;1915—1916年)的小册子中。这些小册子的内容可以分为两部分,第一部分主要揭露德国社会民主党人的背叛行为,第二部分则为俄、法等国社会党人的护国主义立场辩解。受到列宁赞扬的这个第一部分激烈地谴责了德国社会民主党人"用各阶级的团结代替各阶级的斗争"的"修正主义"政策,指出这种政策是"德帝国境内居民的沙文主义情绪"和"庸俗爱国主义"情绪的产物,等等。① 但是一谈到协约国社会主义者应该如何对待战争问题时作者就完全采用了自己刚才批判过的"阶级合作"路线。他在论证这条路线时提出的主要理由大致有以下四点:(1)必须遵循第一国际"章程"中所说的"道德和正义的简单法则"②;(2)必须区别进攻战争和防御战争,找出战争的罪魁祸首;(3)必须在德国剥削者和俄国剥削者之间进行选择,"两害相权取其轻";(4)俄国的失败会延缓俄国经济的发展,从而危害人民的自由事业。因此仅仅在有限的意义下,即在具体的策略问题上才能断言"阶级合作"论是"普列汉诺夫在帝国主义战争时期机会主义立场的理

---

① 《论战争》,三联书店1962年版,第3、5、7页。
② 参见《马克思恩格斯全集》,第16卷,第16页。萨谢理雅指责普列汉诺夫"避而不谈马克思在1864年11月4日写给恩格斯的一封信"。信中指出,"真理、道德和正义"等词是蒲鲁东分子和马志尼分子硬要塞进"章程"中去的。由倍倍尔和伯恩施坦编辑、收有这封信的《马克思恩格斯通信集》直到1913年9月才出版。这时普列汉诺夫的"全部心思都已放在整整两本刻不容缓的著作上"(《论战争》,第21页。两本著作指《俄国社会思想史》第2、3卷)。就我们所看到的材料而言,似乎还没有证据能够说明普列汉诺夫生前读过这封信。这当然是不应该的事情。不过我们觉得,假定这里形式上表现了普列汉诺夫的教条主义、实质上表现了他的修正主义,也许更正确些。

论根据"。

1912年11月,国际社会党面对大战的威胁,曾在瑞士的巴塞尔召开了第九次代表大会,并做出了著名的"巴塞尔决议"。决议宣布:一旦列强发动战争,各国社会党人将一致以无产阶级的国内战争反对帝国主义的掠夺战争。普列汉诺夫因病未能出席这次大会,但他一直公开和私下表示支持决议的立场。那么为什么战争爆发后,他也背叛了"巴塞尔决议"的精神和文字,和德国社会党人一样"放弃了以战争反对战争的任何思想"①呢? 这个问题在《论战争》中有明确的答案。

根据《论战争》的叙述,我们看到,普列汉诺夫是真诚地赞同"巴塞尔决议"的。但是战争爆发后,德国社会民主党的突然背叛和参加德国资产阶级和容克贵族的对外掠夺战争使他感到震惊。面对这种形势,俄国无产阶级该怎么办? 像列宁和布尔什维克那样继续忠于"巴塞尔决议",号召无产阶级掉转枪口推翻本国统治阶级么? 这本来是唯一正确的政策,但是普列汉诺夫根本否认当时俄国有进行社会革命的主、客观条件:生产力不发达,无产阶级力量太弱,农民的保守性多于革命性,等等。于是就从上述四个方面论证了俄国无产阶级保卫祖国的合理性和必要性。他写道,"它这样做,并没有放弃阶级斗争,而是比以前任何时候都更坚决有力地在进行阶级斗争"。只是"由于德国容克地主和资本家的罪过,它的阶级斗争暂时采取了同外国征服者作斗争的形态"。而且"受到攻击的国家的工人根本不必要遇事都屈从国内的敌对者:他们可以而且应当在不削弱他们反击外国剥削者的力量的条件下保卫自己的利益不受这些敌对者的侵犯"②。完全可以批判普列汉诺夫对马克思阶级斗争学说的这种机会主义的运用,但是没

---

① 《论战争》,第27页。
② 同上书,第98、99页。

有理由怀疑他对这个学说的信仰是真诚的。

　　我们之所以详细论证这个问题,主要是想讲清以下两点。第一,列宁说,后期的普列汉诺夫"集理论上的激进主义同实践中的机会主义于一身",这里说的"理论"是不是像人们通常所以为的那样,仅仅包括一般哲学理论,或者也还包括像阶级斗争学说这一类理论? 我们认为包括后者。值得注意的是,列宁正是在《死去的沙文主义和活着的社会主义》(1914年12月)一文末尾总结对第二国际修正主义者的批判时(包括对他们"放弃阶级斗争"的批判)再次重申,"最近十年"是"普列汉诺夫在理论上是激进主义、在实践上是机会主义的时期"。这是思想史上非常典型、极有启发性的一个例子:同一时期的著作中实践上鼓吹阶级合作,理论上却仍然坚持了阶级斗争学说的基本要点。人们可以赞同列宁关于普列汉诺夫是理论上大谈辩证法实践上违反辩证法的典型的思想,却无法接受普列汉诺夫是理论上大谈阶级斗争实践上反对阶级斗争的典型的论断,这不是很奇怪的么! 第二,这里也涉及另一个重要问题:普列汉诺夫陷入机会主义的最主要的原因是什么? 普列汉诺夫犯错误的原因可以举出好多条,正如第一章所说的那样,但是最主要最根本也最有决定意义的原因是脱离了实际的政治革命活动,而不是什么教条主义或本本主义、个人性格等等,当然那些也是很重要的原因。1903年以后直到普列汉诺夫逝世,列宁多次想把他拉到布尔什维克方面来,给他写过几次信。列宁写这些信的一个核心思想就是:共同参加实际斗争会消除他们之间的意见分歧。①尽管列宁很清楚,由于普列汉诺夫的个性,实现再度合作的可能性很小。这件事也从一个侧面表明,列宁认为普列汉诺夫犯错误的最主要的原因是脱离实际。

---

① 参见《列宁全集》,第34卷,第370页。

（八）

　　同阶级的本质和起源问题一样，普列汉诺夫关于国家的本质和起源的论述也是不够详细、不够系统、不够完整的。特别严重的是巴黎公社前后马克思、恩格斯对国家学说所作的重大发展，没有在普列汉诺夫著作中得到任何反映。从这一点说，评价他的国家观，比起评价他的阶级斗争理论来就更复杂一些。大家知道，十月革命前夕列宁发表的名著《国家与革命》中专门有一节批评普列汉诺夫的小册子《无政府主义和社会主义》在国家问题上的错误。① 遗憾的是人们在解释列宁的批判和思想时并不始终是正确的，或者说得准确些，在好几个重要问题上往往是不正确的或不够正确的。这里打算谈三个问题，即（1）普列汉诺夫的所有反对无政府主义的著作是否一概都完全回避了革命对国家的态度和一般关于国家的问题？（2）他的理论著作是否宣扬了国家是超阶级组织的观点？（3）他是否颠倒了国家和阶级的本末关系？下面我们首先分别考察一下这些相互间有密切联系的问题，然后拿列宁发展了的马克思主义国家学说同普列汉诺夫的国家观作若干比较。这样，我们也许会对普列汉诺夫理论著作中关于国家的思想有一个比较正确的了解。

---

　　① 1931年10月13日，弗·德·邦契-布鲁也维奇在致普列汉诺夫妻子的一封信中写道："您知道，已故的弗拉基米尔·伊里奇和已故的格奥尔基·瓦连廷诺维奇之间的辩论达到了何等激烈的程度？但我十分准确地知道，弗拉基米尔·伊里奇直到自己还清醒的最后几天都珍惜对格奥尔基·瓦连廷诺维奇的回忆和他所写的一切。在1920年同无政府主义者争论的紧张时刻，弗拉基米尔·伊里奇亲自对我说过：'现在应当立即再版格奥尔基·瓦连廷诺维奇论无政府主义者的小册子。'"过去，不少人读过《国家与革命》的人有一种片面的印象，似乎列宁对《无政府主义和社会主义》一书的评价不高。邦契-布鲁也维奇（列宁当时曾委托他分管出版工作）的回忆对于克服这种片面的印象看来能有所助益。

在《国家与革命》中，列宁说："普列汉诺夫写了一本专门论述无政府主义与社会主义的关系问题的小册子，这本小册子的名字是《无政府主义和社会主义》，1894 年用德文出版。普列汉诺夫很巧妙地论述这个题目，对反对无政府主义斗争中最现实、最迫切、政治上最重要的问题即革命对国家的态度和一般关于国家的问题完全避而不谈！"①

列宁的批评对不对呢？我们认为是对的。但列宁提出这个批评只限于 1894 年的小册子以及俄国革命前夜到 1905—1917 年革命时期关于俄国国内问题的全部活动。然而普列汉诺夫对无政府主义的批判却不能以此为限。他的早期著作《社会主义和政治斗争》、《我们的意见分歧》和 1908 年评意大利工团主义的著作在批判无政府主义时就没有"完全回避革命对国家的态度和一般关于国家的问题"。为了证明这个论断，让我们看看普列汉诺夫当时是怎样说的。

先看《社会主义和政治斗争》。"无政府主义者们不仅不肯和现代的国家打任何交道，而且从自己关于'未来社会'的观念中排除了足以使人这样或那样地想到国家观念的一切东西。'自治公社中的自治的个人'，这是这一派别所有的信徒们的口号。"他们希望"国家的毁灭"会为俄国人民的"各种理想"的发展清除道路。但他们并没有认真思索过所谓"国家毁灭"或"人民革命"的经济后果，他们没有考虑，脱离了外部阻碍之后人民生活的正常发展将朝哪条道路进行，"'自治的'人们、公社和组合的分散力量，是否足以同商品生产的趋势作斗争"。"无政府主义者之否定国家在社会主义革命中的创造作用，正是因为他们不理解这个革命的任务和条件。"他们错误地认为，应该同一般的国家作斗争，而不是仅仅反对专制国家。他们不懂得，国家这个政权组织任何时候任何地方都是获得统治地位的阶级用来达到本阶级的经济

---

① 《列宁全集》，第 25 卷，第 462 页。

目的和实现社会改造的强大手段。"统治阶级……将利用国家机器来保卫自己。政治权力在它的手中变成最有力的反动工具。为了替社会生产力开辟自由的道路,必须排除阻碍这种发展的财产关系,也就是像马克思所说的,进行社会革命。但是只要立法权还在旧秩序的代表手中,换言之,只要立法权还在保卫统治阶级利益,这就是不可能的。所以毫不奇怪,革新者,即一个或一些被压迫阶级的代表,力图打掉自己敌人手中的这个可怕的武器,并且拿起这柄武器转过来反对这些敌人。事物的逻辑本身推动革新者走上政治斗争和夺取国家政权的道路,虽然他们所抱定的也是经济变革的目的。"①

接着普列汉诺夫指出,国家是代表剥削阶级利益的政治机关。被剥削阶级只是由于觉悟不高才"以为国家的权力是高踞在阶级对抗之上的,它的代表们似乎是敌对各方天然的裁判者和调停者"。后来,随着认识的提高,被压迫阶级才全面地了解自己的地位,"才懂得社会和国家之间存在着怎样的联系,而不再把自己的剥削者的压迫行为向代表同一剥削的政治机关申诉。它知道,国家是维护和保卫压迫者的堡垒,是可以而且应当占领、可以而且应当为了保护自己的利益加以改造的堡垒,不能信赖它的中立而绕过它。"②

1908年,普列汉诺夫在《恩利科·列昂奈和伊万诺埃·波诺米》一文中重申了上述思想,不同的只是说得相对地更加明确、更加充分。那么,同《社会主义和政治斗争》比较,这里增添了哪些新观点呢?大致有以下四点:(1)《法兰西内战》所谓"工人阶级不能简单地掌握现成的国家机器"是什么意思呢?普列汉诺夫认为,仅仅利用由于资产阶级社会的发展而建立的国家机器来达到自己的目的而无须对这个机器作

---

① 《普列汉诺夫哲学著作选集》,第1卷,第56、58、59、65、82、83页。译文有改动。
② 同上书,第1卷,第84页。译文有改动。

任何改造是不对的。任何工具必须符合它所服务的那个目的。工人阶级必须根据自己的目的来改造资产阶级国家机器这个政治工具本身。但是,如果不把一件工具夺到手,不掌握它,不能任意支配它,那就不可能改造它。(2)在从现在向未来过渡的时期将有权力,而且有中央的权力。这个权力的特点是没有政治性质。(3)但是无产阶级在力求成为生产的领导者以前,即在获得过渡时期这种没有政治性质的权力以前,不能避开、绕过现存的国家权力,因为这个国家权力由于自己的本性必然要妨碍这种迂回活动。这就是说,冲突必不可免。解决冲突的方式不是无政府主义者所说的"破坏国家",而只能是无产阶级夺取政权。(4)"随着资本主义生产关系的消灭,社会分为阶级的现象也会消失,而随着这种现象的消失,任何一个希望继续存在下去的社会都不可能放弃,也决不会放弃的那个有强制性的权力就会逐渐改变性质。这个权力的职能越来越缩小为简单的生产管理,因此这个权力越来越不像阶级社会里的国家权力,而越来越变成'社会理性'的表现。人类政治发展的'最终目的'不是无政府,而是泛政府(панархия)。"[1]

普列汉诺夫的这些观点并不都是正确的。其中有些显然需要批判。这一点我们下面还要讨论。但是无论如何不能说他的一切理论著作都"完全回避了革命对国家的态度和一般关于国家的问题",像苏联的一些批评家所以为的那样。

普列汉诺夫有没有宣扬国家是超阶级组织呢?萨谢理雅在前面引证的著作中专门写了一节,叫作"普列汉诺夫和孟什维克论国家和法权具有超阶级性质",对普列汉诺夫提出了一系列似是而非的批评。但是她从普列汉诺夫著作中找不到任何一段文字能直接证明她的指控:国家具有超阶级性质。她的全部批评都是建立在这样或那样的推

---

[1] 《工团主义和社会主义》,人民出版社1984年版,第124页。

论的基础上的。而要把这些推论剖析清楚必须扯进一大堆别的问题。因此这里不可能全面考察她的各种论据,只能谈几点主要的、同本章主题有关的东西。

首先,普列汉诺夫明确地告诉我们,历史上没有过什么"全民国家",只有阶级国家。前面我们已经引证了他关于国家不是调停者,不能相信它的中立的言论。下面请再读一段:无政府主义者认为,在西方,"国家本身是阶级斗争的结果和胜利者手中进行阶级斗争的武器",但俄国的情况不同,在俄国,"最高的政权是全民的代表机关,而绝不是阶级的代表机关"。普列汉诺夫否定了这种观点。他问道:"难道我国的君主专制不是和到处一样都是'阶级的国家'吗?"①看来这里说得不能更清楚了。

最引起争辩的是普列汉诺夫关于国家是阶级统治机构的论点没有表达全部真理的说法。据我接触的材料,几乎所有的苏联学者谈到普列汉诺夫的国家观时都批判了这种说法。这个问题值得好好分析一下。我们从头说起。

在《论唯物主义的历史观》一文第六节的开头,普列汉诺夫表示同意安·拉布里奥拉下述看法:"社会现象依赖于社会的经济结构,而社会的经济结构又为社会生产力的状况所决定"。"不过有些地方,他的看法使我们产生某些怀疑"。接着作者发表了这样一段议论:

"按照拉布里奥拉的说法,国家是一个社会阶级统治另一个或另一些社会阶级的组织。诚然不错。但这句话未必表达出全部真理。在中国或古埃及之类的国家里,如果没有那些极其复杂宏大的工程来调节大河巨川的洪水、防止泛滥、灌溉耕地,文明生活就不可能;国家的产生在极大程度上是可以用社会生产过程的需要的直接影响来说明的。

---

① 《普列汉诺夫哲学著作选集》,第 1 卷,第 325、327、331 页。译文有改动。

某一种程度上的不平等,无疑曾经存在于这些国家之中,甚至存在于史前时代,既存在于行将形成国家的部落之内——这些部落在人种方面每每是彼此各有截然不同的来源的——也存在于各部落之间。我们在这些国家的历史中所遇到的统治阶级,正是由于社会生产过程的需要所造成的国家组织,而都具有某种程度上的崇高的社会地位。埃及的祭司等级据有统治权,是因为他们的萌芽中的科学知识在埃及全部农业体系中起着重大的作用,这是没有什么疑问的。在西方——希腊当然也应该包括在内——,社会生产过程并不以庞大的社会组织为前提,我们就看不出社会生产过程的直接需要对于国家的产生有什么影响。不过即令在西方,国家的产生在相当大的程度上也应该归之于社会劳动分工的需要,这种需要乃是社会生产力的发展所引起来的。这个事实,当然并不妨碍国家同时也是具有特权的少数人对或多或少遭受奴役的多数人的统治组织。可是我们要避免对国家的历史作用发生不正确的和片面的观念,这一点是无论如何不应该忽略的。"①

总之,在普列汉诺夫看来,拉布里奥拉的分析有两个缺点。第一,他虽然看到了国家的职能即"国家的历史作用"主要在于它是一个阶级对其他阶级进行统治的组织,但他忽略了国家的另一重要职能:组织生产、调节社会经济生活。第二,他没有注意到社会生产力的发展(在东方是兴建水利工程、在西方是社会劳动分工的需要)在国家这个上层建筑产生过程中的重大作用。②

普列汉诺夫对这位罗马大学教授的批评究竟对不对,这里无须考虑。问题在于这两点意见本身是否能证明普列汉诺夫拥护超阶级的国

---

① 《普列汉诺夫哲学著作选集》,第2卷,第274—275页。译文有改动。
② 关于这个问题,普列汉诺夫在《评梅奇尼柯夫的书》一文中有较为详细的说明。中译文参见《教学与研究》1982年第4期,第38—39页。

家观。

按照历史唯物主义的原理,国家的本质在于,也仅仅在于它是阶级统治、阶级压迫的暴力工具,国家的职能则分对内对外两个方面,对内职能除了镇压被压迫阶级的反抗、维护符合统治阶级利益的社会秩序这种政治职能之外,就是巩固和发展统治阶级的经济基础。否认或者轻视国家的经济职能是完全错误的。普列汉诺夫这里讲的明明是国家的职能,绝非像萨谢理雅和福米娜所武断的那样,是在讨论国家的本质或国家的定义。读者从上引文字可以确信不疑。此外,同一页的注释再次告诉我们,作者所考虑的仅仅是"东方国家在组织社会生产过程中所起的作用"。可见,批评家们的指责完全是建立在混淆国家本质和国家职能这样两个虽然有密切联系但毕竟不相同的问题的基础上的。

福米娜还批评普列汉诺夫,说"他没有把阶级矛盾和对抗对国家的产生的意义提到首位,而把各阶级在对自然界的斗争中的一定的共同性提到了首位。"①

又是莫须有的罪名。任何公正的读者看了上述引文都会明白,其中根本不存在什么"首位"的问题。普列汉诺夫这段文字只是批评拉布里奥拉在国家问题上没有贯彻自己的基本原则:用社会生产力的状况来说明社会经济结构,进而说明包括国家在内的其他社会现象。他这里考察的不是国家产生的过程,而是生产力的状况在国家产生(或用恩格斯的话:国家权力的萌芽)过程中的作用。

其实,普列汉诺夫关于生产力发展对国家的产生所起的重大作用的分析并不是他的新发明,只是用自己的语言转述了马克思、恩格斯的某些基本观点。请看恩格斯在《反杜林论》中是怎样说的吧。

---

① 《普列汉诺夫的哲学观点》,第219页。

"同一氏族的各个公社自然形成的集团最初只是为了维护共同利益(例如在东方是灌溉)、为了抵御外敌而发展成的国家,从此就具有了这样的目的:用暴力来维持统治阶级的生活条件和统治条件,以反对被统治阶级。……在每个这样的公社中,一开始就存在着一定的共同利益,维护这种利益的工作,虽然是在全社会的监督之下,却不能不由个别成员来担当:如解决争端;制止个别人越权;监督用水,特别是在炎热的地方;……"等等。后来"这些职位被赋予了某种全权,这是国家权力的萌芽"。于是社会职能的独立化逐渐上升为对社会的统治,从而出现了统治阶级,出现了国家。但是"政治统治到处都是以执行某种社会职能为基础,而且政治统治只有在它执行了它的这种社会职能时才能持续下去。"①

这里恩格斯告诉我们:国家是从同一氏族各个公社所组成的集团发展而来的,这个集团最初只是为了维护共同利益(例如在东方是灌溉)而自然形成的。在这个意义上,这个集团可以称为国家权力的萌芽。试问,这同普列汉诺夫讲的有什么不同?

马克思对这个问题也持同样的观点。例如《资本论》第1卷写道:"计算尼罗河水的涨落期的需要,产生了埃及的天文学,同时这又使祭司等级作为农业领导者进行统治。……在印度,供水的管理是国家权力对互不联系的小生产组织进行统治的物质基础之一。"②

现在简略地谈谈普列汉诺夫对待国家和阶级的相互关系的看法。

福米娜指责普列汉诺夫拥护"国家产生在阶级之前、阶级乃是国家活动的产物这样的'理论'"③。萨谢理雅也批评说:对普列汉诺夫

---

① 《马克思恩格斯全集》,第 20 卷,第 162、194—195 页。
② 同上书,第 23 卷,第 562 页。普列汉诺夫在《论一元论历史观之发展》一书中就引证了这句话,参见《普列汉诺夫哲学著作选集》,第 1 卷,第 681 页。
③ 《普列汉诺夫的哲学观点》,第 316 页。

来说,"总之,不是剥削阶级建立起国家机关,相反地,这个阶级本身也是从这种机关中成长起来的,而这种机关还在阶级出现以前的社会里就已经有了。……普列汉诺夫所宣扬的国家起源观,即认定在阶级社会产生以前就存在特殊的权力机关,把他引向关于国家机关具有超阶级性质的学说"①。

前面我们已经证明,指责普列汉诺夫在自己理论著作中宣扬国家具有超阶级性质是没有根据的。那么他关于国家起源的问题又怎么样呢?应当承认,他对这个问题的阐述比国家的本质和阶级的起源问题更不充分。但是不充分是一回事,不正确则是另一回事。不管他的论述怎样不充分,无论如何不能对他的国家起源观采取颠倒黑白的态度。

在《我们的意见分歧》一书中,作者写道,俄国的巴枯宁主义者把俄国和西欧对立起来,认为西方国家是阶级斗争的结果,而在俄国,"不是阶级斗争决定着特定的国家制度,而是相反,某些阶级的存在,它们的斗争和对抗乃是由这一制度所唤起。假使国家决定改变自己的政策,那么上层的那些阶级在失去了国家的支持以后,就注定要灭亡,而人民的、原始集体主义的各种原则,就获得了'向前健康发展'的可能性"②,接着他批判了巴枯宁主义者的这种俄国特殊论,指出一切国家都是"阶级的国家","连米海洛夫斯基先生自己也承认在我国历史中至少是从颁布'自由敕书'以来,'贵族已经是作为真正统治的等级而存在'了","对阶级国家的抗议像一根红线一样地贯穿了我们的全部历史"③。这就是说,没有阶级和阶级斗争,就没有国家,因为国家只不过是阶级斗争的政治工具。

---

① 《修正主义反对无产阶级专政学说》,第279页。
② 《普列汉诺夫哲学著作选集》,第1卷,第325页。
③ 同上书,第1卷,第331页。

普列汉诺夫在《论一元论历史观之发展》中分析国家产生的经济根源时说道：包括国家在内的"政治结构的根源在所有权关系中。……血缘联合之让位于区域联合正是由于在所有权关系中发生的变化。多少巨大的区域联合混合成为所谓国家这种机构也是由于在所有权关系中发生了的变化或由于社会生产过程的新的需要。这一点，例如对于东方的大国家是已经很好地弄清楚了的。对于古代国家也同样很好地弄清楚了的。"①说国家的产生由于所有权关系中的变化，即由于私有制的发展引起阶级的出现，比较容易为人们接受。问题是说国家的产生由于社会生产过程的新的需要。似乎这种说法把国家的产生同阶级差别的出现割裂开来了。但这是误解。因为就在上述引文的前面作者明确地指出："引起社会生产过程中人们相互关系变化的生产力一经发展，一切所有权的关系也就随之而改变"。必须记住，普列汉诺夫关于社会结构的总公式是五项式，其前三项为：生产力——生产关系——社会政治制度。国家作为一种社会政治制度，不论在"特定社会的内部关系"方面还是在它的"外部关系"方面当然也都是"在一定经济基础(основа)上生长起来的"。因此他在分析黑格尔的历史哲学时高度地评价了这位德国唯心主义辩证法家在国家问题上的唯物主义观点："国家本身……不过是经济发展的产物"，国家是"历史上产生的"，应当"用财产不平等的增长来说明国家的起源"②。关于这个问题，普列汉诺夫在《论唯物主义历史观》一文中有一段明确而重要的论述："生产力的发展划分社会为若干阶级，各个阶级的利益不但不相同，并且在许多方面——而且是重要的方面——是正相反对的。利益的对立引起了社会阶级之间敌对性的冲突，引起了阶级之间的斗争。

---

① 《普列汉诺夫哲学著作选集》，第1卷，第710页。
② 同上书，第1卷，第484页；第3卷，第736页。

斗争的结果,氏族的组织为国家的组织所代替,国家的任务就是保护统治者的利益。"①当然,他没有详细地具体分析这个十分重要的理论问题,无疑是一大缺点。但断定他在国家和阶级的相互关系问题上背离了马克思、恩格斯的立场毕竟是没有事实根据的。况且正是在谈到国家起源的前述引文的一个注解中他要求读者"参阅摩尔根的书《古代社会》和恩格斯的书《家庭、私有制和国家的起源》"。如果苏联学者能把普列汉诺夫读这两本书时所写的札记发表出来,看来一定会像其他问题一样,能大大帮助我们擦掉人们在这个问题上给普列汉诺夫脸上涂抹的白粉。

至于批评者们断言普列汉诺夫所谓"国家不仅使农民成为农奴,并且也使包括贵族在内的其他居民阶级成为农奴"的说法乃是国家的超阶级性和国家先于经济的唯心主义思想,同样是一种误会,因为他心目中的俄罗斯国家不过是"世界上最大的地主兼奴隶主"②,因而"国家"之奴役贵族也就只是一个地主阶层战胜另一个地主阶层或一种奴隶主战胜其他奴隶主的斗争过程,简言之即统治阶级的一场内部斗争。在这个斗争中,不管是"国家"还是贵族取得胜利,丝毫不会改变下层阶级或第三等级居民受农奴制度剥削和压迫的本质。但对于说明俄国社会发展道路不同于西方来说,是"国家"取胜还是贵族取胜则是至关重要的。普列汉诺夫在《俄国社会思想史》"绪论"中着重分析了问题的后一方面,对前一方面没有很多的说明,因此产生了上述误会。不过人们只要稍微细心一点阅读整个"绪论",这个误会是不难消除的。

总之,同普列汉诺夫关于阶级和阶级斗争的理论一样,人们对他的国家观提出的许多批评都不能认为是正确的。他们或者是因为误解,

---

① 《普列汉诺夫哲学著作选集》,第 2 卷,第 272 页。
② 《普列汉诺夫全集》,俄文版第 20 卷,第 124 页。

或者是出于偏见。而弄清楚普列汉诺夫在上述问题上的观点的性质，对于正确分析他的政治演化和哲学观点之间的相互关系，进而全面深刻地理解列宁关于普列汉诺夫"集理论上的激进主义和实践上的机会主义于一身"的经典评价应该说具有重大的意义。这里我们只想特别强调一点：列宁所讲的"理论"不仅包括辩证唯物主义、哲学史、美学等方面的"理论"，不仅包括相对的距离政治稍远一点的那些历史唯物主义领域中的"理论"，而且包括像阶级、阶级斗争、国家等这样一些同政治有直接关系的历史唯物主义领域中的"理论"。

（九）

我们这样说并不是认为普列汉诺夫关于阶级和阶级斗争的理论，特别是他的国家学说没有缺点错误。决没有这个意思。恰恰相反，正如列宁所昭示的，他的国家学说中理论上存在着一系列严重的缺陷。现在概述如下。

首先，普列汉诺夫没有完整、全面地阐述马克思、恩格斯关于国家本质的学说。他讲到国家是经济发展到一定阶段的产物，是社会上出现了阶级和阶级斗争的结果，也讲到国家是阶级统治的机关，他不否认阶级矛盾是不可调和的，也不反对国家是从社会中产生、凌驾于社会之上、并日益同社会脱离的一种特殊力量。但是对于国家是社会陷入自身不可解决的矛盾的表现，是社会分裂为不可调和的对立面而又无力摆脱这种对立状况的表现，对于国家只有在阶级矛盾客观上达到不能调和的地方、时候和程度才能产生和存在这样的重要思想却没有作什么说明。他的著作中对于构成国家权力的主要标志如常备军、警察、官吏和监狱等，也几乎没有分析过。正是由于这种情况，同时也由于前面提到过的，他没有明确区别国家的本质和职能，没有阐述两者的关系，因而产生了指责他把国家看成超阶级组织的误解。

其次,他没有深入地研究国家的产生和发展过程。列宁指出,同分析任何问题一样,分析国家问题,最可靠、最必需、最重要的也是不要忘记基本的历史联系,考察某种现象时应该看它在历史上怎样产生,在发展中经历了哪些主要阶段,并且根据这一发展去说明它现在怎样以及为什么会这样。用这个标准来评论普列汉诺夫对国家问题的分析,就不能不承认,他这方面做的很少很少。如果说对于国家的起源他多少还讲了一点东西,那么国家在其历史发展中如何演进的问题就完全落在他的视野之外。例如他在《俄国社会思想史》中对俄国农奴制国家如何影响十四—十九世纪俄国社会的发展有不少的分析,但是对于这种国家制度本身如何在俄罗斯封建化和资本主义化过程中形成和演变的问题却完全避而不谈。这大概也是使福米娜等人产生普列汉诺夫认为国家先于阶级、阶级为国家活动的结果之类错觉的一种原因吧？又如资产阶级所需要的国家机器在历史上是怎样产生的？资本主义社会所特有的集中的国家政权,最能表现这个国家机器特征的两种机关即官吏和常备军,怎样产生于专制制度崩溃的时代？在历次资产阶级革命进程中,面临着各被压迫阶级独立行动的时候,国家机关如何改变、如何演变？对于这些直接关系到无产阶级在革命中应当如何对待这种国家机器的极其重要的理论问题,普列汉诺夫同样采取了沉默的态度。他多次引证《拿破仑第三政变记》,但是马克思在这本著作中关于上述问题的出色论述始终不曾受到普列汉诺夫的注意。

第三,普列汉诺夫在国家问题上最严重的缺陷和最大的错误是忘记了或者忽视了或者不理解马克思主义国家学说中主要的基本的东西：革命的无产阶级应当如何对待资产阶级国家机器？自从马克思在1871年提出"工人阶级不能简单地掌握现成的国家机器,并运用它来达到自己的目的"这个重要思想以来,它一直遭到机会主义者的歪曲。

流行着的一种庸俗的见解是:似乎马克思这里强调了缓慢发展的思想,不主张夺取政权等。实际上恰恰相反。马克思的意思是说,工人阶级应当打碎和摧毁现成的国家机器,而不只是简单地夺取这个机器。普列汉诺夫多次引证了这句名言。但他从未批判过机会主义者的歪曲。这是因为他本人对这个至关重要的理论问题和实践问题始终没有正确的理解。例如他在1908年批评意大利工团主义者恩·列昂奈时写道,"工人阶级不能简单地掌握现成的国家机器和运用它来作为改造社会的工具,但工人阶级必须根据自己的目的改造这个政治工具本身。……任何工具都必须符合它所服务的那个目的。……如果不把一件工具夺到手,不掌握它,不能任意支配它,那就不可能改造它。"① 总之,在普列汉诺夫看来,革命的无产阶级不应当打碎、摧毁或破坏现存的资产阶级国家机器,只需要夺取它,按照自己的目的改造它。这个观点也反映在1894年出版的《无政府主义和社会主义》一书中。在那里,他把雅各宾党人"致力于改组国家机器"同无政府主义者"破坏国家"对立起来。② 对这个问题说得最直率最明确的要算1883年发表的《夏波夫》一文,在那里作者表示同情这样的观点:"工人阶级不应当毁灭它花费了如此昂贵的代价的国家机器,而应当为了自己的目的改变它的形式和利用它"③。普列汉诺夫错误地把破坏国家机器同无政府主义混为一谈,他不了解或者没有注意到除了无政府主义者以外,马克思、恩格斯也主张"打碎"、"摧毁"即破坏国家机器。他认为只有无产阶级为了自己的目的"改造"、"改组"资产阶级国家机器才是唯一正确的道路。那么,怎样"改造"、"改组"呢?对此除了早期著作中提到的

---

① 《工团主义和社会主义》,第122页。
② 《无政府主义和社会主义》,三联书店1980年版,第78页。
③ 《普列汉诺夫全集》,俄文版第2卷,第19页。

用"人民的直接立法"代替"代表制度"以外,他几乎没有说出什么东西来。在这一点上福米娜和萨谢理雅批评普列汉诺夫向拉萨尔主义作了让步,是完全正确的。要说明怎样"改造"、"改组",首先就必须弄清楚资产阶级国家机器有哪些主要特性?它们何以不适应无产阶级的需要,就必须弄清楚无产阶级国家不同于资产阶级国家的那些本质特征是什么。

第四,正是在这个问题上,列宁指出,普列汉诺夫把"巴黎公社这一特别类型的国家的实质"即无产阶级国家的实质"忘掉了和歪曲了"。也就是说,普列汉诺夫不懂得究竟应该用什么东西来代替被打碎的国家机器。对于这个问题,马克思、恩格斯在1871年、1872年、1875年根据巴黎公社的经验作了极其珍贵的理论总结。他们指出:巴黎公社是终于发现了的无产阶级的国家形式。它的"基本标志",正如列宁所概括的,就是:"(1)政权的本源不是由议会预先讨论和通过的法律,而是人民群众在各地从下面发起的直接行动,用流行的话来说,就是直接的'夺取';(2)用全民的直接武装代替脱离人民、同人民对立的警察和军队;在这种政权下,国家的秩序由武装的工农自己,即武装的人民自己来维持;(3)官吏(即官僚)或者由人民的直接政权代替,或者至少受人民的特别监督,成为由人民选举、一经人民要求即可罢免的代表;使他们从领取资产阶级高额薪金的'地位'的特权阶层,变为使用特种'工具'的工人,他们的报酬不得超过熟练工人的一般工资。"①对于马克思、恩格斯的所有这些经验总结,普列汉诺夫著作中简直一个字也没有提。

第五,马克思曾经说过:破坏官僚军事国家机器是任何一次真正人民革命的先决条件。这个非常深刻的见解,普列汉诺夫也完全忘记了。

---

① 《列宁全集》,第24卷,第18—19页。

他不了解什么是真正的人民革命,在他那里,除了资产阶级革命和无产阶级革命的抽象对立以外,再没有任何东西。就是对这种对立的了解也非常死板。"1871年,欧洲大陆上任何一个国家的无产阶级都没有占人民的多数。当时只有把无产阶级和农民都吸引到运动中来的革命,才真正是人民多数的'人民'革命。当时的'人民'就是由这两个阶级构成的。这两个阶级因为都受'官僚军事国家机器'的压迫、摧残和剥削而联合起来。打碎这个机器,摧毁这个机器,——这就是'人民',人民的多数,即工人和大多数农民的真正利益,这就是贫苦农民同无产者自由联盟的'先决条件',没有这个联盟,民主制就不能稳固,社会主义改造就不能完成。"①当时马克思只把他的结论限于欧洲大陆,因为1871年左右的英国还没有军阀制度,大体上也没有官僚制度,当时英国革命,甚至人民革命,很有可能不必以破坏现成的国家机器为先决条件。这个道理普列汉诺夫也没有理解,因为正如前面说过的,他根本没有考察过资产阶级国家机器在欧洲历史上是怎样演进的。这也就是说,他不懂得,摧毁官僚军事机器为什么是人民革命的先决条件。

第六,普列汉诺夫没有全面阐释恩格斯的国家消亡学说,他没有认识到,恩格斯关于国家自行消亡的著名原理不仅是反对无政府主义的,而且主要是反对机会主义的。在恩格斯那里,"国家自行消亡"是同"无产阶级取得了国家政权……也就消灭了国家之为国家"的原理紧密地联系在一起的。换言之,是同把马克思的阶级斗争理论和无产阶级革命理论(即暴力革命理论)贯彻到国家学说紧密结合在一起的。在恩格斯那里,资产阶级国家由无产阶级国家(无产阶级专政)代替是不能经过自行消亡来实现的,根据一般规律,只能靠暴力革命来实现的,而无产阶级国家的消灭,即任何国家的消灭,只能通过自行消亡,或

---

① 《列宁全集》,第25卷,第403—404页。

者也可以说,被消灭的是资产阶级国家,而逐渐消亡的是无产阶级国家制度残余。国家的消逝是社会主义革命的结果,因为这时的国家已经不是原来意义上的国家,即不是少数剥削者镇压大多数居民的一种特别力量,而是大多数居民为了镇压少数剥削者而自动组成的专政力量。随着无产阶级专政的巩固,国家痕迹就会自行消亡,这时已经用不着"废除"国家机关了,国家机关将因无事可做而逐渐失去作用。无可否认,普列汉诺夫在理论著作中高度评价了暴力的历史作用,在这个问题上有力地反对了机会主义的、自由主义的谬论,这是他的一项理论功绩。但是他任何时候也没有把马克思的暴力学说同国家消亡理论联系起来考察,而且他从未稍微具体一点地解释"国家自行消亡"一语究竟是什么意思。这也是确凿的事实。他抽象地大谈其实力和暴力的相互关系,从而把那些在巨大事变和政治危机一旦发生就会自然而然地提到日程上来的最现实、最迫切、政治上最重要的问题,即革命对国家的态度和一般关于国家的问题掩盖起来。

第七,他对资产阶级议会制的真正本质和根本缺陷始终缺乏正确的认识。他错误地把对议会制的任何批评都看成是无政府主义的。他不知道对待议会制,除了无政府主义批评或反动批评以外,还有真正的革命无产阶级的批评。巴枯宁反对无产阶级进行政治活动时提出了这样一个论据:无产阶级进行政治活动的环境是议会制资产阶级的环境,这个环境必然要败坏工人议员。普列汉诺夫反驳说:"但是也有选举人的环境、完全自觉地追求自己的目的和组织得很好的工人政党的环境,难道这个环境对于无产阶级的当选人不能有任何影响吗?"①应该承认,这个反驳是有说服力的。巴枯宁的结论是错误的,用来证明其结论的论据也是片面的。但是普列汉诺夫忽视了巴枯宁论据中的合理因

---

① 《无政府主义和社会主义》,第70页。

素的重大意义:"议会环境对工人议员的腐化影响",无论在十九世纪末叶,还是在以后的年代都是相当严重的,它是这个时期机会主义思潮成为工人政党内部主要危险的主要社会根源之一。普列汉诺夫以为,"即使对德国社会党的历史只有最肤浅的认识也足以相信:实际生活如何破坏着无政府主义者的担忧。"①事实证明普列汉诺夫的这种乐观估计完全错了。产生这种乐观估计的一个重要原因就是他不了解议会制的真正本质和根本缺陷。他虽然多次引证过马克思的名言:"现代国家政权不过是管理整个资产阶级共同事务的委员会罢了",但他从来没有揭示资产阶级议会制的真正本质在于每隔几年决定究竟由统治阶级中的什么人在议会里压迫和镇压人民,不管在议会制君主立宪国还是在最民主的共和国里都是如此。他同样不理解马克思对议会制度的批评:"公社不应当是议会式的,而应当是同时兼管立法和行政的工作机关"。由于他回避了无产阶级在革命中对待国家的态度问题,因而也就不可能提出无产阶级专政的国家形式应该是什么的问题。既然他没有认识到公社不同于议会制的特征,所以资产阶级议会制民主国家的政治形式在他那里就成了不可逾越的极限。

第八,普列汉诺夫没有严肃认真地考虑马克思、恩格斯关于无产阶级国家形式的学说,也表现在对待联邦制的态度上。例如伯恩施坦曾在《社会主义的先决条件和社会民主党的任务》一书中歪曲马克思的思想,把马克思关于消灭寄生虫式的国家政权的观点同蒲鲁东的联邦制混为一谈,似乎马克思也赞成建立同集中制对立的联邦制。对于这一歪曲,普列汉诺夫在同伯恩施坦论战时绝口不谈。又如在《无政府主义和社会主义》中他虽然正确地批评了蒲鲁东的联邦制主张,指出"革命运动要在这里取得成功比在集中化的国家里困难得多",但是他

---

① 《无政府主义和社会主义》,第70页。

从没有像恩格斯那样细致地分析国家的这种过渡形式,没有根据不同场合的具体历史特点来估计作为过渡的国家形式的联邦制是从什么过渡到什么,从而确定联邦制的历史作用:一般说来马克思主义者拥护集中制,但不否认在一定条件下联邦制可以是一种进步的国家形式。①

当然,普列汉诺夫在国家理论问题上的缺点错误并不止这些。不过光是这些已经够严重的了。在具体研究他的政治演化同他的哲学错误之间的关系之前,我们觉得,首先必须弄清楚哪些是他的真正的理论错误和真正的策略错误,否则,我们对这些关系的分析就一定是虚假的。而要弄清他的真正错误,首先就要全面考虑列宁的意见。因此作为第一步,全面地广泛地具体地对比研究列宁著作和普列汉诺夫著作,而不是片面地抓住列宁或普列汉诺夫的一两句话,像过去米丁派所表演的那样,乃是正确评价普列汉诺夫理论功过的无可回避的途径。我们深信,只要沿着这一途径迈开踏实的步伐,就一定会获得令人满意的、甚至意想不到的良好结果。

前面说过,如果可以用一个词来概括他一生哲学研究的中心,那就是"历史唯物主义"。正是在这个领域,他极大地丰富、发展了马克思主义的理论武库。他不仅对马克思、恩格斯历史观的基本原理作了许多出色的、通俗的阐述,不仅在捍卫、论证这些原理免遭唯心主义者、形而上学者的歪曲和攻击时列举了许多极有说服力的新论据,而且——主要地——创造地提出了一系列新的原理和观点,大大地扩展了唯物史观的研究范围。这就是列宁一而再、再而三地那样高度评价他的哲学著作的理论价值的根本原因。毫无疑问,把普列汉诺夫的这些理论贡献吸收进列宁主义的哲学体系即科学的哲学体系,是符合列宁的思

---

① 参见《列宁全集》,第 25 卷,第 408—414、432—435 页。

想和意愿的,是完全合法的。我们在上面三章中对普列汉诺夫历史唯物主义思想的剖析,仅仅是一个初步的尝试。这种尝试显然不是完善的和穷尽的。我们只是确信这种尝试的总方向是正确的。

普列汉诺夫对唯物史观的另一重大理论贡献,是他的著作中到处都强调唯物史观的方法论意义,而且从这方面作了许多精彩的具体说明。当然,他的方法论思想并不限于唯物史观的方法论意义,但是正如唯物史观是他一生哲学研究的中心一样,他论述方法论问题时所分析的那些具体材料也集中在历史观这个领域。

下面我们就以这些材料为核心,考察一下他的一般方法论的若干主要思想。

第八章 方法论

（一）

方法论问题在普列汉诺夫著作中占有突出的地位。从《社会主义和政治斗争》，特别是从《我们的意见分歧》开始，到1918年逝世，他始终不倦地强调方法的重要性。他继承黑格尔和恩格斯的思想，认为哲学中（或者更广泛些：理论中、认识中）主要的、应该特别珍视的东西是方法，而不是一些单纯的结果，不是某些个别的结论，因为一般说来，结论只有暂时的相对的意义。结论要是没有使它得以成立的那个发展过程，那是毫不足取的。如果结论变成了一种固步自封的东西，不再成为继续发展的前提，它就一点用处也没有。普列汉诺夫多次提出：为什么伟大思想家的许多门徒往往玷污了自己导师的名声呢？重要原因之一就是他们只知反复咀嚼这些思想家的结论，而抛弃了他们的方法，或者不善于运用这些方法。

马克思主义者则不同，他们"严肃地对待方法论上的问题"。"黑格尔在自己的哲学中给予方法问题这样重要的地位，不是无缘无故的，西欧社会主义者中间那些骄傲地'自认为是黑格尔和康德的嫡系'的人对于研究社会现象的方法比对于方法所得到的结果更加重视得多，也不是无缘无故的。"[①]因为第一，方法是哲学体系的灵魂，它在每一

---

① 《普列汉诺夫哲学著作选集》，第1卷，第184、185页。

个严肃的体系中都具有决定性的意义,它"是用来发现真理的工具,它所以重要,不在它本身,而在于利用它可以做出一些结论。"①第二,方法是改正结论中存在的错误的有力武器。"结果里面如有错误,在进一步应用正确的方法时一定会被发现和被纠正,至于错误的方法则相反,只是在罕有的个别场合可以得到与某一个别真理不相矛盾的结果。"②

当然,要求万无一失的方法是不可能的。方法的正确并不能保证运用这种方法的人任何时候任何地方都能得出正确的结论。思想史上常有这样的情况:掌握更现代的研究真理的方法可能犯错误,而利用比较落后或比较错误的方法却可能达到正确的结论,正像用太古的弓箭射击可能命中目的,而用完善的枪可能失误一样。普列汉诺夫在自己的哲学史著作中经常提醒人们注意这种情况。比方赫尔岑关于俄国农民村社、关于西欧小资产阶级所有制、关于俄罗斯民族比西欧民族更能实现社会主义理想等等的论断,尽管实际错误很多,逻辑上的失误却很少。因为他进行推论时依据的是意识由存在决定这条唯物主义原理,虽然这个思想在他那里是远不彻底的。而反对他这些论点的车尔尼雪夫斯基却借助于错误的唯心史观得出了相对正确的结论。③ 又如:爱尔维修在他的论人的学说中通过错误的途径达到了一些具有重大实践价值的思想,④相反,卢梭的历史观虽然得出了很多错误的结论,却运用了了不起的方法。研究者不注意这种情况当然不行。但是这丝毫也不证明方法的意义很小。这里所能说明的只是:对于得出正确的结论

---

① 《普列汉诺夫全集》,俄文版第 18 卷,第 3 页。中译文载卢梭:《论人类不平等的起源和基础》,1962 年版附录二。
② 《普列汉诺夫哲学著作选集》,第 1 卷,第 184—185 页。
③ 同上书,第 4 卷,第 309—312 页。
④ 同上书,第 2 卷,第 98—99 页。

来说,正确的方法并非充分的条件。无论如何,同比较落后的方法相比,更现代的方法,毕竟更有成效得多。① 普列汉诺夫在自己的几乎全部著作中反复地详细地证明:马克思以前的哲学家、社会学家、经济学家等等之所以在这些或那些问题上陷于谬误或矛盾,最关键的一个原因就是他们的方法不正确。

但是同时,普列汉诺夫也强调指出:运用正确的方法只是保证得到正确结论的必要条件之一。"简单地理解或承认某一原则与在整个观点体系中彻底贯彻这个原则还相距很远。"② 为了做到后面一点,至少必须具备三个"必不可少的前提条件"。第一,拥有一定的逻辑思维能力。第二,掌握一定数量的事实知识。③ 马克思主义的基本原理,作为方法,可以比之为三段论中的大前提。要得出正确的结果,除了承认这个正确的大前提,还得看如何理解小前提,即如何估计所研究的对象的实际情况。④ 第三,通晓一系列的"中间原理"。他在批评赫尔岑企图绕过欧洲的一切发展阶段走向社会主义的想法时写道:"如果要制订实际的行动方式,定出稍微适当的方法来和周围环境斗争,这种抽象的想法自然是不够的。解决这一新任务所需的材料必须在历史哲学之外去寻找,即使它比赫尔岑的哲学更严密、更科学。在哲学的抽象公式和社会生活的具体需要之间,有一道大鸿沟,只有靠一连串新的、越来越具体的公式方能把它填满,而这些公式又要求熟悉一连串的越来越复杂的现象。"⑤

对于最后一点,普列汉诺夫曾经多次着重地论述过。他写道:"马

---

① 《普列汉诺夫全集》,俄文版第 18 卷,第 4 页。
② 同上书,第 4 卷,第 52 页。
③ 同上书,第 3 卷,第 359 页。
④ 同上书,第 1 卷,第 126 页。
⑤ 同上书,第 1 卷,第 145 页。

克思说得好,我们的理论决不是使我们逃避仔细研究各种个别社会现象的必要性的万能钥匙。现代的社会主义理论,是革命的代数学,它能够给我们提供的只是代数公式,为了在实践中遵循这些公式,我们就应当善于用一定的算术数值来代替公式中的代数符号,为此就必须注意每个特殊情况的一切特殊条件。只有这样运用这些公式,它们才会保持自己的生动的、辩证的性质,而不致变成僵死的形而上学的教条。"① 他在说明唯物史观的方法论意义时指出,如果有人以为只要懂得历史唯物主义的各种原理就能够刹那间解决人类精神史上的一切问题,这样的人"真是发了狂"②。能一下子排除科学上一切困难的方法是没有的,而且是不能有的。但是在这种情况下,有决定意义的不是我们还不能对付所碰到的种种困难,而是对付这些困难,马克思主义比起唯心主义、折中主义或其他学说来要容易得多。③ 马克思主义作为方法论的伟大意义在于把我们从历史上各种哲学所陷入的矛盾迷宫中解放了出来,给我们指出了一条科学研究的安全道路。④

当然,对于任何方法都必须从合目的的观点来考察。任何特定方法的意义都是相对的。本身自在的好、绝对的好,而不是因为它能够迅速地和可靠地达到设定的目的才好的那种方法是没有的,也不会有。辩证法不崇拜任何东西,也不崇拜任何方法,它决不把某一种方法抬高到绝对真理或抽象真理的地位。比如,唯物史观的某些方法论原理对自然科学家就不适用。哲学也不能无批判地采取数理的方法。即使普遍有效的辩证法,它的某一个特定的方法的适用范围也是有限的。超出这个限度,它的应用就会导致否定性的结果。总之,"方法应当从属

---

① 《普列汉诺夫哲学著作选集》,第 3 卷,第 101 页。
② 同上书,第 2 卷,第 185 页。
③ 同上书,第 3 卷,第 194 页。
④ 同上书,第 2 卷,第 185 页。

于目的"。方法或手段要成为合理的或正确的,"它就必须和目的相适应。而要适应目的,它就必须——按照黑格尔绝妙的说法——体现出目的的本性,就必须完成和实现目的"①。

普列汉诺夫在强调马克思主义的方法论意义时经常把辩证唯物主义和历史唯物主义比作最先进的劳动工具,比作最精良的手术刀。但是怎样证明马克思主义的这些哲学原理在发现事物的因果关系上的优异功能呢?唯一的途径就是坚决地认真地"应用这个方法"。例如要发现历史唯物主义作为方法论的优点和缺点,只有试着用马克思和恩格斯的这个方法去研究人类的历史运动。"恩格斯在说明自己的认识论时,曾经说过:布丁的好坏是吃的时候才知道的。这句话正好应用于历史唯物主义。"②

以上就是普列汉诺夫关于方法论的总的观点。

(二)

普列汉诺夫在叙述辩证唯物主义和历史唯物主义各种原理的方法论职能时详细说明了马克思主义方法论的四大原则,即:整体性原则,发展原则、历史主义原则和党性原则。弄清楚这些原则将使我们对普列汉诺夫方法论思想的特点有一个概括的了解。

下面我们对这些原则逐一地作若干考察。先谈整体性原则。

什么是方法?简单地说,方法就是客观规律的主观运用。只有建立在对现象的规律性的认识的基础上的方法才是正确的方法。简单的事物,相对而言它的规律也不复杂,因此使用简单的方法即可对付。事

---

① 《普列汉诺夫全集》,俄文版第 15 卷,第 129 页。
② 《普列汉诺夫哲学著作选集》,第 3 卷,第 200—201 页。

物越复杂,就越不是简单的规律所能解释的,因而也就不是少数方法可以奏效。如果研究的对象是一个庞杂的系统,那就必须配合着同时使用多种方法,其中每一个方法都照例有自己特定的适用范围,它们分别在不同的层次上起作用。

普列汉诺夫写道:马克思的世界观是种种见解的总和,而且这些见解是系统化了的,由一种普遍的思想所阐明的。"马克思主义是一个完整的世界观……这个世界观的每一方面,都同其余一切方面极密切地联系着,并且每一方面都在阐明其余的一切方面,从而有助于对其余一切方面的理解。不能从中割裂出某一方面而只承认这一方面,取消或者忽视其余的方面。这样做,就是歪曲马克思主义,逐出它的灵魂,而把这一生气勃勃的理论变成了僵尸……马克思主义的伟大正在于此。"①他一再引证黑格尔的话说:"真实的只是整体"②。不仅马克思主义世界观是完整的体系,而且它的方法论也是如此,因为马克思的世界观同时也就是他的方法论。在《论一元论历史观之发展》第五章、《唯物主义史论丛》"马克思"篇、《马克思主义基本问题》等一系列著作中,普列汉诺夫都通过对唯物史观诸基本原理的方法论意义的阐述,相当明确地提出了马克思主义方法论的整体性原则。

就拿历史唯物主义的那些原理来说吧。唯物史观最根本的原则是用社会存在来说明社会意识的产生、变化和发展。人类的历史运动是由经济关系的变化所决定的,也是由制约着这种变化的生产力的状态所决定的。因此,任何历史研究都必须从某个国家或社会的生产力和经济关系的状态开始。

但是只知道一国的经济还远不足以说明意识形态的历史。要懂得

---

① 《普列汉诺夫哲学著作选集》,第3卷,第134、216页。
② 同上书,第1卷,第840页。

艺术、宗教、哲学、法律等等以怎样的方式反映生活,就必须知道生活的机制。"在文明民族那里,阶级斗争是这种机制中最重要的推动力之一。只有考察了这个推动力,只有注意了阶级斗争和研究了它的多种多样的变化,我们才能够稍微满意地弄清楚文明社会的'精神的'历史:'社会思想的进程'本身反映着社会各个阶级和它们相互斗争的历史。"①"如果我们面对着一个特定的社会,只会重复说这个社会的解剖植根于它的经济,那人们就会很有理由责备我们是形式主义。这句话无可争辩,但它是不够的;应该善于科学地运用科学的观点;应该弄清楚其解剖学结构由经济所决定的这个有机体的一切生活机能;应该懂得这个有机体怎样运动,怎样营生,懂得在它的内部由于这个解剖学结构而产生的感觉和概念怎样变成它们现在的形态;懂得这些感觉和概念如何随着这结构中所发生的变化而变化,等等。只有在这个条件下我们才能走得更远;也只有遵循这个条件我们才会对上面那句话深信不疑。"②

　　试问:如果一位哲学家承认"思想意识的上层建筑随着经济基础的变化而变化。经济的发展导致社会的阶级划分和阶级斗争,因此每一时代所特有的'人生观和世界观'就不会有同样的性质:各阶级的人生观和世界观是各不相同的,是依照各阶级的地位、需要、意图,以及各阶级的相互斗争的行程而改变的",他是否就能够对哲学史有正确的了解呢? 也不能。例如爱柳塞罗浦罗斯就是用这种完全正确的观点来分析哲学史,但是他的"分析应该承认是失败的",因为他只限于一般的叙述上面这些正确的原理,对于哲学史本身并没有具体的认识。他的错误在于"片面"地运用上述原理。因为"一般说来,思想意识的发展过程要比爱柳塞罗浦罗斯所想象的复杂得多"③。对于正确分析复

---

① 《普列汉诺夫哲学著作选集》,第 5 卷,第 496 页。
② 同上书,第 2 卷,第 205 页。译文有改动。
③ 同上书,第 3 卷,第 189—191 页。

杂的社会现象说来,社会心理因素具有极为重要的作用。可惜这种作用往往受到不应有的忽视。

"对于社会心理若没有精细的研究和了解,思想体系的历史的唯物主义解释根本就不可能。……历史科学不能把自己局限成一个社会经济解剖学;它所注意的是直接或间接为社会经济所决定的全部现象的总和,包括思想的作品在内。没有一件历史事实的起源不能用社会经济说明;不过,说没有一件历史事实不为一定的意识状况所引导、所伴同、所追随,也是同样正确的。因此社会心理学异常重要。甚至在法律和政治制度的历史中都必须估计到它,而在文学、艺术、哲学等学科的历史中,如果没有它,就一步也动不得。"① 而且"为着理解每一个特定的批判时代的'智慧状态',为着理解,为什么在这一时代中正是这些学说,而不是另一些学说胜利着,那就应该预先了解前一时代的'智慧状况';应该知道,哪些学说和学派曾在当时统治过。"②

当然,即使弄清楚了所有上述这些影响人类历史的极为重要的因素,仍然不足以说明种种纷繁复杂的社会现象,包括意识形态的现状和变化。我们的研究要获得"更具体的面貌",还必须考虑国际关系和地理环境的作用。"地理环境对各民族的历史发展有巨大的影响。……国际间的关系对这种发展也许有更大的影响。地理环境和国际关系联合起来的影响,说明了我们在各民族的历史命运中所遇见的那种巨大的差别,虽则社会进化的根本规律是到处相同的"③。

这还不是一切。研究者为了更全面地认识对象,此外还需要从其他方面进行分析,例如暴力、人口、种族、语言、传统、象征等等。总之,"社会科学中有多少'学科',就几乎有多少因素"④。或者说,社会复

---

① 《普列汉诺夫哲学著作选集》,第 2 卷,第 272、273 页。
② 同上书,第 1 卷,第 735 页。
③ 同上书,第 2 卷,第 204 页。
④ 同上书,第 2 卷,第 265 页。

合体有多少个方面,从进行抽象思维的人看来,便有多少个影响社会变化的原因。忽视或夸大任何一个因素的意义,都会导致"狭隘的"和"片面的"观点。唯心史观、人性论、经济主义、宿命论、庸俗社会学、英雄史观、无政府主义、暴力论、人口论、种族论等等都是这种"片面"、"狭隘"的观点的表现,都是片面强调一种历史因素、没有正确把握它同其他因素、同整个社会机体的关系的结果。对所有这些观点的批判构成了普列汉诺夫哲学著作的一个重要内容。它同时也是这位俄国杰出的马克思主义哲学家的一项理论功绩。

要正确认识一个因素在社会机体中的地位,首先必须弄清楚它起作用的范围。我们就拿"象征"这个因素来说吧。象征在某些思想体系的历史中的重要意义是无可怀疑的。例如高加索的卜夏夫人部落中的女子在兄弟死去时要剪下她的发辫。为什么发生这种现象呢?只能用象征来解释。它是代替在死人墓前殉葬的古俗的一种行为。但是,为什么她在自己的丈夫死去时却又不剪下发辫呢?这就不是象征所能说明的。在兄弟墓前而不是丈夫墓前剪下发辫这一象征习俗本身有其来源,那就是家族的历史。这个特殊风俗"只能认为是远古的一个遗迹;那时,氏族集团的首领——氏族是由一个女人(氏族的始祖)的真实的或假想的子孙聚合而成的——乃是母系方面最年长的后裔,乃是最近的母系亲属"。如果进一步追问,那么家族的历史又是经济演化的结果。"我们考究思想体系史的时候,常常不得不反躬自问:一个特殊的仪式或习俗,为其根源所本的关系业已消失,而且出自同一关系的其他同源的习俗仪式也已消失时,何以还会保留下来?这也等于问:新关系的破坏作用何以正好饶了这个特殊的仪式或习俗而取消了别的仪式或习俗?……只有求助于社会心理学"。当人们进入新的相互关系时,旧习俗旧仪式逐渐为新习俗新仪式所代替。这是社会新旧两种利益斗争的表现。革新派为什么对这些旧习俗旧仪式深恶痛绝呢?因为在他们看来,这些东西同他们所讨厌的社会关系的观念结合着。反之,另一些旧习俗旧仪式之所以被他们保留下来,则因为它们同那些可恶的旧习俗的观念结合得不如其他习俗的观念那么牢固。可见,"整个关键在于观念的结合"[1]。

这就是说,象征、习俗、社会心理、阶级斗争、经济关系……所有这些因素在整个社会机体中都各有自己的特定的功能和地位。超出一定的作用范围,或者在某个层次之外去考察这一因素或那一因素的意义,都要导致错误的结论。同时,也必须把对某一或某些特定社会因素,在我们试图考察的课题中所起作用的具体分析同这个或这些因素一般说来在社会结构或社会发展中所占地位的历史哲学理论严格区别开来。因为这是性质或层次完全不同的两类问题。

普列汉诺夫哲学著作中没有使用过"层次"这个术语,但是"层次"的概念对他决不是陌生的。他写道:"有些人试图在社会历史发展的各种因素之间建立起某种等级,非难这种尝试是不公平的。"[2]他自己的"五项论",就是依据社会诸基本因素之间的起源关系把这些因素分为五个"等级"(或者说"层次")。其中每一个"层次"又都有自己的特殊的结构,或者说,有自己的特殊的层次。例如,生产关系有两个层次,一个叫"直接关系"、"技术关系"或"劳动组织",另一个叫"财产关系"。前者比较靠近生产力,"与生产力的发展相平行地改变";后者则相反,它直接地决定着社会政治制度的变化。思想体系也有自己的结构或层次:低级的思想体系对各种社会制度的依赖较之高级的思想体系又更直接一些。除了特定社会本身的结构或层次以外,影响社会发展的还有其他"方面"的因素,比方地理环境、外国影响等。这"地理环

---

[1] 《普列汉诺夫哲学著作选集》,第 2 卷,第 289—290 页。
[2] 同上书,第 2 卷,第 266 页。

境"本身也是一个由多种因素(如气候、土壤、山脉、水域等等)组成的复杂系统,其中每一个因素都对社会发生着自己的影响。① 他在《论个人在历史上的作用问题》中提出的决定人类运动的三类原因的思想,同样清楚地表明层次观念是整体性原则的重要内容。他认为社会变迁由一般原因、特殊原因或个别原因所决定。"生产力的发展是人类历史运动的终极的和最一般的原因,人类社会关系方面的历次变迁都是由生产力的发展决定的。除这种一般原因外,发生作用的还有一些特殊的原因,即某个民族的生产力发展赖以进行的历史环境,但这种历史环境本身归根到底又是由其他民族的生产力发展,即同一个一般原因造成的。末了,除特殊原因的影响之外,还要加上个别原因的作用,即社会活动家的个人特点及其他'偶然性'的作用,因为有这些个别原因的作用,才使事变具有其个别的外貌。个别的原因并不能根本改变一般原因和特殊原因的作用,而且个别原因发生影响的范围和方向是受这种一般原因和特殊原因制约的。"② 无论俾斯麦或者拿破仑一世或者彭柏杜尔夫人都不可能使法国社会回到自然经济时代去。因为经济的发展是由更深一层的原因所决定的。如果不懂得这个界线,就要犯英雄史观的错误。反之,企图用纯经济的原因来说明铁血宰相的刚毅性格、拿破仑一世的军事天才或路易十五这位宠妃的虚荣心理对历史事变所造成的影响,除了导致无为主义或宿命论这样变相的唯心史观以外,不会有其他的结果。智力发展或社会发展方面大量事实所呈现的"中轴线",必须也只能用经济发展的"中轴线"来说明。这是一个层次。然而经济轴线又无法解释个别事件的行程,这是另一层次。③ 它

---

① 详见拙文《普列汉诺夫对马克思主义地理环境学说的重大贡献》第 3 节,载《哲学研究》1980 年第 10 期。
② 《普列汉诺夫哲学著作选集》,第 2 卷,第 372 页。
③ 普列汉诺夫把生产力的发展和社会的经济关系叫作"深刻的"、"深藏的一般原因",而把个别原因称为"表面的"、"明显的"、"极细微的原因"。不仅如此,在他看来,作为个别原因的"偶然现象"还有等级之分。

给历史人物的"个性"留下了广阔的地盘。这个道理同样适用于作为特殊原因的历史环境。这里又有一个层次。但是这些层次之间决不是互相隔绝的。个人对社会命运的影响有时是很大的,但这种影响发生的可能性和范围,却要依上述特殊原因和一般原因为转移。同时这种影响有时正是同一特殊原因或一般原因的表现。反过来,如果个人的某种影响不断地增加,它们也会对特殊原因或一般原因造成严重后果的。①

整体性原则的另一个重要内容是相互作用的观点。相互作用是因果关系的充分发展,是由因果关系发展出来的真理。它是辩证法表现的一种特殊形式。② 在极端简单的情况下,人们只要弄清楚哪一个现象是原因,哪一个现象是结果就心满意足了。假使我们看到的不是孤立存在的两个现象,而是一个过程,其中同时可以看到若干现象,或者甚至若干系列的现象,那么事情就大大复杂化了。例如蜡烛燃烧,在现时是燃烧结果的热,在紧接着以后一个时刻就是燃烧的原因。如果从连续燃烧若干时刻来看,热既是它的结果也是原因,或者换句话说,不是结果也不是原因,而只是为这一过程所引起的一些现象之一,而且这些现象本身又是这一过程所必需的条件。普列汉诺夫正是根据这种"溶化为普遍的相互作用"的辩证概念,批判了无政府主义者和空想社会主义者不懂得政治因素对经济因素的反作用,批判了英雄史观和宿命论对个人作用和群众作用之间相互关系的错误理论,批判了以孟德斯鸠、布克尔为一方和以霍尔巴赫、伏尔泰等人为另一方在地理环境和社会之间的相互作用问题上的片面观点,等等。他指出,社会诸"因素之间存在着相互作用:每一因素都影响其他一切因素,它本身又受其他

---

① 参见《论个人在历史上的作用问题》。
② 《普列汉诺夫哲学著作选集》,第 2 卷,第 166 页。

一切因素的影响。结果形成这样一个错综复杂的网,相互影响的、直接作用以及反射作用的网"①。我们对这种作用之网越是研究得详尽、清楚,社会各因素的性质、特点、功能和相对重要性以及它们在社会整体中的地位也就越能为我们全面的理解,我们对这个整体本身的认识也就更加深入。在运用相互作用的原理研究社会现象时,还应该注意区分直接的相互作用和间接的相互作用。普列汉诺夫在反对庸俗社会学的斗争中特别重视对间接的相互作用(即通过中介发生的作用)的分析。这个问题我们已在"唯物史观"一章中作了考察,现在就不多说了。

然而尽管相互作用的观点"不仅是合理的而且是完全不可避免的",忘记或否认这个观点是"愚蠢的",但是如果我们停留在这个观点上面,不了解"这个自在自为的观点什么也不能说明,那也同样是荒谬的"②。因为第一,诸因素之间的相互作用还只是"直接给予的",还没有说明这些因素本身是从哪里来的。这种相互作用以这些因素的存在为前提,如果不揭示它们的性质和起源,我们就仍然不能深入事物的本质。第二,这种观点没有研究相互作用的现象的整个过程,没有考察它们的内在基础,即没有考察"一切作用着和互相作用着的力量之间的普遍的统一的源泉",或者如黑格尔所说,没有把它们看作是"那有着更高的规定的第三者的环节"。对黑格尔说来,这个"更高的第三者"是概念,而对于马克思来说则是各个民族和国家的经济状况,而后者又为生产力状态所决定。③ 找出"第三者"——"这个要求在方法论上极其重要,因为它推动人们去探求那个归根结底引起人类历史运动的根本原因"④。换言之,它要求用综合的观点、统一的观点,或者说用整体

---

① 《普列汉诺夫哲学著作选集》,第 2 卷,第 265 页。
② 同上书,第 2 卷,第 203 页。
③ 同上书,第 1 卷,第 474、475、495 页。
④ 同上书,第 3 卷,第 734 页。

的观点来代替相互作用学说的分析观点。①

因此,普列汉诺夫坚决反对"用一个原则来解释全部历史过程"②,反对把"单独拈出的"、同其他方法相脱离、"同运动的总进程没有任何联系"的方法拿来分析复杂的社会现象。③ 他关于整体性原则的这些论述清楚地表明:作为马克思、恩格斯哲学思想忠实的继承者,普列汉诺夫也是系统方法的先驱者之一,尽管他只是偶然地使用过"系统思想"这个术语。

(三)

和整体原则一样,发展原则也是普列汉诺夫方法论思想中极重要的原则,而且在他看来,整体原则本身就是发展的。例如他说:"黑格尔的综合观点,同时也是一个目的论的观点。现代的辩证唯物主义则从社会科学中彻底清除了目的论。"④所谓"辩证法也就是关于发展的学说"⑤。这种学说包括以下几个主要思想:(1)它从暂时性方面去考察现象,即从生成的观点,或者说,从这些现象的发生和消灭的观点去观察现象;(2)发展过程不只有渐进的量的变化,而且有"飞跃"、"突变";(3)"某一概念的各个组成部分之间的相互矛盾,某一现象的内在力量之间的相互对抗,构成了我们在任何地方,无论是在自然界、在逻辑中或是在历史上所观察到的一切发展的最主要的推动力"⑥。关于普列汉诺夫对这些思想的论述我们已经在前面第三章中叙述过了。至

---

① 《普列汉诺夫哲学著作选集》,第 2 卷,第 267 页。
② 同上书,第 1 卷,第 760 页。
③ 《普列汉诺夫全集》,俄文版第 15 卷,第 270—271 页。
④ 《普列汉诺夫哲学著作选集》,第 2 卷,第 267 页。
⑤ 同上书,第 4 卷,第 549 页。
⑥ 普列汉诺夫:《车尔尼雪夫斯基》,上海译文出版社 1981 年版,第 278 页。

于他是怎样把这些思想当作锐利的武器,用来批判各种错误的理论,和解剖历史观问题、哲学史问题、美学问题、伦理学问题、宗教论问题、认识论问题、思想史问题等等,我们在本书的其他各章都有或详或略的考察。这里我们只想概括地谈谈普列汉诺夫这些论述的特点。

首先,他的哲学著作的常用手法是通过对各种概念或学说的矛盾运动的分析,达到对立面的真正综合。换句话说,他总是企图运用马克思主义的基本原理把各派思想中正确的东西结合起来,并且进一步推导出新的结论。例如,法国唯物主义者认为一切道德行为都是利己的,反之,康德断言,只有无私的行为才是道德的。普列汉诺夫指出,道德动机和利益之间的这种二律背反完全是没有根据的。他们都只看到现象的一个方面。他们都没有采取发展的观点,没有从社会的利己主义中引出个人的利己主义来。成为判断善恶的基础的是整体的利己主义、社会的利己主义。整体的利己主义决不排斥个人的利他主义、个体的利他主义。相反,前者乃是后者的泉源。个人的利他主义赖以在社会的利己主义的基础上成长起来的过程,是一个辩证的过程。①

其次,他力求从这种分析中探明认识的前进过程。在他看来,只讲对立面斗争是片面的。如果停留在唯物主义和唯心主义、辩证法和形而上学相互斗争上面,而不是通过对这种斗争的分析揭示人类认识前进了多少以及如何前进的,那么分析就没有意义,或者意义不大。十九世纪前期黑格尔哲学的出现和传播不只是,或者说更主要的不是对法国唯物主义的反动,而是哲学思想发展的一个新阶段。在这个阶段上,从形式看似乎唯物主义哲学被唯心主义哲学取代了,从内容看恰好相反,黑格尔体系中唯物主义思想的成分远远超过了法国唯物主义者的学说。这一点特别表现在黑格尔的历史哲学中。当然也表现在黑格尔

---

① 《普列汉诺夫哲学著作选集》,第 4 卷,第 252、253、258 页。

的方法论中。因为他的方法就是辩证法,而辩证法按其固有的本质来说乃是唯物主义的。

第三,普列汉诺夫在分析发展过程的同时也注意揭示事物或概念普遍联系的复杂性。发展过程中既有主流,又有支流;其中一般情况和特例并行不悖。它不只是前进的运动,同时也显出倒退的倾向。即使是前进,除了直线式的向前运动,还有迂回的、曲折的前进,也许后面这种前进方式更为经常,等等。只有说明了种种复杂的具体情况,我们的认识才能更多地接近真理。普列汉诺夫关于唯物史观形成史、关于俄国近代思想史等等的论述就是这种具体分析的充分表现。

第四个特点是他从不单独运用发展原则去研究复杂的历史现象。首先,贯彻发展原则离不开"历史主义的、经验的基地"。在说明由什么发展到什么以前,任何发展过程都是不清楚的。只有运用历史主义原则才能把前后两个"什么"区别开来。其次,如上所述,发展的观点也就是生成的观点,换言之,即产生和消灭的观点。因此从发展的观点看待社会现象或意识现象与研究者对产生或消灭着的东西持同情或反对的态度是丝毫不矛盾的。普列汉诺夫在自己的哲学著作中,多次着重谈过这个问题。他考察各种思潮的历史发展时,那种激情高扬的论战精神充分地表现出:他总是把发展原则同党性原则紧密结合在一起的。最后,在他看来,发展原则本身并不是"从发展中看问题"这样一句简单的孤立的判断,而是一些彼此有联系的、综合性的观点的整体。从发展看问题,就要探究发展的泉源——"矛盾引导着前进"。从发展看问题,就要"对一切现象都在它产生和消失的过程中去考察"。从发展中看问题,就要排除"庸俗进化学说所特有的片面性",即"不仅给予'飞跃'(质的变化),而且也给予准备它们的逐渐变化(量的变化)的过程以适当的地位"。从发展看问题,还要注意到发展的阶段性,注意事物在不同阶段上的特点,等等。总之,他把发展原则同整体性原则内在地结合起来了。

不仅如此,普列汉诺夫还把发展原则贯彻于方法论本身。既然方法是客观规律的主观运用,所以随着人们对规律性认识的发展,方法也在变化、丰富和发展着。如果规律的认识是逐步的、渐进的,那么方法的产生和运用自然也有一个过程。不同时代有不同的方法论思想。某种方法在特定的时代是真理,对下一时代可能就是谬误。决定方法论形态变化的是自然科学和社会科学的发展。

拿前面讲过的因素论来说吧。"历史的因素是比科学差得远、而比大的谬误却高明得多的某种东西。因素论曾给科学做出过自己的一份贡献。过去对于历史的社会的种种因素的专门研究,正如现在任何不超出事物表面运动的、经验的研究一样,有利于改进我们的观察手段,使我们有可能在那些通过抽象而人为地加以孤立的现象中,发现把这些现象同社会整体结合起来的那种联系。"[1]因素论不仅在历史上有它的功勋,现在也并非绝对无用。"今天如果有人想摹拟出人类过去生活中任何一个部分,则通晓专门的社会科学知识对于他是不可缺少的。"[2]

许多人都认为,"理性支配世界"——这种唯心史观本身在认识上毫无进步意义。普列汉诺夫不这样看。且不说这种理论曾经一度是资产阶级革命在观念形态上的反映。且不说它本身就包含着部分的真理:"理性支配世界"这个命题包含着理性对人有着极大的影响这样一个正确的思想。从方法论上看,这个原则同因素论原则比较无疑是一个进步。不管是谁,如果他企图弄清社会发展过程,遇上社会这一幅由种种联系和相互作用无穷无尽地交织起来的画面,都要感到头晕的。

---

[1] 《普列汉诺夫哲学著作选集》,第 2 卷,第 266 页。译文有改动。
[2] 同上。

于是他产生一种不可克服的需要,非找出一个线索引导他走出这座相互作用的迷宫不可。为了简化他的工作,他就在社会历史因素中寻找一个因素是产生其余一切因素的首要的基本的原因。他得出结论:一切社会关系的发生和发展都为理性的发展所决定。这是典型的唯心主义。我们今天看来,它的错误是明显的。但是对于当时促使人们抛弃相互作用的僵死观点,从社会运动中寻找某个统一的泉源来说,它"还是有一点用处"①。

因素论在今天是经不住批判的。因为"它肢解了社会人的活动,将活动的各个不同的方面与表现转化为一些特殊的力量,好像这些力量决定着社会的历史运动似的。在社会科学的发展史中,这个理论所起的作用,正与个别物理力的理论在自然科学中所起的作用类似。自然科学的成就,已经达到了关于这些力的统一的理论,已经达到了关于能的现代化的理论。正好是同样情形,社会科学的成就,也一定要达到以社会生活的综合观点来代替社会分析的结果——因素论"②。

(四)

从上述可知:如果我们今天仍然使用因素论的方法去研究社会历史现象,我们就不是从发展看问题;反之,如果我们站在现代的立场上仅仅指责因素论的荒唐,甚至否定它在历史上起过任何进步作用,我们就违反了历史主义原则。

什么是历史主义原则呢? 历史主义方法的根本特点是:"对现实的最注意的研究;对任何特定的对象的最忠实的态度;在其生动的环境

---

① 《普列汉诺夫哲学著作选集》,第2卷,第265—266页。
② 同上书,第2卷,第266—267页。

中,在一切制约着或伴随着其生存的时间和地点的条件下研究对象"。普列汉诺夫在自己的著作中反复强调,必须"坚持现实的基地,衡量一切具体条件,一切时间和地点的情况"。他引证车尔尼雪夫斯基的话说:"抽象的真理是没有的,真理是具体的。当对象的全部质和特点以它所存在于其中的环境而被表现出来,而不从这个环境和自己的生动的特点中抽象起来的时候,关于对象的概念是具体的"①。

在思想史的研究中普列汉诺夫经常强调贯彻历史主义原则,对于修正主义哲学家、资产阶级启蒙派、无政府主义者、各种空想社会主义者(包括车尔尼雪夫斯基)、人性论者以及庸俗社会学家等脱离历史的抽象方法给予了很多严肃的批评。我们把这些论述初步归纳了一下,可以大致地提出以下四项要求。

第一,不要从先验的东西出发来研究社会现象。首先不要"把先天的虚构硬加到历史上去"②。这个要求说起来很简单,道理也不深奥,真正做到却不那么容易。就拿有渊博的知识和深入的观察力的黑格尔来说,尽管他在《历史哲学》中严厉指责"历史专家"犯了"先天的虚构"的错误,作为一个绝对唯心主义者,当经验材料不适合自己虚构的体系时,他也就毫无顾忌地歪曲经验材料。③ 在黑格尔哲学看来,普遍精神经历着发展的不同阶段。波斯民族处于比印度人高一级的阶段上,而埃及人由于他们的民族精神是到希腊精神的过渡,所以又高于波斯民族。可是同崇拜太阳、月亮和星星的波斯人相反,印度民族和埃及都崇拜动物。"黑格尔为了顾全那种完全任意制作的逻辑体系,就不得不对于完全类似的社会生活现象赋予完全不同的意义"。一时说崇

---

① 《普列汉诺夫哲学著作选集》,第 1 卷,第 638 页。
② 同上书,第 2 卷,第 789 页。
③ 同上书,第 2 卷,第 789—790 页。

拜太阳等等的波斯人比崇拜动物的印度人高一等,一时又说同一个波斯民族低于动物崇拜者的埃及民族。①

其次,也不要虚构一种先验的方法硬套在历史事实上面。大家知道,十九世纪伟大的俄国启蒙派车尔尼雪夫斯基关于真理的具体性曾经作过许多深刻而精彩的论述。但是为了否定错误理解的"历史方法",他在自己的所有经济学(以及社会学)研究著作中都广泛使用了另一种方法——"假设法"。何谓"假设法"?用他的话来说,要正确地判断经济现象,我们就应该"从历史事件的领域转移到抽象思维的领域,因为抽象思维所思考的不是历史提供的统计材料,而是抽象的数字,而抽象数字的意义是假定的,而且简直可以随意决定。例如……我们假定,一个社会有五千居民,其中有一千成年男子,整个社会就靠他们的劳动来养活。我们再假定,其中二百人出去参加战争。请问,这次战争在经济上对社会有什么关系?它增加了还是减少了社会的福利?只有当我们把问题弄得这样极其简单,答案才成为如此简单和不容易争辩,以致每一个人都能容易地找到解答,并且不可能被任何人和任何东西所驳倒……由于使用'假定'、'假设'这种术语,这个方法就称为假设法。"②这种方法的全部本质就是示范性的算术计算、想象中的社会会计学。这使得他的研究带有十分独特的、极端抽象的性质。这是他的致命弱点。"我们在他的研究中所见到的所有那些为数众多的缺陷和为数不少的错误,都发源于这个总的源泉。车尔尼雪夫斯基时常犯错误,因为他在对资产阶级社会下论断时,不是到这个社会的现实生活中,而是到'健全理论的要求'中去为自己的结论寻找根据"③。

---

① 《普列汉诺夫哲学著作选集》,第 1 卷,第 478—480 页。
② 普列汉诺夫:《车尔尼雪夫斯基》,第 324 页。
③ 同上书,第 502、503 页。

同样,我们不应把思想家"所没有的观点硬加在他身上"①。这里最突出的例子是舒里雅齐柯夫。这位"苏兹达尔式的"庸俗社会学家根据"一切哲学术语都是用来标明社会上各个阶级、集团、基层单位以及它们的相互关系"这样一个错误的公式,硬说"本阶级的哲学思想始终只是反映这个阶级的当前阶级利益"②,结果得出了一系列歪曲历史事实的结论。例如,他在自己的《西欧哲学对资本主义的辩护》一书中把笛卡尔、斯宾诺莎、霍布斯、洛克、贝克莱、休谟,甚至黑格尔的哲学,统统说成是表现了"工场手工业主"的利益。他还武断地宣称,当康德论述本体和现象时他注意的是资产阶级的钱袋。这种"极度荒唐可笑"的议论"无异是对人类思想的诽谤"③。

第二,历史主义原则告诉我们:不能要求历史人物在当时条件或当地条件下具有他们不可能发现的观点。十九世纪西欧许多杰出的思想家都清楚地认识到资本主义制度的种种缺陷和祸害,懂得建立另一种制度的可能性和必要性。于是就产生了各种社会主义理论和共产主义理论。但是略早于他们的大卫·李嘉图以及他们的前辈、英国经济学家威廉·配第和亚当·斯密却看不到这些。普列汉诺夫问道:"为什么过去从来没有过这种理论呢?难道过去的理论家与配第、斯密和李嘉图这些科学界的巨擘,都只不过是保卫一小撮幸运儿的事业的奸诈之徒吗?完全不是这样,他们是诚实的思想家,但是您怎么能要求他们发现现实中还没有出现的东西呢?在他们的时代,历史运动还没有暴露出,或者更正确地说,还没有造成现在社会主义者所攻击的那些资本主义的缺点,因此他们也没有料到可能发生这些缺点。'一天的难处一天就够了'——在研究人类思想史时永远不应忘记这一点。"④

---

① 《普列汉诺夫哲学著作选集》,第 4 卷,第 228 页。
② 同上书,第 3 卷,第 356、359 页。
③ 同上书,第 3 卷,第 360 页。
④ 同上书,第 4 卷,第 43 页。

这是一类情况。另外还有一类情况。车尔尼雪夫斯基活动和创作的年代,马克思主义已经产生和传播开来。同这种科学思想比较,车尔尼雪夫斯基的历史观点和社会主义观点是很落后的。评价车尔尼雪夫斯基的时候忽视这一点当然不对。但是这只是事情的一个方面。事情的另一方面,而且也许是更重要的方面,这就是:(1)这位伟大的俄国作家生活在一个各方面都很落后的国家里,社会科学的最新发现和趋向往往完全无法到达这个国家。在他周围的环境里,没有任何材料可以使他在这方面做出独立的发现。(2)作为俄国反动沙皇制度残酷迫害的牺牲者,他被剥夺了本来可能取得的更高成就的种种机会。因为他不仅学识渊博、才华出众,而且有崇高的理想和坚定的意志。所以他的落后与其说是他的过错,不如说是他的不幸。(3)"应该记得,对于马克思和恩格斯在社会科学中完成的变革,甚至最有才干的西欧人也没有立刻给予应有的评价。"①(4)车尔尼雪夫斯基的著作是有不少缺陷的。但是"应该历史地看待这些缺陷",因为"对他的时代和他的国家来说,甚至现在我们应该认为是错误的他的那些观点,也终究是极其重要和有益的,因为它们激发了俄国的思想,并且把俄国思想推上了它在前个时期尚未能走上的道路,即推上了研究社会问题和经济问题的道路。"②(5)车尔尼雪夫斯基逝世以后,无论是属于无数宗派和派别的俄国社会主义,或是合法的俄国批评和政论,都不仅丝毫没有前进一步,而且水平"大大下降了。单是根据这个不应该有丝毫疑问的情况,就足以判定车尔尼雪夫斯基在我国著作界起了多么重要和多么富有成果的作用了。他的名字标志着俄国社会思想发展上的整整一个时代"③。

---

① 《普列汉诺夫哲学著作选集》,第4卷,第84页。
② 同上书,第4卷,第85页。
③ 普列汉诺夫:《车尔尼雪夫斯基》,第506页。

第三,研究思想史时,不可孤立地进行考察,停留在表面的相似上面,而要看到特定思想的具体的历史的内容,把它们放在这些思想家的整个体系中来分析。普列汉诺夫常说:"相同的思想在两个怀着不同的实际目的的人嘴里,常常有着完全不同的意义。"①霍尔巴赫认为,真正的宗教在任何国家都是刽子手的宗教。霍布斯也说过这类的话。但是这个思想对于这两个人的哲学的意义是很不相同的。霍尔巴赫把宗教及其同暴政的联盟看成是一切不幸的原因,认为它们都是残害人类的刽子手,必须消灭这些刽子手。霍布斯则不同。尽管他理论上达到了无神论,在实践上却"和古老的犹太上帝相友善"②。他仍然主张保留宗教,用来作为保卫至高无上的君主专制制度、约束下层人民的"社会的马勒"。

再拿"太阳落了"、"月亮出来了"、"风停了"等这样一些很平常的话为例。我们今天这样说同我们的原始祖先说同样的话,其意义是大不一样的。原始人相信万物有灵论,他们习惯于把太阳、月亮、风等看成具有意识和意志的存在物。话虽一样,与它们联系着的观念则截然相反。③

对于一个概念也是如此。"斯宾诺莎所使用的'神'与神学家所说的神是不调和也不可能调和的,因为他把这个词理解为自然界。他这样说过:'神或自然界'"④。

至于考察一种理论、一种主义或者学说,更是不能脱离具体的历史环境。这里最突出的例子是"人性论"。普列汉诺夫指出,历史上的"人性论"简直多如牛毛。有亚里士多德的人性论,它力求证明奴隶制

---

① 《普列汉诺夫哲学著作选集》,第2卷,第74页。
② 同上书,第2卷,第73页。
③ 同上书,第3卷,第341页。
④ 同上书,第3卷,第534页。

完全适合饱受压迫的人的本性。有封建主义的人性论,它一直用同一个人性替旧秩序做辩护。中世纪的教会主张禁欲主义的人性论。十八世纪启蒙学者的人性论不厌烦地反复申述专制制度与要求自由的人类本性完全矛盾。奥古斯特·孔德的人性论则论证妇女的从属地位是妇女本性的必然的不可避免的结果。黑格尔对人性论作了很多中肯的批判,然而最后还是陷入自己特有的人性论。费尔巴哈的人性论是人本主义的。有空想社会主义者的人性论,也有基佐、梯叶里、米涅等人的人性论。同是无政府主义者,施蒂纳的人性论把个人主义理论发挥到淋漓尽致的地步,而克鲁泡特金的人性论却带有浓厚的迂腐庸俗的气味。如此等等。如果不用历史的眼光去考察,除了所有的人性论者是空想主义者这个一般的结论以外,我们的认识就很难前进。而且马克思主义并不一般地否定人性论。"在马克思以前社会科学上的人物曾从人性的概念出发;由于这,人类发展的最重要的问题没有能够得到解决。马克思的学说给了这件事(指人性论——引者)以完全不同的面貌(这就是说马克思有自己的人性论——引者)。马克思说,当人为着保持自己的生存而作用于在他之外的自然时,他改变了自己本身的天性(这就是马克思主义人性论区别于以前一切人性论的最根本的原理或特征之一——引者)"[1]。紧接着这段话之后普列汉诺夫立即指出了马克思在社会科学中实现了比哥白尼在天文学中所实现的更伟大的革命。可见,在普列汉诺夫看来,人性论源远流长,支派繁衍,而人性乃是一切历史哲学都应当研究的对象,马克思主义的出现在人性论历史中同样是一场革命。这场革命同样是继承性和变革性的统一。例如,"卢梭也了解人类本性变化无常"[2],黑格尔和谢林就"不在人性之内而在人性之外寻找历史发展的动力"[3],等等。

---

[1] 《普列汉诺夫哲学著作选集》,第 1 卷,第 706 页。
[2] 《普列汉诺夫全集》,俄文版第 18 卷,第 25 页。
[3] 普列汉诺夫:《无政府主义和社会主义》,第 20—21 页。

第四,历史主义原则要求:为了对事件、观点、人物等等做出正确的评价,必须广泛"采用历史的比较的方法"①。在这个问题上,普列汉诺夫对卢梭的分析就是很好的例证。作为十八世纪启蒙思想家,卢梭是时代的儿子。他具有当时启蒙派的许多优点和缺点。这是首先必须清楚认识到的。但是我们不能停留在这种共性上面,必须进一步了解他的种种特点。卢梭比同时代人杰出的地方就在于辩证地思维,而同时代人却差不多全是形而上学者;就在于他对当时占统治地位的唯心主义历史观感到不满而朝历史唯物主义方向迈出了很大的一步。"他看到,生产力的发展是人类历史运动的主要原因。他也看到,历史运动要引起和扩大社会的不平等,以及和社会不平等密切相关的人的利己主义行为。他的难能可贵的智慧帮助他发现了这些重要的理论上的真理"。他关于智慧的进步是道德退步的原因的论述是唯物史观最初的出色的尝试之一。"当这位肤浅的唯心主义者思索到文化发展的动力时,尽管有个别唯心主义倾向,却是像一个唯物主义者那样进行推理的,而且在自己的推理中往往表现出他是一个真正有天才的人。在这方面,十八世纪所有的唯物主义者中间,只有爱尔维修才能同卢梭并驾齐驱,而在思想的力量方面还逊于卢梭一等"。在他的论政治经济学的文章中有不少关于社会概念和社会风尚的辩证法的天才猜测。他发现,人们的政治关系要用他们之间的公民的、财富的关系来说明。在这里他表现出是复辟时代法国历史学家的一个先驱者。同时他非常了解政治对作为其基础的经济的反作用。他也很好地了解划分为阶级的社会的政治生活的内在逻辑。许多历史哲学,包括基佐、梯叶里、米涅等人的学说,都把人性论思想当作自己体系的基础,还把暴力当作打开一切理论大门的钥匙。卢梭不同意这些观点。他指出:人类的本性是变

---

① 《普列汉诺夫哲学著作选集》,第 1 卷,第 779 页。

化无常的；他也洞察到一个阶级剥削另一个阶级的秘密，因而清楚地懂得暴力论的毫无根据。在他看来，地理环境是通过生产力而影响社会发展的。这种观点非常接近于黑格尔的划时代的思想。他关于富人和穷人之间的社会契约不过是富人由于对穷人的指挥劳动而得到取得剩余产品的权利的理论，为我们提供了以卢梭的观点为一方和以马克思、恩格斯剩余价值学说为另一方的新的接触点。所以普列汉诺夫说："在说明人类文化发展过程方面，卢梭表现出是马克思和恩格斯，而尤其是著名的《古代社会》一书作者美国人摩尔根的最卓越的前辈之一。"①

普列汉诺夫对十八、十九世纪英、法、德三国资产阶级哲学家关于宗教的理论所作的比较分析，也是运用历史主义方法的出色范例。大家知道，宗教奇迹同科学规律性是不能调和的和互相否定的。试问：懂得自然规律的人们如何对待《圣经》上的奇迹故事呢？他们不得不否定这些故事。但是用什么方式否定却是各不一样的，这要根据产生这一理性思潮的社会生活的性质和进程来决定。法国启蒙派简单地无情地嘲笑一切《圣经》故事，认为宗教是愚昧和欺骗的产物。德国的启蒙运动者，甚至他们中间最先进的思想家如莱辛则把宗教看成是"对人类的教育"。而同时代英国的思想家却对宗教采取了冷淡怀疑的态度。从洛克的感觉主义理论这个共同的基础中"引导出法国唯物主义者战斗的无神论、休谟的宗教冷淡态度和康德的'实践的'宗教"。其所以如此，因为这三个国家内部各种社会力量之间的关系不同，从而使得每个国家具有独特的"智慧和道德风习的状态"，它们表现在民族的宗教、文学、哲学、艺术等等中。上帝在英国是立宪君主，他统而不治；

---

① 参见《普列汉诺夫哲学著作选集》，第1卷，第649—651页；《普列汉诺夫全集》，俄文版第18卷，第5—35页。

在法国它不仅治理而且是暴君;在德国,它是善良的父亲,尽力给自己的孩子们以适应实际生活的良好的道德教育。由于这个原因,同一个问题,法国人对它激动得热情澎湃,英国人漠然置之。同一个论据,德国的先进分子十分敬服,法国的先进分子则极其厌恶。所以普列汉诺夫说:"由相同的元素,但以不同的比例结合而成的两个物体,并不带有相同的化学性质。……在社会结构颇为类似的不同的国家里,相同的观念并不带相同的色彩,并不得出相同的实际结论,……观念的运动只是反映着社会运动,观念运动所开辟的不同的途径所不断采取的种种方式,正是适应着社会运动中力量的不同结合情况。"①

(五)

党性原则也是马克思主义理论最重要的一条方法论原则。不过在马克思、恩格斯的著作中没有出现过"党性"一词,他们使用的术语是"阶级性",而在文艺问题上则提出了"倾向性"概念。列宁也用过"倾向性",但通常更多的是使用"阶级性"和"党性"。列宁说:"严格的党性是高度发展的阶级斗争的随行者和结果。反过来说,为了公开地和广泛地进行阶级斗争,必需发展严格的党性。……各阶级政治斗争的最严整、最完全和最明显的表现就是各政党的斗争。"②

有一种流行的观点认为马克思主义的党性原则是列宁第一次提出来的。这个看法不完全正确。在列宁以前,至少普列汉诺夫就提出过党性原则,尽管没有正式使用"党性原则"这个名词。他在1884年发

---

① 《普列汉诺夫哲学著作选集》,第1卷,第413—414、731—732页;第2卷,第74、838页。

② 《列宁全集》,第10卷,第54、58页。

表的《我们的意见分歧》一书中写道:吉荷米洛夫"关于资本主义对哲学、公法、私法、历史哲学、自然科学和文学等学术发展的影响……一点概念也没有。然而这一影响是无可怀疑的,……而且有过一个时候,俄国作家们也理解到了社会中阶级关系……对于一般学术,尤其是对于哲学思想发展过程的影响。车尔尼雪夫斯基说:'政治理论以及一般哲学学说,总是在它们的作者所属的社会情况的最强烈的影响下产生的,而每一个哲学家往往是他所属的当时为争取对社会的支配地位而奋斗的某一政党的代表'。这些哲学体系渗透着体系的作者们所属的那些政党的精神。"①五年以后他在《车尔尼雪夫斯基》一书中再次谈到这个问题。他重新引证了上面这段车尔尼雪夫斯基的话,并且评论道:"这些话表明作者对那些影响哲学和政治思想发展的社会条件有着非常深刻的理解。现代的唯物主义辩证论者对这些话只想作一点补充,那就是决定人类思想方向的政治斗争本身也不是为了某种抽象的见解而进行的,而是在斗争着的政党所属的那些社会阶级或阶层的需要和愿望的直接影响下进行的。"②

普列汉诺夫把文学艺术领域的党性原则叫作"政论的态度"。他在批判伏伦斯基的观点时指出:"劝导批评说:你不应当热衷于政论,这是徒劳无益的,就像高谈阔论'永恒的'艺术规律是徒劳无益的一样。……有这样的一些时代,不仅是批评,而且艺术创作本身,也充满着政论的精神。难道'路易十四时代'的艺术所洋溢着的那种冷静的豪华气派和那种冷静的帝王威严的气概,在某种程度上不也是政论吗?难道它们不是为了赞扬某一政治思想而有意识地搬到创作中去的吗?难道在大卫的绘画里或者在所谓的小市民戏剧里没有政论的因素吗?

---

① 《普列汉诺夫哲学著作选集》,第1卷,第217页。
② 同上书,第4卷,第50—51页。

有的。如果您愿意的话,甚至可以说是太多了。……如果的确存在着永恒的艺术规律,那就是这样的一些艺术规律:由于它们的缘故,在一定的历史时代政论势不可挡地闯入艺术创作的领域,在那里发号施令,就像在自己家里一样。批评也是这样的情形。在一切过渡的社会时代,它总是充满着政论的精神,而有一部分简直就成了政论。"①这里所谓"政论精神",所谓"政治思想",实质上就是"党性精神"、"党性思想"。

有些资产阶级学者认为,党性原则同科学是互不相容的,站在党性立场就不能保持科学性。普列汉诺夫批判了这种思想。他指出,党性和科学性就本身而言是完全不同的两件事,尽管它们之间有密切的联系,在这个意义上它们可以是矛盾的。但是真正的党性、进步阶级的党性,特别是无产阶级的党性,同科学性并不矛盾,因为它本身就建立在科学性的基础上。他写道:"那些正确地描写那存在于被描写时代中的社会关系的历史描写是真理。在那历史家不得不描写对立的社会力量的斗争的地方,如果历史家自己不变为一个枯燥无味的书呆子的话,他不可避免地要同情斗争的某一方面。在这上面他将是主观的,不管他同情少数或多数。可是这种主观主义并不妨碍他成为完全客观的历史家,只要他不去曲解那些斗争着的社会力量所据以产生的真实的经济关系"②。

另一方面研究者们的阶级观点不仅不会妨碍当时科学的进步,而且是这一进步的必要条件。这一点最鲜明地表现在复辟时代法国历史学家们的著作中。在他们的历史科学中既反映了第三等级的愿望,同时客观地概述了法国历史的实际情况。他们当时那种清楚地显示出资

---

① 《普列汉诺夫哲学著作选集》,第 5 卷,第 190 页。
② 同上书,第 1 卷,第 745 页。

产阶级阶级觉悟的战斗情绪丝毫没有妨碍他们的科学研究,因为正如基佐一本名著的题词中所说的那样,他们懂得:"令人惬意的是,坐在风暴中的船上而又知道自己不会覆没!"①

在文艺领域,"真正哲学式的批评同时也是真正政论式的批评"。"真正哲学式的批评"即"科学的批评",和"真正政论式的批评"即站在进步立场的有倾向性的批评,都是无产阶级所宝贵的。科学的批评所作的"分析越客观,也就是说,它把社会的邪恶描写得越鲜明和突出",它的倾向性就越强烈,效果就更好。一种"客观的批评"作为"政论式的批评""同样也是真正科学的批评"②。

普列汉诺夫在同伯恩施坦论战时写过一句名言:"严格说来,'党性的科学'是不可能有的。但是,可惜,充满党派精神和阶级利己主义的'学者'倒是极可能有的。"③有人就根据"党性的科学是不可能有的"这句话断言,似乎普列汉诺夫反对马克思主义科学的党性原则。这完全是误解。由于这个问题本身的重要性,由于人们至今对这个问题的看法分歧很大,我们觉得多用一点篇幅比较全面地介绍一下普列汉诺夫的思想是值得的。

普列汉诺夫在分析科学的党性原则时认为必须首先区分自然科学和社会科学,因为从研究的对象来说,两者有很大的差别。"数学既不可能是社会主义的,也不可能是资产阶级的,这是正确的;但是在应用于数学上是正确的东西,应用于社会科学就错了。直角三角形的勾股平方等于什么呢?等于弦的平方。是这样吗?是这样。永远这样吗?永远这样。弦的平方对勾股平方的关系不能改变,因为数学图形的性

---

① 《普列汉诺夫哲学著作选集》,第2卷,第523—531页;第3卷,第54页。
② 同上书,第5卷,第188、189页。
③ 同上书,第2卷,第447页。

质是不能改变的。而我们在社会学中看到的是什么呢？它所研究的对象是不是始终不变的呢？不是不变的。社会学研究的对象是社会，而社会是在发展的，因此是在改变的。正是由于这种改变、这种发展才造成了资产阶级的社会科学以及科学社会主义的可能。社会在其发展中要通过某些阶段，而社会科学发展的一定阶段就是与这些阶段相适应的。……如果以为资产阶级经济学只是由一些谬误构成的，这种想法是很不对的。完全不是这样！既然资产阶级经济学与社会发展的一定阶段相适应，那么在它里面就会有无疑的科学真理。但是这一真理，正因为它只是和社会发展的一定阶段相适应，所以是相对的。"[1]简言之，所谓"严格说来，'党性的科学'是不可能有的"这句话的意思就是：对于自然科学，就其研究对象来说，不可能有阶级性或党性。但是就研究自然时必须运用理论思维而言，自然科学仍然要受到阶级斗争或政党斗争的影响，有时还是重大的影响。普列汉诺夫引证车尔尼雪夫斯基时问道：为什么现在许多自然科学家会恰恰倾向于错误的认识论呢？"这是由于专门从事哲学研究的学者对他们的影响。……自然科学家也像其他一切有教养的人一样，很难不受哲学专家中间居于统治地位的那些哲学体系的影响。……每个特定时期内居于统治地位的那种哲学的性质，是由先进民族的思想生活和精神生活的一般性质决定的。换句话说：哲学专家也同样受到他们周围的社会环境的影响。"[2]

不仅如此，就自然科学学说产生和发展的可能性或现实条件而言，这些学说也脱离不了阶级和政党的影响。"资本主义社会里的社会科学，只不过是把资本主义关系提升为理论。把我们的思想应用于自然科学，骤然看来可能使人感到很奇怪。人们对氧气或感应电流的见解

---

[1] 《普列汉诺夫哲学著作选集》，第3卷，第53—54页。
[2] 同上书，第4卷，第270—271页。

怎么可能浸透着资本主义精神呢？但我们也没有说这是可能的。我们只是想说，人们并不是一向就知道氧气和感应电流的。有过一个时期，他们对这些东西毫无所知。什么时候他们才开始对这些东西感兴趣呢？……资本主义的需要和实践……不仅导致某些理论的产生，而且还给这些理论打上自己的烙印，并有时妨碍、有时加速这些理论的完成。要知道，不管怎样说，下面这个情况总是极其耐人寻味的，即在资本主义理论家——经济学家——把关于生存斗争具有重大意义的思想提高到原则之后，这种思想才在动物学家那里出现。"①

由此可见，普列汉诺夫对马克思主义党性原则的论述，是从分析社会中客观因素和主观因素之间的辩证关系出发的。他既考察了党性原则的社会阶级内容，也强调了它的认识论基础。他在自己的许多著作中还详细地研究了党性原则的核心问题——阶级分析问题，并且提出好些独到的见解。其中某些观点我们已在"唯物史观"一章讨论他的阶级斗争学说时作过叙述。这里我们只想介绍一下他如何解答从方法论角度明确地提出的两个问题的。

第一个问题是党性思想的表现形式。党性思想的形式多种多样：有公开的，也有隐蔽的；有为人类利益而奋斗的真诚信仰，也有自觉的阶级私心；有故意的弄虚作假，也有无意的自欺欺人，等等。马克思主义理论不用说是采取公开形式的党性原则。就是十八世纪法国唯物主义者、复辟时代历史学家和贝克莱等等，也都是公然站在一定阶级立场上的。公开的党性思想在文艺中的表现就是"功利主义艺术观"。任何一个政权只要注意到艺术，自然总是偏重于采取这种观点，它既适应于保守的情绪，也适应于革命的情绪。然而历史上的政权只在少数情

---

① 《普列汉诺夫哲学著作选集》，第 4 卷，第 42—43 页。关于社会科学之浸透资本主义精神，普列汉诺夫说："那是显而易见的。"

况下是革命的,大多数场合都是保守派、甚至反动派当权,所以我们不能认为,似乎功利主义的艺术观主要是革命者或一般说来具有先进思想方式的人们所赞同的。① 属于隐蔽形式的有客观主义、二元论、自然主义、为艺术而艺术论等等。抱着这些观点的人表面上赞同非党性思想,其实这种主张本身就是特定社会中特定阶级利益的反映。它们根本的特点是从认识中清洗掉阶级的、党派的评价。"福楼拜认为自己的责任就是以客观的态度来对待他所描写的社会环境,正如自然科学家对待大自然的态度那样。他说:'对待人的态度应该像对待剑齿象或鳄鱼一样,难道可以因为前者的角和后者的颚骨而感到愤慨吗?把它们展示出来,拿它们制成标本,放在酒精瓶里——这就是我们应该做的一切。但是不要对它们下什么道德上的判决……'。"② 普列汉诺夫揭露了这类客观主义的社会阶级根源,并且指出,这种思想方式大大地限制了研究者的视野,使他不可能深入现象的本质。"自然主义能够使一切东西——包括梅毒在内——成为自己的对象。但是当代的工人运动却没有被自然主义所触及。"③ 那么党性思想与非党性思想哪一种更进步、更能促进哲学、艺术等等的发展呢? 普列汉诺夫认为,正像对一切社会生活和社会思想问题一样,也不可能对这个问题做出绝对的解答。一切都依时间和地点的条件而定。无产阶级的党性思想绝对优胜于一切剥削阶级的党性思想和非党性思想,这是没有疑问的。但是,比方说,早期资产阶级的纯艺术论就比封建贵族的功利的艺术观更有利于艺术的发展。年轻的浪漫主义者由于不愿意使艺术成为替他们深深鄙视的资产者服务的"有教益的艺术"而主张为艺术而艺术,这在艺

---

① 《普列汉诺夫哲学著作选集》,第 5 卷,第 830、834 页。
② 同上书,第 5 卷,第 843 页。
③ 同上书,第 5 卷,第 846—847 页。

术史上并不失为一种进步。

唯物史观的基本原理是社会存在决定社会意识。在阶级社会里，各社会阶级的意向是由它们的地位即它们的利益决定的。这也是党性原则的主要内容。但是，内容和形式往往并不一致。如果认为统治阶级的某些思想家在同被剥削阶级作斗争时理论上总是从个人对本阶级的社会经济利益、政治利益和思想利益的自觉认识出发，说什么"哲学家总是有意识地力求把自己的体系制造成他们可以用来捍卫本阶级利益的'精神武器'"，那是"没有根据的。"这些思想家（整个政党也是这样）完全可以通过传统和教育接受本阶级在其物质条件和相应的社会关系的基础上历史地自发地创造和构成的一切情感和观点，还真诚地以为这些情感和观点就是他的行为的真实动机和出发点，并且深信它们符合全体人类的利益，而不是仅仅代表某一阶级或某些阶级的利益。当他们"产生这种信念时——而个人在周围环境的影响下是自然会产生这种信念的，人的最优良的本能，如献身整体、自我牺牲等等，就一定会使他把那些可能给他的阶级带来'可怕的后果'的思想看成是错误的……相反地，把那些可能有益于这个阶级的思想看成是合乎真理的"。因此马克思主义党性原则要求：一方面应该区分自觉的阶级认识和不自觉的思想，另一方面应该从这种不自觉的思想中揭示出它的阶级内容。"自然，如果讲的是靠剥削另外一个或另外几个阶级为生的阶级，那么，把有益的东西和合乎真理的东西等量齐观，这种心理过程就始终会有某种无意识的弄虚作假的成分——这个无意识的弄假的成分使得人们避开可能阻碍这个过程进行的一切现象。随着这个统治阶级逐渐接近于没落，这种成分也日益增长，而且除了无意识的弄虚作假以外，还加上有意识的弄虚作假。"但是尽管某些时期"'有意识地弄虚作假'在哲学思想的命运中起着很大的作用。但是，如果我们把这些时期看作例外，那我们的做法就比较谨慎。为了使自己的观点和本阶级的利益协调一致,个人不需要'有意识地弄虚作假'。"①所以普列汉诺夫认为,断言"统治阶级的思想代表自觉地将自己的观点去迎合自己的多少富裕和多少宽大的恩人的利益",乃是"最纯粹的空谈。……阿谀者到处和永远都有,可是推动人类理性前进的却不是他们。而那些真正推动人类理性前进的人,却关心着真理,而不是关心当时世界的强有力者的利益。"当然这些思想家的观点客观上总是反映着这一或那一阶级的利益。而特定阶级一般总是认为符合自己利益的观点是正确的,不可能相反。那么,思想家个人的这种完全无私的意图,如对真理的热爱、英雄主义等等,如何从他所代表的那个阶级的利己主义基础上产生的呢?这个问题只有从辩证的发展观出发才能解决。② 此外,思想家和他们表现其意向和趣味的那个阶级之间存在着不和谐的现象,在历史上是屡见不鲜的。其中经常发生的一种不和谐现象就是这个阶级的群众不了解他们自己的思想家。③ 虽然党性思想的表现形式复杂多样,只要我们掌握住基本的原理进行分析,我们就可以不至于在复杂的现象面前迷失方向。在普列汉诺夫看来,马克思的下述原理就是很重要的一条基本原理。这个原理说,一个阶级同它在政治上和著作上的代表们的关系,一般说来是:特定阶级的代表们在思想上不能越过的界限也就是这个阶级在生活上越不出的界限,他们在理论上所提出的任务和答案,也就是这个阶级在实践上为物质利益和社会地位所驱使而提出的任务和答案。④

　　第二个问题。在解决哲学以及其他意识形态的党性问题时还有一个复杂的情况。这就是关于某个思想家的理论前提和实际结论之间可

---

① 《普列汉诺夫哲学著作选集》,第 3 卷,第 713 页。译文有增补。
② 同上书,第 1 卷,第 722—723 页。
③ 同上书,第 3 卷,第 197—193 页。
④ 《马克思恩格斯全集》,第 8 卷,第 152 页。

能存在矛盾的问题。例如哲学史上有不少场合,那时一些哲学家虽然从唯物主义立场正确解决了理论问题,却抱着极其保守的政治观点。"在十七世纪的英国,热衷于唯物主义的是旧制度的捍卫者、贵族、专制制度的保卫者。"①相反,另一些哲学家尽管在哲学基本问题上属于唯心主义阵营,有时却采取了进步的政治立场。因此,在存在着敌对阶级条件下人类历史分为哲学上和政治上两个阵营,并不总是互相一致的。因此既不能把认识论方面和政治方面互相割裂开来,也不能将它们混为一谈。必须采取具体的历史的态度。普列汉诺夫写道:"一个思想家虽然同情社会生活中的反动意向,可是他却能创造出值得充分注意甚至值得进步人士抱同情的哲学体系。必须善于区别这个作家的理论前提和他本人由自己的理论前提所得出的那些实际结论。实际结论可能不正确,或者有害于人类的进步事业。但同时,成为这些不正确或有害的结论之基础的前提,则可能既是正确的,也是有益的——即在正确解释的意义下是有益的:它们可以提供新的论据,或甚至提供捍卫进步意向的许多论据。所以像反动分子或进步分子这类的形容词根本没有说明这个哲学家理论上的功绩或错误。谁要想用思想家的见解来毁灭这个哲学家,那他就应该驳倒这个哲学家学说的理论部分。只有在驳倒这一部分以后,他才有权指出引起思想家曲解真理或妨碍思想家获得真理的那种实际意向或那种社会环境的影响。在遵守这个条件的情况下指出思想家的政治同情(反动分子、进步人士等等),将有助于阐明思想家的错误的来源(起源)。在没有这个条件的情况下,批评就变成了非难,而非难即是单纯的责备。责备本身可能有其最高尚的背景,但它无论如何不能代替批评。"②

---

① 《普列汉诺夫哲学著作选集》,第 1 卷,第 735 页。
② 同上书,第 2 卷,第 775—776 页。

（六）

　　普列汉诺夫关于方法论的许多论述丰富了辩证唯物主义的理论，对列宁和其他马克思主义者的哲学思想的发展有过重大的影响。其中有些思想在理论上至今仍然具有迫切的现实意义，甚至可能给人们以新鲜的感觉。这是一个方面。另一方面，我们还要看到，普列汉诺夫的方法论思想也有自己的局限性，特别是拿它们同列宁进行比较，这种局限性就更加明显。这里我们只是简略地指出几个主要的缺点：(1) 他没有注意到黑格尔提出的、马克思和恩格斯加以改造和发展的逻辑和历史相统一的那个方法论原则。(2) 对认识论中彻底贯彻辩证法这个重要的课题注意不够。最突出的表现是他批判各种修正主义者的、资产阶级的议论时在许多场合往往停留在单纯地揭露和驳斥它们的荒谬议论和逻辑失误，而没有像黑格尔纠正康德那样纠正这些议论，没有加深和扩大它们，进而做出新的概括。(3) 在运用唯物史观和历史主义原则时也存在不少的缺点，其中最主要的是他往往片面地强调资产阶级学说同马克思主义的理论差别，而忽略了各种不同色彩的资产阶级理论之间在政治实践方面和阶级方面的差别。例如他对待车尔尼雪夫斯基、民粹派、托尔斯泰等等的态度就是如此。(4) 他运用发展原则时表现出来的局限性也是很明显的。他没有认识到恩格斯关于唯物主义将随着时代的前进，特别是随着自然科学的发展而不断改变形态的方法论思想的迫切的巨大的理论意义。(5) 他关于党性原则的论述无论从广度和高度方面都不如列宁的思想那样全面和深刻。(6) 他的后期政论表明他是"大谈辩证唯物主义方法而又违反辩证唯物主义方法的典型"。以上这些问题，我们将在本书最后一章中再作详细考察。

第九章　哲学史

从第二章到第八章,我们评述了普列汉诺夫所阐发的马克思主义哲学各个方面的原理,说明了他对无产阶级哲学事业所作的种种理论贡献,批判了人们由于荒唐的偏见而妄加在他身上的许多错误的指责,附带的谈到了他的某些失误(甚至严重的错误)和不足之处。下面准备考察一下这位俄国马克思主义先驱如何把这些原理运用于哲学史、美学、宗教学和伦理学并取得了怎样的成就。

本章讨论哲学史方面的问题。

(一)

哲学史问题始终是普列汉诺夫科学研究的对象。十九世纪八十年代初期以后,直到1918年他逝世的将近四十年间,他写下了大量很有价值的哲学史著作。初步估算,总字数当在三百万字以上。如果把保存在普列汉诺夫档案馆中尚未发表的许多手稿、笔记等材料计算在内,将大大超过这个数字。这些著作详略不等地考察了从史前期的万物有灵论、古希腊第一个哲学家泰利士到十九世纪末二十世纪初帝国主义时代一系列最新哲学流派的几乎全部西欧哲学史和十七—二十世纪初的俄国哲学史。他关于十八世纪法国启蒙派和唯物主义者、关于黑格尔和费尔巴哈、关于空想社会主义者和复辟时代的法国历史学家,以及关于十九世纪俄国革命民主主义者的一系列专著,都是哲学史研究历史上的重要里程碑。其中意义特别重要的著作有《黑格尔逝世六十周年》、《费尔巴哈与德国古典哲学的终结》一书俄译本序言和注释、《论一元论历史观之发展》、《奥古斯丁·梯叶里和唯物史观》、《唯物主义史论丛》、《论个人在历史上的作用问题》、批判伯恩施坦和施米特的一组论文、《阶级斗争学说的最初阶段》、《唯物主义历史观》、《马克思主义基本问题》、《战斗的唯物主义》、《论俄国的所谓宗教探索》、《车尔尼雪夫斯基》、《卢梭和他的人类不平等起源的学说》、《十九世纪法国的空想社会主义》、《十九世纪的空想社会主义》、《德波林〈辩证唯物主义哲学入门〉一书序言》、《从唯心主义到唯物主义》等。

约夫楚克正确地指出:"普列汉诺夫所研究的哲学史著作的广泛多样,他对人类思想史各个领域最渊博的学识、对哲学的历史发展进程的深刻理解,使人有充分的根据断言,在马克思和恩格斯以后,除了列宁这位新时代创造性的马克思主义者大大超过了普列汉诺夫之外,马克思主义者中间没有任何一个哲学史家和社会学思想史家比得上普列汉诺夫。"[1]

的确,普列汉诺夫哲学史著作不仅数量多,而且质量上也有一系列优胜于其他哲学史著作的特点。首先,他对各派哲学学说及其历史的考察总是紧密结合着当时的社会心理进行的,总是紧密结合着社会政治思想、经济思想、伦理思想或宗教思想进行的,总是紧密结合着各门社会科学史或文学艺术史进行的。这使他有可能创造出关于特定时代特定国家社会精神生活发展过程的一幅哲学上经过思考的、鲜明完整的图画。马克思说,任何真正的哲学都是自己时代精神的精华。如果脱离时代精神,脱离作为时代精神的本源的社会心理,脱离从不同方面表现时代精神的科学和文艺思想,怎么能够深刻而且充分地揭示特定

---

[1] 《普列汉诺夫及其哲学史著作》,第90页。

哲学学说的内在价值和真实意义呢？

　　普列汉诺夫哲学史著作的另一特点是论战性，或者确切些说，他总是把对历史上各派哲学思想的分析同当前的思想斗争结合在一起。他同民粹主义、无政府主义、新康德主义、合法马克思主义、马赫主义进行过激烈战斗，也批判过柏格森、克罗齐、尼采、叔本华、布特鲁等资产阶级唯心主义哲学家。他和车尔尼雪夫斯基一样，很喜欢论战，对于用热烈的论战来解决争论的问题，有一种特别的爱好。在他看来，为了在社会中传播一个新的概念，论战永远是一种非常合适的，甚至是必要的手段。同时他清楚地认识到，如果没有扎实的哲学史知识，不考察哲学新思潮同社会历史条件的联系以及同过去理论思想发展的联系，就很难或者几乎不可能深刻理解这个或那个时髦的哲学体系的本质和意义，从而证明马克思主义对以往一切哲学和各种当代哲学的优越性。

　　普列汉诺夫哲学史著作的第三个，也是最重要的一个显著特点是把原理的研究同对该原理的历史探讨融为一体。约夫楚克写道："普列汉诺夫哲学史著作中最珍贵的东西是把深刻的和多方面的研究人类思想发展过程同解决哲学史方法论问题结合起来。"①历史上几乎所有的大哲学家都有自己的多少系统的哲学史观。他们都力图通过分析哲学史上各派思想以便得出、验证、丰富、发展自己的学说，或者批判自己所反对的理论观点，他们都把哲学史过程的考察看成是自己哲学体系的有机的组成部分。亚里士多德、黑格尔、费尔巴哈、马克思、恩格斯、列宁等等都是这样，普列汉诺夫也是如此。他认为哲学史好比"真理的根"，"围绕真理的根挖掘总是有益的"。在他那里，从来没有一个哲学史问题仅只具有历史意义；他从来不作孤立的历史考证。在他那里也从来没有一个重要的论点或原理不是通过对哲学史上各派学说的辩

---

　　① 〔苏联〕《哲学问题》1957 年第 1 期，第 103 页。

证分析而得出的。读过他的著作的人都对他的"旁征博引"印象特别深刻。但是他这样做决不是想要显示自己的博学,而是为了更鲜明有力地论证某个思想。可以说,他的哲学史著作是史论结合的典范。这一点清楚地表现在他对正确的哲学史方法论的制定和对错误的哲学史观的批判上。关于马克思主义哲学方法论一般原则,我们已经在前面几章详细考察过了。这里简单地补充叙述一下他对几种主要的错误哲学史观的批判。

普列汉诺夫一直高度地评价黑格尔的哲学史观,认为哲学史也同辩证法、逻辑、历史、法律、美学和宗教史一样,正是在黑格尔天才的强烈影响下获得崭新的面貌。他写道:"从许多方面说,研究黑格尔的哲学史,在今天也还是一件不可避免的任务"①。因为"《哲学史讲演录》至今仍然是一部最好的哲学史,也是一部最有教益、把各种哲学学说的理论内容阐述得最清楚的哲学史。"②我们知道,黑格尔整个哲学的根本特点在于它是进步的代数学。同样,他的《哲学史》的主要贡献也在于彻底的发展观。"最后的哲学是所有以前的哲学的结果:没有东西被丢掉,所有的原则都被保存,要经过许多时间,才能诞生我们现代的哲学……。凡我们在回忆中迅速考察到的,在现实中却完成得很慢。然而世界精神决不停留在一个地方。它不断的在前进,因为这一前进运动就是它的本性。有时看起来,它是在停顿,它丧失自己的永恒的自我认识的意愿。但只是表面看来是如此。实际上那时候它里面进行着深刻的内部工作,只是在它所达到的结果被暴露以前,在陈旧观点的外壳化为灰烬以前,在它自己返老还童一日千里地向前进以前,是觉察不出的。哈姆雷特对自己的父亲的鬼魂喊道:'老田鼠,你掘得好啊!'关

---

① 《普列汉诺夫哲学著作选集》,第 2 卷,第 151 页。
② 同上书,第 3 卷,第 733 页。

于世界精神也可以同样说:'它掘得好啊!'"①这个观点同十八世纪法国的那些形而上学哲学家的看法是截然不同的。那些哲学家们只知道攻击以前的哲学体系,把它们仅仅看作无知和欺骗的产物。在黑格尔看来,哲学是时代智慧的表现。"当'哲学家们'研究哲学史的时候,他们的做法是从哲学史里取出一些有利于他们的观点的论证,或足以消灭他们的唯心主义前辈们的体系的论证。黑格尔并不攻击他的前辈们的体系;他把那些体系当作'一个哲学'的不同的发育阶段看待。每一特殊的哲学都是它的时代的女儿,'那在时间上最晚出的哲学,乃是以前一切哲学的结果,因此必须包括这一切哲学的原则;所以,这个哲学,如果是哲学的话,乃是最发展、最丰富、最具体的哲学'。"②

有的苏联学者根据"黑格尔并不攻击前辈们的哲学体系"这样一句话,硬说普列汉诺夫抹煞了黑格尔哲学史对唯物主义的敌视态度。例如约夫楚克就断言:"普列汉诺夫对'对立'方法的迷恋,在这个场合就是把黑格尔同法国唯物主义者对立起来,这一次妨碍他看出,黑格尔不仅——如列宁在《哲学笔记》中正确地指出的那样——轻视哲学史中的唯物主义,而且跟它作斗争。"③

这又是一个典型的断章取义。普列汉诺夫这句话的意思,如果联系前后文正确理解,显然是指黑格尔不像十八世纪法国唯物主义哲学家那样单纯地"攻击"或"抛弃"他们的前辈的哲学体系。这一点在《黑格尔逝世六十周年》一文中说得更加清楚:"在任何时代里,每一种'优越的'哲学都是自己时代的真理,因而就由于这一点,黑格尔并不会把

---

① 参见黑格尔:《哲学史讲演录》,第3卷,第513—514页;第4卷,第373页。中译文参见《普列汉诺夫哲学著作选集》,第4卷,第453—454页。
② 《普列汉诺夫哲学著作选集》,第2卷,第146页。句中"攻击"一词,俄文版译作"оспаривает",意为"争论"、"辩驳"。
③ 《普列汉诺夫及其哲学史著作》,第109页。

以前的各种哲学体系当作是陈旧无用的废物而加以抛弃。"①可见这里讲的同列宁对黑格尔的批评完全是两码事。普列汉诺夫说的是黑格尔如何对待哲学与时代的关系以及特定哲学体系在整个哲学发展过程中的作用和地位；列宁讲的是黑格尔如何对待一个哲学家在哲学基本问题上的看法。② 普列汉诺夫从来没有否定黑格尔有时为了自己的唯心主义体系的需要而任意处理历史事实和安排材料。他虽然未能像列宁那样对黑格尔哲学史歪曲和攻击唯物主义的一系列表现逐项加以揭露，但毕竟曾明确地宣称："黑格尔与唯物主义为敌"，他只用"很少几句话评价法国唯物主义和爱尔维修之类的人"③，"他在自己的《哲学史讲演录》第3卷中没有给唯物主义以它在哲学史上应得的那全部地位。就拿十九世纪的唯物主义来说吧：黑格尔只提到霍尔巴赫的一本书(《自然体系》)，而且仅仅顺带谈到爱尔维修的道德学说。""同时他的观点今天看来也已经过时，以致我们无论如何都不能对他评法国唯物主义者的那些话表示满意。"④普列汉诺夫之所以没有进一步详细考察黑格尔这方面的缺点，大概有以下两个原因：(1)大量的哲学史文献对法国唯物主义者的观点的叙述不是极其残缺片面，就是歪曲伪造，或者充满着空洞的废话。相比之下，"黑格尔在这方面也如在其他许多方面一样乃是普遍规则中的一个光辉的例外。他对法国唯物主义者们的理解较之所有那些折中主义者要深刻无比，他对法国唯物主义者们的评价较之后者也远为公正，这些折中主义者过去和现在都常常责备他为了一些偏见而歪曲事实。"⑤(2)他当时正集中心思批判朗格等人

---

① 《普列汉诺夫哲学著作选集》，第1卷，第472页。
② "黑格尔像后母那样对待德谟克利特"，"唯心主义者忍受不了唯物主义的精神"，"黑格尔抹煞和鄙视唯物主义"、"歪曲和诽谤唯物主义"等等(《列宁全集》，第38卷，第294、312、326等页)。
③ 《普列汉诺夫哲学著作选集》，第2卷，第154页；第3卷，第733页。
④ 《普列汉诺夫哲学遗著》，俄文版第3卷，第25、26页。
⑤ 同上书，俄文版第3卷，第25页。

的新康德主义,因而不愿使读者把注意力分散到其他方面去。

更加奇怪的是不知为什么约夫楚克把所谓"对立方法"也扯了进来,作为自己指责普列汉诺夫的一个论据。什么是"对立方法"或"对立原理"呢?依普列汉诺夫的说法,后起的思想家不单接受前辈的哲学思想成果,而且照例要反对前辈的一些哲学观点或原理,并且提出新的思想体系作为先行的哲学体系的对立物。把这个"对立方法"运用到黑格尔身上就是:黑格尔反对自己的前辈法国唯物主义者的哲学观点或原理,并提出自己的绝对唯心主义体系与之对立。普列汉诺夫本人正是这样说的。怎么能够拿它来证明约夫楚克的上述批评呢?说它驳斥了这一批评不是更恰当么?至于约夫楚克硬说普列汉诺夫把"对立方法"提升为原则后就变成了"公式主义",那不过是再一次的断章取义外加一些误会罢了。①

继黑格尔之后,普列汉诺夫还批判了其他错误的哲学史观。首先,他指出,经验主义的哲学史家写的哲学史,只叙述一些给定的事实:一种哲学体系之后出现了另一种哲学体系,接着又出现了第三种,等等。这样,哲学史就只是一些意见的展览,只是一堆外在的僵死的历史材料,只是一种多余的无聊的学问。他们没有对这些事实做出任何解释。然而对这些事实,对这许多哲学体系为什么会按某种顺序依次出现,是必须加以说明的,否则就无法揭示它们内在的规律性。因此这样的哲学史也就不能成为科学。

其次,折中主义的哲学史观也是错误的。持这种观点的人通常都援引相互作用进行解释:"法律影响宗教,宗教影响法律,这两者又分别地和共同地影响哲学和艺术,哲学和艺术转过来又相互作用,还作用于法律,作用于宗教,如此等等。"这显然是一种"没有根基的"因素论

---

① 参见他的《普列汉诺夫及其哲学著作》,第99页。这个问题不准备在这里多谈。

思想,它只会像一座迷宫那样使研究者晕头转向。姑且假定在某个时代可以满足于这种说法,试问:在这个特定的历史时代以前,哲学的历史发展又是由什么决定的呢?相互作用理论提供给人们的仍然只是一些枯燥无味的事实。科学的目的在于揭示因果关系,而应用因果关系时最主要的问题——要求对中介做出说明,在这里仍然得不到满足。折中主义者"恰巧在严格的科学思维开始充分取得自己的权利的地方停止了思维"①。

普列汉诺夫还批判了主观主义的哲学史观。主观主义者或者用"某些影响到国民生活这一方面或那一方面的偶然原因"来解释哲学史上的现象,似乎各种哲学体系的出现是迷途骑士漫游事迹的聚集,这些骑士各自为战,作无目的的挣扎,忽然在这里异想天开地提出一种学说,忽而在那里主观任性地编造另一种理论;或者把整个事情归结为主观的逻辑,按照这种主观主义的逻辑,从康德哲学中引出费希特哲学,又从费希特哲学中引出谢林哲学。前者的错误在于不懂得哲学的发展必须是合乎理性的,即合乎规律的;后者的错误在于这种规律不能是主观的、任意的,而必须是客观的。

当然,普列汉诺夫并没有忽视唯心主义者黑格尔哲学史观的根本错误在于"把哲学史当作单纯的各种哲学体系之间的继承关系"②,看成绝对理念的自我发展。黑格尔的观点并不完全错误,它也有一部分真理。但是,"从一种哲学体系或者从艺术中的一个派别过渡到另一种体系或派别,有时是很快地完成的,在几年内就完成了,有时却需要整整一个世纪。这种差异是怎样发生的呢?思想之间的逻辑继承关系完全不能说明这一点。"③普列汉诺夫认为研究哲学发展史的正确出发

---

① 《普列汉诺夫哲学著作选集》,第1卷,第474、475页。
② 同上书,第3卷,第189页。译文有改动。
③ 同上书,第1卷,第475页。

原则应该是用人类生存的物质条件,用经济史来说明观念的历史,而不是相反,用观念史说明经济史,或者用观念史说明观念史。他在《唯物主义史论丛》序言中写道:"从我个人荣幸地置身的那个学派的立场看来,'观念的东西不外是移入人的头脑并在人脑中改造过的物质的东西而已'。"①

普列汉诺夫也反对以宇伯威格(F. Überweg)为代表的资产阶级客观主义哲学史概念。宇伯威格在自己的《哲学史纲要》中只是确认哲学发展过程中存在着宗教信念和科学知识之间的斗争和休战,但这是不够的,还必须进一步提出以下的问题:"1.传统的宗教信念,是不是社会发展某些阶段的自然产物? 2.自然科学与人文科学范围内的发现,是不是在这种演进(指社会发展——引者)的过去阶段中有它的来源? 3.最后,这同一演进——这个演进在一个地方或一个时候以较快速度进行,在另一地方或另一时候以较慢速度进行,并且依千万种特殊条件而变化,是不是既促成宗教教义与那些由近代思想得来的新观点之间的斗争,也促成这两种交战的势力之间的休战,而这两种势力的思辨原则把这种休战的条件翻译成了哲学的'神圣语言'呢?"接着普列汉诺夫指出,"哲学史从这个观点去观察,也就是从唯物主义观点去观察"。之所以必须这样观察,因为"一个社会或者一个社会的一个阶级有怎样的哲学,完全要看这个社会或阶级是什么"②。

使普列汉诺夫特别愤慨的是各种庸俗化的理论。这些理论的宣扬者打着"马克思主义"或"科学"的旗号在思想界和工人阶级队伍中招摇撞骗,肆无忌惮地歪曲唯物主义学说,用牵强附会的解释和荒唐可笑的对比丑化哲学史。例如法国学者爱斯比纳斯用古代希腊人的技术或

---

① 《普列汉诺夫哲学著作选集》,第2卷,第32页。
② 同上书,第2卷,第190页。译文有改动。

生产力状况直接说明他们的世界观,而对于影响思想体系发展的其他重要因素如阶级斗争完全没有加以注意。希腊社会学家爱柳塞罗浦罗斯倒是用各阶级的地位、需要、意图以及阶级斗争的行程来研究全部哲学史,但是他应用这个正确原则的时候并"没有表现很大的艺术",而是把本来十分复杂的任务弄得非常片面和极端简单化。"据爱柳塞罗浦罗斯说,色诺芬尼是希腊无产阶级意图在哲学上的表现者。他是那个时代的卢梭。他致力于社会改革,使一切公民平等和团结。他的关于存在是统一的学说只是他的社会改革计划的理论根据罢了。色诺芬尼哲学的一切细节——从他对神的观点起,到我们通过外感觉器官而得到的概念的虚幻性的学说止,都是逻辑地从他的改革企图的理论基础中生长起来的。"①显然,这种没有给"哲学家的个性"留下任何地位的说明,必然要遭到失败。弗兰茨·费海德的著作是庸俗理论的另一个典型例子。在他看来,希腊的经济状况之成为希腊各种文体起源的原因正如太阳出来麻布就变成白色一样!在把马克思主义庸俗化方面,舒里雅齐柯夫可以说打破了纪录。他在《西欧哲学(从笛卡尔到马赫)对资本主义的辩护》一书中企图运用社会起源方法来研究哲学史。他硬说一切的哲学术语、公式都是用来标明社会上各个阶级、集团、基层单位以及它们之间的相互联系的。当人们研究某个资产阶级思想家的哲学体系时,就会看到一幅利用符号所画出来的社会阶级结构的图画。似乎在马克思看来,人们总是自觉地、直接地使自己的思想适应本阶级的经济利益,甚至只是当前的利益和愿望。因此当康德想到人的认识能力这个问题时,他看到这个思想是特别有利于自己所属的那个资产阶级的。实际情况恰恰相反。"当一个真正的哲学家建立某种体系时,他完全没有提出捍卫他所属的那个阶级的利益的目的。最经常

---

① 《普列汉诺夫哲学著作选集》,第 3 卷,第 190 页。译文有改动。

的情况是他简直忘记他周围的社会是由有着对立利益的阶级组成的。他说他超越于'卑鄙的物质利益'之上,他只追求真理。他一点也没有说谎。除了真理他什么也不想要。但是他利用来发现这个如此合意的真理的头脑、器官,却是在周围社会环境的影响下形成的,这个环境又这样或那样地依赖于这个社会的生产力的发展程度。"[1]舒里雅齐柯夫的错误就在于他不懂得思想体系的产生和发展过程对于人们是看不见地完成的,或者确切些说,是意识过程和无意识过程的统一。

最后,普列汉诺夫哲学史著作还有一个特点,就是他把自己的主要注意力放在研究历史观的发展过程及其规律性方面,并且在这方面取得了出色的成果。前面已经说过,普列汉诺夫认为每一种哲学体系,特别是近代的哲学,都必须对自然、社会和思维这三类现象有所说明。因此,哲学史不仅是自然哲学史和认识论史,而且也必须是历史观发展的历史。而且三者相比,他更强调历史哲学史,即强调一般社会学思想史的意义。因为第一,在哲学思想发展过程中,历史观几乎总是占着头等重要的地位。历史哲学研究的是社会问题,它们比其他哲学问题更激动人心,更直接地关系人们的现实的社会利益和阶级利益。第二,保守的和反动的思想家总是力图引导社会离开这些迫切的问题,不去考虑如何进行社会改造,不去研究前辈思想家们在自己的社会学著作和历史著作中对这些问题是如何探索的。普列汉诺夫在批判朗格、宇伯威格、茹尔·苏立等资产阶级哲学史家时指出,他们写的哲学史总是局限于与自然哲学和道德学有关的材料,而完全忽视了思想家,特别是十七、十八世纪唯物主义哲学家的社会历史观点。他们尤其看不起马克思的历史观点,"不管是写一般哲学史的历史学家,还是写唯物主义专史的历史学家,对于他的唯物主义历史观都是不愿意提起的"[2]。普列

---

[1] 《普列汉诺夫哲学遗著》,俄文版第3卷,第68页。
[2] 《普列汉诺夫哲学著作选集》,第2卷,第31页。

汉诺夫认为这种不正常的局面必须纠正,哲学史研究的重点至少必须暂时转移到历史哲学思想史上来,"如果一根棍子已经被弄得向一边弯了,要把它重新弄直,就必须向另一边扳。"①所以他着重地探讨了历史观的历史发展,并且谴责了十九世纪七十—九十年代资产阶级哲学中间流行的"认识论烦琐哲学",甚至认为认识论问题是"完全次要的"问题。说认识论是次要问题,是很错误的,这个错误的性质我们在前面"认识论"一章中已经分析过了。但普列汉诺夫强调历史观史在哲学史中的重要地位则是完全正确的,不仅在十九世纪九十年代非常适时,就是在今天也仍然具有迫切的现实意义。将近一个世纪过去了,唯物史观和唯心史观的斗争和发展史基本上还是一片未开垦的处女地。这种情况不能不严重影响历史唯物主义理论体系的完善化和科学化。不过普列汉诺夫并不认为哲学史可以归结为历史哲学史,正如他没有把哲学史归结为认识论史和自然哲学史一样。

普列汉诺夫关于作为认识论史和自然哲学史的哲学史的许多言论,在苏联哲学家的著作中,首先是约夫楚克和恰金的著作中进行了详细的研究和深入的分析,提出了不少颇有价值的见解,当然同时也有一些我们不能同意的观点。然而这里不打算讨论我们对所有这些问题的看法。我们觉得把注意力集中在普列汉诺夫的一般社会学史观上面,确切些说,集中在他关于唯物史观史的论述上面,将更有意义得多。因为正是在这方面他对马克思主义的哲学史事业做出了巨大的理论贡献,而这些贡献在苏联人的著作中远未得到阐明,甚至通常也没有引起足够的重视,在不少问题上人们还对他提出了颠倒黑白的或似是而非的指责。

---

① 《普列汉诺夫哲学著作选集》,第2卷,第32页。

（二）

首先要弄清楚的问题是这样一种指责是否有根据：普列汉诺夫在哲学史研究中的主要错误之一在于使马克思的观点同他的前辈们的观点接近起来。有人批评他忽视了马克思哲学同费尔巴哈人本哲学的本质区别，特别是错误地把马克思的认识论同费尔巴哈的认识论混为一谈；有人攻击他不应该把马克思主义说成是现代斯宾诺莎主义；有人断言他没有充分估计马克思辩证法不同于黑格尔辩证法的种种根本特点；有人则硬说他没有指出马克思带进阶级斗争学说中去的那些不同于圣西门和复辟时代历史学家的理论的新的和决定性的东西；等等。我们认为，总的说来，所有这些指责都是不能成立的。前面几章我们已经就现代斯宾诺莎主义、费尔巴哈认识论、黑格尔辩证法等问题作过一些说明，下面还要就阶级斗争学说等问题进行辨析。现在要考虑的是更为根本的问题：为什么人们老是指责普列汉诺夫在这个或那个问题上忽视了马克思的变革作用？这里关键在于如何理解"变革"。

这个问题十分重要，值得详细谈谈。

恰金在《苏联哲学史》第4卷中写道："普列汉诺夫在反对庸俗化者从'经济唯物主义'立场解释马克思主义这一基本方法论原则（指哲学思想的发展归根到底依赖于经济生活和阶级斗争——引者）时强调指出，哲学史研究的本质在于考察哲学思想发展的内在规律性和特点。因此普列汉诺夫提出哲学思想发展中的继承性问题作为哲学史科学研究的中心。"[①]

约夫楚克也认为："在哲学史方面普列汉诺夫的科学研究的中心

[①] 《苏联哲学史》，1971年俄文版第4卷，第296页。

始终是同马克思主义关于作为社会意识特殊形式的哲学的相对独立性的观点紧密联系着的哲学思想发展中的继承性问题。"①

恰金和约夫楚克以及其他许多苏联学者都断定:普列汉诺夫哲学史研究的中心是哲学思想发展的继承性问题。正是在这个论断的基础上,他们合乎逻辑地指责普列汉诺夫到处把马克思的观点同前辈们的观点接近起来。现在要问:这个论断有无根据?

我们认为:没有。在恰金、约夫楚克的上述著作以及其他人的一些著作中也都找不出任何能够证明这一论断的实在理由和确凿事实。说"哲学史研究的本质在于考察哲学思想发展的内在规律性和特点"是对的,但是从这里无论如何得不出哲学发展的继承性是哲学史研究的中心的结论。这至少是因为继承性只是哲学发展规律性的一个方面。普列汉诺夫本人从未提出过这样的论点。

那么,普列汉诺夫哲学史研究的中心是什么呢?

1894年10月30日,普列汉诺夫在留给恩格斯的一封信中写道:"我认为,我毕生的任务就是宣传您和马克思的思想。就是说,我需要好好地知道它们。"②而为了弄清马克思主义的哲学,就必须懂得它是怎样产生的。因此他的哲学史研究的中心不是一般的所谓哲学发展继承性问题,而是科学的哲学体系——马克思主义哲学——如何从人类一切优秀文化遗产,主要从西欧哲学和社会学的优秀遗产中继承而来,并在继承的同时如何对它们进行批判改造这样一个特定的问题。这正是作为马克思主义哲学史家普列汉诺夫的一大特色。也正因为这个缘故,他一生从未写过通常意义上的任何哲学史著作。众所周知,《论一元论历史观之发展》是他最主要的哲学代表作,同时这也是他最主要

---

① 《普列汉诺夫及其哲学史著作》,1961年俄文版,第97页。
② 《普列汉诺夫遗著》,俄文版第8卷,第266页。

的哲学史代表作。所谓"一元论历史观",前面已经说过,就是"唯物主义历史观"在特定历史条件下的代称。这本书所讲的乃是马克思的辩证唯物主义哲学(主要是唯物史观)从十八世纪以来萌芽、发展和成熟的历史过程。他后来写的各种哲学史著作尽管时间和内容范围上都有所扩展,但并没有重大突破,基本的东西还是这些。①

米海洛夫斯基曾经指责普列汉诺夫这本书,说它对哲学史的考察是无秩序的和不完全的。普列汉诺夫回答这一指责时写道:"假使别尔托夫先生写过一本哪怕是哲学史的简短概要,那么,确实,那一考察也许是无秩序的和不可理解的,他在那里面由十八世纪法国唯物主义谈到复辟时代的法国历史家;由这些历史家转到空想主义者,由空想主义者转到德国唯心主义者,等等。但是问题正在这里,就是别尔托夫先生没有写过任何哲学史。他在自己的书的第一页即宣称过,他打算把那一被人不正确地称之为经济唯物主义的学说做一简略的概述。他在法国唯物主义者那里发觉这一学说的某些微弱的萌芽,并表明了这些萌芽在很大程度上在法国复辟时代历史学专家那里得到了发展;后来他转向一些虽然就专业说不是历史家的人,他们总应当关于人类历史发展的一些最重要问题思想得很多,就是说,他转向空想主义者和德国的哲学家。他远没有列举十八世纪所有的唯物主义者、复辟时代所有的历史家、这个时期所有的空想主义者和所有的唯心主义辩证法家。但是他指出了其中最主要的,指出了在他感兴趣的对象上比别人贡献得多的那些人。他表明了,一切这些有优良禀赋和知道得很多的人,都迷惑在矛盾中,而从这些矛盾中得出的唯一合乎逻辑的结论就是马克思的历史理论。"②

---

① 他的俄国哲学史论著不在本书考察之内。
② 《普列汉诺夫哲学著作选集》,第1卷,第836页。译文有改动。

凡是稍微认真地读过《论一元论历史观之发展》一书的人,都会确信普列汉诺夫的说法是合乎实际的,也都会同意:普列汉诺夫哲学史研究的中心问题不是哲学思想发展的继承性,而是唯物史观如何从萌芽、生长到发展的过程。在这个过程中,既有继承性,又有变革性,换言之,既有处于萌芽状态的正确思想得到继承和发展,又有使人迷惑的矛盾之被克服。也就是说,马克思主义哲学产生和发展的过程就是继承性和变革性相统一的过程。由此可见,把这一研究中心仅仅归结为继承性,显然是片面的。

或许有人要说,恰金和约夫楚克所说的继承性同普列汉诺夫著作中对继承性的规定是一致的,它包括肯定继承和否定继承两种类型。所谓否定继承就是变革。因此和上面的意思并没有什么不同。

这种意见是不对的。科学的历史哲学发展过程中作为继承性的对立面的变革性,同一般哲学史上作为继承性形式之一的否定继承,是性质上根本不同的两个东西。我们注意到,正是对马克思主义哲学的变革作用的极其狭隘的错误理解,在一系列问题上使得人们至今不能正确认识普列汉诺夫的巨大理论功绩。这里首先和主要是唯物史观的理论来源问题。

唯物史观有没有思想来源或理论来源?大概不会有人对这个问题公开做出否定的答复。但是抽象的肯定,实际上并不能解决任何问题。而在绝大多数场合,人们对这个问题采取的是根本不理睬或者基本上不理睬的态度。可惜,这种奇怪现象居然堂而皇之地在列宁主义的故乡盛行了几十年。不是么?同是马克思的伟大发现,辩证唯物主义和剩余价值学说的理论泉源或历史发展,相对说来得到了充分的、广泛的、详细的研究,而唯物史观的理论泉源或历史发展的研究却门庭冷落。报刊上看不见作这类探讨的专文,更说不上什么专著了。至今历史唯物主义的教科书不是避而不谈,就是只用极短的篇幅敷衍几句了事,例如苏联康斯坦丁诺夫主编的《马克思列宁主义哲学原理》就是这么做的。当人们看到"剩余价值学说史"一词时,他们立即想到十七世纪到十九世纪中叶这个时期剩余价值理论的发展。而"唯物史观史"一词使他们想到的却是1844年以后一百多年的历史。在这些人的观念中,十八世纪到1844年这段时期历史观的发展只能叫作"唯物史观前史"。谁要把其中的"前"字去掉,特别是再把时间的上限前推到古希腊,那简直像触犯了禁忌!①

人们通常认为,唯物史观的萌芽顶多只限于列宁《哲学笔记》等著作中摘录的那几条,只有在极少数几个思想家的极少数著作中才能零星地找得到几处唯物史观萌芽。于是哲学史上的这类萌芽成了晨空的星星。马克思的唯物史观就是在这种情况下实现历史观发展中伟大变革的。简直如同晴天霹雳。难怪普列汉诺夫企图大大扩充这些萌芽的范围的做法受到了深信上述变革观的人士的指责。

如果唯物史观的萌芽充其量不早于十八世纪,那么,从古希腊到十七世纪的西欧哲学史上就不存在历史观中唯物主义和唯心主义的斗争。试问,马克思主义关于哲学史中自始至终贯串着唯物主义和唯心主义斗争的原理对于历史观的发展岂不大部分要落空?这样,对立面的斗争和统一这个普遍的辩证规律在历史哲学史面前也就不再是普遍适用的了。即使假定十八世纪以前的历史观统统是彻底唯心主义的,无丝毫唯物史观因素可言,那么,从古代到十七世纪末唯心史观究竟是怎样演化的?这种演化的内在动力又是什么样的对立面的斗争?

其次,如果十八世纪初期以后一百多年的历史观史中关于社会一

---

① 同样奇怪的是剩余价值理论似乎只到十九世纪中期,最迟到1883年或1895年也就基本停止了。而且人们也从来不把马克思以前的种种剩余价值理论叫作"剩余价值学说前史"。

般规律的唯物主义思想只是寥若晨星的偶然闪光,那么这个时期历史观中唯心主义和唯物主义的斗争就既不可能是全面的和贯彻始终的,也不可能是激烈的和必然的。试问,历史哲学领域中这种偶然的、微弱的、可有可无的、残缺不全的斗争怎么能够反映进行着残酷激烈、翻天覆地、震古烁今的伟大社会斗争和阶级斗争的伟大时代呢?说微弱的思想斗争是微弱的阶级斗争的反映岂不更合乎情理么?在阶级斗争的激烈性问题上一向大唱高调的米丁派先生们不知为什么没有发觉自己的这种理论远远地走出了轨道!

人们强调唯物史观的出现是哲学史中的伟大变革。但是什么是变革?变革就是质变。所以唯物史观的出现同样必须服从辩证法关于量变和质变的规律。没有充分的连续不断的量变,何来光辉的质变?没有先进人类关于社会最一般规律的种种发现的那些长期的深入的多方面的积累继承和丰富发展,马克思的唯物史观能出现吗?脱离继承性的变革性是抽象的、虚幻的,像所谓"轮不碾地"一样只是纯粹的诡辩。抽象的变革性之所以没有根据,因为它没有告诉人们究竟由什么变革到什么,也没有说明是怎样变革的,即没有说明这个变革的过程和方式是怎样的。不知道第一个"什么",第二个"什么"的变革性能讲得清楚吗?而且就是在论述由什么变革到什么时,也不能停留在一般的、整体的历史观上,还必须进一步弄清楚历史哲学的各个组成要素上即历史观的一个一个具体问题上从什么变革到什么。

现在我们来看一看普列汉诺夫在这些问题上的基本观点。

在马克思主义文献史上,是普列汉诺夫第一次明确提出唯物史观的发现是"人类思想史上仅有的一次真正的革命、最伟大的革命"[1]这样一

---

[1] 《普列汉诺夫哲学著作选集》,第2卷,第507页。

条今天得到广泛传播的重要原理。他多次强调,"马克思在社会科学中所进行的革命,可以和哥白尼在天文学中所完成的革命比美"①,甚至远远超过了哥白尼的作用。因为"实在说来,马克思以前的社会科学较之哥白尼以前的天文学更没有坚固的基础"②。他还进一步指出:"马克思证明了人类社会经济制度是基础,用这个基础的进化可以解释社会进化的一切其他方面。这就是马克思的主要功绩,甚至比他在《资本论》中对现代社会所进行的无可反驳的批判更为重要。他的关于历史的理论第一次给了我们理解人类进化的钥匙。我们从马克思那里第一次得到了说明人类历史的唯物主义哲学。"③

但是,只有承认并且深刻理解唯物史观的产生是历史观发展中继承性和变革性的统一这个基本思想的人才能真正懂得马克思所实现的这场革命的意义。"被无知之辈认为'狭隘'和'片面'的马克思的历史理论,事实上是历史观念若干世纪的发展的合法产物。它包括了一切有实际价值的历史观念,并且给予这些观念一个非常坚固的基础,比它们盛行一时的时代所拥有的基础要坚固得多。因此,马克思的历史理论,用我们已经引证过的黑格尔的话来说,是最发展、最丰富、最具体的。"④在普列汉诺夫看来,唯物史观的"萌芽"不是始于近代,早在古希腊就有了;不是零星的偶然现象,而是源远流长、支派繁衍、内容丰硕的必然结果。尽管和一般唯物主义哲学不同,唯物史观的理论在马克思以前任何一个哲学家、社会学家、经济学家或历史学家的著作中从来没有占据统治地位,但是随着历史的发展,各种唯心史观体系中的唯物主义因素必然会越来越丰富,越来越深刻,越来越广泛,越来越成熟。

---

① 《无政府主义和社会主义》,三联书店1980年版,第22页。
② 《普列汉诺夫哲学著作选集》,第1卷,第706页。
③ 同上书,第2卷,第510页。
④ 同上书,第2卷,第162页。译文有改动。

在这个问题上,普列汉诺夫的著作,继马克思和恩格斯之后,给我们提供了大量十分有益、然而尚待进一步探讨和系统化的材料和线索。例如在历史发展动力、社会存在决定社会意识、人性论、阶级斗争、地理环境和人口的学说、社会发展客观规律性和人的自觉活动的关系、个人和人民群众的历史作用、社会意识的两种基本形式及其相互关系等一系列问题上,他对唯物史观萌芽的历史演进所作的精彩的分析,确实值得我们高度重视。然而马克思以前的一切先行者,不管他们如何博学,如何富于天才,他们的体系顶多也只能是"用唯物主义的观点十分机智和成功地解释了若干个别的历史现象"①,从而"为马克思所建筑的理论大厦准备了某些——的确是极宝贵的——材料"②。

马克思以前的一般社会学之所以不能够成为确切的科学,除了它们都没有可靠的理论基石和正确的研究社会现象的方法论原则之外,还因为所有这些学说内部都充满着各式各样的矛盾和虚构。如果不了解马克思以前至少一百年的哲学和社会科学的现状和发展,就不能弄清楚当时种种先进理论所陷入的那一切矛盾、一切虚构和一切迷惘,也就没有可能懂得马克思学说怎样结束了这一切矛盾、虚构和迷惘。而只要人们对于马克思的先行者们在历史观各种问题上如何不能自圆其说,如何不能正确概括纷繁庞杂、充满矛盾的历史现象,还没有做出详细的具体的清晰的说明,马克思主义所实现的革命变革就仍然不会有坚实的逻辑基础。

普列汉诺夫关于唯物史观的产生是历史观发展中继承性和变革性的统一这个思想,在1895年11月发表的《奥古斯丁·梯叶里和唯物史观》一文中,第一次用简洁而明确的形式作了表述。他说:"卡尔·马

---

① 《普列汉诺夫哲学著作选集》,第3卷,第581页。
② 同上书,第3卷,第664页。

克思的历史唯物主义并非不分青红皂白地一概斥责先前各种学派的历史观点;它只是使这些观点摆脱掉使得这些观点无法走出迷宫的那种命定的矛盾"①。其实,他的这个思想像一根红线一样清晰地贯串于他的全部哲学史论著,包括前此发表的《黑格尔逝世六十周年》、《无政府主义和社会主义》、《论一元论历史观之发展》等著作。只有对"变革"抱着形而上学偏见的人,才会断言普列汉诺夫哲学史研究的中心是继承性问题。

使人们感到不称心的另一个思想,是普列汉诺夫对广义和狭义唯物史观的区分。所谓狭义,是就体系比较完整的科学形态而言。在这个意义上,马克思以前不存在任何唯物史观。这是通行的观点。问题出在广义上。所谓广义,是指从"物"出发而不是从"心"出发去解释全部或部分历史现象的理论。在这个意义上,唯物史观几乎同唯心史观一样古老。一般说来,什么是唯物史观?唯物史观就是"运用唯物主义来解释历史"②。运用辩证唯物主义来解释历史的是科学的唯物史观,即上述狭义的唯物史观。而运用朴素唯物主义或形而上学唯物主义来解释社会现象的则是非科学的唯物史观。这种唯物史观不仅不能战胜唯心史观,它本身最终还不可避免地要陷入唯心史观的泥潭。这种唯物史观只具有科学的唯物史观的某些因素。这些因素是"不连贯的、偶然的东西","还没有形成严整的体系"③,而且顶多只能是"对一些个别历史现象的唯物主义解释"④。因此,不仅卢梭的人类不平等起源和基础的理论,爱尔维修论人的学说,基佐、梯叶里和米涅的历史著作,圣西门关于社会发展客观规律的思想,黑格尔的"历史哲学"等等,

---

① 《普列汉诺夫全集》,俄文版第 8 卷,第 25 页。
② 《普列汉诺夫哲学著作选集》,第 3 卷,第 337 页。
③ 《车尔尼雪夫斯基》,上海译文出版社 1981 年版,第 271 页。
④ 《普列汉诺夫哲学著作选集》,第 3 卷,第 580 页。

这样一些多少"直接先行于马克思而出现的哲学和社会科学"都是"唯物史观的个别场合",就是修昔底德、亚里士多德等古希腊作家的某些观点,也都是"唯物史观的个别场合",不仅希波克拉底和孟德斯鸠的"地理唯物主义"、霍尔巴赫的"原子唯物主义"是"唯物史观的个别场合",就是十八世纪一系列先进思想家的人口理论也是"唯物史观的个别场合",而"辩证唯物主义是唯物史观的最高发展"①。

约夫楚克写道:"当普列汉诺夫把法国唯物主义者们在社会学领域中的自然主义概念,即把他们用人们的生理需要来解释人们活动的原因的企图看作唯物史观的变种时,他并不完全正确"②。

为什么不完全正确?约夫楚克接着作了说明。他指出:普列汉诺夫没有把生理需要和经济需要混为一谈,他看到大部分经济需要从爱尔维修的视线内"逃避"开了等等。③ 但是为什么不正确?作者没有把任何理由告诉读者,似乎这是不言而喻的。而且在只认为有一种唯物史观即马克思的唯物史观的传统观念看来,也的确是不言而喻的。问题就在于这种"传统观念"有没有正当的根据。我们认为:没有。为什么?还是拿剩余价值理论来类比。翻开《马克思恩格斯全集》第26卷第1分册。开篇就是马克思亲笔写的《剩余价值理论》目录。上面明明写着:詹姆斯·斯图亚特、重农学派、亚当·斯密等等的剩余价值理论。既然如此,为什么就不能有亚里士多德的"唯物史观"、爱尔维修的"唯物史观"、黑格尔的"唯物史观"、费尔巴哈的"唯物史观"等等呢?普列汉诺夫写道:"当恩格斯说,马克思发现了剩余价值的时候,这完全不是说,据他的意见,在马克思以前没有一个经济学家有关于它的任

---

① 《普列汉诺夫哲学著作选集》,第1卷,第811页。
② 《普列汉诺夫及其哲学史著作》,1960年俄文版,第128页。
③ 《普列汉诺夫哲学著作选集》,第2卷,第129—130页。普列汉诺夫在《车尔尼雪夫斯基》一书中对这个问题有十分清楚十分准确的说明,参见中译本第181—183页。

何观念。不是这样的,马克思本人在自己的《政治经济学批判》中指出,重农学派早就想尽力确定,是哪一个生产部门在创造剩余价值。马克思本人为剩余价值学说史搜集了许多异常宝贵的材料。"接着普列汉诺夫郑重地指出:"马克思发现了剩余价值是就下述这个意义来说的,即关于这一价值的一些学说的长期历史在他的经济理论中得到了自己的最后的完成,摆脱了一切不明了之点和矛盾之点。"①如果不能证明这一论点是错误的,我们就有同样的理由说:马克思发现了唯物史观是就下述意义说的,即关于社会现象的一些学说的长期历史在他的理论中得到了自己的最后的完成,摆脱了一切不明了之点和矛盾之点。不同的只是"马克思本人为剩余价值学说史搜集了许多异常宝贵的材料",而唯物史观学说史材料的搜集、整理和研究工作则尚待我们努力去做。

(三)

普列汉诺夫在研究唯物史观形成史时认真地探讨了历史观发展的具体过程、基本特点和若干规律性。历史唯物主义的萌芽起自何时?从萌芽到产生这样一个漫长的过程经历了哪些主要阶段?它是否自始至终贯串着唯心主义和唯物主义的斗争?是否服从普遍的辩证规律?特别是继承性和变革性相统一的原则在具体的历史哲学问题上是如何体现出来的?等等。所有这些至今一直为人们所忽视或避开的问题,普列汉诺夫都或多或少进行过考察。下面根据我们的整理,对他的一系列论述分别作些初步的评介。首先讨论社会发展动力问题。

社会发展动力问题也就是人类历史的运动和进步的原因问题。科

---

① 《普列汉诺夫哲学著作选集》,第3卷,第56页。

学的任务就在于研究现象变化的原因。历史观之所以是科学,因为它"不满足于研究现象是怎样发生的,而且希望知道现象为什么那样发生而不按其他方式发生"①。

和任何事物一样,历史观在前进中也经历着变化,经历着由量变到质变的过程。而每一次大的质变都表现为历史观发展中的一个新阶段。普列汉诺夫在《唯物主义历史观》讲演稿中第一次完整地提出历史哲学发展的五个阶段,而且明确地指出区分这些阶段的标准在于如何回答社会发展动力问题,即如何回答人类历史运动和进步的主要原因或根本原因。这五个阶段依次是:神学史观、理性史观、利益史观、辩证唯心史观和唯物史观。

什么是神学史观呢?神学史观就是用神意解释历史过程的理论。"这是一种最原始的观念:它同人类思想企图探明周围世界的最初努力有着密切的联系。"②它的特点是用一个或几个超自然力的意志和直接间接的作用来解释历史过程和评价社会现象。在它看来,一切历史事件都取决于天意。这种思想一直统治了一千多年,直到十八世纪初才退位。"当科学在研究和认识自然界当中以较快速度前进的时候,关于人类社会及其历史的科学却发展得远为缓慢。当对自然现象的万物有灵论的解释只能令人发笑的时候,对历史现象还流行着万物有灵论的解释"③。这个阶段的代表,普列汉诺夫指出了两位主教:圣奥古斯丁(354—430)和博叙埃(1627—1704)。他们各自代表一个时期。

历史哲学发展下一阶段即理性史观的主要代表是十八世纪法国启蒙派思想家。启蒙派历史哲学的基本思想是观念的发展归根到底说明

---

① 《普列汉诺夫哲学著作选集》,第2卷,第720页。
② 同上。
③ 同上书,第2卷,第721页。

着整个历史的进化。用更精练的形式表达就是:"意见支配世界"。所以理性史观也可称为意见史观。把意见看成是人类社会中发生的一切事物的最后原因,看成是历史过程最基本最深远的原因,这在当时是十分流行的观点。何谓意见呢?"支配世界的意见的基础乃是'民族内部'流行的真理和谬误的一定的总和"①。过去,人类的一切道德的和政治的灾祸都不过是愚昧无知造成的。一旦理性发现了真理,这些祸害立即可以免除。启蒙派思想家都深信理性终归会取得胜利。所以"意见支配世界"也可以说是"理性支配世界"②。

法国复辟时代历史学家和圣西门等人的思想代表了历史观发展的下一个重要阶段。和法国启蒙派相反,他们认为"不是意见,而是社会利益,或者说得更好一些,社会重大构成要素的利益、阶级的利益和这些利益的对抗性所引起的社会斗争,支配着世界并决定着历史的进程",因为"群众是按照自己的利益行事的;利益是一切社会创造的源泉和动力"③。这里所说的"利益",是社会各阶级的"现实的利益",首先和主要是经济利益。正是这些表现在人们的公民生活和财产关系中的经济利益,在复辟时代历史家看来,成了政治事变的主要发条,成了决定民族风习和国家制度的根本原因。

历史观发展的第四阶段,即替马克思的唯物史观作了最充分准备的阶段,是以黑格尔为代表的发展史观或辩证唯心史观。这个历史观的最大特点是从现象的发展观点上,从现象的产生和消灭的观点上观察一切社会现象和一切历史事件,虽然黑格尔所说的发展归根到底只是绝对观念的发展。在他看来,"历史不过是普遍的精神在时间中的

---

① 《普列汉诺夫全集》,俄文版第 18 卷,第 6 页。
② 《普列汉诺夫哲学著作选集》,第 2 卷,第 744 页。
③ 同上书,第 2 卷,第 735、737 页。

发展。历史哲学——这是依照理性来考察的历史。它按照事实本来的样子来看待事实,它加给事实的唯一的思想,就是理性支配世界。"①这里的"理性"不是指自觉的理性,而是指一般规律。理性是在规律性的意义上支配历史的,就像它支配着天体的运动一样。

最后一个阶段就是大家都熟悉的马克思的理论。它的基本思想可以归结为以下两条:(1)生产关系决定着社会生活中人们之间所存在的其他一切关系。(2)生产关系本身又决定于生产力的状况。

五阶段中的第二、三、四阶段,即理性史观、利益史观和发展史观都属于唯心主义历史观。所以概括地说,历史观的发展经历了三大阶段,即中世纪到十七世纪的神学史观,十八—十九世纪四十年代的近代唯心史观和马克思的唯物史观。②

当然这种划分并不是最后的、绝对的,许多问题都还有待进一步研究。例如古希腊罗马的历史哲学究竟属于神学史观还是自成一个阶段？这个阶段的根本特点是什么？就是一个没有解决而又必须解决的重大问题。普列汉诺夫本人清楚地意识到了这一点。所以他在自己的讲演的开头就明确宣称,他仅仅谈到历史上的"某些历史哲学"。但这种谨慎态度毕竟只有次要意义,并没有改变他的基本思想的总倾向,也不会降低他的研究成果的科学价值。

（四）

现在我们要介绍的是普列汉诺夫对历史观发展中唯物主义和唯心主义的斗争过程所作的说明。

---

① 《普列汉诺夫哲学著作选集》,第 2 卷,第 744 页。
② 《普列汉诺夫遗著》,俄文版第 5 卷,第 251—252 页。

上面已经说过,奥古斯丁历史哲学的基本原则是一切历史事件绝对取决于天意。但是他在不厌其详地叙述这个基本原则的同时又一再声明:"上帝的道路是玄妙莫测的"。"但是如果真正这样,那么又为什么提出探索这些'道路'的徒劳无功的课题呢?矛盾是显然的,而且正因为矛盾是显然的,所以甚至有着热诚而不可动摇的信仰的人,只要他们还多少讲求逻辑,只要他们不想硬说玄妙莫测、不可说明和不可理解的东西能够说明一切并使一切成为可以理解,他们也不得不反对用神学来说明历史。"①换言之,提出探索"玄妙莫测的""上帝的道路"这一要求,就其是对神学史观的否定这个意义来说,具有唯物主义的倾向。这是神学史观的第一时期,我们不妨称它为绝对的神学史观。

神学史观第二时期的代表博胥埃否定了上帝道路玄妙莫测的说法,提出了人事无常的思想。虽然这种否定总的说来仍然没有超出神学的范围,却是朝唯物主义迈进了一大步。这主要表现在他对历史事件的特殊原因的分析上。"在博胥埃看来,历史中有一些仅仅表现上帝意旨的事件,换句话说,就是有一些上帝直接在其中起作用的事件。这些事件就是所谓的历史奇迹。但是在大多数情况下在通常的状态中,发生在每一一定时期的变革,决定于先前时期所产生的原因。真正的科学任务,就是要研究这些没有任何超自然的东西,而仅仅以单个人和民族的本性为转移的原因。"②和奥古斯丁的神学史观不同,博胥埃的神学史观可以称为有限的神学史观。因为它给历史事件的自然的解说留下了广阔的余地。用自然的原因,而不是用超自然的原因解释历史的自然过程,不正是对历史的唯物主义解释么?不正是用自然解释自然这个唯物主义原则在社会领域的运用么?尽管"这种自然的解说

---

① 《普列汉诺夫哲学著作选集》,第 2 卷,第 723 页。
② 同上书,第 2 卷,第 725 页。

是同神学观念密切联系着的",但它毕竟"承认了——当然是不自觉地和无可奈何地承认了——神学观点本身,亦即用一个或几个超自然力的作用来说明现象的方法,是无能为力和徒劳无益的。"①

十八世纪启蒙思想家发展了博胥埃体系中的这个唯物主义因素。伏尔泰坚决要求在分析历史事件时仅仅注意考察第二性的即自然的原因,而让"那些指神为业的人去搞这些神乎其神的勾当"。这样他就一脚踢开了神学的历史观。在这个意义上,伏尔泰第一次宣布了唯物史观对神学史观的彻底胜利。但这种胜利只是初步的。"伏尔泰的历史哲学是科学地说明历史的尝试。"②因为伏尔泰以及后来的其他启蒙派代表都是用风习和观念的发展,用意见的发展、理性的发展来说明历史的进化。

这无疑是典型的唯心主义历史观。但是在这种历史观体系内部存在着强大的唯物主义因素。所有的启蒙派在坚信环境(即人们的社会关系)为意见所决定的同时,还提出了另一个对立的命题:意见为环境所决定。什么是环境?孟德斯鸠认为地理环境即自然条件对人们的意见有决定性的重大影响。而在爱尔维修、霍尔巴赫及其同道看来,意见是社会环境的产物,因为自然界不会使人变恶或变善。概括地说,法国启蒙派所说的改变人及其一切意见的那个环境主要是社会环境。"当法国唯物主义者想简单和有力地表现自己关于社会环境对于人的全能的影响的信念时,他们说:一切从属于立法。而他们说到立法时,他们所指的差不多纯粹是政治立法、国家制度。"③可见,法国唯物主义者,或者说大多数法国启蒙派所讲的"环境"主要是指国家的政治法律制

---

① 《普列汉诺夫哲学著作选集》,第 2 卷,第 725、726 页。
② 同上书,第 2 卷,第 726 页。
③ 同上。

度。我们说"社会环境决定意见、舆论"的思想是"社会存在决定社会意识"的雏形,因为作为"社会环境"概念主要内容的政治法律制度的确是"社会存在"的构成要素之一,虽然还有比它更为根本的要素。

普列汉诺夫强调指出,法国唯物主义者的历史哲学中存在着一系列突出的矛盾。其基本矛盾是:

唯心主义命题	唯物主义命题
环境及其一切属性是意见的产物。(这是法国唯物主义者历史哲学的基本论点。)	人及其一切意见是环境的产物,主要是社会环境的产物。

从这个基本矛盾中派生出其他许多矛盾,例如:

唯心主义命题	唯物主义命题
(1)人们对于某一关系感到有利或有害,取决于他们的意见的一般体系。	(1)人们的意见为他们的利益所决定。
(2)宗教的意见是人类苦难的真正来源。	(2)宗教说教完全无补于事,关键在于社会环境和社会关系,等等。

其次,普列汉诺夫还认为,即使在上述唯心主义命题本身中仍然存在着唯物史观因素。"意见万能"的思想无疑是典型的唯心史观。但是其中包含着真理的极小颗粒:意见对人有着极大的影响。说它包含着真理,因为马克思主义并不否定思想对社会发展的巨大反作用。说这是极小的颗粒,因为马克思主义者说这句话时所包含的全部丰富内容对

启蒙派思想家说来是无法达到的。①

不仅如此,从某种意义上说,上述矛盾命题,正如康德讲到他的"二律背反"时的情况一样,不得不承认它们都是正确的。因为环境和意见、国家制度和道德风习之间的确存在着相互作用,它们互为因果。所以上述矛盾命题,表明法国唯物主义者承认了——当然是不自觉地和肤浅地——历史唯物主义的一个原理:社会诸要素之间存在着相互作用。② 至于包括法国启蒙派在内的形而上学相互作用观的两重性,我们已经在前面"方法论"章中分析过了,这里不再赘述。

复辟时代的历史学家基佐、米涅和奥古斯丹·梯叶里以及空想社会主义者圣西门等人的历史观大大发展了十八世纪法国哲学家历史动力学说中的唯物主义因素。主要表现在以下三个方面。

第一,进一步发展了法国哲学家关于社会环境是意见、舆论变化的原因,关于政治法律制度是社会发展主要动力的思想。基佐等人认为,必须从新的观点去考察"环境"或"社会环境",不能把社会环境的一切属性都归结为立法者的活动,归结为政治宪法,因为政治宪法、政治法律制度本身只是一种派生的东西。"政治结构在成为原因以前乃是结果;(这些结构)根源在于各民族的社会状况。社会状况决定于所有制状况。"③反过来说,所有制状况或者叫财产关系,乃"是一个国家的政治制度,甚至统治该国家的观点的最主要的、最深刻的基础"④。这样,复辟时代的这些历史学家就在历史哲学史上第一次明确而相对完整地提出了所有制关系是"社会存在"的另一个要素,它决定着社会物质结构即社会存在的上层要素——政治法律关系,从而加深了"社会环境决定

---

① 《普列汉诺夫哲学著作选集》,第 2 卷,第 730—731 页。
② 同上书,第 1 卷,第 576—577 页。
③ 《普列汉诺夫全集》,俄文版第 8 卷,第 23 页。
④ 《普列汉诺夫哲学著作选集》,第 2 卷,第 547 页。

意见"这一原理的理解,缩短了"社会环境"过渡到"社会存在"的过程。

　　第二,论述了阶级斗争是社会发展,至少是近代各族人民历史发展最主要的动力的原理。阶级斗争是上述历史学家历史观的中心概念。在他们看来,文明社会的全部历史就是阶级斗争,它遵循着这样一条进步公式:"变化破坏利益;利益产生政党;政党进行斗争"①。他们清楚地分析了社会关系和阶级斗争同各阶级或阶层中间逐渐形成的思想潮流之间的因果关系,这样就为马克思"用唯物主义观点去解释文明人类的思想史准备了很好的基础"②。他们还善于追溯社会阶级或阶层对社会政治制度的决定性影响,并且了解到国家政权是各阶级为实现自身经济目的而进行斗争的必不可少的工具。这就是说,基佐等人对社会存在的两个因素(经济因素和政治因素)或阶级斗争的两个方面(经济方面和政治方面)之间的相互关系,即对政治以经济为基础,同时又反作用于经济,已经有了初步的正确观点。

　　第三,提出了人民、整个民族应当成为历史主人公的思想。十八世纪法国哲学家既然认为理性支配世界,那么具有理性的杰出人物——立法者在他们心目中就成了决定历史命运的主要力量。复辟时代历史学家(例如梯叶里)断然否定了这种唯心主义观点。他们指出,"旧的学派对国王的世系注意过多。它没有给人民群众的任何独立活动留下余地。"真正的历史应该是"民族的历史、公民的历史"。"在'公民'群众中,有特权人物和贫苦百姓、压迫者和被压迫者。历史学家的注意力应该放在后者的生活上。"③梯叶里对过去的历史学家总是顽固地不承认人民群众的首创精神表示愤慨。不过梯叶里等人所说的"人民"、

---

① 《普列汉诺夫哲学著作选集》,第 2 卷,第 523—524 页。
② 同上书,第 2 卷,第 527 页。
③ 《普列汉诺夫全集》,俄文版第 8 卷,第 10—11 页。

"民族"、"公民群众",主要是第三等级中间的资产阶级群众。

我们之所以把圣西门与基佐等人放在一起,同属于利益史观的代表,理由很简单。正如普列汉诺夫多次指出的,圣西门是复辟时代历史学家的老师和先辈。无论在所有制状况是政治制度的原因、阶级斗争是人类历史的基本事实问题上,还是在社会发展的规律性问题以及其他历史观重大问题上,基佐、梯叶里都应当把自己的基本观点归功于圣西门。

当然两者也有不同。例如,圣西门超过了他的学生,他没有停留在财产关系是整个社会制度的基础这个结论上,而是继续前进,得出了产业发展的需要决定财产关系的状况和变化的结论。这就使他接近于生产规律实质上归根结底决定着社会发展的规律这一唯物史观基本原理。当然他只是有些地方接近于这个原理罢了。而且和复辟时代的历史家一样,他也陷入法国启蒙派曾经陷入过的同一性质的矛盾。前面说过,法国启蒙哲学的基本矛盾是:意见决定于社会环境(政治法律制度);社会环境又决定于意见,决定于立法者的意见。复辟时代历史学家进一步认为政治法律制度由所有制关系,由社会阶级和等级的现实经济利益决定。但产生社会阶级和等级的来源是什么?造成特定所有制关系的原因是什么?是征服。而决定作为政治行为的征服的又是征服者的意志和意见。圣西门更进一步,他说,决定所有制关系的原因是产业发展的需要。但为了生产,必须有劳动工具,而工具是理性和智慧的产物。这样,启蒙思想家关于意见、"教育"完全支配世界的观点更牢固地得到了证实。

人们绕了一个比一个更大的圈子以后又退回到法国启蒙派原来的出发点。但他们毕竟不是原地踏步,而是前进了。这个时期的历史观的发展经过了一个螺旋式的历程。如果提出所有制关系决定社会政治制度是历史观向唯物主义前进的一大步,那么圣西门偶尔接近于生产力是社会发展根本原因的思想,就向最后建立科学的唯物史观靠拢迈出了决定性的步伐,只是圣西门这一步的跨度实际上是很小的。正是在这个意义上,普列汉诺夫在叙述唯物史观发展过程时把空想社会主义者放在基佐、梯叶里等人之后,尽管按年代顺序以及基本思想继承关系说,这些历史学家应在圣西门之后。

向科学的唯物史观靠拢的最大的一步是黑格尔迈出的。黑格尔哲学在马克思唯物史观产生过程中的地位和作用,下面还要详细地分析。就社会发展动力问题而言,他的贡献可以用以下三点来说明。

首先,黑格尔全面地制定了辩证法,并且开始用这个最强大的认识工具去分析社会现象。他第一个试图阐明人类全部历史乃是一种有内在联系的、通过对立面不断斗争的发展过程,它服从于某种必然的规律性。尽管他的一切努力最终还是失败了,但是他的那些深刻的方法论原则为后人科学地考察社会发展动力问题提供了必不可少的理论前提。正像恩格斯所说的:"唯物主义历史观及其在现代的无产阶级和资产阶级之间的阶级斗争上的特别应用,只有借助于辩证法才有可能。"[①]比方,如果没有黑格尔对自由和必然、客观规律性和人的自觉活动的辩证观点,社会发展动力问题的全面正确解决显然是不可能的。

其次,黑格尔在说明自己关于阶级斗争的历史作用、关于法权关系和国家形式对社会经济状况的依赖性的观点时,不仅继承了复辟时代历史学家和圣西门等人的基本思想,而且大大强化了它们的理论深度。圣西门和他的学生们主要研究罗马帝国崩溃后的西欧史,他们的那些历史哲学结论正是从概括这一时期历史事件中得出来的。黑格尔则不同。他的《历史哲学》上起古代东方,下迄当代日耳曼世界,包括欧亚非各洲。"他在历史哲学上的不变手法:开始几句援引绝对理念的属

---

① 《马克思恩格斯全集》,第19卷,第346—347页。

性的模糊的话,以后——更展开的和当然是更令人信服的指明所述民族的财产关系的性质和发展。"①因此他的历史观中的前述唯物主义因素就远远超出了一个时期一个地区的范围。加上黑格尔是作为哲学家,而不是作为历史家或社会思想家提出这些思想的,这也就必然会使他的结论更有概括性。

最后,黑格尔和自己的前辈十八九世纪的启蒙思想家、历史学家和空想社会主义者不同,他"力求把社会生活中一切作用着和相互作用着的力量归结为普遍的和统一的源泉"②。这些前辈都是折中主义者,始终在意见、政治制度和财产关系等相互作用的诸社会因素的矛盾迷宫中困扰着。他们都不懂得,"相互作用着的双方不能当作直接的材料,而应该理解为某个第三种的、'更高的'东西的因素。"③一旦这个既决定意见、政治制度和财产关系本身,又决定它们之间的相互关系的"第三者"弄清楚了,归根到底引起人类历史运动的那个根本原因,即决定所有制状态的那个潜藏的力量也就揭示出来了。以黑格尔为代表的德国古典唯心主义哲学家当然不可能真正解决这个问题。因为他不是在物质生产中而是在绝对观念中去找这个"第三者"。过去的思想家们在上述因素相互作用的矛盾迷宫中折腾了一阵子之后都相继回到了意见决定一切的唯心主义人性论老巢。黑格尔的巨大历史功绩,不仅在于他明确提出弄清楚"第三者"这个极其重要的理论课题,而且还在于正确指出解决问题的途径:历史发展的动力不在人性之内而在人性之外——尽管他看作"第三者"的这个绝对观念不过是人性的一个方面即逻辑思维过程的抽象。

---

① 《普列汉诺夫哲学著作选集》,第1卷,第665页。
② 同上书,第1卷,第495页。
③ 同上书,第3卷,第734页。

"人性论"是一个怪物。它过去和现在都不断地折磨着具有各式各样思想倾向的人们的头脑,因此在这里扼要介绍一下普列汉诺夫的观点,看来是值得的。

(五)

普列汉诺夫没有系统考察过人性论史。他分析得比较详细的是爱尔维修、霍尔巴赫和车尔尼雪夫斯基的人性论,其次则是法国复辟时代历史学家、空想社会主义者、无政府主义者、民粹主义者的观点。至于近代其他学者以及古希腊罗马、中世纪欧洲的人性论思想,他或者只是谈到其中的几点,或者仅仅顺带地说了一句两句。所以这里不准备从历史发展的角度来叙述他对人性论的看法,只想把他的那些看法概括为以下四个方面,略加述评。

(1)人性论是多种多样的。在普列汉诺夫看来有多少阶级就有多少人性论。"对人类本性,也像对世界上一切事物一样,可以从各种不同的观点来看。"①"'人性'的观点在社会科学方面并不新鲜。举例来说,亚里士多德就曾有'人性'的观点。……他曾力图证明奴隶制完全适合于饱受其压迫的人的本性。十八世纪的所有法国启蒙运动者都曾持有这种观点。他们不厌其烦的反复述说,奴隶制与要求自由的人类本性完全矛盾。法国启蒙运动者的许多论敌也都曾持同一观点。他们一直力图利用同一个人性来替旧秩序做辩护。其后,奥古斯特·孔德坚信,妇女的从属地位是妇女的本性的必然而不可避免的结果。同一个奥古斯特·孔德,正是适应着人性确定了他的(更确切些说是他从圣西门那里剽窃来的)臭名昭著的三阶段律。一般地说,到了本世纪

---

① 《普列汉诺夫哲学著作选集》,第 4 卷,第 341 页。

的四十年代,就几乎没有一个研究社会问题的作家不这样或那样地求助于人性了。……每一个这样的'本性',都成了他们用来解决一切历史难题的咒语。"①这就是说,既有代表奴隶主的人性论,也有封建阶级的和资产阶级的人性论,还有无产阶级的人性论。而且一个阶级有时还不止一种人性论。"关于人性,不是所有的十八世纪著作家都有着同样的概念的,他们在这上面马上有很大的分歧。但是他们都同样地坚信,只有正确地理解这个天性方能给予解释社会现象的钥匙。"②同样,把人的天性当作最高准绳的观点并不妨碍不同的社会主义学派在决定这个天性的属性上异常厉害地分歧。因此,似乎人性论只是近代才有的,是随着人文主义的出现而出现的,似乎近代的人性论只是资产阶级的,特别是似乎无产阶级就没有人性论,这样一种观点显然是不符合历史事实的。如果说,圣西门、傅立叶和欧文的批判的空想的社会主义体系是当时尚处于不成熟阶段的无产阶级的利益、愿望和要求的理想表现,怎么能说作为这个体系的基础的人性论不是同一个无产阶级的,而是资产阶级的呢? 十八世纪法国资产阶级启蒙学者所谓的人性,"其特点不仅在有感觉和思维的能力;他的'天性'要求一定的资产阶级的秩序(霍尔巴赫的著作正是包含着那些后来为立法会议所实现的要求);它规定着贸易自由,国家不干涉公民的财产关系……等等。"③十九世纪三大空想社会主义者则认为,"现存社会的全部基础",如阶级对立、城乡对立、雇佣劳动、生产的无政府状态,都不符合"人数最多和最贫穷的阶级"的人性。这两种人性论的阶级属性显然是根本对立的:前者肯定资本主义制度是合理的;后者则要求消灭资本主义制度。

---

① 《普列汉诺夫哲学著作选集》,第 2 卷,第 248—249 页。
② 同上书,第 1 卷,第 591—595 页。
③ 同上书,第 1 卷,第 591、596 页。

（2）非马克思主义的人性论都是错误的,总的说来都属于唯心史观。"马克思以前,人的本性被当作社会科学的出发点;一切说明人类历史发展的企图都是由这个观点出发的"①。"人性"是一个完全没有内容的抽象概念,它给一切没有根据的猜测以及从这些猜测引申出来的逻辑结论提供了非常广阔的场所。所有的人,不论是保守派分子还是坚决主张改革的人,都可以利用它来论证任何一种实际主张。但是不管所有这些人性理论的具体观点和阶级属性、民族属性如何不同,它们都毫无例外固有这样两个共同的特征。第一,凡是把抽象的人性看作推动历史发展的根本动力、看作分析社会现象的出发点的学说,都是空想主义的,都属于唯心史观,不论直接援引人性的学说,还是间接援引人性的学说,即以人性原则所派生的概念为理论依据的学说,归根到底都是如此。普列汉诺夫写道:"在马克思以前社会科学没有能够而且也不能够成为确切的科学。当学者以人性为最高级的审判官时,他们必然地用人们的观点,他们的自觉的活动来解释社会观象;可是自觉的活动乃是人的这样一种活动,它必然被他认为是自由的活动。自由的活动排斥着关于必然性的、即规律性的概念,而规律性乃是任何科学地解释现象的必要的基础。关于自由的表象遮蔽了关于必然性的概念,这便妨害了科学的发展。"②第二,它们所说的人性都是永恒不变的,或者人性这个常数只是这样或那样地在一定的界限内变动。普列汉诺夫反驳说:或者人的本性是不变的,那时它就丝毫不能说明历史,因为经验表明人类社会历史中发生过一系列的变化,不能用常数的特性来说明变数的变化;或者人性是变化的,那时就应当找出使它发生变化的原因,因此,同样不可能把它看成是历史发展的原因或动力。"实

---

① 《无政府主义和社会主义》,第22页。
② 《普列汉诺夫哲学著作选集》,第1卷,第706页。

际上,古代波斯人或埃及人的'本性'不像古代希腊人或罗马人的'本性',而古代希腊人或罗马人的'本性'也完全不是我们现代英国人或美国公民的那种'本性'。如果我们假定某个社会制度完全符合于人类本性,而所有其他的社会制度多少是抑制人类本性的,那我们就从而宣告整个历史都不符合人类的本性,只有我们所喜欢的制度占统治地位的那个(过去、现在或将来的)时期除外。但这样的历史观点是排斥对历史的任何科学解释的。"①

(3)马克思以前,至少一些有重大历史影响的人性论系统中存在过这样或那样的唯物主义因素。普列汉诺夫写道:尽管这些人性论"体系都是不科学的,但这当然不妨碍我们在那些体系中找出一些对科学有极其宝贵贡献的局部细节来"②。举几个例子。"对人类本性,也像对世界上一切事物一样,可以从各种不同的观点来看。车尔尼雪夫斯基是用唯物主义者的眼光来看人类本性的。但是当他企图把他对人类本性的唯物主义观点应用于解释历史的时候,他在绝大多数场合都不知不觉地得出了唯心主义的结论。……车尔尼雪夫斯基在自己的历史观见解方面,是从这样一个无疑是唯物主义的思想出发的,即认为人是动物,他的机体服从于一定的生理学规律。生理学说道,要使动物的生命正常运行,就必须正常地满足它的机体的需要……但是人类机体机能的运行的好坏怎样能向我们解释人类进步的事实呢?……他的推论过程就是这样。他从费尔巴哈的这样一个原理开始,即人就是他所吃的东西。当人类机体按应有方式获得食物的时候——当外部条件保证他的机能运行良好的时候,脑力就增强,而随着脑力的增强,人的智力发展能力和形成正确概念的能力也就增长起来。这种能力也就是

---

① 《普列汉诺夫哲学著作选集》,第2卷,第786页。
② 同上书,第2卷,第786页。译文有改动。

历史运动的主要原动力。"①当然，车尔尼雪夫斯基的这种观点远非独一无二的。在他以前，包括法国唯物主义者在内的一些思想家，也都有类似的观点。比方爱尔维修就"企图说明人类社会的发展，他是把这个发展放在人的肉体需要的基础上"②，即放在人性的基础上。卢梭的人性论是具有唯物主义因素的另一个例子。"在对人的本性的看法上，卢梭跟和他同时代的绝大多数人的距离也是同样遥远的。他们把人的本性看作不变的东西，并且认为'立法者'越是依从人性的要求，'法制就会变得越完善'。十九世纪的空想社会主义者……都把关于人类本性的这种或那种思想当作自己体系的基础。……只有科学社会主义的奠基者才清除了这种错误的观点，他们指出，人的本性是随着人类社会的发展而变化的。卢梭也了解人类本性变化无常。……卢梭不相信用抽象的方法解决道德问题的态度，就是对人类本性变化无常的这种信念的必然结果。他说，'哲学家们所不能解决的伦理上和政治上的无数问题'，只有当我们用'事物的缓慢递嬗'的观点看待它们的时候，才能找到答案。这已经是我们熟悉的用存在说明意识的方法了。"③至于前面说过的黑格尔不在人性之内而在人性之外去找历史发展动力的努力，更是人性论史上突破唯心史观而向唯物史观迈进的重大步伐。

（4）马克思主义有自己的人性论。人们通常以为，马克思主义同人性论是绝对对立的。似乎一切人性论都是唯心主义的、错误的，除了资产阶级上升时期，都是反动的。如果有人说马克思也有自己的人性论，那更是离经叛道的事。普列汉诺夫不赞成这种态度。在他看来，马克思主义对任何客体，包括资本、价值、剩余价值、历史等等，也包括人

---

① 《车尔尼雪夫斯基》，第181、183页。
② 《普列汉诺夫哲学著作选集》，第2卷，第163页。
③ 《普列汉诺夫全集》，俄文版第18卷，第24—25页。

性,都有也必须有自己的观点。马克思有自己的资本论、历史观,为什么就不能有自己的人性论或人性观呢?为了说明马克思确实有自己的人性论,不妨在这里列举马克思主义人性论的一些基本原理或非基本原理。

第一条:"整个历史也无非是人类本性的不断改变而已。"①

第二条:"人在用自己的活动改变周围环境时,从而也改变着自己的本性"②。

第三条:人的本性、"人的本质并不是单个人所固有的抽象物,实际上,它是一切社会关系的总和"③。

第四条:"社会发展的规律并不植根于人的本性,而是植根于人们在不同生产力发展阶段上所发生的那些社会关系的本性。"④

第五条:"决定任何现存社会的经济关系的,不是人类本性的属性,而是社会生产力的状况。并且社会经济关系也随着这些[生产力]的发展而改变。社会的人的本性也随着社会经济关系的改变而改变。而社会生活各种因素的相互关系也随着社会的人的本性的改变而改变。"⑤或者说:"他们的习俗、他们的情感、他们的爱好、他们的思维方式和行动方式,一句话,他们的本性,则随他们在社会生产过程中的关系而改变。所以说,不是人的本性说明历史的运动,而是历史运动使人的本性具有这种或那种形态。"⑥

---

① 《普列汉诺夫哲学著作选集》,第3卷,第90页。参见《马克思恩格斯全集》,第4卷,第174页。
② 《普列汉诺夫哲学著作选集》,第2卷,第786页。参见《马克思恩格斯全集》,第23卷,第202页。
③ 《普列汉诺夫哲学著作选集》,第3卷,第156—157页。参见《马克思恩格斯全集》,第3卷,第5页。
④ 《普列汉诺夫哲学著作选集》,第2卷,第254页。
⑤ 同上书,第2卷,第318—319页。
⑥ 《无政府主义和社会主义》,第23页。

第六条:"任何一种经济制度,只要合乎一定时间内的生产力状况,就合乎人类本性。反之,任何一种经济制度,只要与生产力的状况发生矛盾,就立刻开始与人类本性的要求相抵触。"①

第七条:某些非马克思主义的人性论者在他们的历史论断中诉诸人类本性的做法,有时"在鼓动的意义上是有益的"②。

第八条:只有揭示了人类历史运动的真正原因以后,才能揭示出相继出现于世界舞台的各个不同阶级的本性。③

等等,等等。④

如果不能否定所有这些原理都是正确的,我们就必须承认马克思主义有自己的人性观。如果不能否定所有这些原理互相间有内在的逻辑联系,它们是一个原理的系统,是历史唯物主义理论的有机组成部分之一(尽管以上列举的远不全面、完整),我们就必须承认马克思有自己的关于人性的完整学说,正如他有自己的地理环境学说、人口学说、阶级斗争学说、个人和人民群众的历史作用学说、基础和上层建筑学说等等一样。而且,马克思主义的这种人性论,也是同它的阶级斗争学说等等一样,都是它的历史观的一部分,而不是什么伦理学说。当然,在马克思主义伦理学说中也有自己关于人性的道德理论,这种理论无疑包括社会主义人道主义在内,但也不止于这种人道主义。把人性这样一种重大的历史现象排斥在历史唯物主义研究对象的范围之外,以为凡是历史观中的人性论都是错误的、唯心的,以为马克思没有自己的作为历史观一部分的人性论,正如没有作为历史观一部分的阶级斗争学

---

① 《普列汉诺夫哲学著作选集》,第2卷,第263页。
② 同上书,第4卷,第339页。
③ 《普列汉诺夫全集》,俄文版第8卷,第25页。
④ 例如:如果社会意识必须用社会存在来说明,那么阶级社会中人的阶级性在全部人性中的地位就必须由特定历史条件下的阶级关系在当时全部社会关系中的地位来解释。

说等等一样,就等于把这个领域全部让给资产阶级思想家去大逞威风,这显然不是马克思主义者应该采取的科学态度。

同时,在对待人性问题上,也应该像对待历史观的其他问题以及对待整个历史观一样,必须贯彻前面所说的继承性和变革性相统一的原则。既切实认真地弄清楚马克思在人性论历史上所实现的变革①的全部意义,又切实认真地从前辈人性论体系中分析出其中合理的、积极的唯物因素和辩证因素,考察这些因素的逐渐积累过程和变化规律。必须看到,正如马克思、恩格斯、列宁没有结束对基础和上层建筑、个人和人民的历史作用等等的研究,而只是为这种研究的继续发展奠定了唯一坚实可靠的理论基础一样,马克思主义经典作家也远远没有结束对人性的研究。但是马克思主义经典作家们关于人性的论述和后来他们的学生们的研究成果,毕竟是很丰富的。因此历史唯物主义教科书中没有人性论(即关于人性的学说)一章,是完全没有道理的。早就该结束资产阶级学者在人性问题上向共产主义者耀武扬威地进行挑战的时代了!普列汉诺夫在回答所谓社会主义者违反人性的指责时曾经写道:"空想社会主义者的观点,正如当时所有社会科学的观点一样,乃是人性论的观点,或者由此引申出来的任何一种别的抽象原则的观点。我们时代的社会学和社会主义则站在经济现实和有规律的发展的观点上。因此不难设想,不断重弹社会主义者的要求违反人性的老调的资产阶级理论家的理由,对现代社会主义者会产生怎样的印象。这种印象就和有人想从居维叶的科学武库中借用一种武器来打击达尔文主义毫无二致。"②

---

① 必须指出,普列汉诺夫关于马克思唯物史观的出现是历史观发展中的伟大变革的思想,绝大多数场合恰恰都是在谈到人性论问题时说的。例如参见《普列汉诺夫哲学著作选集》,第1卷,第706页;第2卷,第162—163、251—252页,以及《无政府主义和社会主义》,第22—23页。

② 《无政府主义和社会主义》,第26页。

下面我们就转到客观规律性以及它和人的自觉活动的关系问题，看一看普列汉诺夫是如何论述继承和变革相统一的原则的。

（六）

普列汉诺夫指出，和自然现象一样，社会生活现象中也普遍存在着不以人们的意志和愿望为转移的重复的必然联系，它反映历史的前进运动。这就是社会发展的规律性。人类在古希腊时代就认识到自然界变化的客观规律，而对于社会现象规律性的认识就要晚得多。马克思以前只有个别思想家接近了历史过程规律性的思想。虽然亚里士多德已经论述过国家的不同形式和社会发展一定阶段的联系以及这些发展阶段和某一民族生活条件变化之间的联系，但这毕竟只是古代这位伟大哲学家天才思想微弱的闪光。严格说来，社会规律性的思想只是近代的产物。因为这个思想只有在人们摆脱了神学史观的束缚以后才有可能产生。当然，即使人们明白了用上帝的意志说明历史事件是何等荒谬，也不是马上就能在似乎杂乱无章的社会过程中看出合乎规律的变化来的。甚至十八世纪研究社会现象的人，绝大多数都把一切归因于个人的自觉活动。而个人的自觉活动始终是任意的、或多或少凑巧造成的偶然现象。所以"在法国启蒙派看来，历史是一连串无数个彼此间没有内在联系的、没有根据任何一种规律的任何确定性的、大部分很悲惨的事件。"[1]无论是孔狄亚克、霍尔巴赫，还是"哲学家"中间对历史最有研究的伏尔泰，都是用同样"惊人肤浅"的眼光看待历史运动的。不过在这方面"当时也有过一些越出一般常规的例外：例如，维科、孟德斯鸠或赫德尔的历史哲学眼界，就要宽广得多。"[2]

---

[1] 《普列汉诺夫哲学著作选集》，第2卷，第69页。
[2] 同上书，第2卷，第351页。

维科历史哲学的主要原则,是历史发展客观规律性思想。在他看来,一切民族都按照圆圈发展。像一个人之有童年、青年和成年一样,一个社会也要经历三个时代,即神的时代(没有国家、服从于祭司),英雄时代(贵族国家)和人的时代(民主共和国或有资产阶级自由的君主立宪制)。每个圆圈都以普遍危机和社会崩溃结束,新的圆圈又从原始形式的社会生活开始。维科的这种历史循环论企图把社会的发展看成一个统一的合规律的过程。虽然维科的这些思想在十八世纪没有受到重视,但它们在历史合规律发展的学说上的先驱者的地位是不能抹煞的。

　　在十八世纪启蒙思想家中间,孟德斯鸠以最大的精确性表达了普遍规律性的思想。不论自然现象还是社会现象,都服从这个规律性。他写道:"从最广泛的意义上说,法是事物的性质产生出来的必然关系。在这个意义上,一切存在物都有它们的法。"①不过他认为在每一个别场合符合特定民族性格的法律都是最自然的法律,因此他拒绝用绝对的标准来衡量不同国家内存在的规律性。他把政体和法律描述为合乎规律地分布在空间里的现象。这是一种独特的地理规律性。他没有规定它们在时间上更替的规律性,历史发展的辩证过程的观念对他是格格不入的。孟德斯鸠社会规律观的另一特点是特别强调地理环境在决定民族性格及其法律形式中的作用和地位。他把社会现象变化的规律性同自然环境的特性联系起来。这不仅对于一直占统治地位的神学世界观是一种先进的思想,就是对于使社会存在脱离先天赋予人的"自然本性"的唯理论学说也是一种进步。

　　十八世纪德国启蒙思想家赫德尔也是社会规律观的捍卫者。和维科不同,他偏重于把人类历史看成自然史的继续,认为社会具有自然

---

① 《论法的精神》,上册,商务印书馆1978年版,第1页。

的、而非超自然的性质,他没有强调社会规律不同于自然规律的质的特点。但他比维科高明的地方是他肯定各个民族的历史发展是前进的,向着更高的社会状态过渡,它构成统一的链条,每个环节必然同前一环节和后一环节密切地联系着,其中可以找出严格的因果决定关系。赫德尔历史哲学的另一特点是力求指出历史主义原则同社会发展规律性的统一。

除了维科、孟德斯鸠和赫德尔,普列汉诺夫认为还有两个例外,他们是爱尔维修和卢梭。尽管爱尔维修和其他同时代人一样喜欢用"情势的凑合"或"无数意外的偶然性"来说明重大的历史事件,但是他并没有完全排斥历史过程的规律性概念。十八世纪法国启蒙思想家的历史哲学的基本原理是"意见支配世界"。但是爱尔维修问道:支配世界的这个意见本身是不是按照自己的规律性或必然性变化发展的呢?他已经"猜测到这种必然性是存在的。他说,知识(以及一般'意见')的发展服从于一定的规律。"①他和十八世纪法国大多数启蒙哲学家不同,对于用文化的进步来解释整个历史运动表示很大的怀疑。他觉得文化的进步本身是需要说明的。他写道:"可能,科学和艺术的进步,与其说是天才的事业,不如说是时代和必然性的事业。……如果像休谟所指出的,所有的民族只有在他们获得善于写诗的本领以后才能学会善于写散文的话,那么我觉得,同样的人类理性发展过程就是某种共同的和隐蔽的原因的结果。"②他认为民族发展的进程类似于个人发展的进程。人从童年经过壮年到老年,社会从共和政体到专制制度就好比从壮年进入风烛残年。"这里有一个不变的社会发展规律。一个民族从穷到富,从富到财富分配的不均,到道德败坏,到奢侈,到罪恶;从

---

① 《普列汉诺夫哲学著作选集》,第1卷,第579页;第3卷,第756页。
② 《普列汉诺夫全集》,俄文版第18卷,第8—9页。

罪恶到专制,更从专制到毁灭。"①爱尔维修在分析社会规律问题上的重要贡献在于他强调指出利益和需要是历史发展的唯一动力,虽然他对社会发展动力的理解上仍然存在着两重性,没有完全摆脱教育起决定作用的唯理论概念。

如果说爱尔维修思考过在教育发展过程中必然性的意义,那么卢梭则把引起知识发展的原因称为偶然的。他所谓偶然,意思只是说这些原因不在人的内部,而在人的外部,即不在于人的本性,而在于人的周围环境,首先是地理环境,在于地理环境的特性对人的需要的满足。不是别的什么东西,而是地理环境的特性决定着一个地方的人成为猎人,另一个地方的人成为渔夫。欧洲的文明程度之所以比别的洲更高更稳定,可以用欧洲大陆的自然条件来说明。任何特定的地理环境的性质,在一定的程度上对落入这种环境的人来说是偶然的。不过另一方面,特定的地理环境本身却不是偶然的,而是特定地区地质史的必然产物,同时在这个地区人们只能在一定范围内利用该地区的自然条件提供给他的那些生存手段,这也是必然的。其次,尽管这个范围是由人的智慧发展水平决定的,但人的智慧发展道路上每一个新的进步又都是由于技术上在一定程度内预先有一种成就或一些成就所引起的,因此它也是必然的。这就是说,卢梭在理解社会发展的规律性方面很接近爱尔维修的观点,当然他也比爱尔维修更深刻地考察了社会发展的动力。② 普列汉诺夫还指出,卢梭杰出的地方就在于他善于"辩证地思维,而他的同时代人都差不多全是形而上学者。他对不平等的起源的观点正是辩证的观点"③。因为正如恩格斯所说的,"在卢梭那里不仅已经可以看到那种和马克思《资本论》中所遵循的完全相同的思想进

---

① 《普列汉诺夫哲学著作选集》,第 2 卷,第 119 页。
② 《普列汉诺夫全集》,俄文版第 18 卷,第 9—14 页。
③ 《普列汉诺夫哲学著作选集》,第 1 卷,第 649—651 页。

程,而且还在他的详细叙述中可以看到马克思所使用的整整一系列辩证的说法:按本性说是对抗的、包含着矛盾的过程,每个极端向它的反面的转化,最后,作为整个过程核心的否定的否定。"①卢梭的这些思想好像是预先对黑格尔的辩证的社会规律观作了说明。

尽管以上几位杰出的十八世纪启蒙思想家已经认识到社会发展有自己的规律,尽管他们每个人对于社会规律性的思想各有其独特之处,但是总的说来这些思想和认识都还只处于萌芽的状态,在各自的历史观体系中都还远远没有占据统治的或者中心的地位。与此相反,社会规律性是圣西门思想体系的核心概念。"法国启蒙学者,常常把人类历史看作或多或少凑巧造成的偶然事件,而圣西门首先在历史中找寻规律性。关于人类社会的科学可以成为而且应该成为如自然科学一样的严格的科学"②。这一点在很大程度上决定了圣西门体系在历史观史中的地位。这也是他的社会规律观的一个突出的特点。另一个显著特点是他的乐观主义。和卢梭认为人类的黄金时代在过去、现在的人类到了老年衰颓时期不同,圣西门坚信"黄金时代不存在于过去,而存在于未来",他要求认真地"研究人类过去生活的事实以便在其中发现其进步的规律"。不错,十八世纪其他一些启蒙运动者也相信社会的进步,但圣西门进步观的特点在于他认为进步可以消灭人剥削人的现象。③ 圣西门的社会规律观的第三个特点是历史主义思想。十八世纪法国启蒙派喜欢把现存制度同合理的、自然的制度对立起来。他们认为,人们一旦发现了自然制度的不变规律,理性就会代替非理性而在社会生活中占据统治地位。圣西门不同意这种观点。在他看来,一切社

---

① 《马克思恩格斯全集》,第 20 卷,第 153 页。
② 《普列汉诺夫哲学著作选集》,第 1 卷,第 596 页。
③ 同上书,第 3 卷,第 678 页。

会制度都只有相对的、历史的意义。"未来是由一条锁链的最后一些环节组成的,这条锁链的开端在过去。如果很好地研究过这条锁链的最初一些环节,那么确定以后的环节就容易了;因此,从很好地研究过去中很容易推出未来"①。因此,任何社会关系和社会思想都只有在特定的历史条件下才能理解它的意义。最后,第四个特点是圣西门第一次揭示了近代欧洲社会发展的一个重大的规律性:十五世纪以来的西欧历史是社会的阶级斗争史。他对这个时期的阶级从社会经济方面做出了较为具体的说明。"圣西门特别注意研究罗马帝国崩溃后的西欧史。他的观点是如何新颖和远大,可从这点上看出来,即他的学生奥·梯叶里能够完成在法国史的研究上的差不多整个的革命。"②在思想史上普列汉诺夫第一个明确指出:以梯叶里等人为代表的法国复辟时代的历史学家在自己的论述法国革命的著作中极为彻底地发挥了把历史看作一个规律性过程的新观点。

马克思以前社会规律学说史上最杰出的思想家是黑格尔。黑格尔在这方面的划时代贡献主要表现在以下几个方面。首先,他第一次明确地论述了社会发展规律的客观性。十八世纪启蒙思想家都是用唯心主义观点,而且正是用很朴素的唯心主义观点看待人类历史。他们在研究社会发展时极力把历史解释为思想的历史。在他们那里,阿那克萨哥拉的著名原理"理性统治世界"被归结为人的理智统治历史。他们把人类历史中悲惨的时期仅仅归之于理智的错误。普列汉诺夫指出:"黑格尔的绝对唯心主义同启蒙学者的这种朴素唯心主义是相距甚远的。当黑格尔重复阿那克萨哥拉所说理性统治世界的时候,他的意思完全不是说人的思想统治世界。自然界是理性的体系,可是这并

---

① 转引自普列汉诺夫:《无政府主义和社会主义》,第17页。
② 《普列汉诺夫哲学著作选集》,第1卷,第596—597页。

不是说,自然界被赋予了意识。'太阳系的运动是按照不变的规律而进行的;这种规律就是这个系统里的理性,但是太阳和依此规律围绕着太阳旋转的行星并没有意识到这种规律。'"①换言之,理性支配历史只是从它支配天体运动的意义上来说的,即从不依赖于人的意识的客观规律性的意义上来说的。或者说,支配历史过程的理性是不自觉的理性,不过是支配历史运动的规律的总和而已。所以黑格尔的理论功绩就在于他"在人类历史中看到了不依人的任性为转移的合乎规律的过程"②。

其次,他在唯心主义范围内第一次彻底解决了自由和必然的二律背反,即人的主观活动和社会的客观规律之间的二律背反。普列汉诺夫反复强调,无论是启蒙思想家,还是法国复辟时代的历史学家或者以圣西门为代表的空想社会主义者,他们的社会规律观的根本缺点就在于把自由和必然抽象地对立起来。因此,即使在他们的最优秀的代表那里,规律性概念也只是一种"宿命"或"天意"而已。这种历史宿命论正是把知识的进步或人的自觉活动看作历史运动基本动力的唯心主义学说的结果。因此宿命论常常是同最极端的主观主义携手并进的。黑格尔正确地批判了社会发展规律性上的形而上学观点。他继谢林之后指出,自由中应该有必然性。"全世界史是在自由意识上的进步,这种进步我们应该从必然性上去理解它。"③普列汉诺夫关于黑格尔对自由和必然相互关系观点的论述,前面我们已经概要地说过了,不再赘述。④ 这里只想补充一点,就是:不仅由于人们自觉行动的结果而必然

---

① 《普列汉诺夫哲学著作选集》,第1卷,第489页。
② 同上书,第1卷,第495页。
③ 同上书,第1卷,第662页。
④ 莱布尼茨和斯宾诺莎以及后来的谢林和黑格尔论述自由和必然的关系的学说在马克思主义关于社会发展客观规律性和人的自觉活动的理论形成过程中的前驱者的作用,普列汉诺夫在《论一元论历史观之发展》一书第四章中有很好的说明。

出现的、但他们并未预料到的社会关系的变化,是按照一定的规律完成的;而且由于变化了的社会关系而给人们的生活目的和自由活动所造成的变化,也是按一定的规律实现的。换言之,不仅从自由领域转入必然领域是合乎社会规律的,而且从必然领域转入自由领域也是合乎社会规律的。人们只有在认识了社会历史规律并且服从这些规律、依靠这些规律的限度内才是自由的。普列汉诺夫指出,谢林和黑格尔关于自由是必然性的产物的这一发现是十九世纪哲学和社会科学所取得的最伟大的成果之一。

与此相联系的黑格尔的第三个理论功绩是他辩证地解决了历史规律性(或必然性)同历史偶然性的关系问题。我们知道,某些法国启蒙派,用绝对的决定论思想考察社会现象,把原子和分子的运动看成历史事件的原因。例如霍尔巴赫写道:"一个迷信者的胆汁过多的辛烈、一个征服者的心中过于灼热的血液、一个专制君主的胃里的消化不良、某个妇人的精神中闪过的一个幻想,都是一些充分的原因,足以酿成战争、足以驱使千百万人去从事屠杀、足以倾覆城池、足以使城市化为灰烬、使国家陷于悲惨和贫困、使饥馑和传染病猖獗、使愁苦和天灾在若干世纪的长时期内在我们地球表面上传播蔓延。"①霍尔巴赫还有一句名言:一粒沙子跑进克伦威尔的膀胱,于是改变了世界的面貌。这粒沙子是否跑进以及什么时候跑进当权者的膀胱,这纯粹是偶然的事情。所以普列汉诺夫说,"十八世纪的启蒙学者已经热心地从事于追逐幸运的偶然性"②。空想社会主义者也是这样。他们在历史理论中强调理性进步的规律以力学规律的力量作用着,人类即使愿意也不能改变这个规律的作用,而在实践活动中则以"希望"的名义赶走了"规律

---

① 霍尔巴赫:《自然的体系》,上卷,商务印书馆 1964 年版,第 216—217 页。
② 《普列汉诺夫哲学著作选集》,第 1 卷,第 612 页。

性"。所以实际上他们同样变成了偶然性的玩物。黑格尔关于偶然性是必然性的表现形式和补充的辩证思想以及这种思想之运用于分析社会生活,无疑是社会规律观科学化过程中的一个重大步骤。因为正如恩格斯所说,在这种观点下,"人类的历史已经不再是乱七八糟的一堆统统应当被这时已经成熟了的哲学理性的法庭所唾弃并最好尽快被人遗忘的毫无意义的暴力行为,而是人类本身的发展过程,而思维的任务现在就在于通过一切迂回曲折的道路去探索这一过程的依次发展的阶段,并且透过一切表面的偶然性揭示这一过程的内在规律性。"① 普列汉诺夫在引证了恩格斯这段话以后接着指出:以黑格尔为代表的"德国唯心主义给有思想的人们开辟了异常广阔和极其令人快慰的前景:偶然性的威力应当被理性的胜利所代替;必然性应当成为自由的最巩固的基础。"②

总之,黑格尔在分析社会发展规律性时贯彻了辩证法的思想,克服了他的前辈和同时代人的形而上学观点。不用说,黑格尔在社会规律观问题上的辩证思想并不止于以上两点,例如他或多或少运用质量互变、矛盾是发展的根本动力、否定之否定等原理考察了各种社会现象。他在这方面的贡献总的说来显然超过了马克思主义诞生以前的任何思想家,包括卢梭在内。

尽管黑格尔的社会规律观中既有唯物主义因素,也有辩证法因素,但无论是它的唯物因素还是辩证因素在他那里都是有严重局限性的。黑格尔承认人类社会的历史遵循一定的不依人的意识为转移的规律性,这一点正是唯物主义者所肯定的。然而社会是什么?在这位绝对唯心主义者看来,社会不过是"绝对观念"发展的一个阶段,是精神的

---

① 《马克思恩格斯全集》,第 19 卷,第 223 页。
② 《普列汉诺夫哲学著作选集》,第 4 卷,第 453 页。

异化的存在。这样,历史就好像成了应用的逻辑。为什么在某个历史阶段上出现了奴隶制社会呢?因为这是绝对观念逻辑发展的必然反映。为什么资本主义制度代替了封建制度呢?也是绝对观念逻辑发展的结果。显然,这样的回答根本没有解决任何问题。人们会问,为什么绝对观念一定这样发展,一定要经过这样一些历史阶段呢?黑格尔在说明各种历史事件时不断援引绝对理念的做法"至多只是把尚待说明的事实加上一层唯心主义的外衣而已。他的唯心主义到处都遭到了破产。"①"绝对理念及其一切内在规律,只不过是我们的思想过程的人格化。如果为了说明自然现象或社会演进现象而求助于理念,就放弃了真实的事实基地而走进了幻影的世界。德国唯心主义正是这样的。"②

　　黑格尔自己也感到了这一点。所以他在历史哲学上总是开头讲几句绝对理念的属性的模糊的空话,随后立即对财产关系的性质和发展作一番无疑是唯物主义的、令人信服得多的解释。不过黑格尔的这些解释,从马克思的唯物史观看来,不仅是偶然的、零星的、片断的,而且混杂着谬误、偏见和矛盾,虽然其中也有不少或多或少天才的猜测。同时"黑格尔在这里接近的唯物主义乃是完全没有发展的、萌芽状态的唯物主义,一到需要解释某种财产关系从何而来时,马上又重新转入唯心主义了。"③因为黑格尔没有也不可能发现社会发展的根本规律:精神的发展、社会面貌的变化,同整个人类的历史一样,归根结底是由人们所控制的生产力的状况所决定的。当历史发展的这个动力还没有被发现,当这种动力起作用的规律尚未得到缜密的科学研究的时候,黑格尔揭示的自由和必然之间相互关系的辩证原理就不可能彻底地运用于

---

① 《普列汉诺夫哲学著作选集》,第1卷,第481页。
② 同上书,第2卷,第148页。
③ 同上书,第1卷,第665页。

社会现象，进而从根本上战胜唯心史观。这一点也表现在他关于阶级和阶级斗争的学说上。

（七）

社会生活充满着各式各样的矛盾，历史上各民族、各社会之间以及它们内部这一群人和另一群人之间经常地进行着斗争，革命和反动、和平和战争、停滞和发展、衰落和兴盛不断地更替，于是社会现象就呈现出一片迷蒙混沌、光怪陆离的状态。要从这种状态中找出规律性来不是一件容易的事。只有马克思主义的阶级斗争理论才提供一条基本线索，使我们有可能揭示社会发展的规律性。因为它第一次完全而彻底地贯彻了科学的社会学的总意图：把个人因素归结为社会根源，进而给"社会集团"这个概念下了一个唯物主义的定义。个人在每个社会经济形态范围内的活动，这些无限多样的和似乎不能加以任何系统化的活动，在马克思的学说中得到了综合，被归结为在生产关系体系中所起的作用上、在生产条件上、因而在生活环境的条件上、在这种环境所决定的利益上彼此不同的个人集团的活动，一句话，归结为阶级的活动，这些阶级的斗争则决定着社会的发展。这样，历史观中的一个极为重要的问题——个人的活动由什么社会环境决定以及历史中是否存在可重复性的问题，就得到了解决。个体的活动受某些一般规律支配，就物质世界来说已为过去的唯物主义者所肯定，而就社会方面来说则只是由马克思的学说确定下来的。

但是，普列汉诺夫强调指出，阶级和阶级斗争的概念并不是马克思主义学派的社会主义者第一次把它们引进历史科学的。和认识历史上普遍存在着的其他社会现象一样，人类对阶级斗争的认识也经历了一个漫长的历史过程。自从社会出现了阶级，人们事实上一直以经济的、政治的、宗教的、军事的和思想的等各种形式进行着公开的或隐蔽的、激烈的或温和的斗争。尽管"阶级斗争"概念的制定是以后很久才有的事情,"古代的历史学家和近代文艺复兴时期的意大利历史学家,都清楚地懂得阶级斗争的意义,因为他们都亲眼看见过在许多城市共和国范围内发生的阶级斗争。"①"阶级斗争是希腊的和罗马的历史的基础——这一点……希腊罗马的著作家们早已知道。只要读一读修昔底德、色诺芬、亚里士多德,读一读罗马历史学家们的著作,就是读狄特·李维的著作也罢,……你们可以看到,他们每个人都坚信经济关系以及这些关系所引起的阶级斗争乃是当时社会内部历史的根据。"②例如修昔底德就懂得,伯罗奔尼撒战争只不过是扩展到整个希腊的阶级斗争。③ 他和波里比一样,把当时社会的阶级斗争看作是一种完全自然的和不言而喻的东西,大概像俄国农民村社社员看待他们村社中土地多的和土地少的社员之间的斗争一样。④ 亚里士多德也非常清楚地认识到,"古代世界的那个市民公社的整个内部政治史,无非是富人和穷人之间、贵族派和民主派之间斗争的反映"⑤。不过这个信念对他们来说仅仅是在直接地确认一下简单的众所周知的生活事实。只有在波里比那里才出现了类似建立在承认这一事实之上的历史哲学的某种东西。⑥

在封建社会里,代表贵族利益的历史学家(例如布伦维利、蒙洛节)也鼓吹过阶级斗争。⑦ 但他们关于阶级和阶级斗争的理论并没有

---

① 《普列汉诺夫哲学著作选集》,第2卷,第515—516页。
② 同上书,第1卷,第763页。译文有改动。
③ 同上书,第1卷,第482页。
④ 同上书,第5卷,第347页。
⑤ 同上书,第2卷,第228页。译文有改动。
⑥ 同上书,第1卷,第763页。
⑦ 参见《普列汉诺夫全集》,俄文版第8卷,第14页。

提供什么新内容。甚至到了十八世纪,虽然爱尔维修"同霍尔巴赫以及其他与他同时代的'哲学家们'一样,对于阶级斗争在历史中所起的作用,有一种非常明确的见解。但是对于阶级斗争的重视,他却没有超过'色诺芬'一步,亦即没有超过古代的著作家们一步。照他看来,阶级斗争造成暴政,而且只能造成暴政。对于他,'没有财产'的人,只是好名的富人手中的一种危险的武器;他们可以把自己出卖给任何一个'愿意收买他们的人',而且只是打算这样做。他所注意的,并不是近代的无产阶级,而是古代的,特别是罗马的无产阶级。"①

由于十八世纪末法国大革命的直接影响,对于作为历史发展最重要动力的阶级斗争的认识,在法国复辟时代的历史学家们的著作中达到了马克思主义产生以前最清晰最明确的程度。② 在这些历史学家的思想体系中"阶级斗争"是一个中心概念。尽管早在1802年圣西门的《一个日内瓦居民给当代人的信》中已经讲到"有产者"阶级和"无产者"阶级之间的关系,并用这些阶级之间的斗争解释法国革命的进程和结局,但这些解释还仅仅是圣西门后来关于阶级斗争的历史观的一些萌芽。只有到了十九世纪二十年代,阶级斗争学说才在圣西门和上述历史学家的著作中变成了相对完整的体系。

以基佐、梯叶里和米涅为代表的法国复辟时代的历史学家在阶级斗争学说史上做出了哪些贡献?他们的阶级斗争学说有哪些特点呢?普列汉诺夫认为,概括地说有以下四个方面。

首先,他们清楚地懂得阶级斗争在历史上的伟大的创造作用,第一

---

① 《普列汉诺夫哲学著作选集》,第2卷,第116页。
② 普列汉诺夫还强调指出,甚至"四十年代(指十九世纪,而非十八世纪——引者)共产主义和社会主义的文献中,对于阶级斗争的理解还远远没有达到例如基佐所具有的那种清晰程度。在这方面超过资产阶级思想体系的只有《共产党宣言》。"(《普列汉诺夫哲学著作选集》,第2卷,第540页。译文有改动)

次明确地提出文明社会全部历史是阶级斗争史的基本思想。他们详细地研究了五—十八世纪的西欧历史,特别是十七—十八世纪的法国和英国革命史,得出了阶级斗争是近代各族人民历史发展最主要的推动力的结论。基佐深信法国大革命是第三等级同世俗贵族和教会贵族进行斗争的结果。西罗马帝国灭亡以来的全部欧洲史这样或那样为第三等级或中等阶级的胜利作了准备。这是一个合乎规律的过程。梯叶里也认为,阶级和敌对利益的斗争充满着诺曼人入侵直到推翻斯图亚特王朝的革命为止的英国史。普列汉诺夫在比较了《共产党宣言》和基佐的著作以后写道:《宣言》中有些地方使用了基佐的一些抨击文中的语言,或者也可以说,基佐有些小册子多多少少也用《宣言》的语言。作为例子,他引证了基佐1849年所写的《民主论》中的一段话:"我们的全部历史充满了各种阶级之间的斗争。……贵族和第三等级、特权阶级和民众、资产阶级和工人、有产者和无产者——这一切都只是如此长久地使我们遭受苦难的社会斗争的各种形式和各种阶段。"接着普列汉诺夫指出:"这几乎逐字逐句地重复了《宣言》第一章开头所说的话。"[①]

其次,他们都认识到阶级斗争的经济根源。普列汉诺夫在反驳米海洛夫斯基时问道:基佐有没有以经济特征来说明阶级呢?接着他断然回答说:凡是读过基佐的名著《法兰西史论丛》和《英国革命史》的人对此都不能有丝毫怀疑。和梯叶里、米涅等人一样,基佐也认为经济利益是各阶级之间进行殊死的政治斗争的潜在的原动力。[②] 他们通过对西欧近代历史的详细考察,令人信服地反复论述了这样一个基本原理:不是意见,而是社会利益,确切些说是社会重大构成要素即阶级的经济

[①] 《普列汉诺夫哲学著作选集》,第2卷,第540、533—534页。
[②] 同上书,第2卷,第316页。

利益以及这些利益的对立性所引起的社会斗争,支配着世界并决定着历史的进程,决定着社会政治领域的历史进程,无论是政治派别的划分或者政治结构的变化,都决定于阶级的经济利益。

同时,这些历史学家对政治在阶级斗争中的作用、对国家政权之从属于统治阶级也有明白而正确的看法。基佐指出,反革命总是十分懂得,"为了达到自己的目的,它首先关心的应该是普遍夺取政权,以便随后组织和利用政权来维护自己的利益。让国民党也懂得,对它说来重要的不是破坏政权,而是夺取它。"①代议制政体正是适应"中等阶级"即资产阶级的需要而产生的,是资产阶级新法权的保障。资产阶级如果想在同反动派的斗争中保障自己的利益,就应当掌握政权。梯叶里则认为,进行斗争是为了政党的经济利益,而政权本身实质上只是这些政党为了自己利益获胜而力求掌握的一种工具。米涅也说,占统治地位的势力总是掌握着各种机关。他非常清楚地了解到,任何一个阶级的专政,都意味着该阶级的统治,这种统治可以使它支配社会上组织起来的力量来维持自己的利益,直接或间接地镇压一切破坏它的利益的各种社会运动。

最后,基佐等人还试图用阶级斗争的观点来说明思想史。梯叶里认为,十七世纪英国人的宗教信仰决定于他们的社会地位。当时英国议会对查理一世的战争从两方面看都是由实际利益引起的。别的只是表面现象或借口。那些加入臣民方面的大都是长老派,他们也要求在宗教方面不受压迫。支持相反方面的是主教派或教皇派,他们想在宗教崇拜的形式上也弄一弄权柄和向人们征收捐税。② 基佐也力求用阶

---

① 基佐:《论复辟以后的法国政府和现时内阁》,转引自《普列汉诺夫全集》,俄文版第 8 卷,第 18 页。
② 《普列汉诺夫哲学著作选集》,第 2 卷,第 737—738 页。

级观点分析社会思潮的特性和变化。他说,近代社会中有的阶级从事劳动,有的阶级则不断地争权夺利,因此戏剧也就成了上层阶级的娱乐品。统治阶级巩固了自己的地位以后,便同民众疏远起来,逐渐失去了人民固有的简朴习惯而趋向矫揉造作。1660年复辟以后英国戏剧的命运就是如此。当时的英国贵族由于鄙视人民,因而也鄙视莎士比亚,认为他缺乏教养。法国的悲剧也是上层阶级心理的产物。随着法国封建制度的崩溃,这种悲剧便为新的戏剧体系所代替。普列汉诺夫高度评价了历史学家们的这些分析,认为它们"为用唯物主义观点去解释文明人类的思想史准备了很好的基础"[1]。

在阶级斗争问题上,普列汉诺夫强调指出,同复辟时代历史学家们比较起来,空想社会主义者的观点无论理论方面还是实践方面都倒退了一大步。同基佐、梯叶里和米涅相反,十九世纪的空想社会主义者尽管也承认现代社会中存在着阶级斗争,把它看作近代各族人民历史发展的最主要的推动力,尽管对旧制度没有丝毫的同情,但是并不赞成这个斗争,无论如何也不愿意通过阶级斗争来实现他们的社会改革计划,而是寄希望于统治者和被统治者、剥削者和被剥削者之间的阶级合作。傅立叶把"1793年的大灾难"遗憾地归咎于十八世纪的哲学家,说如果在发生这场灾难以前,有任何一个天才发现他傅立叶所发现的那些真理,并把它们及时地作为社会改革的基础,法国也许可以避免一场使文明社会接近野蛮状态的大革命。圣西门则认为1793年的可怕的残酷行为是没有财产的阶级的无知造成的,他向这些"无知"的阶级说:"你们看看,当你们的同伴统治法国的时候那里发生了什么:他们造成了饥饿。"法国空想社会主义的这两位伟大的奠基人的追随者在这个极其重要的问题上是完全忠实于他们的老师的。他们同样愤慨地否定了把

---

[1] 《普列汉诺夫哲学著作选集》,第2卷,第527页。

进行阶级斗争作为社会改革意图的基础的任何思想。以社会改革家闻名的欧文同样坚决地主张社会和平和谴责阶级斗争。他确信穷人和富人、统治者和被统治者有着共同的利益。在他看来,工人阶级应该从自己劳动所创造的财富中取得的并不是全部产品,而是其中的一部分,只是这部分不应该太少。

其次,与相信人民群众(其实是其中的小部分人即资产阶级)创造力和首倡精神的上述资产阶级历史学家相反,作为早期无产阶级思想代表的空想社会主义者没有在工人阶级身上看到任何历史主动性和独立的政治作用。因此他们不是向无产阶级呼吁,而是向整个社会呼吁,特别是向有权势的人物呼吁,呼吁他们支持自己的改革方案。在绝大多数空想社会主义者那里,"无产阶级"概念还没有从"劳动阶级"概念中分离出来。对圣西门说来,决定当时社会状况的最重要的阶级斗争是新的实业制度同旧的封建制度的斗争。实业制度的主要代表当然不是无产者,而是银行家和大工业企业家,他们被认为是整个劳动阶级的当然代表和领导人。因此当代社会内部斗争的主要参加者是企业家和封建主。圣西门把"人数最多而又最贫穷的阶级"看作实业家关怀感化的对象。

对阶级斗争的否定必然导致不问政治。因为任何阶级斗争都是政治斗争。既然指责阶级斗争,当然不可能重视阶级的政治行动,特别是不可能不拒绝革命的行动方式。这是十九世纪空想社会主义者不同于或者说落后于复辟时代历史学家的另一个重要特点。无论圣西门和圣西门主义者、傅立叶和傅立叶主义者、卡贝、蒲鲁东和路易·勃朗在其他问题上的观点有多么大的分歧,在社会改革不需要阶级斗争、不需要无产阶级从事政治活动方面,特别是在必须采取一切措施来结束革命方面,始终是完全一致的。但是不理政治并不能实际上排除现实舞台上的政治势力。为了实现自己的社会改革方案,他们不得不力求使某一政治势力中的某种有影响的代表人物,相信他自己的事业的真正利益就在于尽可能迅速地实现这些方案。于是他们就不择手段地讨好这样或那样的当权者。圣西门之于拿破仑一世、傅立叶之于路易·菲力浦、安凡丹之于奥尔良公爵,都是这样。普列汉诺夫引述了这一系列具有特征意义的事例以后指出:"否定政治,从逻辑上说,无论过去和现在都必然会导致玩弄政客手腕。"①

那么,以圣西门、傅立叶和欧文为代表的十九世纪空想社会主义在阶级斗争学说史上做出了什么贡献呢?对于这个问题,除了简单地指出他们揭露了资本主义社会的种种弊病和消灭人剥削人的现象的必要性和可能性,从而大大提高了当时工人阶级的觉悟以外,普列汉诺夫几乎没有作什么分析。但是对于圣西门主义者让·雷诺、比埃尔·勒鲁和英国空想社会主义者查理·霍尔、霍吉斯金、汤普逊等人,特别是对于布朗基一派空想共产主义者关于阶级和阶级斗争的理论,却给予了很高的评价。

雷诺等人的贡献在于给"无产阶级"和"资产阶级"提出了一个清楚的相对正确的定义,并对雇佣工人同资本家的关系作了深刻得多的分析。普列汉诺夫称赞雷诺的这些定义是"真正卓越的看法",认为勒鲁的分析"应当算是他的一大功劳"②。不过同包括霍尔、霍吉斯金在内的英国那些空想社会主义者比较起来,雷诺等人关于资本对劳动的剥削的经济实质的理解,仍然是欠明确欠严整的。圣西门所说的不是企业主剥削工人,而只是企业主和工人一起受"游手好闲"阶级的剥削;所谓"游手好闲"阶级主要包括贵族和官僚。圣西门主义者前进了一步,他们不仅把地主,而且把靠资本生息的那一类资本家也划入"游

---

① 《普列汉诺夫哲学著作选集》,第3卷,第613页。
② 同上书,第3卷,第627—631页。

手好闲阶级"。但他们认为企业主的利润相当于工资。雷诺和勒鲁又进了一步。他们肯定说,人民是由利益对立的两个阶级即无产阶级和资产阶级组成的。他们所谓"无产者"指"这样一些人,他们生产国家的全部财富,他们除了劳动报酬以外,没有其他任何收入",所谓"资产者"则是"这样一些人,他们拥有资本,并靠资本的收入为生"。但他们错误地把"乡下的农民",甚至把近四百万名乞丐也算作无产阶级。霍尔、霍吉斯金等走得更远。在他们的著作中不仅可以看到资本剥削劳动的理论,甚至还出现了"剩余产品"和"剩余价值"之类的用语。"这些英国社会主义者在理解政治经济学概念方面所达到的明确程度,就当时来说是少有的,甚至——这也是马克思发现的——比李嘉图多走了很重要的一步。"①他们不仅是马克思剩余价值理论的先行者,同时也为马克思的阶级斗争学说"准备了某些极宝贵的材料"。

普列汉诺夫把圣西门、傅立叶等人为代表的空想社会主义称为普遍规则。它的主要特点就是两条:反对阶级斗争;反对政治活动。在这个普遍规则之外存在例外情况,这就是以布朗基为代表的共产主义少数派。这个小流派浸透着高昂的阶级斗争精神和积极从事政治活动的革命热忱。他们反对结束革命,而是力图把革命继续进行下去。不仅如此,他们还没有圣西门等人那种进行"宗教探寻"的嗜好。普列汉诺夫正确地指出:"只有布朗基理解了(无产阶级进行)阶级斗争的历史意义;但布朗基的社会主义在这方面只是向科学社会主义的过渡"②。

普列汉诺夫对复辟时代历史学家以及空想社会主义者的阶级斗争学说的分析,特别是他为《共产党宣言》俄文第 2 版所写的以"阶级斗争学说的最初阶段"为题的著名序言,一直受到某些苏联学者的批评。

---

① 《普列汉诺夫哲学著作选集》,第 3 卷,第 664、665 页。
② 同上书,第 4 卷,第 302 页。

恰金在《普列汉诺夫哲学选集》第 2 卷序言中写道：普列汉诺夫在"评价马克思和恩格斯的前一辈的观点时，有时过分地把他们的观点与马克思主义关于阶级斗争学说接近起来，没有应份地着重指出它们的质的差别。例如，他写道：'马克思和恩格斯对阶级斗争、对政治在阶级斗争中的作用，以及对国家从属于统治阶级的看法，与基佐及其同道者对这些问题的看法是相同的。全部差别就在于，一方是在保护无产阶级的利益，而另一方是保护资产阶级的利益。'"①在 1971 年出版的《苏联哲学史》第 4 卷中恰金重申了这一批评。② 但是我们高兴地注意到同一位作者在 1977 年出版的《普列汉诺夫对马克思主义一般社会学理论的分析》一书中论述这位俄国马克思主义者关于唯物史观理论泉源的思想时大大地修改了自己过去的看法。他正确地评价说："普列汉诺夫在自己的著作《论一元论历史观之发展》和《阶级斗争学说的最初阶段》中深刻地和全面地分析了梯叶里、基佐和米涅的历史理论。他是注意到提出一系列先进历史思想的历史学家梯叶里、基佐、米涅的观点对马克思主义奠基人在创立他们的唯物史观（主要是历史上阶级斗争问题）时曾给以不小影响的第一位马克思主义研究者。""但是，恰金仍然批评说，他的表述并不总是确切的。"不确切的地方在哪里呢？作为证据，接着恰金继续引证了上面引过的那句话。不过这一次作者觉得必须做点郑重的补充。他写道：普列汉诺夫在说过那句话以后立即预先申明，"阶级斗争概念在马克思、恩格斯那里是严整的历史理论的组成部分，而基佐、梯叶里、米涅等人在考察这些问题时是不能自圆其说的。他在分析历史学家们的思想和揭示他们对历史过程的进步观点的同时指出了他们的历史观的折中主义、片面性和矛盾，并且揭露了其

---

① 《普列汉诺夫哲学著作选集》，第 2 卷，第 21 页。
② 参见该书俄文版第 253—254 页。

观点的资产阶级的阶级根源。"①因此,普列汉诺夫关于"全部差别就在于"阶级性不同的说法是"不确切的"。既然这样,过去所谓普列汉诺夫把马克思的阶级斗争学说同他的前辈观点接近起来的指责无论如何是必须大打折扣了。"也许——恰金写道——指责普列汉诺夫高估了上述历史学家关于阶级斗争以及关于政治在这一斗争中的意义的观点是有根据的。"有什么根据呢?作者没有告诉我们。"也许"福米娜在批评普列汉诺夫的这个观点时所提到的一点可以作为说明吧。她写道:普列汉诺夫"没有强调指出马克思主义把承认阶级斗争贯彻到无产阶级专政。他没有指出马克思所带进关于阶级和阶级斗争学说中的新的和决定性的东西。"②

我们认为所有这些批评都是不对的。它们或者明显地违反事实,或者是吹毛求疵。硬说普列汉诺夫不重视马克思阶级斗争观和前辈观点的区别是完全没有根据的。为什么人们要对普列汉诺夫"过多地"注意两者的联系或继承性如此不满呢?难道要像米丁们那样"过少地"研究历史观史中唯物因素和辩证因素的积累过程才好么?关于这一点恰金说得很好:普列汉诺夫"注意到复辟时代历史学家们观点中某些唯物史观因素是马克思、恩格斯历史唯物主义泉源之一,这是无疑的"③,即无疑是正确的。至于"全部差别"云云,只要不断章取义,拘泥于个别字句,就不能据此来概括普列汉诺夫在这个问题上的全部思想。

普列汉诺夫在校订马克思的《剩余价值理论》一书第 1 分册俄译本时写的序言中指出,马克思的"批判者"是错误的,他们硬说马克思在剩余价值学说方面借用了某些资产阶级经济学家的理论。他写道:

---

① 参见该书俄文版第 62—63 页。
② 参见《普列汉诺夫的哲学观点》,三联书店 1957 年版,第 213—215 页。比较一下福米娜五十年代的批评和恰金六十、七十年代的批评是很有意思的。
③ 《普列汉诺夫对马克思主义一般社会学理论的分析》,第 63 页。

"比较一下《国富论》同《资本论》就足以看出,在亚当·斯密那里即已存在的那个对剩余价值的本性和起源的正确观点的萌芽,在马克思那里得到了怎样的严整的发展。……树木无疑是从它所由生长的那个种子'借用'来的;然而树木不同于种子的地方在于有一个完整的——而且很复杂的——发展过程。……这个思想也可以用另一个比喻来说明。在基佐、奥古斯丹·梯叶里和复辟时代与七月王朝其他历史学家那里即已存在对阶级斗争的本性和起源的正确观点的最无可置疑的萌芽。但是只有在马克思那里,这个最无可置疑的萌芽才发展为严整的和没有矛盾的理论。"①

那么,普列汉诺夫指出了马克思阶级斗争学说同复辟时代历史学家观点之间的哪些区别呢?

至少清楚地论述了以下三点基本区别:

第一,阶级性不同。基佐等人不像马克思、恩格斯那样维护工人阶级的利益,而是自觉地站在资产阶级立场上看待当时社会中进行的阶级斗争和评价代议制政体。当资产阶级还在反对贵族统治时,基佐等人不害怕宣传阶级斗争,不害怕宣传资产阶级夺权和利用政权来镇压贵族的反抗。但当工人阶级开始进行反对资产阶级的阶级统治的斗争时,资产阶级的情绪便根本转变了,由革命的变为保守的,于是基佐等人就开始反对阶级斗争,特别是反对暴力革命,转而大肆宣传社会和平。② 既然复辟时代的历史学家们反对无产阶级对资产阶级的阶级斗争,他们能够赞成无产阶级专政吗? 当然,普列汉诺夫在《共产党宣言》序言中没有明确指出无产阶级专政是马克思主义区别于前辈的重

---

① 《普列汉诺夫哲学遗著》,俄文版第 2 卷,第 41—42 页。关于普列汉诺夫对唯物史观的政治经济学方面的理论泉源的论述,本书一概从略。

② 《普列汉诺夫哲学著作选集》,第 2 卷,第 533—535 页。

要的新思想,是一个不应有的疏忽。但是他在其他地方毕竟看到这一点的重大意义。例如他在《往时的有产者》一文结尾写道:资产阶级思想家爱尔维修不知道对付资本主义"罪恶"的"药剂",马克思主义却知道这种"药剂","这就是作为手段的无产阶级专政和作为目的的社会主义生产组织"①。

第二,历史观基础不同。基佐等人是从封建制度的瓦解,而不是从它的起源来理解这个制度的。他们全都用征服或侵略来解释封建主义的产生。他们不能正确理解阶级的起源,不能正确理解原始社会产生出利益对立的阶级的历史过程。征服是什么?是政治的国际行为,即立法者的活动、政权的活动。一个侵略者也是一个立法者,不过是从外面来的立法者。于是阶级的产生决定于立法者的意志,又回到唯心主义人性论老路上来了。复辟时代的历史学家们也像十八世纪启蒙派、十九世纪的空想社会主义者一样,在什么东西决定各民族内部那些阶级的力量的起源、方向和变化这个关键性的问题上触上了同样的暗礁。同时,基佐等人不仅不能正确说明阶级产生的历史过程,也不懂得阶级的产生仅仅同生产发展的一定历史阶段相联系。②

第三,有无科学的剩余价值理论方面的不同。科学社会主义、科学的阶级斗争学说不仅是建立在唯物史观的基础上,同时也是建立在剩余价值秘密的发现的基础上的。"在理论上,……无产阶级在对资产阶级的关系上的地位,只有在经济科学最后能够说明剩余价值的来源和本性以后,才会弄清楚,并克服种种迷误。"马克思的这一发现,科学地揭示了资本剥削雇佣劳动的经济实质,从而结束了十九世纪的包括

---

① 《普列汉诺夫哲学著作选集》,第 1 卷,第 566 页。
② 参见《普列汉诺夫哲学著作选集》,第 2 卷,第 158—159、543—544 页;《普列汉诺夫全集》,俄文版第 8 卷,第 18—19、21—22 页。

基佐等人在内的资产阶级理论家和空想社会主义者在阶级斗争观上的全部错误。①

我们认为,不能把普列汉诺夫的这些论述同马克思1852年3月5日致魏德迈信中所提出的三条②对立起来,它们之间没有什么实质性的分歧。相反地,完全可以说,它们是互相补充的。马克思称梯叶里是"法国历史编纂学中的'阶级斗争'之父",但他是资产阶级的理论代表,有着资产阶级固有的局限性;普列汉诺夫认为梯叶里、基佐或米涅在科学历史观方面不是马克思的老师,而只是他的先行者,仅仅为马克思所建造的理论大厦准备了某些极其宝贵的材料。③ 这里再次表明普列汉诺夫的观点同马克思的一致性:他们都坚持继承和变革统一的原则。

普列汉诺夫对黑格尔阶级斗争理论的分析和对法国唯物主义者的阶级斗争观一样地少得可怜。同如此详细而具体考察的复辟时代历史学家以及十九世纪空想社会主义者的阶级斗争学说比较起来,显然不可同日而语。但是普列汉诺夫对黑格尔阶级斗争理论的分析尽管简单,却是颇有见地的,对黑格尔在这方面的贡献和缺点都有所评论。

在普列汉诺夫看来,黑格尔对阶级斗争学说的贡献在于以下四点。(1)黑格尔承认史前社会存在着单一成分的无阶级状态,他把社会之分裂为阶级、阶层和等级以及阶级斗争的变化和发展都看作一个合乎规律的过程,认为它们同经济的发展密切联系着,并且用财产不平等的增长,用阶级斗争的发展来说明国家的起源。(2)大大扩展了阶级斗争起作用的范围。如果说复辟时代的历史学家只研究了四—十九世纪

---

① 《普列汉诺夫全集》,俄文版第8卷,第17页。
② 《马克思恩格斯全集》,俄文版第28卷,第509页。
③ 《普列汉诺夫哲学著作选集》,第3卷,第664页。

一千五百年的西欧社会阶级斗争史,那么在黑格尔的《历史哲学》中阶级斗争就真正"扩大化"了。对黑格尔说来,不仅"日耳曼世界"充满着阶级斗争,就是"希腊世界"和"罗马世界"同样充满着阶级斗争。① 这样,黑格尔就比复辟时代历史学家更加接近于《共产党宣言》的著名原理:原始公社瓦解以来的全部人类历史都是阶级斗争史。(3)"黑格尔本人善于把阶级斗争看作是'活生生的原则'的表现,这个原则引起社会扰攘,也靠社会扰攘来滋养。"②这个"活生生的原则"是什么呢?就是"矛盾引导着前进"。黑格尔在辩证唯心主义范围内第一次明确地在历史哲学的高度上肯定了阶级斗争是阶级社会中推动社会发展的主要动力。(4)黑格尔相当深刻地认识到了资本主义经济的发展必然导致阶级对立的尖锐化。他"比同时代的一切经济学家(甚至连李嘉图也在内)更清楚地理解到,在私有制为基础的社会里,一方面财富的增长必然要伴随另一方面贫困的加深。……用他的话说,这是一种辩证法。一方面大部分居民的生活水平下降,因而已经不能用正常的方式来满足自己的需要,另一方面,财富集中在比较少数人的手中。……因此之故,公民社会就不得不超越自身固有的范围,寻求新的市场,并且求助于世界贸易和殖民政策。在所有与黑格尔同时代的人里面,只有傅立叶……才如此确切地理解到资产阶级经济关系的辩证法。"③

对于黑格尔阶级斗争理论的缺点,普列汉诺夫除了指出它的唯心主义和资产阶级性质之外,还特别提到它对无产阶级的鄙视态度。

---

① 普列汉诺夫指出,黑格尔错误地认为,在东方,特别是"在中国……既没有阶级,也没有阶级斗争。"(《普列汉诺夫哲学著作选集》,第 5 卷,第 31 页)对于黑格尔来说,和其他亚细亚部分一样(他甚至把埃及也包括在亚洲的范围内),"中国和印度可以说还在世界历史的局外。"(黑格尔:《历史哲学》,三联书店 1956 年版,第 161 页)

② 《普列汉诺夫哲学著作选集》,第 4 卷,第 802 页。

③ 同上书,第 1 卷,第 486—487 页。另见黑格尔:《历史哲学》,中译本第 278 页;《法哲学原理》,中译本第 244—246 页。

"黑格尔把无产者看作不过是'下层',认为他们没有能力利用公民社会的'精神方面的优越性'。黑格尔没有猜想到,近代的无产阶级与古代的无产者,例如与罗马的无产者是多么地不同;他不知道,在现代社会里,压在工人阶级身上的重担必然要引起这个阶级的反抗,并且在这个社会里,无产阶级在知识方面注定是远远超过资产阶级的。……只有科学社会主义才善于理解现代无产阶级的伟大的历史地位。……黑格尔把无产阶级当作群氓。在马克思和马克思主义者,无产阶级则是一个伟大的力量,是未来时代的体现者。"①

(八)

　　黑格尔在唯物史观发展过程中的重大贡献不仅表现在关于社会发展的动力和客观规律、人的本性、阶级斗争和个人在历史上的作用等学说方面,正如前面已经说过的那样,而且也表现在地理环境和人口的历史作用的学说方面。当然,不同问题上的贡献大小并不一致。现在我们想简略地介绍一下普列汉诺夫对后面两个问题的观点。叙述这位俄国马克思主义者的唯物史观史思想而撇开这些观点,总显得不够完整。

　　大家知道,社会学中有一个派别叫作"地理学派",它的最著名的代表就是孟德斯鸠。但是普列汉诺夫指出,它的基本思想早在古代希腊就出现了。公元前五—四世纪希腊名医、"医学之父"希波克拉底在他的名著《气候、江湖和地域》中就表述过这样的思想:地理条件,特别是气候决定着人类机体和居民性格的特点,甚至决定社会制度的性质。他写道:亚洲温带地区的"气候,从四季没有剧烈变化这个性质看来,应该和春天的气候很接近。但是这样一个地方的人是不可能勇敢、活

---

① 《普列汉诺夫哲学著作选集》,第 1 卷,第 487、496 页。

泼、吃苦耐劳的……如果亚洲人是怯懦的、没有勇气的,没有欧洲人那么好战,性格比欧洲人柔顺,我们必须在季节的性质去寻找其中的主要原因。亚洲的季节没有大的变化,几乎是一样的,从热到冷几乎是不知不觉地过去的。在这样一种气候中,灵魂既感觉不到那些活泼的震动,肉体也感觉不到那些突然的变化,这些突然的变化,自然要给人一种性格,比生活在经常不变的气候中的人要粗野些、倔强些、猛烈些;因为从一个极端急速地过渡到另一个极端,使人精神振兴,使人从怠惰和马虎的状况中解脱出来。"普列汉诺夫指出,近代许多著作家,包括孟德斯鸠在内,"在评价地理环境对人类的影响时,并没有更进一步。有什么样的居住地区,便有什么样的人种、道德、科学、哲学、宗教,因而不可避免地也就有什么样的社会政治制度。"①

当然,地理决定论思想在希波克拉底那里还是很不完善的。到十六世纪让·波登的《论共和国》一书出版时(1576年)它才明确地形成。孟德斯鸠的《论法的精神》则把它详细发挥了和系统化了。不过另一方面孟德斯鸠是一个缺乏系统思维能力的思想家。他的著作很难确定一个统一的中心思想。例如在地理环境的作用问题上同样未能避免自相矛盾的说法。一方面他断言,不同的气候条件产生人们气质、性格的差异,从而造成政治法律制度的不同。他写道:"气候的影响是一切影响中最强有力的影响。"②这样就给人一种印象,似乎他认为气候是一种基本的、决定一切的因素。所以普列汉诺夫说他"倾向于用纯粹地理因素来说明各民族的历史命运。……他是这样议论的:一定的地理环境决定人们一定的生理特性和心理特性,而这些特性就产生这一种或另一种社会机构。"③他企图用地理环境的影响说明许多历史现

---

① 《普列汉诺夫哲学著作选集》,第 2 卷,第 170—171 页。
② 《论法的精神》,上册,商务印书馆 1978 年版,第 311 页。
③ 《普列汉诺夫哲学著作选集》,第 1 卷,第 810—811 页。

象。但是在其他许多场合孟德斯鸠又把气候和其他因素并列起来,说"人们受多种事物如气候、宗教、法律、施政准则、先例、风俗、习惯的支配,其结果就形成了一种民族精神。"自然因素在社会发展早期阶段作用极大。后来社会因素就居于首要地位。所有这些因素之间又有一种互相作用。"社会生活各个方面的交互作用,就是'哲学家们'所能达到的最高的、'最哲学的'观点。这是孟德斯鸠的观点。"①尽管当他彻底坚持地理因素时,"无疑是一个唯物主义者"②,确切些说是地理唯物主义者,而且对于反对把国家政治法律制度归之于上帝创造的神学理论来说也具有明显的进步意义,但是停留在相互作用的观点上毕竟是很肤浅的。这一点我们在"方法论"一章论述普列汉诺夫对"相互作用论"的批判时已经分析过了。而且孟德斯鸠在解释不同种类的法律适应不同气候时所引用的理由也是完全不充分的。霍尔巴赫就毫不费力地反驳了,他说:"我们难道能说那煦育过曾经酷爱自由的希腊人和罗马人的太阳,不再将同样的光线送给他们堕落的后代子孙吗?"③但无论是霍尔巴赫,还是也反对孟德斯鸠观点的伏尔泰,他们自己的主张同样是肤浅的和没有根据的。"孟德斯鸠说:知道了地理环境,也就知道了社会联合的性质:在一种地理环境中只能存在专制主义,在另一种环境中只能存在不大的独立的共和社会等等。伏尔泰反驳说:不,在同一个地理环境中随着时代的不同出现不同的社会关系,所以地理环境对人类的历史命运没有影响:事情完全在于人们的意见。孟德斯鸠看到二律背反的一个方面,伏尔泰及其同道看到的是另一方面。通常只是靠相互作用来解决这个二律背反。辩证唯物主义承认相互作用的存在,

---

① 《普列汉诺夫哲学著作选集》,第 2 卷,第 79 页。
② 同上书,第 1 卷,第 810 页。
③ 转引自《普列汉诺夫哲学著作选集》,第 2 卷,第 51 页。

可是同时它用生产力的发展来解释相互作用。启蒙学者充其量只能把包藏进口袋的这个二律背反,很简单地解决了:辩证的理性就在这里也比启蒙学者的健全的思想('知性')无限地强大有力。"①

西斯蒙第也驳斥过孟德斯鸠的地理决定论。他在《中世纪意大利共和国史》一书中写道:"根据历史的研究所能做出的最重要的结论之一,就是政府是民族性格的最真实的原因;民族的优点和缺点,他们的坚强或脆弱,他们的天才,他们的教育或他们的无知差不多永远不是气候或某一人种的属性的结果;自然给一切人以一切,而政府则保存或取消在它们管辖下的人们的那些在开始时是人类共同财富的品质。……自然对于意大利人在一切时候都是一样的;只是政府改变了,而这个改变总是先于或伴随着民族性的改变。"②我们可以看到西斯蒙第反驳地理决定论时所使用的论据同斯大林的论据简直一模一样:"地理远不能解释历史上的一切,正因为后者是历史,……政府变动了,虽然地理环境并未变动。"③当然,把两人的观点混为一谈也是完全错误的,因为对于斯大林说来,决定民族的性格和历史的是生产方式,而对于十九世纪的这位小资产阶级经济学家则是政治制度。

不过这是后来的事情。而且普列汉诺夫本人对西斯蒙第在地理环境的作用问题上的观点也没有告诉我们更多的东西。但是他指出,在十八世纪启蒙学者中间至少有两个人已经超出了当时先进思想家所达到的理论水平,他们已经开始从新的更富有成果的角度去研究这个问题了。这两个人就是爱尔维修和卢梭。

爱尔维修在《论人》中说过:"堪察加人在某些方面是愚笨无比的,

---

① 《普列汉诺夫哲学著作选集》,第 1 卷,第 766 页。译文有改动。
② 转引自《普列汉诺夫哲学著作选集》,第 1 卷,第 580 页。
③ 《普列汉诺夫哲学著作选集》,第 1 卷,第 580 页。

但是在另一些方面却有惊人的机巧。他们在缝衣方面的机巧……是超过欧洲人的。为什么？因为他们住在气候最为寒冷的地区,于是那个地方衣服的需求在日常生活中最容易感觉到。而一个日常生活的需求,永远是迫切的需求。"①爱尔维修对气候所起的作用的这种看法和孟德斯鸠的观点已经有质的不同了。它已经"不是孟德斯鸠所说的气候对人类道德的直接影响。依爱尔维修看来,这种影响是通过技术为媒介,亦即通过一种或快或慢的生产力的发展而起作用的。这是一个完全不同的观点。"②

同样的观点在卢梭著作中表现得更为明确、深刻。卢梭认为,"知识进步的原因实际上不在人的本性,而在人的周围环境,首先是地理环境。按照他的理论,如一些部落以狩猎为生,另一些部落以捕鱼为生,这种情况就取决于地理环境的特性。……在生存斗争中,他不能不利用特定地区供给他使用的那些手段。要知道,不是什么别的东西,而是地理环境的特性决定着人在一个地方成为猎人,在另一个地方成为渔人。当然这决不是说地理环境万能,而人则毫无作用。积极的作用不属于地理环境,而属于人。但在特定的时间里,人只能在一定范围内利用他居住的地区的自然条件提供给他的那些生存手段。这个范围是由人的智慧发展的水平决定的。卢梭很好地了解和十分清楚地说明过这个道理。"③

尽管爱尔维修和卢梭的这些观点是杰出的,超过了同时代人的先进思想,但毕竟只是唯物史观的微弱的萌芽,因为他们体系中基本的唯心史观偏向(对于爱尔维修与卢梭)和形而上学局限(主要对于爱尔维

---

① 转引自《普列汉诺夫哲学著作选集》,第 2 卷,第 110 页。
② 《普列汉诺夫哲学著作选集》,第 2 卷,第 110 页。
③ 《普列汉诺夫全集》,俄文版第 18 卷,第 11—12 页。

修),不断地破坏着他们这些唯物主义见解的严整性。在地理环境学说史上具有划时代意义的思想仍然是由黑格尔提供的。

普列汉诺夫认为,黑格尔在地理环境学说史上的划时代贡献主要表现在整个问题提法上。"关于地理环境对于人类历史发展的意义,在黑格尔之前和黑格尔之后,都有很多人谈到过。但是不论在他之前和在他之后的研究者都常常陷于错误,即仅仅局限于探究人们周围的自然界在心理方面或生理方面对人的影响,而完全忽视了自然界对社会生产力状况,并且通过生产力状况对人类的全部社会关系以及人类的整个思想上层建筑的影响。如果不是在细节方面,那么黑格尔在整个问题提法上完全避免了这个巨大的错误。"①辩证唯物主义并不像某些"马克思主义者"那样,忽视地理环境对社会发展的极其重大的影响,它只是更好地阐明地理因素是怎样影响社会人的。"气候,即地理环境对个别社会成员的影响主要(且不说唯一吧)通过社会环境的中介:地理环境的属性决定生产力或多或少迅速的发展,而制约着个别人的意向、情感、观点(一句话,制约着个别人的全部心理)的全部社会制度即社会环境的全部属性,归根到底取决于生产力发展的水平。由此可见,地理环境对人的心理的影响以前被认为是直接的,实际上原来只是间接的。只有当科学工作者懂得这个道理以后,才可能对地理'因素'在社会关系发展过程中的作用做出科学的规定。为了理解地理环境的意义,必须弄清楚它对人类社会的影响所通过的那个途径。这个道理也适用于历史发展的所有其他'因素':当人们还没有正确决定这种影响的途径时,它们的作用就仍然是不可理解的,正确些说,就会产生错误的理解。"②

---

① 《普列汉诺夫哲学著作选集》,第1卷,第484—485页。译文有重要改动。
② 《普列汉诺夫全集》,俄文版第20卷,第28页。

黑格尔的重大理论功绩就在于他第一次明确地规定了研究地理环境在社会发展中的作用的正确的方法论原则。同时也正因为这样,他和前辈思想家不同,他不认为地理环境是决定社会面貌的主要动力,而是把它看成人类历史的自然基础。在他的《历史哲学》正文开始之前有一章很长的文字,专门论述"世界历史的地理基础"("Geographische Grundlage der Weltgeschichte")。普列汉诺夫把"Grundlage"(基础、根据)译为"подкладка"(衬里、垫座、背景),这是很有寓意的。就是说,在普列汉诺夫看来,地理环境对黑格尔只是人类据以演出有声有色的历史戏剧的舞台。黑格尔写道,自然只是"'精神'所从而表演的场地,它也就是一种主要的,而且必要的基础。"换言之,"地理的基础"是"民族精神"由以滋生出来的一种特殊的可能性。所以"我们不应该把自然界估量得太高或太低:爱奥尼亚的明媚的天空固然大大地有助于荷马诗的优美,但是这个明媚的天空决不能单独产生荷马。而且事实上,它也并没有继续产生其他的荷马;在土耳其统治下,就没有出过诗人了。"①普列汉诺夫很赞赏黑格尔的这些天才思想,认为这是他的唯物史观的萌芽。这一评价得到了列宁的肯定。②

普列汉诺夫指出,黑格尔把地理环境区分为显然不同的三种类型:(1)干燥的高地,同高地上的广阔草原和平原;(2)大河流经的平原区域;(3)沿海区域。第一种地区盛行畜牧业。第二种地区盛行农业。第三种地区盛行商业和手工业。由于这种基本差别,各地区中人们之间的社会关系也就互不相同。高地居民(如蒙古人)过着家长制的游牧生活,他们常常大群地集合起来,像暴风雨一般地侵袭文明国家,到处造成毁灭和灾难。平原居民(如中国人、印度人、巴比伦人和埃及

---

① 黑格尔:《历史哲学》,第123—124页。
② 参见《列宁全集》,第38卷,第346、351页。

人）由于有河流和沃土，他们成了文明的摇篮，产生了伟大的帝国以及建立在农业的基础上的土地所有制和相应的法律。不过农业居民惰性很大，安土重迁，闭塞成性，不善于利用自然界供给他们支配的各种手段互相来往。沿海居民（如古代希腊人）完全没有这个缺点。山岳使人们分离，海洋和河流使人们接近。所以正是在沿海国家，文化教育和人类意识的发展达到了最高峰。黑格尔还用地理环境的影响部分地解释各民族在经济发展上差别和原始程度不同的社会环境中不平等现象的产生。他清楚地认识到地区自然条件的不同以及由此而来的职业之不同对原始社会经济发展所产生的巨大影响。

总之，在《历史哲学》这部划时代著作中"有着关于社会现象的真实的、非虚构的因果关系的大量最有价值的论述"①。"历史的地理基础"一章中关于地理环境作用的那些见解就是最典型的一个例子。尽管在细节方面马克思主义并不同意或不能完全同意他的这一或那一观点，但"黑格尔以一种享有专家之名的才智，来论述地理环境对人类社会历史发展的影响"②，他在具体分析地理环境在各个民族不同历史时期的作用时，由于"他的知识的全面性和深入的洞察力"，能够"坚守历史主义的、经验的基地"，从而做出了许多真正光辉而且极有教益的说明，简直令人对他的冷静的现实主义感到惊讶。③

由于黑格尔历史观整个说来是唯心的。一切发展的原因归根到底被他说成是观念。他只是顺便地，在次要的情况下，而且违反自己的意志才用唯物主义的精神来解释现象。因此他所提出的关于地理环境的伟大历史意义的非常正确的观点，便不能使他得出应该得出的有益的结论。只有唯物主义者马克思才充分做出了这种结论④。

---

① 《普列汉诺夫哲学著作选集》，第 2 卷，第 790 页。
② 同上书，第 2 卷，第 151 页。
③ 同上书，第 1 卷，第 477—478 页；第 2 卷，第 790 页。
④ 同上书，第 3 卷，第 164 页。

如果说和地理环境学说比较起来,正如我们在第八章中讲过的,普列汉诺夫关于人口问题的论述不管按篇幅还是按成就都不能相提并论的话,那么他对人口学说史的分析也远不如他的地理环境学说史研究。就我们现在所看到的材料,他似乎只考察了十八—十九世纪一部分思想家的人口观,包括爱尔维修、富兰克林、休谟、孟德斯鸠、詹·斯图亚特、格伦希范德等人以及车尔尼雪夫斯基和马尔萨斯在内。车尔尼雪夫斯基同马克思没有继承关系,马尔萨斯的人口论在肯定的意义上也不是马克思主义继承的对象。所以,对普列汉诺夫关于后两人的人口理论的评论就不准备在这里讨论了。

首先,他指出爱尔维修认识到人口及其需要的增长对社会发展起着重要的作用。在爱尔维修看来,"推动社会历史发展的最强有力的关键是公民人口的增殖,亦即要填食物的肚子、要穿衣服的身体的增殖。公民人口的增殖就是生理需要总和的变大。"①说人口的增长是生产进步的动力主要表现在:(1)导致社会从狩猎过渡到畜牧业和农业;(2)导致手工工场和城市的产生;(3)导致工商业的发展和贫富对立的尖锐化。同时人口的增长也会导致代议制政治的出现和阶级斗争的加剧。而阶级斗争,正如前面说过的,在爱尔维修心目中只能造成暴政。但是爱尔维修并不懂得公民人口的增殖本身是依靠社会经济状况的。同时他也没有像十八世纪其他一些先进思想家(例如詹·斯图亚特)那样理解到,一个社会所特有的人口增殖律,是以一定时间内该社会中盛行的生产方式为转移的。

普列汉诺夫在《车尔尼雪夫斯基》(1909年)一书第二部第二编第八章第十节中,详细地叙述了富兰克林等人为代表的十八世纪著作家的人口理论。他在大量引证之后令人信服地得出了以下五条结论:

---

① 《普列汉诺夫哲学著作选集》,第2卷,第130页。

第一,"众多的人口是国家的实力和财富的源泉";

第二,"生活资料是人口的尺度";

第三,"在每个国家中获得的食物数量,不仅依赖于它的土地肥力和它所支配的生产力,而且也依赖于使用这些生产力的社会关系";

第四,"现代的社会关系把很大一部分人民置于完全没有保障的状况,由于这种状况,他们经常有饿死的危险,尽管农业能够养活的人口要多得多……机器生产的发展,亦即生产力的增长,在现代制度下,可能成为工人阶级贫困的原因";

第五,"对每一种社会关系的制度来说,甚至对每一个社会阶级来说,都存在着自己特殊的人口律和人口过剩律。只有动植物才具有几乎不变的繁殖力"①。

如果把以上结论同本书叙述的马克思主义人口理论三条基本原理比较一下,看来是不难发现其中的明显的继承性联系的。当然,马克思的原理以唯物史观为基础,而十八世纪这些先进学者都是地道的历史唯心主义者,他们自觉地"从非常抽象的观点去观察社会生活"。但是他们毕竟已经或多或少清楚地懂得:"人口问题主要是历史性的问题",马尔萨斯所说的那种全人类共同的人口律是不存在的,"只有人类发展的不同阶段所特有的各种规律"②。这就是说,在人口观上"马克思没有说出什么可以称之为离奇的话。……他在这方面也仍然忠于经济科学的优良传统。他只是对前辈们所猜到了的东西提出科学的说法和证明。"③在这个优良传统中,普列汉诺夫也提到了黑格尔的名字,指出后者也或多或少猜测到了资本主义社会特有的人口律,因为正如

---

① 《车尔尼雪夫斯基》,第447—448页。
② 同上。
③ 同上书,第463页。

前面论述阶级斗争学说史时已经谈到的,黑格尔曾经直截了当地说过:在文明社会里,财富的发展和贫困的发展是携手并进的。

(九)

上面我们已就一系列问题具体说明了普列汉诺夫对黑格尔在准备马克思唯物史观过程中的作用所做的分析。不过这个问题仍然值得从总的方面专门进行研究。因为自从米丁三十年代的著作,特别是日丹诺夫1947年《在关于亚历山大洛夫著〈西欧哲学史〉一书讨论会上的发言》发表以来,苏联哲学界对黑格尔的这种作用一直存在着评价过低的偏向。这种态度对我国学者也产生了某种不良影响。粉碎"四人帮"以后,情况虽然略有好转,但没有根本的变化。

过去很长一个时期,人们一说起黑格尔的历史观,就要引证列宁《历史哲学》笔记末尾一段名言:"一般说来,历史哲学所提供的东西非常之少——这是可以理解的,因为正是在这里,正是在这个领域中,在这门科学中,马克思和恩格斯向前迈进了最大的一步。而黑格尔在这里则已经老朽不堪,成了古董。"[①]至于恩格斯论述黑格尔历史观时不止一次给予的那些崇高评价,则对不起,不是忘记了,就是有意不提,或者轻描淡写地引上几个字就敷衍过去了。这大概同斯大林否定马克思、恩格斯关于黑格尔哲学是"法国革命的德国理论"的观点而代之以黑格尔哲学是"法国革命的德国贵族反动"的说法不无关系吧。

我们曾经说过,列宁的上述评价完全正确。但是正确的话还要读者去正确理解。列宁写《历史哲学》笔记是在《逻辑学》和《哲学史》的笔记之后。他认真研究这些著作的目的在于锤炼思想武器,在于发展

[①] 《列宁全集》,第38卷,第351页。

马克思主义理论。列宁阅读后两本书时的激动心情在笔记的字里行间不时有所流露,因为黑格尔的这些著作使得他有可能大大丰富马克思主义的哲学原理。《历史哲学》却很使列宁失望;想要在这本书里找出用来进一步发展唯物史观原理的东西,实在太困难了。同马克思发现的历史唯物主义相比,黑格尔的历史哲学无疑"老朽不堪,成了古董"。然而哲学史家编《哲学史》则不应首先拿马克思同黑格尔相比,而要考虑黑格尔历史哲学在历史观发展中的地位和作用,应当首先拿它同以前的和当时流行的历史哲学比较,看它对人类的科学事业是否贡献了新的内容。只有做了这一步以后,或者在这样做的同时,指出它的种种错误和局限性才是适当的,当然那也是必不可少的。①

现在要补充的是:如果不是从历史唯物主义的一般原理方面看问题,不是从现实的政治的立场看问题,而是从历史学的角度考察黑格尔的历史哲学,那就远远不能说黑格尔这方面的思想"老朽不堪,成了古董"。И. Л. 安德烈也夫在《黑格尔的〈历史哲学〉(论社会分化的起源问题)》一文中写道,黑格尔根据当时极其贫乏而且零散片断的材料得出的、有时混杂着臆想和神话的某些结论,在基本点上已为现代科学所证实。例如现代的古印度考古图就令人信服地证明了黑格尔关于印度文明从印度河盆地转向恒河盆地的说法。② 安得烈也夫还指出,黑格尔的许多假设和思辨地构成的命题直接接近于现代哲学家和历史学家们热烈争论和探索的对象。③ 例如黑格尔批评莱布尼茨,认为中国文字和语言分了家,"笔写的文字"阻碍了科学的发展。④ 不难发现,他的

---

① 参见《略论普列汉诺夫关于唯物史观形成史的研究》,载《中国社会科学》1981年第6期。
② 参见《黑格尔哲学和现代》,1973年俄文版,第213页。
③ 《黑格尔哲学和现代》,第225页。
④ 黑格尔:《历史哲学》,第177—179页。当然,认为汉字不是造成中国现代科技落后的原因的也大有人在。例如李约瑟就相信中国人民不会接受汉字拉丁化。国内也有人著文肯定"中国文字的优越性"。现在持这种观点的人越来越多。

这些观点同今天主张中国文字必须走拼音化的道路的学者的看法是多么相像。安德烈也夫认为这些都是黑格尔"巨大的历史感"的表现,我们表示完全同意。大家知道,恩格斯曾经赞叹"黑格尔的思维方式有巨大的历史感作基础",又说人们只要不无谓地停留在人为地虚构出来的他的历史哲学大厦前面,而深入到大厦里面去,就一定会发现"就是在今天也还具有充分价值"的"无数的珍宝"。试问:恩格斯的这些话究竟过时了没有? 如果不过时,作为恩格斯思想的继承人应不应该力图弄清楚"巨大的历史感"表现在哪里?"无数的珍宝"是些什么?①列宁在作《历史哲学》的读书笔记时也写过,"最重要的是绪论,其中在问题的提法上有许多精彩的东西。"试问:在哪些"问题的提法"上有哪些"精彩的东西"? 这些东西何以见得"精彩"?② 所有这些理所当然的问题本来早就应该进行研究并取得丰硕的成果了。然而现实的情况却恰恰相反,实在令人遗憾。因为正如匈牙利哲学家 F. Tökei 所指出

---

① 普列汉诺夫几乎每一个适当的地方都随时向我们显示黑格尔的"珍宝",指出他的"巨大的历史感"。我们可以从普列汉诺夫著作中引证许多例子。这里只想向读者介绍一段颇为发人深思的议论:"为现有的这个丑恶的现实作辩护的那些乌托邦主义者自己相信,也希望别人相信这个现实里具有各种优越之处,因为只要把其中的某些弊端加以革除就行了。关于这一方面,我们不由得想起了黑格尔关于宗教改革所说的一些论调。他说:'宗教改革是社会腐败的结果。教会的腐败并不是偶然的现象,腐败还不仅仅是滥用权力和权威的结果。一般常常把滥用权力视为腐败的原因。同时认为,基础是好的,事物本身是没有缺点的,只是一种热情、一种主观的兴趣,一般说来,人的偶然的意志利用了那种本身是好的东西来满足自己自私的目的。因此,只要把这种偶然性消除就行了,……在这种观点下,那个事物本身就受到原谅,而且只用某种外在的东西来说明罪恶。但是假如一件好事物当真是偶然被滥用的,这只是个别情况;至于说到如此广大普遍而巨大的罪恶,又是存在于像教会这样一个广大普遍的事物里面的,那么这就完全是另一回事了。'(《历史哲学》,中译本第 459 页)所以毫不奇怪,黑格尔对于所有那些在问题是'事物'本身的根本变化时喜欢在'偶然的'缺点上找寻借口的人们,是很少赋予同情的。这些人们对于渗透在黑格尔哲学中的那种勇敢的、猛烈的精神是感到惊恐的。"(《普列汉诺夫哲学著作选集》,第 1 卷,第 498 页)

② 例如我们在本书第七章论述普列汉诺夫如何唯物地改造黑格尔关于个人在历史上的作用的学说时,就部分地回答了这个问题。

的,不研究黑格尔的理论遗产,包括他的历史哲学,就不可能十分深刻地、充分地理解马克思的历史唯物主义。安德烈也夫也提出了广泛地对马克思历史唯物主义范畴概念体系和黑格尔历史哲学范畴概念体系进行对比研究的重大意义。他认为,F. Tökei 关于马克思是在考虑了黑格尔所谓"力"、"关系"等概念之后才制定出"生产力"和"生产关系"这样一些基本的历史唯物主义范畴的论述具有重大的理论意义,它们将从新的方面向我们揭示黑格尔哲学是历史唯物主义最重要的理论泉源之一这个颠扑不破的真理。①

现在让我们回到普列汉诺夫上来。对于黑格尔哲学在准备唯物史观过程中的作用,普列汉诺夫一直十分重视。早在 1891 年他就在《新时代》杂志上发表了《黑格尔逝世六十周年》一文。恩格斯曾经——正如本书第一章中提出过的——高度赞扬了这篇文章,说是"好极了"。但是长期以来,人们对这篇被恩格斯誉为"好极了"的文章的中心思想是什么,并没有清楚的认识,因此也就不可能给予足够的重视。福米娜②、约夫楚克③等人的著作就是最明显的证据。

1891 年 10 月 20 日,普列汉诺夫在给 Б. Н. 克里切夫斯基④的一封

---

① 又如 W. 弗尔斯特尔在《黑格尔的〈精神现象学〉和〈逻辑学〉是唯物史观的前提》一文中也强调:从方法论角度看,黑格尔这两本著作对历史唯物主义的形成具有极其重大的意义。(参见《哲学译丛》1985 年第 1 期)越来越明显:马克思的唯物史观同黑格尔哲学的密切、直接而多方面的继承关系需要重新加以全面研究;这种研究必将证明,普列汉诺夫在这个问题上的基本立场是何等的深刻正确和眼光敏锐。

② 参见她的著作《普列汉诺夫的哲学观点》,第 154—157、163 等页。

③ 参见他的著作《普列汉诺夫及其哲学史著作》俄文版第二章"普列汉诺夫著作中的社会学思想史问题"一节,以及《哲学史》(六卷本)第 4 卷第二章第五节。

④ 库尔巴托娃指出,克里切夫斯基曾将《黑格尔逝世六十周年》一文译成德文(参见《马克思主义在俄国传播的开始》,1983 年俄文版,第 226 页)。这是完全符合事实的,参见《俄国第一个马克思主义组织——劳动解放社》1984 年俄文版第 118—120 页普列汉诺夫给克里切夫斯基的几封信的全文。因此,《普列汉诺夫哲学著作选集》第 1 卷该文注释关于"普列汉诺夫用德文为《新时代》杂志写的"的说法显然是错误的。

信中写道:"我很珍视它的问世。它涉及至今几乎没有涉及的关于黑格尔为唯物史观所作的准备的问题。"①在同年10月21日的另一封信中他又写道:"如果文章没有及时赶出来,我会非常失望的。我是怀着热爱的心情写它的,我为它花去了很多心血。"②这同普列汉诺夫在《当代小市民的思想》一文中批评黑格尔左派时所讲的完全一致。他在那里写道,他们没有注意到黑格尔"历史观点中所有那些为数不少的唯物主义因素,这些因素后来成了马克思发现的唯物史观的组成部分",并说《黑格尔逝世六十周年》论述的就是这个问题。③ 普列汉诺夫在《无政府主义理论家埃利泽·邵可侣》中写的另一句话同样可以证明这一点,他说,《黑格尔逝世六十周年》一文论述的题目正是:"黑格尔的唯心主义在许多方面为马克思的唯物主义的出现作了准备。"④

只要我们认真地读一读这篇文章,不难确认,普列汉诺夫本人的上述论断是完全符合事实的。他一开始就指出,对黑格尔的历史哲学观点,恩格斯的《费尔巴哈论》已经卓越地完成了总的评价。但他认为"黑格尔的这种观点完全值得更加详细地考察一番"。他这篇文章就是专门用来补充恩格斯的思想的。后来他又在一系列著作中继续发挥了自己所补充的观点。

那么,普列汉诺夫究竟补充了些什么内容呢?我们已经在前面各章,分别就社会发展的动力和规律性、社会存在决定社会意识、人性论、阶级斗争、个人的历史作用、地理环境和人口理论等一系列历史唯物主义重要问题以及所谓"无数的珍宝",说明了普列汉诺夫对黑格尔的划时代贡献和局限性所作的论述,这里就不重复,现在只想从总的方面对

---

① 《马克思主义在俄国传播的开始》,第226页。
② 同上。
③ 《普列汉诺夫哲学著作选集》,第5卷,第681页。
④ 《无政府主义和社会主义》,第118页。

黑格尔哲学对历史观的发展所起的"划时代作用"再讲几句话。

普列汉诺夫在自己最后一篇哲学著作《从唯心主义到唯物主义》一文引言中写道:"德国唯心主义哲学在十九世纪科学发展史上曾起过非常重要的作用。它甚至对自然科学也发生了深刻的影响。但是,受它影响最深的是那些被法国人称为精神的和政治的科学的'学科'。在这里,德国唯心主义哲学的影响应该认为是真正有决定性的。它提出并部分地解决了要使社会发展过程的科学研究成为可能所绝对必须解决的那些问题。以谢林对自由与必然的关系问题的解答为例,就足以说明这一点。但谢林只是先驱者,德国唯心主义最完整的体现者是黑格尔。……不懂得黑格尔哲学……最主要的特征,就无法了解十九世纪西欧哲学史和西欧社会科学史。"①换句话说,不懂得黑格尔哲学最主要的特征,就无法了解历史唯物主义的产生过程和深刻意义,因为正是黑格尔提出了并部分解决了使得马克思在历史观发展中所实现的变革成为可能所绝对必须解决的那些问题。

这是些什么问题呢?主要有以下四个:

第一,正如刚才引证的文字中所说的,黑格尔继谢林之后,在唯心主义体系许可的范围内彻底解决了自由和必然的相互关系问题,结束了以往哲学家们在这个问题上的对立观点。黑格尔对这个问题的一般哲学观点及其在社会领域中的应用,我们已经在第四章第二节、第七章第二节和本章第六节中叙述过了。这里必须指出的是:黑格尔的这些天才思想为通向马克思的唯物史观大厦打开了最重要的一扇大门。科学的历史观产生的前提之一就是正确地解决历史中人们的自由意志和

---

① 《普列汉诺夫哲学著作选集》,第3卷,第727页。译文有改动。所谓 Sciences morales(精神科学或文科),包括心理学、社会学、伦理学、逻辑学、美学等,与 Sciences physiques(自然科学或理科)相对。故"Sciences morales et politiques"不应当译为"道德科学"。

社会发展的客观规律性之间的相互关系问题。这一点不仅从逻辑上说是必要的,就是从历史上看即从历史观发展史上看也可以得到充分的证明。普列汉诺夫通过对大量思想史材料的分析,令人信服地向我们指明:法国启蒙派、复辟时代历史学家和十九世纪空想社会主义者正是不能用辩证的观点处理好历史观中的这个基本问题,从而把他们自己的体系引入矛盾的迷宫而不能自解。"社会学要能变成科学只有具备这样的条件,就是(1)它能把社会人的目的的发生了解为社会过程的必然结果,而(2)社会过程归根到底是由经济发展的行程来决定的。"①黑格尔从唯心主义立场出发正确地解决了第一个问题,而对第二个问题则只是接近于解决而已。普列汉诺夫在《车尔尼雪夫斯基》(1909年)一书中写道:"黑格尔的'理性'不是别的,只是客观发展的规律性。黑格尔是透过唯心主义的三棱镜来观察这种规律性的。这个三棱镜有时非常严重地歪曲了现实的真正相互关系——按马克思的说法,是把这种相互关系头脚倒置起来了;但是,尽管如此,在黑格尔看来,主观意图与合乎规律的客观社会发展进程相符合乃是这种主观意图是否合理的标准。他的哲学的巨大力量也正在于此,……当费尔巴哈②要求研究者密切注意摆脱了虚幻臆想的感性时,他只是把黑格尔的这个本质上是正确的、极其深刻的思想翻译成唯物主义的语言罢了。而后来由费尔巴哈翻译成唯物主义语言的黑格尔的这个深刻思想,被马克思加以适当的加工的时候,它就成为唯物主义历史观的基础。"③

第二,用明确的历史主义原则代替了过去社会学一直占统治地位

---

① 《普列汉诺夫哲学著作选集》,第3卷,第211页。
② 普列汉诺夫曾经指出,"在费尔巴哈的观点中,至少有唯物史观的若干重要的萌芽"(《普列汉诺夫哲学著作选集》,第5卷,第695页)。对于这些萌芽,普列汉诺夫著作中没有多少评述,所以我们也就不再详细考察了。
③ 《普列汉诺夫哲学著作选集》,第4卷,第381—382页。

的空想主义思想。普列汉诺夫继车尔尼雪夫斯基之后多次指出：同自己的前辈比较，黑格尔的主要的和巨大的功绩是使哲学摆脱抽象思维的领域，对现实采取注意的态度。然而现实中一切都依时间、地点和条件为转移，所以黑格尔认为，以前不考察某一现象发生的情况与原因就来判断善恶的那些一般性的空话、抽象的格言和"非此即彼"的思维模式是不能令人满意的。"如果一切都流转着，一切都变化着；如果任何现象都自己否定自己；如果没有这样一种有益的制度，最后不变为有害的，转变为自己本身的对立物；那么，寻找'完善的立法'是一件蠢事，那么，就不能想出对于一切时代和民族都是好的社会制度：一切东西在自己的地位上和自己的时代中都是好的。辩证的思维排斥了任何乌托邦。"①普列汉诺夫认为黑格尔密切注意现实的这种态度对十九世纪历史观发生的重大影响，一直没有得到充分的估价。

第三，黑格尔的另一个极大的功绩是懂得解释人类历史运动的钥匙应该在人性以外去找。马克思以前的社会学，正如前面说过的，都把人的本性当作自己体系的出发点。它们认为人性是不变的，在许多可能的社会制度中可以找到一个最符合人性的体系。每个学派的创始者都宣布他发现的正是这样的最好的、其实是空想的体系。黑格尔哲学尽管最后未能避免抽象的人性论，但是他和谢林一样毕竟很好地理解到人性观点的缺陷。他"在他的《历史哲学》中嘲笑资产阶级空想主义者力求设计出一种一切可能有的政体中最好的政体。德国唯心主义把历史看成是有规律的过程，它不在人性之内而在人性之外寻找历史发展的动力。"②普列汉诺夫这里所指的正是黑格尔《历史哲学》"绪论"③

---

① 《普列汉诺夫哲学著作选集》，第1卷，第654页。
② 《无政府主义和社会主义》，第20—21页。
③ 请注意，又是在"绪论"中。

中关于哪种宪法最好的问题的论述(见中译本第84—88页)。黑格尔说,近代许多学者都从事"最好的宪法"的研究,他们探讨着:"国家的权力应该依靠哪种安排、哪种组织或者机构,才能够最可靠地达到它的目的。这种目的可能有种种的看法,例如,既可以看作是人民生活的安闲的享受,也可以看作是普遍的幸福。"在他们看来,仿佛只要理论上研究好了,便可以付诸实施,"好像一个宪法的方式是可以自由选择的"①。"辩证唯心主义抛弃这种方式的研究。黑格尔说:'国家是一个不可分割的全体,从这个全体里不能单独取出一个特殊的方面,哪怕是像宪法这样的最重要的方面,以一种仅仅涉及这个方面的看法加以评论和探讨"②。

这样,黑格尔就提出了和部分解决了历史观发展中第四个重大的理论问题:批判了社会学中一直占统治地位的因素论,而致力于寻找社会生活中一切作用着和相互作用着的力量之间的普遍的统一的泉源。社会是众多因素的复杂的总合体,其中每一个因素都有自己的作用。以往的历史观不是片面强调某个因素的特殊作用,就是停留在某些因素之间的相互作用上,而不再继续前进。黑格尔的划时代作用就表现在他善于用综合的观点、统一的观点,或者说用整体的观点来代替必然具有折中主义性质的因素论的片面观点和相互作用论的分析观点。这一点在方法论上极其重要,因为它推动人们去探求归根到底决定社会面貌的根本原因。普列汉诺夫认为,和自然观一样,历史观中的二元论尽管很古老,根本上只对庸人才有价值。"哲学是决不能满足于一种类似的'多面性'的;相反地,它力求使自己从折中派如此珍视的二元论中解放出来。最杰出的哲学系统总是一元论的。"③在《拉萨尔评

---

① 黑格尔:《历史哲学》,第84、85页。
② 《普列汉诺夫哲学著作选集》,第2卷,第146—147页。
③ 同上书,第2卷,第153页。

传》(1887年)中普列汉诺夫提出一个至今尚未得到重视和充分说明的论点:"只存在两个一元论体系:黑格尔的唯心主义体系和马克思唯物主义体系。其他都感染有不可医治的二元论或者是前两种体系的发展中的一个阶段。"①因此普列汉诺夫再三强调:马克思所实现的"哲学革命,是得到德国唯心主义那种彻底一元论的性格帮助的"②。

总之,在普列汉诺夫看来,黑格尔哲学为马克思唯物史观所作的准备,可以概括为两个方面,即辩证法和黑格尔历史观本身。他一再声称:只有运用辩证的思维方法去分析社会过程,科学的唯物史观才可能产生。"辩证方法应用在社会现象上(我们仅仅就这一方面说),就造成了一个全盘的革命。我们可以毫不夸张地说,我们靠这个方法得到了把人类历史当作一个有规律的过程的看法。"③辩证法是现代唯物主义从德国唯心主义遗产中获得的一项最主要的科学工具。至于黑格尔的历史观本身,尽管他的体系是最唯心的,可是其中的唯物主义内容是以往一切历史哲学中最为丰富的。黑格尔常说:唯心主义是唯物主义的真理。他的《历史哲学》却"签署了唯心主义的贫乏的证书",实质上无可辩驳地承认了:事情完全相反,唯物主义是唯心主义的真理。当然,"黑格尔在这里接近的唯物主义乃是完全没有发展的、初生的唯物主义"④。但是如果考察到"最初是黑格尔主义者的马克思和恩格斯,后来成了历史唯物主义理论的创始人"⑤这个事实,我们就不能不坚决反对日丹诺夫等人拒绝给黑格尔的历史观以特别重要的地位的做法。

---

① 《马列著作编译资料》,第13辑,人民出版社1981年版,第232页。因此,普列汉诺夫的名著《论一元论历史观之发展》中的"一元论"一词尽管是为了逃避沙皇俄国书报检查官的眼睛而采取的,但显然是经过慎重考虑才使用的。
② 《普列汉诺夫哲学著作选集》,第2卷,第155页。
③ 同上书,第2卷,第143页。
④ 同上书,第1卷,第665页。
⑤ 同上书,第3卷,第736页。

在普列汉诺夫看来,这种地位可以简略地表述为:黑格尔哲学为马克思的唯物史观的产生"设立了过于狭窄的界限","一位最大的唯心主义者似乎抱定目的要为唯物主义扫清道路"①。换言之,黑格尔哲学,包括他的历史哲学,乃是马克思在历史观中实现伟大变革的前夜。安德烈也夫说得很对:"黑格尔的《历史哲学》有权被认为是历史唯物主义最重要的理论泉源,是运用辩证法解释世界历史的第一个有重大价值的企图。"②

普列汉诺夫的这个观点同恩格斯的思想是完全一致的。恩格斯写道:黑格尔哲学"形式尽管是那么抽象和唯心,他的思想发展却总是与世界历史的发展紧紧地平行着,而后者按他的本意只是前者的验证。真正的关系因此颠倒了,头脚倒置了,可是实在的内容却到处渗透到哲学中;……这个划时代的历史观是新的唯物主义观点的直接的理论前提"③。"因此,归根到底,黑格尔的体系只是一种就方法和内容来说唯心主义地倒置过来的唯物主义。"④

以上是普列汉诺夫对唯物史观萌芽、发展、成熟过程的基本看法。我们认为,他的研究成果是很有科学价值的。列宁在《又一次消灭社会主义》一文中论述马克思主义(特别是唯物史观)的理论泉源时写道:"由于古典经济学家发现了价值规律和社会划分为阶级这一基本现象,创立了这门科学,由于十八世纪的启蒙运动者同前者一起用反封建反僧侣主义的斗争进一步丰富了这门科学,由于十九世纪初那些抱有反动观点的历史学家和哲学家们,进一步阐明了阶级斗争的问题,发展了辩证法,并把它用于或开始用于社会生活,从而把这门科学推向前

---

① 《普列汉诺夫哲学著作选集》,第1卷,第477、483页。
② 《黑格尔哲学和现代》,1973年俄文版,第208页。
③ 《马克思恩格斯全集》,第13卷,第531页。
④ 同上书,第21卷,第318页。

进。所以说,在这方面获得许多巨大成就的马克思主义是欧洲整个历史科学、经济科学和哲学科学的最高发展。这才是合乎逻辑的结论。"①列宁这段话可以看成是对普列汉诺夫唯物史观史研究的很好的总结。

普列汉诺夫说:"辩证唯物主义是唯物史观的最高发展。"列宁说:"马克思主义是欧洲整个历史科学、经济科学②和哲学科学的最高发展。"真是惊人的一致!在这里同样表现了普列汉诺夫著作在列宁哲学思想形成和发展中的巨大作用。

普列汉诺夫对唯物史观史的研究成果,当然并不以此为限。例如他通过对十八、十九世纪西欧哲学史上大量思想材料的深入分析,充分证明了辩证唯物主义和历史唯物主义的统一性。又如,他对历史上各派哲学所作的社会学分析,也是颇具特色的。等等。这些都不准备在这里评述了。下面我们觉得必须考察一下他的美学思想。这是他最有成就的另一个领域。

---

① 《列宁全集》,第20卷,第198页。
② 普列汉诺夫关于古典经济学在唯物史观产生过程中的作用的论述,我们想今后再作补充。

第十章　美学

（一）

美学是普列汉诺夫最有贡献的三大理论领域之一。他在这方面的成就，仅次于唯物史观，几乎可以同他的哲学史研究相媲美，如果就提出新的原理而言，甚至超过了哲学史。他的美学论著是别林斯基、车尔尼雪夫斯基、杜勃罗留波夫以后俄国美学思想发展中的一个崭新的时期。他是俄国马克思主义美学和文艺学的奠基人，也是世界马克思主义美学最大的代表之一。一般说来，他比拉法格、梅林、卢森堡等人更深刻更广泛更具体得多地分析了各种美学文艺学理论问题。尽管必须承认后者在这方面的贡献也是出色的和独特的，但相对的说，他们的美学和文艺学著作无论从数量还是质量上（主要是方法论问题上）都显然比不上这位俄国最早的马克思主义理论家。

苏联学者向来喜欢把普列汉诺夫同卢那察尔斯基、沃罗夫斯基并列为俄国早期三大马克思主义美学家、文艺理论家和文艺批评家。其实，沃罗夫斯基的业绩远不能跟普列汉诺夫相比，这是众所公认的。卢那察尔斯基的情况略有不同。他先后三十年间写了关于俄国和西欧文学、戏剧、音乐、舞蹈、绘画、雕塑、电影以及美学方面的文章大约两千种。① 以著作数量和论述范围而论,程度不等地超过了普列汉诺夫。特别是他最早认识到列宁对马克思主义美学和文艺理论的伟大贡献,提出必须"在列宁的有关言论的光照下重新审查普列汉诺夫的艺术学"。但是,从思想的科学性和深刻性来说,这位苏联第一任教育部长毕竟难以同普列汉诺夫并驾齐驱。对于这一点他本人是有自知之明的。在《过去的印象》中,他生动地描绘了作为艺术理论家普列汉诺夫的特征,也谈到自己如何受益于普列汉诺夫。他写道:

"在我看来,他的审美天赋、他在艺术领域内的判断自由多半是令人惊讶的。普列汉诺夫很有鉴赏力,我觉得他的这种鉴赏力不会有错。对于他不喜欢的作品,他善于用致命的讽刺三言两语加以评论。如果您不同意他的看法,这种讽刺会打掉您的论锋,使您呆然无措。对于他喜欢的艺术作品,他就很准确、有时很激动地加以评论,于是乎为什么普列汉诺夫正是在艺术史领域有这样的巨大功绩就一清二楚了。他的一些篇幅不大的随笔,虽然没有包括那么许多的时代,却成了这方面进一步研究的奠基石。任何时候从任何一本书或任何一次参观博物馆中,我都没有像我当时同格奥尔基·瓦连廷诺维奇的谈话那样获得这么多真正富于营养和有决定意义的东西。"②

的确,普列汉诺夫有广泛的美学兴趣和渊博的文艺修养。从原始文化到包括现代主义、颓废主义在内的各式各样资产阶级艺术都有深刻的研究和独到的评论。作为俄罗斯文学史的大学者,他或详或略地考察了罗蒙诺索夫、冯维津、诺维柯夫、拉吉舍夫、十二月党人、普希金、

---

① 普列汉诺夫的美学文艺学著作最初是在 1888 年(《乌斯宾斯基》)问世的,如果从民粹主义时期算起,则是 1878 年 12 月(《争论什么?》)。此后直到 1917 年 12 月(《涅克拉索夫的葬礼》)的三十年(或四十年)间,他发表的这方面的专论总共只有四十来篇。其中最重要的已收入五卷本《普列汉诺夫哲学著作选集》第 5 卷。

② 转引自〔苏联〕《历史问题》1968 年第 6 期,第 143 页。

莱蒙托夫、屠格涅夫、果戈理、奥斯特洛夫斯基以及皮萨列夫等人的创作的意义。他那些分析车尔尼雪夫斯基、别林斯基、赫尔岑、民粹派小说家、托尔斯基和高尔基的作品的专著,至今仍然是美学和文学史上的丰碑,是极其精细的社会心理学研究的典范。普列汉诺夫对西欧文艺也有广泛而深入的研究。他的专论:《从社会学观点论十八世纪法国戏剧文学和法国绘画》、《亨利克·易卜生》、《斯多克芒医生的儿子》、《无产阶级运动和资产阶级艺术》,不仅表明他对十八、十九世纪西方资产阶级文艺有精湛的认识,而且证实他善于运用历史唯物主义的方法对不同类型的文艺作品进行社会学的剖析。至于论述艺术的起源、美和美感的本质特征的《没有地址的信》(中译本改为《论艺术》)这本脍炙人口的书信体小册子,更是马克思主义美学发展史上的划时代著作。诚如鲁迅在自己翻译的这本小册子的序言中所说的:普列汉诺夫为马克思主义艺术理论奠定了基础,他的艺术论"不愧称为建立马克思主义艺术理论、社会学底美学的古典的文献"[①]。

普列汉诺夫留给我们的丰富的美学和文艺学遗产远不限于以上所述。他在流亡期间所作的关于文艺问题的几十次讲演、他关于美学的大量笔记、纲要、批注和书信,也都是相当珍贵的。不仅如此,他的其他著作中常常可以看到关于美学和文艺问题的许多深刻见解。只要注意一下他在自己的文章或讲演中如何恰到好处地随手或随口引证莎士比亚和巴尔扎克、普希金和果戈理、歌德和席勒、托尔斯泰和克雷洛夫、车尔尼雪夫斯基和格利鲍也多夫,以及其他西欧和俄国伟大作家著作中的名言、警语、形象、比喻和诗句,就可以知道他对这些作家是多么的熟悉。

1912—1913年曾经做过普列汉诺夫的学术秘书的伊·哈罗德钦

[①]《鲁迅全集》,第4卷,人民文学出版社1981年版,第261页。

斯卡娅,在《回忆普列汉诺夫》中这样描述他的艺术素养:"有一个领域可以听格奥尔基·瓦连廷诺维奇讲几个小时,他讲的一切不仅内容无限丰富和饶有兴味,而且在那些年代也是新奇的。这个领域就是艺术。格奥尔基·瓦连廷诺维奇对艺术作品有理解和审美感,他热爱人类艺术创作的每一种表现,他珍视美的最小的表现,像为数不多的人那样。精微的艺术欣赏力、当下便得的审美感、对一切民族一切时代一切艺术领域的百科知识和严谨客观的科学方法——过去从未有过的这种结合,看来简直像鬼使神差。"①

同普列汉诺夫渊源深远的柳·依·阿克雪里罗得告诉我们,她的这位老师曾经打算比较系统地研究一下文学艺术,以便创立一种马克思主义美学体系,或者用他自己的话来说,创立一种"唯物主义历史观指导下的艺术哲学"②。早在十九世纪九十年代,普列汉诺夫就着手实现这个目标。当时他为此读了多得难以置信的书籍。除了他自己的大量藏书和日内瓦各图书馆的有关书籍之外,他还要求柳·阿克雪里罗得从伯尔尼国立图书馆借出整包整包的美学书籍寄到日内瓦他的家里。这些书籍中不仅有抽象的形而上学的美学专著,而且有大量专门的人种学文献。普列汉诺夫临终前几个月曾对他的这位门徒表示,他没有能够利用在艺术问题上所积累的一切材料写成一本著作,是一件深为遗憾的事。

尽管普列汉诺夫没有写出系统的美学专著,或如鲁迅所说,"他的艺术论虽然还未能俨然成一个体系"③,他毕竟还是相对全面相对系统地从马克思主义观点考察了几乎所有的美学基本范畴和文艺学的根本

---

① 转引自米·利夫席茨:《普列汉诺夫》,1983年俄文版,第59页。
② 《普列汉诺夫哲学著作选集》,第2卷,第750页。译文有改动。
③ 《鲁迅全集》,第4卷,第261页。

原理。其中最重要最有价值的是对以下一系列问题的详细程度不等的分析:美和美感的本性;艺术的起源和特征;它的内容和形式;艺术发展的基本规律;艺术作品中的思想性和艺术性、客观因素和主观因素、心理方面和伦理方面,以及艺术在认识生活和改造现实中的巨大作用等等。在所有这些问题上他都有许多新颖独到的见解,从而多方面地发展了和具体化了马克思主义创始人的美学理论。特别难能可贵的是:普列汉诺夫这些美学思想中不少都是在马克思、恩格斯论述自己的重要美学观点的那些著作尚未发表的时候公之于众的,甚至是在他第一次拜见恩格斯以前问世的。由于马克思、恩格斯的这些著作直到二十世纪二三十年代才陆续在苏联用俄文刊行,由于散见在马克思、恩格斯、列宁著作中的大量美学论述只是后来才逐步进行辑录、整理、分析、研究和系统化,所以在二十年代的苏联,普列汉诺夫曾一度被推崇为马克思主义美学和文艺学的鼻祖和无可争议的权威。例如沃尔夫逊写道:"如果普列汉诺夫不能称为马克思主义科学美学的创立者,那么我们有一切根据把他看成是这种美学的奠基人。"①后来拉普领导人叶尔米诺夫进一步提出"维护普列汉诺夫正统"的错误口号。这个口号之所以错误,在于它否定了马克思、恩格斯的创始和奠基的作用,在于它抹煞了列宁著作对这个领域的指导意义,在于它忽视了普列汉诺夫美学思想中的缺点和错误。但是三十年代以后对拉普派普列汉诺夫美学和文艺学正统论的批判又走到了另一个极端,主要表现在错误地把他同马克思、恩格斯,特别是同列宁对立起来,对他的某些论断做出了偏颇的片面的解释,以及把他的某些门徒的理论错误算在他的账上等等。

这两种倾向在中国都有程度不等的反响。主张普列汉诺夫美学正统论的中国人是胡秋原。他写道:"总之,我的意思:政治上——列宁

---

① 沃尔夫逊:《普列汉诺夫》,1925年俄文版,第225页。

的正统;文艺科学上——普列汉诺夫的正统。"①而计永佑的《论普列汉诺夫的美学思想》一文则是另一极端在中国的最新翻版,不过是随着岁月的推移而大大褪了色的摹本。② 他硬说"普列汉诺夫在政治上是一个复杂而多变的人物,他在美学理论上也是复杂而多变的。"③

计永佑指出,学术界对普列汉诺夫美学思想的解释和评论一直分歧很大。这是实际情况。如果不错误地同"政治"挂勾,这本来也是正常的现象。作为阶级社会中特殊意识形态的文艺和美学一方面决定于阶级斗争,另一方面对后者又有相对独立性。这两方面都是历史唯物主义教导我们的。在评论任何一个思想家(例如普列汉诺夫)的任何一个社会观点(例如某一美学观点和文艺观点)时,究竟应该应用前一原理,还是应用后一原理,或者两个原理同样适用以及它们各自在什么范围内适用,都必须依据大量事实材料,具体进行分析。比方必须说明普列汉诺夫的哪一个错误的(是真正错误的,而不是所谓"错误"的)美学观点同他的哪一个或哪一些错误的政治思想有联系以及有怎样的联系。如果像经常发生的那样,不作任何论证就把两者拉扯在一起,除了让读者凭空瞎猜和浪费精力之外,是不解决任何问题的。特别不应该的是:为了证实普列汉诺夫后期政治错误对他的美学观点有影响,就胡乱编造事实。例如计永佑写道:

"普列汉诺夫在他坚持马克思主义的时期,站在捍卫无产阶级美学与艺术的立场上,高度地评价了高尔基的创作。他把高尔基的《马

---

① 胡秋原编:《唯物史观艺术论——普列汉诺夫及其艺术理论之研究》,神州国光社1932年版,第22页。

② 关于计永佑的观点下文还要作些讨论。附带说一句:就是我国杰出的马克思主义文艺理论家和批评家瞿秋白也未能摆脱苏联当年"左"倾思想的影响,尽管总的说来瞿秋白对普列汉诺夫的美学遗产采取了正确的肯定的态度。参见他的《文艺理论家的普列汉诺夫》一文,载《瞿秋白文集》,第2卷,人民文学出版社1954年版,第1059—1079页。

③ 《美学论丛》,第1辑,中国社会科学出版社1979年版,第209页。

特维·克日米亚金的一生》与巴尔扎克的最优秀的著作相比,认为如果不读高尔基的这部作品,就无从认识俄国。但是当他信奉孟什维主义之后,他就要求高尔基放弃艺术的党性原则……"①。

事实是怎样的呢?普列汉诺夫称赞高尔基的《克日米亚金》,同时把它同巴尔扎克的某些作品相提并论的那些话,根本不是在他的"马克思主义时期"讲的,而是在1911年12月21日致高尔基的信中写下的。② 而且这是唯一的一次。

当然,要正确地评价普列汉诺夫的美学功过,除了必须继续清除背离列宁主义的"左"的流毒之外,还需要对真正科学的美学理论有一定的认识。从错误的美学观看问题,即使如实地叙述了事实和正确地理解了普列汉诺夫的原话,也不可能得出恰当的结论。因为正如普列汉诺夫自己所说的,"为了批评这个或那个作者,就必须比他更深刻地理解清楚他所研究或解释的那些现象的意义。"③这个适用于一切对象的普遍原理同样适用于普列汉诺夫美学思想的研究。正因为如此,我们历来主张:在研究某一学科的历史发展时,应当尽可能更多地了解一下这一学科当今的状况。这也就是马克思说的"人体解剖是猿体解剖的钥匙"的意思。遗憾的是目前我们没有可能深入地研究"四人帮"垮台以来如雨后春笋般出现的大量美学文献。因此暂时我们只准备从哲学观点就普列汉诺夫几个最主要的也是最有争议的美学思想作若干述评。在国内各派美学学说中,我们基本上赞成李泽厚的观点。我们认为李泽厚在一系列美学和文艺学问题上继承和发展了普列汉诺夫的科学理论。

---

① 《美学论丛》,第1辑,第210页。
② 参见普列汉诺夫:《文学和美学》,第2卷,1958年俄文版,第516—517页。
③ 《普列汉诺夫哲学著作选集》,第5卷,第697页。

（二）

普列汉诺夫继承了车尔尼雪夫斯基热情地捍卫美学的光荣传统。他多次严肃地批评皮萨列夫在《美学的毁灭》一文中对车尔尼雪夫斯基的误解。皮萨列夫认为美学作为一门科学不可能存在的理由是：美只是我们所喜爱的东西，而人们的喜爱是千差万别的，有多少人就有多少关于美的概念，所以把各种个人趣味强制地统一起来的那种普遍的美学是不可能存在的；换句话说，美的概念既然仅仅以个人趣味为转移，而个人趣味的无限多样性就使人不可能用科学的观点，即用个人趣味发展的规律性的观点去看待个人趣味，而在没有规律性的地方也就没有科学。普列汉诺夫在批判这种唯心主义观点时指出：人们关于美的观念、趣味的多样性和变化本身是由社会生活中某些变化所决定的。既然社会生活的变化、发展是有规律性的，那么人们的审美观念和判断的变化、发展也是有规律可循的。而且不管一般地说人的审美观念如何多种多样，断言每个人都有自己特殊的审美观，那是错误的。在每个特定的时期，属于某个阶级的人在一定范围内都有大致相同的审美观。即使在某个时代某个阶级的人们内部由于个人的特点等等而出现审美观的种种次要的细微的差别，甚至他们彼此之间也常有争吵或斗争，那也决不会妨碍我们用科学的观点即用规律性、必然性的观点去研究审美观的现状和变化。作为一个唯物主义者，车尔尼雪夫斯基决没有意思要消灭美学。恰恰相反，他依据美学向艺术家阐明艺术的伟大意义，这种意义就在于传播科学所制定的概念。换言之，车尔尼雪夫斯基只是对美学理论作了一番根本的重新审查。他的著名学位论文《艺术与现实的美学关系》的写作目的之一就在于证明艺术的范围比美的范围要广阔得不知多少。

普列汉诺夫没有给美学下过定义,他也没有明确地在某个地方给美学的研究对象作过系统的说明。他似乎不大同意皮萨列夫对美学是"关于美的科学"的看法,而倾向于接受车尔尼雪夫斯基关于美学是艺术理论或一般艺术原则体系的思想。例如他在《车尔尼雪夫斯基的美学理论》一文中写道:"科学的美学,确切些说,正确的艺术学说"①。有时他把美学称为艺术哲学。② 不过我们没有理由根据这些说法就认为普列汉诺夫把美学和艺术理论混为一谈。这个问题很重要,值得详细谈谈。

普列汉诺夫写道:"车尔尼雪夫斯基美学理论的主要特征之一,就是认为'美'不能完全包括艺术的内容这一思想。"③

艺术的范围比美的范围远为宽广。艺术再现现实生活。然而人在生活中不仅追求美,而且也追求真理、爱情和改善生活等等。有时对后者的追求往往比对美的追求更加强烈得多。因此艺术在再现生活时远远不能局限于再现生活中的美。此外它还要再现生活中丑恶的现象。当然艺术在再现所有这些观象和追求的时候,总是利用美的形式来进行。但是这种构成一切艺术作品必要素质的美的形式,同作为艺术对象的现实美,是显然有区别的。把两者混为一谈就导致人们产生美是艺术唯一内容的错误观念。

美学当然是关于美的科学,正像经济学是关于经济的科学,历史学是关于历史的科学等等一样。但是这个定义不过是同语反复,实际上等于什么也没有说。这大概是普列汉诺夫不大赞成皮萨列夫定义的原因。不用说美学既要研究现实美的本性、特点和发展规律,也要研究美

---

① 《普列汉诺夫哲学著作选集》,第 5 卷,第 302 页。
② 同上书,第 2 卷,第 750 页。
③ 同上书,第 4 卷,第 359 页。

的形式的一般原则的体系。

普列汉诺夫从来没有否认美学应当研究自然美。他引证车尔尼雪夫斯基的话说：在自然界里优美和雄伟的风景就非常之多。有雄伟的海、雄伟的山。这些都使人产生"崇高"的观念。大风暴也是自然界的崇高的现象。那么"崇高"和"美"究竟是什么关系？唯心主义美学家把"崇高"当作"美"的因素。车尔尼雪夫斯基则相反，他证明，崇高不是美的变形，崇高的观念和美的观念彼此完全不同，它们之间既无内在联系，又无内在对立。普列汉诺夫指出，车尔尼雪夫斯基已经认识到必须彻底改造唯心主义美学关于崇高的概念。

又如，普列汉诺夫在另一个地方写道：托尔斯泰是自然美的最富有同情心的鉴赏者。自然在这位伟大艺术家的笔下不是被描写出来的，而是活着的。但是这个仿佛感到自然的美通过眼睛注入到自己心灵中的非常敏感的人，远不是对于任何优美的地方都感到喜不自胜的。比方他登上蒙特辽附近的一个山顶以后就不喜欢那儿的景色。托尔斯泰只喜爱那些能唤醒他意识到他和自然浑然一体的自然景色。① 为什么会这样呢？这便是美学所要研究的问题。普列汉诺夫的《托尔斯泰和自然》就试图回答它。他把这种现象同托尔斯泰对死的恐怖这一个人主义思想联系起来，同他关于灵魂永生的基督教观念联系起来。

既然艺术不仅反映现实美（自然美和社会美），而且用美的形式再现生活中各种非美现象和其他追求，所以作为艺术理论或艺术哲学的美学的研究对象就是艺术作品中所反映的现实美以及它用以反映现实的美的形式。而在艺术作品里，美往往以集中的形态表现出来。这就是普列汉诺夫所谓美学确切些说是艺术理论的缘故。但是另一方面，正如普列汉诺夫评述车尔尼雪夫斯基美学理论时所指出的，不论哪一

---

① 《普列汉诺夫哲学著作选集》，第 5 卷，第 718—719 页。

种艺术,它所创造的美都不能同生动的现实相比。现实中的美总是多于和高于艺术中的美。现实中的美总有许多内容未被艺术家所描绘,却不断地为人们所感受和欣赏。这些内容原则上无疑也应该是美学家研究的对象。因此我们觉得切尔卡申以下的看法是正确的:普列汉诺夫所谓美学确切些说是艺术理论的论点,只是表示他把作为社会意识特殊形式的艺术、它的本质和发展规律看成是科学的美学研究的主要对象。① 对于普列汉诺夫说来,关于美的学说和关于艺术的学说之间不存在原则区别,因为他认为艺术是美的东西的形式。

李泽厚认为,今天所讲的美学基本上可以分为三个方面或三种因素,即美的哲学、审美心理学和艺术社会学。前者对美和审美现象作哲学的本质探讨,后二者以艺术为主要对象作心理的或社会历史的分析考察。在不同的学说和思潮那里,这三方面或者比较完整地化合在一起,或者彼此互相混合或凑合。在这种化合或混合中又各有不同的侧重,形成不同色彩、倾向的美学理论或派别。②

根据这个观点来看普列汉诺夫的美学著作,可以说所有这三方面他都有详细程度不等的论述。这一点,凡是认真读过他的这些著作而又不为偏见所蔽的人都不会否认。他的美学体系的特点是从社会学的角度来考察这三方面的问题。③ 美和审美的社会功利性、艺术的劳动起源、艺术与社会生活的关系的理论等等,就不用说了,就是在审美心

---

① 德·切尔卡申:《普列汉诺夫的美学观点》,1959 年俄文版,第 26 页。
② 参见李泽厚:《美学论集》,上海文艺出版社 1980 年版,第 1 页,以及《美学》,第 3 期,上海文艺出版社 1981 年版,第 12—13 页。
③ 苏联先后一共出版了三个普列汉诺夫美学论文集,即《论文学和艺术》(一卷本,1948 年)、《论文学和美学》(两卷本,1958 年)和《论美学和艺术社会学》(两卷本,1978 年)。三本论文集中所收的基本论著是相同的。我以为第三个集子的标题最恰当,最能揭示作者美学理论的特色。另外,比较一下这三个文集的编者所写的序言是很有趣的。在某种意义上不妨说,它们反映了苏联学术界的三个时代。

理学方面,他也基本上是对各种艺术作品进行社会心理分析的。他一再强调说,美学只有建立在唯物主义历史观的基础上才能成为科学的。"我的任务现在是拿它(即唯物史观)来考察人们的审美观念。对它的这种应用同时也将是对它的检验。事实上,如果唯物主义的历史观一般是正确的,那么唯物主义的艺术观也是正确的"①。除此而外,普列汉诺夫在分析美学问题时也很注意辩证法的运用。他在这方面的功绩至今尚未得到应有的研究和肯定。这首先就表现在对他的美感两重性学说的评价上。

(三)

什么是美感的矛盾两重性呢?简单说来,就是美感的个人心理的主观直觉性质和社会生活的客观功利性质,即主观直觉性和客观功利性。也可以说是:美感判断对个人的非功利性和对社会的功利性。自从1956年李泽厚发表了《论美感、美和艺术》一文以后,人们至今一直认为,似乎美感二重性的论点是李泽厚最先提出的。例如李丕显在评述李泽厚《美学论集》的文章中写道:"《美学论集》对于美感二重性的提出和论证,更具独创性"②。说论证更具独创性,我们同意。至于"提出"则不是创始于李氏。第一次提出这一思想的,在俄国是普列汉诺夫,在中国是鲁迅。这一点当年李泽厚在他的这篇中国美学史上的重要文章中已经说得很清楚。他写道:

"应该指出,当时作为马克思主义者的普列汉诺夫在论证美感的社会性质的问题上,曾做出自己的贡献。但近十几年来,这些贡献在个

---

① 《普列汉诺夫哲学著作选集》,第5卷,第928页。
② 《美学》,第3期,第272页。

人崇拜的影响下,遭到了虚无主义式的轻视和反对。我们应该继续发展普列汉诺夫关于审美判断的历史唯物主义的科学理论。普列汉诺夫曾初步指出美感判断对个人的非功利性和社会的功利性的双重特点。他以原始艺术和法兰西十八世纪绘画和戏剧为具体例证,论证了美感是由'各种社会原因所限定的实质','文明人',这样的感觉(即指美的感觉、美的趣味、美的判断等——引者),是和各种的复杂的观念以及思想连锁在一起的。'为什么……人类恰有这些的而非这些以外的趣味呢?为什么他喜欢恰是这些而非这些以外的呢?那是关于环绕着他的条件如何的'。而这条件,普列汉诺夫指出,就正是一个特定的社会环境——一定的阶级、一定的民族、一定的生产关系和生产力,等等。所以,美感这种表面上的个人主观偶然的心理活动,是客观必然地决定于那个时代和社会的。而作为社会意识形态和上层建筑之一,艺术、美感与道德、科学一样,是作为人类认识和改造世界的有力工具而服务于人类的生产斗争和阶级斗争的社会实践的。它的存在的所以可能和必要,其根本原因就正在于它对于人类(在阶级社会中,是对某个阶级、集团),具有重要的功利的和实用的价值。尽管从表面看来,这种价值是极不明显,好像根本没有似的;尽管要真正揭发任何一个美感艺术与实用价值之间的联系,都要经过一连串的中间环节的极为复杂的过程(就像普列汉诺夫在分析法兰西十八世纪的戏剧和绘画一样),但它却是确然存在着的。这在当艺术、美感还未取得相对独立的地位,还未具有比较成熟的形态之萌芽阶段里,例如在原始艺术那里,美感、艺术与实用、功利就还保持着和呈现为一种十分明显、粗陋和简单的直接联系的情况。也正是普列汉诺夫,以原始艺术的丰富材料为例证,令人信服地证明了美的判断、趣味与实用和善的观念的不可分割的统一和一致,证明了美感、艺术的社会功利的真正本质和目的。鲁迅特别赞许地概括了他的这一杰出的美学思想,说:'普列汉诺夫之所究明,是社会人之看事物和现象，最初是从功利的观点的，到后来才移到审美的观点去。在一切人类之所以为美的东西，就是于他有用——于为了生存而和自然以及别的社会人生的斗争上有着意义的东西。功用由理性而被认识，但美则凭直感的能力而被认识。享乐着美的时候，虽然几乎并不想到功用，但可由科学的分析而被发现。所以美的享乐的特殊性，即在那直接性，然而美的享乐的根柢里，倘不伏着功用，那事物也就不见得美了。并非人为美而存在，乃是美为人而存在——这结论，便是普列汉诺夫将唯心史观所深恶痛绝的社会、种族、阶级的功利主义的见解，引入艺术里去了。'"美感直觉的内容、性质和特征的分析厘定，正如普列汉诺夫在论艺术时所提出，必须经由历史唯物主义的研究才能探到它的本质。……普列汉诺夫早就指出过，既然美感在同一人种中间还有着阶级和时代的差异的话，就不能在生物学中去探求美感的原因，而必须去寻求它的'社会学'上的根据。"①

在这段引文中作者清楚地告诉我们，美感二重性的特点不是他的独创，而是普列汉诺夫第一次提出的，这个思想后来得到鲁迅的特别赞许。作者又告诉我们，普列汉诺夫美学著作中还包括了以下一系列极其重要的原理：(1)艺术、美感的内部深处潜伏着功利的实用的价值；(2)美感最初是在功利的基础上萌芽、成熟的，以后才具有相对独立性；(3)由实用、功利到美感、艺术有一个极为复杂的过程，要经过一连串的中间环节；(4)不能在生物学中、只能在社会学中去寻求美感的原因、根据；(5)艺术、美感是认识世界改造世界的有力工具。作者认为普列汉诺夫的这些思想是杰出的、马克思主义的，并且给自己提出了"继续发展普列汉诺夫关于审美判断的历史唯物主义的科学理论"的任务。在这时的作者看来，美感直觉的内容、性质和特征分析厘定，必

---

① 李泽厚：《美学论集》，第 11、13—15 页。

须经由历史唯物主义的研究,而不是仅仅从马克思主义的实践观点出发,才能揭示其本质。李泽厚美学思想同普列汉诺夫美学思想的继承关系本来是十分明显十分确定的。不仅在美感两重性问题上,而且在美的两重性、美感积淀说、美感发生学、文艺批评原则等一系列问题上都有明显而直接的师承联系。奇怪的是人们偏偏讳言这种联系。例如李丕显就硬说:"李泽厚的美学探索,仿佛是从车尔尼雪夫斯基的终点开始,沿着这条唯物主义路线继续前进。从美学师承关系看,似也可说是直接继承了'美是生活'的唯物主义思想,把它安放到人类社会实践的基础上"①。在李丕显看来,似乎要准确地估价李泽厚美学体系在美学史的发展中的地位,首先应当考察的不是它同马克思、恩格斯、列宁和普列汉诺夫的师承关系,而是它同康德、黑格尔、车尔尼雪夫斯基的师承关系。我们不否认后者的美学学说对李泽厚的巨大影响,但是如果不突出说明李氏美学同前者的师承关系,怎么能叫人相信它是马克思主义的呢?看来普列汉诺夫的孟什维主义白色幽灵把许多人(包括有思想的人)都搞糊涂了。

不过从《美学论集》中摘录的上述引文也有几点不确切的地方,需要作些修正。第一,普列汉诺夫之论证美感的社会性,不仅在作为马克思主义者的时候有贡献,就是在作为机会主义者的时候也继续做出了自己的贡献。例如《从社会学观点论十八世纪法国戏剧文学和法国绘画》一文就是1905年写成和发表的。此外,《艺术与社会生活》、《无产阶级运动和资产阶级艺术》等著作也都是完成于1903年以后。第二,说普列汉诺夫只是"初步指出"美感判断对个人的非功利性和社会的

---

① 《美学》,第3期,第279页。在这个问题上,计永佑倒是有敏锐的眼光。他一再指出李泽厚"美感矛盾二重性理论的来源是把普列汉诺夫美学思想中受康德影响的那一部分加以吹胀的结果"。

功利性的双重特点是不符合事实的,也是同李本人的另一些论断互相矛盾的。例如上面那一长段的引文中就有这样的话:"正是普列汉诺夫,以原始艺术的丰富材料为例证,令人信服地证明了美的判断、趣味与实用和善的观念的不可分割的统一和一致,证明了美感、艺术的社会功利的真正本质和目的。"又如:"在美感直觉性中,潜伏着功利的、理智的逻辑基础。普列汉诺夫就这问题讲得很多,举了好些原始民族的例子,也以此论证过十八世纪法国的绘画和戏剧。"①用"丰富的"材料"令人信服地""很多"地证明了的东西就不是什么"初步指出"了。只要仔细比较一下他们两人的美学著作,便可以看出他们在美感二重性学说方面,基本观点几乎完全相同。区别主要在于李泽厚的论证要深入细致得多。第三,"在个人崇拜时期遭到虚无主义式的轻视和反对"的并不是普列汉诺夫关于美感社会功利性的理论,而是他的非功利论、他的直觉说和所谓"本能"说。让我们随便举几个有代表性的言论作为证明。

福米娜写道:普列汉诺夫"正确地反对了主张艺术的无利害关系性、美的享受的无私性的康德主义理论,即反对了形式主义的基础,但是,他有时也对康德主义关于艺术鉴赏力是无私的、直观的和直接的这一定义作了让步。……把功利的艺术同无私的艺术对立起来,就使普列汉诺夫走向抹煞艺术中的主要的东西,就是艺术应当成为改变世界的手段。"②

西多罗夫和奥夫相尼柯夫说,普列汉诺夫"向康德主义让步,硬说什么美的概念通常只同直观能力,只同本能的领域发生联系。"③

瞿秋白也认为,"普列汉诺夫的艺术论和美学观点之中,还包含着

---

① 《美学论集》,第 274 页。
② 《普列汉诺夫的哲学观点》,第 345 页。
③ 《普列汉诺夫》,第 17 页。

康德哲学的成分。……他采取了康德的审美观念,就是说关于'美'的兴味是没有私心的、旁观的、直觉的……普列汉诺夫的观念是:第一,艺术是完全非功利主义的,脱离实用的目的的,凡是艺术行为都是'没有私心的',所谓'无所为而为'的创作。第二,艺术能力是生理上心理上的一种'练习的欲望';这里普列汉诺夫的艺术论里的生物学主义表现得很清楚。"①

现在的问题是:普列汉诺夫关于艺术、美感的非功利性、无私性、直觉性等等究竟是怎样讲的?他的这些观点究竟是对的还是错的?

普列汉诺夫在《没有地址的信(1899—1900)》中第一次明确提出了美感二重性的学说。但是这个学说的基本思想的系统而简明的表述则见于《从社会学观点论十八世纪法国戏剧文学和法国绘画》。他在该文末尾的第二个"结论"中这样写道:

"康德说:享受决定着兴趣的判断,它是不受任何利害关系的约束的;掺杂了丝毫的利害关系的审美的判断,就带有鲜明的党派性质,决不是纯粹的兴趣的判断。这应用到个别人的身上是十分正确的。如果我喜欢一幅画,完全是因为我能出售它,并且赚一笔钱,那么我的判断当然决不会是纯粹兴趣的判断。但是,当我们站到社会的观点上来考察的时候,情形就改变了。原始部落艺术的研究曾经表明:社会的人最初是从功利的观点来看事物和现象的,只是后来在他们对待某些事物和现象上才转到审美的观点。这对艺术史作了新的阐明。自然,并非任何有用的事物在社会的人看来都是美的;但是毫无疑问,只有对他们有用的东西,就是说,在他们向自然界或者别的社会的人进行的生存斗争中具有意义的东西,在他们看来才是美的。这并不是说,对于社会的人,功利的观点是和审美的观点一致的。绝对不是!功利是凭借理智

---

① 《瞿秋白文集》,第 2 卷,第 1068—1069 页。

来认识的；美是凭借直觉能力来认识的。前者的领域是打算；后者的领域是本能。同时——这一点必须记住——属于直觉能力的领域要比理智的领域广阔得不知道多少：在享受他们觉得美的对象的时候，社会的人几乎从来没有认识清楚那同他们关于这个对象的观念联系在一起的功利。在极大多数场合下，这种功利只有科学的分析才能发现出来。审美的享受的主要特点是它的直接性。但是功利毕竟是存在的；它毕竟是审美的享受的基础（我们要提醒一下，这里所说的不是个别的人，而是社会的人）；如果没有它，对象看起来就不会是美的。""对象这个字眼在这里不仅应该理解作物质的东西，而且也应理解作自然现象、人的感情和人与人之间的关系。"①

这一段发展了马克思主义美学根本原理的论述，一直受到某些人的曲解、批评和攻击。看来需要作一些说明和澄清。

首先，普列汉诺夫从来没有一般地否定审美、艺术的功利性。无论在1903年以前还是以后，他一直都坚持这样的观点：艺术的、审美的感觉、趣味和判断对社会（氏族、部落、民族、阶级等等）来说是功利主义的。当然，远非一切对于社会的人有用的东西都是审美的对象。但是，只有对于社会的人的生活和他的发展有用的东西，对他来说才能具有审美的意义。因为"不是人为了美而存在，而是美为了人而存在"②。从这个意义上说，康德关于美是没有任何利害关系而喜爱的东西的定义是不正确的。③ 对于康德这个错误的观点，普列汉诺夫的确没有直接进行详细具体的分析批判。但是他不仅认真研究了关于原始氏族审美活动和艺术作品的大量人类学、人种学、民族学和考古学文献，对美

---

① 《普列汉诺夫哲学著作选集》，第5卷，第497页。
② 同上书，第5卷，第498页。
③ 同上书，第5卷，第409页。

感的起源和初期发展对社会历史状况的依赖性、主要是对生产力状况的依赖性作了详细的说明,而且根据古代的和中世纪的文化史,根据俄国文学史,特别是根据近现代西欧文学艺术史上的丰富材料,细致地令人信服地论证了这些国家特定时期的阶级关系如何决定了人们的审美感觉、趣味和判断。在某种意义上可以说整本《普列汉诺夫美学论文集》的主题之一就是论述美感的社会功利性。这是他对马克思主义美学的一项重大理论功勋。

这里还需要澄清一个问题:普列汉诺夫是不是同意达尔文的看法,认为美感的起源是生物学的,或者说是不是对达尔文主义作了让步? 能不能把普列汉诺夫在这个问题上的观点称为"艺术论里的生物学主义"?

最好还是让普列汉诺夫本人来回答这个问题。

"达尔文在其所著《人类原始及类择》一书中引证了许多事实,证明美感在动物的生活中起着十分重要的作用"。例如,"某些鸟类的雄鸟在雌鸟面前有意地展示自己的羽毛,炫耀鲜艳的色彩,而其他没有美丽羽毛的鸟类就不这样卖弄风情","交尾期间雄鸟的优美的歌声,无疑地是雌鸟所喜欢的。假如雌鸟不能赏识雄鸟的鲜艳的色彩、美丽,以及悦耳的声音,那么雄鸟使用这些特性来诱惑雌鸟的一切努力和劳碌就会消失,而这显然是不可设想的。"普列汉诺夫承认这些都是事实。"但是这些事实没有向我们说明审美趣味的起源。如果生物学没有向我们说明我们的审美趣味的起源,那么它更不能说明它们的历史的发展了。"不仅如此,达尔文的观点本身就是自相矛盾的。一方面他断言我们的审美趣味跟下等动物的趣味是一致的,即我们的审美趣味有生物学的起源,另一方面又说"美的概念,至少就女性的美讲来,在不同的人种中间是十分不同的,甚至在一个人种的各个民族里也是不一样的。"既然如此,"那么很明显,就无须在生物学中探寻这种不同的原因了。达尔文自己向我们说,我们应当向别的方面去探寻。"到哪里去探寻呢？达尔文说:"对于文明人,这样的(即审美的)感觉是与复杂的观念以及思想的进程密切联系在一起的"。"这是一个非常重要的特点,它使我们从生物学转到社会学"。普列汉诺夫举了四个例子以后,接着指出,审美感的"起源必须在观念的一种非常复杂的联想中寻找,而不要在跟它显然没有一点儿(直接的)关系的生物学规律中去寻找。……由物体的色彩的一定组合或物体的样式所引起的感觉,甚至在原始民族那里也是同十分复杂的观念联合在一起的;至少这些样式和组合有很多仅仅是由于这种联合才对于他们显得是美的。这种联合是由什么引起的呢？与我们看到物体而在心中引起的感觉联合在一起的那些复杂的观念又是从何而来的呢？显而易见,回答这些问题的不能是生物学家,而只能是社会学家。如果唯物史观比任何其他历史观更有助于解决这些问题;如果我们确信上述的联合和复杂观念归根到底是由一定社会的生产力状况和它的经济所制约和创造的,那就应该承认,达尔文主义同我在上面竭力说明的唯物史观是没有丝毫矛盾的"[1]。

从这里可以清楚而确定地看出:普列汉诺夫坚决地、毫不含糊地批判了达尔文的美感生物学起源说。但同时他也明确地指出了达尔文思想中的矛盾,说明了自己的观点同达尔文矛盾思想的一个方面的继承联系。这一切都是无可指责的。

但是有人问:为什么普列汉诺夫不仅没有批判达尔文关于"一切动物都具有美感"的说法,反而自己跟着断言:"人们以及许多动物,都具有美的感觉"[2]？说动物也有美感,这难道不是对达尔文主义的让步么？

---

[1] 《普列汉诺夫哲学著作选集》,第5卷,第311—317页。
[2] 同上书,第5卷,第319页。

普列汉诺夫这个话究竟是什么意思呢？他是这样说的："人们以及许多动物，都具有美的感觉，这就是说，他们都具有在一定事物或现象的影响下体验一种特殊的（'审美的'）快感的能力。"①换言之，动物所具有的那种"审美的"感觉只是某种"在一定事物或现象的影响下体验一种特殊的（'审美的'）快感的能力"。为什么人和动物有这种能力，而植物没有这种能力呢？这是由人和动物的生理结构所决定的。例如，为什么人和动物有欣赏对称的能力呢？因为"对称是来自对动物形体和人的形体的模拟，这种形体本身就是对称的"②。但是"能力"还只是"可能性"。"人的本性使他能够有审美的趣味和概念。他周围的条件决定着这个可能性怎样转变为现实"③。相反，动物，由于自己周围的条件和人不同，所以它们的"审美"能力始终只是一种生理上的能力而已。否认这种能力的存在，就等于否认上面引述的达尔文著作中的那些事实。把这种能力转为已经实现了的事实，这才是真正的美感生物学起源说。普列汉诺夫显然避免了这两个错误的极端。他在"审美的"三字上加了一个括弧，是颇具深意的。意思是说，动物身上有一种类似人类审美感的特殊的快感。这里同本书第三章中讲"斯宾诺莎主义"问题时所说的道理有许多相似的地方。如果我们无法反对"感觉能力是物质的普遍特性"或者"一切物质都具有在本质上跟感觉相近的特性、反映的特性"这一科学的假定，为什么就那么不能容忍"动物也具有本质上跟审美感相近的特殊感觉"这个假定呢？后一假定的理论意义也就在于推动人们去作进一步的实验研究，弄清人类的审美感如何一步一步从动物的某种特殊感觉中逐步脱胎进化而来。

---

① 《普列汉诺夫哲学著作选集》，第5卷，第319页。
② 同上书，第5卷，第342、445页。
③ 同上书，第5卷，第320页。

1912年普列汉诺夫在《艺术与社会生活》中写道:"在某一时期、某一社会或某一社会阶级中占统治地位的美的理想,部分地植根于人类发展的生物学条件(这些条件同时也造成了种族的特点),部分地植根于这一社会或这一阶级的产生和存在的历史条件。正因为如此,这种美的理想总是富有十分明确的,而完全不是绝对的,即不是无条件的内容。凡是崇拜'纯粹的美'的人,并不能因此就使自己不依赖于那些决定自己的审美趣味的生物学条件和社会历史条件,而只是多少有意识地闭眼不看这些条件罢了。"①

这段话的确说得不那么好,至少是不确切,容易引起误会。但是一定要说这个论点如何错误,甚至像福米娜那样,把它看成是孟什维克时期放弃过去正确观点的表现②,无论如何是站不住脚的。因为第一,这种表述在普列汉诺夫全部著作中是仅见的一次,而且整个《艺术与社会生活》所讲的完全是艺术与"社会历史条件"的关系,没有在其中任何其他地方讨论过"审美趣味的生物学条件"。第二,这篇文章的原稿已不存在。作者生前仅在《同时代人》杂志上发表过一次。据说该杂志上的原文中有一些错印的字以及书志记述上不确切的地方等等。后来虽然大部分错误已经订正③,但是否尚有误植或脱漏,就很难说了。第三,即使原文无误,也只能说表达不够准确。为了说明这一点,必须考察一下普列汉诺夫关于唯物史观与达尔文主义相互关系的一段议论。他写道:

"总之,把达尔文主义同我所拥护的历史观对立起来是非常奇怪的。达尔文的领域完全是另一个领域。他是把人类的起源当作动物种

---

① 《普列汉诺夫哲学著作选集》,第5卷,第840页。译文略有改动。
② 福米娜:《普列汉诺夫的哲学观点》,第344—345页。
③ 《普列汉诺夫哲学著作选集》,第5卷,第1012页。

的起源来看待的。唯物主义观点的支持者则想说明这个物种的历史的命运。他们的研究领域恰恰开始于达尔文主义者的研究领域终结的地方。他们的工作不能替代达尔文主义者所给予我们的东西,同样地,达尔文主义者的最光辉的发现也不能替代他们的研究,而只能为他们准备好基础,正如物理学家为化学家准备基础一样"。"如果达尔文主义的生物学家为社会学的研究准备基础,那么这也只应当这样来理解:既然生物学研究有机形态的发展过程,既然社会学研究社会组织和它的产物——人类思想和感情的发展,所以生物学的成就也就不能不有助于社会学的科学方法的改善。"①

关于达尔文生物学的科学原理(例如获得性遗传原理)在普列汉诺夫美学研究上的卓有成效的运用,下面很快就会谈到。② 在普列汉诺夫看来,生物学原理之于社会学研究,正如物理学原理之于化学研究一样,乃是不能脱离过去的基础。这是千真万确的科学事实。但是,什么是基础呢?基础就是"条件",是不能违背的"条件"。说甲是乙的"条件",等于说甲对乙有"决定"、制约作用。举一个例子。为什么有些原始民族以文身为美,另一些原始民族则实行"割痕"呢?普列汉诺夫的分析是:这跟这些民族的肤色有关。和浅色皮肤的民族不同,黑色皮肤的民族之所以流行割痕,因为它可以形成白色疤痕,有利于点缀皮肤,而文身所产生的花纹在黑色皮肤上效果不明显。③ 再举一个现代的例子。垂手站久了,会觉得坐着是最舒适的。④ 同样,坐久了也会觉得站起来走比什么都美。这是生物学规律。艺术欣赏就不能违反这个

---

① 《普列汉诺夫哲学著作选集》,第 5 卷,第 318—319 页。
② 至于这个原理在他的历史观研究和伦理学研究中的运用,本书相应地在第六章和第十二章作了说明。
③ 参见《普列汉诺夫哲学著作选集》,第 5 卷,第 415 页。
④ 同上书,第 5 卷,第 467 页。

规律。如果有哪位信奉福米娜式的观点的美学家,一定要连续不断地把原版巴西电视连续剧《女奴》一次放完,恐怕很难有几个人能看到终剧。正是这条不可违抗的生理规律,作为"生物学条件""决定"着艺术家们在制作电视连续剧时必须分集拍摄,分次放映,每集结尾处必须设置悬念,等等。

在这个问题上,苏联著名的普列汉诺夫专家恰金、约夫楚克和谢尔宾娜等采取了基本上正确或比较正确的立场。① 作为对比,也作为补充,我们这里把恰金先后两次有关的评论摘译如下。

普列汉诺夫上面的"这个表述是草率的,它把生物因素和社会因素置于同等的地位,从而不正确地表达了普列汉诺夫的真实思想。它导致个别的作者开始谴责他对艺术起源问题采取生物学的观点。在普列汉诺夫那里也有另一些不确切的论断。但是他的基本美学命题是正确的,虽然有时也需要修正。"②

"根据《艺术与社会生活》一文关于美的概念(理想)的生物学前提和社会本质相互关系的一个命题的不完全明确的表述,某些研究者企图把这样的概念硬加在普列汉诺夫头上:似乎他在自己的美学观点中把生物的东西和社会的东西等量齐观。不能同意这种解释。普列汉诺夫的观点是一元论的。表述中的个别不确切的地方不应该使我们看不清真正的东西。"③

---

① 参见谢尔宾娜:《普列汉诺夫的美学思想》,载《哲学译丛》1957年第4期,第33页,以及约夫楚克的下列论著:敦尼克、约夫楚克等主编:《哲学史》,第4卷,第二章第六节;《哲学百科全书》(五卷本),第4卷,"普列汉诺夫"条,1967年俄文版,第272—273页;《苏联大百科全书》,第3版第20卷,"普列汉诺夫"条,1975年俄文版,第31页;《哲学百科辞典》,"普列汉诺夫"条,1983年俄文版,第501页。
② 恰金、库尔巴托娃:《普列汉诺夫评传》,1973年俄文版,第179页。
③ 恰金:《普列汉诺夫对马克思主义一般社会学理论的分析》,1977年俄文版,第147页。

（四）

总之，在艺术和美感的社会功利性问题上，人们的指责主要是说他思想不彻底，不该对达尔文主义以及对康德主义做出让步。所谓对康德主义做让步首先表现在美感对个人的非功利性这个论断上。

如果说普列汉诺夫花费了很大的力气，翻来覆去地力图阐述美感的社会功利性，那么，对于美感的个人非功利性却几乎没有证明。这两种现象应该说都是由当时的环境造成的。十九世纪末二十世纪初的这三十来年里，新康德主义盛行一时。在它看来，审美趣味是一种不凭任何利害计较而单凭快感和不快感来对一个对象或一种形象显现方式进行判断的能力。换言之，它认为美感的特点就在于不涉及功利考虑，因而不涉及欲念和概念，即在于它的非功利性和直观性。在这种情况下，普列汉诺夫不把自己的注意力放在论证美感对个人的非功利性和直观性上面，是完全可以理解的。但是，他没有像论证美感对社会的功利性那样运用艺术史、原始氏族以及日常生活中的大量事实来证明这种非功利性和直观性，毕竟是一个缺陷。对于普列汉诺夫来说，这种非功利性和直观性是无可怀疑的事实。"兴趣的判断毫无疑问是以作这种判断的个人没有任何功利的想法为前提。"[1]因此他只是在很少的两三个地方简单地肯定一下这个事实："欣赏艺术作品的人，一般地会忘记一切实用的目的，特别是会忘记氏族的利益"。例如巴西人的鱼舞、北美人的头皮舞或澳洲妇女的蚌壳舞等"并没有给舞蹈者本人带来什么直接的利益，也没有给看舞蹈的人们带来什么直接的利益"[2]。偶尔他也

---

[1] 《普列汉诺夫哲学著作选集》，第5卷，第498页。
[2] 同上书，第5卷，第408—409页。

利用类比推理作点解释。他说,审美判断和道德判断有完全类似的情形,"如果我宣布这个行为是合乎道德的,只是因为它对于我是有用的,那么,我就没有任何道德的本能了"①。他的理论兴趣始终集中在说明美感的社会功利性和个人非功利性之间的关系问题上,首先和主要在于说明美感的个人非功利性如何在美感的社会功利性的基础上产生,说明这一产生的过程和机制,说明各种社会因素在这个过程中的作用和地位。他关于这些问题的出色论述构成他的美学理论的基础。其理论价值迄今没有得到正确的和足够的评价,因此值得着重地谈一谈。

在《没有地址的信》中,普列汉诺夫运用大量的材料三番五次地反复论证:从历史上说,以有意识的功利观点或者有用的观点看待事物,往往是先于审美(快感)的观点看待事物的。远非一切对于社会人有用的东西都是美的,但是只有对于社会人的生活及其发展有用的东西,才可能具有审美的意义。那么人的审美活动怎样从人的功利活动的基础上产生的呢?为了阐明这个思想,他广泛而详细地研究了原始艺术的起源。因为原始氏族的艺术活动和艺术作品是他们的审美意识的主要的、具有决定意义的物化形态。而为了解决艺术起源问题,他批判地分析了毕歇尔、斯宾塞、格鲁斯等人的理论。在他看来,"解决劳动和游戏的关系问题,在阐明艺术的起源上是极为重要的。"②艺术的本质特征是再现生活,游戏也是如此;不止人的游戏就是动物的游戏也是再现生活。区别仅仅在于游戏是艺术活动的萌芽。

毕歇尔认为,游戏先于劳动,艺术先于有用物品的生产。游戏的主要特征是:它对于维持生活所必需的活动过程没有直接的帮助。游戏者的活动并不追求一定的功利目的。斯宾塞和格鲁斯则说,游戏是力

---

① 《普列汉诺夫哲学著作选集》,第5卷,第498页。
② 同上书,第5卷,第373页。

量过剩的表现,是力量的一种非自然的练习。普列汉诺夫指出,这些看法不能为事实所证明。为什么一个动物用这样的方式练习,而另一个动物又用另一种方式练习呢?为什么游戏的方式随动物种类不同而各异呢?特别是为什么动物游戏内容恰恰决定于它们借以维持生存的活动呢?和动物一样,在人们那里,追求功利目的的活动,维持单个人和整个社会的生活所必需的活动,也是先于游戏,而且决定着游戏的内容。游戏是劳动的产物。它当然也是由于人和动物要把自己的力量的实际使用所引起的快乐再度体验一番的冲动而产生的。但力量的过剩不是游戏的必要条件,而只是有利于游戏进行的生理条件。否认动物游戏的生物学意义是不对的,然而没有看出它的生物学意义就更加错误了。因为游戏培养着幼龄动物未来生活的本领,训练它适应成年后的生活活动。这一点对人类也是适用的。从这个意义上说,游戏先于劳动。也就是说从个体生活道路而言,非功利的游戏、艺术活动先于各种各样的功利活动(首先是劳动,其次是战争、两性关系和其他社会交往)。反过来,如果从社会的角度看,情况就完全不同了。"在社会生活中,实际挖掘植物根当然先于模仿这个过程的成年人的舞蹈和儿童的游戏。因此在社会生活中,劳动先于游戏。"[1]而且从事社会科学的人(包括美学工作者)只能从社会观点看问题,而不能限于个体的观点。否则不仅不能了解为什么个人所从事的正好是这些游戏而非其他游戏,概言之,即不能了解游戏的社会学意义。把这个道理应用于艺术和审美活动,就得出普列汉诺夫美学理论的一条基本原理:艺术和审美活动是社会现象。脱离人类社会,无所谓艺术,也无所谓美。"把艺术看作游戏的观点,再加上把游戏看作'劳动的产儿'的观点,极其鲜明

---

[1] 《普列汉诺夫哲学著作选集》,第 5 卷,第 352 页。

地说明了艺术的实质及其历史。这个观点第一次使我们能够用唯物主义观点来考察它们。"①

现在让我们来看一看游戏如何在劳动的基础上产生,审美活动如何在功利活动的基础上产生,艺术如何在生产力的基础产生,审美的个人无私性如何在审美的社会功利性的基础上产生。这四种产生尽管彼此间有某些差别,但其过程的根本属性却是一致的。这就是:在保证周围适当环境的连续性的条件下,在不断实践("练习")的基础上,通过社会的"获得性遗传"的自发过程。

普列汉诺夫在《论一元论历史观之发展》第五章注释中讲过一个故事。某位神父反对达尔文的进化论,他提出了一个论据:把鸡丢进水里,结果并不是长出足蹼,变成鸭子,而是淹死。这显然是出于误解或歪曲而讲出的蠢话。因为生物器官的进化是漫长而复杂的历史过程的自发产物。就拿鸡变鸭作例子吧。落入水中的鸡如果经过不断的挣扎,有幸上了岸,它就不致淹死。在这种场合下,它就得到了一次划水的锻炼。第二次,如果又能活下来,它的划水本领就更大了。这种本领由于获得性遗传规律会传给它的后代。如果它的后代们在继续这种锻炼时都能存活下来,那么不断积累的划水练习就会逐渐变成它们的习惯,从而改变它们的身体器官,长出足蹼。这时原来鸡在岸上行走的生物本能就会变成现在鸭子在水中划行的本能。"经济的及其中产生出来的其他需要对于国民心理的影响也应该这样理解。这里发生着由于练习和不练习的结果而产生的缓慢的适应的过程"②。国民心理包括国民的审美心理和道德心理。所以普列汉诺夫一再讲,在这方面,审美领域和道德领域有完全类似的现象:审美态度或审美意志,也像道德意

---

① 《普列汉诺夫哲学著作选集》,第 4 卷,第 363 页。
② 同上书,第 1 卷,第 724 页。

志一样,是从社会(氏族、部落、民族、阶级等)利益的基础上成长的;美感的个人无私性,也像道德上个人的利他主义一样,是从社会利己主义的基础上产生的;审美习惯,也像道德习惯(即无目的性)一样,是在人们适应社会环境的合目的行为(即合目的性)的基础上养成的。这是一个辩证的转化过程。关于这一转化本身的机制,普列汉诺夫对道德问题的分析远比美感问题的分析要具体详细深入得多。只要把那些分析,通过适当的处理,类比到美学问题上,就可以知道他的相应的观点了。

写到这里,有必要替他的所谓美感"本能"说和道德"本能"说作一番辩白。他的这些学说一直受到曲解和非议,其实那决不是什么错误的理论,也不是什么对康德主义、达尔文主义的让步、投降。恰恰相反,它们真正是对马克思主义美学和伦理学的一个发展,是辩证法和历史唯物主义在这些领域中的创造性运用。

首先要明确地划清一条界线。普列汉诺夫所谓审美、道德的"本能"绝非像计永佑等所武断的那样是一种生物本能。因为第一,他明确地指出,审美能力和艺术能力本身是社会人在周围环境中不断练习的产物。例如他说,游牧民族和农业民族的绘画艺术为什么落后于原始狩猎民族呢?因为和狩猎者不同,"不论农耕者和游牧者都不需要这种颇为发达的观察能力和手的灵巧;因此,这些能力在他们那里就退到次要的地位"[1]。原始狩猎者在生产实践中所获得的这种技能通过社会遗传,因而形成为一种"社会本能"。第二,他一再强调,审美、艺术和道德都是社会现象。它们在社会之外是不存在的。在生物中只存在一种类似审美、艺术和道德的那些现象,如达尔文所列举的事实所证明了的。只要细心考察一下普列汉诺夫著作中所说的审美"本能"和道德"本能",不难看出,他指的都是"社会本能"[2]。正如他说的"人的

---

[1] 《普列汉诺夫哲学著作选集》,第 5 卷,第 441 页。
[2] 例如参见《普列汉诺夫哲学著作选集》,第 5 卷,第 367、373 等页。

本性"或"人的心理本性"都是指"人的社会本性"一样。有时候他也讲"人的神经系统的生理本性",但他始终认为这种本性只是提供物质基础使人有可能"觉察节奏的音乐性和欣赏它"。因为"这种能力后来的命运"是由人的生产技术决定的。① 不容否认,在这里普列汉诺夫是彻底贯彻了唯物史观的基本原则:只有社会存在才能阐明包括审美意识和道德意识在内的整个社会意识的秘密。② 我们已经在第九章详细介绍了他的人性观。我们认为这些观点跟把人性生物学化的理论毫无共同之点。

普列汉诺夫从来不把"本能"一词仅仅限制在生物学的意义上,硬说"在人类,因后天学习影响极大,除初生的婴儿外,无纯属本能的行为。"③尽管他在任何地方都没有提到过巴甫洛夫,但他实际上是把"本能"理解为一种能做出无条件反射行为的本领。这种行为往往可以通过社会遗传由条件反射行为变来。也就是说,他所谓"本能"是"社会心理"的一个组成要素。通常讲的"阶级本能"不外乎是这样一种阶级心理:这个阶级的成员对某种信号刺激的反应是如此直接、迅速和不假思索,就像动物的无条件反射行为一样。普列汉诺夫正是在这个意义上指称"审美本能"和"道德本能"的。例如前面引证的话中就有这样的句子:

"功利是凭借理智来认识的;美是凭借直觉能力来认识的。前者的领域是划算;后者的领域是本能。"

普列汉诺夫的这个思想也是引起疑惑和非议的一大题目。计永佑文章第二节的标题就是:"美感是理智的,还是直觉的、本能的?"这里

---

① 《普列汉诺夫哲学著作选集》,第 5 卷,第 341 页。
② 同上书,第 3 卷,第 198 页。
③ 《辞海》,第 2852 页。

再次应验了普列汉诺夫本人经常引证的名言:"同一句话在不同的人的口中,有不同的意义"。看来计永佑根本没有弄清普列汉诺夫的思想。普列汉诺夫完全不像计永佑那样把功利和审美、理智和直观、自觉和本能形而上学地对立起来。在他看来,个人在审美享受时,"主要特性是它的直接性",这时他"几乎没有认识清楚那同他关于美的对象的观念联系在一起的功利",他之享受到某种美感完全是直接的、迅速的、不假思索的。这种能力就是直觉,或译直观。直觉的特点是根据当下一刹那无法清楚认识的各种特征,无须通过推理活动就能立即获得关于特定对象或过程的本质的某种认识或意识。这种直觉能力当然属于本能领域。因为它几乎是一种无条件反射。无独有偶的是恩格斯在"《反杜林论》旧序"中写道:"理论思维仅仅在能力的形态上是天赋的。这种能力必须加以发展和锻炼"①。这简直同普列汉诺夫的说法一模一样。不知计永佑怎样评论恩格斯的话?

不仅如此,普列汉诺夫还进一步指出:"一件艺术品,不论使用的手段是形象或声音,总是对我们的直观能力发生作用,而不是对我们的逻辑能力发生作用,因此,当我们看见一件艺术品,我们身上只产生了是否有益于社会的考虑,这样的作品就不会有审美的快感;在这种场合下,只有着审美快感的代用品,即这些考虑所带来的快乐。但是,既然一定的艺术形象导引我们进行这些考虑,所以就出现一种心理错乱状态,由于这种心理错乱状态,我们便认为这个形象正是引起我们的快感的原因,然而,实际上我们的快感是由形象引起的思想所造成的,因此,我们的快感的根源是在于我们的逻辑能力的作用,而不是在于我们的直观能力的作用。真正的艺术家总是求助于直观能力,而抱有成见的创作总是尽力在我们身上引起对普遍利益的考虑,就是说,归根到底是

---

① 《马克思恩格斯全集》,第20卷,第382页。译文据俄译本修改。

要对我们的逻辑能力发生作用。"①

这段出色的论述同样受到《普列汉诺夫哲学选集》第 5 卷俄文版编者们的错误指责。在编者们看来,这段话"似乎是反对艺术创作中的'倾向性'"。这完全是误解。其实普列汉诺夫不过是用另一种形式或从另一个角度把同一篇著作中的下述原理申说一遍:"艺术既表现人们的感情,也表现人们的思想,但是并非抽象地表现,而是用生动的形象来表现。艺术的最主要的特点就在于此。"②在这里,他丝毫没有背离他从别林斯基那里继承下来的一贯思想:"诗人和哲学家的区别只在于一个用形象来思维,另一个是用三段论法来思维"。

试问,普列汉诺夫这个说法同马克思关于对世界的理论掌握方式和艺术掌握方式的著名论点究竟有什么不同呢?或者退一步说,究竟有什么本质的区别呢?马克思的这一论点见于《〈政治经济学批判〉导言》。这篇"导言"是 1902 年在马克思文稿中发现的,1903 年第一次发表于《新时代》杂志。普列汉诺夫的上述议论大概是 1899—1900 年写的。③

普列汉诺夫根据上述原理对西欧和俄国许多著名作家和作品进行了大量细致深入的分析,其中不少真正称得上是杰出的文学评论。例如他在《车尔尼雪夫斯基》(1909 年)中写道:"莎士比亚作为一个剧作家是远胜于车尔尼雪夫斯基所说的那些作家的",即远胜于席勒等人的。④ 因为正如别林斯基所分析的,即使是席勒的优秀作品仍然在某

---

① 《普列汉诺夫哲学著作选集》,第 5 卷,第 409—410 页。句中"抱有成见的"一词,原文为"тенденциозное",曹葆华译为"有倾向的",很不妥。因为这样一来就造成了严重的误解。原文显然是一个贬义词。《俄汉大辞典》释义为:"有成见的,有偏见的;片面的;别有用意的;故意歪曲的。"而"有倾向的创作"在马克思主义者看来则绝对无可厚非。普列汉诺夫这句话的意思是把按照艺术规律进行创作同不按艺术规律进行创作对立起来。这里跟艺术创作中的思想性或倾向性毫不相干。
② 《普列汉诺夫哲学著作选集》,第 5 卷,第 308 页。
③ 同上书,第 5 卷,第 919—926 页。
④ 同上书,第 4 卷,第 373 页。

种程度上缺少艺术价值。① 普列汉诺夫的这些评论,同马克思关于要"更加莎士比亚化",不要"席勒式地把个人变成时代精神的单纯的传声筒",以及恩格斯关于"不应该为了观念的东西而忘掉现实主义的东西,为了席勒而忘掉莎士比亚"的著名观点②,也是完全一致的。暂时我们还没有查出马克思、恩格斯的这些观点最初发表于何时。但是有一点可以肯定:普列汉诺夫写他的上述名著时没有看过马克思和恩格斯给拉萨尔的这两封信。人们对马克思、恩格斯这两封信的天才思想作了许多研究,用了许多高级形容词表示赞美,这当然都是很应该的。可是不知为什么对普列汉诺夫同样的思想很少有人提到,甚至那些专门分析他的美学文艺学理论的专著也对它不屑一顾。更没有人去探讨他的这些作家分析同他的审美"本能"说,同他的美感两重性学说有什么内在的必然联系。

但是,在普列汉诺夫看来,审美的无私性和直观性只是事情的一个方面。完整的说应该是:个人"欣赏艺术作品,就是撇开任何有意识的利益考虑而欣赏那些对有益于氏族的东西(对象、现象或心境)的描绘"③。这就是说,个人欣赏艺术作品,只有就直接的现象而言,才是非功利的。"但是功利毕竟是存在的;它毕竟是审美的享受的基础"。同时,由于功利是凭借理智来认识的,美是凭借直觉能力来认识的。所以,个人欣赏艺术作品,也只是就直接的现象而言才具有直观性。其实理智也是存在的,因为它毕竟是审美享受的基础。

要弄清这个道理,就必须首先知道直觉能力、本能和非功利性从何而来。普列汉诺夫指出,人类最初是从功用的观点看事物的,即凭自己

---

① 参见《普列汉诺夫哲学著作选集》,第5卷,第201、215—217等页。
② 参见1859年4月19日马克思致拉萨尔的信和同年5月18日恩格斯致拉萨尔的信。
③ 《普列汉诺夫哲学著作选集》,第5卷,第409页。

的理智发现事物的种种功用。由于这一过程不断地重复着,于是人们开始喜爱这些事物。后来慢慢发展到只要一接触它们就立即获得美感。"但是,一定的东西在原始人的眼中一旦获得了某种审美价值之后,他就力求仅仅为了这一价值去获得这些东西,而忘掉这些东西的价值的来源,甚至连想都不想一下。"①这时,理智对该事物的某种功用的认识就作为一种"文化成果"保存在欣赏者的脑袋中,甚至"一代传给一代"②。有时还会出现这样的情形:完全不具备这种功用的其他事物,只是由于形象与该事物相似,人们一看到前者便想起后者;于是这个"其他事物"对人也就具有了审美意义。如果说在前一场合,人们对特定事物的功利性和审美感还是暗中统一的(仅仅暂时"忘掉",只要一回想就能发现它的功用和价值),那么在后一场合,这种统一性在"其他事物"这个对象身上就完全分离了。它们的统一只有从社会的观点在追溯历史过程时才能发现。因此,"其他事物"的这种审美价值就最显明地证实是历史的产物,是"文化的成果"。在这里最容易看出,其审美价值的非功利性中沉淀着历史的功利性,直观感性形象中沉淀着社会的理智。这也就是李泽厚所谓的"积淀"学说。尽管普列汉诺夫没有像李泽厚那样自觉、那样清晰、那样详细具体、那样结合中外艺术实践加以发挥,但是基本的论点在他的著作中毕竟是确然地存在着。可以说,李泽厚颇有成就地在一系列问题上发展了普列汉诺夫的美学理论。和苏联许多研究普列汉诺夫美学的专家们相比,应该承认在这些问题上他最忠实地把握了普列汉诺夫的思想。

结束这一节的时候,我们觉得谈一谈普列汉诺夫对高尔基的批评是适宜的。这一则因为这个问题被弄得简单化漫画化了,二则因为它

---

① 《普列汉诺夫哲学著作选集》,第 5 卷,第 427 页。
② 同上书,第 5 卷,第 385 页。

清楚地告诉我们,普列汉诺夫的"本能"说、"直觉"说不仅不反对理性,不反对掌握马克思主义,而且合乎逻辑地非常强调艺术家学习马克思主义。普列汉诺夫的"直觉"、"本能"理论一点也不排斥理性,一点也不排斥进步的和革命的思想,这一点是十分明确而且一贯的。例如他在《艺术与社会生活》中就说过:"任何一个多少有点艺术才能的人,只要具有我们时代的伟大的解放思想,他的力量就会大大地增强。只是必须使这些思想成为他的血肉,使得他正像一个艺术家那样把这些思想表达出来。"①

普列汉诺夫对高尔基的这个批评,见于他的"《二十年来》文集第3版序言"。他在那里写道:

"高尔基先生的《忏悔》自然会使所有真正尊敬这位很有天赋的作家的人不安地问自己:难道他的好时光真的过去了么?我不敢,也很不愿肯定地回答这个问题。我只是说,在自己的《忏悔》中,高尔基先生站在了一个斜坡上;以前,像果戈理、陀思妥耶夫斯基、托尔斯泰这样的天才曾经从这个斜坡上滑了下去。他是否不会跌倒?他是否会离开危险的斜坡?这我不清楚。但我很清楚的是:他只有在真正掌握马克思主义的条件下才能离开这个斜坡。……只有马克思主义才能治好高尔基先生。……高尔基先生自认为是马克思主义者:要知道他在自己的长篇小说《母亲》里已经以马克思观点的宣传者的身份出现了。但是,这部长篇小说表明,高尔基先生完全不适于担任宣传这些观点的角色。《忏悔》就是他完全不懂得马克思观点的一个新的,也许是更有说服力的证据。所以我还要说:如果高尔基先生想宣传马克思主义,那他就要花点气力预先搞懂它。搞懂马克思主义一般说来是有益的和愉快的。而高尔基先生搞懂它,还会带来无法代替的好处,那时他就会明白,宣

---

① 《普列汉诺夫哲学著作选集》,第5卷,第886页。

传家的角色,即主要用逻辑语言讲话者的角色,对于艺术家,即对于主要用形象语言讲话的人来说是多么的不适宜。当高尔基先生相信这一点的时候,他就会得救。……"①

普列汉诺夫在这里批评了高尔基的《母亲》和中篇小说《忏悔》。一年以后他又在《再论宗教》一文中用了整整一节的篇幅,对同一内容的批评作了详细的发挥。② 应当怎样评价这些批评呢?

对《忏悔》的批评,对高尔基的宗教宣传的批评,是完全正确的、没有争论的和毋庸怀疑的。问题出在《母亲》上。据说列宁在读过《母亲》的手稿以后曾对高尔基说:"这部书很需要,许多工人参加革命运动是不自觉的,自发的,现在他们读了《母亲》,会得到很大的好处",并赞许它是"一本很及时的书"。显然,列宁首先和主要是从政治方面评价这本书的。对于《母亲》的艺术方面列宁并没有发表过直接的评论。这时普列汉诺夫正在拼命鼓吹他的孟什维主义策略。因此他对《母亲》中宣传的布尔什维克观点自然很反感。从这方面说,毫无疑问他是完全错误的。但是他决没有"指责高尔基'想宣传马克思主义'",也没有断言"一个艺术家就不该同时又是宣传家,宣传对艺术是'有害'的",像计永佑所说的那样。因为他一再声称,没有思想的艺术是僵死的,艺术的意义就在于它是人与人之间精神交往的手段,或者说,就在于宣传。他只是认为高尔基不适于扮演宣传家和思想家的角色。因为他想宣传卢那察尔斯基的"社会主义宗教"(这个批评是对的),因为他要宣传布尔什维克的"工农专政"的策略思想(这一点他错了)。普列汉诺夫还批评《母亲》没有按照艺术规律进行创作,它采用的不是艺术家的形象语言,而是宣传家的逻辑语言。在普列汉诺夫看来,"如果一

---

① 普列汉诺夫:《论文学和美学》,第 1 卷,1958 年俄文版,第 131—132 页。
② 参见《普列汉诺夫哲学著作选集》,第 3 卷,第 436—452 页。

位作家不运用形象而运用逻辑的推论,或者如果他虚构出形象来论证某一论题,那么他已经不是艺术家而是政论家了,即使他写的不是著述和论文,而是长篇小说或剧本。"①对《母亲》的艺术方面的优劣完全可以争论。② 很可能,他的机会主义损害了他的艺术鉴赏力。但是他提出莎士比亚化胜过席勒化的艺术原则任何时候都是对的。因此决不能同意福米娜所谓"普列汉诺夫的孟什维主义、他之脱离马克思主义的革命立场造成了普列汉诺夫对伟大的无产阶级作家的创作的不正确的总评价"③这种米丁式的论断。

(五)

上面说过,普列汉诺夫始终认为,只有坚持用唯物史观作为研究的一般方法论原则,美学理论才能沿着科学的道路向前发展。他对唯物史观的理解,本书第五—七章已经作过比较系统的阐述。它的核心部分就是所谓"五项论"。这个理论不仅肯定了生产力、经济的最后决定意义,而且肯定了其他社会因素的中介作用。把它运用到审美意识和艺术的起源问题,那么必然得出的结论就是:(1)"审美趣味总是随着生产力的发展而发展的"。(2)"甚至在原始狩猎社会里,技术和经济并非总是直接决定审美趣味的。往往在那里发生作用的是相当多的和各种各样的中间'因素'",其中"有些因素本身就是生产力的发展所引起

---

① 《普列汉诺夫哲学著作选集》,第 5 卷,第 836 页。
② 例如,高度赞扬《母亲》的艺术性的卢那察尔斯基也说:"其中的浪漫主义精神多得大大超过了需要",高尔基"并不是任何时候都能掌握分寸,不让他自己一味赞扬歌颂,力求清醒和严肃",而且由于作者在处理崭新题材时还不熟悉工厂无产阶级的生活,因此行文未免不大自然,等等。(参见卢那察尔斯基:《论文学》,人民文学出版社 1978 年版,第 315、316 页)
③ 《普列汉诺夫的哲学观点》,第 361 页。

的,而其他一些因素之所以只能这样地而不是另样地发生作用,正是因为社会生产力是处在这样的发展阶段,而不是处在其他发展阶段。"①

他一再说,人的神经系统的生理本性使他具有进行审美活动的可能,他周围的条件决定着这个可能性怎样转变为现实。在这些条件中,起最终决定作用的当然是生产力,是经济。但如果没有其他因素的作用,要了解特定美感的产生仍然是不可能的。可以说,阐明一定的社会的人(即一定的社会、一定的民族、一定的阶级)的审美意识和艺术作品是怎样在生产和经济的基础上由于其他各种社会因素(乃至自然因素)的相互作用而产生的过程,构成了普列汉诺夫美学研究最重要的课题之一。相反,审美艺术活动的反作用问题在他的著作中则始终占据次要的地位。这既是他的美学思想的长处,又是它的短处。从短处看,不能不指出他的认识论的某种意义②的直观性与此有密切联系,或者说,前者是后者的一种表现。同时,这个短处也表现在普列汉诺夫关于作家分析的一系列缺点上。例如把别林斯基、赫尔岑、车尔尼雪夫斯基和杜勃罗留波夫等人只看成启蒙思想家。列宁曾经指出,车尔尼雪夫斯基不仅是启蒙派,"不仅是空想社会主义者,他同时还是一个革命的民主主义者,他善于用革命的精神去影响他那个时代的全部政治事件,通过书报检查机关的重重障碍宣传农民革命的思想"③,我们不能像普列汉诺夫那样忽视自由主义者和民主主义

---

① 《普列汉诺夫哲学著作选集》,第 5 卷,第 426、430 页。
② 其所以讲"某种意义",是因为从根本上说普列汉诺夫毕竟是一个辩证唯物主义者,而且是一个杰出的辩证唯物主义者,而不是直观的、形而上学的唯物主义者。即使在认识论领域(特别在自由与必然的辩证关系问题上)也是如此。列宁称他是"彻底的辩证唯物主义"者决不是没有缘由的。这一点本书已经作了很多论证。因此我们不能同意李泽厚的论断:"普列汉诺夫的根底可说是十八世纪法国唯物主义"(《批判哲学的批判》,人民出版社 1979 年版,第 352 页)。另一方面也必须看到,对某些问题在一定范围内他的言论(特别是 1903 年以后关于俄国问题的那些政论)确有直观性和形而上学的表现,甚至是严重的表现。
③ 《列宁全集》,第 17 卷,第 105 页。

者的政治实践的和阶级的差别。又如他没有从俄国革命的性质、革命的动力这个观点去分析托尔斯泰的作品,因此也就不可能看出这些作品在推进俄国资产阶级民主革命中的重大作用。等等。不过这里主要讲他的长处。

第六章讲过,对中介因素作用的论述是普列汉诺夫的一大理论贡献。这一点也表现在对美感起源的分析上。在各种影响审美意识的因素中,他最强调的是社会心理,而且他对社会心理的这种作用的考察又最为人所误解,所以就从这个因素开始我们的讨论。

在《没有地址的信》中开头有一句这样的话:"艺术开始于一个人在自己心里重新唤起他在周围现实的影响下所体验过的感情和思想,并且给予它们以一定的形象的表现。"这句本来完全正确的话照例受到了计永佑的指责。据说这样一来,"艺术形象就不会是对现实的反映,而只是对于人的思想和感情作了形象化的表现"。人的思想和现实生活的关系归根到底只有两种:或者思想正确地反映了现实,或者思想歪曲了现实。正确地表现错误思想以及歪曲地表现正确思想的艺术作品当然不会是现实的正确反映,而只是现实的歪曲反映。这一点普列汉诺夫从来没有否认过。但是歪曲反映毕竟还是一种反映。至于正确地表现正确思想的艺术作品,那就更是现实的反映了。列宁说,托尔斯泰的作品不仅表现了"他个人思想的矛盾",即表现了他个人思想和感情,而且这些思想和感情还"表达了一个历史时期的农民群众的心理"("情绪"),而这个时期农民的心理又反映了当时俄国革命的政治现实和经济现实。在这里列宁不仅"在艺术形象这种观念与它反映的现实之间横插进一个中介",即作家个人的"思想及情感",而且还横插进另一个中介,即农民群众的"思想及情感"。列宁的这个说法岂不也等于被视为异端邪说的"艺术是现实的摹写的摹写"?和计永佑指责普列汉诺夫不该在艺术和生产力之间横插进中间因素相反,黄药眠则号召"批判普列汉诺夫的生产力直接决定文学艺术的谬论"①。计永佑说这是他的"象形文字论"在艺术问题上的反映,黄药眠则要揭露那种"庸俗社会学的政治反动性"。真是"仁者见仁,智者见智"!

我们且放下这些批判者,回头看一看普列汉诺夫本人的叙述吧。

我们已经知道,远不是一切功利判断都可以转化为审美判断。要实现这种转化还必须有一个条件,就是与某些复杂的观念结合起来。换言之,功利意识只有在这些观念的影响下,即社会心理的影响下才能产生审美意识。为了说明社会心理的种种观念在多大程度上能够成为弄清审美意识产生过程的钥匙,他从人种志学、原始民族学等大量书刊中援引了许多实例,并作了某种程度的分析。

动物的皮、爪和牙齿在原始民族的装饰中起着非常重要的作用。这些东西最初之为印第安人喜欢,不单是由于它们所特有的色彩和线条的组合,"更可能得多的是最初只是作为勇敢、灵巧和有力的标记"才开始引起美感的。

为什么非洲许多部落的妇女手脚上戴着笨重的铁环,越是富裕的家庭戴的铁环就越重,有时甚至重达三十多斤呢?因为这些部落当时正经历着铁的世纪。对他们说来铁是贵重金属,是富的象征。在富的观念影响下,他们对笨重不便的铁环产生了美感。

有的非洲部落认为没有拔掉上门牙的人是丑的。这种奇特的美的概念来源于他们想模仿反刍动物。因为他们是一个游牧部落,把牛当作神崇拜。这种由于宗教观念和感情(图腾崇拜等)而引起美感的事例在狩猎民族中也可以看到。很多事实说明"狩猎生活生产了狩猎神话,而狩猎神话又成为一种原始装饰艺术的基础"。

"在北美印第安人那里,社会舆论的全部力量是在于使青年成为

---

① 参见《新华月报》,1979 年第 7 期,第 166 页。

无畏的战士,养成他们对战斗荣誉的渴望"。因此战士的理想使得他们的战争舞具有审美的意义。①

总之,人类活动的一切方面都会使人产生相应的观念。这些观念一旦形成,成为社会心理的一个因素,就具有相对的独立性。在一定的范围内它们必然影响人的审美意识的产生和变化。如果不揭示它们的这些作用,特定问题上美感的起源就不可能弄清楚。

正是在这个意义上,普列汉诺夫强调运用心理学定律(如模仿律、对比律或矛盾律、相关变化律、对称律等)来解释审美意识起源的重要性。② 这里根本没有计永佑所说的"审美观念的心理学规律先验地、本能地存在于动物之中的心理现象中"的那个意思。可以说普列汉诺夫在论述心理学规律的这种作用时是严格依照他的五项式理论关于社会心理的学说诸原理的。他在自己的著作中反复不断强调,这些心理因素和心理规律都是在生产力状况和社会阶级活动的基础上起作用的。而且好像预感到后世可能有人会曲解他的这些观点,他曾经明确地批评"达耳德把对模仿规律的研究摆在错误的基础上"③,即不是摆在唯物史观的基础上。

当然,普列汉诺夫对社会心理的这种作用所进行的种种具体解释并非都能使人信服。例如用对立原理解释为什么澳洲黑人的丧服为白色而欧洲白人的丧服为黑色④就显得非常牵强,因为我们中国人的丧服就是白的,但我们并不认为白色"难看"。不过普列汉诺夫在把他的一般原则应用于个别例子时出现的差错不应该成为否定他的原则,硬说他把对立原理当作抽象公式到处乱套的理由。这只说明他的个别证

---

① 参见《普列汉诺夫哲学著作选集》,第 5 卷,第 315、316、403、416 等页。
② 同上书,第 5 卷,第 321—334、342—343 等页。
③ 同上书,第 5 卷,第 321 页。
④ 同上书,第 5 卷,第 412—413 页。

明不如他的主张强而有力罢了。何况他本人已经清楚地意识到问题的复杂和材料的不足。

如果普列汉诺夫把对立原理(他认为这个原理就是黑格尔说的"矛盾")运用于原始艺术起源时由于材料不足不免有失误和简单化的毛病,那么在分析大量材料的基础上拿它来说明十七—十八世纪法国文学艺术的变化就取得了辉煌的成功。1899 年普列汉诺夫说过:"达尔文的对立原理在审美概念的结构中起着非常重要的、至今还未给予足够估价的作用"①。显然这句话不是凭空说的。粉碎"四人帮"以后,我国人民和文艺界审美观念的巨大变化,不是再一次证明达尔文"对立原理"即黑格尔"矛盾"原理的生命力吗?

在对待达尔文"对立原理"的态度上,正如对待他的美感本能说以及对待康德的审美非功利性、无目的性和直观性理论的态度一样,普列汉诺夫的确是贯彻了辩证法原则的。他把康德以及对立学派视为一般原则的东西降为自己体系的个别环节,并运用发展观点把两者中的合理的因素在新的基础上统一起来。这难道不正是黑格尔纠正康德思想时所采取的那种"加深、概括、扩大它们"的辩证批判方式么?这难道不表明他对辩证思维的精义在于判明对象的适用界限并不陌生么?我们先是在说明他的地理环境学说时看到了这个特点,后来又在他的个人历史作用学说中突出地看到了这一点,现在又在他的美学理论中看到了它,下面在叙述他的伦理观点时还会再次相会。然而有些人只知道一个劲地引证列宁在《哲学笔记》对普列汉诺夫的那段著名批评,说他同新康德主义作战时如何如何简单化,却没有认真思索一下列宁那里到底讲的是什么问题。有的人竟然糊涂到硬说列宁的这一批评"完全适用于普列汉诺夫在美学方面对康德的批判与继承"②!简直不可思议!

---

① 《普列汉诺夫哲学著作选集》,第 5 卷,第 331—332 页。
② 《美学论丛》,第 1 辑,第 229 页。

（六）

普列汉诺夫不仅明确提出了美感矛盾二重性学说（尽管他任何时候都没有使用过"美感的矛盾二重性"这个词），而且也考察了美的矛盾二重性。只是他对后者的分析不如前者那样明显那样自觉那样详细而已，当然更没有使用过"美的矛盾二重性"概念了。这两个名词都是李泽厚的发明。

普列汉诺夫也没有说过"美感是美的反映"。但这个思想对他则是很明确很坚定的。因为他一再指出，人们的美的概念表现在反映着现实生活的艺术作品中，而现实生活中存在着不依人们的认识和愿望为转移的美的事物。"美具有完全不以无限多样的个人趣味为转移的独立的意义。"美的独立性正如人的本性之独立性一样具有客观意义。① 他经常重复说，不是社会意识决定社会存在，而是社会存在决定社会意识，后者是前者的反映。社会意识当然包括审美意识、道德意识等在内。如果联系到他的艺术理论，联系到他关于艺术是社会生活的反映、"艺术的使命在于再现现实中所存在的美"②，那么对他说来美是第一性的、客观的、本原的，而美感则是第二性的、主观的、派生的，显然无可置疑。

那么什么是美感？什么是美？普列汉诺夫任何时候都没有下过明确的定义。因为他深知对复杂事物或现象，尤其是对于像美和美感这样极其复杂的事物或现象下定义是十分困难的。"一个对象的稍微令人满意的定义，只有在它的研究的结果中才能出现"③。而美学研究当

---

① 《普列汉诺夫哲学著作选集》，第5卷，第258—259页。
② 同上书，第5卷，第278页。
③ 同上书，第5卷，第307页。

时还处于幼稚时期(直到今天这种情况仍然没有根本的改观)。不过根据他的论述,我们不妨大致地把他的观点归纳为这样的意思:美感是这样一种社会意识,它在社会的各个成员身上表现为由直观形象引起、充满纯真喜悦而又能使人的灵魂崇高的一种特殊的快感;①而美则是固有具体形象、能引起人们纯真喜悦之情、使人的灵魂崇高的一种社会生活或社会关系或社会存在。

需要解释一下。美感问题上面已经讲过,现在只讲美。

首先,为什么说美是一种社会生活、社会关系或社会存在呢?说社会美和艺术美(确切些说是艺术作品中存在着的美)是社会存在,这一点比较容易理解。问题在于自然美。怎么能断言自然美也是一种社会存在呢?在普列汉诺夫看来,正如前面引证过的,不是人为了美而存在,而是美为了人而存在。这里的人指的不是个别的人,而是人类社会,是部落、氏族、阶级等等。色彩鲜明、千姿百态、生机勃勃的花木,在文明人类(例如十七世纪巴黎人)看来断然无疑是美的,但是从事狩猎的原始的部落"如布什门人、澳洲土人以及其他与他们处于同一发展阶段上的'野蛮人',虽然所住的地方长满鲜花,可是从不用花朵来装饰自己。现代的人种学坚决地确认了这个事实:上述部落专门从动物界采取自己装饰的主要内容。"②他们对花木完全无动于衷。这就是说,花木对这些原始部落不具有美的属性,因此不能引起他们的美感。为什么会发生这种现象呢? 车尔尼雪夫斯基认为这是由于人的本性改变了。但是人的本性为什么会变化呢? 因为人们所生活的环境(主要是社会环境)变化了。花木之所以对文明人类获得了美的属性,只是

---

① 参见《普列汉诺夫哲学著作选集》,第 4 卷,第 354—355 页;第 5 卷,第 260、319、409—410 页。

② 同上书,第 5 卷,第 297—298 页。

因为他们有不同的生活经历,只是因为他们处于不同的社会状况和经济关系中。一句话,花木之美是历史的产物,是社会关系、社会生活、社会存在的一种表现,或者说是一种社会关系、一种社会生活、一种社会存在。"我们关于生活的概念是我们一切审美判断的基础"。"人们关于生活的观念,从而他们关于美的概念,是随着社会经济发展进程而改变的"①。就这一点说,"美"和"善"都不同于"真"。这里的"真"是真实存在着的物体、事物、现象。太阳是恒星,月亮是卫星,光速每秒三十万公里,不论人类是否存在,在现存的天体结构和物质结构改变以前,永远都是如此。但金乌玉兔之美在没有人类的时候就不存在。因为美只是具有特定属性的客观事物同人类的一种关系。同样,自然美也只是具有特定属性的自然界同人类的一种关系。或者反过来讲,自然美只是人类同自然界的一种特定关系,正如生产力是人类同自然界的另一种关系一样。这就是说美感的社会功利性是这种关系在人的心灵中的反映。然则自然事物及其属性同美的关系又怎样呢?套用普列汉诺夫的一句话可以这样回答:自然事物本身的客观属性使得该事物能够对社会人具有美的属性,而社会人周围的条件决定着这个可能性怎样转变为现实;这些条件说明了一定的社会人(即一定的社会、一定的民族、一定的阶级)正是对这些而非其他自然事物、现象、过程发生客观的不依人们认识和意志为转移的审美关系。普列汉诺夫没有读过马克思的《经济学-哲学手稿》,他不会说"自然的人化",但是他的上述观点同"自然的人化"这个思想并无多少实质区别。因此把"普列汉诺夫关于艺术的大量理论论著"同马克思的这个思想对立起来,硬说后者比前者"要远为重要"②,至少是奇怪的。

---

① 《普列汉诺夫哲学著作选集》,第 5 卷,第 259、299 页。
② 《美学》,第 3 期,第 14 页。

普列汉诺夫著作中也没有关于直观形象性是美的另一个固有属性的直接论断。但是他说过:"一件艺术品,不论使用的手段是形象或是声音,①总是对我们的直观能力发生作用","美是用直觉能力来认识的"②。又说艺术、美是用形象来表现的。离开了形象就没有艺术,也无法表现出现象的美来。

由此可以得出结论:李泽厚的美的矛盾两重性观点不过是普列汉诺夫上述思想的明确化和进一步发挥。

当然,普列汉诺夫的这一美学思想也有自己的理论泉源。那就是:他依据历史唯物主义的基本原理,批判地改造了车尔尼雪夫斯基和黑格尔、别林斯基和康德的学说。

在这四个杰出的思想家中间,车尔尼雪夫斯基关于美是生活的理论对普列汉诺夫的影响最大。车尔尼雪夫斯基的这一理论几乎成了普列汉诺夫美学思想的某种基础,或者用他自己的话说,它是科学的美学理论的"萌芽",因为车尔尼雪夫斯基提供了对美、对艺术的唯物主义观点。他怀有很大的同情和敬意,详细地介绍了车尔尼雪夫斯基的美是生活的学说。但同时他对这个学说提出了自己的批评。

车尔尼雪夫斯基写道,真正的美的定义是:"美是生活;任何东西,凡是我们在那里面看得见依照我的理解应当如此的生活,那就是美的;任何东西,凡是显示出生活或使我们想起生活的,那就是美的"。普列汉诺夫认为,对于这个定义,"只有加上某些使它们具有更广泛意义的附带条件,才能表示同意"③。

这些附带条件是什么呢?换言之,车尔尼雪夫斯基理论中有哪些

---

① 即视觉形象或听觉形象。
② 《普列汉诺夫哲学著作选集》,第5卷,第409、496页。
③ 同上书,第4卷,第66页。

缺点错误使得他的这个定义不能具有更广泛的意义呢？

在普列汉诺夫看来，车尔尼雪夫斯基的错误主要在于他对"生活"缺乏历史主义观点，他没有充分弄明白人类关于生活的观念在历史上是怎样发展起来的。他不善于坚定不移地用辩证观点了解生活。他关于生活和艺术的概念中渗透了相当多的形而上学因素。他虽然认识到不同阶级对生活、从而对美有不同的看法，但他把人的需要简单地分成自然的和人为的，进而把符合自然需要的生活看成正常的，把符合人为需要的生活当作不正常的加以否定。对他说来，一切上等阶级的生活都是不正常的。因此反映这种不正常生活的艺术都是虚伪的艺术。这样一来，几乎整个历史上的那些不正常生活，连同反映这种生活的艺术以及这种艺术所表现的美，就都应予摈弃。显然这种观点无助于对生活的历史过程做出科学的解释。而在正确的"生活"学说产生以前，科学的美学是没有牢固的基础的。只有马克思的唯物史观才能给我们提供正确的生活学说。

车尔尼雪夫斯基很懂得，"美是生活"中的生活不是抽象的生活、虚幻的生活、幻想中的生活，而是具体的实实在在的现实生活。作为费尔巴哈哲学的信徒，他也把感性、现实视为与真理同一的，反对思辨哲学轻蔑地对待"感性的东西"。只要关于事物的表象是从感性经验来的，它们就会完全符合事物的真实本性。然而幻想往往歪曲我们的表象，使之与感性经验相矛盾。因此任务在于从表象中驱除幻想的因素，从而恢复感性、现实的权利。和费尔巴哈一样，车尔尼雪夫斯基在自己的美学著作中批判黑格尔绝对唯心主义体系的同时，对其中关于现实的辩证思想却没有给予应有的重视。在黑格尔看来，只有"合理的"即"合乎理性的"才能被承认是"现实的"。如果去掉黑格尔对"理性"的唯心主义观点，所谓"合乎理性"实质上等于"合乎客观发展规律性"。因此现实生活是否合理，即是否合乎理性、合乎理想，就看它是否合乎这种规律性。车尔尼雪夫斯基要求美的事物必须是"应当如此的生活",即必须是"合乎理想"的生活。但是他不能站在合乎社会客观发展规律的立场来考察"理想"问题。

这样也就同时导致了他关于美的自相矛盾的定义。一方面他认为现实中美的东西自身就是美的,不管人们怎样去理解、看待它。这是关于美的唯物主义规定。另一方面他又说,我们觉得美的事物仅仅是那些符合我们关于美好生活、关于应当如此的生活的概念的东西。这等于说,事物的美决定于我们的观念,而并非自身就是美的。这是关于美的唯心主义规定。车尔尼雪夫斯基没有给自己提出这样的问题:为什么在特定时期人们认为"应当如此的生活"恰恰是这样的而不是另一样的? 他在历史问题上始终未能超出自己的哲学导师费尔巴哈的水平,未能超出法国唯物主义者的水平,未能摆脱意见决定于环境,环境决定于意见这一有名的二律背反。

总之,车尔尼雪夫斯基的这些错误,"简略说来就是他对于事物缺少辩证观点。他不善于找出客体与主体之间的真实的联系,不善于用事物的进程来说明观念的进程"①,包括审美观念的变化和发展。

同对车尔尼雪夫斯基美学理论的详细分析相比,普列汉诺夫对黑格尔的美学学说的评论是极其简略的。根据我们现在看到的材料,似乎他只在《从唯心主义到唯物主义》一文第五节中谈到了黑格尔对美的本质特点的规定。② 他在那里写道:黑格尔的美学也是哲学在理解艺术的实质和历史方面的一大进步。他的美学同谢林的美学很相近。谢林说过,美是表现在有限形式中的无限的东西。谢林的这个基本思

---

① 《普列汉诺夫哲学著作选集》,第 5 卷,第 306 页。
② 据说普列汉诺夫档案馆中保存着他读黑格尔著作时所写的许多摘录,其中就有《美学》笔记。

想在黑格尔著作中得到了更深入的论证和严谨得多的阐述。黑格尔把同时作为客体和主体的绝对精神看成是宇宙万物的本原和基础。它不断运动、变化和发展着。其目的在于达到自我认识。而实现这一目的的人类精神的发展表现在艺术、宗教和哲学之中。"自由地直观自己本身的本质的精神是优雅的或美的艺术；虔诚地表象这个本质的精神是宗教；最后，认识这个本质的精神是哲学。把艺术规定为精神对自己的本质的自由直观，这个定义很重要，因为它清楚地说明艺术创作和艺术欣赏领域的完全独立性。黑格尔的看法同谢林、康德的一样，他认为艺术作品不是而且也不应该为了某些不相干的目的而存在。黑格尔说道：'对美的直观是自由的；它听任对象作为自由而无限的东西而加以掌握与利用'。同时，把艺术规定为精神直观其本质的领域，这就是说，艺术的对象和哲学（和宗教）的对象是相同的。这样就清楚地说明艺术作品的内容的重大价值。哲学同真理有关。艺术也同真理有关。但是，哲学家是通过概念来认识真理，而艺术家则通过形象来直观真理。""黑格尔根据这一点把美称为观念的感性表现。"[①]

如果我们把以上所述拿来同这段话作一比较，那么不难看出普列汉诺夫关于美的本质特征、关于美的矛盾两重性的思想跟黑格尔这些美学观点何等相似。完全可以说，前者是对后者的唯物主义改造。至于车尔尼雪夫斯基和别林斯基的美学著作在这一改造过程中所起的中介作用，这里就不准备多谈了。

有些苏联学者批评普列汉诺夫论美的学说有相对主义的错误。例如他们写道："普列汉诺夫倾向于把艺术家看作是他所处的环境的盲目产物。这样就很难断定，哪一个艺术家是正确的，哪一个艺术家是错

[①] 《普列汉诺夫哲学著作选集》，第3卷，第740—742页。

误的,对世界作了不正确的描绘。因而关于客观标准的问题也就不存在了。"①因为普列汉诺夫说过:"绝对的美的标准是不存在的,并且也不可能存在。"②

这里和其他许多场合一样,照例存在着误解。因为普列汉诺夫在这句话之后立即明白地告诉我们:"如果没有绝对的美的标准,如果所有美的标准,都是相对的,这也并不等于说我们没有任何客观的可能性来判断某一艺术构思表现得好不好。"所谓美的标准是相对的,实质上只是上述美的定义的另一种说法。如果美是一种社会关系,如果不能像蔡仪派那样把美理解为脱离人类社会的客观事物固有属性,那么很明显,美就只能是相对于不断变化着的人类社会的一种社会存在。

普列汉诺夫说,在资本主义把一切都变成商品的颓废时期,艺术当然也会变成可以出卖的。这是不可避免的历史规律。对于这种现象,应当"不哭也不笑,而是去理解"。不要因为苹果树没有结苹果而结梨子感到愤慨。因为衰落时期的艺术应该是,也必然是衰落的。揭示这种必然性正是科学的美学的任务。

普列汉诺夫一再论证说:艺术创作的内容和形式绝非一成不变。它们必然合乎规律地随着人类社会的变化发展而变化发展。特定时代的社会关系制约着这一时代所固有的审美关系的性质。如果现存社会关系体制发生根本变化,那么在其基础上形成的自然界,首先是社会生活对人所特有的那种审美价值也将跟着改变。与此相适应,反映这种审美价值的文学艺术中占统治地位的种类、体裁和风格同样要发生变化。因此我们不能说:"希腊的艺术值得我们赞赏,而哥特式的艺术却值得我们谴责,或者相反"③。黑格尔、车尔尼雪夫斯基和别林斯基在

---

① 《马克思主义美学原理》,上册,三联书店1962年版,第195页。
② 《普列汉诺夫哲学著作选集》,第5卷,第887页。
③ 同上书,第4卷,第607页。

美学上的重大功绩之一就是强调论证了"艺术史是艺术理论的基础"这一科学的美学的基本思想。

可见普列汉诺夫宣称"不哭不笑,而要理解"时主要是反对形而上学的和唯心主义的美学思潮:因为"他们想把艺术看作是一个完全单独的世界,不依赖于意识的其他领域和不依赖历史而存在的"①。在这里他还明确地指出,说"艺术服从于暂时的历史影响,绝不是贬低自己"。同样,说美是相对的,也不意味着否认"艺术上的绝对标准和相对标准的辩证关系"②。他评述别林斯基关于美的相对性和绝对性的辩证观点时,赞扬别林斯基说:他非常懂得绝对和相对的辩证关系,"他证明,永恒的东西表现于时间中,绝对的东西是被表现的形式所限制的,无限的东西是在有限的东西里面才能被直观到的。"③

另一方面,有人根据普列汉诺夫所谓"不哭不笑"、"没有绝对的美"等等说法,批评他犯了客观主义的错误。这又是误解。且不说他多次从一般哲学原理的高度出色地分析了事物或现象的客观方面和主观方面之间的辩证关系,就拿第4卷第607页和第5卷第193—194页上对审美趣味的主观爱好绝不排斥人们发现真正的审美关系和审美价值这一客观真理所作的说明为例,也可以清楚地看出来。不过这个误解(以及其他一些误解)我们现在不打算一一讨论了。

(七)

普列汉诺夫在谈到车尔尼雪夫斯基认为人们的美学概念归根到底

---

① 《普列汉诺夫哲学著作选集》,第4卷,第605页。
② 《马克思主义美学原理》,第196页。
③ 《普列汉诺夫哲学著作选集》,第4卷,第605页。

由他们的经济生活方式决定时写道:"这证明他的看法极有远见。但要把自己的美学理论建立在巩固的唯物主义基础上,他需要更详细地研究他所看出的美学和经济的因果联系,并且至少要通过人类历史发展的一些最主要阶段来探索这种联系。如果这样做,他就会完成美学理论方面最伟大的变革。"①

利夫席茨对这个论断表示怀疑。他说,即使这样做了,也未见得能实现最伟大的变革。因为那时我们还是不知道什么是美,不知道艺术创作的本质是什么,等等。在他看来,要解决这些问题需要有真正的心理学知识。②

然而第一,普列汉诺夫并没有断言,弄清楚了美学与经济的因果联系就能彻底解决美是什么等问题。他只是说,深入揭示了这种因果联系以后,美学才有可能建立在巩固的唯物主义基础上,而不再像车尔尼雪夫斯基那样时而在这个问题时而在那个问题上退回到唯心主义观点上去。第二,普列汉诺夫从来没有否认心理(他强调社会心理)因素在解决各种意识形态问题,特别是文学、艺术、美学等学科的问题中的极为重大的意义。这一点我们在前面第六章中已经详细讨论过了。

现在提出了这样一个问题:科学的美学究竟应该建立在什么基础上才能卓有成效地迅速发展? 普列汉诺夫的回答如上文所说的,就是:应该建立在唯物史观的基础上。这里所说的唯物史观不是指它的某一条或某几条原理,而是指它的整个体系。其中既包括生产力、社会经济关系和阶级斗争对审美意识发展的最后决定作用,③也包括后者对前

---

① 《普列汉诺夫哲学著作选集》,第4卷,第366页。
② 利夫席茨:《普列汉诺夫》,1983年俄文版,第106页。
③ 作为社会关系之一或一种形式的社会存在的审美关系,也是在生产力和社会经济关系的基础上生长起来的,正如阶级关系是由经济基础派生的一样。不过关于这个问题普列汉诺夫没有多少专门的论述。

者的反作用和相对独立性;既包括美学、文艺学对广义的社会心理即社会中人的心理的依赖性,也包括它们同其他各种意识形态的相互制约关系;等等。

必须指出的是,李泽厚在这个问题上的观点前后有一定的变化。如果说"文化大革命"前他基本上是沿着普列汉诺夫美学思想的路子走的,那么粉碎"四人帮"以后他的观点显然出现了某种程度的偏离。"文化大革命"前他认为"我们应该继续发展普列汉诺夫关于审美判断的历史唯物主义的科学理论",应该把科学的美学理论建立在历史唯物主义(实践论)的基础上。这时他尽管最早地指出了马克思《经济学-哲学手稿》对建立科学的美学的重大意义,但是并不觉得需要把马克思同普列汉诺夫对立起来。1978年以后他的提法就不同了。应当怎样对什么是美做出"划时代的回答"呢?他说:只有马克思关于"自然的人化"的观点,关于"人是依照美的规律来造形的"简要提法才是马克思主义美学理论的基石,因此只有"实践论(历史唯物主义)"的美学才是唯一正确的马克思主义美学,"它比普列汉诺夫关于艺术的大量理论论著加起来还要远为重要"。李泽厚实践美学理论在这个问题上的详细发挥,见于他的《批判哲学的批判》一书第十章最后一节:"人是依照美的尺度来生产的"。这一节的中心思想仍然不外是这样一个论点:"客观的美和主观的审美意识的根本基础在于人改造自然(包括外部自然与内部自然)的胜利"。这同普列汉诺夫在自己的著作中一再引证并且详细发挥的马克思下述极为重要的思想是完全一样的:人在改造自然的同时也改造他自己的本性。这里的人指社会人;这里的本性当然包括审美关系和审美意识在内,也包括伦理关系和道德意识在内。对普列汉诺夫来说,不仅审美和艺术是人类生存斗争的社会化的历史成果,是这一历史成果的"内在心理方面",而且道德意识也是,道德意识也和审美意识一样会"积淀为内在心理结构"。这一点和李泽厚的看法显然是不同的。可以把"自然的人化"规定为揭示美的本质的基础，却不能把美的本质定义为自然的人化。因为生产力的本质也是自然的人化。前面我们说过，把实践美学同普列汉诺夫对立起来的做法至少是奇怪的。因为普列汉诺夫不仅不反对以实践观点为基础来说明审美和艺术的发展，而且他本人的著作恰恰光辉地实现了实践论者的主张。例如他的《没有地址的信》和《从社会学观点论十八世纪法国戏剧文学和法国绘画》等著作就不仅是"论艺术史的艺术社会学著作"，同时也是关于美和审美的哲学著作。不过，和李泽厚不同，普列汉诺夫从来没有把"社会实践"局限于生产斗争、阶级斗争和科学实验，①他把"社会实践"了解为社会人的一切有目的的现实活动，虽然他也不否认生产斗争和阶级斗争在这些活动中具有决定一切的意义。另一方面，普列汉诺夫深知，即使通过对人类历史发展（即社会实践）各个阶段的说明揭示了实践与审美、艺术的因果联系，也仍然不过是使科学的美学有了一个巩固的唯物主义基础罢了，仍然不能彻底回答利夫席茨提出的质疑：美究竟是什么？艺术创作的本质是什么？等等。因此，无论上面所概括的普列汉诺夫的美的定义，也无论李泽厚所下的定义，离开揭示美的真正本质仍然有很长的距离。因为美作为一种社会存在，美感作为一种社会意识，在历史唯物主义关于社会存在和社会意识的结构、本质和发展规律等等的学说还存在许多疑点和矛盾，还需要进一步大大地科学化的情况下，在审美、艺术同其他意识形态、同社会人的心理的区别和相互关系还没有得到令人满意的说明以前，在审美心理本身诸要素的结构及发展规律尚处在刚开始研究的阶段，光是一个实践原则显然无法完全揭示美的内在奥秘，尽管实践原则是马克思主义哲学（包括历史唯物主义）的最根本的原则之一。因此用"实践论

---

① 参见《美学论集》，第30页。

(历史唯物主义)"代替"历史唯物主义(实践论)",不能不说是一种理论上的倒退。

李泽厚近年来美学观点的改变还表现在艺术、审美是不是认识的一种特殊形式等问题上。① 这里我们首先看看这种改变意味着什么,然后考察一下普列汉诺夫对这个问题所持的观点。

二十世纪五十—六十年代,甚至一直到 1978 年,李泽厚还坚持认为艺术是一种特殊的认识形式,形象思维以逻辑思维为基础,其中包含着认识的成分。例如他写道:"思维,不管是形象思维或逻辑思维,都是认识的一种深化,……是从现象到本质、从感性到理性的一种认识过程"②。可是只隔一年,即到 1979 年,李泽厚却突然声称"在本书《形象思维再续谈》一文中对自己的提法略有修正":"形象思维并非思维,艺术不是认识,并肯定创作过程中的非自觉性,反对逻辑思维过多地干预形象思维。"③

形象思维到底是不是一种思维?艺术到底是不是一种认识?以前李泽厚的答复是肯定的。现在他的答复是否定的。这是根本性的变化,怎么能说"提法略有修正"呢?

李泽厚在《形象思维再续谈》中尽管他断然宣布"形象思维并非思维"、"艺术并非认识",但是他根本没有拿出什么证据来证明这一命题。他所证明的实际上是形象思维不只是思维,艺术不只是认识,美学不只是认识论;或者说形象思维不是逻辑思维的那种思维,艺术不是科学的那种认识,美学不是认识论的那种学问。

他说:"艺术包含认识,它有认识作用,但不能等同于认识。作为

---

① 例如在形象思维和逻辑思维的关系,艺术创作中自觉性和非自觉性等重大问题上他的观点都有变化。
② 《美学论集》,第 230、264 页。
③ 同上书,第 268 页。

艺术创作过程的形象思维(或艺术现象),包含有思维因素,但不能等同于思维。从而,虽然可以也应该从认识论角度去分析研究艺术和艺术创作的某些方面,但仅仅用认识论来说明文艺和文艺创作,则是很不完全的。要更为充分地和全面地说明文艺创作和欣赏,必须借助于心理学。心理学(具体科学)不等于哲学认识论。把心理学与认识论等同或混淆起来,正是目前哲学理论和文艺理论中许多谬误的起因之一。"

我们完全同意《形象思维再续谈》中的这些观点。这些在该文中反复申明的观点概括起来就是第一节标题所示:"艺术不只是认识"。因此《形象思维再续谈》一文存在着明显的自相矛盾。作者的"形象思维不是思维"等结论是同他的文章基调格格不入的、完全多余的臆断。

马克思主义认为,艺术、审美作为一种社会意识,从根本上说是社会存在的反映,是意识中的社会存在,因此也就是认识中的社会存在,或者说对社会存在的认识。个别的社会意识反映、认识社会存在的手段、途径、方式是互不相同的,但是其为反映、认识一也。不管艺术现象如何复杂特殊,不管艺术与认识的关系的理论多么艰深,需要写多少篇专文或多少本专著才能讲清楚,如果一上来就否定艺术是认识形式,是特殊的认识形式,那么这种理论就不可能是马克思主义的,甚至不可能是唯物主义的。

在这个问题上,我们认为普列汉诺夫始终坚持了唯物史观的正确立场。对他说来,包括艺术、审美和科学、哲学在内的一切社会意识毫无例外的都是社会存在的反映。他多次捍卫了别林斯基、车尔尼雪夫斯基、黑格尔等人的下述观点:诗、艺术的内容和哲学、科学的内容是一样的①,它们之间的区别仅仅在于一个用形象来思维,另一个用三段论

---

① 当然也不是绝对同一的,例如普列汉诺夫曾经指出,我们不可能用生动的形象来表现直角两边平方之和等于斜边的平方这个思想(《普列汉诺夫哲学著作选集》,第 5 卷,第 927 页)。

来思维①。因此艺术中所使用的形象思维是思维,不过是一种不同于哲学思维的特殊思维而已。普列汉诺夫美学理论的这一基本思想,得到了苏联许多普列汉诺夫专家的完全肯定。例如谢尔宾娜写道:"普列汉诺夫是关于科学和艺术的对象的统一性这一原理的捍卫者。科学和艺术乃是认识生活的不同形式。……普列汉诺夫所发表的关于艺术的认识意义、艺术在认识生活中的作用、艺术为人类展示出新的道路的这些见解都是十分宝贵的。"②

普列汉诺夫高度评价了高尔基、乌斯宾斯基、巴尔扎克、易卜生等人的作品对于认识当时社会生活的巨大作用。"最有学问的社会学家可以从艺术家高尔基那里,从已故的艺术家格·伊·乌斯宾斯基那里学到很多的东西。他们那里有着很多发人深思的东西。"③尽管作为社会学家、艺术家的民粹派小说家(乌斯宾斯基是他们中间最大的代表)在艺术性方面有许多缺点,但是"没有任何专门研究著作能够代替他们所描绘的人民生活的图画。必须十分仔细地研究民粹派小说家的作品,就像研究俄罗斯国民经济统计著作或者农民习惯法的著作一样。没有一个社会活动家,不论他属于哪一个流派,能够说,这样的研究对于他是不必要的。"④普列汉诺夫对民粹派小说家作品的认识意义的评价同恩格斯对巴尔扎克作品的认识意义的评价是多么的相像啊!恩格斯曾经写道,巴尔扎克在《人间喜剧》中汇集了当时法国社会的全部历史,他自己从那里,"甚至在经济细节方面所学到的东西,也要比从当时所有职业的历史学家、经济学家和统计学家那里学到的全部东西还

---

① 《普列汉诺夫哲学著作选集》,第 3 卷,第 742 页;第 4 卷,第 409 页;第 5 卷,第 232 页。
② 《哲学译丛》1957 年第 4 期,第 32 页。
③ 《普列汉诺夫哲学著作选集》,第 5 卷,第 615 页。
④ 同上书,第 5 卷,第 9 页。

要多。"①更有意思的是普列汉诺夫本人对巴尔扎克作品的直接评价:"巴尔扎克'把握'的是当时资产阶级社会给予他的那种形态中的热情;他以自然科学家的注意来追踪这些热情怎样在一定的社会环境里成长和发展。因此他成了最深刻的意义上的现实主义者,而他的作品也就是研究复辟时期和路易·菲力浦时期法国社会心理的不可替代的泉源。"②在这以前,在名著《论一元论历史观之发展》中,普列汉诺夫即已指出:"巴尔扎克对于解释和他同时代的社会各阶级的心理已经做了许多。从易卜生那里我们也可以学到许多,并且从别的人那里我们所能学到的难道会很少吗?"③

由此可见,普列汉诺夫对艺术是一种认识形式从来是特别强调的。李泽厚说:"要认识一个对象,特别是要把这种认识提高到理性阶段,仍然要依靠科学和逻辑思维,这不是艺术所能承担和所应承担的任务。"他问道:为什么马克思研究资本主义社会并不根据狄更斯、巴尔扎克,而仍然要到大英图书馆去看蓝皮书呢?这种把巴尔扎克作品同蓝皮书对立起来的观点,普列汉诺夫是不会同意的。他一再引证别林斯基的话说:艺术和科学同样能反映生活和说明生活,同样能促进社会进步。两者同样是不可缺少的,"科学不能代替艺术,艺术也不能代替科学"④。两者在认识上是相互补充的。

李泽厚写道:"小说是认识性最强、逻辑思维最为突出的了,至于

---

① 《马克思恩格斯全集》,第37卷,第42页。普列汉诺夫《乌斯宾斯基》一文和恩格斯的这段话都写于1888年。

② 普列汉诺夫:《文学和美学》,第2卷,1958年俄文版,第598—599页。译文据《论西欧文学》第106—107页,略有改动。

③ 《普列汉诺夫哲学著作选集》,第1卷,第760页。

④ 同上书,第4卷,第655页;第5卷,第816页。在艺术是不是认识、形象思维是不是思维问题上,可参考何洛、周忠厚在《评〈形象思维再续谈〉》(载《文学评论》1980年第5期)中对李泽厚的观点提出了许多中肯的批评。

建筑、工艺、音乐、舞蹈、书法以至诗歌等,这些艺术并非认识,就更明显。一段莫扎特,一轴宋人山水,一幅魏碑拓本……你欣赏它,能说认识到什么? 相反,只能说感受到什么。看齐白石的小鱼,感到很美,你认识了什么? 认识是几条鱼吗? ……"

真是令人诧异:如此卓越的《美的历程》一书的作者居然发表了对艺术的认识价值的虚无主义的议论!"仰韶型(半坡和庙底沟)和马家窑型的彩陶纹样,其特征恰好是这相对和平稳定的社会氛围的反照。你看那各种形态的鱼,那奔驰的狗,那爬行的蜥蜴,那拙钝的鸟和蛙,特别是那陶盆里的人面含鱼的形象,它们虽然明显具有巫术礼仪的图腾性质,其具体含义已不可知,但从这些形象本身所直接传达出来的艺术风貌和审美意识,却可以清晰地使人感到:这里还没有沉重、恐怖、神秘和紧张,而是生动、活泼、纯朴和天真,是一派生气勃勃、健康成长的童年气派。"①彩陶上的鱼远不能同齐白石的鱼相比,但李泽厚从那里除了获得某种美感之外,还认识到彩陶鱼纹的作者生活在相对和平稳定的社会氛围中。同样,巴西土人和爱斯基摩人在河岸边画的鱼、布什门人在自己山洞里描绘的动物,其艺术性和齐白石的小鱼也是无法比拟的。但是这丝毫不能贬损原始艺术的认识价值。普列汉诺夫指出:"原始艺术是如此鲜明地反映着生产力的状况,以致现在遇到疑问的时候,就依据艺术来判断生产力的状况。"他认为这"其实是唯物史观的辉煌的证实"②。

李泽厚又说:"包括电影、戏剧、绘画等等,看完之后,可以感受很多,情绪很激动,但要你说出个道理,说明你的认识,却经常可以是百感交集而说不出来。"这是他企图证明"艺术并非认识"的另一个论据。

---

① 《美的历程》,第 16 页。
② 《普列汉诺夫哲学著作选集》,第 5 卷,第 337 页。

这同样是站不住脚的。对普希金没有研究的人去读他的诗,可能会像李泽厚讲的那样,只是百感交集,说不出什么认识来。但是普列汉诺夫告诉我们,如果你不满足于这个"百感交集","最好叫别林斯基来帮助你",他的论文"可以使得普希金的诗所给你的快感大大的增加,而且可以使得你对于那些诗的了解更加来得深刻"。不仅对普希金如此,对莱蒙托夫的诗作和果戈理的小说,也可以请教别林斯基。① 在唯物主义者普列汉诺夫看来,这当然不是说普希金和莱蒙托夫的诗的认识价值是别林斯基从外面加上去的,而只是说,为了了解这些诗作的固有认识价值,就得有必要的修养和一定的过程。

所有这些说明了什么呢?大概可以这样说,马克思主义美学理论应该仔细认真地研究普列汉诺夫的美学遗产,把其中那些正确的、光辉的东西继承下来。要知道这些东西在他的著作中是很丰富的,它们构成他的美学遗产的基本部分。而且应该承认,他的这些遗产至今并没有得到充分的研究,例如普列汉诺夫著作在列宁美学思想形成过程中的积极作用就从来没有任何一个苏联学者作过稍微认真的探讨。②

毋庸讳言,普列汉诺夫的美学思想也有自己的缺点、错误和局限性。其中有的同他的孟什维主义有密切联系(例如前面说过的对《母亲》的评价,又如他不是把托尔斯泰作品看成是俄国资产阶级民主革命的镜子,而是把他仅仅评价为贵族思想家等等),有的并没有什么联系(例如对易卜生作品的分析就不如恩格斯深刻③等等)。这些都是应

---

① 普列汉诺夫:《别林斯基的百年纪念》,载《瞿秋白文集》,第 2 卷,第 1090 页。
② П. А. 尼可拉也夫在《马克思列宁主义文艺学》(1983 年俄文版)一书中对普列汉诺夫美学成就作了一些新的评价,并且提出他的美学思想是俄国马克思主义文艺学发展第一阶段即前列宁阶段的主要代表的论点。这是一种可喜的进步。但是列宁同普列汉诺夫在美学方面是否存在某种联系?又是什么性质的联系?作者没有进行考察。
③ 参见《瞿秋白文集》,第 2 卷,第 1072 页。

该研究的。然而目前的主要问题不在于对他的这些缺点错误没有批判,恰好相反,而是简单粗暴的批判过多,认真扎实的研究太少。甚至连李泽厚这样有成就的美学家1957年以后也觉得不宜于公开承认自己的观点对普列汉诺夫美学理论的直接继承性联系,而宁愿不时在这里或那里说几句同他划清界线的话,就很能说明问题了。和利夫席茨相反,我们深信,普列汉诺夫美学著作的进步的历史作用至今远未完结。只要除掉"孟什维主义的幽灵",坚定地站在真正列宁主义立场来研究普列汉诺夫的美学遗产,对于马克思主义美学的进一步科学化一定能有所裨益。

第十一章　宗教论

讨论普列汉诺夫对马克思主义哲学做出的贡献,不能也不应该撇开他的宗教理论。从十九世纪九十年代初到1916年的二十七年间,他写出了关于宗教哲学、无神论和宗教批判史方面的大量著述,其中最有价值最深刻的当然是素负盛名、影响深远的三篇《论俄国的所谓宗教探寻》。此外还有像《对〈法兰西信使〉杂志所作的宗教前途问题调查的答复》、《评弗·吕根纳的一本书》、《德波林〈辩证唯物主义哲学入门〉一书序言》、《从唯心主义到唯物主义》、《俄国社会思想史》等这样一些专论和兼论宗教问题的重要著作。上述著作都成书于1905年以后。普列汉诺夫对宗教问题的基本观点虽然早在十九世纪九十年代的主要著作里就有了清楚的阐述,但是把这些观点系统地加以发挥和论证,却是后来的事情。他的宗教理论完全自觉地建立在辩证唯物主义和历史唯物主义的基础上,是前后相符、始终如一的。从青年时代起他就把自己的一生献给了同宗教进行彻底的不可调和的斗争。他在理论上和实践上都是一个坚定不移的无神论者。当然,不能认为他的宗教学著作中一切观点都是马克思主义的定论。但是如果硬说造成这种情况的原因(或者原因之一)在于他后期采取了机会主义的政治立场,那么除了像《普列汉诺夫〈论宗教和教会〉》一书序言的作者克里维列夫那样讲一通空话,是什么也得不到的。①

---

① 参见该书1957年俄文版第6—7页。

同美学和哲学史著作相比，普列汉诺夫在宗教论上的成就显然是逊色的。这大概跟他对荒诞的宗教教条本身缺乏兴趣不无关系。① 宗教问题只有作为一种社会意识形式，在唯物史观的范围内才引起他的理论兴趣；也只有作为上层建筑之一，获得了迫切的社会政治意义的时候，他才认为自己必须投入反宗教的实际战斗。世界各种宗教中他研究得最深刻最全面的是原始民族的宗教。他读过几乎所有当时欧美发表的人种志学、考古学和原始文化史方面的著作，并且对它们进行了多年精心的研究。根据这些研究写成的宗教学论著把马克思、恩格斯的某些基本原理具体化了。他的这些著作在马克思主义宗教学说史上占有重要的地位。无论拉法格、梅林、考茨基，还是第二国际其他著名理论家在这方面的理论成就都是无法同他媲美的。同时，他的这些著作对列宁的思想也产生了不可忽视的影响。

下面我们就宗教的本质、起源和发展，唯物史观基本原理在宗教研究中的运用，宗教批判学说史，列宁和普列汉诺夫反宗教言论的对比，以及工人政党对待宗教的态度等问题，对普列汉诺夫的观点作一些评述。

（一）

作为马克思和恩格斯的学生和继承者，普列汉诺夫深刻地发挥了历史唯物主义关于宗教的本质、起源和发展的学说。现在我们先讲他对宗教的本质和起源的观点。

跟美学和伦理学等著作不同，普列汉诺夫分析宗教问题时一开始就提出"什么是宗教？"的问题，而且反复强调弄清楚正确的宗教定义

---

① 参见《普列汉诺夫哲学著作选集》，第3卷，第228页。

的重要性。这特别是因为当时工人运动中存在着一股把社会主义和宗教结合起来的"造神主义"思潮。造神派的观点在卢那察尔斯基《宗教和社会主义》(1908年)一书中得到了最彻底最充分的表现。它的内容可以简要地叙述如下：人心中永远有一种难以忍受的、不可遏止的追求善、追求理想的苦闷。想象就在卑鄙的现实和这种理想之间架起一座思想之桥。这座桥乃是宗教。它使人的意识萦注于他的幻象所建造的理想存在物——上帝，萦注于并不存在的天国中的理想存在。但这是错误的道路，它没有导致现实的理想，而是导致臆想和空虚。因此一切过去的宗教，包括基督教和犹太教，都是站不住脚的，唯一真正的宗教是社会主义学说。它不是指引人们去无谓地信仰上帝，它指引他们走向地上美好和谐的生活。这是没有通常意义下的上帝的宗教，但它有自己的上帝，这个上帝完全属于另一种类型，它就是革命。卢那察尔斯基的这种观点并非个别人的看法。高尔基在他的中篇小说《忏悔》中用艺术形象所描写的正是这样的宗教概念。沃尔斯基也认为：社会民主党本身最充分地表现出社会主义的宗教作用；社会主义是"无产阶级的完善无瑕的福音"；社会民主党的"最终目的"和宗教关于来世生活的向往是一致的。等等。这股思潮在一定程度上来源于费尔巴哈对宗教一词所作的语源学解释。尽管这种所谓无神宗教的唯心主义呓语受到恩格斯《费尔巴哈和德国古典哲学的终结》有力的批判，在新的历史条件下仍然以各种不同的形式继续在工人群众和广大知识分子中间传播，它严重地阻碍了人民革命觉悟的提高。正是这种情况决定了普列汉诺夫的宗教批判从解决宗教的定义问题入手。

普列汉诺夫给宗教下了至少四个定义：

(1)"宗教有无数的定义。……我比较喜欢德·霍布莱伯爵的定义。即把宗教理解为人用以实现其对超人的神秘力量——人认为自己就依赖于这些力量——的关系的形式。"①

（2）"宗教是什么？如果我们用爱·泰勒称之为'宗教一词最低定义'的定义，那我们就会说，宗教是对同肉体和自然过程并存的精神实体的信仰"。"精神实体还不是神。精神实体必须经过一定的进化，才能成为神。神——这是同某一种族或部族在相互帮助的基础上发生联系的精神实体。但是一切神都是精神实体。"②

（3）"宗教一词的最高定义"是："宗教是同道德相联系并作为道德准则的、对精神实体的信仰。"③

（4）"可以给宗教下一个这样的定义：宗教是观念、情绪和活动的相当严整的体系。观念是宗教的神话因素，情绪属于宗教感情领域，而活动则属于宗教礼拜方面，换句话说，属于宗教仪式方面。"④

此外，普列汉诺夫还引用了恩格斯和费尔巴哈的定义。恩格斯认为："宗教按其本质来说就是剥夺人和大自然的全部内容，把它转给彼岸之神的幻影，然后彼岸之神大发慈悲，把一部分恩典还给人和大自然"⑤。费尔巴哈的定义是："宗教是人的本质的幻想反映"⑥。

这些定义，从不同角度对宗教这个极其复杂的社会现象作了正确的规定。恩格斯从社会心理方面进行考察。费尔巴哈的定义揭示了宗教观念和人类存在的关系。"最低定义"适用于原始宗教。"最高定义"和德·霍布莱伯爵的定义则适用于阶级和国家产生以后的宗教现象，或者说适用于广义的宗教。第四个定义指出了广义宗教的三个基本因

---

① 《普列汉诺夫哲学著作选集》，第2卷，第751页。
② 同上书，第3卷，第111页。"精神实体"也就是"超自然实体"。
③ 同上书，第3卷，第111页。
④ 同上书，第3卷，第363页。
⑤ 同上书，第3卷，第463页。
⑥ 同上书，第3卷，第418—419页。

素。恰金指出,"普列汉诺夫认为宗教中存在着:(1)思想体系因素;(2)心理因素和(3)组织因素。对宗教各个重要环节的这种划分不能不承认是正确的"①。因为他"不是仅仅把宗教归结为思想体系的领域,他注意到宗教的心理方面以及信徒活动的组织形式(организационное оформление)——崇拜"②。Б. Д. 帕雷金认为普列汉诺夫这个宗教定义具有重大的理论意义和实践意义。从理论上讲,过去把宗教归结为思想体系是不正确的,这样会使宗教的内容变得贫乏,使宗教的结构简单化。而从无神论宣传的实践看,光从理论上批判宗教教条而不考虑宗教的社会心理方面,是很难克服信徒的宗教情绪的。③ 不过普列汉诺夫对宗教的分析主要集中在它的第一个因素即神话因素④上面,对心理因素的考察较少,对崇拜因素则更少。

什么是神话? 神话是人类思维发展的一个必经阶段。人们对某种现象(不论是真实的或虚幻的)感到惊异,便力求弄清楚这种现象是如何发生的。于是就产生神话。所以神话是回答为什么和怎么样这样两个问题的故事,是人对现象之间因果联系的意识的最初表现。或者说,它表现了原始的世界观。它的主要特点是把自然现象人格化。"原始人以为这一切现象都是同他们一样具有意识、需要、爱好、希望和意志的特殊存在物的行动。在很早的发展阶段上,在原始人的观念中,这些似乎以自己的行动引起一定的自然现象的存在物,都具有精灵的性质,于是就形成了泰勒称之为万物有灵论的东西。"⑤原始人思维的这种性质"正好可以说明神话的产生"⑥。换句话说,神话是原始世界观存在

---

① 《普列汉诺夫及其在发展马克思主义哲学中的作用》,第 181 页。
② 恰金:《普列汉诺夫对马克思主义一般社会学的分析》,1977 年俄文版,第 131 页。
③ 参见他的著作《作为科学的社会心理学》,1965 年俄文版,第 204 页。
④ 严格说来,应当是万物有灵观念。
⑤ 《普列汉诺夫哲学著作选集》,第 3 卷,第 365 页。
⑥ 同上书,第 3 卷,第 341 页。

的形式,万物有灵论是这种世界观的内容。所以,也可以认为宗教的第一个因素是万物有灵论。

"原始的万物有灵论是人类宇宙观发展中的第一步"①。因为人种学能够进行观察的所有部落中最低等的部落——所谓低等狩猎部落,都抱着万物有灵论的观点。在社会发展的这个阶段上,正如恩格斯所指出的,万物有灵论的思维形式是人类"基本的普遍的思维形式"。那么万物有灵论是怎样产生的呢?产生于原始人的无知,根源于原始社会极端落后的经济条件。也就是说,"问题在于原始人进行生存斗争时所处的技术条件"②,"原始人的知识非常贫乏,他是'根据自己来判断'的,他把自然现象都说成是一些有意识的力量的故意的行为。这就是万物有灵论的起源"③。普列汉诺夫完全同意恩格斯在《费尔巴哈论》中对万物有灵论起源的解释:远古时代的人由于不知道自己身体的构造,不能解释梦见的事,才产生灵魂的观念。但是他对恩格斯的观点作了两个补充:第一,狩猎经济是原始万物有灵论观念产生的社会根源;第二,类比判断的思维方式是这种观念产生的认识论基础。他写道:"思维的性质归根到底决定于人所具有的经验储备。原始人的经验储备……主要和动物界有关,因为原始人很早就成为渔夫和猎人了。当然,在这个很早的生存阶段上,人类也同'非动物'界发生关系,因为当时人类也受到热、水分、光等等的作用。但是,在受到这种作用并力求了解说明它的时候,人类必然地要根据已知的东西来判断未知的东西。而人类所已知的,前面说过,主要是所谓有灵性的动物界;……他对这个其余的自然界知道得越少(那时他就必然要把这个自然界想象

---

① 不过普列汉诺夫觉得,也有可能它只是第二步。第一步是"灵魂和肉体对立的观点"。参见《普列汉诺夫哲学著作选集》,第3卷,第368—369页。
② 同上书,第3卷,第373页。
③ 同上书,第5卷,第406页。

成为有灵性的),他的想象活动的余地就越大。想象创造了许许多多用某种动物的活动来说明大自然现象的故事。"①他又说:万物有灵论"用幻想来解释那些不知道因为什么引起他注意的现象。类比判断是对自然生活的一切虚幻解释的基础。人观察自己行动时,就会看出,在行动之先,存在着与其相适应的希望,用更接近他的思想方式的话来说,这些行动是由这些希望引起的。因此他以为,那些使他惊异的自然现象也是由谁的意志引起的。这些用自己的意志引起使他惊异的自然现象的存在物,始终是他的外部感官所不能感触的。因此,他认为这些存在物是与人的灵魂相类似的东西,我们已经知道,人的灵魂在上述意义上来讲是非物质的。认为自然现象是由人的外部感官所不能感触的或只能在最小程度上感触的存在物的意志所引起的——这种假想在人的狩猎生活方式的影响下逐渐地发展并巩固起来。这听起来像是奇谈怪论,但事实确是这样:作为生活来源的狩猎,能引起人们的唯灵论思想。……打猎决定了'蒙昧'人的整个思想方式。蒙昧人的世界观……就是猎人的世界观……当'蒙昧人'用类比法判断自然现象时,他们不仅把自然现象同自己比较,而且同整个动物界比较。动物也和人一样要死亡。动物的死亡,也和人的死亡一样,是由于它们的灵魂离开它们的身体。这种看法更加扩大了万物有灵论观念的范围。渐渐地……整个世界都住满了精灵。"②

(二)

那么宗教的起源和万物有灵论的关系又怎样呢?普列汉诺夫认

---

① 《普列汉诺夫哲学著作选集》,第 3 卷,第 341—342 页。
② 同上书,第 3 卷,第 373—375 页。

为,宗教和唯灵论哲学(以及一切唯心主义哲学)都是在这种万物有灵论的基础上产生的。① 单纯的万物有灵论观念还不是宗教。只有"低等狩猎部落的精灵崇拜才是原始的宗教"②。因为相信精灵的存在和崇拜它们是不同的两回事。原始人相信有许多精灵存在,但是他们所崇拜的只是其中的几个。自然现象的人格化本身并不造成任何宗教意识。③ 这时的宗教就是上面所谓最低限度的宗教,或者叫狭义的宗教,它"一般地相信鬼神的存在。起初这种信仰对人的行动没有任何影响,当时它作为社会发展的'因素'没有任何意义,所以只有在附有很大的保留条件的情况下才可以把它叫作宗教。"④

根源于万物有灵论的原始宗教除了表现为神话以外,还有另一种存在形态,那就是魔法。的确,魔法和宗教是有不同的:信教的人用主体(精灵、神)的意志来说明自然现象,而求助于魔法的人则力求发现决定这种意志的客观原因。但是魔法毕竟不是科学。"科学与魔法之间有着极其重要的区别。科学力求发现现象的因果联系,而魔法则满足于简单的联想或简单的象征……例如,美洲印第安人的巫师为了求雨,用某种方式从自己的茅舍的屋顶上向下泼水。……如果在屋顶泼水之后真的下起雨来,印第安人的巫师就说这是他的魔法的效力。这就足以说明魔法与科学之间有着多么难以丈量的距离。"由此可见,魔法和万物有灵论决不是互不相容的。这一点我们在一切宗教的一举一动中都可以看得到。⑤

原始宗教的第三种表现形式是图腾崇拜。有动物图腾崇拜和植物

---

① 《普列汉诺夫哲学著作选集》,第3卷,第701、702页。
② 同上书,第2卷,第218页。
③ 同上书,第3卷,第366页。
④ 同上书,第3卷,第343页。
⑤ 同上书,第3卷,第377、378页。

图腾崇拜。后者比前者要出现得晚很久,而且是在与前者有关的观念的基础上产生的。图腾崇拜的特点是相信某个血缘联合体与某种动物或植物之间存在着血缘关系或其他特殊关系。在这个联合体的成员看来,这种动物或植物就成为他们的图腾(totem,印第安语,意即"他的亲族"),即他们的保护者和象征。图腾崇拜之所以产生,是因为蒙昧人不仅没有划清人和动物的界限,而且认为动物比自己优越。所以最初的神灵是作为图腾的动物。希腊哲学家色诺芬尼说,人总是按照自己的样子创造自己的神。这个说法是错误的。最初人是按照动物的样子创造神灵。人形的神是后来才产生的,这是生产力发展的结果。而且即使到后来,人们的宗教观念中仍然长期保留着兽形神像的深刻痕迹。[1]

然而不管神话、魔法、图腾崇拜,还是后来出现的其他什么东西,包括被许多人误认为是无神宗教的佛教在内,作为一种宗教形式,它们的共同特点是必然具有万物有灵论因素。万物有灵论是宗教必不可少的组成部分。"没有万物有灵论观念的宗教是从来没有的,也不可能有。""这是毫无例外的一般原则。"[2]造神派的错误归根到底就在于不懂得或不承认这个道理。例如,列·托尔斯泰说,他的宗教没有任何"超自然"因素。但是他承认上帝存在,承认上帝是一种精灵。什么是精灵?精灵是用它的意志引起自然现象的实体,换言之,精灵是凌驾于自然之上的超自然的实体。"在不同的历史时代,对精灵的信仰(万物有灵论)具有这样不同的形态,以致一个时代的人们会认为,那种被另一个时代甚至另一些时代认为是最高理性表现的,对'超自然物'的信仰,是无意义的。但是,抱着万物有灵论观点的人彼此之间的这种误

---

[1] 《普列汉诺夫哲学著作选集》,第3卷,第383、384、387页。
[2] 同上书,第3卷,第405、408页。

解,丝毫也没有消除他们所共有的信仰的基本性质:这一信仰就是相信一个或数个'超自然'力量的存在。"①从以上的引文中我们可以看出,普列汉诺夫把万物有灵论观念和对超自然事物的信仰看成了一个东西。②

普列汉诺夫正是根据宗教的基本特征在于对万物有灵的信仰即对超自然现象的信仰,有力地批判了卢那察尔斯基等人的"无神"的宗教、"社会主义"的宗教、"革命"的宗教。他指出,给社会主义披上宗教的外衣乃是理论上十足的倒退行为。它"像虾一样向后退,退到大多数空想社会主义者的宗教观点上去了。……圣西门和他的追随者在法国宣扬'新基督教'。卡贝臆想'真正的基督教'。傅立叶激烈反对现代人的非宗教精神。路易·勃朗坚持自然神论。比埃尔·勒鲁痛恨那些认为宗教的美好时代已经一去不复返的人们……谁不知道威廉·魏特林多么喜欢向宗教调情呢?……"③

一切宗教辩护士都用没有宗教就没有道德的理由来反对无神论者。普列汉诺夫在驳斥这种观点时利用了十九世纪民族志学积累的丰

---

① 《普列汉诺夫哲学著作选集》,第3卷,第411页。

② 克里维列夫对这一点提出了批评。他认为不能作这样的等同,因为虽然任何万物有灵观念都是关于超自然事物的观念,但不是任何关于超自然事物的观念都是万物有灵观念。存在着不同万物有灵信仰相联系的宗教现象。在他看来,没有万物有灵论就没有宗教的观点是过时的观点。正确的看法应该是:哪里有对超自然事物的信仰,哪里就有宗教。(参见普列汉诺夫:《论宗教和教会》,俄文版,第15、16页)对此,苏联《哲学百科全书》"万物有灵论"条却作了完全不同的评论,它写道:"普列汉诺夫在同造神派斗争时成功地证明了万物有灵论是一切宗教固有的。"(参见该书俄文版第1卷第68页)我们同意后一种看法。这里我们只想指出一点:"万物有灵论"的 animism 的汉译是有些问题的。这个词出自拉丁文 anima,意思是"精灵"、"灵魂"。animism 最早的意思是"对于似乎支配人、动物和周围对象或现象的诸精灵或灵魂的信仰",后来演变为"对生命由超物质之精神力所创造的信仰"。"万物有灵"这个意思的出现就更晚一些。这就是说,"万物有灵论"只是"animism"的一个意义。因此,不同的场合应有不同的译法。在普列汉诺夫的哲学著作中,这个词似应一律改译为"精灵观"或"精灵论"。

③ 《普列汉诺夫哲学著作选集》,第3卷,第434—435页。

富材料和爱·泰勒对原始文化研究的新成果。他指出了原始社会中一个极其重要的现象:道德和宗教最初是没有联系的。"在人类发展史上,道德是在人们开始把道德风尚崇奉为超自然物的意志的表现以前产生的。"①只有到后来,道德才成为宗教的组成要素。然而也只有到这个时候,宗教才是严格意义的宗教,即上述所谓"最高定义"下的宗教,或者说广义的宗教。广义的"宗教只有在这样的时候才会产生,即一种族开始相信,它同某一超自然实体或某些超自然实体之间存在着一定的关系,而这些关系不仅约束着人们而且甚至约束着这些实体。"②宗教,这是人们的现实状况在他们头脑中的一种虚幻的反映形式。

总之,普列汉诺夫认为弄清楚"什么是宗教?""什么不是宗教?"对于马克思主义宗教学具有头等重要的理论意义和实际意义。他在分析这个重要的理论问题同时也就把马克思、恩格斯一些基本原理具体化了。这是他的宗教论的第一个贡献。

(三)

现在我们来看看普列汉诺夫对宗教观念的发展的看法。上面我们说过,普列汉诺夫对宗教教条不太感兴趣。所以他考察宗教观念的历史变化时重点始终不在如何详细的描绘这一变化本身,而是揭示它同技术进步、同经济演化的因果关系。他说:"整个思想体系,归根到底都是经济发展的结果。宗教也是这样。"③宗教观念的变化"是由于人

---

① 《普列汉诺夫哲学著作选集》,第 3 卷,第 344—345 页。
② 同上书,第 3 卷,第 107 页。
③ 同上书,第 3 卷,第 60—61 页。

类生活的物质条件发生了变化。物质生活条件的变化,首先在于原始人的生产力的增长,换句话说,在于人对自然的控制能力的加强。"①他读《资本论》时在下面一段话上划了一道引起注意的横线:"甚至所有抽掉这个物质基础的宗教史,都是非批判的。事实上,通过分析来寻找宗教幻象的世俗核心,比反过来从当时的现实生活关系中引出它的天国形式要容易得多。后面这种方法是唯一的唯物主义的方法,因而也是唯一科学的方法。"②甚至可以说,普列汉诺夫的全部宗教学论著都贯彻了这个从现实生活关系出发解释宗教现象的唯物主义方法论原则。例如他的宗教哲学基本著作——《论俄国的所谓宗教探寻》的第一篇,也是最重要的一篇文章《论宗教》——就"是研究技术对发展宗教观念的意义的"③。

在普列汉诺夫著作中,说明原始人的宗教观念对当时生产力和社会关系的依赖性的例子是很多很多的。当先于家庭而存在的血缘氏族联合体的生活方式还很盛行的时候,人们是不知道家神和家祭为何物的。在母权制时代,对父权制家庭的神祇的祖先崇拜也不可能产生。④为什么基辅罗斯时期的斯拉夫人的圣诞之歌中唱的是"上帝怎样备犁,怎样套马,怎样养蜂,怎样酿酒"?为什么他们不像澳洲狩猎部落那样歌唱"袋鼠是肥的,我已吃掉了它"?为什么他们的上帝的形象和多神教的太阳神一模一样呢?因为他们是远不那么原始的农耕民族。⑤然而同样是农耕民族,古代埃及人却诚惶诚恐地虔敬地崇拜那

---

① 《普列汉诺夫哲学著作选集》,第 3 卷,第 391 页。
② 转引自恰金:《普列汉诺夫对马克思主义一般社会学理论的分析》,俄文版,第 130—131 页。
③ 《普列汉诺夫哲学著作选集》,第 3 卷,第 175 页。
④ 同上书,第 3 卷,第 396 页。
⑤ 《普列汉诺夫全集》,俄文版第 20 卷,第 39—40 页。

生杀予夺的河流之神。这是由于土质肥沃然而容易泛滥的尼罗河在他们的生存斗争中起着巨大的作用。①

再拿神话的变化来说吧。原始神话很少谈到创造世界和创造人。这是因为蒙昧人的"创造"比较少,他们的生产活动主要限于多少花费一些劳动去采掘和攫取那些不经过他们的创造性努力,而由自然创造的东西:男人捕鱼和猎取动物,妇女则挖掘野生植物的根和块茎。他们不驯养动物。他们的生存决定于他们对这些动物的习性和栖居地点等等的了解程度。正因为这样,他们的神话所回答的基本问题不是谁创造人和动物,而是人和动物从哪里来。一旦找到了对这个根本问题的回答,原始人就心满意足了,他们的求知欲不会向他们提出新的问题。要达到求知欲提出新问题的程度,他们在技术方面必须先有新的进展。后来情况变了。《圣经》告诉我们:人是上帝用泥土造成的。这种信仰要流行开来必须以制陶技术的某种知识为前提。锡兰的维达赫人直到现在还没有这种知识,因此他们也就没有这种信仰。②

图腾崇拜的瓦解过程可以作为说明思想方式决定于生活方式的另一个突出的例子。上面说过,产生图腾崇拜的心理基础是人对动物的无知,因而承认动物高人一等。后来人开始驯养动物,慢慢地熟悉了它们的习性,于是动物比人优越的传统观念随之也就逐步消失。从动物的驯养到役使,固然同样是漫长的历史过程,但人们对动物的"权威"关系在这个过程中毕竟得到了确立。这时图腾崇拜事实上也就不可能继续存在了。"当他们用犍牛犁田和用马驾车的时候,就已经很难认为他们还倾向于把自己比作动物了"。可见"农业生活很少促进宗教观念的拟兽化"。所以,在原始狩猎生活的基础上产生的图腾崇拜观

---

① 《普列汉诺夫全集》,俄文版第 7 卷,第 19—20 页。
② 《普列汉诺夫哲学著作选集》,第 3 卷,第 379—380 页。

念和农业劳动条件是很不适应的,结果这些观念必然会以或快或慢的速度消失下去。色诺芬尼有句名言:"如果牛有宗教,那么,它们的神也会是牛",人是不可能把自己的神想象成牛的。这显然反映了农耕民族的思想,原始狩猎部落不可能有这种观念。①

还有一点需要指出:在这里,普列汉诺夫不仅解释了宗教观念的变化如何为经济发展所决定,而且分析了前者对后者的反作用。他说:图腾崇拜这种宗教意识也会促进和加强原始猎人和某几种动物之间的某些关系,从而导致动物的驯养。动物的驯养又提供了使用其中某些动物的劳力的可能,而这种使用的开始,开辟了社会生产力发展乃至社会经济制度发展中的一个时代,同时也就改变了人们对动物的看法,很有力地推动了神灵观念的拟人化,最终结束了图腾崇拜的历史时代。②

普列汉诺夫运用"社会存在决定社会意识"这个原则阐述万物有灵论起源时,着重批判了波格丹诺夫和舒里雅齐柯夫的庸俗社会学观点。波格丹诺夫认为:万物有灵论的二元论是社会二元论,即上等人和下等人之间、组织者和被组织者之间的二元论的反映,是由"权威组织"的存在所决定的。舒里雅齐柯夫进一步吹嘘,波格丹诺夫的思想在哲学史中开辟了一个新纪元。普列汉诺夫嘲笑了这种狂妄的空谈。他指出,波格丹诺夫的错误在于不承认在根本没有权威社会组织(即根本没有组织者和被组织者等的对立)的原始民族那里,万物有灵论已经发展起来了这个事实。他说,"灵魂观念不是社会分工引起的,不是经济关系即生产关系引起的,从而更不是由阶级社会中人们之间的关系引起的。"灵魂"观念的产生是因为原始人生产力低下,知识极其贫乏,不能正确解释像死亡、梦境、昏迷这类生理现象。③

---

① 《普列汉诺夫哲学著作选集》,第3卷,第391—393页。
② 同上书,第3卷,第394—395页。
③ 同上书,第3卷,第359页;第5卷,第406页。

不过"权威组织"(不仅是生产的,而且是整个社会生活的权威组织)一产生,就开始对宗教观念发生巨大的影响。"这种现象只不过是下面这个一般规律的局部情况,这一规律是:在分裂为阶级的社会中,思想体系的发展总是在阶级关系的强烈影响下进行的。"①宗教出现之后,人们就按照自己的样子创造和改塑神灵。他们总是按照他们所熟悉的当时社会中占统治地位的那些关系的样子来想象他同这个"最高力量"的关系。原始文化史告诉我们,在阶级和国家产生之前,神和人的关系很像契约关系,他们是互惠对等的。随着社会权力的发展,这些关系就产生了变化,人们越来越认为自己隶属于神。这种隶属关系在君主专制国家中达到了顶点。如果说希腊奥林帕斯山上众神"共和的集会"很像英雄时代希腊社会的结构,那么在东方专制国家中,人们就常常把主神想象为东方暴君的样子。后来,随着资产阶级登上历史舞台,从他们限制主权的愿望中逐渐产生了"自然宗教"和自然神论。所谓自然神论不过是用自然规律从各方面限制上帝权力的一种观念体系,它是天上的议会政治。②

有人提出疑问:如果宗教观念的改变是由于社会存在变化了,那么不同的社会存在就应该有不同的宗教信仰,可是同一种宗教(例如佛教)有时为处在完全不同的经济发展阶段上的各民族所信奉,这又作何解释呢?

普列汉诺夫答复说:这种宗教意识的"同一"只是表面的。事实上在这些场合"同一种"宗教根本不是一个东西,它适应于信奉这一宗教的那些民族所处的不同经济发展阶段而本质地改变了自己的内容。③

---

① 《普列汉诺夫哲学著作选集》,第 3 卷,第 375 页。
② 同上书,第 3 卷,第 401—402 页。
③ 同上书,第 1 卷,第 568 页。

同一个神在不同历史时期,它的作用是不同的。例如,作为罗马神话中最高神祇的朱庇特(相当于希腊神话中的宙斯),最初只同白昼的光、明朗的天相联系。随着畜牧业和种植业的发展,它被看成种植业的庇佑者。在交易发达以后,它又成了契约的守护神。它同样还作了边境和财产的保卫者。①

在论证历史唯物主义关于宗教是一种社会意识形式的学说时,普列汉诺夫批判了资产阶级学者宣扬的地理决定论。十九世纪英国社会学家布克尔问道:为什么在意大利迷信最坚固,迷信的阶级最有势力呢?因为那里的地震和火山爆发比欧洲其他大国更常见、更有破坏力。所以他认为,某个地区的一般景象不但影响了居民宗教情绪的强度,而且影响了僧侣阶级的社会地位,影响了整个社会结构。这种评价地理环境对人类的影响的肤浅的观点,古希腊的希波克拉底早就说过。可是它总是由于与历史事实发生根本矛盾而遭到破产。布克尔的观点也是如此。第一,天主教意大利的僧侣阶级和古罗马的僧侣阶级的作用完全不一样,虽然这个国家的自然特性没有发生任何显著的变化。第二,天主教会是一个国际组织,迷信阶级的领袖教皇在意大利最大部分的权力,既不是该地自然特性造成的,也不与该国社会结构相干。罗马教皇曾多次被民众驱逐出境,只是靠外阿尔卑斯诸国的帮助才能复位。第三,僧侣阶级在意大利的势力并非始终比其他欧洲国家(如德国)更大。② 而且一般说来,原始民族的研究表明:"在地球最不相同的区域,未开化的各部落在大体相同的发展阶段上甚至宗教信仰也大体相同。"③

---

① 《普列汉诺夫哲学著作选集》,第 3 卷,第 62 页。
② 同上书,第 2 卷,第 171—174 页。
③ 《普列汉诺夫哲学遗著》,俄文版第 1 卷,第 26 页。

"研究宗教史的学者们一直到今天,每当他们遇到一个民族的教义中有一种特殊性质,不容易揭露其来源时,总是有依靠人种素质的倾向。"①这是宗教问题上的人种决定论。普列汉诺夫认为,用种族属性来解释一个民族社会历史的特点,把"人种"这个魔怪的字眼变成解决社会科学一切问题的钥匙,是"惊人的轻率"。人种决定论比地理决定论更糟糕,因为后者对种族属性的起源多少还要作一点稍微详尽的解释。②

不过普列汉诺夫并没有一概抹煞地理环境对宗教意识发展的作用。在他看来,地理环境通过生产力和社会组织的中介给予包括宗教在内的意识形态的重大作用,是历史唯物主义者必须认真考虑的一个理论问题。例如:"图腾崇拜在新大陆比在旧大陆具有强得多的生命力。……因为在新大陆除了美洲驼以外,没有什么动物在驯养之后就能对人的经济生活发生重大作用。因此,那里缺乏一个促使图腾崇拜消失的极重要的经济条件。反之,在旧大陆却具备各种条件,因此,在这里图腾崇拜消失得比较迅速,从而为宗教意识的新形式扫清了地盘"③。

(四)

从现代唯物主义的基本原理出发分析宗教同其他意识形态,例如同科学、哲学、特别同道德的关系,分析宗教同社会心理的关系,也是普列汉诺夫宗教论著的一个重要方面。

在反对宗教的斗争中,普列汉诺夫始终高举着科学的旗帜。他一

---

① 《普列汉诺夫哲学著作选集》,第 2 卷,第 174 页。
② 《普列汉诺夫全集》,俄文版第 7 卷,第 17—19 页。
③ 《普列汉诺夫哲学著作选集》,第 3 卷,第 395 页。

再重申:科学和宗教是两种截然相反、不能并容的东西。科学探索事件的自然原因,完全撇开超自然力的任何影响。神学和宗教则用上帝的直接作用或超自然的原因,来说明各种现象。谁彻底相信无限的宇宙受一定数量的规律所支配,①他的世界观中就没有宗教或神秘主义的地盘。认识领域越广阔,宗教信仰的领域就越狭小。然而为什么随着文明的发展宗教信仰领域不仅没有在经验的影响下缩小阵地,有时反而大大地扩展了自己的势力范围呢?

普列汉诺夫举出了三条理由。第一,这时就会有一种哲学出来拯救宗教。它宣称:"实际上科学和宗教之间的任何冲突或矛盾都是不可想象的"(巴札罗夫);"神学是在与那些构成科学领域的观念完全不同的概念范围内旋转的"(路易斯)②。这就是所谓"两重真理论"。这种学说早在中世纪就已经产生,文艺复兴时代获得了充分的发展。它现在是一种日益反动的倾向。因为它的本质是想使最新的自然科学成就和古老的宗教传说相一致,或者说得更确切些,使礼拜堂和实验室协调起来。③ 第二,当科学在研究和认识自然中以较快的速度前进时,关

---

① 所谓"相信无限的宇宙受一定数目的规律所支配"的观点,也就是唯物主义观点。不过普列汉诺夫并不像现在某些人那样,以为凡是唯物主义者都反对宗教,都是无神论者。例如他在《论个人在历史上的作用问题》一文中谈到英国十八世纪著名的唯物主义者普利斯特莱的宗教信仰时写道:"十八世纪的法国人看见唯物主义与宗教信条这样配合起来,一定会深为惊讶。但在英国却没有一个人觉得这种现象奇怪。普利斯特莱本人就是一个非常信奉宗教的人。真是各地有各地的风俗。"(《普列汉诺夫哲学著作选集》,第2卷,第337页)

② 《普列汉诺夫哲学著作选集》,第3卷,第587页。

③ 同上书,第5卷,第845—846页。关于哲学和宗教在历史过程中的相互关系,普列汉诺夫曾引证宇伯威格的话说,"统一、服从、自由"是这种关系的三个阶段(《普列汉诺夫哲学著作选集》,第1卷,第241页)。最初,唯心主义哲学和宗教是原始万物有灵论的一对孪生子,就是早期的唯物主义哲学也不能排除万物有灵观念这个因素。后来哲学同其他意识形态一样,完全从属于宗教。文艺复兴时代开始了哲学向宗教争取自由的斗争。

于人类社会及其历史的科学却发展得远为迟缓,以致在比较文明的阶层中,甚至往往在最文明的阶层中,人们都认为用天意解释社会历史运动是完全可能的。① 第三,也是最重要的一点,现存的制度和反动的阶级妨碍知识的传播,妨碍宗教的批判。

宗教辩护士还有一条证明上帝存在的理由:"如果没有上帝,那就可以为所欲为了。"②他们指责无神论者都是道德腐败的人。在他们看来,道德以相信神的存在为基础,如果这种信仰丧失,道德也就随之而丧失。

普列汉诺夫驳斥这种谬论时比较详细地探讨了宗教和道德在漫长的历史时期中由分而合再由合而分的辩证过程。这个过程大致可以分为:(1)在道德观念同神存在的信念结合过程开始以前,尤其是在生长于一定社会制度基础上的道德规范被宗教加以神圣化以前,道德就产生了。这时,宗教由以产生的原始万物有灵论对社会中人的行为并未发生任何影响。关于神的观念也和关于死后生命继续的观念一样,最初并无任何道德性质。彼岸世界为恶人和善人准备了同样的命运。(2)后来逐渐出现了差别。彼世生活对一些人是愉快的,对另一些人则是痛苦的、艰难的。那里给不同的死人的灵魂规定了不同的居所。这时也还没有道德的影响。(3)慢慢地影响出现了。不过对犯罪的惩罚,无论阴间和阳世最初都认为是私人的事情。(4)逐渐神的权力也同地上首脑的权力一样扩大了。神们不再满足于惩罚那些直接触犯他们的罪行,而且也惩罚使他们的忠实仆役和虔诚信士遭受牺牲的人。(5)后来神灵都成了法官,他们的审判权扩及于人的一切行为,甚至惩罚那些根本没有触犯他们的人。于是产生了关于审判神的观念,产生了赏善罚恶的神灵观念。③ (6)最后,当人类进步到没有阶级的社会

---

① 《普列汉诺夫哲学著作选集》,第 2 卷,第 721 页。
② 同上书,第 3 卷,第 460 页。
③ 同上书,第 2 卷,第 752—753 页。

时,宗教(从它的最高含义说)将不再存在,而道德却要留下来。这时,道德和宗教之间表面上似乎不可分割的联系,由于人类理性的进步是注定要消失的。不过心理因素的宗教感情作为残余要比宗教观念消失得晚一些。但是就连这些残余也是注定要消失的,特别是在某些似乎由宗教维护着的社会设施消失的时候。① 那么宗教什么时候会消失呢? 当人感到自己是自然界和自己的社会关系的主人的时候。②

总之,人对神灵逐渐形成的观念,随着社会的改变而变化。宗教只有在比较发达的社会里,由于同道德的结合,特别是由于后来使道德从属于自己,才成为推动或阻碍历史进步的一个"因素"。宗教的进化决定于经济的进化。③

从社会心理学的角度深入地分析宗教问题④是普列汉诺夫无神论著作中又一个重要内容。他写了不少这方面的作品,特别是批判托尔斯泰、梅列日柯夫斯基、明斯基等人的著作,因为这些人提出了上帝存在的"心理学证明"。像托尔斯泰这样一些文化名人都是博学的。原来的宗教教义自然不会使他们满意。他们的"理性一个一个地推翻了"他们"所知道的那些关于神存在的证据"⑤,于是就开始了新的探寻。这些新的"证据"概括起来不外两条。第一,追求幸福。唯物主义断言,世界秩序服从自然必然性的规律,它没有给自由任何地位。因此否定宗教就是否定人的自由。而自由(包括个性自由在内)是幸福的泉源。除了"流氓",除了"教条实证论者",等等,谁不爱幸福呢? 可见宗教不能否定。而没

---

① 《普列汉诺夫哲学著作选集》,第 3 卷,第 112 页。
② 同上书,第 3 卷,第 63 页。
③ 同上书,第 3 卷,第 753 页。
④ 从社会心理学角度考察宗教问题同分析作为宗教组成部分的心理因素是不同的两回事,尽管它们之间有密切的联系。普列汉诺夫对后者的分析是不多的。
⑤ 《普列汉诺夫哲学著作选集》,第 5 卷,第 728 页。

有神的宗教是不存在的。所以上帝的存在无可置疑。普列汉诺夫指出：他们的议论有一个共同的基础——"追求幸福就是寻神"①。第二，渴望不朽。惧怕死亡在造神派和寻神派的学说中起了巨大的作用。对于他们说来，"基督教关于灵魂不死的思想不可能有任何慰藉"，他们"需要肉体不朽"②。然而科学绝对不能保证永远不死，因此他们就求诸宗教。"现代的宗教探寻主要是围绕着个人不朽问题旋转的。"③

托尔斯泰写道："要知道，我一失掉对于神的存在的信念，我就活不下去；要知道，我一没有可以找到神的模糊的希望，我一定早就自杀了。……知道有上帝和生活是一回事。神就是生活。"④这些话清楚地表明，二十世纪初俄国出现的"宗教浪潮"在很大程度上是心理需要的产物。普列汉诺夫依据马克思、恩格斯和费尔巴哈关于宗教批判的基本思想，依据黑格尔关于自由和必然的学说，不仅对这些新的宗教先知们的观点进行了很有说服力的批判，而且也反复揭示了产生上述心理的社会阶级根源。这些社会心理的分析向以严密生动和非常细致著称。的确，他在分析中没有为我们提出什么新的原理。但是他的全部分析同样无可辩驳地证明了一条至今还不为大多数苏联普列汉诺夫专家和不少苏联哲学家所承认的原理："一切思想体系都有一个共同的根源，即某一时代的心理。"⑤

（五）

要了解一个人或事物，最好是考察他或它的历史。要弄清某个理

---

① 《普列汉诺夫哲学著作选集》，第3卷，第465页。
② 《普列汉诺夫全集》，俄文版第24卷，第253页。
③ 《普列汉诺夫哲学著作选集》，第3卷，第485页。
④ 转引自《普列汉诺夫哲学著作选集》，第5卷，第726页。
⑤ 同上书，第3卷，第196页。

论问题,也是如此。无论研究唯物史观的这个或那个问题,或者研究伦理学、宗教论等等,普列汉诺夫总是要对历史上各家各派的看法作一番探讨,辨析异同,评判优劣,理清其演进的脉络。如果可能,还要根据新积累的科学材料,加以辩证综合,达到推陈出新的目的。这个方法也就是前面多次讲过的历史和逻辑相结合的方法。现在我们简要地考察一下他关于近代宗教批判学说史的论述。

普列汉诺夫说,法国唯物主义者对于天上的事情是热烈的共和派,他们在激情饱满的反宗教斗争中表现了自己公开的彻底的无神论立场。在这方面最突出的首推霍尔巴赫。人们甚至称他是"上帝的私仇"。他撰写的一大堆书,像一排排重磅炮弹倾泻在神的殿堂。这些无神论小册子里面基本上始终重复着同样的话:任何宗教都产生于对不可捉摸的势力的畏惧,产生于对自然力量的无知;人类之陷于不幸,只是错误和偏见造成的,而一切错误和偏见中最根深蒂固、最不祥的就是宗教;要想在地上建立天国,首先必须把道德从宗教的羁绊下解放出来,恢复肉体和情欲的地位,要社会对其成员的不幸负责;宗教和专制制度的联盟是一切祸害的根源;宗教道德同工商业的进步是绝不相容的,等等。十七世纪的博絮埃深信宗教把一切安排得尽善尽美。霍尔巴赫等人则用遍辞典中一切令人愤恨的字眼鞭挞上帝和教士,竭尽嘲笑、讽刺之能事。这是一个世纪中历史哲学方面取得的重大进步。它的实践后果是巨大的。这是伟大革命即将爆发的时代。

尽管十八世纪法国哲学家们的这种工作当时是必不可免的和非常有益的,"却丝毫没有促进对宗教的科学研究。辩证唯心主义给这种研究作了准备。我们只要比较一下施特劳斯的《耶稣传》和霍尔巴赫的《批判的耶稣基督史》,便看得出宗教哲学在黑格尔辩证方法的有益影响下所做出的巨大进步。"[①]

---

① 《普列汉诺夫哲学著作选集》,第 2 卷,第 146 页;第 3 卷,第 768 页。

普列汉诺夫指出,黑格尔在宗教哲学发展史上的主要贡献可以概括为以下三点:第一,他把宗教看成是人类精神发展的必然的辩证过程,而不是简单地断定宗教只是无知和欺骗的荒诞的堆积。他的辩证方法为把宗教看作社会意识有规律发展过程的自然结果铺平了道路。第二,他不承认圣经故事的历史可靠性,他和谢林一样把这些故事看成是与柏拉图的神话一样的寓意神话。他说,圣经故事应该看成对真理的寓意描绘。第三,他认为宗教哲学的任务在于认识实际的宗教(положителъная религия)。这样,宗教才成了哲学家科学认识的对象。①

要把宗教当作科学对象来认识,这首先意味着科学地批判地研究宗教借以表象真理的那些圣经故事和寓意神话究竟如何产生的问题。黑格尔提出的这个科学任务,他的学生大卫·施特劳斯着手解决了。1835年出版的施特劳斯的《耶稣传》在德国神学文献中构成了真正革命的时代。

当时德国的神学书籍对待奇迹有两种不同的态度。"超自然主义者"承认奇迹的现实性。唯理论者则否认其现实性,竭力替这些虚构的奇迹寻找自然的解释,他们力求"启蒙"圣经,给予圣经故事以新的意义,使之符合"时代精神"。例如旧约中上帝几乎在每一页上都在"说话",这并非上帝真的在说话,而只是些比喻性的话,只是作者在表示使徒强烈的宗教感情而已。又如长老亚拿尼亚用手一按就治好了保罗,这是因为老年人的手常常很冷,冷能够消炎退肿,等等。

施特劳斯不同意这两种观点。他觉得唯理论者对圣经的这类批判是没有根据的。这种批判作为第一步可能是好的和有用的。但是在斯宾诺莎早就走过第一步之后,应该有第二步。德国启蒙派(如莱辛)并没有走这第二步。

---

① 《普列汉诺夫哲学著作选集》,第3卷,第744、745、749页。

施特劳斯的全部功绩在于:(1)批判了两派的传统观念,重申了谢林和黑格尔的思想:应该认定福音故事所讲的不是真实事件,而只是在基督教团体内形成并且反映当时的救世主观念的神话;(2)科学地探讨了神话是如何产生的,指出神话不是个别人有意识的、故意的虚构,而是整个民族或宗教团体共同意识的产物。以施特劳斯为代表的左派青年黑格尔主义者实际上是拿着科学研究的手术刀接近了宗教。但是,正确地提出问题还不等于正确解决问题。①

接着布·鲍威尔向施特劳斯提出了批评。他说,第一,施特劳斯的神话理论没有说明它应该说明的一切。第二,他的神话理论的主要缺陷是神秘主义。他谈到福音史渊源于传说时很少解释传说所由起源的那个过程。施特劳斯指出福音故事是无意识地产生的,而鲍威尔认为福音故事在其形成的历史过程中是通过人们的意识的,某些人为了某种宗教目的有意编造出这些故事。②

尽管布·鲍威尔继施特劳斯之后给予当时神圣化的偏见以很多沉重的打击,但他仍然不可能解决"自我意识"和"无意识"之间僵硬的对立。1841年费尔巴哈的《基督教的本质》发表了。它一下子消除了两种对立,或者说消除了两对片面性。一方面消除了施特劳斯的"无意识"和鲍威尔的"自我意识"之间的对立;另一方面又消除了法国唯物主义者和黑格尔之间的对立:在前者看来,宗教是祭司或立法者的产物,而后者认为,在宗教中精神表象出自己的本质。费尔巴哈说:"宗教是人的无意识的自我意识"。在宗教中,人把自己的"本质"神化了。宗教是人的两重化。人把自己分成两部分,并把自己的优良特性都归入最高存在物的名下,使自己的精神空虚起来。神的特性随着人的本

---

① 《普列汉诺夫哲学著作选集》,第1卷,第514—515页;第3卷,第749—751页。
② 同上书,第1卷,第518—522页;第3卷,第752—756页。

质的变化而变化。由此得出两个结论:第一,黑格尔完全歪曲了真相。不是"神通过人认识自己",而是"人通过神认识自己"。神的特性按照人如何思考和感觉而改变。宗教方面的任何进步就是人在认识自身方面的进步。第二,歪曲人对自己本质的关系的那种对神的信仰,把人们的相互关系歪曲了。对神的信仰成为宗教狂热病以及与之有关的一切灾祸的泉源。因此理性应该消灭上帝这个幻觉,办法是把宗教所确立的一切关系颠倒过来。费尔巴哈的观点奠定了把宗教看作社会发展的产物的理论基础。①

但是费尔巴哈也有自己的局限性。首先,他认为"人的本质不过是人和人的共同性、统一性"。这种抽象的人本主义观点表明费尔巴哈的历史观仍然是纯粹唯心主义的。其次,费尔巴哈对宗教的批判是不彻底的。他决不希望废除宗教,而是使宗教完善起来,并且使哲学本身溶化在宗教中。

马克思、恩格斯从根本上完全接受了费尔巴哈对宗教的批判。但是,第一,同费尔巴哈相反,他们从他的批判中做出了"非宗教的"结论。他们称宗教是上层阶级竭力麻醉人民意识的鸦片。消灭作为人民幻想的幸福的宗教,也就是要求实现人民的现实的幸福。他们永远向宗教和宗教观念宣战。第二,他们发现的唯物史观超出了费尔巴哈人本主义的界限。在他们看来,"人并不是抽象的栖息在世界以外的东西。人就是人的世界,就是国家,社会","人的本质是一切社会关系的总和"。普列汉诺夫还着重指出:"这个界限不但把马克思和费尔巴哈分开来,而且证明马克思和费尔巴哈的接近。……马克思的世界观和费尔巴哈哲学的密切的发生学上的联系在这里比在别的地方暴露得更加明显"②。

---

① 《普列汉诺夫哲学著作选集》,第 1 卷,第 523—524 页;第 3 卷,第 768—769 页。
② 同上书,第 3 卷,第 156—157、417、419 页;第 5 卷,第 752—754 页。

从以上的概述中我们也可以看出,普列汉诺夫对近代西欧宗教批判学说史的考察如何清楚地体现了人类认识的辩证历程:发展是前进的运动、对立面的斗争和统一、否定之否定①等等。在"认识论"一章中我们说过,普列汉诺夫曾自觉地把辩证法运用于广义的认识论——即思想史(用"逻辑方法"研究的思想史),现在又一次得到了证明。

普列汉诺夫也同样重视在宗教批判学说史的研究中注意运用历史主义,贯彻唯物史观方法论原则。例如,为什么同是十八世纪资产阶级的理论家,同是唯物主义者,英国人把上帝看成立宪君主,法国人视上帝为暴君,而在德国人的眼里,上帝却是一个善良的父亲呢?因为这三个国家的社会条件不同。关于这个问题我们已经在"方法论"一章中详细作了叙述,这里就不再重复了。

(六)

以上是普列汉诺夫宗教学的主要论述和主要成就。最后,我们还要就列宁和普列汉诺夫反宗教言论作一番比较。这种比较苏联学者研究普列汉诺夫宗教观的论著中也零星地有一些,但都过于简略,也没有进一步说明他们作为理论家各自的特点。这里仅仅拿批判托尔斯泰宗教观,批判高尔基造神主义以及论无产阶级政党对待宗教的态度这样几个问题进行若干比较,同时谈谈我们的看法。

列宁和普列汉诺夫写过一系列论文评论托尔斯泰。这些评论的文

---

① 例如:(1)霍尔巴赫(资产阶级彻底的无神论者)—黑格尔(资产阶级有神论者)、费尔巴哈(资产阶级不彻底的无神论者)—马克思、恩格斯(无产阶级彻底的无神论者);(2)施特劳斯(无意识论者)—鲍威尔兄弟(自我意识论者)—费尔巴哈、马克思、恩格斯(两者的统一)。附带说明,普列汉诺夫在谈到宗教关于造人的神话时也指出了否定之否定的过程:原始的进化论—宗教关于造人的神话—科学的进化论。参见《普列汉诺夫哲学著作选集》,第3卷,第380—383页。

艺方面我们将在其他地方进行比较。对托尔斯泰宗教观的批判,他们的共同点很多,这是主要的。但是差别也很明显、很突出,而且有特征意义。

第一,普列汉诺夫在批判托尔斯泰的宗教观时,强调的是产生托尔斯泰主义的理论根源、哲学根源。"马克思的世界观是辩证唯物主义。相反地,托尔斯泰不仅是唯心主义者,而且就其思想方法讲来,他终生都是不折不扣的形而上学者"。正是形而上学的思想方法成了"托尔斯泰弱点的主要根源",成了使他"始终置身于我国解放运动之外"的主要原因。①

列宁的看法不同。他一再着重分析的是社会阶级根源。"托尔斯泰的学说不是什么个人的东西,不是什么突发的和独特的东西,而是千百万人在相当长的时期内实际所处的一种生活条件产生的思想体系"。"托尔斯泰主义的现实的历史内容,正是这种东方制度、亚洲制度的思想。因此也就有禁欲主义,也就有不用暴力抵抗邪恶的主张,也就有深沉的悲观主义调子,……也就有对'精神'、对'万物本源'的信仰……等等"②。

当然,普列汉诺夫也不是完全没有阶级分析。他认为,"托尔斯泰伯爵的宗教道德说教在目前情况下只不过把米留可夫先生的'现实主义'政策翻译成神秘主义语言",它是资产阶级"社会"流行的情绪的反映。③ 然而在列宁看来,应该把托尔斯泰看成是"俄国千百万农民在俄国资产阶级革命前夕的思想和情绪的表现"④。

第二,普列汉诺夫强调产生托尔斯泰宗教观念的个人心理根源。

---

① 《普列汉诺夫哲学著作选集》,第 5 卷,第 737—738 页。
② 《列宁全集》,第 17 卷,第 34、35 页。
③ 《普列汉诺夫哲学著作选集》,第 5 卷,第 756—757 页。
④ 《列宁全集》,第 15 卷,第 180 页。

他写道:"这种对死的念头的恐怖,很能说明托尔斯泰的性格。……这种感情在他那些观点的形成过程中曾经起了很大的作用,而他那些观点的总和就是口语中所谓的托尔斯泰主义。……这种观念(即个人永生观念——引者)在他看来是心理上必然要产生的。"①

与此相反,列宁强调托尔斯泰主义所表现的社会心理和阶级心理。他一再指出:"托尔斯泰观点中的矛盾,不仅是个人思想的矛盾,而且是一些极其复杂的矛盾条件、社会影响和历史传统的反映,这些东西决定了改革后和革命前这一时期俄国社会各个阶级和各个阶层的心理。"而托尔斯泰的学说"表达了一个历史时期的农民群众的心理"②。

第三,普列汉诺夫在托尔斯泰身上只看到天才的艺术家和渺小的思想家之间的对立。"俄罗斯土地的这位伟大作家之伟大是作为艺术家,而完全不是作为教派分子。他的教派主义并不证明他的伟大,而是证明他的弱点,即证明他的社会观点的极端的局限性。"③列宁也强调了这一点,但是与此同时列宁更强调:"他作为艺术家,同时也作为思想家和说教者,在自己的作品里惊人地、突出地体现了整个第一次俄国革命的历史特点,它的力量和它的弱点。"④

第四,普列汉诺夫谴责托尔斯泰宗教议论的抽象性时强调的是他的形而上学思想方式。"托尔斯泰伯爵关于一切问题都是从'抽象的要就是这要就是那'的观点来判断的"⑤。列宁也强调托尔斯泰议论的非辩证性,但指的是另一个方面。在他看来,托尔斯泰不善于"明确

---

① 《普列汉诺夫哲学著作选集》,第 5 卷,第 719、721 页。
② 《列宁全集》,第 16 卷,第 323 页。
③ 普列汉诺夫:《文学和美学》,第 2 卷,第 361 页。
④ 《列宁全集》,第 16 卷,第 322 页。
⑤ 《普列汉诺夫哲学著作选集》,第 2 卷,第 424 页。例如可以参见他的《卡尔·马克思和列夫·托尔斯泰》一文。

地、历史地、具体地"提出资产阶级制度"将怎样安排"这个 1861—1905 年发展时期极为重要的问题。"他总是抽象地谈问题,他只容许'永恒的'道德原则和永恒的宗教真理的观点,而没有认识到这个观点仅仅是旧的('翻了一个身'的)制度,即农奴制度、东方各民族的生活制度在思想上的反映。"①

对列宁和普列汉诺夫批评高尔基宣扬造神说的那些作品进行分析比较②不仅可以加强上述比较给我们的印象,而且还是后者的重要补充。

我们发现,列宁的批评充满着对这种为敌对阶级服务的反动思潮的强烈愤慨;普列汉诺夫的批评,字里行间处处流露了对迷途的艺术家"不干本行事业"的鄙夷的嘲讽(顺带还对布尔什维克说了几句"派别损害"的话)。列宁评论的全部精神集中在痛斥造神说在现实阶级斗争中所起的反动社会作用;普列汉诺夫评论的重心是揭示高尔基说教的种种理论上的荒诞、无知和逻辑矛盾。列宁特别注意发挥马克思主义理论在社会革命实践中的战斗作用;普列汉诺夫则更加重视保卫辩证唯物主义哲学的理论纯洁性。在列宁看来,"宗教是麻醉人民的鸦片——马克思的这一句名言是马克思主义在宗教问题上的全部世界观的基石。"③普列汉诺夫在批判包括高尔基在内的造神主义者时虽然也引证过这句话,但没有进一步发挥。他详细阐明了的却是马克思、恩格斯另外几句也很重要的基本原理:"人创造了宗教,而不是宗教创造了人";"宗教是由颠倒了的社会关系所产生的颠倒了的世界观"(马克思);"宗教按其本质来说就是使人和大自然陷于空虚,剥夺他们的全

---

① 《列宁全集》,第 17 卷,第 33 页。
② 参见《普列汉诺夫哲学著作选集》,第 3 卷,第 436—452 页;《列宁全集》,第 35 卷,第 105—111 页。
③ 《列宁全集》,第 15 卷,第 376 页。

部内容,把这一内容转给彼岸之神的幻影,然后彼岸之神大发慈悲,把一部分恩典还给人和大自然"(恩格斯)。就是对恩格斯后面这句话他们的理解也不一样:普列汉诺夫说,高尔基"把一切社会感情都称为宗教感情,其错误是十分明显的",如果他懂得恩格斯的这个观点,就不会"重犯费尔巴哈的老错误,在丝毫没有宗教痕迹的人们之间的关系上以及他们的感情、情绪和愿望上打下宗教的印记。"①列宁的理解具体多了,针对性也鲜明多了。他在给高尔基的信中写道:"您使用的方法(尽管您有最好的愿望)也重复僧侣们的那套把戏:从神这个观念中撇开历史上和生活里的东西(鬼神、偏见、愚昧和闭塞的神圣化以及农奴制和君主制的神圣化),并在神的观念中加进善良的小市民的词句(神='激发和组织社会感情的观念')以代替历史的和生活的现实。"②

从以上的对比中,我们觉得似乎可以得出下面几点看法:

第一,列宁对造神说的批判比普列汉诺夫深刻得多,战斗性和现实感(今天来说则是历史感)都强得多。普列汉诺夫经常说,思想方式要由存在方式来说明,这是唯物史观的基本原理。他自己在考察历史上的宗教观念和无神论的理论时,其所以取得较高的成就,主要原因也就是能够正确地运用这一基本原理。但是一转到分析当代的宗教观念,他或者忘记了这条原理,或者不善于运用它。这原因我们以为首先在于他严重地脱离俄国革命实践,他的确是"从远处看俄国"(列宁语)。对于"存在方式"本身既然没有全面透彻的了解,怎么可能用这个不甚了然甚至理解错误的"存在方式"深刻地说明包括造神说等等在内的思想方式呢?

第二,普列汉诺夫在批判造神主义时,特别是批判托尔斯泰主义时,其所以存在很大的局限性,有一个关键性的原因,就是他不了解当时

---

① 《普列汉诺夫哲学著作选集》,第3卷,第438、445页。
② 《列宁全集》,第35卷,第109页。

俄国革命的主要特点,即:"它是资本主义在全世界达到很高的发展程度并在俄国达到相当高的发展程度的时期的农民资产阶级革命"①。所谓他不了解俄国当时的"社会存在",最重要的一点也就在于此。列宁曾经多次反复说明过这个问题②:无论他后期的孟什维主义策略思想,无论他在批判造神主义所存在的种种缺点,或者在评论车尔尼雪夫斯基、评论民粹派、评论托尔斯泰的文学作品等等中所固有的局限性,都产生于一个共同的根源:不懂得俄国革命的根本特点是帝国主义时代的农民资产阶级革命。不用说,在这些缺点和错误之间明显地存在着内在的联系。深入考察这些联系自然会有助于对普列汉诺夫哲学思想的研究。这同克里维列夫所说的在孟什维主义和万物有灵论是宗教必不可缺少的组成部分的观点之间存在必然联系,完全是风马牛不相及的两回事。

第三,但是,也还应该看到,列宁和普列汉诺夫之间尽管有以上的差异,一致的地方毕竟更多。普列汉诺夫强调的东西列宁并不反对,或者基本上不反对。反过来,列宁强调的东西,普列汉诺夫也并不全都反对。普列汉诺夫有自己的局限性,但是他对当时宗教思潮的批判始终是正确的和有益的,而且许多分析还是很精彩的。同他的局限性相比,功劳最为主要。试想一想,当时除了列宁还有什么人写过比这水平更高、更有文采的反宗教檄文呢?在列宁看来,当时普列汉诺夫是同自己并肩奋斗的战友。③

(七)

上述比较的特征意义是很明显的。但是,除此之外还具有另外一

---

① 《列宁全集》,第16卷,第322页。
② 参见本书第一、十三章。
③ 例如参见《列宁全集》,第34卷,第454页。

种特征意义。1905年,无论在西欧还是在俄国,激烈的现实政治斗争向无产阶级政党提出了社会主义对宗教的关系这样一个迫切的理论问题。列宁在俄国、普列汉诺夫在西欧几乎同时①对这个问题做出了公开的回答。他们的观点基本上是完全一致的。他们都从辩证唯物主义立场批判了宗教。他们都认为马克思主义世界观、科学同宗教是势不两立的。他们都承认马克思的名言:"宗教是人民的鸦片"。他们都是无神论者,都要求同十八世纪革命资产阶级代表结成联盟,迅速地大量地在广大群众中传播这些老无神论者的战斗小册子。② 他们都认为:"宗教是私人的事情"只是对国家而言,主张国家和教会分离、学校和教会分离;对于无产阶级政党来说,宗教决不是私人的事情,马克思主义者必须同宗教和教会作坚决的斗争。他们都指出:要善于同宗教斗争,要考虑斗争的策略,既要有原则性,又要有灵活性。等等。总之,共同点不少。

但是也有区别。这里我们只着重讲这样两个问题:为什么说宗教对国家是私人的事情,而对无产阶级政党则不然呢?社会民主党同宗教作斗争的策略原则是怎样的呢?

请看普列汉诺夫的议论:

"有人说:宗教是个人的事。这是正确的,但这只是在某种有限的意义上说是正确的。不言而喻,各国的社会主义政党拒绝那些承认党纲并决心为实现党纲而斗争但同时又持有某些宗教偏见的人参加自己的队伍,那是很不划算的;如果一切政党摒弃作为党纲之基础的理论,

---

① 普列汉诺夫似乎略早于列宁。
② 普列汉诺夫1906年甚至计划用俄文出版一套"唯物主义丛书","其中在形式上无可伦比,内容上异常富有教益的法国十八世纪唯物主义者著作的译本,实际上占第一位"(《普列汉诺夫哲学著作选集》,第3卷,第238页),并准备由"人人丛书"出版社刊行,后来计划未能实现。

那就更不划算了。理论——现代科学社会主义——是要把宗教当作错误的自然观和社会观的产物而加以斥责的。我们没有权利把那些抱有宗教信仰的人关在组织的大门之外,但我们有义务尽我们一切可能来消除这些人的宗教信仰,或者至少要阻止我们的信教的同志——当然用精神武器去阻止——在工人中间传播他们的偏见。彻底的社会主义世界观跟宗教是完全不能调和的。因此,科学社会主义的创始人坚决否定宗教,是不足为怪的。"①

在《评吕根纳的一本书》中,普列汉诺夫还有两段话颇能说明他那惯有的迂腐的学究气,尽管思想是正确的。这里只引一段。

"党纲是建立在党员认为具有严格科学意义的那些原理的总和之上的。每个党员在道义上必须尽自己的力量和可能来宣传这些原理。试问:如果在宣传中遇到一些观点,这些观点用'社会'宗教来说明他本人只有用科学社会主义才能说明的东西,那他怎么办呢?违反自己的信仰说话吗?这是伪善。只有说真话——说出真话,不要无谓地刺激听众,对他们要有分寸,甚至要合乎教育学原理,但说还是要说的"②。

列宁从1905年底开始反复考察过这两个问题,并且写了两篇专题论文:《社会主义和宗教》(1905年),《论工人政党对宗教的态度》(1909年)。列宁怎样回答的呢?

关于第一个问题,他的思想概括起来有三点:

第一,马克思主义宗教观的基石是:宗教是麻醉人民的鸦片。同宗教作斗争是整个唯物主义的起码原则,也是马克思主义的起码原则。因此,对于以马克思主义作为世界观的社会民主党来说,宗教决不是私

---

① 《普列汉诺夫哲学著作选集》,第1卷,第525页。
② 同上书,第3卷,第345页。另一段话见第346—347页。

人的事情。

第二,但是马克思主义者不能停留在起码原则上,他还必须善于同宗教作斗争。为此就要善于用唯物主义来说明群众信仰宗教的根源。在现代资本主义国家里,这种根源主要是社会的根源。在现代条件下,宗教对人类的压迫不过是社会内部经济压迫的产物和反映。如果无产阶级反对资本主义的阶级斗争没有启蒙无产阶级,那么任何书本、任何说教都是无济于事的。被压迫阶级在创立人间天堂的革命斗争中的一致,要比无产者关于天堂的意见的一致更为重要。因此,不能把无神论同宗教的分野提到首位,提到首位的应该是政治上的分野。

第三,所以在工人政党党纲中直接承认无神论而对宗教宣战是愚蠢的举动,因而是错误的。从唯理论的立场离开阶级斗争的实践来提出反宗教问题,只会重蹈俾斯麦反教权派斗争的复辙,结果不是促使宗教真正消亡,反而会提高人们对宗教的兴趣。为了使工人政党能够更顺利地组织和教育无产阶级,使宗教逐渐消亡,而不冒险地在政治上对宗教作战,社会民主党必须公开宣布宗教对国家来说是私人的事情。

这是马克思主义宗教政策的完整的理论基础。这样完整的理论论证在普列汉诺夫著作中是找不到的。尽管他也认识到科学社会主义对宗教的关系这样一个重要的理论问题"在现代国际社会主义文献中几乎完全没有分析过"①,必须在新时代的条件下发展恩格斯的思想,但由于他长期地站在革命斗争漩涡之外,对于反宗教斗争同政治斗争的相互关系不可能有全面的了解和深切的体验。所以在谈到反宗教斗争的策略问题时,除了抽象的含糊的议论以外,说不出多少新鲜的确定的理论见解。理论的贫困决定于实践的贫困。

列宁根据以上的原理提出了同宗教作斗争的策略原则:"社会民

---

① 《普列汉诺夫哲学著作选集》,第 1 卷,第 525 页。

主党宣传无神论,应当服从社会民主党的基本任务:发展被剥削群众反对剥削者的阶级斗争。"在这里我们又看到了列宁鲜明的战斗性的阶级观点同普列汉诺夫关于"划算"、"不划算"的小市民晦涩的口吻(也许他是为了通俗化)的对立。

在具体解释策略原则时,列宁是把辩证法运用于策略学的光辉典范,而普列汉诺夫则是一个典型的学理主义者。

例如,应该不应该接受信教的人成为社会民主党员?列宁的回答同普列汉诺夫上述观点就不一样。他认为这里必须划清两条界线:即同无政府主义的界线和同机会主义的界线。无政府主义的错误在于一成不变地宣布信教者不能成为党员。然而一成不变地提出相反的规定,那就是机会主义。列宁写道:"马克思主义者应该善于估计整个具体情况,随时看清无政府主义同机会主义的界限。这条界限是相对的,是可能移动的,可能改变的,但它确实是存在的,既不陷入无政府主义者那种抽象的……'革命主义',也不陷入小资产者或自由主义知识分子那种庸俗主义和机会主义"①。

列宁赞同普列汉诺夫批判卢那察尔斯基创立"社会主义宗教"的立场。但是列宁进一步指出,并不是所有说"社会主义是宗教"的人都是反动的,都应该受到申斥。完全不是这样。"'社会主义是宗教'这一论点,对某些人来说,是从宗教转到社会主义的一种方式,对另一些人来说,则是从社会主义转到宗教的一种方式。"②

以上我们拿普列汉诺夫反宗教著作同列宁的言论作了比较详细的对比。这对于我们全面认识普列汉诺夫作为伟大的无神论理论家的长处和局限性是必要的和有益的。

---

① 《列宁全集》,第 15 卷,第 382 页。
② 同上书,第 15 卷,第 383 页。

最后还必须指出一点：尽管普列汉诺夫关于宗教问题的思想有种种落后于列宁的地方，但是另一方面的事实也是明显的：普列汉诺夫无神论著作中的确有许多独特的科学内容是列宁不曾论述的。在《列宁全集》中能够找到对托尔斯泰和高尔基"寻找上帝"进行马克思主义的个人心理分析吗？不能。列宁什么时候论述过原始宗教的起源和发展？什么时候考察过近代西欧的无神论思想史？等等。都没有。难道普列汉诺夫的这些研究成果不是科学的宗教观所需要的么？所以，苏联学者在对比列宁和普列汉诺夫时只看见两人的差异，是一种片面观点。在差异中又仅仅看到列宁的长处则更是片面的。马克思主义科学应当扬弃普列汉诺夫的缺点和错误，在马克思列宁主义原则基础上把一切正确思想概括进来。我们上面引证过克鲁普斯卡娅的一句名言："弗拉基米尔·伊里奇从来不把自己同普列汉诺夫对立起来。"现在我们对这一点理解得更加清楚了。

第十二章 伦理学

伦理学研究在普列汉诺夫整个哲学研究中所占的比重，同其他领域（例如美学、哲学史、科学社会主义、宗教等等）比较，显然小得多。他从来没有写过一本或者一篇专门的伦理学著作。他的伦理学思想都是在讨论其他对象时附带阐述的。只有1909年出版的《车尔尼雪夫斯基》一书整整写了一章关于这位俄国革命民主主义者"道德学说"的文字。也许是由于这种情况吧，普列汉诺夫的伦理学观点一直没有受到苏联哲学界的重视。根据恰金在他的《普列汉诺夫及其在发展马克思主义哲学中的作用》一书附录中提供的苏联学者1931—1961年关于普列汉诺夫哲学思想研究的重要论著（包括论文和书籍共一百二十八种）目录，以及我们所了解的六七十年代苏联有关资料，似乎还没有一种专门论述普列汉诺夫伦理学说的著作。唯一的例外恐怕就是上述恰金著作中专门讲他的"伦理学问题"的一章。然而这一点并不能说明普列汉诺夫的伦理学思想不值得重视。实际上，散见于他的哲学著作中的那些分析伦理问题的言论，其数量还是可观的，涉及的方面也相当广泛。从内容说，他的伦理思想的确有一些独到的、即使在今天也不失为"新颖的看法"[①]。这位杰出的俄国理论家为马克思主义伦理学的发

[①] 罗国杰说："普列汉诺夫……在《论一元论历史观之发展》、《唯物主义史论丛》等著作中，深入地探讨了空想社会主义和资产阶级的伦理思想，并提出了一些新颖的看法"（《马克思主义伦理学》，第58页）。可惜，他没有指出这些"新颖的看法"是什么，也没有在他主编的这部教科书中把这些看法反映出来。

展做出了哪些贡献？概括地说主要有以下三个方面：(1)从唯物史观基本原理出发考察了道德问题；(2)把辩证法原则运用于伦理学的某些方面；(3)研究了近代西欧伦理思想发展的辩证过程。我们研究普列汉诺夫的哲学思想，不应该忽视他在这一领域中的贡献。这特别是因为：具体地考察他的伦理学说，将有助于我们更好地认识他的历史理论、辩证法思想和哲学史观。

（一）

普列汉诺夫哲学著作中"道德"一词有多种意义。"任何民族的法律、国家体制与道德都直接为其特有的经济关系所决定。"[1]这里的"道德"指的是人与人之间现实的道德关系或伦理的社会关系。然而就在这句话上面两行，作者写道："在一定的生产力状况所决定的社会关系的基础上产生了通常的道德，也就是指导人们日常生活实践的那个道德"。这里指的是作为社会意识的道德。有时他用"道德状况"、"道德风习"等表示社会心理。例如："任何艺术作品以及任何哲学体系可以用特定时期的智慧和道德风习状态来解释"，而"智慧和道德风习的一般状态"又"是用社会制度、社会环境的属性来解释的"[2]。本章主要在第二种意义上论述他的道德思想。

前面我们多次指出，唯物史观是普列汉诺夫一生哲学研究的中心。作为社会意识特殊形式的道德是否符合唯物史观关于社会意识的学说，这是他关心的首要问题。下面谈谈他在这方面的基本思想。

道德是一种社会现象。人的道德感情和道德概念只能用社会关

---

[1] 《普列汉诺夫哲学著作选集》，第2卷，第272页。
[2] 同上书，第1卷，第726页。

系,主要是经济关系的影响来说明。"远非一切对于社会的人有用的东西都是合乎道德的。但是只有对于社会的人的生活和对于他的发展有用的东西,对于他才能够具有道德的意义:因为不是人为了道德而存在,而是道德为了人而存在"①,"不是道德创造了社会关系,而是社会关系创造了道德"②。道德的根源在于原始社会的实践。"狩猎生活的条件不但决定了这些部落的世界观,也决定了他们的道德观念、他们的感情。"③人类道德的发展一步一步地跟随着经济上的需要,确切地适应着社会的实际要求。"道德中美的东西和艺术中美的东西来自同一个泉源"④,这就是社会利益。社会利益是道德进化的基础。

道德直接受经济生活条件的制约主要在社会发展的早期阶段。随着阶级社会的产生和社会关系的复杂化,道德同经济的联系就越来越变得间接了。新的上层建筑因素的不断出现和发展、国际间和民族间交往的日益频繁,对道德的内容和形式产生了十分显著的影响。在阶级社会中道德日益变成了阶级的道德。"文明社会的结构是那样的复杂……。市民的精神状况和道德状况本质上是常常和乡下人不同的,贵族的精神和道德与无产阶级的精神和道德相同的地方也非常之少。所以在一个阶级的意象中'成为一时的典型'的,在另一个阶级的意象中不能也是如此。"⑤为什么1848年6月和1871年5月法国资产阶级以闻所未闻的残酷,非常心安理得地屠杀"他们的兄弟"工人呢?"因为资产阶级的道德是他们的社会地位、他们与无产阶级的斗争加在他们身上的,正如动物的'行为方式'是它们的生存条件给它们规定下的一样。"⑥不过对于统治阶级道德的阶级性不应有片面的、狭隘的理解。

---

① 《普列汉诺夫哲学著作选集》,第5卷,第498页。
② 同上书,第2卷,第227页。
③ 同上书,第3卷,第173页。
④ 《普列汉诺夫遗著》,俄文版第3卷,第353页。
⑤ 《普列汉诺夫哲学著作选集》,第2卷,第187页。
⑥ 同上书,第2卷,第196页。

"同一个法国资产阶级,把古代的奴隶制度看成是不道德的,大约也把古罗马所发生的大批屠杀起义奴隶的事件,判定为文明人所不当为的。一个名副其实的资产者,是能够在道德上善良,并且献身公共福利的;他在他对于道德和公共福利的见解里,不会越出一定的界限,这些界限是他的物质生活条件给他划定的,是不依他的意志和意识为转移的。在这一点上,资产者与其他阶级的成员并无不同。因为他在他的观念和情感里反映了他的物质生活条件,所以他只有忍受一切'凡人'所共有的命运。"①

不过同一个阶级的道德在不同的时代也是很不一样的。譬如十七—十八世纪法国资产阶级的道德观念随着自身经济力量的增长,随着阶级斗争的发展,在社会心理的直接的强大影响下发生了相应改变的过程。"在法国资产阶级的道德和精神的历史里面,至少见到两个本质上不同的时期:模仿贵族的时期,反抗模仿贵族的时期。其中每一个时期都与资产阶级发展的一定的阶段相适应。"②

除了阶级的道德以外,还存在着社会的普遍道德:部落道德、民族道德,甚至全人类共同的道德。这种道德不仅在无阶级社会中存在,就是在阶级社会里也有。康德等人把道德看成个人追求幸福的能力是完全错误的。"实际上,道德的基础不是对个人幸福的追求,而是对整体的幸福,即对部落、民族、阶级、人类的幸福的追求。"③因为即使在阶级社会中,阶级关系也只是社会关系中的一部分,当然,它们是极为重要的一部分,而且它们还对另一部分社会关系产生着强烈的影响。既然作为社会意识形式之一的道德的阶级性是社会关系中阶级关系的反

---

① 《普列汉诺夫哲学著作选集》,第 2 卷,第 196—197 页。译文略有改动。
② 同上书,第 2 卷,第 189 页。在《从社会学观点论十八世纪法国戏剧文学和法国绘画》一文中,普列汉诺夫简要然而出色地叙述了这一变化过程。
③ 《普列汉诺夫哲学著作选集》,第 1 卷,第 551 页。

映,为什么不承认非阶级的那一部分社会关系也必然要反映到道德、法律等等中去呢？正是在这个意义上第一国际发表的第一篇宣言在分析国际政策时指出:"'简单的道德和正义的法则'不仅是规定个人之间相互关系的准则,而且也是规定各个民族之间相互关系的准则。"①

普列汉诺夫的这个观点一直受到苏联学者的指责。例如萨谢理雅写道:"必须指出,普列汉诺夫在宣扬康德式的道德论的时候,采用了一种常见的手法,竭力从马克思身上找根据。他引证了一件事实,即马克思所写的第一国际的第一篇宣言中曾经谈到了'道德和法权的朴素法则'。可是普列汉诺夫绝口不谈马克思本人曾经对宣言中的这一段话作过解释,马克思是从完全不同的角度来说明问题的。普列汉诺夫避而不谈马克思在1864年11月4日写给恩格斯的一封信,在这封信里,马克思详细地叙述了他在草拟宣言的过程中不得不与蒲鲁东分子和马志尼分子开展斗争的情况,他指出,'只是他们硬要我在章程的序言中写上两句空话,谈到'义务'与'权利'以及'真理、道德和正义',幸亏我把这些字眼安排得不致有什么害处'。这就是说,他们违反马克思的愿望,硬要马克思在宣言中写上关于道德和法权的空话,而这些空话与马克思主义观点是毫无共同之处的。可是普列汉诺夫却偏偏要摘引这些空话,借以为他自己向康德投降的行为辩解。"②

萨谢理雅想保卫马克思,但是由于缺乏正确的理解力,却不自觉地攻击了马克思。她首先把普列汉诺夫引证的马克思上述名言称之为"空话",然后断言这句空话是同马克思主义观点毫无共同之处的。结果就成了:马克思被迫说了"与马克思主义观点毫无共同之处的""空

---

① 《普列汉诺夫哲学著作选集》,第4卷,第439页。
② 《修正主义反对无产阶级专政学说》,三联书店1962年版,第214—215页。参见《马克思恩格斯全集》,第16卷,第16页;第31卷,第16—17页。

话"！这个马克思还有什么原则性呢？

其实，马克思这里说的完全是另一个意思。马克思写道："当《告工人阶级书》中说到国际的政策时，我讲的是国家而不是民族"。什么是国家？国家是压迫阶级统治被压迫阶级的暴力机关。在这里不可能有任何超阶级的"简单的道德和正义的法则"。但是对于民族来说，正像对于个人一样，却可以有这样的法则。蒲鲁东分子和马志尼分子在《告工人阶级书》谈到阶级的国际政策时硬要马克思采纳"义务"、"权利"、"真理"、"道德"和"正义"之类的空洞词句。这当然是错误的。但由于当时的工人阶级还不够"觉醒"，为了更好地团结广大群众，马克思作了妥协，采取了"实质上坚决，形式上温和"的态度，并对这些空洞词句妥为安排，使之不致有害。马克思从来没有说过任何超阶级的"简单的道德和正义的法则"都不存在。所以，普列汉诺夫的上述观点从理论上讲，本身并不像某些苏联学者所批评的那样是错误的。

普列汉诺夫还强调指出，马克思主义者对于作为上层建筑之一的道德在历史上所起的作用"从来没有熟视无睹"[1]。他们认为每一个阶级的道德概念和感情从这个阶级的社会物质条件中产生以后，反过来对社会生活发生着巨大的影响。因此，普列汉诺夫在自己的著作中着重地揭露了剥削阶级的宗教道德论、非道德论、道德上的唯我论在维护反动社会制度，腐蚀人民群众革命意志中的作用，分析了十八世纪法国唯物主义者的道德理论对促进法国资产阶级革命的影响，论证了无产者大公无私、团结互助、自我牺牲等高尚品德在夺取社会主义革命胜利中的伟大意义。他对道德的社会作用所作的高度评价特别表现在前面已经引证过的、他用来结束自己的名著《论个人在历史上的作用问题》的一段话中："广阔的用武之地不是仅仅为一些'创始者'开着，不是仅

---

[1] 《普列汉诺夫哲学著作选集》，第2卷，第197页。

仅为一些'伟大的'人物开着。对于一切有眼睛看、有耳朵听、用一颗心热爱自己邻人的人,它都是开着的。'伟大'这个概念是相对的概念。凡是——用《圣经》上的说法——'舍己为人'的人,在道德上就都是伟大的。"①不过比较起来,他更为重视道德的起源问题。这又一次说明了普列汉诺夫作为理论家的特色。

普列汉诺夫在自己的著作中也考察了道德同其他意识形态的相互关系,主要是同宗教、艺术的关系。道德在不同的时代与不同的意识形态的关系是很不一样的。在中世纪它受宗教控制,在近代随着资本主义关系的发展,由于理性的胜利进军,它又处于哲学的支配之下。关于道德同宗教由分而合再从合到分的历史过程,我们已在"宗教论"一章有所叙述。这里应该补充说明的是普列汉诺夫对宗教与道德的结合给社会和道德带来巨大危害的思想。他一再指出,这种结合最适应反动统治阶级的利益。既然道德是以相信神的存在为基础,如果这种信仰丧失,道德也就会随之而丧失,所以反动阶级为了维护自己的统治地位,经常以道德的名义向劳动人民证明宗教这个实质上是剥削制度的精神支柱存在的合理性和必要性。普列汉诺夫在反对道德应以宗教为基础的谬论时还引用了狄德罗的一句名言:宗教给人类带来的好处就像拐杖一样,"谁不用拐杖,他可以走得更好。"②

普列汉诺夫对道德与艺术的内在联系也作了许多分析。他在自己的美学和艺术社会学著作中通过对许多作品的考察,清楚地告诉我们:艺术家是用这种或那种伦理观念来描写现实事件和现象的。在艺术作品的思想内容中道德占有很重要的地位。艺术的发展从内容说是随着伦理思想的改变,随着道德对艺术的影响而变化的。没有美好的理想和

---

① 《普列汉诺夫哲学著作选集》,第 2 卷,第 375 页。译文有改动。
② 同上书,第 3 卷,第 344 页。

高尚的情操,艺术就不可能是生动的,不可能对人民起教育作用。"当你有一颗腐化的心灵时,能有纯粹的趣味吗?""艺术依赖于道德"①。反过来,道德在文艺作品中也获得了最大地影响人民群众的手段。

(二)

普列汉诺夫在研究伦理学问题时,除了强调必须运用唯物史观作为方法论指南之外,还强调克服形而上学思想的重大意义。而且对于马克思主义伦理学说的发展来说,普列汉诺夫更大的贡献似乎是坚持把辩证法原理运用于道德理论。他多次指出:"马克思的唯物主义的辩证方法的优越性,在涉及解决'道德'方面问题时表现得最清楚,……为了正确地理解这种解决办法,我们必须首先从形而上学的偏见里解放出来。"②以下我们举三个例子来说明这一点。

一个例子是道德理想与经济现实的关系。唯物主义道德观认为,"经济现实是理想的标准"。这是不是意味着马克思主义者主张使自己的道德理想适应于任何现实,包括反动腐朽的社会制度,"将经济上的弱者沉之污泥而趋奉经济上的强者"呢?普列汉诺夫答复说,不是。"这种疑惑的来源是对于马克思和恩格斯所说的经济现实一语的意义的形而上学的概念。当形而上学者听到:社会活动家应该依靠现实,他以为是劝告他和现实妥协。他不知道,在任何经济现实中有对立的因素,和现实妥协乃是和它的因素之一妥协,和在当时统治着的因素妥协。辩证唯物主义者曾经指出并且现在还指出现实的敌视这个因素的另一个因素,其中成熟着将来的那个因素。"③

---

① 《普列汉诺夫遗著》,俄文版第 3 卷,第 352、353 页。
② 《普列汉诺夫哲学著作选集》,第 2 卷,第 198 页。
③ 同上书,第 1 卷,第 782、783 页。

另一个例子是阶级道德和全民道德的关系。一般说来,在阶级社会中,道德始终是阶级的道德。但是不应当狭隘地理解道德的阶级性,似乎阶级社会中,除了阶级道德根本不存在全民道德,似乎任何时候任何阶级的道德同全民族的道德都是绝对排斥的。作为社会意识的道德是经济利益和政治利益的反映。例如工人阶级的道德是工人阶级利益的反映。"工人阶级的利益是什么呢?这是那些不靠剥削别人劳动而生活的人的利益。这又是整个民族,或者更确切地说,整个民族 moins les privilégiés(减去剥削者们)。剥削者的利益是一个负数;从全体人民的总的利益中减去剥削者的利益,就等于把一个正数加在全体人民的利益之中。对战争宣战的人是企求和平的;对经济的剥削宣战的人会站到工人阶级的利益的观点上,从而捍卫全体人类的利益。"①所以,"关于人民的概念完全同关于工人阶级的概念相符合。"②这就是说,就工人的利益和道德同资产阶级的利益和道德相对立而言,工人阶级的道德表现了道德的阶级性,但是,就它反映减去剥削者们的整个民族的利益而言,它却是全民的道德。不仅对工人阶级如此。"在希腊的经济状况下,奴隶制度对于生产力的发展来说的确是必要的制度,也就是说有益的制度。因此,富有阶级的利益曾经是进步的利益,在这个意义上也就是整个人类的利益。"③对于十八世纪法国大革命时期的资产阶级也是这样。这时的资产阶级领导着第三等级反对贵族和僧侣的斗争。"第三等级又是什么呢?减去特权的人们的全民族。"④这时资产阶级的利益也就是进步运动的利益,即全社会的利益。因此,作为新社会的旗手的道德也就是全社会向往的道德。尽管法国资产阶级全盛时

---

① 《普列汉诺夫哲学著作选集》,第 4 卷,第 517、518 页。
② 同上书,第 4 卷,第 516 页。
③ 《普列汉诺夫哲学遗著》,1974 年俄文版第 3 卷,第 31 页。
④ 《普列汉诺夫哲学著作选集》,第 4 卷,第 517 页。

期最光辉的代表爱尔维修,由于形而上学的思想方式,无法了解一个阶级的特殊利益同整个社会利益之间的辩证关系,①他和他的战友们的伦理理想却是这种辩证关系的不自觉的反映。正因为如此,才产生这样的现象:一方面他们的伦理学说是资产阶级道德实践的典型的理论概括,另一方面他们本人又怀着最高尚的感情真诚地深信,他们所宣扬的道德乃是符合整个人类利益的真正的道德。

最重要最有特色的是第三个例子,即关于道德基本问题的分析。所谓"道德的基本问题"②其实就是道德的起源和特点问题,或者说道德的内容和形式问题。这是伦理学说史上最重要的一个问题。从古希腊时代起人们对它一直争论不休。如果撇开次要的分歧,这些争论的观点大致可以归属于互相对立的两大思想派别:功利主义伦理观和非功利主义伦理观。近代功利主义学派最出色的代表是十八世纪法国唯物主义者,他们的对立面就是康德。

法国唯物主义者的伦理学说是从洛克的感觉主义出发的。它认为,所有的人出生时只带着感觉的能力,没有任何天赋观念,包括道德观念。从感觉能力中发展出所有的心智能力。一些感觉使他们愉快,另一些使他们痛苦。他们追求前者,觉得它合理;同时厌恶后者,觉得它不合理。在他们看来:一切使他们快乐的叫作好,一切使他们痛苦的叫作坏;凡是对社会有益的行为便是德行,对社会有害的都是罪恶。因此,人们无须上帝的帮助,就能够分别德行与罪过。法国唯物主义者在反对宗教道德学的斗争中总是援引人的本性,特别是人的理性。他们这样向人们提出问题:为了懂得公正是社会存在所需要的,不公正只会使人们互相敌视和残害,难道必须有超人的启示?为了懂得社会团体

---

① 《普列汉诺夫哲学著作选集》,第 2 卷,第 129 页。
② 同上书,第 1 卷,第 551 页。

应该互爱互助,而不应彼此相仇,难道一定要有上帝的助力? 难道每个要保全自己的人都不明白罪过、放纵、色欲会给他的寿命带来危险吗? 经验不是向每个有思想的人证明了罪行会招致憎恶,而德行则受人敬爱么? 可见,理性足以教我们知道我们对邻人的义务。"所以'哲学'的意义也就清楚地显露出来了。哲学应该指出,德行存在于我们正确地了解的自身利益之中。"这样便发展出一种心理分析。"我们爱名誉,和我们爱财富一样,因为权力随之而来。可是权力是什么呢? 就是迫使别人为我们的幸福服务的手段。然而在根本上幸福还是归结到感官的快乐。人只是感觉。一切这一类的情感,像对于名誉、权力、财富等等的情感,都只是由肉体需要派生出来的人为的情感。"①那么怎样解释人的自我牺牲行为呢? 也是仔细考虑的结果。举个例子。亚里士多德认为奴隶制度是必要的制度。他坚决地同怀疑这一点的人作斗争。假设当时爆发了一场危及奴隶制基础的奴隶起义,亚里士多德放下自己的书本,投入保卫旧秩序的斗争,并在战斗中牺牲。法国唯物主义者怎样看这个行动呢? 他们或者这样答复:为了保卫祖国而牺牲比保存他的生命更使亚里士多德愉快,死亡符合他的利益。或者会说:亚里士多德很好地考虑过,没有奴隶就不能过不劳动的生活。如果不得不为了满足自己的物质需要而抛开书本,他就会认为自己是最不幸的人。同时他的同时代人会不断地谴责他不彻底,不去保卫他自己曾经宣布是正义的制度。总之,道德中的真理就是根据合理地理解的个人利益而行动。② 这就是后来所谓"合理的利己主义"理论,它力求从理智中寻找道德的基础,而从个人的多少比较切实的利害打算中,去寻找关于他的性格和行为的解释。

---

① 《普列汉诺夫哲学著作选集》,第 2 卷,第 44—48、95 页。
② 参见《普列汉诺夫哲学遗著》,1974 年俄文版第 3 卷,第 31—32 页。

和这种功利主义伦理学说相反,康德强调指出,所谓幸福是没有客观标准的。人们对幸福的追求、理解和享受因时因地而彼此不同,它们决定于各种偶然的经验条件,没有也不可能有普遍必然的客观内容和共同标准。只有"成为普遍立法的形式自身"才是道德律令的最高原理。康德把凡是具有"应该的特征"的那些规则叫作命令。命令有假言命令和绝对命令。如果行为所以善,因为它是得到什么别的东西的手段,那么,这个命令就是假言的。如果这行为被认为本身就是善的,从而为与理性相一致的意志原则所必须,那么这个命令就是绝对的。比方,"如果你想安度晚年或者预防时运不济,你就应该积蓄几个钱"——这是假言命令;而"不应妄许诺言"则是绝对命令。绝对命令所规定的是同这种或那种可寻求的目的无关的意志。它与以人的利益、幸福为基础的有条件的、相对的假言命令根本不同。这就是说,在康德看来,道德的基础不在经验的外在对象,而在先验的主体意志。道德的起源并不像法国唯物主义者所说的那样在于人的爱憎、幸福等等。只有经常自觉地牺牲幸福、爱憎、生命、不顾个人安危利害的人才是有道德的人。他们这样做也不是为了精神上的名誉、愉快或满足。

这样就出现了伦理学说史上著名的二律背反:道德的实质究竟在于客观的功利内容还是在于主观的意志形式?道德的根源究竟是利己主义还是利他主义?道德按其特点究竟出自理性,还是"教育和习惯的产物"?

普列汉诺夫是怎样分析这些问题的呢?他在一系列的著作中反复强调指出:贯穿于法国唯物主义者和康德的整个伦理学说的一个共同的显著特征,就是思维方式的形而上学性质:它们都"缺乏辩证方法","不会运用发展观点"。他说:马克思主义认为,一切道德的基础是社会的幸福。爱尔维修、霍尔巴赫等人并不是完全没有认识到这一点。但是他们从人只有感觉,并且必然会避开痛苦追求快乐的利己主义原则出发,始终无法解释人是怎样产生像热爱真理、英雄主义这类完全无私的意图的。他们解决不了这个绝对必须解决的科学问题。为了逃避困难,他们简单地把这个问题划掉。他们说,没有一个学者会无私利地爱好真理,每个人在真理的爱好上只看到走向荣誉的道路,在荣誉上看到获得金钱的道路,而在金钱上看到获得生理的愉快感觉的手段——例如用以买得美味的食品或很好的奴隶。他们总是企图证明,甚至从个人利益的观点出发,也以尊重社会幸福为好。他们无论如何不能从个人主义的功利主义的逻辑迷宫走出来。尽管他们没有像苏格拉底那样说过什么忠实有力的朋友比一匹马、一头牛更有用之类的犬儒式的语言,他们的推论方式实质上并无区别。① 康德根据道德必须以自我牺牲为前提的理由反驳功利主义者的时候,总是针对"个人幸福"的原则即自爱的原则。他同样也没有认识到"道德的基础不是对个人幸福的追求,而是对整体的幸福,即对部落、民族、阶级、人类的幸福的追求。这种愿望和利己主义毫无共同之点。相反地,它总是要以或多或少的自我牺牲为前提。"②

　　普列汉诺夫指出,个人的大公无私、英雄主义行为怎样从阶级利益、社会利益、民族利益的基础上产生,乃是历史运动的辩证法,它的秘密存在于社会环境的影响中。"只有历史的进化能够给我们解释,社会的幸福为什么以及怎样成为该社会中占统治地位的道德的基础。但这种进化的发生常常是个人不知道的。个人遵守自己社会或者自己阶级的道德的要求,就好像遵守具有宗教的或者形而上学的规则的绝对道德的规条那样。指使着个人去进行这种或者那种行动的,是社会关系的客观逻辑,而不是个人的主观理智。"③这和生物进化有类似的情

---

① 《普列汉诺夫哲学著作选集》,第 2 卷,第 48、508 页。
② 同上书,第 1 卷,第 550—551 页。
③ 同上书,第 2 卷,第 508 页。

况。生物中类的历史会在个体的胚胎结构中遗留下迹象,表现为生物的本能;同样,个人的道德"本能"——即道德情感或道德意志,也是社会环境的演进这个"类的历史"的影响所造成的,或者说教育和习惯所造成的。说人们自觉地使他们的道德观念或感情适应他们的经济关系,其错误之大无异于说动植物自觉地使自己的器官适应它们的生存条件。实际上这里都是不自觉的过程。生物通过获得性遗传而进化;同样,人的先辈在当时经济条件和阶级利益影响下所获得的道德"理性",也会逐步地通过社会环境的遗传在后代人身上表现为本能的道德意志、观念和情感。用今天的某种说法就叫作:"在人的情感、意志、愿欲等感性中有理性的积淀"。所以,如果说同爱尔维修等人相比,康德较为正确地把握了道德与非道德的形式上的特征区别。那么同康德相比,前者就较为正确地把握了道德与非道德的内容上的特征区别。如果说法国唯物主义者好像"在个体有机体的胚胎发生史中去寻找物种变化的充分根据的自然科学家"①,那么康德就企图在物种变化史之外来说明个体有机体的胚胎发生史。普列汉诺夫关于道德情感和道德意志的起源和特点的辩证思想,其实就是他关于社会意识过程的起源和特点的一般观点在伦理学中的应用和具体化。

普列汉诺夫在《车尔尼雪夫斯基》(1909年)一书论述这位俄国伟大的启蒙学者的道德学说一章中,详细分析了道德论中利己主义和利他主义的关系问题。因为车尔尼雪夫斯基和爱尔维修等人一样用相同的方法、相同的论证在这个问题上犯了同样的错误,所以该书对车尔尼雪夫斯基的这一批评完全适合于法国唯物主义者。

普列汉诺夫写道:"从人关于自己的行动的想法永远离不开'自我'的意识这一点,还决不能做出结论说,人的一切行动都是利己主义

---

① 《普列汉诺夫哲学著作选集》,第2卷,第52页。

的。假如某一个'自我'把他人的幸福看成自己的幸福;假如他具有对这种幸福的'爱好',那么这样的'自我'就叫做利他主义者,而不是利己主义者。仅仅根据人们的利他主义行动必然伴随着'自我'的意识这一点,就企图抹煞利己主义和利他主义之间的深刻区别——这意味着想把逻辑的含糊带到绝对必须十分明晰的地方去。"①

"符合整体利益的个人行为,将被认为是善行,而违背这种利益的行为,将被认为是恶行。因此,一种可以称之为整体的利己主义、社会的利己主义的东西,将成为判断善恶的基础。但是,整体的利己主义决不排斥个人的利他主义、个体的利他主义。相反,前者乃是后者的泉源,社会力求这样来教育它的各个成员,使他们把社会利益置于自己的私人利益之上;某人的行为越是能够满足社会的这种要求,这个人也就越是有自我牺牲精神,越是有道德,越是有利他主义精神。而他的行为越是破坏这种要求,那么他就越是自私自利,越是没有道德和抱有利己主义。这就是人们过去和现在评判一个人的某种行为是利他主义的行为还是利己主义的行为时,常常或多或少地采用的标准:在这里,全部可能发生的区别都归结于这样一个问题,即人们在一定情况下把它的利益看得高于个人利益的那个整体,究竟是什么东西。……用道德精神来教育人,就是使有利于社会的行为变成他的本能的要求(康德的'绝对命令')。这种要求越强烈,那么这个人也就越有道德。所谓英雄就是这样的人:他们不能不服从自己的这种要求,即使为了满足它必须完全违反本身的最重大的利益,比方说,必须冒生命的危险。包括车尔尼雪夫斯基在内的'启蒙运动者',通常都忽视了这一点。……康德在断言道德动机同利益没有任何关系时,他所犯的错误也不下于'启蒙运动者'。他在这个问题上也没有采取发展的观点,没有从社会的

---

① 《普列汉诺夫哲学著作选集》,第 4 卷,第 255 页。

利己主义中引出个人的利他主义来。"①换言之,康德(还有卢梭)只看到利他主义与利己主义表面上的对立,相反,法国唯物主义者虽然力求论证两者的统一性,然而他们是在片面的基础上通过错误的途径(即取消对立的一方)来证明的。

爱尔维修有时也懂得,道德的人完全是教育②和学习的结果,德行乃是社会环境造成的习惯行为。然而他们又常常把这种行为说成是一连串的考虑,这些考虑甚至直接适应于驱使他这样行动的个人利益。实际上,制约着个人行为的那些习惯和规则,也和支配着社会的习惯和规则一样,是不依赖于奉行它们的人的意志,因而也不依赖他的利害打算而形成的,即使这些行为有损于他的个人利益,他往往也还是服从它们。这是必须用历史的观点而不是用理性主义的观点才能解释清楚的。

总之,道德意志是从社会利益的基础上成长的,个人的利他主义是从社会利己主义的基础上产生的,道德习惯是在人们适应社会环境的合目的行为的基础上养成的。这是一个辩证的过程。对于这个过程,无论法国的"启蒙派"(爱尔维修等)、德国的"启蒙派"(康德等)和俄国的"启蒙派"(车尔尼雪夫斯基等),都只有片面的认识。

(三)

普列汉诺夫道德论的另一重要内容是比较详细地考察了近代西欧伦理思想发展的辩证过程。在近代西欧伦理学说方面他主要分析了霍尔巴赫、爱尔维修、康德、黑格尔、费尔巴哈等人的观点。

---

① 《普列汉诺夫哲学著作选集》,第 4 卷,第 252—253 页。
② 爱尔维修所理解的教育不仅是通常所谓的教育,而是个人一切生活条件的总和。

前面我们说过,普列汉诺夫一生研究的中心是"现代唯物主义哲学",或者确切些说是马克思的历史唯物主义。为了弄清它的产生是人类思想史上真正的最伟大的革命的全部意义,必须研究至少一百年来先进的哲学和社会学的状况。伦理学是关于社会现象的学科之一。因此弄清它在十八世纪以后的历史发展,自然也是必不可少的事情。同时这也是认识马克思主义伦理学的变革作用所必需的。为此,普列汉诺夫对上述哲学家的道德思想进行了认真的分析,并且通过分析阐明了近代西欧伦理思想发展的辩证过程。

普列汉诺夫那个时代,学术界对法国唯物主义者的伦理学都没有正确的认识。"在我们这整个世界里,除了极少数的例外,大家都认为这种伦理学骇人……只宣传感官享受和利己主义"①,它鼓吹不择手段地追求个人幸福。要了解马克思的历史观和伦理观是怎样从十八世纪的唯物主义历史哲学和道德哲学发展起来的,就必须首先指出,这个被人误解甚至完全曲解的哲学实际上是什么。② 普列汉诺夫的重大历史功绩是第一次详细地弄清了霍尔巴赫和爱尔维修等人的伦理学的真正面貌,并且发展了和具体化了马克思、恩格斯关于这种伦理学的历史意义的思想。

普列汉诺夫指出:爱尔维修等人的伦理学和他们整个哲学一样,是革命的资产阶级反对僧侣、贵族和君主专制的斗争在观念形态上的表现。他们坚决否认人有先天的道德观念,反对宣传顺从、毁灭情欲的宗教道德学,主张用人性的眼光、理性的眼光来看道德,要求从迷信和教会的控制下解放道德,希望"在地上建立天国"。他们热情地宣扬了各种美德:人道、博爱、大度、宽容、慈善等等,并且力图为道德找到可靠的

---

① 《普列汉诺夫哲学著作选集》,第 2 卷,第 41 页。
② 同上书,第 2 卷,第 32 页。

基础。他们提出了社会利益是道德的尺度和基础这一唯物主义伦理学的基本原理,捍卫了必须把个人利益和社会利益结合起来,把道德同社会和政治联系起来的思想。他们断言,不管在什么地方,只要私人利益和公共利益分离,就会引起道德上的堕落。特别重要的是可以从这些理论前提中,做出一系列科学的具有革命意义的实践结论。正如马克思、恩格斯所说:"既然人是从外部世界和从这个世界上所获得的经验中汲取自己的一切感觉知识等等,那就必须这样来安排周围的世界:要使人从这个世界获得他所应得的印象,使他能习惯于真正是人的关系,使他能感到自己是人。既然正确理解的个人利益是任何道德的基础,那就必须设法使个别人的私人利益符合全人类的利益。既然从唯物主义意义上来说,人是不自由的,就是说,既然人不是由于有逃避某种行为的消极能力,而是由于有表现自己个人特性的积极的可能性才得到自由,那就不应当惩罚个别人的犯罪行为,而应当消灭犯罪行为的反社会的根源,并使每个人在社会上都有自由活动的场所。既然人的性格是由环境造成的,那就必须使环境成为合乎人的要求的环境。"①诸如此类的说法,甚至在霍尔巴赫和爱尔维修等人的著作中也可以几乎一字不差地找到。普列汉诺夫在批判托尔斯泰禁欲主义宗教道德时引证了这段话,接着写道:"这就是我们的道德学说的科学基础。"②他从来没有怀疑过爱尔维修等人伦理学的唯物主义性质。和历史观的发展一样,他认为伦理思想史上也贯穿着唯物主义和唯心主义的斗争。

　　普列汉诺夫揭示爱尔维修等人伦理观点中所有这些积极内容,说明它们是马克思以前唯物主义伦理学最出色、最革命的体系的同时,也具体分析了它们的种种自相矛盾和局限性。这些矛盾和局限性,总的

---

① 参见《马克思恩格斯全集》,第 2 卷,第 166—167 页。
② 《普列汉诺夫哲学著作选集》,第 5 卷,第 752 页。

来说是从他们理论的形而上学性质中产生的。他们一方面肯定道德情感来源于教育或社会环境的影响,另一方面又摆脱不了诉诸理性的强烈倾向,企图通过理性的思考形式从感官感觉中推演出道德情感;一方面说道德的基础是社会利益而不是个人利益,另一方面通过把社会利益归结为抽象的人的利益,归结为人的生理需要和心理需要(而不是经济需要和社会需要),①又回到了个人利益是道德的出发点的思想;一方面承认有自我牺牲行为,肯定这是一种利他主义,另一方面又认为所有这些高尚的行为"只不过是合理的利己主义的特殊形式";一方面断言人性是不变的,另一方面又宣称道德观念和感情在社会环境的影响下改变着;如此等等。"步步矛盾是他们的职业病,……那些纠缠着爱尔维修的矛盾,是他的形而上学方法所引起的。"②同时这种思想方法必然导致唯心主义在他们的伦理学说中的复辟。例如,在法国唯物主义者看来,道德观念决定于社会环境,即主要决定于现存的政治法律制度,而后者又决定于立法者的意识和意志。爱尔维修说:"公民的道德依靠法律的完备,而这个法律的完备又依靠人类理性的进步。"③

　　普列汉诺夫没有像考察霍尔巴赫、爱尔维修的道德学说那样细致而全面分析康德的伦理观点,除了前面指出过的那两点意见以外,他对康德伦理思想中的积极因素几乎没有说过一句赞扬的话。这种情况同样与他长期一直同新康德主义者作战有密切的关系。但是我们并不能因此就说他对康德整个伦理学说在历史上的地位的评价是否定的。只要注意到这样一点就够了:在他看来,康德是德国资产阶级启蒙派伦理学的代表,正如爱尔维修、霍尔巴赫和卢梭是法国启蒙派代表,车尔尼雪夫斯基是俄国启蒙派代表一样。④

---

① 《普列汉诺夫哲学遗著》,1974年俄文版第3卷,第61页。
② 《普列汉诺夫哲学著作选集》,第2卷,第107页。
③ 同上书,第2卷,第128页。
④ 同上书,第2卷,第48页。

普列汉诺夫指出了康德的哪些缺点呢？首先是形而上学的思维方式。正如前面已经提到的：康德伦理思想的"主要缺点，就是不能解决关于发展的问题"。和法国唯物主义者一样，自相矛盾也是康德的职业病。黑格尔正确地指出，"在康德的学说里，没有一条道德律是说得清楚的，是不需要进一步讨论的，是没有矛盾的，是不依赖于其他定义的。"例如康德曾用"不允许隐匿别人委托保管的财产"来说明绝对命令的含义，因为如果人人都这样做，那么谁也就不会把财产托人保管了。黑格尔反驳说，这个例子没有说服力，因为人们可以问：不把财产托管又有什么关系？如果回答说，这样就很难积蓄财产，那么人们还可以问：为什么需要财产？① 第二个缺点是议论的抽象性、空洞性和形式主义。普烈汉诺夫在《亨·易卜生》一文中写道：易卜生的道德"就像康德的道德一样，是抽象的，因而是没有内容的。康德说，如果向逻辑提出什么是真理这个问题，并且力图从它得到对这个问题的回答，那就会发生这种可笑的情况：一个人挤公山羊的奶，而另一个人把筛子放在下面接奶。关于这一点黑格尔也从自己方面正确地指出，当人们向纯粹实践理性提出什么是权利和义务的问题，并且试图借助这种理性来回答这个问题的时候，也会发生完全同样可笑的情况。康德认为道德法则的标准不是在于意志的内容，而是在于意志的形式；不是在于我们愿望什么，而是在于我们怎样愿望。这种法则是没有任何内容的。"② 黑格尔同样正确地指出，"康德的每一条道德律都是空话，像 A = A 一样不说明任何问题：托付的财产就是托付的财产，财产就是财产。他根本没有想到黑格尔针对他的空话所提出的上面那些问题。"③第三个缺

---

① 《普列汉诺夫哲学著作选集》，第 1 卷，第 548—550 页。
② 同上书，第 5 卷，第 529 页。
③ 同上书，第 1 卷，第 549—550 页。

点是同宗教的联系。"对康德来说,也像对费希特一样,道德律乃是类似打开彼岸世界门户的钥匙一样的某种东西。"康德自己曾经有句名言:"星空的庄严景象仿佛消灭了我的意义,使我注意到自己从属于物质世界。相反,对道德规范的意识则无限地提高我的意义,赋与我以不从属于动物界和甚至不从属于整个感性世界的生命。"①

普列汉诺夫对黑格尔道德思想只作了极为简要的评论。而且集中在《从唯心主义到唯物主义》一文第四节中的这些评论也仅限于肯定他在伦理学说中的地位和作用。在普列汉诺夫看来,黑格尔最大的贡献是认为道德有纯粹的社会起源和服从发展的规律。"按照他的学说,道德是社会生活的必然产物和必要条件。……成为有道德的人,就是要按照本国的道德规范生活。要使一个人受到良好的教育,就必须使他成为治理得很好的国家的公民。因此,道德根源于政治。这简直同十八世纪法国启蒙思想家所提出的、革命的道德学说一模一样。"然而这是否要求有道德的人服从现存的道德规范,反对革新呢?不是。黑格尔利用辩证法轻易地解决了这个矛盾。他说:"至于道德目的和道德关系的一般衰落、破坏和消灭,那么应该说,道德目的和道德关系,就其内在本质来说虽然是无限的和永恒的,而就其外在表现来说则是有限的,它们服从于自然规律,以及偶然性的作用。因此它们是暂时的,因此它们一定会受到破坏和消灭。"②黑格尔根据这个观点高度赞扬了"破坏本民族道德规范"的苏格拉底的行为,称他为自觉代表新道德原则的英雄。

普列汉诺夫完全承认恩格斯在《费尔巴哈与德国古典哲学的终

---

① 《普列汉诺夫哲学著作选集》,第3卷,第738页。康德这段话见他的《实践理性批判》中译本第164页。

② 同上书,第3卷,第738—739页。黑格尔这段话见他的《历史哲学》中译本第76页。

结》一书中对费尔巴哈伦理学说的评价。他虽然没有在自己的著作中重申恩格斯的那些批评，但是在批评费尔巴哈人本主义的唯心史观和宗教哲学时，实质上是连同他的伦理思想的缺点错误一起作了分析。不过我们这里感兴趣的还是他对恩格斯的评价所作的两点重要的补充。

第一，普列汉诺夫指出，"费尔巴哈较好地分析了利他主义欲望从利己主义欲望中产生出来的过程。……因为费尔巴哈向黑格尔学习过辩证法，而这一点是很有意思的。"第二，费尔巴哈指出了利他主义意图对社会发展的意义，比较深刻地把他的道德学说同唯物主义认识论联系起来。费尔巴哈的道德准则是："对自己来说，不要成为十分严格的斯多葛派，对别人来说，不要成为十分严格的伊壁鸠鲁派。"要了解这句话中没有丝毫矛盾，就必须懂得它的认识论基础——关于我和你的学说。费尔巴哈说："凡是在我之外就没有你、就没有别人的地方，也就谈不上道德。只有社会人才是人。我只有通过你并且同你一起才成为我。我之所以意识到自己本身，只是由于你作为可以看见和可以感触的我，作为另一个人同我的意识相对立……只有在谈到人同人、一人同另一人、我同你的关系的地方，才能谈得上道德。"所以，善行和道德是一回事。只有对别人是善行的行为才能承认它是善行。这种善行同时跟义务感、跟良心联系着。而良心并非生来就有，它是通过包括榜样在内的教育才获得的。① 普列汉诺夫特别注意到费尔巴哈《诸神世系学》一书中以下一段重要的话："不仅信仰，还有良心也是'来自听闻'，而且也来自眼睛。良心不是特殊的'能力'，一般而言不是某种天生的东西，而是某种发展出来的东西，甚至常常要费很大力气才印入脑

---

① 《普列汉诺夫哲学著作选集》，第 3 卷，第 772—774 页。

中的东西。从来没有看见过或感受过惩罚的人,从来没有听过他人的谴责而且自己也没有谴责过他人的人,就决不会谴责自己。"①普列汉诺夫写道:正是在费尔巴哈这样的唯物主义道德的基础上"长出了道德上自我牺牲的鲜艳花朵"②。

恰金批评普列汉诺夫,说他"高估了费尔巴哈的道德观"③。的确,普列汉诺夫对费尔巴哈伦理学说中唯心主义的、非历史的和超阶级的思想是"注意不够"的。但是因此就说他对费尔巴哈道德学的评价不同于恩格斯,说他作了过高的估价,则未必正确。表面看来,恩格斯强调费尔巴哈伦理学的历史唯心主义本质,普列汉诺夫突出它的自然唯物主义基础;恩格斯指责它的肤浅贫乏、它的非历史性、它的保守作用,普列汉诺夫赞扬它的辩证"花朵"、它的现实内容、它的革命意义。似乎普列汉诺夫专跟恩格斯唱对台戏。然而仔细考察,其实并不矛盾。因为两人是从不同角度立论的。恩格斯是拿马克思的伦理观同费尔巴哈的伦理观比较,对它进行批判;普列汉诺夫给自己提出的任务则是分析费尔巴哈学说在伦理思想史上的地位和作用,主要是拿它同法国唯物主义者和康德的道德思想比较。至于费尔巴哈在这方面落后于黑格尔的地方,由于恩格斯已经讲过,他就没有重复了。这些当然是缺点。不过问题的关键首先在于普列汉诺夫的上述看法本身是否有科学根据。我们觉得,要否定这些看法是不可能成功的。不仅如此,通过以上的考察,普列汉诺夫还揭示了:近代西欧伦理学说的发展同样是沿着否定之否定的道路进行的。概括地说这个过程就是:爱尔维修等人的形而上学唯物主义的功利论——康德的形而上学唯心主义的义务论——

---

① 《普列汉诺夫遗著》,俄文版第7卷,第306页。
② 《普列汉诺夫哲学著作选集》,第3卷,第772页。
③ 《普列汉诺夫及其在发展马克思主义哲学中的作用》,1963年俄文版,第118页。

经过黑格尔的辩证唯心主义的功利论和费尔巴哈的人本主义的功利论到马克思的唯物史观的功利论。

总之,普列汉诺夫的伦理思想是有其独到之处的。恰金指出:"在马克思的那些论述道德的学生和继承者中间,最深刻地和全面地分析作为上层建筑一部分的道德问题的功绩属于普列汉诺夫"[1],他"具体化了马克思主义道德学说的某些方面"[2]。我们同意这个评价。

---

[1] 《普列汉诺夫对马克思主义一般社会学理论的分析》,1977年俄文版,第123页。这里指的是直接受教于马克思、恩格斯的那些门生。

[2] 《普列汉诺夫及其在发展马克思主义哲学中的作用》,1963年俄文版,第106页。

第十三章　列宁和普列汉诺夫

（一）

六十多年来,学术界围绕普列汉诺夫哲学思想的评价一直有着激烈的争论。争论的核心是如何看待列宁哲学思想同普列汉诺夫著作,特别是同他的哲学著作之间的关系问题。经验证明,如果背离列宁对普列汉诺夫的分析,就不可能实事求是、恰如其分地评价普列汉诺夫的哲学功过。而要正确地理解列宁的这些分析,首先又必须处理好列宁哲学思想的发展与普列汉诺夫著作之间的关系。在现代苏联哲学史上对这个问题的基本看法,大致说来有以下三种,即"普列汉诺夫哲学正统论"、"列宁哲学思想发展完全独立论"和"青蓝关系论"。第一种看法统治着整个二十年代。从三十年代到五十年代前期则是第二种看法独霸苏联学坛。1956年以后第三种看法逐渐兴起,现在越来越为更多的人们所接受。

"普列汉诺夫哲学正统论"的主要代表是柳·依·阿克雪里罗得、德波林、戈烈夫和沃尔夫逊等人。他们许多人过去都是孟什维克,十月革命后脱离,并在苏维埃国家意识形态机关担任要职。但是他们在理论上、哲学上未能立即成为列宁主义者,而仍然继续认为自己的"精神上的父亲"是普列汉诺夫。他们的功绩是初步系统地整理了普列汉诺夫的哲学思想,肯定了他在宣传、捍卫和发展辩证唯物主义和历史唯物主义方面的重大贡献,并且通过种种出版物和各类讲坛在青年一代中间广泛地传播了这些思想。不过他们对普列汉诺夫的哲学贡献估计得并不完全正确,或者确切些说,在好些问题上完全不正确。今天看来,他们对普列汉诺夫哲学著作中许多真正有独创性的科学内容并无认识。他们的主要错误在于不知道或者不重视或者不理解列宁指出的普列汉诺夫哲学思想中的种种根本性的缺点和错误,特别是低估了列宁在发展马克思主义哲学中的伟大作用。例如德波林在 1924 年宣称:"列宁在哲学方面是普列汉诺夫的'学生',(他自己也曾不止一次地说过。不过列宁就教于普列汉诺夫这件事,并未妨碍列宁独立处理一系列的问题,而且在某些重大之点上纠正了普列汉诺夫的看法。)从一定意义上说,这两位思想家是互相补充的。普列汉诺夫首先是一位理论家,而列宁首先是一位实践家、政治家、领袖。(可是他们两个人对于我们的世界观的发展和深化都作了极多的贡献。)"①他们的著作给人一种印象,似乎"学生"永远只是学生,没有超过"先生"。

　　从 1930 年开始,德波林派和机械论者柳·依·阿克雪里罗得等人的上述观点受到了以米丁、埃·彼·西特柯夫斯基为代表的一派人的公开批判。他们被指责为"孟什维克化的唯心主义者"。米丁等人的重大历史功绩在于第一次明确提出了马克思主义哲学发展的列宁阶段,指出不能脱离列宁思想来评价普列汉诺夫的哲学功过。米丁写道:"不懂得列宁在马克思主义哲学发展中的作用,不懂得列宁创立了这种哲学发展的新时代,……就意味着不懂得哲学上的列宁主义最重要的方面,不懂得列宁把一般马克思主义哲学,特别是一系列最重要的唯

---

① 德波林:《哲学与政治》,下册,三联书店 1965 年版,第 817 页。括弧是引者加的,其中的文字通常被米丁派抹去,虽然有时也使用了删节号。米丁大概只有一次比较完整地引证了这段话。

物辩证法问题提升到的那个理论高度。……不懂得列宁的作用还意味着完全不考虑列宁和普列汉诺夫之间在哲学上存在着什么样的差别,这种差别同以下一点联系着:列宁对马克思主义哲学问题的解释正是同他对资本主义的最新阶段(帝国主义)、无产阶级革命和社会主义建设时代的解释最紧密地结合在一起的。不懂得列宁在哲学上的作用,意味着不懂得必须从马克思主义哲学发展这个新阶段的观点,从这个理论内容的观点和加深马克思主义理论的观点,来批判地重新审查普列汉诺夫对马克思主义哲学基本问题所作的一系列的解释。"①但是米丁派自己在一系列问题上恰恰违反了列宁的思想,例如对第二国际、对"劳动解放社"的评价方面,例如对普列汉诺夫的哲学功绩,对他的"特殊立场",对他的政治演化和哲学演化之间的关系等方面都显然离开了列宁的明确的指示。他们夸大了普列汉诺夫的哲学缺点,生造了一批所谓"哲学错误"。在他们的思想统治苏联学术界的二十多年间,普列汉诺夫哲学思想的研究基本上没有多少进展,而且在一些方面还倒退了。至于所谓的"孟什维克化的唯心主义",经过历史的检验,并没有给它的制造者们增添任何光彩。米丁派的主要错误在于不理解普列汉诺夫著作在列宁哲学思想形成和发展过程中的那种实际作用,因而对普列汉诺夫和列宁之间在哲学领域的相互关系采取了片面的观点。他认为,"总之,应该说,是结束这样一种'历史哲学'的时候了,这种历史哲学的出发原理是:马克思主义的发展从马克思、恩格斯经过普列汉诺夫到列宁,列宁是马克思主义者普列汉诺夫的'学生'和'继承者'。这种'历史哲学'低估了:在马克思、恩格斯以后,列宁从自己最早的一些著作起就已经是唯一的、彻头彻尾的、最好意义下的正统的、独立的

---

① 米丁:《唯物辩证法的首要问题》,1936 年俄文版,第 5、6 页。

马克思主义者。真正的马克思主义发展史从马克思、恩格斯到列宁,决不经过普列汉诺夫。"①

早在二十世纪二三十年代,列宁夫人克鲁普斯卡娅就反对以上两种片面的、错误的观点。她在批驳德波林的观点时说,列宁非常重视普列汉诺夫,认为他是同民粹派、伯恩施坦派和经济派作过坚决斗争的出色的理论家,但他也知道普列汉诺夫的弱点,其中主要的一条就是脱离了正在发展中的俄国工人运动。和普列汉诺夫相反,列宁则是另一种典型的理论家。"如果说(像有些人企图做的那样),普列汉诺夫是理论家,而列宁是实践家,那就完全错了。不是这样。列宁也是理论家,然而是完全另一种类型的、另一个时代的、和党的整个建设、和党的全部工作有着有机联系的理论家。这就是他的力量之所在。"②另一方面她也不赞成米丁等人的上述观点。她在《列宁回忆录》中写道:"老一辈马克思主义者对普列汉诺夫所抱的感情是比较年轻一代的人所没有体验过的,因为普列汉诺夫在老一辈马克思主义者生活中曾起过决定性的作用。"③这里所说的"老一辈马克思主义者"当然包括列宁在内。这里所说的"决定性的作用"无疑也包括哲学观点在内。因为紧接着这句话之后克鲁普斯卡娅就讲到哲学问题。为了证明这一点,让我们再看几段话。

她写道,列宁"对'劳动解放社'有一种极其特殊的感情。对普列汉诺夫不用说了"④。"他对普列汉诺夫是很敬爱的。普列汉诺夫在弗拉基米尔·伊里奇的发展上起过很大的作用,他帮助他找到了正确的革命道路,因此,很长一段时期内普列汉诺夫在他眼里是荣光遍体的,

---

① 《唯物辩证法的首要问题》,第56页。
② 克鲁普斯卡娅:《论列宁》,人民出版社1961年版,第174页。
③ 《回忆列宁》,第1卷,人民出版社1982年版,第423页。
④ 同上书,第1卷,第294—295页。

他和普列汉诺夫之间的任何最微小的分歧都使他感到非常难受。……弗拉基米尔·伊里奇从来不把自己同普列汉诺夫对立起来。"[1]列宁对普列汉诺夫有"深厚感情",因为"他曾从普列汉诺夫那里学到很多东西"[2]。列宁一直到晚年也仍然"认为,在作为唯物主义者的普列汉诺夫那里有许多可以学习的东西,不知道普列汉诺夫的哲学言论,就不可能把辩证唯物主义推向前进。"[3]

我们认为,列宁夫人的上述观点是完全正确的,完全符合列宁本人关于自己同普列汉诺夫的关系的一系列言论。这一点,本书以前各章,特别是第一章,已经有所说明,下面还将进一步加以阐明。克鲁普斯卡娅不是哲学专家,她没有、也不可能要求她对米丁派的谬论从哲学上进行驳斥。但是在三十年代的苏联,列宁夫人能够挺身而出,仗义执言,的确难能可贵。正如她自己所说的:列宁"永远不会去爱一个在观点上同他有分歧、在工作上不是同志的女人"[4]。在我们所讨论的这个问题上,克鲁普斯卡娅再一次证明她是忠实的列宁主义者。

1931年以后,在政治高压下,德波林学派迅速解体了。米丁派一统苏联哲坛。但是米丁派那一套列宁普列汉诺夫关系论并不代表真理。一旦解除高压,矛盾很快就会公开暴露出来。1955年福米娜发表了她的名著《普列汉诺夫的哲学观点》。这本书的基本观点并没有摆脱米丁派的羁绊,只是在一些次要的问题上提出了她的不同看法。就是这样一本书当时也不见容于掌权人物,交稿之后被国家政治书籍出版社扣压了五年之久,并多次利用"评审"作幌子强迫作者改变观点。

接着不久西多罗夫在小册子《普列汉诺夫是杰出的马克思主义理

---

[1] 克鲁斯卡娅:《论列宁》,第13、14页。
[2] 《回忆列宁》,第1卷,第748页。
[3] 《论列宁》,第366页。
[4] 《回忆列宁》,第1卷,第748页。

论宣传家》(1956年10月)中指出:"在哲学思想史上,在俄国和世界文化史上,普列汉诺夫占有突出的地位。普列汉诺夫的哲学著作在俄国社会思想发展中构成了一个时代。……他是俄国工人们的第一位教师。"①一个什么"时代"呢?西多罗夫没有说。但有一点是十分明确的,这决不是米丁所规定的那个"第二国际时代"。西多罗夫写道,苏联研究普列汉诺夫的世界观和著述活动的文献共有三百来种,包括书籍、文章和文集。这些文献大致可以分为三类。一类是普列汉诺夫的朋友们写的,对他的遗产采取了非批判的态度。另一类是持极端否定态度的著作,它们把普列汉诺夫的一切都送给孟什维克和孟什维克化的唯心主义者。第三类则对普列汉诺夫的理论遗产的优点和缺点采取客观分析的态度,肯定他在论证和发展马克思主义哲学中的贡献。②不用说,作者是主张第三种态度,而反对第一、第二两种态度的。

1963年,恰金在《普列汉诺夫及其在发展马克思主义哲学中的作用》一书中进一步指出:"考察哲学中列宁阶段的历史前提问题时,要撇开普列汉诺夫的理论活动,是完全不可能的。列宁在新的历史条件下发展了马克思主义并把它提升到更高的阶段,这是考虑了普列汉诺夫反对民粹主义思想体系和修正主义的斗争的全部积极经验的。只有在这个意义上才能理解列宁对普列汉诺夫哲学观点的高度评价。"③

一切不怀成见的读者都不难看出,恰金的这个思想同米丁的上述观点是针锋相对的。但是不知为什么(也许由于是老同事、老相识吧)恰金居然把米丁说成一贯正确,好像在这个问题上三十年代的米丁等人也同意他这个思想似的。历史真是任人打扮的女孩子啊!

---

① 《普列汉诺夫是杰出的马克思主义理论宣传家》,俄文版,第3、51页。
② 同上书,第4页。
③ 《普列汉诺夫及其在发展马克思主义哲学中的作用》,俄文版,第5—6页。

然而就在第二年,即 1964 年,苏联《哲学百科全书》第 3 卷"唯物主义"条目中却重弹米丁的老调:"似乎在马克思和列宁之间站着普列汉诺夫这个必要的联系环节,这样,除了列宁阶段,在辩证唯物主义发展中似乎要分出一个特别的普列汉诺夫阶段。实际上列宁虽然高度地评价了普列汉诺夫的著作,却是直接从马克思和恩格斯出发,而不经过任何'中间环节'的。特别不能容许的是把包括第二国际首领们在内的一切种类的修正主义者和机会主义者都看作马克思事业的继承者。"①其作者是大名鼎鼎的凯德洛夫。我们十分尊重这位苏联当代真正有学问的哲学家、化学家和科学史家,他对列宁怀着忠诚的爱戴之情,和那些在学术界挥舞棍棒的人不可同日而语。但是大学者有时也难免摆脱不了某些世俗的偏见。作者在这里还绘制了一个十八—二十世纪初俄、德、法三国唯物主义哲学发展路线图。奇怪的是,各种资产阶级唯物主义流派,像杜林、毕希纳、福格特、摩莱肖特之流,都榜上有名,却没有普列汉诺夫;有别林斯基、杜勃罗留波夫、狄慈根,却没有普列汉诺夫。似乎普列汉诺夫的哲学知识、他在哲学史上的贡献还不如这些人!似乎面对着一大片资产阶级哲学流派的无产阶级哲学家就只有"马克思、恩格斯、列宁",然后再到笼而统之的"国际马克思列宁主义"!这不是偏见是什么?

到了七十年代,这种分歧并没有消除。例如恰金在 1971 年出版的《马克思主义辩证法史(从马克思主义产生到列宁主义阶段之前)》一书中写道:"列宁在进一步发展马克思主义创始人的哲学遗产时,毫无疑问是利用了狄慈根、拉法格、普列汉诺夫、梅林和拉布里奥拉所做出的成就的。他高度评价了马克思、恩格斯的杰出的追随者,特别是狄慈根和普列汉诺夫。他在自己有关辩证法问题的著作中,常常把他们当

---

① 参见该书俄文版第 354 页。

作马克思主义理论的权威来引证他们的话,推荐他们的著作。而在他批评他们的错误或缺点的地方,他总是反复强调,他的先驱者们的著作整个说来是很有积极意义的。这就是为什么在分析列宁的哲学著作,特别是有关辩证法问题的著作时,不能忽视马克思、恩格斯的学生和战友们所做出的成就的缘故。他们的著作对列宁的影响是极其重大的。遗憾的是,他与他们之间的直接继承性联系问题迄今没有引起人们足够的重视。对列宁阶段的研究,常常撇开了同马克思、恩格斯的学生和战友们的哲学遗产的历史性联系。"①

这本书是苏联一批知名哲学家主编的五卷本《辩证法史》丛书的第 4 卷。在两年后出版的第 5 卷中 Г. M. 施特拉克斯迫不及待地唱了一个反调。他写道:"德波林没有看到,列宁和普列汉诺夫之间相隔整整一个历史时代,他继续断言,列宁在哲学上是普列汉诺夫的学生"等等。② 德波林当然是有严重错误的。但决不能承认所谓"相隔整整一个历史时代"的说法,无论政治上或哲学上这都是讲不通的。因为正如下面还要论述的:事实证明,在这两方面普列汉诺夫都是列宁的直接先驱。

接着恰金又在 1975 年出版的《二十年代苏联保卫历史唯物主义的斗争》一书中,干脆引证列宁自己的话来答复对手们。他写道:"最后,……不能不谈谈弗拉基米尔·伊里奇极端的谦逊。大家知道,他坚决地制止了赞扬他、使他从周围同志们中间稍微突出起来的任何企图。他经常强调,在哲学领域他是马克思、恩格斯和普列汉诺夫的学生之一。"③

列宁的谦逊,这是千真万确的事情。但不能因为他谦逊,就断言他

---

① 参见该书中译本(人民出版社 1982 年版)第 469 页。
② 库尔桑诺夫主编:《马克思主义辩证法史(列宁阶段)》,1973 年俄文版,第 203 页。
③ 参见该书俄文版第 113 页。

说自己是马克思、恩格斯和普列汉诺夫的哲学学生之一也是假的。如果列宁说他在经济学方面是普列汉诺夫的学生,那显然是不真实的。可列宁从来没有说过这样的话,他也决不会那样说。恰金说列宁谦逊,意思是列宁只是如实地承认了自己是马克思、恩格斯、普列汉诺夫的哲学学生之一,对于他发展马克思主义哲学的功绩,对于他大大超过普列汉诺夫哲学思想、批判其错误的地方就什么都不讲了。

其实这个事实,正如上面的引文已经表明的,德波林早就指出过。人们引证这段话时总是小心翼翼地把"列宁自己也曾不止一次地说过"这句话删去。这就从反面证实了,列宁的确多次说过这类话,否则在当时的气氛下像米丁这样的人物会不利用这等上好的材料打击德波林?伪造列宁言论不是比任何其他罪名更能置对手于死地么?

可是要把列宁"不止一次"说过的话随便忘掉甚至否定掉,并不是那么容易的事。于是有人便用列宁的"谦逊"来圆场。但这样一来,人们就把列宁放在扯谎者的地位上,而且还是在谈到被米丁看作决非"小题目"的"极其重要的和根本性的问题"的时候。这里我们不由得想起了马克思论谦逊的一系列名言。你们不是说列宁是真理的化身吗?既然如此,那他怎么可能谦逊到向谎言低头呢?因为正如马克思所说,"真理像光一样,它很难谦逊",特别是不能"对虚伪谦逊"。你们不是说列宁是天才吗?"天才的谦逊就是要用事物本身的语言来说话,来表达这种事物的本质的特征。天才的谦逊是要忘掉谦逊和不谦逊,使事物本身突出。"米丁们所设想的列宁的谦逊是过分的,而"过分的谦逊"是对列宁"最辛辣的讽刺"。

"谦逊论"者的立场不管多么错误,他毕竟暗中还承认列宁的确这样说过。西特柯夫斯基则不然,他硬说,"把普列汉诺夫变为列宁的哲学教师"是"曲解历史事实",因为"列宁的著作,从其最初的著作起,在对普列汉诺夫著作的关系上不仅是完全独立的,而且远远地高于后者"。在他看来,"列宁在1894年就写成了这样的哲学著作,如《什么是'人民之友'以及他们如何反对社会民主主义者?》,而这时候,亦正就是普列汉诺夫的基本哲学著作《论一元论历史观之发展》正在写作的时候,列宁之出现为哲学理论家,是和普列汉诺夫同时并且不依赖于他。"①无独有偶。四十年后,张念丰在《德波林学派介绍》中关于这个问题所说的话几乎一字不差。②

现在让我们来看一看到底谁在"歪曲历史事实"。

据西特柯夫斯基说,列宁和普列汉诺夫之出现为哲学理论家都是在1894年。真是海外奇谈!你们大概不会否认《共产党宣言》是"哲学理论"著作吧。请问:被列宁誉为俄国共产党人的宣言的《社会主义和政治斗争》(1883年)算不算"哲学理论"著作?好吧,假定这个不算。那么对《费尔巴哈论》作了一系列补充而又受到恩格斯高度赞赏的《黑格尔逝世六十周年》(1891年)总该算是哲学理论著作了吧?

为了缝补这个漏洞,张念丰改了个说法。他认为列宁和普列汉诺夫"两人主要的和基本的理论著作,包括哲学著作,都是在同一个时期著述和发表的"。就普列汉诺夫的"主要的和基本的理论著作"而言,无论中国、苏联或西方,无论过去或现在,几乎没有人会把《社会主义和政治斗争》排除在外。就列宁的"主要的和基本的哲学著作"而言,人们通常首先都只想起《唯物主义和经验批判主义》(1908年)、《哲学笔记》(1914—1916年),其次是《卡尔·马克思》(1914年)等等。不管怎样,反正《什么是"人民之友"》坐不上第一把交椅。也许张念丰会说,"主要的和基本的哲学著作"各有三种、四种或五种。如果这样,那就

---

① 西特柯夫斯基:《论机械论和孟什维克化的唯心主义的反马克思主义实质》,载《在马克思主义旗帜下》1941年第1期。转引自博古编译:《辩证唯物论和历史唯物论基本问题》,第4册,三联书店1950年版,第1315页。

② 《德波林资料选编》,第52—53页。

应当首先拿《唯物主义史论丛》的写作时间(1893年5月、7月和1894年1月)同《什么是"人民之友"》的写作时间(1894年4—6月)相比。

西特柯夫斯基武断地说列宁之出现为哲学理论家不依赖于普列汉诺夫。然而我们看到的事实却是恰好相反。《什么是"人民之友"》一书中把普列汉诺夫当作权威直接加以引证的地方就在十处以上。间接提到的就更多了。开篇第一句说:"'俄国财富'开始了反对社会民主主义者的战役。""社会民主主义者"一词指的主要是普列汉诺夫。列宁整个这本书都是站在普列汉诺夫一边来反驳米海洛夫斯基等人。列宁这样教训那些民粹派分子:社会民主主义者团体早已有其文坛上的代表——普列汉诺夫及其小组;他是社会民主派中的一位卓越分子;他说得再明显不过了:马克思主义者从马克思理论中无疑地只是借用了阐明社会关系所必需的宝贵方法;他像马克思主义者只能回答的那样回答主观社会学者说,"俄国已经走上了资本主义道路";他早已明确地指出,俄国小生产者的分化是一个很普遍很重大的事实;等等。① 可以说这本书所捍卫的许多基本观点,都是普列汉诺夫早就发挥过的。"不依赖"也者,又有何根据呢?至于所谓《什么是"人民之友"》"远远地高于"《论一元论历史观之发展》,只不过是某种气温下的鼓噪而已。请记住列宁的经典评断吧:《论一元论历史观之发展》"培养了整整一代俄国马克思主义者",无疑包括他自己。

在列宁是否说过上述言论这个问题上,米丁既不像"谦逊论"者那样多少还尊重事实,也不像西特柯夫斯基那样公开抹煞事实,而是胆怯地绕过去,似乎这个问题根本不存在一样。这就是他的"科学性",这就是他的"党性"。当然他们之间共同点是主要的,即认为列宁从来不是普列汉诺夫的哲学学生。顺便说说,二十年代出版了许多老布尔什

---

① 参见《列宁全集》,第1卷,第161、172—175、199、245页,等等。

维克的回忆录,其中有不少关于列宁和普列汉诺夫相互关系的文章,现在这些内容只在当代人的个别著作中才偶尔透露出一鳞半爪。又据西多罗夫1956年说,苏联研究普列汉诺夫思想的文献有三百多种,但1963年恰金给读者开列的篇目只有1931—1961年的一百二十八种,整个二十年代的研究成果被一笔勾销了。像恰金这样有很高造诣的学者尚且只能如此,其余的自不必说了。

"列宁是不是普列汉诺夫的哲学学生?"这个问题,孤立地看是没有多大意义的。但是如果深入到问题本质中去,情况就大不一样了。因为第一,过去的这桩公案并没有了结,而现在又有一批人顽固地否认历史事实。第二,米丁正确地指出,列宁和普列汉诺夫的关系问题,不是"小题目",而是极其严肃的、重大的、有原则意义的根本问题。"学生"这个问题在一定的意义上集中了、概括了下列的问题:如何理解列宁哲学思想的发展,如何评价普列汉诺夫在马克思主义哲学史中的作用和地位,如何分析他的政治错误和哲学理论间的关系,如何对待第二国际和《劳动解放社》,等等。

现在先说明一下我们的观点,然后再来讨论米丁过去的文章。

(二)

说列宁在哲学上曾经一度就教于普列汉诺夫是有充分的事实根据的。相反,否认普列汉诺夫的著作对列宁哲学思想发展所产生的某种决定性的影响则是错误的、经不起批判和考察的。

大家知道,列宁在大学时代学的是法律,以后主要研究经济学。与此同时,长期繁忙的政治活动占去他绝大部分时间。尽管他对哲学一向怀有极为浓厚的兴趣,由于种种客观原因,并没有可能像普列汉诺夫那样以哲学为专业,对它进行持续的长期的研究。吉谢辽夫说,"列宁一生从未中断过哲学研究"①,这个论断显然是失实的。

列宁最初从什么时候起开始研究哲学,无法确知。据 1970 年苏联出版的《列宁年谱》第 1 卷的材料,1887 年 5 月他参加拉丁文口试时回答过"西塞罗的哲学"和"关于最高幸福的学说"的问题,但这里的重点恐怕在拉丁文方面而不在哲学思想方面。1888 年冬,他第一次阅读包括《资本论》第 1 卷在内的马克思主义文献。以后直到 1896 年,他继续研究《资本论》各卷和马克思、恩格斯的其他著作,如《共产党宣言》、《哲学的贫困》、《反杜林论》、《德意志意识形态》、《费尔巴哈论》、《家庭、私有财产和国家的起源》等书。1897 年 12 月,在普列汉诺夫《论唯物主义历史观》这篇书评的影响下,研究了安·拉布里奥拉的《唯物史观概论》。1895 年他在柏林图书馆里短期研究过一些哲学著作,"《神圣家族》一书摘要"就是这时写的。从列宁早期著作看来,他确实深刻地掌握了马克思的历史唯物主义和唯物辩证法的基本原理,并且出色地运用它们批判了米海洛夫斯基等主观主义者的哲学的和社会学的理论。但是根据现有的材料判断,列宁只是在稍后的时期才开始专攻哲学。这就是在西伯利亚舒申斯克村流放的那两年半(1897 年 5 月—1900 年 1 月)。

列宁之所以在这个时候挤出时间专门研究哲学,导因于当时西欧和俄国马克思主义者同新康德主义者的论战以及这场争论对工人运动的重大意义。这场论战首先是从德国开始的,而不是从俄国开始的,首先投入战斗的是普列汉诺夫,而不是列宁,像某些人士武断的那样。这一点,列宁在 1899 年 6 月 27 日给波特列索夫信中即已明确指出,他写道:"关于俄国学生们的那些'惊人发现'以及他们的新康德主义,我愈来愈感到愤怒。……我非常满意地一再阅读了《唯物主义史论丛》,读

---

① 吉谢辽夫:《关于列宁的哲学笔记》,三联书店 1973 年版,第 1 页。

了这位作者发表在《新时代》上的那些反对伯恩施坦和康拉德·施米特的文章(1898—1899年《新时代》第5期,以后各期没有见到),读了我们的康德主义者(彼·司徒卢威和布尔加柯夫)所称赞的什塔姆列尔(《经济和法》),我坚决地站在一元论者这边。什塔姆列尔特别使我愤怒,在他那里我根本看不到丝毫新颖的有内容的东西……十足的 erkenntnistheoretische Scholastik!……我发现的确需要认真地对付新康德主义者。我已经忍不住了,……我说'忍不住了',因为我很清楚地意识到自己的哲学修养差,在我没有多多学习以前,我不打算就这些题目写文章。现在我正在这样做,我先从霍尔巴赫和爱尔维修研究起,然后准备转到康德。我已弄到了最主要的哲学名家的最主要的著作,但没有新康德主义的作品(我只订购了朗格的著作)。"①

《唯物主义史论丛》出版于1896年初。这就是说,普列汉诺夫反对新康德主义不是像人们通常所以为的那样开始于1898年,而是两年前,甚至五年前就开始了,如果考茨基及时在《新时代》上发表了这部著作的话。

有人硬说列宁自称"哲学修养差"是他素有的谦虚的又一次表现。我们认为,这既是谦虚,但更重要得多的是实情。《什么是"人民之友"》等早期著作表明他已深刻地领会了马克思的哲学学说。但这并不等于说他当时对其他哲学学说都有研究。这封信告诉我们:列宁正是在普列汉诺夫《唯物主义史论丛》的直接和强烈影响下于1899年开始研究霍尔巴赫、爱尔维修和康德的著作的。这些著作大概是1898年8月或11月才收到的。不过当时列宁还没有顾得上去读它们。因为这时他正忙于一系列经济学论著的写作。克鲁普斯卡娅1898年8月9日在一封信中描绘列宁的心情时说:"沃洛佳时常向哲学书籍投以爱

---

① 《列宁全集》,第34卷,第24—26页。

慕的眼光,幻想着将来埋头在这些书中的情景。"①只有到1899年6月,列宁才集中研究哲学。列宁夫人在这年6月20日的信中写道:"沃洛佳现在正努力阅读各种哲学著作(这现在是他的正业),如霍尔巴赫、爱尔维修等等。我开玩笑说,他满脑袋里塞满了这种哲学,那我很快就不敢同他说话了。"②这种状况顶多持续了半年。而且这期间他还撰写了一系列的政论文章,参加流放在当地的俄国革命者的政治活动,翻译了考茨基的著作,同夫人一起校阅维伯夫妇《英国工联主义的理论和实践》一书第2卷的俄译文,其中很大一部分还重译过。当然在这以前的两年流放岁月中他也研究过哲学,但是如果考虑到他这段时期除一直继续从事政治活动外,还写了三十多种著作(几乎全是经济学著作和政治著作),包括像《俄国资本主义的发展》这样的大部头专著在内,我们就不能不承认,他用在哲学研究的时间在前两年中不可能是很多的。正因为如此,克鲁普斯卡娅才说,只有到1899年6月哲学研究才成为列宁的"正业"。

列宁1900年初流放期满,回到欧俄,不久出国。这段时间直到1908年2月,列宁一直忙于革命活动,写作政论和经济学著述,主要注意力都不可能放在哲学研究上。正如列宁自己所承认的,"在革命火热的时候很少研究哲学。"③大家知道,马克思主义具有丰富多彩的思想内容。一个真正的马克思主义者理所当然地应该依照不同历史时期的需要,把自己的主要精力放在它的某一方面,使之特别突出。在俄国,1905—1907年革命以前,正如列宁指出的,"特别突出的是马克思

---

① 《列宁全集》,第37卷,第537页。着重点是引者加的。这些哲学书籍中,除霍尔巴赫、爱尔维修和康德的著作外,还有黑格尔、斯宾诺莎等人的著作。参见巴比塞等编:《列宁家书集》,三联书店1950年版,第84页。

② 《列宁全集》,第37卷,第554页。着重点是引者加的。

③ 同上书,第13卷,第426页。请注意:是"很少",不是"多",但也不是"没有"。

的经济学说在我国实际中的运用,在革命时期,是马克思主义的政治,在革命以后,是马克思主义的哲学。这并不是说,有时可以忽视马克思主义的某一方面;这只是说,把注意力主要放在某一方面,不取决于主观愿望,而取决于一切历史条件。"①

凡是真正了解列宁生平而又同新式"造神论"划清了界限的人,都会坚信列宁多次自称"哲学修养差"等等,是真诚的,是完全可以理解的。甚至到了1908年2月他还一再声明他"强烈地意识到自己在这方面的修养不够",因此"不能公开发表意见",或者说他只"是普通的马克思主义者,对哲学没有研究","在这些问题上还不够内行,不想急于发表文章"②。

应当如何正确地理解列宁所有这些声明呢?

首先,必须从科学的角度、从政治的角度去考察,而不应该从道德的观点去评价。列宁反复地深刻地研究过马克思、恩格斯的著作,包括哲学著作。但是光有这些知识还不能成为一个真正的马克思主义哲学家,也不可能写出有分量的批判新康德主义的著作。因为这至少还必须研究过哲学史,且不说相关的某些具体科学了。不广泛深入钻研哲学史上各重要派别一系列的代表作,光靠念几本哲学史教程,就想在哲学上真正批倒即使像新康德主义以及马赫主义这样的资产阶级学派,是完全不可能的。而要把这一系列有关的代表作大致翻阅一遍,没有几年时间是办不到的。否则哲学家也太容易做了。列宁的经历向我们昭示:他在哲学研究上所花费的时间同他的经济学研究相比,实在是相当之少。所以列宁的多次抱怨和苦恼是发自切身的深刻的体会的。

---

① 《列宁全集》,第17卷,第59页。
② 同上书,第13卷,第425、429页;第34卷,第387页。

不仅如此。人们读一本书,往往不是一下子都能理解的,特别是古典哲学原著,其中尤其是黑格尔、康德的著作,向来号称难读。即使对于天才的列宁,看来也不例外,只是程度不同而已。例如列宁在流放期间读过黑格尔的"逻辑学"。他当时对此书的理解如何,没有留下笔记和其他凭证,我们无从猜测。但有一点却是可以断言的:即当时他根本没有达到1914年重读此书时的认识水平。其间的差距究竟有多大,只要比较一下《逻辑学一书摘要》中对普列汉诺夫的批评同在这以前(包括《唯物主义和经验批判主义》)对普列汉诺夫哲学思想所作的评判就可以看得很清楚。这个问题下面还要详细分析。

其次,从政治上说,即使列宁想"谦虚"也不可能。当时布尔什维克和孟什维克名义上还同属一个政党即俄国社会民主工党。布尔什维克以该党莫斯科和彼得堡委员会机关报的名义出版《无产者报》(共出了50号)。它实际上是布尔什维克派的中央机关报。该报编辑和主要撰稿人除列宁之外,还有波格丹诺夫、卢那察尔斯基和巴扎罗夫等人。这些人在策略观点和组织路线上虽然同列宁有些意见分歧,他们当时毕竟都还是布尔什维克派的中坚力量。但在哲学领域他们却顽固地日益走上了极端错误的道路。他们宣传不可知论的变种经验批判主义和唯心主义的变种经验一元论,把唯物主义同康德主义混淆得不成样子,劝读者相信"信仰"外部世界的真实性就是"神秘主义",教工人信奉"宗教无神论"和"社会主义宗教",崇拜人类最高潜在力等等。光是1905—1907年革命失败以后不久,波格丹诺夫就在俄国公开出版和发表了上十种的书籍和文章,在国外作了十次专题报告,为这种哲学作辩护。列宁越来越深刻地认识到,"他们的著作从头至尾,从叶至根(直到马赫和阿芬那留斯)都完全是荒谬、有害、庸俗、说教的作品。"因此,列宁同他们之间的"斗争绝对不可避免"。一个真正的马克思主义者"不应力图掩盖、拖延或回避斗争,而应当力争使党实际上所需要的工作不受损害"①。因为当时普列汉诺夫一直在利用哲学上的分歧,企图"把这方面的斗争和派别斗争拉扯在一起"②,正如我们在第一章中所说的那样。与此同时,有人还在考茨基的《新时代》杂志上"信口开河地说,普列汉诺夫和波格丹诺夫的分歧有变成俄国社会民主党内布尔什维克和孟什维克派别意见分歧的趋势!"③

列宁的态度和计划又怎样呢?总的说来就是把哲学分歧和政治分歧严格区别开来。他说:"1904年夏天和秋天我们同波格丹诺夫等几个布尔什维克的意见完全一致,我们订立了默契,大家不谈哲学,把哲学当作中立地区,这个同盟在整个革命时期一直存在着。它使我们有可能在革命中共同贯彻革命的社会民主派(=布尔什维主义)的策略,这种策略我深信不疑地认为是唯一正确的策略。"④列宁这里所谓"中立",不是说在哲学斗争中采取中立态度,那是不可能的事,而是"指这样一种特定的意思,即必须把这一切(哲学)争论和派别分开"。因为"如果布尔什维克不能使自己和三个布尔什维克的哲学分开,孟什维克就会获得胜利。那时,他们就会赢得彻底胜利。如果哲学争论在派别之外进行,那么孟什维克就会被完全牵到政治上来,在这里他们只有死路一条。"⑤而所谓把哲学分歧和派别分歧区别开来,具体地说就是不在布尔什维克主要刊物(首先是《无产者报》)上进行哲学斗争。这样做其所以可能,因为无论在布尔什维克队伍中或孟什维克那里都有两种哲学流派的拥护者:拥护马克思主义哲学的有布尔什维克列宁和孟什维克普列汉诺夫,拥护马赫主义等资产阶级思潮的有布尔什维克波

---

① 《列宁全集》,第34卷,第395页。
② 同上书,第34卷,第392页。
③ 同上书,第13卷,第430页。
④ 同上书,第13卷,第426页。
⑤ 同上书,第34卷,第397页。

格丹诺夫、卢那察尔斯基、巴扎罗夫和孟什维克尤什凯维奇、瓦连廷诺夫等人。但是要真正把二者分开来并不容易。列宁清楚地意识到这一点。1908年2月7日列宁还企图"让我们党的哲学家们对理论再研究一些时候,再争论一些时候并且……谈通"①,那么很快他就完全明白:他同波格丹诺夫等人之间在哲学问题上公开冲突是绝对不可避免的了。并且在同年2月25日把自己已经开始撰写《唯物主义和经验批判主义》,决定同马赫主义彻底摊牌通知高尔基。大约三月底四月初,他还写成了《马克思主义和修正主义》一文。这是他的"最正式的宣战书"——公开批判俄国马赫主义哲学的第一篇文章。5月,他专程去伦敦大英博物馆收集了大批为写作《唯物主义和经验批判主义》一书所需要的材料,并立即对这些材料进行了详细的研究。他认为,"一个党员一旦认识到某种学说是极端错误和有害时,就必须起来反对这种学说。"②在这种情况下还讲什么"谦虚",那他不是迂腐的学究,就是伪君子。

不过这时列宁仍然希望把哲学争论控制在一定范围内,尽可能避免因此出现的布尔什维克队伍的分裂。甚至4月应高尔基邀请在意大利喀普里岛会见波格丹诺夫、巴扎罗夫和卢那察尔斯基时还向他们建议:"把共同的物力和人力用来写与孟什维克取消派的革命史相对立的布尔什维克革命史"。列宁的建议当即遭到了拒绝。因为他们"愿意从事的不是整个布尔什维克的事业,而是宣传自己特殊的哲学观点。"③可以设想,如果波格丹诺夫等人当时接受了这个建议,列宁5月

---

① 《列宁全集》,第34卷,第388页。着重点是引者加的。看来这时列宁还无意于亲自参加哲学争论。这一点只要联系这段话的上下文和这里引证的其他列宁言论,仔细分析一下便可以看出来。

② 同上书,第34卷,第395页。

③ 同上书,第15卷,第440页。

的伦敦之行很可能至少要推迟。

博大精深的《唯物主义和经验批判主义》一书的写作持续了八个月。为了写这本书,他研究了几百种哲学和自然科学的德、法、英、俄四国文字的文献资料,重读了马克思、恩格斯和普列汉诺夫的哲学著作。他不仅研究了马赫、阿芬那留斯以及他们的祖师休谟、贝克莱等人的著作,而且研究了自然科学,特别是物理学方面的著作。光该书引证的篇目就有一百七十多种。这件事本身就已经是很惊人的了。何况他在这八个月内还写了二十篇论文(主要是政论,其次是经济学著作)和一批信件,阅读了大量政治、经济方面的报纸杂志,参加过各种政治性的集会和谈判,并多次发表讲话和作专题报告等等。所有这一切难道还不足以说明列宁的伟大,而硬要不顾事实地拉扯上列宁的什么"谦虚"么?

有人可能反问:克鲁普斯卡娅不是也说列宁"在哲学方面有很高的素养"[①]么?这又如何解释呢?我们认为这里没有任何矛盾,因为一切概念都是相对的、有条件的。列宁一向自称经济学家、政论家,从未自称哲学家,甚至在发表了《唯物主义和经验批判主义》以后仍然如此。十九世纪末,他说自己"哲学修养差",二十世纪初他自认为哲学上是"普通的马克思主义者"。克鲁普斯卡娅是革命家和教育家,从来不以哲学学识见长,因此在她眼里列宁"很有哲学修养"。他们都有各自的标准。

(三)

知道了这些事实以后,普列汉诺夫和列宁之间在哲学领域的相互关系就好解决了。

[①] 《回忆列宁》,第1卷,第408页。

普列汉诺夫比列宁大十四岁。1883年发表《社会主义和政治斗争》时,列宁才是十三岁的少年。列宁究竟何时开始研究普列汉诺夫的这些早期著作的,至今无从查考。普·凯尔任采夫说,列宁是在1889—1890年间移居萨马拉时才阅读到《劳动解放社》出版物的。①《列宁年谱》的编者在第1卷前言中把它提前了两年,认为列宁是在1887年6月—1889年5月居留喀山时"接触普列汉诺夫著作"的。②可惜这种说法未能在年谱中找到相应的证据。

大家知道,列宁的大哥1887年5月8日因参加谋刺亚历山大三世而被沙皇政府杀害。列宁闻讯后曾表示:"不,我们要走的不是这条路。不应当走这条路",即不应当走搞个人恐怖的民粹主义道路。当时俄国反对个人恐怖策略的主要代表就是普列汉诺夫。他在《社会主义和政治斗争》一书中,第一次对这个问题作了深刻的分析。联系到后来列宁把此书比之为俄国共产党人的"宣言",联系到列宁多次强调布尔什维克在坚决摈弃个人恐怖和暗杀手段方面,继承了普列汉诺夫的优良传统,以及联系到克鲁普斯卡娅关于普列汉诺夫曾帮助列宁找到了正确的革命道路的说法,我们有理由判定:列宁早在1887年5月以前就读过普列汉诺夫的上述著作。1888年秋天,列宁参加了尼·叶·费多谢也夫组织的一个马克思主义小组。小组除研究和讨论马克思、恩格斯著作外,还围绕着普列汉诺夫所写的反对民粹主义者的著作进行热烈的争辩。

迄今为止有案可查的是,列宁在1896年读过普列汉诺夫《论一元论历史观之发展》一书,虽然早在1895年5月列宁专程去日内瓦会晤

---

① 《列宁传》,三联书店1979年版,第7页。
② 参见该书中译本第1卷,第5页。也许《列宁年谱》编者指的是普列汉诺夫发表在《祖国纪事》和《俄国财富》上的民粹主义著作。

普列汉诺夫以前许多年就已经非常熟悉他的各种著作了。克鲁普斯卡娅向我们报道说,列宁早"在流放中就……对马克思、恩格斯、普列汉诺夫在哲学领域中的论述知道得很清楚"①。列宁早期对普列汉诺夫哲学著作的一系列崇高的评价,我们已经在第一章和本章前面的叙述中作了详细的引证,现在就不重复了。这里只想作若干重要补充。

1908年2月25日,列宁在致高尔基的信中写道:尽管在哲学问题上"还不够内行,不想急于发表文章。不过我一向很注意我们党在哲学方面的争论,最早是八十年代末到1895年普列汉诺夫同米海洛夫斯基那批人的斗争,然后是1898年和以后几年他同康德主义者的斗争(那时我不仅注意,而且从1900年起曾以《曙光》杂志编委的身份部分地参加了这一斗争),最后是他同经验批判主义者那批人的斗争。"列宁和普列汉诺夫一起在《火星报》和《曙光》编辑部工作的时候(1900年秋——1903年11月),"曾几次谈到波格丹诺夫。普列汉诺夫向我解释波格丹诺夫观点的错误(着重号为引者所加),但他认为这种偏差决没有严重到不可挽回的地步。我清楚地记得,1903年夏天我和普列汉诺夫以《曙光》杂志编辑部的名义同《实在论世界观论丛》编辑部的代表在日内瓦谈过话,双方同意合作,我负责谈土地问题,普列汉诺夫负责在哲学上批判马赫。(着重号是列宁加的。请注意:这种分工方式多么具有典型意义。——引者)普列汉诺夫提出把批判马赫作为合作的条件,……当时普列汉诺夫把波格丹诺夫看作是反修正主义斗争中的同盟者,然而是一个由于追随奥斯特瓦尔德和马赫而犯了错误的同盟者。"1904年波格丹诺夫把自己新出版的著作《经验一元论》第1卷送给了列宁。列宁很快就读完了,并于同年春天或夏初写信告诉波格丹诺夫:"他的著作使我更不相信他的观点是正确的,而更相信普列

---

① 《回忆列宁》,第1卷,第408页。

汉诺夫的观点是正确的。"(着重号为引者加的)1906年夏天波格丹诺夫又把他的新作《经验一元论》第3卷送给列宁。列宁读完之后很生气,认为他走的是极端错误的道路,再次肯定"普列汉诺夫是正确的"①。

1908年2月7日,列宁在致高尔基的另一封信中讲得更为清楚、确定。他在承认自己哲学"修养不够"以后说:"但是作为一个普通的马克思主义者,我在认真阅读我们党的哲学家的著作,认真阅读经验一元论者波格丹诺夫的著作和经验批判论者巴扎罗夫、卢那察尔斯基等人的著作,而他们迫使我完全倾向于普列汉诺夫!"②

列宁对普列汉诺夫哲学观点的这种态度,早在1900年查苏利奇答普列汉诺夫的一封信中曾经提出过一个富有特征意义的说法:"在对待您的态度上彼得罗夫(即列宁)的心情,我可以用他的这样一段话来说明:他们(即伯恩施坦分子们)现在骂正统派分子,我却要特意对他们说,我不仅是正统派分子,我还是普列汉诺夫分子。"③

1908年以后,列宁的这种观点一直没有改变。例如1914年他写道,由于波格丹诺夫反对马克思主义哲学,"马克思主义者布尔什维克早在若干年以前就认为反对波格丹诺夫是责无旁贷的",而"以普列汉诺夫为代表的马克思主义者孟什维克,同波格丹诺夫进行了笔战"。后来波格丹诺夫发表了"新"的著作,为极端反动的哲学辩护,从而遭到了"孟什维克普列汉诺夫和布尔什维克列宁坚决反对"④。和列宁称自己在哲学领域是普通的马克思主义者相反,他一再说普列汉诺夫精通马克思主义哲学,是"最通晓马克思主义哲学的社会主义者"⑤。

---

① 《列宁全集》,第13卷,第425—426页。
② 同上书,第34卷,第387页。"哲学家"一词下面的着重号是引者加的,其他的着重号是原有的。
③ 《劳动解放社文集》,第6卷,第250页。转引自恰金:《普列汉诺夫及其在发展马克思主义哲学中的作用》,第133页。
④ 《列宁全集》,第20卷,第80、494页。
⑤ 同上书,第17卷,第57、58页;第19卷,第63页。

第十三章　列宁和普列汉诺夫　711

　　读者一定还记得前面第一章中引证的列宁的话:"要是别尔托夫没有阐明哲学唯物主义的原理以及这些原理对反驳拉甫罗夫和米海洛夫斯基的意义,那俄国马克思主义能不能'形成'呢?"以及《论一元论历史观之发展》"培养了整整一代马克思主义者"。如果把这一切都联系起来,我们难道没有理由说列宁一度是普列汉诺夫的哲学学生么?

　　列宁的图书管理员舒·马努查里扬茨回忆说,伊里奇最初是读了车尔尼雪夫斯基在《现代人》杂志上的文章"才对哲学唯物主义有初步认识"的,"是他头一次给我(即列宁)指明了黑格尔在哲学思想发展方面的作用,也是从他的作品中懂得了辩证方法的概念的,在此之后,去掌握马克思的辩证法也就容易得多了"①。如果我们把车尔尼雪夫斯基称为列宁的哲学教师,大概不会有哪个苏联人因为车尔尼雪夫斯基不是马克思主义者而加以否认吧,尽管能证实这一点的材料实在是很少很少,简直不能同普列汉诺夫方面的材料相提并论。我们还记得列宁多次把普列汉诺夫同车尔尼雪夫斯基并称,如说:"也有以车尔尼雪夫斯基和普列汉诺夫为代表的大俄罗斯文化"②;"可喜的是俄国先进社会思想中的主要思潮具有坚实的唯物主义传统。且不谈普列汉诺夫,只要指出车尔尼雪夫斯基就够了"③。可见,米丁先生们之所以矢口否认列宁是普列汉诺夫的哲学学生,看来其原因主要不在于这个论断有无科学根据,而在于二十年代末到三十年代的政治环境,在于当时的社会心理条件。

　　说到社会心理,不由得要谈一谈列宁的《"火星"怎么会差一点熄灭了?》一文。这是一篇具有很高心理学价值的特写。文中记述1900年8月他去日内瓦和普列汉诺夫等"劳动解放社"成员谈判共同创办《火星报》和《曙光》杂志过程中如何几乎陷于破裂而最后取得成功的经过。列

---

① 《在弗拉基米尔·伊里奇的图书室里》,书目文献出版社1983年版,第45—46页。
② 《列宁全集》,第20卷,第15页。
③ 同上书,第33卷,第198页。

宁告诉我们,他"多年"来对普列汉诺夫是那么的"深深敬爱"、"热烈崇拜",简直奉为"理想的""偶像",甚至"被敬爱迷惑"到"实际上成了奴隶",即使亲自明显地看到他的种种"恶劣"的态度,也仍然"像对待宠爱的人那样原谅他的一切缺点,故意不去注意这些缺点,竭力使自己相信,这些缺点是不存在的,这都是一些小节,只有那些不重视原则的人才来注意这些小节。"后来事实反复地给了列宁"一个沉痛的教训":普列汉诺夫的"个人主义"、"渺小的虚荣心理"、为人"不老实"、专制作风等等一系列的"恶劣品质"和"破坏性格"是十分严重的和根深蒂固的。这时列宁"气愤到了极点",他以往的"偶像"打碎了,他感到仿佛经历了"一场噩梦",演出了"一个真正的悲剧",遭受了一次"精神上的洗劫"。尽管这个时候他依旧"完全愿意承认"普列汉诺夫在共同事业上的"思想领导",但是过去那种真诚的"同志关系"①却不再存在了。

我们请对列宁曾是普列汉诺夫的哲学学生这一论点还有怀疑的人们认真地仔细读一读列宁的这篇名作,然后回答一下这样的问题:列宁当年对普列汉诺夫的这种罕见的深厚感情同对马克思、恩格斯的感情究竟有多大的差别?这种感情是从哪里来的?如果不是普列汉诺夫曾经帮助列宁"找到了正确的革命道路"(岂止是"哲学教师"!),这样的感情能产生吗?

为了彻底地弄清普列汉诺夫哪些哲学思想被列宁吸收到自己的著作中去了,更一般地说,为了彻底弄清普列汉诺夫和列宁之间在哲学领域的相互关系,②最重要最可靠的途径之一就是认真地把他们的著作(包括哲学著作)做一番详细具体的对比研究。那将是一项需要花费

---

① 参见《列宁全集》,第4卷,第293—311页。
② 在哲学上不仅普列汉诺夫影响了列宁,反过来列宁也影响了普列汉诺夫。恰金、约夫楚克、库尔巴托娃等人六十、七十和八十年代的著作对这个问题进行了研究,提供了许多重要的事实和材料。

大量劳动的工作。目前我们既无可能也无兴致这样做。在这之前,我们以为,凡是读过这些著作的人都会承认上面引证过的、恰金六七十年代所下的结论是绝对正确的。本书以上各章通过对大量材料的分析,从许多方面都作了补充论证。下面我们从列宁的《唯物主义和经验批判主义》中引证几段话,拿来同从这本书发表之前的普列汉诺夫的主要哲学著作中摘引的相应的言论作一次简单的对比,目的是证明列宁和普列汉诺夫之间在哲学方面存在的"青蓝关系"。这里所引证的都是一些基本观点或重要论据。

列　宁

(1)"如果物体像马赫所说的是'感觉的复合',或者像贝克莱所说的是'感觉的组合',那么由此必然会得出一个结论:整个世界只不过是我的表象而已。从这个前提出发,除自己以外,就不能承认别人的存在,这是最纯粹的唯我论。……存在的只是自我,而其余的一切人以及整个外部世界都属于这类没有意义的'核心'。从这个观点出发,就不能说'我们的'感觉,而马赫却这样说了,这只是表明他的惊人的不彻底性。"(《列宁全集》,第14卷,第30、32页)

普列汉诺夫

(1)"作为休谟哲学的最新变种的马赫和阿芬那留斯的观点,也是不能和发展理论结合的。如果彻底坚持这些观点,就必然走向唯我论,即否认自身以外的一切人们的存在。……尽管马赫坚决地反对把他的哲学和贝克莱的主观唯心主义等同起来,但这只是表现了他的不彻底性。如果物体或物只是我们感觉的思想符号(确切些说,感觉群、感觉的复合),如果它们不存在于我们的意识之外(马赫的思想就是这样的),那么只有极端地不彻底,才能摆脱主观唯心主义和唯我论。"(《普列汉诺夫哲学著作选集》,第3卷,第72—73页)

（2）"最新的马赫主义者提出来反对唯物主义者的论据,没有一个,的确没有一个是贝克莱主教没有提出过的。"(同上书,第14卷,第27页)

（3）"波格丹诺夫……没有深刻研究马赫和阿芬那留斯的最初的唯心主义观点,没有认清他们的基本的唯心主义的前提,因而就没有看出他们后来想偷运唯物主义这一企图的非法性和折中性。……马赫在开始谈论物理学的各种问题时,他不要唯心主义的花招,直率地用唯物主义的观点去议论。"(同上书,第14卷,第50、55页)

（4）"'感性表象也就是存在于我们之外的现实！！'这恰恰是马赫主义的基本的谬论、基本的糊涂思想和错误观点,这种哲学的其余一

（2）"唯物主义最新的批评者们中间没有任何一个人所援引的任何一个论据,不是或者被费尔巴哈本人,或者被他以前的法国唯物主义者所驳倒的。"(同上书,第3卷,第151页。译文有改动。)"马赫主义只是稍加改作的和用'二十世纪自然科学'的颜色重新粉饰了的贝克莱主义。"(同上书,第3卷,第287页)

（3）"马赫作为一个博物学家,虽然是完全不自觉地、却经常地被迫转向唯物主义的观点。而当他每次转到唯物主义的观点时,他就和自己'哲学'的唯心主义基础发生逻辑上的矛盾。"(同上书,第3卷,第284页)

（4）"那些断定没有主体就没有客体的人,简直是混淆了两个完全不同的概念:客体之'自在'的存在及其在主体的观念中的存在……

切胡言乱语都是由此产生的。"(同上书,第14卷,第110—111页)

(5)"康德哲学的基本特征是调和唯物主义和唯心主义,使二者妥协,使各种相互对立的哲学派别结合在一个体系中。当康德承认在我们之外有某种东西、某种自在之物同我们表象相应存在的时候,他是唯物主义者;当康德宣称这个自在之物是不可以认识的、超验的、彼岸的时候,他是唯心主义者。在康德承认经验、感觉是我们知识的唯一泉源时,他是把自己的哲学引向感觉论,并且在一定的条件下通过感觉论而引向唯物主义。在康德承认空间、时间、因果性等等的先天性时,他就把自己的哲学引向唯心主义。由于康德的这种不彻底性,不论是彻底的唯物主义者,或者是彻底的唯心主义者……都同他进行了无情的斗争。……"(同上书,第14卷,第203页)

混淆'自在'的客体和主体心目中存在的客体,就是各种各样的唯心主义者想用来'推翻'唯物主义的那种混乱思想的来源。"(同上书,第3卷,第255页)

(5)"康德主义是不彻底的人的哲学,是妥协的哲学。"(同上书,第3卷,第212页)"康德常常自相矛盾","矛盾"是"康德体系的基础"。(同上书,第2卷,第460、487页)"在康德关于现象世界的学说中有两个因素:①主观的唯心主义因素——我们直观的形式或思维、一般认识的形式;②实在论的因素——本体给予我们的并受我们的意识加工的那种尚未确定的材料。康德把自己的哲学叫作先验唯心主义。……这种二重性(这种二元论)就是康德唯心主义的致命弱点。"(同上书,第1卷,第532页)"在《导论》出版的时候(1783年),康德坚决地承认自在之物不依赖于我们的意识而存在",承认自在之物是我们的感觉的原因……这是他的哲学中的

"实在论因素"即唯物主义因素。(同上书,第2卷,第466、459页)但是康德又认为"自在之物不可认识","空间完全不是属于任何在我们之外的物的属性,而是我们的感性知觉的主观形式",时间也"只是主观的直观形式",同样,"因果性范畴只在现象世界的范围内才适用,而对于自在之物是不适用的",等等,这些都是他的"先验唯心主义"。(同上书,第1卷,第533、539页;第2卷,第482页等)对于康德的这些观点,唯心主义者费希特、黑格尔和唯物主义者费尔巴哈、恩格斯等都进行过批判。

(6)"自然科学肯定地认为:在地球上没有也不可能有人类和任何生物的情况下,地球就已经存在了;有机物质是后来的现象,是长期发展的结果。这就是说,当时没有具有感觉的物质,没有任何'感觉的复合',没有任何像阿芬那留斯的学说所讲的那种与环境'不可分割地'联系着的自我。物质是第一性的,思想、意识、感觉是高

(6)"唯心主义说,没有主体就没有客体。地球的历史表明:客体在主体出现以前早就存在了,也就是说,在具有明显的意识的有机体出现以前早就存在了。唯心主义说:悟性把规律加给自然界。有机界的历史表明:'悟性'只是在高级发展阶段上才出现。由于这种发展只有自然规律才能加以说明,因此可以得出结论说:自然界把规律

度发展的产物。这就是自然科学自发地主张的唯物主义认识论。"（同上书,第14卷,第66—67页）

(7)"从感觉出发,可以遵循着主观主义的路线走向唯我论('物体是感觉的复合或组合'),也可以遵循着客观主义的路线走向唯物主义（感觉是物体、外部世界的映象）。"（同上书,第14卷,第124页）

(8)约·狄慈根重复说,"物质这个概念也应当包括思想。这是糊涂思想。……狄慈根的混乱只能在于他离开了对辩证法的彻底应用,离开了彻底的唯物主义,离开了《反杜林论》"。（同上书,第14卷,第258、259—260页）"和恩格斯不同,约·狄慈根的暧昧、模糊、混乱

地表达加给悟性。发展理论揭示出唯物主义的真理。"（同上书,第1卷,第541页）

(7)"或者是别人仅仅在我的表象中存在着,在这种情形下,别人在我之前并不存在,在我死后也不存在；或者是他们在我之外和不依赖于我的意识存在着,在这种情况下,关于他们存在于我之前和我之后的思想,当然没有任何矛盾,……出路只有一条:或者是主观唯心主义,它彻底导致唯我论（即承认别人只存在于我的表象中）,或者是抛开康德的前提,这样做的逻辑结果,……一定会转到唯物主义的观点上去。"（同上书,第1卷,第540页）

(8)约·狄慈根"有一个奇怪的论点:存在'产生'思维,而思维又是存在的一部分",这是他的"一时失言"。"约·狄慈根正是不善于解决主体对客体的关系问题,正是在这一点上,他犯了逻辑错误。……他被自己的反对思辨哲学的论据弄糊涂了,设想自己可以'调和'唯

自己的思想。"(同上书,第14卷,第259页)"'狄慈根主义'不同于辩证唯物主义,它是一种混乱思想,是向反动哲学迈进一步,是想不根据约·狄慈根的伟大之处……而利用他的弱点来创立一种路线的企图!"(同上书,第14卷,第260—261页)

(9)"一般唯物主义认为客观真实的存在(物质)不依赖于人类的意识、感觉、经验等等。历史唯物主义认为社会存在不依赖于人类的社会意识。在这两种场合下,意识都不过是存在的反映,至多也只是

心主义和唯物主义的对立。"这决不表示他的力量,"而是表现出他的软弱","他本人反而把他的软弱的表现看成是他优越于'片面的'唯物主义的表现"。"现在用狄慈根来'补充'马克思的人,也用同样的眼光来看待狄慈根的弱点。"狄慈根的哲学著作当然不是毫无意义的,决不是的。"这些著作只有作为对马克思的补充才是毫无意义的,而它们本身却是很值得注意的,并且有些地方是很有教益的,尽管约·狄慈根的《关于逻辑的书信》和黑格尔的《逻辑学》比起来贫乏得惊人。"狄慈根的那些正确思想,"在《反杜林论》、《费尔巴哈论》中要表述得好得多、简单得多、明确得多。"(同上书,第3卷,第127—133页)

(9)马克思的"世界观的历史方面和经济方面"是互相密切联系的。"在整个文明世界里面,往往都把'马克思主义'这个名词只看作'这样两个方面'。这两个方面往往被看作与'哲学唯物主义'完全

存在的近似正确的(恰当的、十分确切的)反映。在这个由一整块钢铁铸成的马克思主义哲学中，决不可去掉任何一个基本前提、任何一个重要部分，不然就会离开客观真理，就会落入资产阶级反动谬论的怀抱。"(同上书，第 14 卷，第 344 页)

不相关的，而且差不多和它相反的东西。这两个方面既然是从它们同血缘的而且构成它们的理论基础的见解总体中被随意肢解下来，它们是不能悬挂在空中的，那么对它们行使这种肢解手术的人们，自然便发生了重新'论证马克思主义'的要求，从而就把它——仍旧是很随意地，而且常常是受了当时在资产阶级思想界占统治地位的种种哲学情绪的影响——同某些哲学家，如康德、马赫、阿芬那留斯、奥斯特瓦尔德，到最近更同狄慈根结合起来。……马克思和恩格斯的哲学见解的内容要严整和丰富得多"。(同上书，第 3 卷，第 134—135 页)

〔"马克思主义是一个完整的世界观，读了《反杜林论》就很容易理会这一点。这个世界观的每一方面，都同其余一切方面极密切地联系着，并且每一方面都在阐明其余的一切方面，从而有助于对其余一切方面的理解。不能从中割裂出某一方面而只承认这一方面，取消或者忽视其余的方面。这样做，就

	是歪曲马克思主义,逐出它的灵魂,而把这一生气勃勃的理论变成了思想僵尸"。(同上书,第3卷,第216页)]
(10)"遵循着马克思的理论的道路前进,我们将愈来愈接近客观真理(但决不会穷尽它);而遵循着任何其他的道路前进,除了混乱和谬误之外,我们什么也得不到。"(同上书,第14卷,第143页)	(10)"社会生活变化着,跟着它科学理论亦变化着。这些变化的结果最后便出现了全面地观察现实,因之亦即是出现了客观真理。……人类的思想不停留在马克思的发现上。……它将造成新的发现,以补充和证实马克思的这个理论,正如天文学上的新发现补充了和证实了哥白尼的发现一样。"(同上书,第1卷,第743页)

当然,这样的对照,我们还可以继续写下去。不过这已经足够说明在哲学上普列汉诺夫对列宁曾经有过何等巨大的影响了,或者用恰金的话讲,足够说明列宁和普列汉诺夫之间的"直接继承性联系"达到了何种程度。

(四)

这种"直接继承性联系"岂止哲学领域,无论经济学,或政治、策略、科学社会主义等几乎马克思主义理论的其他一切方面都大量地存在着这样的联系。这个明显的事实,不知为什么过去和现在我国和苏联的普列汉诺夫研究者都没有重视。为了使像米丁这样开口闭口"列宁主义"的人不敢再硬说他们的所谓"完全独立论"是真正的"列宁主义",请读者原谅我们继续大量引证列宁的言论。

从土地问题开始。

列宁在《修改工人政党的土地纲领》(1906年)一文中写道:"俄国社会民主党从诞生之日起,就认为俄国的土地问题特别是农民问题具有极大的意义,并且在自己的一切纲领性的文字中对这个问题作了独立的分析。……1884年'劳动解放社'所公布的亦即俄国社会民主党人第一次提出的纲领草案,就已经要求'用激进手段改变土地关系'和消灭农村中一切农奴制的关系……。后来,普列汉诺夫在《社会民主党人》杂志上(八十年代末)以及《全俄经济破产》和《社会主义者在同俄国饥荒作斗争中的任务》这两个小册子中(1891—1892年),又反复地极其肯定地强调了俄国农民问题的重要意义,甚至还指出:在行将来临的民主革命中也可能实行'土地平分',社会民主党决不害怕和决不回避这种前途。'土地平分'并不是社会主义的措施,它会大大地促进资本主义的发展、国内市场的扩大、农民生活水平的提高、村社的瓦解、农村中阶级矛盾的发展和旧的农奴盘剥制的俄国一切遗迹的消灭。普列汉诺夫的'土地平分'的观点,对我们具有特别重要的历史意义。它清楚地说明,社会民主党人一开始就提出了他们至今还一贯坚持着的俄国土地问题的理论原理。俄国社会民主党人从他们的党诞生之日起直到现在,始终捍卫着以下三个原理。第一,土地革命必将是俄国民主革命的一部分。从农奴制盘剥关系下解放农村,将是这个革命的内容。第二,行将来临的土地革命,按其社会经济意义来讲,将是资产阶级民主主义的革命;它不会减弱反而会加强资本主义的发展和资本主义阶级矛盾的发展。第三,社会民主党有充分根据以最坚决的态度支持这个革命,并且规定一些当前的任务,它决不给自己定出什么限制,甚至对'土地平分'也决不拒绝给以支持。谁不了解这三个原理,谁从社会民主党关于俄国土地问题的所有的文献没有看出这些原理,那他不是不内行,就是回避问题的本质(像社会革命党人经常表现的那样)。"①

米丁先生们对社会革命党人当然不会有好感。但是光靠感情还不足以保证他们能够在一切科学问题上同社会革命党人划清界限。人们对列宁和普列汉诺夫在农民的革命作用问题上的严重观点分歧讲了又讲。这件事本身并不错误,问题是在农民问题上他们之间究竟有没有"直接继承性联系"?大家知道,作为无产阶级革命同盟军的农民问题是列宁主义核心之一。大家也知道,正是在这个问题上普列汉诺夫犯了极其严重的错误。然而理论界恐怕很少人知道,恰恰又在这个问题上,构成列宁主义的那个基本思想正是直接继承了普列汉诺夫的遗产。这似乎是奇谈怪论。然而却是千真万确的历史事实。请听列宁的声音:

"马克思主义者应当透过民粹派乌托邦的外壳细心辨别农民群众真诚的、坚决的、战斗的民主主义的健全而宝贵的内核。从十九世纪八十年代老的马克思主义著作中,可以看到辨别这种宝贵的民主主义内核的一贯趋向。总有一天,历史学家会系统地研究这种趋向,并且考察出这种趋向同二十世纪头十年内被称为'布尔什维主义'的那种思潮的联系。"②(《两种乌托邦》)

这段话是1912年10月写的。我们不知道最近二十多年苏联历史学界的情况如何。可以断言的是在这之前列宁的这个指示不仅没有落

---

① 《列宁全集》,第10卷,第139—140页。
② 同上书,第18卷,第353页。

实,而且尽唱反调。说这个责任部分应由米丁先生们来负,大概不为过分。就我们看到的六十—八十年代苏联论述普列汉诺夫的所有著作来说,这个问题不仅远远没有讲清楚,甚至没有人引证过列宁的这段早已收入《列宁文选》的名言。

在对待上面提到的普列汉诺夫起草的"劳动解放社纲领"的态度上也发生了类似的现象。人们在谈到这些纲领时,总是不分场合迫不及待的大批一通。至于它们同后来布尔什维克的纲领的"直接继承性联系",不是三言两语一笔带过,就是干脆一声不吭。然而列宁本人是怎样评论的呢?

他在《我们党的纲领草案》(1899年)中写道:"'劳动解放社'早在1885年出版的《俄国社会民主党人的纲领草案》……大体上已经完满地解决了自己的任务,而且完全够现代社会民主主义理论水平。这个草案确切地指出了在俄国唯一能成为争取社会主义的独立战士的阶级是工人阶级,即'工业无产阶级';指出了这个阶级的奋斗目标应该是'把一切生产资料和生产对象变为公共财产','取消商品生产'①'代之以新的社会生产制度',即实现'共产主义革命';指出了'改造社会关系'的'必要先决条件'是'工人阶级夺取政权',指出了无产阶级的国际团结,'各国社会民主党的纲领应当随着各国的社会条件的不同而有所不同',指出了俄国的特点是'劳动群众受着正在发展的资本主义和正在衰亡的宗法式经济的双重压迫';指出了俄国革命运动同'工业无产阶级这一更敏感、更活跃、更开展的新兴阶级的'形成过程的联系;指出了成立'革命的工人政党'的必要性,指出了党的'首要政治任务'是'推翻专制制度',指出了'政治斗争的手段',提出了政治斗争的基本要求。……因此我们认为,俄国社会民主党人可以而且应该把

---

① 历史实践证明,这两条纲领是不正确的。——著者2010年6月

'劳动解放社'的草案作为俄国社会民主工党纲领的基础,只要作局部的校正、修改和补充就行了。"①

人们忽视这个"基础",而对"局部"问题津津乐道。这种现象远不是独一无二的。最典型的是人们对待1909年出版的普列汉诺夫著作《车尔尼雪夫斯基》的态度。一提起这本书,人们照例要引证列宁的三段批语,并且到此为止。似乎这本近四十万字的专著用这么三段话就可以概括了。说米丁先生们这样做不是维护而是糟蹋列宁的思想,难道不对么?

现在来谈政治和策略问题。

在对待小资产阶级革命狂热和个人恐怖、对待社会革命党、对待革命专政、对待机会主义叛变行为的态度上列宁和普列汉诺夫之间也存在着"直接继承性联系"。1920年列宁在名著《共产主义运动中的"左派"幼稚病》中对此有过明确的评述:

"1903年布尔什维主义诞生时,便承继了同小资产阶级的、半无政府主义的(或者是倾向无政府主义的)革命狂热作无情斗争的传统;革命的社会民主党向来有这种传统,而在1900—1903年俄国革命无产阶级的群众性的政党奠基期间,更巩固了这种传统。布尔什维主义承受了这一斗争任务,同表现小资产阶级革命狂热最突出的政党,即'社会革命党',在下列三个主要问题上继续进行斗争。第一,该党否认马克思主义,顽固地不愿……了解在采取任何政治行动之前,必须对各个阶级的力量及其相互关系做出严格的客观的估计。第二,该党把个人恐怖和暗杀手段,看作它的极端'革命精神'和'左的精神'的表现,而我们马克思主义者却坚决摈弃这种手段。自然,我们所以摈弃个人恐怖,只是因为这种手段不适当,至于有些人竟在'原则上'谴责法国大革命

---

① 《列宁全集》,第4卷,第204页。

时的恐怖行为,或一般地谴责已经胜利了的革命党因遭到全世界资产阶级的围攻而采取的恐怖手段,那么这种人早在1900—1903年间,就已经受到当时还是马克思主义者和革命家的普列汉诺夫的嘲笑和唾弃了。第三,'社会革命党人'一方面嘲笑德国社会民主党内比较轻微的机会主义罪过,并且以为这正是他们'左的精神'的表现,另一方面他们自己却在某些问题上,例如在土地问题或无产阶级专政问题上,效法该党的极端机会主义者。……请注意,普列汉诺夫还在1900—1903年间就要求开除伯恩施坦的党籍,后来布尔什维克始终承认着这种传统,在1913年揭穿了列金的全部卑鄙叛变行为"①。

　　这段话的开头提到同无政府主义作斗争的传统。如前所述,普列汉诺夫1894年发表了一本著名的小册子,叫作《无政府主义和社会主义》。人们在评价这本书时也是照例仅仅引证列宁在《国家与革命》中的一段批评。七十年代以后,苏联学者开始普遍引证列宁1920年同无政府主义者进行激烈争论的时候对邦契-布鲁也维奇说过的一句话:"现在应当立即再版格奥尔基·瓦连廷诺维奇论无政府主义的小册子。"但是列宁早年对这本小册子评价如何,就几乎没有人研究了。

　　1902年12月14日,列宁从伦敦给在日内瓦的普列汉诺夫寄去一封信,邀请他利用出席布鲁塞尔国际代表会议的机会顺道去一次伦敦。列宁写道:"望您务必来我们这里看看,……这里非常需要您作报告,因为这里许多工人都沾染了无政府主义(我对这点深信不疑,因为我在这里作了关于社会革命党人的报告,这里的听众并不感兴趣)。要是您来,也许可以影响他们。"②

　　这等于说,1902年时在列宁心目中,普列汉诺夫批判无政府主义

---

① 《列宁全集》,第31卷,第14—15页。
② 同上书,第34卷,第116页。

的本领要比自己强。这个印象从何而来呢？难道与《无政府主义和社会主义》无关么？如果我们花点时间把这本小册子同列宁的《无政府主义和社会主义》①一文(1901年)比较一下,是不难发现其间同样明显地存在着"直接继承性联系"的。

怎样估价普列汉诺夫在十九世纪八十—九十年代和二十世纪初期所进行的反对无政府主义的斗争的历史功绩呢？列宁有这样一段话：

"无政府主义在两次革命(1905年与1917年)及其准备时期的影响是比较小的,毫无疑义,这不能不部分地归功于一贯对机会主义进行最无情最不调和的斗争的布尔什维主义。我所以说'部分地',是因为削弱俄国无政府主义势力的,还有另一个更重要的原因,这就是无政府主义在过去(十九世纪七十年代)曾有可能发展得非常茂盛,因而彻底暴露了它的不正确性,不适合作指导革命阶级的理论。"②

不用说,发展得茂盛的无政府主义不会自然而然地暴露自己的不正确性,必须通过说理斗争才能暴露它之"不适合作指导革命阶级的理论"。当时在俄国(以及在西欧)进行这种说理斗争的主要理论家便是普列汉诺夫。这就是列宁的观点。紧接着这段引文的上面引证过的那段话就清楚地告诉我们：布尔什维主义正是继承了普列汉诺夫当年批判无政府主义的那种光荣传统。

克鲁普斯卡娅在《列宁回忆录》中告诉我们,普列汉诺夫在第二次党代表大会上阐述过一个重要思想："最高的法律是革命利益"这一原理应成为基本的民主原则,甚至连普遍选举权的原则也应当用这一基本原则的观点来观察。普列汉诺夫的这次讲演给列宁留下了深刻的印

---

① 《列宁全集》,第5卷,第294—297页。
② 同上书,第31卷,第14页。着重点是引者加的。

象。过了十四年,当解散立宪会议问题完全摆在布尔什维克面前时,他还提到普列汉诺夫的这次演说。① 这里指的大概是《无产阶级革命和叛徒考茨基》中以下一段话:

"革命的马克思主义者,从来没有把'纯粹'(资产阶级的)民主看作神圣的东西。大家知道,1903年普列汉诺夫还是一个革命的马克思主义者(直到他可悲地转到俄国谢德曼立场上去以前)。他在党代表大会通过党纲的时候说,无产阶级在革命中,必要时,将剥夺资本家的选举权,解散任何议会,如果这个议会成了反革命的议会。看看我在前面引用过的马克思和恩格斯的言论,就会知道,只有这种观点才是符合马克思主义的。这显然是从马克思主义的一切基本原理中得出的结论。"②

克鲁普斯卡娅还指出,"普列汉诺夫的另一次关于国民教育的意义、关于国民教育是'无产阶级权利的保证'的演说,在弗拉基米尔·伊里奇的思想上也引起了共鸣。"③后来列宁在《青年团的任务》中发表了一条著名的原理:"在一个文盲的国家内是不能建成共产主义社会的"。必须承认,这个原理的提出,正是普列汉诺夫演说启示的结果。

在民族自决权问题上同样存在着继承关系。"所有自决权向来都是指民族分离权而言。……还在1902年,普列汉诺夫在《曙光》杂志上维护纲领草案中的'自决权'公式时就写道,这个要求对于资产阶级民主派不一定是必需的,但是'对于社会民主党人是绝对必需的'。普列汉诺夫写道:'如果我们把它忘记了,或者不敢把它提出来,唯恐触

---

① 《回忆列宁》,第1卷,第329页。
② 《列宁全集》,第28卷,第261页。附带说说,这里重申了列宁的一贯的思想:普列汉诺夫在1914年8月转到俄国谢德曼立场即转到"社会沙文主义"立场以前,仍然是"一个革命的马克思主义者"。
③ 《回忆列宁》,第1卷,第329页。

犯我们大俄罗斯同胞的民族偏见,那么我们口里所喊的'全世界无产者,联合起来!'……就会成为一句可耻的谎言……'这是维护这条纲领的基本论据的一个非常中肯的说明"①。

不仅如此。假若我们断言,甚至在对待无产阶级专政的态度上他们之间也有直接的继承关系,希望读者不要惊讶,以为又是故意标新立异,因为事实的确如此。还是听列宁是怎么讲的吧。

"爱尔福特纲领根本没有谈到无产阶级专政,而且历史证明这不是偶然的。当我们在1902—1903年制定我们党的第一个纲领时,我们时时刻刻以爱尔福特纲领为榜样。普列汉诺夫当时说得很对:'不是伯恩施坦埋葬社会民主党,就是社会民主党埋葬他。'说这句话的普列汉诺夫特别强调的正是这一点:爱尔福特纲领没有谈到无产阶级专政,这在理论上是不正确的,在实际上是由于胆小而向机会主义者让步。所以从1903年起,我们的纲领就提到了无产阶级专政。"②

这就是说,在列宁看来,正是在普列汉诺夫所犯下的机会主义罪行的这个最根本、最核心的问题上,布尔什维克继承了旧《火星报》时期普列汉诺夫的思想遗产。

从传统的观点看来,这个结论已经大大"出格"了。不过,请别着急,还有更"出格"的呢!请看列宁的另一句话:

"45号《火星报》没有一号不是马尔托夫或列宁编的……。除了普列汉诺夫,谁也没有提出过一个重大的理论问题。"③

从《火星报》创刊到第二次党代表大会一共出了45号。在这45号上,所有重大的理论问题都是普列汉诺夫提出的,而不是我们的伟大导

---

① 《列宁全集》,第20卷,第444页。
② 同上书,第31卷,第215页。
③ 同上书,第7卷,第16页。

师列宁提出的!"思想领导"不属于列宁,而属于普列汉诺夫!在那些重要的理论问题中无产阶级专政问题理所当然地占据首位。这就是说,在这个极为重大的理论问题上,列宁居然继承了普列汉诺夫的思想遗产!

这是一个十分严重的问题:

如果列宁的这句话反映了真实的历史,那么过去和现在研究普列汉诺夫的著述中有关这段时期的相应的记述统统必须大加修改;如果现有的这些记述不能修改,就不能自称为完全忠实于列宁。

七十年代,恰金、约夫楚克和库尔巴托娃发表了两本"普列汉诺夫评传"。讲到这段历史的时候,都小心翼翼地回避了这个问题。约夫楚克引证了列宁承认普列汉诺夫的"思想领导"的那段话。但是这种"思想领导"表现在什么地方呢?完全悬在空中。他还写道:"这里最主要的问题是,列宁承认普列汉诺夫、'劳动解放社'的思想理论活动有重大作用,但他在许多理论问题和政治问题上却走在了前面,采取了更彻底的立场。"①接着就以下三个问题评述了列宁和普列汉诺夫之间的分歧:如何对待"经济派"实际工作者?如何对待"合法马克思主义者"?如何对待考茨基?所有这些问题基本上都不是什么理论问题,而是地道的实际策略问题。列宁"在许多理论问题上都走在了前面"云云,同样是一句空话。用空话同列宁唱反调,即使是为了维护列宁的威信,也不能认为是合适的吧。

至于米丁,他过去对这个问题显然是毫无认识的,现在怎么样,我们不知道。

以上我们仅就马克思主义理论中十四个重大问题说明了列宁和普列汉诺夫的"直接继承性联系"。所有这些说明都引证了列宁本人的

---

① 《普列汉诺夫传》,三联书店1980年版,第204页。

绝对明确无误的文字。我们并不企图穷尽列宁的这类言论。至于列宁大量间接的说明，就更不是这里要讨论的对象了。他们两人之间究竟在多少问题上以及在何种程度内有直接继承性联系，应当作专门深入的研究。1905年10月列宁在致普列汉诺夫的一封信中写道："我们同您大约对十分之九的理论问题和策略问题的看法是一致的，而因为对十分之一的问题的看法有分歧就各行其是是不合算的。"①十分之九看来是个约数，意思是说，直到1905年10月，他们在绝大多数的理论问题和策略问题上观点一致。当然，并不是说在所有那些观点一致的问题上，列宁都直接继承了普列汉诺夫。但是无论如何，要彻底弄清楚列宁思想(包括哲学思想)的发展同普列汉诺夫言论的相互关系，工作量无疑是很大的。希望将来有人会揭示这段历史的全部真相。

米丁们可能要问我们：你们干吗对布尔什维克列宁和孟什维克普列汉诺夫的共同点，对普列汉诺夫是列宁的"老师"那么感兴趣？

我们可以用这样的反问回答他们：你们为什么对事实、对科学那么不感兴趣？你们究竟是要具有血肉之躯的历史上真实的列宁？还是要神化的或神话的列宁？给列宁涂上重重的油彩，到底是美化还是丑化，到底对无产阶级的事业有利还是有害？

（五）

如果有人据此得出结论，似乎在我们看来，越是抬高普列汉诺夫，越是把列宁说成不如普列汉诺夫，就越是符合历史主义原则，那就是误会或者故意曲解。对于米丁等人提出马克思主义哲学发展的列宁阶段和批判德波林、柳·依·阿克雪里罗得的"普列汉诺夫哲学正统论"方

---

① 《列宁全集》，第34卷，第369页。

面的历史功绩,我们始终给予高度的评价。我们一直认为,列宁和普列汉诺夫在哲学思想上的关系是"青出于蓝而胜于蓝"的关系。

在这个问题上德波林派和米丁派的观点都是片面的。德波林只看到列宁在哲学上曾经向普列汉诺夫学习的一面,而没有看到列宁后来远远超过普列汉诺夫的另一面。① 相反,米丁看到了后者,却否定了前者。他们都只有部分的真理,从整体上看,他们都否定了列宁和普列汉诺夫之间的青蓝关系,因而都是错误的。

以上我们对"青出于蓝"方面作了迄今为止或许是最充分的论证。下面我们想再就"而胜于蓝"的问题作些补充说明。所谓"补充说明",有两个意思:一指对本书前面诸章已有论述的补充,一指对苏联学者在列宁优胜于和批判过普列汉诺夫的地方所作的种种正确分析的补充。这些补充同时表明我们同米丁等人以及国内某些先生的分歧。

这里要补充说明的有两个问题:第一,列宁哲学思想的发展,就其与普列汉诺夫著作的关系而言,也是一个过程,这也表现在对普列汉诺夫哲学思想的批评上,我们应该正确理解这些批评;第二,列宁对普列汉诺夫后期政治错误的批判为他后来揭示普列汉诺夫种种哲学错误和缺点,提供了巨大的、坚实的经验基础。

先讲第一个问题。

列宁哲学思想有一个发展过程、一个产生成熟的过程、一个不断丰富提高的过程,这个道理,抽象地说人们并不拒绝接受。但是,要真实、

---

① 在辩证法和认识论领域列宁对发展马克思主义哲学理论的贡献大于、多于普列汉诺夫的贡献;而在唯物史观、欧洲哲学史(主要是唯物史观史)和美学方面普列汉诺夫对发展马克思主义哲学理论的贡献则大大超过列宁的贡献。列宁对普列汉诺夫哲学言论的批评集中在辩证法和认识论领域,而对普列汉诺夫在唯物史观、哲学史和美学领域的批评,则极少极少,只对与政治密切相关的国家、革命、阶级和阶级斗争等问题有较多的批评。

全面、清楚地说明这个过程,无论从肯定的意义上还是从否定的意义上,普列汉诺夫都是一个必须联系起来加以考虑的不可或缺的人物。这一点却不是许多人能够同意的,或者毋宁说是许多人所不能同意的。前面引证过的《马克思主义辩证法史——列宁主义阶段》一书就是一个明显的例子。我们已经考察了他们两人的哲学思想在肯定意义上的种种继承关系。现在再来看看否定意义上的历史联系。

列宁前期是普列汉诺夫的哲学学生,这是已经证明了的历史事实。但是列宁任何时候都不盲从。同政治问题一样,在哲学上列宁也从来没有丧失过自己的"独立性"。

在哲学问题上列宁对普列汉诺夫最早的不满,有案可查的恐怕是1898年9月。他在给波特列索夫的一封信中写道:"我很奇怪,为什么《唯物主义史论丛》的作者过去既不在俄国著作中反对新康德主义,而现在又不坚决反对它,却让司徒卢威、布尔加柯夫去争论这种哲学的枝节问题,似乎这种哲学已成为俄国学生的观点的一部分了。"①

次年6月,列宁在给波特列索夫的另一封信中对普列汉诺夫没有回击司徒卢威和布尔加柯夫在《新语》杂志上反对恩格斯的文章一事表示不解。与此同时,列宁当时误以为《自然史观的基本要素》一书的作者波格丹诺夫是普列汉诺夫的笔名。这本书表明作者还是一个本能地忠实于自然科学精神的唯物主义者,不过多少受了一些奥斯特瓦尔德的唯能论哲学观点的影响。因此引起列宁"对一元论者(即普列汉诺夫)产生了怀疑"②。

1900年9月,列宁再次表示,1895年和1897年本来应当起来驳斥

---

① 《列宁全集》,第34卷,第9页。
② 同上书,第34卷,第26页;第37卷,第646页。

司徒卢威,结果却无声无息。他认为,在这个问题上自己和普列汉诺夫都有过错。但是普列汉诺夫根本不承认他有丝毫的不对。①

列宁第一次对普列汉诺夫的哲学观点进行实质性的批评是在1904年5月。不过批评的直接对象不是哲学问题,而是政治问题,或者确切些说,是组织问题。在《进一步,退两步》一书第十六节("勿因小节而乱大谋")和第十八节("稍微谈谈辩证法·两个变革")中,列宁尖锐地批评普列汉诺夫大谈辩证法实际上违反具体问题应该具体分析这条辩证法基本原理。他写道:

"无论什么时候都不应当把马克思主义立住脚以后所接受的黑格尔的伟大辩证法,拿来同那种替某些从我党革命派滚向机会主义派的政治活动家的出尔反尔进行辩护的庸俗手段混为一谈,不应当把它同那种硬将各个声明、统一过程中各个阶段发展的个别因素混作一团的庸俗态度混为一谈。真正的辩证法并不辩护个人错误,而是研究不可避免的转变,根据十分详细研究发展过程的全部具体情形来证明这种转变的不可避免性。辩证法的基本原理是:没有抽象的真理,真理总是具体的……同时也不应当把这个黑格尔的伟大辩证法同那种可以用 mettere la coda dove non va il capo(脑袋钻不进去的地方,就把尾巴塞进去)这句意大利谚语来形容的庸俗的处世妙诀混为一谈。"②

在这里,列宁第一次明确指出,马克思主义辩证法不同于普列汉诺夫机会主义行径中表现出来的那种"辩证法"的根本特点在于"十分详细地研究发展过程的全部具体情形",而不是"硬将统一过程中各个阶段发展的个别因素混作一团"。

---

① 《列宁全集》,第4卷,第294页。
② 同上书,第7卷,第407页。

大家知道,列宁在《黑格尔〈逻辑学〉一书摘要》中提出的辩证法十六要素的第一个要素是:"观察的客观性(不是实例,不是枝节之论,而是自在之物本身)。"列宁这个思想的提出不仅是唯物地改造黑格尔辩证法思想的结果,也是政治上同普列汉诺夫的机会主义错误进行长期斗争的理论总结。要具体了解什么是列宁的"观察的客观性",什么是普列汉诺夫的"实例的总和",《进一步,退两步》中上述两节文字给我们提供了极好的第一手经验材料。

1905年10月,列宁在《〈火星报〉策略的最新发明:滑稽的选举是推动起义的新因素》一文中第一次批判了普列汉诺夫在策略问题的机会主义观点中表现出来的形而上学思想。当时孟什维克所控制的新《火星报》不断鼓吹"人民的革命自治"这个口号,并把它变成自己策略的中心口号。他们说,人民的革命自治是起义的序幕,它会"自然而然地转变"为起义,在发展的辩证过程中序幕和尾声常常互相交错,等等。对于新《火星报》派的这个尾巴主义口号,普列汉诺夫的态度怎样呢?他在《与友人通信选录》一文中写道,尽管孟什维克的组织观点糟糕透了,但是他们的策略比布尔什维克的策略要好得无法比拟。①

列宁在详细地分析了新《火星报》自发理论的一系列策略错误之后写道,没有胜利的起义,就根本谈不上真正的和完全的自治。决不能根据发展的实际过程是错综复杂的,往往尾声中的一些片段在序幕之前已经出现,就把尾声和序幕混为一谈。包括普列汉诺夫在内的社会民主党中机会主义分子的不幸就在于把民主革命这一伟大历史过程中的一小部分当作至宝,把部分当作整体,使整体从属于部分,用部分歪曲整体,不善于理解部分和整体的辩证关系,从而堕落为不彻底的、懦

---

① 《普列汉诺夫全集》,俄文版第13卷,第286页。

弱的改良主义者的奴仆。这样做,无异于"用普列汉诺夫的辩证法来顶替马克思的辩证法"①。

　　普列汉诺夫有一个习惯,就是到处援引辩证法。讨论策略问题时也不例外。这种现象在列宁的所有论敌中可以说是独一无二的。因此,列宁在同普列汉诺夫论战过程中免不了也要涉及一系列哲学问题。这对于我们研究列宁哲学思想的发展及其与普列汉诺夫著作的关系无疑是极为珍贵而且丰富的材料。我们将在讨论下面第二个问题时再作分析。不过,正如前面列宁说过的,革命火热时期不可能把很多时间放在哲学上面。所以直到1908年2月,列宁都没有就纯粹哲学问题批评过普列汉诺夫。斯托雷平反动时期的到来,把哲学斗争提到了首位。开始,列宁还只是不断地认定:普列汉诺夫的哲学观点是正确的,在哲学上他捍卫了正义的事业,等等。②

　　1908年3月24日,他在致高尔基的信中第一次就纯粹哲学问题对普列汉诺夫提出了批评。他说:"普列汉诺夫反对他们实质上是完全正确的,只是他不会或者不想或者懒于具体地、细致地、简明地说出自己的看法,而是用深奥的哲理来吓唬这些人。我无论如何要按自己的方式说出自己的反对意见。"③但这仍然不是针对普列汉诺夫的哲学观点本身,而是针对他批判马赫主义的方式。

　　这里附带澄清两点误解。(1)有人忽略了列宁写这段话的时间,以为列宁关于普列汉诺夫不善于或不愿意或懒于具体地……驳斥马赫主义的批评包括《战斗的唯物主义——答波格丹诺夫》的三封信在内。这样,似乎斯大林在这个问题上对普列汉诺夫的批评完全符合列宁的

---

①　《列宁全集》,第9卷,第355—358页。
②　同上书,第13卷,第426页;第34卷,第387页,等等。
③　同上书,第34卷,第395页。

意思。斯大林在《联共(布)党史》中写道:普列汉诺夫没有认真地批判马赫主义,"却宁愿写几篇带讽刺批评性的小品论文来潦草塞责,接着就躲藏起来,一声不响了"。必须指出,斯大林的这一批评同列宁对于普列汉诺夫在反对马赫主义斗争中所建立的巨大历史功绩的一系列经典评价,无论文字上或精神上都是直接对立的。这一批评,只有在从属于列宁经典评价的大前提下,经过一定的改造,才能认为是恰当的。斯大林正确地看到了普列汉诺夫反马赫主义著作相对于《唯物主义和经验批判主义》的局限性,但是错误地夸大了这种局限性。(2)有人以为,列宁之所以决定自己出来反对马赫主义,主要是因为发觉普列汉诺夫不胜此任。这个看法也是不符合事实的。实际上列宁之决定自己出来反对马赫主义,主要的原因在于他同波格丹诺夫等人的矛盾日益尖锐化,使得他把哲学(至少暂时)当作中立区的设想无法实现。

列宁开始撰写批判波格丹诺夫等人的著作,大概不晚于 1908 年 2 月 25 日。① 但是要写的著作究竟是什么?一本书还是几篇文章?直到 4 月 16 日,列宁仍然未能做出决定。他在《马克思主义和修正主义》一文的注释中写道:"在最近的将来,我要写几篇论文或专门写一本小册子来说明"波格丹诺夫等人的哲学错误。② 因此,《列宁年谱》第 2 卷上关于"2 月,不晚于 25 日,列宁开始撰写《唯物主义和经验批判主义》一书"的记述是不确切的。看来这时他更倾向于写成几篇文章。

也就在《马克思主义和修正主义》这篇文章上,列宁再次公开肯定普列汉诺夫是国际社会民主党中"从彻底的辩证唯物主义观点"批判过修正主义哲学的"唯一马克思主义者",丝毫没有提到他在这一批判中有过什么失误。

---

① 参见《列宁全集》,第 13 卷,第 429 页。
② 同上书,第 15 卷,第 16 页。

第十三章　列宁和普列汉诺夫　737

一年后,《唯物主义和经验批判主义》一书出版了。书中对普列汉诺夫总共提出了六点批评意见。顺次罗列如下:(1)翻译《费尔巴哈论》时漏掉了"unfassbaren"这个重要的词(中译本第96页);(2)"信仰"外部世界的存在的说法表明他"用语混乱"(第141页);(3)对"经验"概念的错误理解(第152—154页);(4)"象形文字"比喻不当(第244、250页);(5)忽视新物理学中一定学派跟马赫主义等唯心主义哲学的联系来研究马赫主义,就是嘲弄辩证唯物主义的精神(第265页);(6)利用哲学分歧进行反对布尔什维克的活动(第376页)。

列宁的所有这些批评都是完全正确的。但是,还是那句话,正确的话也要正确理解。鉴于这六点批评几乎是所有评述普列汉诺夫哲学思想的著作都要引证的,而且在许多场合下往往解释错误或者给人一种似乎哈哈镜中的形象的错觉,所以这里必须提请读者注意一下列宁夫人的一段解释。我们认为,只有从总的方面掌握了克鲁普斯卡娅所阐明的列宁思想的精神,才能正确地把握这些批评的实质。

克鲁普斯卡娅写道:"在《唯物主义和经验批判主义》一书中约有三十处谈到普列汉诺夫。这些地方一方面充分地表明了列宁对普列汉诺夫的态度,另一方面非常明显地说明了列宁在写《唯物主义和经验批判主义》一书时的工作方法。"①

怎样的态度,怎样的工作方法呢?概括说来可以举出下面三个要点。

第一,用现在的话讲,要区别九个指头与一个指头。列宁"维护唯物主义者普列汉诺夫,使之不受马赫主义者的攻击,而当他认定普列汉诺夫有错误和背离辩证唯物主义时,他又批判普列汉诺夫。"②

---

① 《论列宁》,第360页。
② 同上书,第362页。

第二，必须把哲学争论同派别斗争严格地区分开来。既然列宁指责普列汉诺夫把这两者搅在一起，他自己当然不会重犯这个错误。"列宁认为捍卫辩证唯物主义原理具有十分重要的意义，……因此讨论这一问题时应该抛开所有的派别考虑。列宁妥善地解决了这一问题，他一方面反对有错误观点的布尔什维克，即和他属于一个派别的战友，同时维护了作为唯物主义者而受到攻击的普列汉诺夫，尽管普列汉诺夫在争论中表现出他是一个最顽固的派别活动者。"

第三，要分清普列汉诺夫哲学理论的根本缺点和个别失误。克鲁普斯卡娅在列举了列宁对普列汉诺夫的一些哲学错误之后指出："所有这些对普列汉诺夫错误的非常严正的批评，都是心平气和的。只有一次伊里奇忍不住了，狠狠地骂了普列汉诺夫。"这就是在讲到前面所说的第五个批评意见的时候。"列宁批评普列汉诺夫最多的，是由于他不懂得，随着对周围世界认识的深化，即随着各科学领域的不断取得成就，辩证唯物主义的形式必然会进一步地发展"而且不断更换。列宁总是把普列汉诺夫离开唯物主义的个别失误同他不善于根据当代科学的发展以推进唯物主义，甚至想也没有想到要使唯物主义理论向前发展这个根本性的错误严格地区分开来。①

可以毫不夸张地说，包括米丁在内的许多研究普列汉诺夫哲学思想的专家和半专家对这三条分界线都没有多少清楚的认识。在这个问题上非哲学家的克鲁普斯卡娅要比像米丁那样的"哲学家"以及福米娜等普列汉诺夫专家实在高明得多。

作为例子，请看一看米丁在1931年1月《关于哲学辩论的总结》一文中所得出的结论吧！"如果拿普列汉诺夫的哲学著作本身来看，如果分析一下他的全部错误（其中主要的错误已经受到列宁的批判），那

---

① 《论列宁》，第362、365页。

么一般说来,可以大致地指出四个要点,所有的错误都以这些要点为核心:(1)不理解'问题的本质',即'作为认识论的辩证法',(2)迷恋形式主义和逻辑斯提,(3)不可知论的强烈气味,(4)车尔尼雪夫斯基和费尔巴哈对他的哲学著作的无可怀疑的极为重大的影响。"①

普列汉诺夫哲学著作的"核心"错误之一是"迷恋形式主义和逻辑斯提"?真是米丁先生的一大发明!读者不理解的是为什么这样的著作居然一再受到恩格斯和列宁的高度赞扬。米丁为了证明他的这种论断援引了列宁的两段话。一段是列宁对普列汉诺夫起草的"党纲草案"的批评,另一段是《俄国资本主义的发展》第2版序言中对普列汉诺夫把马克思主义庸俗化的批评。且不说米丁把这两段话归纳为"迷恋形式主义和逻辑斯提"是否合乎"逻辑",我们要问米丁先生,你到底是在批评普列汉诺夫的哲学著作还是在批评他的政论?硬说普列汉诺夫的哲学著作散发着"不可知论的强烈气味"这一点我们已经在前面第四章批判过了。大概只有具备特殊嗅觉器官的米丁才能闻出这种气味来。② 至于车尔尼雪夫斯基和费尔巴哈的影响,我们不明白,这有什么不好?他们对列宁的影响不是同样大么?米丁的意思本来是想说,普列汉诺夫受到他们两人的唯物主义哲学中的形而上学观点的影响。但是第一,能够证明这个指责么?绝对不能。第二,这个说法恰恰是把列宁对普列汉诺夫的一个极其正确和十分深刻的批评给歪曲了。因为正如我们前面指出过的,列宁批评普列汉诺夫的决不是他接受了车尔尼雪夫斯基和费尔巴哈唯物主义哲学的形而上学观点,而只是他没有企图根据最新科学成就把辩证唯物主义推向前进,在一系列认识论问

---

① 《唯物辩证法的首要问题》,1936年俄文版,第57—58页。
② 1956年米丁对自己的这个批评作了某种程度的修改,已经不是什么"不可知论的强烈气味"了,而是"给马克思主义认识论带进了某些不可知论因素"(参见米丁:《哲学和当代》,1960年俄文版,第178页)。

题上仅仅停留于他们的形而上学唯物主义哲学的一般唯物主义原理。

总之,米丁的这些批评除了引自列宁的第一条之外,统统是错误的。他的错误表明,他既没有认真地研究过普列汉诺夫,也没有正确地理解列宁。我们发现,至少五十年代以来的苏联哲学界早已把米丁先生当年作为权威代表所作的这个"总结"抛诸脑后了。这说明它的生命力之短促。不过它的影响至今并未消除。例如有人硬是拒不承认列宁关于普列汉诺夫是"特殊的孟什维克",是"孟什维克——马克思主义者"的经典评价,有人硬是把普列汉诺夫的哲学演化分为前后两期,人为地以1903年为界,有人硬说他在"历史唯物主义一系列问题上犯了错误",等等。

(六)

现在我们继续讨论列宁对普列汉诺夫哲学错误的批判。

《唯物主义和经验批判主义》一书出版以后直到《俄国的休特古姆派》一文发表(1915年2月),列宁没有再公开批评过普列汉诺夫的哲学观点。相反,倒是对他的哲学功绩说了一连串的赞语,其中主要的我们已经在前面各章中分别作过引证。唯一的例外是1909年10月以后不久,列宁在阅读《车尔尼雪夫斯基》(1909年)一书时写下的几条批评意见。最重要的批评就是这样三点:(1)"普列汉诺夫由于只看到唯心主义历史观和唯物主义历史观的理论差别,而忽略了自由主义者和民主主义者的政治实践的和阶级的差别";(2)"普列汉诺夫所著《车尔尼雪夫斯基》一书的缺点"在于几乎把注意力完全集中在他的理论活动上,而忽略了他的实践政治活动;(3)由于政治立场转向孟什维克,由于对自由资产阶级采取了错误的态度,从而删改了该书1894年版中对自由主义的一些尖锐的批评。这三点批评可以概括为一个意思,即普列汉诺夫不理解车尔尼雪夫斯基活动的阶级本性和实践政治作用。

综观列宁的著作史,可以把他对普列汉诺夫哲学活动的批判大致地划分为以下四个阶段:十九世纪末到二十世纪初是批判的萌芽时期;1904—1908年初是批判的开始时期;1908—1914年上半年是批判的发展时期;1914年7月以后是批判的高峰时期。第一时期列宁仅仅对普列汉诺夫哲学活动的外在方面偶尔表示了一些怀疑。第二时期列宁只是批判普列汉诺夫政论中表现出来的、对他自己所宣传的辩证法的背弃。第三时期开始,列宁才对普列汉诺夫的哲学观点本身提出严肃的实质性的批评。不过即使到这时,列宁仍然仅仅限于普列汉诺夫不善于把辩证法运用于认识论,并没有明确指出,或者说还没有发现普列汉诺夫的辩证法本身的重大局限性,尽管列宁早在第二时期的政论中就一再强调马克思辩证法同普列汉诺夫"辩证法"的对立。

正像《唯物主义和经验批判主义》是第三时期的标志一样,第四时期的标志是《哲学笔记》。如果说列宁在前一本书中主要发展了马克思主义的认识论,那么在后一本书中重点发展了马克思主义的辩证法。然而无论写作前一本书或者后一本书的过程中,我们都可以深深感觉到列宁头脑中一直蒙盖着普列汉诺夫哲学著作的阴影。前一本书的情况我们已经说过了。现在讲《哲学笔记》。

整本《哲学笔记》可以用一个词来概括它的全部内容,这就是"辩证法"。大家都公认,列宁1915年写的《谈谈辩证法问题》一文,按其思想的深刻性和丰富性来说是对构成唯物辩证法内容的一切主要的和本质的东西所作的无与伦比的概括,也可以说是对《哲学笔记》全书的一个独特的总结。在这三千多字的短札中,列宁两次点名批评了普列汉诺夫,而且都是在最关键的问题上。一次说普列汉诺夫对于对立面的斗争和统一的规律是辩证法的核心和实质,这一方面的正确性必须由科学史来检验这一点没有予以足够的注意,往往把它当作实例的总和,而不是当作作为全部认识领域、整个认识史的概括的认识规律。另一次说普列汉诺夫没有充分注意到辩证法也就是黑格尔和马克思的认识论这个根本问题。特别有意思的是列宁这里写下了这样一句话:"正是问题的这一方面普列汉诺夫没有注意到,至于其他的马克思主义者就更不用说了。"

显然,《谈谈辩证法问题》对普列汉诺夫的批评远不止以上两点。在某种意义上甚至可以把整篇文章都看成是针对普列汉诺夫的。至少在下面三个问题上是毫无疑义的:即普列汉诺夫(1)不理解"主观主义(怀疑论和诡辩等等)和辩证法的区别";(2)不理解个别和一般之间的辩证关系;(3)不善于进一步把辩证法应用于反映论,应用于认识的过程和发展。

所有这些结论,不仅是列宁同普列汉诺夫作政治斗争的长期实践中所积累的感性认识的哲学升华,不仅是《唯物主义和经验批判主义》一书对普列汉诺夫哲学错误的批评的理论延伸,而且是列宁阅读黑格尔著作过程中随时对比普列汉诺夫哲学思想而写下的种种批评意见[①]的概括、补充和发挥。

只有到这个时候,列宁才清楚地认识到,尽管普列汉诺夫也是一个马克思主义哲学家,一个唯物辩证法家,但他的辩证法同马克思、恩格斯或黑格尔的辩证法并不完全是一回事。

为什么普列汉诺夫批判现代康德主义和马赫主义等等时从庸俗唯物主义出发多于从辩证唯物主义出发,以费尔巴哈观点为根据多于以黑格尔观点为根据?为什么他不能像《唯物主义和经验批判主义》一书那样具体地、细致地、简明地、创造性地对这些理论进行批判?为什么他批判马赫主义等当代唯心主义哲学思潮时看不到新物理学中一定

[①] 《列宁全集》,第38卷,第190—191、307页。

学派跟它们的联系?为什么他谈到《资本论》时只讲马克思这部划时代巨著跟唯物史观的关系,从来没有讲过或者认真分析过它同辩证法和认识论的关系?为什么他在1903年以后的政论中一面忠诚地大谈辩证唯物主义方法、一面可耻地糟踏和歪曲这一方法,把辩证法变成真正的诡辩,变成时髦的空谈,或者变成"实例的总和"?等等,等等。

凡此种种,从认识根源上说,其原因就在于:他没有深入钻研和真正理解黑格尔的全部逻辑学,即没有深入钻研和真正理解黑格尔的以及马克思的作为内容极为丰富的、严谨而完整的哲学科学体系的辩证法本身,而这个辩证法跟认识论和逻辑是同一个东西。

这就是普列汉诺夫的辩证法不同于黑格尔的和马克思的辩证法的基本分界线。这就是普列汉诺夫全部哲学失误的总根子。当然这个思想需要进一步发挥,或如列宁所指示的,需要"研究一下"。半个多世纪过去了,人们还是没有把列宁的这一极其重要的指示付诸实现,还是没有围绕这个真理的总根进行挖掘,而是热衷于虚构出一大串所谓的普列汉诺夫哲学错误,例如什么"地理环境决定论"啦,什么"象形文字论"啦,什么"社会心理生物学化"啦,以及诸如此类。实在是南其辕而北其辙。

为了彻底搞清这个问题,我们希望苏联有关方面(主要是普列汉诺夫档案馆)尽快把普列汉诺夫的各种哲学笔记,首先是黑格尔著作的笔记、批注等等整理、发表出来。

从以上的叙述,可以明显地看出,列宁的哲学思想从十九世纪末期自称的"修养不够"到《哲学笔记》的写作,已经前进得多么遥远。用一句中国成语来说,1914年以后的列宁"已非昔日吴下阿蒙",恐怕不是太过分吧。然而这个道理对于某些人说来却是一个忌讳。马克思、恩格斯还有个早期著作,列宁就不能有自己的早期著作!似乎列宁哲学思想的发展是不折不扣地从伟大到伟大!似乎在哲学修养上(包括哲学知识),早期的列宁比早期的马克思、恩格斯还要高明!

我们并不是硬要标新立异,我们只是想把列宁的著作真正当作科学研究的对象。

举个十分突出的例子。请看列宁的两段话(这两段话前面已经引证过):

(1)"在国际社会民主党中,普列汉诺夫是从彻底的辩证唯物主义观点批判过修正主义者(按即新康德主义者)在这里大讲特讲的庸俗不堪的滥调的唯一马克思主义者。"①(1908年4月)

(2)"普列汉诺夫之批判康德主义(以及不可知论),从庸俗唯物主义的观点出发,多于从辩证唯物主义的观点出发,因为他只是未加深思地驳斥它们的议论,而不是(像黑格尔纠正康德那样)纠正这些议论,加深、概括、扩大它们,指出一切和任何的概念的联系和转化。"②(1914年9—12月)

请问:普列汉诺夫之批判新康德主义到底是从"彻底的辩证唯物主义出发"?还是"多半从庸俗唯物主义出发,少半从辩证唯物主义出发"?

这里难道没有明显的矛盾么?至少表面上看来是如此。或者说,至少这里存在着需要向读者解释清楚的矛盾。然而,读者,您能从苏联学者的哪一本书或哪一篇评论普列汉诺夫哲学思想的文章中找到任何一种解释呢?不要说解释,连问题都没有提出来过。这两段话可以在同一篇文章或同一本书籍中同时引证,它们都无声无息地和平共处,相安无事。如米丁《唯物辩证法的首要问题》的第一篇文章就是这样。这就是他对待列宁著作的态度!

---

① 《列宁全集》,第15卷,第15—19页。
② 同上书,第38卷,第190—191页。译文有改动。

且放下把列宁神化或半神化的人们,还是来谈谈我们对这个问题的看法吧。

我们认为这两段话都是正确的,它们之间的明显矛盾只是表面的。因为它们各自所指的对象不同。难道普列汉诺夫在具体真理、概念辩证法、思维和存在的同一性、不可知论、发展是对立面的互相转化、内容和形式、自由和必然、质变和量变、进化和革命、暴力和强力、工人阶级贫困化、宗教和无神论……等一系列问题上,不是从马克思的即彻底的辩证唯物主义立场对朗格、伯恩施坦、施米特、司徒卢威等新康德主义者进行了严肃的批判么?当然是的。所以1908年的断语是正确的。然而1914年的论断也是对的。因为普列汉诺夫的确没有分析过两种物质观,客观真理、相对真理和绝对真理之间的关系、实践检验真理的两重性……等一系列认识论问题中的辩证法原理。

在唯物主义学说的一般基础方面,在马克思、恩格斯当年发表的著作已经清楚地阐明了的那大部分辩证唯物主义基本原理方面,列宁和普列汉诺夫之间没有,也不可能有任何意见分歧(个别失误在外)。列宁不满于普列汉诺夫的,是他不善于在本体论和认识论中彻底贯彻辩证唯物主义原理,是他批判新康德主义、马赫主义或其他资产阶级哲学思潮时过多地把注意力放在一般唯物主义和唯心主义的对立上,是他不善于根据人类认识的最新成果来丰富辩证唯物主义的内容、改变它的某些形式,是他没有认真钻研和真正领会黑格尔的全部逻辑学,并从唯物主义立场"啄出"其中的"珍珠"等等。总之,列宁不满于普列汉诺夫的,不是他的唯物主义(包括唯物主义认识论)不辩证,而是他的辩证唯物主义(包括认识论)还不够辩证,不仅没有比马克思、恩格斯更辩证,而且在好些重要问题上没有马克思、恩格斯已经指明的那样辩证,甚至没有黑格尔那样辩证。1908年的第一个断语适用于前一个意义,1914年的第二个断语适用于后一个意义。所以说,两句话都正确,矛盾是表面的。

不仅如此。后一断语乃是前一断语的补充和发展。什么是补充、"发展"呢？甲补充乙，就是说乙有某种缺陷。甲发展乙，就是说乙不够发展。人们一个劲地大讲特讲《哲学笔记》如何如何发展了《唯物主义和经验批判主义》，如何如何发展了马克思主义哲学。越是把这个"发展"讲得高超，它的背面意思就是：相对于《哲学笔记》而言，《唯物主义和经验批判主义》等等就越不那么"发展"，或者说就越有局限性。不少研究列宁的人的态度是这样的：既要拔高比方说《哲学笔记》，又讳言拔高后所出现的距离。一般的列宁研究如此，列宁、普列汉诺夫的对比研究也是如此。我们毫不反对把列宁的包括《哲学笔记》在内的哲学著作的伟大处讲足讲够，我们反对的只是人为地拔高。要知道：拔高了后期著作，出现的距离长了怎么办？拔高了早期著作，距离短了又怎么办？

这里还要讲一讲所谓"庸俗唯物主义"问题。本书第四章末尾，我们批评了王若水对这个问题的理解。在那里，我们指出：列宁批评普列汉诺夫有"庸俗唯物主义"的表现，这意思完全不是说普列汉诺夫不承认"观念的东西转化为实在的东西"，"不承认精神和物质的辩证关系"。

这一点我们还可以用列宁自己的话来证明。列宁在《唯物主义和经验批判主义》一书中批评马赫主义者瓦连廷诺夫说："我们还要指出马赫主义者对唯物主义的难以置信的歪曲中的一个特征。瓦连廷诺夫想用和毕希纳对比的方法来打垮马克思主义者。尽管恩格斯已和毕希纳异常清楚地划清了界限，但瓦连廷诺夫还是说毕希纳有许多同普列汉诺夫相似的地方。"①

---

① 《列宁全集》，第 14 卷，第 251 页。

如果普列汉诺夫真的不承认"观念的东西转化为实在的东西","不承认精神和物质的辩证关系",认为精神是物质的异在,那么瓦连廷诺夫的指责就是对的。但列宁明确地告诉我们,这是"难以置信的歪曲",因为恩格斯和他的学生普列汉诺夫异常清楚地划清了自己同庸俗唯物主义者毕希纳等人的界限。

既然如此,为什么列宁还要说普列汉诺夫犯了"庸俗唯物主义"的错误呢?原来这里指的不是"庸俗唯物主义"一词的本义,而是它的引申义,或者说不是它的特殊意义,而是它的一般意义。所谓"庸俗唯物主义",就是把唯物主义庸俗化。把什么唯物主义庸俗化呢?在十九世纪下半叶,福格特、毕希纳、摩莱肖特等人,也像他们的十八世纪末叶法国先辈卡巴尼斯把十八世纪法国百科全书派的唯物主义庸俗化一样,主要把费尔巴哈的唯物主义原理庸俗化。列宁批评普列汉诺夫有庸俗唯物主义倾向,显然不是说他把上述唯物主义哲学庸俗化,而是把马克思、恩格斯的辩证唯物主义庸俗化。如果说视精神为物质的异在是卡巴尼斯庸俗唯物主义哲学的主要特征之一的话,对于十九世纪下半叶的三大庸俗唯物主义者就不能这样说了,至少对毕希纳和摩莱肖特不能这样说。至于普列汉诺夫,正如我们反复证明了的,他曾经异常清楚、十分确定地批判了这种错误的观点。

那么所有这些庸俗唯物主义的共同特点是什么呢?换言之,"庸俗唯物主义"一词的引申义或一般意义是什么呢?就是恩格斯所说的、列宁所引证的那句话:当历史已经前进到要求唯物主义改变自己的形式的时候,却仍然停留在原有的水平上,不仅没有推进唯物主义,"甚至想也没有想到要使唯物主义的理论向前发展"。简言之,就是把应有的唯物主义高度降低到"庸俗"或"庸众"的水平上。不同时代的"庸众"有不同的唯物主义水平。因此,不同时代的庸俗唯物主义,其具体内容显然不会是同一的。不懂得这一点,就会犯许多人在解释列宁批评普列汉诺夫有庸俗唯物主义倾向这句话时所犯的那类错误。

列宁在1903年以后的政论中,经常批评普列汉诺夫把马克思主义庸俗化了。这里的"庸俗",也是同样的意思。用列宁自己的形象的语言说就是:"把二年级的即高年级的问题归结为低年级的、一年级的问题"①。不过,在列宁看来,普列汉诺夫在后期政论中把马克思主义庸俗化同在哲学中把马克思主义(或辩证的唯物主义)庸俗化有一个显著的差别。在哲学中,普列汉诺夫只是单纯地不思前进,即忽视新物理学中一定学派跟马赫主义等哲学的联系来研究马赫主义等。而在后期政论中,他却根据一年级时所理解的正确原理对二年级课程中出现的问题做出了理论上错误、实际上有害的结论。正因为这样,在哲学上列宁对普列汉诺夫的庸俗唯物主义的批判充其量不过两三次,而在政治上列宁却不得不再三再四地批判普列汉诺夫把马克思主义庸俗化。这样的地方,据初步统计,《列宁全集》中不下二十处。让我们随便举几个例子吧。

列宁写道:过去,在1883—1885年和1895—1899年,俄国马克思主义者不能不把全部精神集中于同民粹派争论俄国发展的前途究竟是资本主义道路还是"人民生产"这个问题上。这在当时是自然的、必定的、合理的。但是到1905年以后,这个问题无论从理论上或实际上说都已经解决了,而提到了日程上的是另外一个较高级的问题:是甲型的资本主义还是乙型的资本主义?包括普列汉诺夫在内的"马克思主义中的俄国机会主义即现代孟什维主义的特点,就在于它用教条主义态度把马克思主义的规定简单化、庸俗化和加以歪曲,背叛马克思主义的精神。"②

"只有庸俗的马克思主义才会这样推论,目前普列汉诺夫和孟什维克在加紧散播这种庸俗马克思主义和种子,他们在歌唱,在叫嚣,在

---

① 《列宁全集》,第16卷,第115页。
② 同上书,第16卷,第115—116页。

呼吁,在高谈:应该支持资产阶级同旧制度作斗争。不!我们为了生产力的发展(这是社会进步的最高标准),不应该支持地主式的资产阶级演进,而应该支持农民式的资产阶级演进。"①

"马克思就是在那些仿佛最平静的……时期……,也能觉察到革命将临的气息,而使无产阶级觉悟到他们所负的先进的革命任务。而我们俄国那些把马克思主义庸俗化的知识分子,却在最革命的时期教育无产阶级采取消极的政策,采取'随波逐流'、暗中支持时髦的自由主义政党内的最不稳定分子的政策!……普列汉诺夫毫不分析(1905年武装)斗争的意义,分析这次斗争在整个事变进程中的作用,以及同以前斗争形式的联系,便马上扮作悔过的知识分子说道:'本来不需要动用武器的'。"②

总之,把马克思主义"庸俗化"就是把马克思主义"简单化"、"教条化",就是"降低马克思主义",就是"随波逐流"。

对普列汉诺夫这方面的批判在列宁著作中占了相当大的比重。所有这些批判,作为经验的浓缩,仿佛以"逻辑的格"的形式潜在地、然而牢固地沉淀在列宁的意识中,以致后来,当列宁阅读黑格尔著作时,这些从前是较为零散的或感性的认识便开始系统化,升华为高度概括的哲学思想。我们下面就来谈谈这个问题,这也就是前面讲的要补充说明的第二个问题。

(七)

在讲这个问题之前,我们要作一点申明。这个问题实在太大了,材

---

① 《列宁全集》,第13卷,第223页。
② 同上书,第12卷,第100、101页。

料实在太丰富了,要做出充分的说明至少可以写一本厚厚的专著。因此我们只好把讨论的范围大大缩小。就是在这个缩小了的范围内,也只准备考察与《哲学笔记》中点名批评普列汉诺夫的那几个主要思想相关的材料。而且为了使我们的叙述具有科学性和说服力,我们还是按照老办法,尽可能引用列宁自己的话。

我们从所谓"策略哲学"原则的问题开始,因为这个问题正是列宁和普列汉诺夫之间策略分歧的基础,也是分歧的出发点和归宿。普列汉诺夫说:"在正确论证党的策略的事业中重要的倒不尽是解决这些或另一些社会问题的具体方案,而是一般的指导原则。"①这是对的。但是普列汉诺夫所说的"策略哲学"的一般指导原则是什么呢?问题就在这里。普列汉诺夫有时也说历史唯物主义的基本原理"社会存在决定社会意识"应该是一切策略推理的基础,或者说一切取决于时间和地点的情况是基本策略原则。不过这些表白在他的整个后期政论中只是几句空话。他在策略问题上的一切错误恰恰违反了自己一再申明的这些原则。作为他的全部策略言论的指导原则的实际上是所谓"合目的性"原则。他写道:"凡是可以最快地达到目的的东西都是最好的;凡是在达到目的的道路上造成最多的障碍的东西都是最坏的。这是一条基本策略原则。"②

列宁并不否认合目的性原则。但是正如普列汉诺夫自己也承认的,这个原则是一切阶级的政治家都承认的。列宁认为,真正的无产阶级的策略原则是:一切策略问题都从属于如何估计特定时期的总的革命形势。"马克思主义者无论如何不应当忘记,一个直接面临的斗争的口号是不能简简单单地直接从某一个纲领的一般口号中得出来的。

---

① 《普列汉诺夫全集》,俄文版第 15 卷,第 21 页。
② 同上书,第 267 页。

只根据我们的纲领来直接决定目前面临的……斗争的口号,是不够的。为此必须估计具体的历史形势,研究革命的全部发展和整个连贯的过程,不仅仅从纲领原则中,而是从运动已往的步骤和阶段中得出我们的任务。只有这样的分析才是辩证唯物主义者所应当作的真正的历史分析。"①而"在以普列汉诺夫为首的右翼社会民主党人中间,却时常出现一种相反的议论问题的方法,即他们力图在关于我国革命的基本性质的一般真理的单纯逻辑发展中去寻找具体问题的答案,这是把马克思主义庸俗化,并且完全是对辩证唯物主义的嘲笑。"②

这个道理,最一般地说,普列汉诺夫也不是不懂得。例如就在刚才引证的论述合目的性原则的那个地方他就这样写道:"问题在于:到什么地方去寻找达到最终目的的保证。……站在唯物主义辩证法观点上的科学社会主义的继承者求诸社会关系的发展。……人们的观点和意图取决于他们的社会关系,而社会关系的交替则受生产力的发展所制约"③。

如果把普列汉诺夫这里所说的同列宁的上述原则比较一下,差别是明显的:一个脚踏实地,一个悬在高空;一个力求把握具体历史形势的全部内容及其发展,一个只知道反复咀嚼"抽象的真理是没有的,真理是具体的"之类的老生常谈。这是列宁和普列汉诺夫在1903年以后一切策略分歧和组织分歧的基础。

让我们再看几个例子。1905—1907年革命高涨时期,普列汉诺夫经常说,反动派力图孤立我们,我们也应当努力孤立反动派,因此要支持议会中代表自由资产阶级的立宪民主党的反政府立场。列宁批评

---

① 《列宁全集》,第11卷,第99—100页。
② 同上书,第3卷,第12页。
③ 《普列汉诺夫全集》,俄文版第15卷,第268页。

说,假定俄国已经确立了议会制,议会已成为统治阶级和统治势力的主要统治形式,成为社会政治利益的主要斗争场所,而且又不存在真正的革命运动。在这种情况下,当然不能拒绝议会斗争。这时在议会中支持立宪民主党反对一切更右的党派便是社会民主党义不容辞的义务。但是当时俄国显然不存在这种形势。"俄国革命的目前形势的特点正是这样:客观条件把坚决的、议会外面的争取议会制的斗争推到舞台的最前面了,因此这时再没有什么比立宪幻想和议会制的游戏更有害、更危险了。这时'议会的'反对派政党,可能比公开的、彻头彻尾反动的政党更危险、更有害。"①因此,普列汉诺夫的错误就在于:"发表社会民主党支持资产阶级民主派的流行的议论的时候,往往由于一般的抽象的原则,而忘记了具体时刻的特点。"②

另一个例子。1905 年 4 月,普列汉诺夫在新《火星报》上发表了《论夺取政权问题》一文。当时列宁主编的《前进报》正在讨论:社会民主党在民主革命胜利的条件下,参加临时革命政府原则上是否容许?这实际上是对待无产阶级和农民的革命民主专政的态度问题,也是无产阶级政党在资产阶级民主革命中的战略问题,即"革命的路线"问题。普列汉诺夫在文章中引证马克思的《告同盟书》,企图证明"和小资产阶级的代表一起参加革命政府就是背叛无产阶级"。可是他没有注意到1848 年德国革命以后马克思写《告同盟书》的情况和俄国 1905 年革命前夕的情况完全不同。《告同盟书》是在人民已不可能取得彻底胜利的时候写的。当时资产阶级立宪君主政体已经代替了专制制度,因此关于依靠全体革命人民的临时政府也就谈不上了。所以马克思并没有提出参加临时革命政府的问题,也根本没有提到无产阶级的

---

① 《列宁全集》,第 10 卷,第 202—203 页。
② 同上书,第 10 卷,第 204 页。

民主主义专政。因为他相信,小资产阶级的变革之后马上就会是无产阶级的直接的社会主义专政。俄国当时的情况却是:"没有无产阶级和农民的民主主义专政,共和国就不可能在俄国实现。"普列汉诺夫错误地"用社会主义专政偷换了民主主义专政"。和列宁对俄国实际形势的具体分析相反,"普列汉诺夫却只字不提俄国的具体情况,他全部的学问就是时而搬弄一些引用不当的引文。这种做法是令人惊奇的,但却是事实。"①

这种不顾具体历史形势的特点的"令人惊奇的"现象远不止一次两次,而是许多许多次。不同的只是表现形式不一样罢了。在不同的场合,列宁在批判普列汉诺夫的每一次策略错误时都提出了不同的"策略哲学"原则。例如:

(1)"革命时期同所谓和平发展时期,同经济情况没有引起严重危机、没有产生强大的群众性运动的时期的区别是:革命时期的斗争方式必然是多种多样的,群众的直接革命斗争比领导人在议会、报刊上进行的宣传鼓动活动要多得多。因此,我们在估计革命时期时,如果只限于肯定不同阶级的行动方针,而不分析它们的斗争方式,那么我们的论断,从科学方面说来,就是不全面的、不辩证的,从政治实践方面说来,就蜕化成死板的说教(附带说一句,普列汉诺夫同志在他论述社会民主党在俄国革命中的策略的著作中,十分之九都是满足于这种说教的)。如果要真正用马克思主义的方法,从辩证唯物主义的观点来估计革命,就应当把革命当作在某种客观条件下,进行某种活动以及多少顺利地运用某些斗争方式的生气勃勃的社会力量的斗争。"②

(2)普列汉诺夫"曾经庄严地和郑重其事地宣称:'整个哲学的意

---

① 《列宁全集》,第 8 卷,第 356—360 页。
② 同上书,第 15 卷,第 36—37 页。

义就是:凡是有助于对人民进行政治教育的东西都是好的,凡是有碍于这一工作的东西,都是不好的'。""能否设想还有什么东西比这种把无产阶级在革命时期的策略归结为对人民进行政治教育的任务的说法,更有书呆子气,更没有生气,更带有烦琐哲学的味道呢?……革命在高涨,各阶级纷纷出场,群众在从事有历史意义的工作,形形色色的资产阶级政党相继成立,复杂的政治危机日益加深,在1905年的丰富事件和丰富经验所准备的基础上的新的斗争阶段正在形成——把这一切都归结为一点:对人民进行政治教育!这真是我们未出校门的小姐的天才发现。这真是解决一切具体的政治问题的一把优良的'万能钥匙'"①。"提高群众的觉悟,现在也同任何时候一样,仍然是我们全部工作的基础和主要内容。然而不要忘记,除了这个一般的、经常的、基本的任务以外,俄国当前局势还提出了特殊的专门的任务。我们决不要作书呆子和庸人,我们决不要用一些关于我们在任何条件下和任何时候都有永远不变的责任的空洞借口,来推脱当前的这些特殊任务,推脱当前这种斗争的专门任务"。②

(3)"机会主义者对于一切情况,都局限于运用从德国社会主义运动特殊时期抄袭下来的一般的死板公式。我们应当利用代议机关——杜马是代议机关,所以抵制就是无政府主义,于是必须参加杜马。我们的孟什维克,特别是普列汉诺夫对于这个问题的推论,总是限于这样幼稚简单的三段论法。"这种推论显然具有"刻板的、反历史的性质"。"相反,社会民主党的革命派认为问题的核心正是要仔细地估计具体的政治形势。"普列汉诺夫"完全暴露自己思想贫乏,不善于说明和估计俄国革命中最重要、事变最多的一个时代",不善于"估计所有这些客观方面和主观方面的复杂事实"③。

---

① 《列宁全集》,第10卷,第451页。
② 同上书,第11卷,第158页。
③ 同上书,第11卷,第123—126页。

（4）"普列汉诺夫同志的错误在于,他对俄国资产阶级民主派采取了完全非历史的观点。普列汉诺夫忘记了,随着革命的进展,这个资产阶级民主派的各个阶层的地位是要发生变化的。革命愈高涨,资产阶级中最不革命的阶层脱离革命也就愈加迅速。"①"为了贯彻我们的纲领和发展我们的纲领,我们应当另行规定革命的当前的具体任务。昨天足够的东西,今天已经不够了。昨天,先进的民主口号——要求承认革命,也许是足够的。现在它已经不够了。革命甚至已经迫使司徒卢威先生对它表示承认。……现在,我们应当向无产阶级和全体人民表明革命这个口号是不够的,表明我们必须清楚而毫不含糊地、彻底而坚决地把革命的内容本身确定下来。而能够确定革命内容的就是那个唯一能够正确表明革命'彻底胜利'的口号:无产阶级和农民的革命民主专政。……在一定的发展阶段上,旧的上层建筑的毫无用处已成为尽人皆知的事实。革命已经是大家都承认的了。现在的任务是确定究竟由哪些阶级和用什么样的方式来建造新的上层建筑。要确定这一点,革命这一口号在目前就是一个空洞的毫无内容的口号。"②

我们在本书第一章中曾经强调,普列汉诺夫之所以陷入机会主义,从主观方面的原因说,主要是脱离实际。这个结论通过上面一系列对列宁著作的引证可以进一步得到证明。只要把1903年11月到1914年上半年这段时期列宁和普列汉诺夫的政论著作略加对比,就不难发现,普列汉诺夫对俄国的实际情况多么生疏、多么隔膜,而列宁对俄国当时的政治状况经济状况分析得又多么具体、深入。

现在要说明的是列宁在这个时期对普列汉诺夫的政论的批判同他在《哲学笔记》提出辩证法十六要素以及对普列汉诺夫哲学错误的批判

---

① 《列宁全集》,第10卷,第438页。
② 同上书,第9卷,第112、113页。

的关系。任何一个细心的读者都会看出上述引文(当然远远不止这些引文)同十六要素中构成辩证法基础的前三条的内在逻辑联系。这三条概括起来总的精神是：不带任何主观随意性地、如实地反映客观事物多种多样关系的全部总和及其发展。我们在前面第二章中已经论证列宁在这三条要素方面如何继承了普列汉诺夫的思想，这里又看到列宁是如何通过批判普列汉诺夫的错误而向前发展了辩证法思想的。所以，如果我们把这三条看成是列宁和普列汉诺夫之间"青蓝关系"的体现，大概不能认为没有根据吧。而且不止头三条如此，甚至可以说，几乎整个十六条都可以看成是列宁对普列汉诺夫十年机会主义的批判的哲学总结。

就拿第六条和第十四条同《进一步，退两步》中的一段分析对比吧。列宁在概括了当时党内斗争的主要阶段以后写道："每个阶段都有其根本不同的斗争形势和特殊的直接攻击目标，每个阶段都可以说是一个总的战役中的个别战斗。不研究每个战斗的具体情况，就丝毫不能了解我们的斗争。我们把这一点研究清楚以后，就会明显地看出，发展过程确实是按照辩证法的道路、矛盾的道路行进的：少数变成多数，多数变成少数；各方时而转守为攻，时而转攻为守；思想斗争的出发点(党章第一条)'被否定'，让位给充斥于一切的无谓争吵，但以后就开始'否定的否定'，我们既然在各占一个中央机关的情况下勉强'同房共居'，就又回到纯思想斗争的出发点上来了；但是这个'正题'已由'反题'的一切成果所充实，并变成了最高的'综合'：这时对于党章第一条问题的单独的偶然的错误，已经发展成了对于组织问题的机会主义观点的所谓体系；这时这个现象同我们党的分成革命派和机会主义派的根本划分的联系，愈来愈清晰地呈现在大家的面前。总而言之，不仅燕麦苗是按黑格尔的规律生长的，就是俄国社会民主党人彼此之间的斗争也是按黑格尔的规律进行的。"[①]然而普列汉诺夫却不理解这个

---

① 《列宁全集》，第 7 卷，第 406—407 页。

活生生的辩证规律。

反过来也可以这样说,研究列宁对普列汉诺夫后期政论的批判大大地有助于我们深化对于十六条以及对于《哲学笔记》中其他原理(包括对普列汉诺夫的批判)的理解。这一点表现在形式和内容之间的辩证关系即第十五条上最为突出。

第二章我们说过,在这个问题上列宁曾经继承普列汉诺夫的思想。现在我们要补充说,也正是在这个问题上列宁又批判了普列汉诺夫的缺点和错误(至少是表现于政论中的缺点、错误),并且进一步发展了马克思主义关于形式和内容的学说。列宁写道:"每个马克思主义者对于考察斗争形式问题,应当提出些什么基本要求呢?第一,马克思主义同一切原始形式的社会主义不同,它不把运动限于某一种斗争形式。它承认各种各样的斗争形式,并且不是'凭空想出'这些形式,只是对运动进程中自然发生的革命阶级的斗争形式加以综合、组织,并使其带有自觉性。马克思主义根本反对一切抽象公式、一切教条方法,而要求细心看待目前正在进行的群众斗争,因为群众斗争随着运动的发展,随着群众觉悟的提高,随着经济政治危机的加剧,就会产生越来越新和越来越多的防御和攻击的方式。因此,马克思主义决不拒绝任何一种斗争形式。马克思主义决不限于只是在某一时期可能实行的斗争形式,同时认为随着一定社会局面的变化必然会出现为这个时期的活动家所不知道的新的斗争形式。马克思主义在这方面,可以说是向群众的实践学习的,决不奢望用书斋里的'分类学家'凭空捏造的斗争形式来教导群众。……第二,马克思主义要求我们一定要用历史的态度来考察斗争形式问题。脱离历史的具体环境来提这个问题,就等于不懂得辩证唯物主义的起码要求。在经济演进的各个不同时期,由于政治、民族文化、风俗习惯等等条件各不相同,也就不免有各种不同的斗争形式提到第一位,成为主要的斗争形式,而各种次要的附带的斗争形式,也就随之发生变化。不详细考察某个运动在它的某一发展阶段的具体环境,要想对一定的斗争手段问题作肯定或否定的回答,就等于完全抛弃了马克思主义的立脚点。这就是我们应当遵守的两个基本理论原则。"①列宁的这一长段精彩论述,难道不是对普列汉诺夫关于内容和形式的辩证思想的补充和发展,同时又是对他的政治错误所进行的一系列批判的某种总结么?

我国和苏联研究列宁《哲学笔记》的许多专家,一般都只强调列宁的这部虽未完成然而思想极为深刻和丰富的著作与同一时期所写的一切著作(如《帝国主义论》、《社会主义与战争》等等)之间不可分割的联系(这当然是正确的、必要的),却很少有人把这部《哲学笔记》同前期政论结合起来研究,特别是把它同列宁对普列汉诺夫1903年11月到1914年8月这段时期的政论的批判结合起来研究。就是说很少人认真地把《哲学笔记》的产生看成是列宁以往长期实践经验的理论总结,并且系统加以阐述。例如《列宁全集》俄文第4、5版中《哲学笔记》卷的编者序就完全忽视了这个事实。这种现象是令人遗憾的。因为它既不利于列宁哲学思想的研究,也会妨碍对普列汉诺夫哲学功过的正确评价。包括米丁派在内的过去普列汉诺夫研究的主要缺点之一就是:对他的哲学错误和政治错误之间的联系没有正确的认识。一方面是该联系的不联系,另一方面是不该联系的乱联系。就前一方面说,大概没有比个别和一般的关系问题更为典型的了。

大家知道,《谈谈辩证法问题》中有这样一段名言:"对立面(个别跟一般相对立)是同一的:个别一定与一般相联而存在。一般只能在个别中存在,只能通过个别而存在。任何个别(不论怎样)都是一般。任何一般都是个别的(一部分,或一方面,或本质)。任何一般只是大

---

① 《列宁全集》,第11卷,第196—197页。

致地包括一切个别事物。任何个别都不能完全地包括在一般之中,如此等等。任何个别经过千万次的转化而与另一类的个别(事物、现象、过程)相联系,如此等等。"奇怪的是,评述普列汉诺夫哲学错误的几乎一切著作都没有提到这个问题,都没有指出他的后期政论充分表现了对个别与一般的这些关系的背离或不理解。同样,研究列宁这篇短文的著作也没有利用列宁前期政论中这方面极为丰富、深刻的论述进行历史的诠释和对比的研究。其实这里是大有文章可做的。因为普列汉诺夫在孟什维主义时期的主要或根本的错误就在于不断地混淆一般的资产阶级革命和当时俄国的资产阶级革命、一般的资产阶级和各种色彩的资产阶级、一般议会和俄国杜马、一般无产阶级专政和工农民主专政、近代西方的农民和俄国的农民、一般的民主派和不同类型的民主派、党在整个资产阶级民主革命时期的一般任务和党在特定历史时刻的具体的特殊的任务、一般民粹主义的特征和不同历史时期的民粹主义的特征……等等。这方面的材料是如此众多、明显、具体和深刻,完全应该充分地利用起来。要知道《谈谈辩证法问题》在这个问题上的上述观点同这些材料的关系恰恰就是一般与个别的关系。既然"任何一般只是大致地包括一切个别事物。任何个别都不能完全地包括在一般之中",所以忽视这些"个别"材料对于阐发列宁的这个"一般"思想无疑是一大损失,何况还有一个列宁思想的历史发展问题。下面,只限于摘引两段具有特征意义的话作为证据,因为和其他这类问题一样,目前还来不及对这个问题进行全面深入细致的分析。

(1)"俄国社会民主党的土地纲领是无产阶级在以消灭农奴制残余、消灭我国土地制度一切中世纪成分为目的的农民革命中的纲领。我们看到,孟什维克在理论上也承认这个原理(见普列汉诺夫在斯德哥尔摩代表大会上的发言)。但是孟什维克完全没有思索过这一原理,没有看到这一原理同社会民主党在俄国资产阶级革命中所采取的一般原则有不可分割的联系。这种不假思索的态度在普列汉诺夫的著作中恰恰表现得最明显。在全部社会经济带有资本主义性质的条件下,任何反对中世纪制度的农民革命都是资产阶级革命。但是并非一切资产阶级革命都是农民革命。如果在一个农业已经完全按资本主义方式组织起来的国家里,农业资本家在雇佣工人的帮助下实现了土地革命,譬如说消灭了土地私有制,这就是资产阶级革命,但并不是农民革命。如果在一个土地制度已经同一般资本主义经济密切结合起来,不消灭资本主义就不能消灭这种土地制度的国家里发生了革命,譬如说工业资产阶级代替专制官僚掌握了政权,这就是资产阶级革命,但并不是农民革命。换句话说,可能有一种没有农民人口的资产阶级国家,也可能在这种国家里发生的没有农民参加的资产阶级革命。但是在农民人口很多的国家中也可能发生不是农民革命的资产阶级革命,就是说它并不把只同农民有关的土地关系革命化,并不把农民列为比较积极的、创造革命的社会力量。由此可见,马克思主义关于'资产阶级革命'的一般概念所包含的某些原理无疑适用于资本主义正在发展的国家所发生的任何农民革命,但是这个一般的概念丝毫没有说明,某一国家发生的资产阶级革命是否一定要(就客观必要性来说)成为农民革命才能获得完全的胜利。普列汉诺夫及其追随者孟什维克在俄国革命第一个时期(即1905—1907年)所采取的全部策略路线,其错误的根本原因就在于,他们完全没有了解一般资产阶级革命和农民资产阶级革命之间的这种相互关系。……普列汉诺夫不了解农民资产阶级革命同非农民资产阶级革命有什么区别。……普列汉诺夫不了解资产阶级在农民资产阶级革命中的反革命性。……这个革命要取得胜利,一般的、基本的阶级条件就是实行无产阶级和农民的民主专政。……由此可见,普列汉诺夫根本弄不清楚,在只有作为农民革命才能获得胜利的资产阶级革命中,社会民主党总的策略基础究竟是什么。"①

(2)普列汉诺夫一方面认为立宪民主党关于全权杜马的概念是错误的,另一方面又断言"立宪民主党和社会民主党都需要有全权的杜马",这显然自相矛盾。"说两个不同的政党需要同一个东西,而对这个东西又有不同的理解,这简直就是用空洞的遁词来掩盖谬论! 也就是说,并不是同一个东西。任何人都能指出普列汉诺夫的不合逻辑的地方。也许可以把君主政体和民主共和国都叫作"a",然后说,不同的政党都可以任意用不同的数值代入这个一般的代数式。这纯粹是普列汉诺夫的逻辑,或者确切些说,是普列汉诺夫的诡辩术。"②

说到诡辩,同样应当把《哲学笔记》中的一般哲学结论同此前列宁对普列汉诺夫政论中表现出来的种种诡辩的批判联系起来考察。例如拿《列宁全集》第 10 卷第 299、328—329 页,第 15 卷第 146—147、256—258 页等等上对普列汉诺夫的诡辩的批判同《列宁全集》第 38 卷(即《哲学笔记》)第 108、112、153、408 页上关于诡辩的本质、关于诡辩与辩证法的区别的言论比较一下,我们也会得到同样的结论:后者是前者的理论概括和哲学升华。不过这里跟上面几个问题有一个差别,就是1914 年以前列宁对普列汉诺夫政论中诡辩的批判带有更浓厚的经验色彩。这一点只要比较一下列宁 1914 年以后同类性质的批判就可以明显地看出来。例如:

1908 年 11 月列宁在《普列汉诺夫这伙人怎样维护修正主义》一文中写道:普列汉诺夫"用极不体面的诡辩方法"硬说马斯洛夫在经济理论上没有修正马克思主义。因为修正主义的特点是修正

---

① 《列宁全集》,第 13 卷,第 327—331 页。
② 同上书,第 11 卷,第 318—319 页。

马克思主义的基本原理,而马斯洛夫修正的只是"局部问题",马斯洛夫同马克思只有"局部的分歧"。普列汉诺夫的诡辩手法就在于:第一,小心翼翼地只谈地租问题,而撇开其他的理论问题,例如修改马克思关于土地肥力递减规律全属无稽这样一个马克思经济学说在土地问题方面的基本原理;第二,把绝对地租当作局部问题拿来同母权制起源问题相提并论。(《列宁全集》,第15卷,第256—258页)

1914年9—12月列宁在《黑格尔"逻辑学"一书摘要》中指出,诡辩的本质在于主观地应用对立面统一的灵活性。与此相反,辩证法则是客观地应用这种灵活性,即反映物质过程的全面性及其统一的灵活性。因为任何事物都具有"许多""内容的规定、关系和见解",可以提出许多赞同和反对的论据。这样的论据没有包括事物的全貌,没有穷尽事物,即没有把握事物的一切联系和包括事物的一切方面。这就是诡辩的本质特征。(《列宁全集》,第38卷,第112、153页)

1915年5—6月,列宁在《第二国际的破产》中写道:"在用诡辩术偷换辩证法的这一崇高事业中,普列汉诺夫真是创了新纪录。诡辩家抓住'论据'之中的一个,但是黑格尔说得很对,人们完全可以替宇宙万物找出'论据'。辩证法要求从发展中去全面研究某个社会现象,要求把外部的表面的东西归结于基本的动力,归结于生产力的发展和阶级斗争。普列汉诺夫抓住德国社会民主党刊物上的一句话:德国人自己在战前就承认奥地利和德国是祸首——这就够了。至于俄国社会党人屡次揭穿沙皇对加里西亚、阿尔明尼亚等地的侵略计划,普列汉诺夫却只字不提。哪怕是最近三十年来的经济史和外交史,他一点不打算涉及,而这段历史确凿地证明,侵占殖民地,掠夺别国的领土,排挤更有成绩的竞争者并使其破产,正是目前交战列强集团双方政策的轴心。"(《列宁全集》,第 21 卷,第 194 页)

显然,和 1908 年单纯的就事论事式的批判不同,列宁在 1914 年以后对普列汉诺夫诡辩术的这些批判乃是深刻的哲学分析和丰富的实际材料之间高度结合的表现。它不仅揭示了诡辩术不同于真正的辩证法的本质特征,而且概括了"普列汉诺夫式的辩证法"(即诡辩术)的两种主要形式:"离开事件的内部联系而抓住事件的表面相似之处"和"引用一些分明与实际情况根本不符的例子来作证"①。特别值得注意的是,《列宁全集》第 21 卷以后对诡辩术的批判总数虽然至少有三十多处,而提到这样的哲学高度进行分析的却只有上面引证的关于普列汉诺夫的这几个地方。

在对普列汉诺夫式的"实例的总和"的批判方面也有类似的情况。这个问题我们将另文说明。② 总之,通过对列宁不同时期这方面的政论著作的对比分析,将有助于看清列宁哲学思想发展的跨度,有助于了解普列汉诺夫后期政论在列宁哲学思想发展中所起的、诚然是否定意义上的某种决定作用。对此,苏联一些学者从不同的角度或多或少地进行过研究。例如恰金著的《列宁为发展马克思主义哲学的斗争史论丛》(1959 年)、库尔桑诺夫主编的《马克思主义辩证法史·列宁主义阶段》(1973 年)等等。但是似乎还没有系统论述这个问题的专著。我

---

① 《列宁全集》,第 21 卷,第 99、196 页。
② 参见《普列汉诺夫与"实例的总和"》(载《马列主义研究资料》1983 年第 1 辑)、《再论普列汉诺夫与"实例的总和"》(载《南京大学学报》1988 年第 2 期)。

们认为,这个问题是很值得认真论述的。

以上我们最一般地考察了列宁唯物辩证法思想的发展和他对普列汉诺夫后期政论的批判之间的关系。下面还要简略地谈谈这种后期政论与历史唯物主义之间的关系。

普列汉诺夫的孟什维主义政治观点当然也不能不反映在他的历史唯物主义理论上。但是这种反映同样往往不是直接的。而且这种错误的政治观点也只是同历史唯物主义理论中某些与革命实践直接相关的问题(例如关于革命和阶级斗争,关于主观因素在革命中的重大作用,关于社会存在决定社会意识的问题等等)有联系。有些人热衷于伪造这两者之间的联系,例如硬说普列汉诺夫的什么"地理环境决定论"同他的孟什维主义有密切联系,这显然是错误的。

和前面一样,这里我们也只限于引证列宁的几段话,以表示在哪些问题上存在着这种联系,暂时不准备对这些联系作进一步的考察。

关于革命。普列汉诺夫在议论杜马内阁时主张"必须选择,在目前的祸害和对这种祸害作极微小纠正之间进行选择,因为不满意现有祸害的人极大多数都赞成作'极微小的'纠正。做到了这种小事情,我们就易于争取做大事情了。……所有这些机会主义的议论的基本错误在哪里呢?在于它们实际上是用资产阶级的'共同的''社会'进步的理论来代替阶级斗争是历史唯一的实际动力这个社会主义的理论。根据马克思主义的学说,历史的真正动力是阶级之间的革命斗争;改良是这种斗争的副产品"①。

关于阶级斗争。包括普列汉诺夫在内的"孟什维克的错误在于:他们完全没有说明,甚至显然完全忘记了反对立宪幻想这样一个政治任务,这是觉悟的社会民主主义无产阶级在当前的主要政治任务。

---

① 《列宁全集》,第11卷,第55、57页。

社会主义无产阶级是严守阶级观点的,是不断地用历史的唯物主义的观点估计时局的"①。由于普列汉诺夫不同在议会还软弱无力的时候就散布立宪幻想的自由资产阶级作斗争,反而认为议会斗争是当时斗争的主要形式,指责武装起义,力图在资产阶级民主革命时期缓和革命人民和专制制度之间的矛盾,所以列宁说他"执行的是自由资产阶级的工人政策","宣扬的是机会主义的阶级调和论"。

关于历史发展中的主观因素。普列汉诺夫完全没有"从马克思身上学到怎样来估计俄国工人和农民群众在1905年10月和12月所表现的历史主动性"。马克思在巴黎起义群众已开始了"决心冲天的"运动时向群众说:"本来是应该立刻向凡尔赛进军的"。普列汉诺夫则在1905年12月俄国工农群众必须用武力抵抗敌人对已经争得的自由发起进攻的时候对群众说:"本来是不需要动用武器的"。"马克思……懂得,谁想事先绝对确切地估计胜利的机会,谁就是有意欺骗,或是迂腐到不可救药。他最重视的是工人阶级奋不顾身积极创造世界历史的行动。马克思观察世界历史,是从正在创造历史,但无法事先绝对准确地估计胜利机会的那些人们的观点出发的,而不是从瞎说'本来容易预察到……本来是不需要动用……'等等的庸俗知识分子的观点出发的。同时,马克思能够理解到历史上常有这种情形,即群众进行的殊死斗争甚至是为了一件没有胜利希望的事业,但对于进一步教育这些群众,对于训练这些群众去作下一次斗争却是必需的。"②

关于社会存在对社会意识的决定作用。俄国整个资产阶级民主革命的基本问题、决定这个革命成败的基本问题,是俄国资本主义发

---

① 《列宁全集》,第10卷,第241页。
② 同上书,第12卷,第102—104页。

展究竟采取什么形式:是普鲁士式,即有利于大地主大资产阶级的形式呢？还是美国式,即有利于广大工农群众的形式？因此,如何对待反对农奴制的广大农民及其理论代表民粹派的问题便具有极为重要的意义。"民粹派理论的实质就是两个'原则':'劳动原则'和'平均制'。……这些原则通过模糊的形式确实地反映了当前历史时期某种现实的和进步的东西,即反映了反对农奴制大地产的殊死斗争。"普列汉诺夫的错误在于"正确地批判这种落后的、反动的小资产阶级社会主义"时"忘记了这种理论反映着先进的、革命的小资产阶级民主主义,忘记了这种理论是同农奴制旧俄国作最坚决斗争的旗帜。"①普列汉诺夫的这个根本性的错误表现在一系列的问题上,例如表现在对待车尔尼雪夫斯基的态度上,②表现在对待社会革命党人的态度上,③等等。

以上我们只列举了四个方面的个别例子,说明普列汉诺夫的政治错误同他的历史唯物主义观点的局限性的内在联系。当然,实际上并不限于这四个方面。如果像米丁等人所断言的那样,列宁指出了他"在历史唯物主义一系列问题上犯了错误"的话,那么那些问题就是以上所说的,而不是什么"地理环境"、"社会心理"等等在《列宁全集》中一点影子也找不到的那些所谓"问题"。

（八）

最后,我们对本章作一个总结。

---

① 《列宁全集》,第13卷,第216、217页。
② 同上书,第38卷,第611、595等页。
③ 同上书,第15卷,第313—314页。

列宁和普列汉诺夫之间,在哲学领域(以及其他一些领域)中存在着"青出于蓝而胜于蓝"的关系。列宁哲学思想的发展,从与普列汉诺夫著作的关系看,可以分为两大阶段。第一阶段是向普列汉诺夫学习的阶段,或者说是"青出于蓝"的阶段。第二阶段是批判普列汉诺夫的缺点错误,进一步发展马克思主义哲学的阶段,即"青胜于蓝"的阶段。两个阶段以1908年初为界。

再具体一点说,列宁哲学思想的发展可以分为四个时期。(1)列宁的马克思主义哲学思想的形成和成熟的时期——十九世纪八十年代末到1900年。(2)巩固时期,或者说向前一步发展马克思主义哲学思想的酝酿时期——1900年到1908年。(3)第一次发展时期——1908年到1914年中,代表作是《唯物主义和经验批判主义》。主要是发展了马克思主义的认识论。(4)第二次发展时期——1914年年中以后。代表作是《哲学笔记》。主要是发展了马克思主义的辩证法。

如果从列宁对待党内哲学斗争(即普列汉诺夫同他的论敌的斗争)的态度看,上述第一时期又可称为积极观战时期,第二时期可称为部分参战时期,第三、四时期可称为全面参战,成为斗争主力的时期。

总之,对于列宁哲学思想的发展来说,无论从肯定方面还是否定方面,普列汉诺夫都是一个必须联系起来加以考察的、承先启后的、不可或缺的关键人物。1908年以前,列宁对普列汉诺夫的哲学思想基本上是继承,但也有批判、发展,特别是1903年以后。继承的内容,概括说来有以下三个方面:(1)普列汉诺夫论证了马克思主义是一个完整的有机的体系,它有自己的哲学即辩证唯物主义作为理论基础,而不需要从任何别的哲学家那里借用哲学;(2)他阐释了辩证唯物主义和历史唯物主义的各种基本原理;(3)他说明了马克思哲学对无产阶级革命实践的巨大意义。而从 1908 年初开始，列宁对普列汉诺夫哲学的批判、发展则占了主导的地位。不过在某些领域（如唯物史观及其理论源泉，如宗教批判等等）仍有明显的继承。

  这就是我们对列宁哲学思想发展过程的总的看法，这就是我们对列宁哲学思想的发展同普列汉诺夫著作之间的一般关系的总的看法。

结 束 语

我们在前言中曾经指出,恰金、约夫楚克等人于二十世纪六十一—七十年代在普列汉诺夫哲学研究方面取得了哪些重大的成就和存在哪些缺点,本书就是在他们已有成就的基础上,带着试图克服那些缺点的愿望而写作的。

在我国,对普列汉诺夫哲学思想的系统研究严格说来是粉碎"四人帮"以后的事情。1984年河北人民出版社出版了李清崑、王秀芳合著的《普列汉诺夫与唯物史观》,这是中国人自己写的第一部这方面的专著。随后1985年人民大学出版社出版了高放、高敬增的《普列汉诺夫评传》。我们这个《新论》算是第三本。连续几年出版三部研究普列汉诺夫的专著,的确是可喜的收获。

另一方面,就本书来说,我们深感研究只是刚刚起步。苏联所发表的有关原始资料和研究成果,有许多我们都没有看到,至于东南欧、西方和日本的材料,所知就更少了。而不了解这些东西,就很难对普列汉诺夫的研究情况有全面的了解。就是手头这些有限的材料,我们也远未充分利用起来。最明显的例子是普列汉诺夫关于俄国哲学史的大量论述在本书中就完全处于视野之外。不仅如此,我们所考察的各个领域,无论是辩证法、唯物论、认识论、方法论,还是哲学史、美学、宗教论、伦理学,乃至本书作者自认为分析得最详细、最具体的唯物史观,仍然有意无意地存在着程度不等的疏漏现象。造成这种现象的原因是多方面的,其中原因之一就是本书的写作延续四年之久,其间计划迭经改变。开始北京出版社向我约稿时,要求写成一本大约二十万字、基本上作正面叙述的中级读物。所以最初写成的"宗教论"、"伦理学"等章就是按这个要求办的。后来我的想法逐渐有了变化,不仅越写越长,而且越来越"沉湎"于论战。这样由三十万字的篇幅突破到四十万字,以后竟达到五十七八万字以上。尽管全书的基本结构一开始就定妥了,但是先写哪一章后写哪一章却是任意的。这就造成各章比例不甚协调。最后写的"列宁和普列汉诺夫"、"美学"两章则是匆匆草成的。本来至少应该对开初写的几章作些必要的修改和补充,也由于时间紧迫而作罢。

我们提出了全面系统地对列宁和普列汉诺夫进行具体细致的对比研究的任务,但结果只能说是多少向前走了几步,达到令人满意的程度还远得很。至于普列汉诺夫著作同马克思、恩格斯著作的对比研究就做得更差劲了。此外,为了更准确地衡量普列汉诺夫哲学思想的历史分量和理论功过,拿它们同第二国际其他理论家的思想(例如同梅林、拉法格、考茨基、安·拉布里奥等人的著作),乃至同后来的某些哲学家(例如卢那察尔斯基、德波林、布哈林等等)作一番比较,也是必不可少的或有益的。在这方面我们不是才刚刚起步,就是什么都没有来得及做。不过据初步了解,苏联学者对此似乎也并没有什么可观的成就。可见,普列汉诺夫哲学思想的研究还有许许多多的工作要做。

所有这些不足,以及其他难免存在着的缺点错误,但愿将来有机会再作某种补正。为此,作者诚恳地希望得到读者的帮助。

参考文献

一、马克思、恩格斯、列宁著作

《马克思恩格斯全集》,第1—44、46、47、49卷,人民出版社版。
《列宁全集》,第1—39卷,人民出版社版。
《列宁文稿》,第1—10卷,人民出版社版。
列宁:《马克思和恩格斯通信集(1844—1883年)》提要,人民出版社1982年版。
巴比塞等编:《列宁家书集》,三联书店1950年版。

二、普氏著作

1. 俄文

《普列汉诺夫全集》,第1—24卷,1923—1927年俄文版。
《普列汉诺夫遗著》,第2、3、4、5、7卷,第8卷第1分册,1934—1940年俄文版。
《普列汉诺夫哲学遗著》,第1—3卷,1973—1974年俄文版。
普列汉诺夫:《艺术和文学》,1948年俄文版。
普列汉诺夫:《文学和美学》,第1—2卷,1958年俄文版。
普列汉诺夫:《美学和艺术社会学》,第1—2卷,1978年俄文版。
普列汉诺夫:《论宗教和教会》,1957年俄文版。
《普列汉诺夫书信二十五封》、《普列汉诺夫夫人回忆录选登》,载〔苏联〕《历史档案》1956年第6期。

2. 中译文

《普列汉诺夫哲学著作选集》，第1—5卷，三联书店1959—1984年版。
普列汉诺夫：《无政府主义和社会主义》，三联书店1980年版。
普列汉诺夫：《工团主义和社会主义》，人民出版社1984年版。
普列汉诺夫：《尼·加·车尔尼雪夫斯基》，上海译文出版社1981年版。
《普列汉诺夫机会主义文选》，上、下卷，三联书店1964—1965年版。
普列汉诺夫：《论战争》，三联书店1962年版。
普列汉诺夫：《在祖国的一年》，三联书店1980年版。
普列汉诺夫：《俄国社会思想史》，上、中册，商务印书馆1937年版。
普列汉诺夫：《论西欧文学》，人民文学出版社1957年版。
《普列汉诺夫美学论文选》，陕西人民出版社1983年版。
普列汉诺夫：《让·雅克·卢梭和他的人类不平等起源的学说》，载卢梭：《论人类不平等的起源和基础》，商务印书馆1962年版。
普列汉诺夫：《奥古斯丹·梯叶里和唯物史观》，载《马列主义研究资料》1982年第2辑。
普列汉诺夫致列宁书信四十八封，载《马列著作编译资料》1981年第18辑和《马列主义研究资料》1982年第1、2、3、6辑，1983年第1辑。
普列汉诺夫：《俄国社会民主主义运动初步》，载《马列主义研究资料》1983年第3辑。
普列汉诺夫：《拉萨尔评传》，载《马列著作编译资料》第12—13辑。
普列汉诺夫：《评列·伊·梅奇尼柯夫的书》，载《教学与研究》1982年第4期。
普列汉诺夫：《别林斯基的百年纪念》、《法国的戏剧文学和法国的图画》、《唯物史观的艺术论》，载《瞿秋白文集》，第2卷，人民文学出版社1954年版。
普列汉诺夫：《关于出版"现代社会主义丛书"问题》、《关于出版"工人丛书"问题》、《纪念"劳动解放社"成立三十周年（致纽约党组织的信）》，载《世界历史》1983年第5期。
普列汉诺夫：《论文集〈二十年间〉第三版序》，载《鲁迅全集》，第17卷，人民文学出版社版。

三、苏联学者对普列汉诺夫的研究

恰金：《普列汉诺夫及其在发展马克思主义哲学中的作用》，1963年俄文版。

恰金:《普列汉诺夫对马克思主义一般社会学理论的分析》,1977年俄文版。
恰金、库尔巴托娃:《普列汉诺夫评传》,1973年俄文版。
《苏联哲学史》,第3卷第22章、第4卷第8章,1968年、1971年俄文版。
约夫楚克:《普列汉诺夫及其哲学史著作》,1960年俄文版。
西多罗夫:《普列汉诺夫是马克思主义杰出的理论家——纪念一百周年诞辰》,1956年俄文版。
西多罗夫:《普列汉诺夫和十九世纪俄国革命民主主义思想史问题》,1957年俄文版。
丘马钦柯:《普列汉诺夫是卓越的马克思主义理论家和宣传家》,1960年俄文版。
沃尔夫逊:《普列汉诺夫》,1925年俄文版。
柳·依·阿克雪里罗得:《反对唯心主义(对某些唯心主义哲学思想流派的批判)》,1922年俄文版。
柳·依·阿克雪里罗得:《哲学概论》,1925年俄文版。
费·雅·波良斯基:《普列汉诺夫和俄国经济思想》,1965年俄文版。
依·莫·勃罗维尔:《普列汉诺夫的经济观点》,1960年俄文版。
米·利夫席茨:《普列汉诺夫》,1983年俄文版。
德·切尔卡申:《普列汉诺夫的美学观点》,1959年俄文版。
彼·斯·法捷也夫:《第一批俄国马克思主义者》,1983年俄文版。
捷依奇:《普列汉诺夫传记材料》,第1册"从民粹主义到马克思主义",1920年俄文版。(主要部分的中译文见《国际共运史研究资料》,第4、9、10辑,人民出版社1982年、1983年版。)
尤·阿尔查也夫:《普列汉诺夫(1857—1918)——生平概述》,载普列汉诺夫:《在祖国的一年》,第1卷,1921年巴黎俄文版。
丘马钦柯:《普列汉诺夫生平剪影》,载〔苏联〕《历史问题》1968年第5—7期。
Ю.З.波列沃依:《马克思主义在俄国的诞生》,1959年俄文版。
Г.茹可夫:《劳动解放社》,1962年俄文版。
库尔巴托娃:《马克思主义在俄国传播的开始》,1983年俄文版。
巴·波·阿克雪里罗得:《往事回忆录》,1923年柏林俄文版。
康斯坦丁诺夫主编:《苏联哲学百科全书》,第1—5卷,1960—1970年俄文版(其中第1卷已由上海译文出版社编译出版)。
《苏联大百科全书》,第3版第20卷("普列汉诺夫"条),1975年俄文版。
《苏联哲学百科辞典》("普列汉诺夫"条),1983年俄文版。

И. В. 布劳别尔格、И. К. 潘清：《简明哲学辞典》，1982 年俄文版。

恰金：《列宁为发展马克思主义哲学而斗争的历史概论》，1960 年俄文版。

恰金：《哲学中的马克思列宁主义党性原则》，1974 年俄文版。

恰金、克鲁申：《二十年代苏联保卫历史唯物主义的斗争》，1975 年俄文版。

米丁：《唯物辩证法的首要问题》，1936 年俄文版。

米丁：《哲学与当代》，1960 年俄文版。

格·阿·库尔萨诺夫主编：《马克思主义辩证法史——列宁主义阶段》，1973 年俄文版。

约夫楚克：《普列汉诺夫在马克思主义哲学史中的作用》，载《十九世纪哲学思想史和社会学思想史问题》（文集），1960 年俄文版。

约夫楚克：《普列汉诺夫及其俄国哲学思想史著作》、《普列汉诺夫哲学著作选集》五卷本第 4 卷序言，1958 年俄文版。

谢尔宾娜：《普列汉诺夫的美学观点》、《普列汉诺夫哲学著作选集》五卷本第 5 卷序言，1958 年俄文版。

М. Б. 泽依纳洛夫：《普列汉诺夫捍卫唯物辩证法的斗争（1883—1903）》，载苏共中央附属社会科学院哲学史教研室主编：《哲学史论文集》，1958 年俄文版。

В. Ф. 蒲斯塔尔纳柯夫：《普列汉诺夫和黑格尔辩证法》，载《黑格尔和俄国哲学》（文集），1974 年俄文版。

库尔巴托娃：《普列汉诺夫的档案材料》，载〔苏联〕《哲学问题》1964 年第 2 期。

И. И. 切尔卡索夫：《谈谈在阐明普列汉诺夫哲学观点时的若干错误》，载〔苏联〕《哲学问题》1957 年第 1 期。

西多罗夫：《普列汉诺夫对历史唯物主义的分析》，载〔苏联〕《哲学问题》1956 年第 6 期。

西多罗夫：《关于普列汉诺夫的哲学遗产》，载〔苏联〕《共产党人》1956 年第 6 期。

特卡钦科：《论普列汉诺夫对马克思恩格斯哲学演化的评价》，载〔苏联〕《哲学问题》1959 年第 6 期。

Ю. З. 波列沃依：《普列汉诺夫的历史观点》，载〔苏联〕《历史问题》1954 年第 8 期。

В. А. 斯米尔诺娃：《国际社会主义运动（1883—1900）中的普列汉诺夫》，载〔苏联〕《历史问题》1956 年第 12 期。

柯斯京、西多罗夫：《关于俄国第一批马克思主义组织的专著》，载〔苏联〕《共产党人》1960 年第 18 期。

特拉帕兹尼柯夫：《苏联历史科学及其发展的前景》，载〔苏联〕《共产党人》1973

年第 11 期。
М. Г. 雅罗舍夫斯基:《普列汉诺夫和谢切诺夫》,载〔苏联〕《哲学问题》1956 年第 6 期。
约夫楚克、库尔巴托娃:《普列汉诺夫传》,三联书店 1980 年版。
敦尼克、约夫楚克、凯德洛夫、米丁、奥伊捷尔曼、奥库洛夫主编:《哲学史》,第 4 卷第二章,第 5 卷第五章,三联书店 1964 年、1976 年版。
福米娜:《普列汉诺夫的哲学观点》,三联书店 1957 年版。
福米娜:《普列汉诺夫哲学遗产》,上海人民出版社 1957 年版。
《苏联共产党历史》,人民出版社 1960 年版。
约夫楚克:《普列汉诺夫著作中的哲学史问题》,载《哲学译丛》1958 年第 3 期。
西多罗夫:《论普列汉诺夫在政治上和哲学上的演化》,载《哲学译丛》1956 年第 3 期。
奥库洛夫:《普列汉诺夫反对新康德主义修正主义的斗争》,载《哲学译丛》1957 年第 4 期。
福米娜:《普列汉诺夫对唯物辩证法问题的研究》,载《哲学译丛》1957 年第 6 期。
福米娜:《普列汉诺夫在俄国传播马克思主义哲学的作用》,载《俄国哲学史论文集》,三联书店 1957 年版。
福米娜:《普列汉诺夫——俄罗斯人民杰出思想家》,载《人民日报》,1956 年 12 月 11 日。
谢尔宾娜:《普列汉诺夫的美学思想》,载《哲学译丛》1957 年第 4 期。
柯兹优拉:《普列汉诺夫的美学观点》,载《文史哲》1955 年第 12 期。
叶戈罗夫:《纪念俄国第一个马克思主义组织——"劳动解放社"建立一百周年》,载《马克思主义研究书讯》1984 年第 6 期。
《普列汉诺夫在马克思主义哲学史中的地位》,译自苏联《马克思主义哲学史教程》,载《马克思主义研究参考资料》1984 年第 19 期。
(附西方学者对普列汉诺夫的研究:)
巴朗:《普列汉诺夫——俄国马克思主义之父》1963 年英文版。
亚伯拉罕·阿舍尔:《巴·阿克雪里罗德和孟什维主义的发展》,1972 年英文版。

四、中国学者对普列汉诺夫的研究

《辞海》,"普列汉诺夫"条,上海辞书出版社 1979 年版。

李清崑、王秀芳:《普列汉诺夫与唯物史观》,河北人民出版社1984年版。
高放、高敬增:《普列汉诺夫评传》,中国人民大学出版社1985年版。
陈启能:《普列汉诺夫》,商务印书馆1981年版。
胡秋原编:《唯物史观艺术论——普列汉诺夫及其艺术理论之研究》,神州国光社1932年版。
鲁迅:《普列汉诺夫〈艺术论〉译本序》,载《鲁迅全集》,第4卷,人民文学出版社1981年版。
瞿秋白:《文艺理论家的普列汉诺夫》,载《瞿秋白文集》,第2卷,人民文学出版社1954年版。
王子野:《评普列汉诺夫的〈没有地址的信〉和〈艺术与社会生活〉》,载王子野:《槐下居丛稿》,三联书店1984年版。
汪子嵩:《需要学习普列汉诺夫的哲学著作〈论一元论历史观之发展〉》,载《光明日报》,1956年12月26日。
汪子嵩:《哲学史研究的对象和目的》,载《哲学研究》1980年第1期。
黄楠森:《对马克思主义哲学史上提出的许多观点要历史地研究和评价》,载《马列主义研究资料》1982年第1期。
汝信:《普列汉诺夫论艺术与社会生活的关系》,载《人民日报》,1961年10月27日。
汝信:《普列汉诺夫论艺术与社会生活的关系》,载《西方美学史论丛续编》,上海人民出版社1983年版。
黄药眠:《试评普列汉诺夫的审美感的人性论——对普列汉诺夫文艺思想的生物学的人性论批判之一》,载《文艺理论研究》1980年第2期。
葛力:《普列汉诺夫"反对哲学中的修正主义"评价》,载《光明日报》,1957年9月15日。
杨永志:《普列汉诺夫著作简介》之一——之五,载《光明日报》,1957年6月30日、7月7日、7月14日、12月1日、12月8日。
吴江:《曾经反对过修正主义的普列汉诺夫怎样堕落成修正主义者?》,载《历史辩证法论集》,人民出版社1978年版。
王先睿:《列宁在〈谈谈辩证法问题〉中对普列汉诺夫的批评》,载《光明日报》,1963年3月8日。
高敬增:《普列汉诺夫社会沙文主义批判》,载《江海学刊》1964年第8期。
耿恭让:《试论普列汉诺夫的审美与功利关系的美学思想》,载《江汉学报》1963年第9期。

高放:《论普列汉诺夫功大于过》,载《教学与研究》1979 年第 6 期。
高放、高敬增:《普列汉诺夫功过之源》,载《武汉师范学院学报》1984 年第 4 期。
陈启能:《一个本本主义者的悲剧》,载《世界历史》1980 年第 2 期。
陈启能:《评两本普列汉诺夫传记》,载《世界历史》1980 年第 5 期。
陈启能:《普列汉诺夫论个人在历史上的作用》,载《世界历史》1981 年第 1 期。
陈启能:《普列汉诺夫临终前有没有认错?》,载《国际共运史研究资料》,第 4 辑,人民出版社 1982 年版。
周邦:《"劳动解放社"的历史地位和作用》,载《国际共运史研究资料》,第 9 辑,人民出版社 1983 年版。
余源培:《为普列汉诺夫的"象形文字说"一辩》,载《复旦学报》1981 年第 1 期。
张庆:《"象形文字"论再认识》,载《华南师院学报》1981 年第 2 期。
陈延琳:《普列汉诺夫论地理环境的作用》,载《教学与研究》1980 年第 6 期。
安延明、吴晓明:《试论普列汉诺夫关于地理环境作用的基本理论》,载《哲学研究》1980 年第 8 期。
何洛、周忠厚:《评"形象思维再续谈"》,载《文学评论》,1980 年第 5 期。
吴元迈:《普列汉诺夫论现实主义》,载《文学评论》1980 年第 5 期。
计永佑:《论普列汉诺夫的美学思想》,载《美学论丛》,第 1 辑,中国社会科学出版社 1979 年版。
张念丰:《德波林与普列汉诺夫》,载《学术研究丛刊》1982 年第 3 期。
刘梦溪:《陈伯达制造的"普列汉诺夫事件"》,载《理论动态》1978 年第 56 期。
王荫庭:《评〈辞海〉"普列汉诺夫"条》,载《光明日报》,1980 年 1 月 14 日。
王荫庭:《青出于蓝而胜于蓝——论普列汉诺夫的著作和列宁哲学思想发展的关系》,载《光明日报》,1980 年 4 月 24 日。
王荫庭:《普列汉诺夫对马克思主义地理环境学说的重大贡献》,载《哲学研究》1980 年第 10 期。
王荫庭:《普列汉诺夫哲学著作的价值及其在中国的命运》,载《读书》1982 年第 6 期。
王荫庭:《普列汉诺夫与"实例的总和"》,载《马列主义研究资料》1983 年第 1 期。

五、马克思主义哲学和马克思主义哲学史

雅可夫列夫:《思想体系》,1979 年俄文版。

В. Д. 帕雷金:《作为科学的社会心理学》,1965年俄文版。
В. Д. 帕雷金:《社会心理学》(论文集),1965年俄文版。
А. И. 戈里雅切娃、М. Г. 马卡罗夫:《社会心理学(哲学的和社会政治的分析)》,1979年俄文版。
凯德洛夫主编:《列宁论辩证法要素》,1965年俄文版。
蒙让:《保尔·拉法格和马克思主义哲学》,1978年俄文版。
С. М. 布拉约维奇:《卡尔·考茨基——他的观点的演化》,1982年俄文版。
恰金、罗任、图加林诺夫主编:《马克思列宁主义哲学》,1964年俄文版。
М. А. 布拉托夫:《列宁对德国古典哲学的分析》,1974年俄文版。
《回忆列宁》,第1卷,人民出版社1982年版。
《回忆马克思恩格斯》,人民出版社1957年版。
《智慧的明灯——回忆马克思恩格斯之四》,人民出版社1983年版。
尼·伊·拉宾:《论西方对青年马克思恩格斯的研究》,人民出版社1981年版。
康斯坦丁诺夫主编:《马克思列宁主义哲学原理》,三联书店1976年版(本书据1972年俄文版第2版译出。1980年苏联又出了第5版,文字略有改动)。
罗森塔尔主编:《马克思主义辩证法史——从马克思主义产生到列宁主义阶段之前》,人民出版社1982年版。
纳尔斯基、Ь. В. 波格丹诺夫、约夫楚克等编写:《十九世纪的马克思主义哲学》,上、下册,中国社会科学出版社1984年版。
凯德洛夫:《论恩格斯的〈自然辩证法〉》,三联书店1980年版。
凯德洛夫:《列宁〈哲学笔记〉研究》,求实出版社1984年版。
吉谢辽夫:《关于列宁的哲学笔记》三联书店1973年版。
《李达文集》,第2卷,人民出版社1981年版。
李达:《唯物辩证法大纲》,人民出版社1978年版。
艾思奇:《辩证唯物主义和历史唯物主义》,人民出版社1962年版。
肖前、李秀林、汪永祥主编:《辩证唯物主义原理》,人民出版社1981年版。
肖前、李秀林、汪永祥主编:《历史唯物主义原理》,人民出版社1983年版。
陈修斋、萧萐父主编:《哲学史方法论研究》,武汉大学出版社1984年版。
德里亚赫洛夫等编:《历史唯物主义范畴》,北京师范大学出版社1984年版。
巴加图利亚、维戈茨基:《马克思的经济学遗产》,贵州人民出版社1981年版。
梅林:《保卫马克思主义》,人民出版社1984年版。
梅林:《马克思传》,人民出版社1972年版。

考茨基:《唯物主义历史观》,第1—6册,上海人民出版社1964—1984年版。
拉法格:《思想起源论》,三联书店1978年版。
拉法格:《财产及其起源》,三联书店1978年版。
拉法格:《唯心史观和唯物史观》,三联书店1965年版。
《拉法格论文集》,人民文学出版社1979年版。
安·拉布里奥拉:《关于历史唯物主义》,人民出版社1984年版。
德波林:《哲学与政治》,上、下册,三联书店1965年版。
普·弗兰尼茨基:《马克思主义史》,上、下册,三联书店1964年版。
哥·威特尔:《辩证唯物主义》,商务印书馆1963年版。
《德国社会民主党关于伯恩施坦问题的争论》(文集),三联书店1981年版。
萨谢理雅:《修正主义反对无产阶级专政学说》,三联书店1962年版。
悉尼·胡克:《历史中的英雄》,载《资产阶级哲学资料选辑》第14辑,上海人民出版社1964年版。
《马克思列宁主义美学原理》,三联书店1961年版。
罗国杰:《马克思主义伦理学》,人民出版社1982年版。
西特柯夫斯基:《论机械论和孟什维克化的唯心主义的反马克思主义实质》,载博古编译:《辩证唯物论和历史唯物论基本问题》,第4册,三联书店1950年版。
黄楠森:《对马克思主义哲学史上提出的许多观点要历史地研究和评价》,载《马列主义研究资料》1982年第1期。
赵国复:《苏联哲学界研究主体和客体问题情况概述》,载《哲学研究》1983年第7期。
李丕贤:《为建立实践观点美学体系而努力——初读李泽厚的〈美学论集〉》,载《美学》杂志第3期。
王若水:《辩证法的命运》,载《社会科学战线》1981年第3期。
杨献珍:《唯物论的命运》,载《社会科学战线》1982年第1期。
王若水:《唯物论和辩证法理应共命运》,载《学术月刊》1982年第6期。
张念丰:《德波林学派介绍》,载《德波林学派资料选编》,吉林人民出版社1982年版。

(附有关列宁的文献:)
克鲁普斯卡娅:《列宁回忆录》,人民出版社1971年版。
克鲁普斯卡娅:《论列宁》,三联书店1963年版。
《列宁传》,三联书店1979年版。
《列宁年谱》,第1、2卷,人民出版社1984年版。

六、西方哲学史著作和研究

纳尔斯基:《十七世纪西欧哲学》,1974年俄文版。
纳尔斯基:《十八世纪西欧哲学》,1973年俄文版。
纳尔斯基:《十九世纪西欧哲学》,1976年俄文版。
《黑格尔哲学和现代》(论文集),1973年俄文版。
H. B. 皮利彭柯:《黑格尔哲学中的必然性和偶然性范畴》,载〔苏联〕《哲学科学》1974年第5期。
巴克拉捷:《近代德国资产阶级哲学史纲要》,中国社会科学出版社1980年版。
张慜泽:《黑格尔〈逻辑学〉一书摘要解析》,中国人民大学出版社1982年版。
《西方哲学原著选读》,上、下卷,商务印书馆1981—1982年版。
斯宾诺莎:《伦理学》,商务印书馆1981年版。
孟德斯鸠:《论法的精神》,上、下卷,商务印书馆1978年版。
卢梭:《论人类不平等的起源和基础》,商务印书馆1962年版。
《狄德罗哲学选集》,商务印书馆1979年版。
霍尔巴赫:《自然的体系》,上、下卷,商务印书馆1964、1977年版。
霍尔巴赫:《健全的思想》,商务印书馆1966年版。
康德:《实践理性批判》,商务印书馆1960年版。
黑格尔:《精神现象学》,上、下卷,商务印书馆1979年版。
黑格尔:《法哲学原理》,商务印书馆1979年版。
黑格尔:《小逻辑》,商务印书馆1980年版。
黑格尔:《哲学史讲演录》,第1—4卷,商务印书馆1959—1978年版。
黑格尔:《历史哲学》,三联书店1956年版。
加拉巴耶夫:《费尔巴哈的唯物主义》,科学出版社1959年版。
李泽厚:《批判哲学的批判》,人民出版社1979年版。
李泽厚:《美学论集》,上海文艺出版社1980年版。
李泽厚:《美学历程》,文物出版社1981年版。
《李泽厚哲学美学文选》,湖南人民出版社1985年版。
W. 弗尔斯特尔:《黑格尔的〈精神现象学〉和〈逻辑学〉是唯物史观的前提》,载《哲学译丛》1985年第1期。
胡景钊:《评费尔巴哈的实践观》,载《外国哲学》第2集,商务印书馆1982年版。

后　　记

　　在《普列汉诺夫哲学新论》撰写完稿的时候，我想谈点往事，叙述一下我同普列汉诺夫著作的历史渊源，这对于读者了解本书或许不无益处。同时也想借这个机会对一些好心的同志在我处境艰难的时刻曾经给我以无私而有力的援助，表示永志不忘的感激之忱。

　　我第一次接触到普列汉诺夫著作，是在1951年9月考进北京大学哲学系以后。当时我渴求知识，真诚信仰马克思主义。不过那时我的英语只是高中水平，而俄语又才刚刚开始学。这样就只能根据中译本来研读马克思列宁主义的经典著作，特别是哲学著作了。解放初期这方面的译本是很少很少的，跟今天远远不能相比。在这种情况下，当时发行的，虽然种类很少但却是普列汉诺夫哲学思想精华的那些著作的中译本——《论一元论历史观之发展》、《唯物主义史论丛》、《论个人在历史上的作用问题》、《论唯物主义的历史观》、《马克思主义基本问题》、《艺术论》，对我的世界观的形成研究普列汉诺夫哲学思想的兴趣的形成起了特别重大的作用，因为理解这些通俗化的作品比读马克思、恩格斯某些哲学原著所需要的知识准备要少一些。同时也使我对新中国成立初期从苏联搬进来的那套米丁式的普列汉诺夫评价开始产生不满的主要原因之一。

　　1955年秋大学毕业。最初分配到沈阳。1957年元月调武汉大学哲学系工作。3月进校、4月鸣放、5月反右。当时我正好从书店买来了1956年出版的《普列汉诺夫哲学著作选集》（五卷本）第一、二卷俄文本，下定决心关起门来一个字一个字地啃。只是由于党支部书记的再三劝说才"鸣放"了几句。在提心吊胆的气氛中，总算闯过了1957年大关。这年的年底我第一次被下放参加劳动。当时"下放"和后来有点不同，只有政治上经过审查没有问题的人方能享受这种"荣誉"。然而我没有去成。因为1958年搞了一次反右"补火"，说是右派数目没有达到"既定比例"。这个任务不知怎的突然摊派到了我的头上。对于这种"滥竽充数"我自然是很反感的。凭良心说，我压根儿没有反党反社会主义的丝毫念头，我当时的整个心思都放在刚出版的两本普列汉诺夫原著上面了。

我的性情向来容易冲动，加上年轻气盛，又无家室之累。所以一气之下，便自动离开了武汉大学，走上了所谓"自谋职业"的道路，回到了原籍湖南省湘潭市。这以后的经历自然是未曾入世的一介书生向武汉大学哲学系某人递交离职书时始料所不及的。

幸而在故乡遇上了一位好心人。她就是"文化大革命"前湘潭市委分管政法文教的书记赵蓴同志。当时"右派"，由统战部下属"改右办公室"管辖。一次，赵蓴同志去统战部检查"改右"工作，偶然间翻阅了我的"右派档案"，立即指示给我"摘帽"。不久统战部的同志把这段经过详细告诉了我，对此我深为感动。几次去她的办公室致谢，都因她外出或开会而未果。后来"文化大革命"中她被诬为"叛徒"，受不住折磨，跳楼自杀了。因此，对这样一位有恩于我的老干部，我始终没有见过一面，向她当面说句感谢的话，这是深深令人遗憾的。如果没有1961年的"摘帽"，就不可能有1962年的北京之行，即使去了北京，人民出版社也不可能收留我在那里工作。

1962年4月，北大哲学系教授周辅成先生突然给我寄来一信，问我是否可以帮他翻译一点俄文材料。周先生的大名，我早就知道了。但无论在北大做学生时，还是毕业以后的几年，我跟周先生都不曾有过任何接触。这封信使我喜出望外，我暗暗地预感到一个新的生活转折将要开始。于是顾不得回信，由母亲凑足了路费，立即启程北上。

周先生对我的到来感到突然。但是既然来了，他不仅没有责备，反而把我介绍到新街口他的老友袁志伊先生家里去住，还借给我一张行军床。袁先生也是湖南人，一生潦倒。据说巴金"雾·雨·电"三部曲之一的《电》中的那位主人公就是以他为模特儿的。他没有结过婚，不时靠巴金、田汉、周先生等老友接济才勉强维持生活。我住到袁家（实际是三合院内一间不过九平方米的斗室）以后，首先必须设法尽快解决燃眉之急的吃饭问题。周先生要我翻译的一部伦理学说史有二十多万字，显然不是一两个月可以译出的，更不是短期内可以拿到稿费的。于是我给人民出版社编辑部写了封信，说我已经来京，想见见他们。我和人民出版社的同志也是素不相识，仅仅在1956、1957年间给他们翻译过包括"普列汉诺夫"在内的《苏联大百科全书》第二版的若干条目和两三篇普列汉诺夫哲学著作。

几天后就收到了人民出版社的回信，约我去交谈。第一次接待我的是宋家修同志。在了解我回湘潭市的情况以后，他交给我一大包译稿要我校订。这就是后来出版的《思维与语言》。但是，远水不解近渴。我随即向老宋提出早已考虑好的选题：普列汉诺夫的论文《卢梭和他的人类不平等起源的学说》。因为这一年要纪念的世界文化名人中间就有这位法国启蒙思想家。老宋慨然允诺。接着我坐在北京图书馆里花了不到六天时间，连翻译带抄写，把它赶出来了。交给老宋后，大概过了五六天，就收到一封字迹清秀的来信，约我再去朝内大街。这一次接待我的除老宋外还有张惠卿先生。老张希望我帮忙翻译普列汉诺夫后期的机会主义著作。当我接过旧俄时期出版的两本发黄的《论战争》时，不由得暗自吃了一惊。我从未见过这类俄文书刊，也不知道十月革命后进行过一次文字改革。我不敢说自己不认识这些被废弃了的俄文字母,心想,到了北京,知识上再大的困难也能克服。果然,一个月后,两本《论战争》交稿了。7月中旬,王子野先生批准了我的请求,我住进了人民出版社,开始了两年半的临时编译生活。

这两年半是我一生都不能忘怀的。我第一次得到了如此难得的工作条件,编选译校并随后陆续出版了两百多万字的书稿,其中包括一百几十万字的普列汉诺夫著作的译文。而更主要的是这期间,我初步学到了至今管用的一些技能。遗憾的是这样的机会太短暂了。

1965年初,我被空穴中突然吹出来的一股反对"招降纳叛,结党营私"的台风刮回湖南老家。不久就开始了"史无前例"的运动。我再次沉沦到社会的最下层,还无端的坐了一年的"聋子班房"。后来听说子野先生、周先生和张惠卿等都因当年把我搞进人民出版社作临时编译工作吃了苦头。这消息长期使我感到内疚。我之所以要在这篇后记中喋喋不休地讲述这些往事,无非是想公开说明,《普列汉诺夫哲学新论》之所以能写成,上面几位同志是费了许多心力的,可以说,如果没有1962年的这段因缘,粉碎"四人帮"以后这些年我的研究课题很可能就不是普列汉诺夫了,而是黑格尔哲学了。

1979年我也被"落实政策",回到了武汉大学。不用说,我对党的十一届三中全会以来的正确路线是感恩戴德、竭诚拥护的。

1980年10月,我又突然接到北京出版社的来信,他们约我写一本论述普列汉诺夫哲学思想的著作,我立即表示同意。但是真正开始动笔则是1981年3月武汉大学解决我的住房困难和我爱人搬来武汉以后的事。这本《普列汉诺夫哲学新论》拖拖拉拉整整写了四年,直到今年六月才算大功告成。

本书的写成还应感谢武汉大学哲学系党政领导和外国哲学史研究室领导陈修斋、陶德麟、孟宪鸿、裴淑娟、杨祖陶等先生和资料室同事,他们在各方面为我提供了种种方便。

　　此外,我的妻子朱德雾不仅和我的父母一起承担了全部家务,还为我认真地抄录了全部书稿,他们这种默默无闻的劳动,也是值得纪念的。

王荫庭

1985 年 6 月 19 日于武昌东湖之滨

再版后记

1980年1月14日、4月24日,《光明日报》先后发表《评〈辞海〉"普列汉诺夫条"》和《青出于蓝而胜于蓝——列宁哲学思想的发展和普列汉诺夫著作的关系》。同年,《哲学研究》杂志第10期发表《普列汉诺夫对发展马克思主义地理环境学说的重大贡献》。随即《人民日报》理论版向读者简短地介绍了此文。我的这些文章立即引起了北京出版社编辑部的注意。他们来信约我写一本关于普列汉诺夫哲学思想的著作。很快该社编辑朱伯颖女士专程来到武汉大学,和我面商写作事宜。不久朱即调离北京,出国去当大使夫人了。留下的工作由岳民英编辑接替。

我接受任务后,从1981年5月到1985年5、6月整整花了四年时间,《普列汉诺夫哲学新论》才全部完稿。其间,岳民英女士不断来信催我快快交稿,以致完稿后来不及从头到尾把全稿通读一遍,做一些必要的修改。后来,由于某种原因,延至1988年《新论》一书才正式出版。1989年该书获得北方十五省市(区)优秀图书奖。1991年获得《光明日报》主办的改革开放十二年来"光明杯"全国优秀哲学社会科学学术著作二等奖。《求是》、《中国社会科学》等刊物也先后发表书评。

二十世纪九十年代末,我曾两次致信岳民英,问她,她们出版社是否可以重印《新论》,一直未见回音。不知她是否收到信件或者已经调离。

2018年10月,商务印书馆编辑部一位领导同志来南京开会,我们见了面。他告诉我,商务愿意重印《新论》。次年5月,责任编辑通知我已将该书收入商务印书馆的"中华当代学术著作辑要"丛书。对此我自然感到非常高兴,谨向重视学术事业的商务印书馆表示敬意。

一本书出版三十年后再印,书中许多观点自然有必要做些修正,何况当年出版时本来就留下许多需要改动的地方。遗憾的是,此时我因患严重的黄斑变性等眼疾,早已看不见书报上的大小文字,加上年老多病,记忆力衰退,无法查找文献。所以这一次再版未能做些必要的修改。在此特向读者致歉。

王荫庭
2020年12月